Harald Høffding

Geschichte der neueren Philosophie

Harald Høffding

Geschichte der neueren Philosophie

ISBN/EAN: 9783742812995

Hergestellt in Europa, USA, Kanada, Australien, Japan

Cover: Foto ©Klaus-Uwe Gerhardt /pixelio.de

Manufactured and distributed by brebook publishing software (www.brebook.com)

Harald Høffding

Geschichte der neueren Philosophie

GESCHICHTE

DER

NEUEREN PHILOSOPHIE.

EINE DARSTELLUNG
DER GESCHICHTE DER PHILOSOPHIE VON DEM ENDE
DER RENAISSANCE BIS ZU UNSEREN TAGEN.

VON

DR. HARALD HÖFFDING,
PROFESSOR AN DER UNIVERSITÄT IN KOPENHAGEN.

ERSTER BAND.

UNTER MITWIRKUNG DES VERFASSERS AUS DEM DÄNISCHEN
INS DEUTSCHE ÜBERSETZT

VON

F. BENDIXEN.

LEIPZIG,
O. R. REISLAND.
1895.

DEM ANDENKEN

MEINES LEHRERS UND FREUNDES

PROFESSOR HANS BRÖCHNERS

IST DIESE SCHRIFT

GEWIDMET.

Einleitung.

Es wird natürlich sein, dafs beim Erscheinen einer neuen Darstellung einer wichtigen Periode in der Geschichte der Philosophie die Frage aufgeworfen wird, welche Auffassung der Philosophie der Verfasser zu Grunde legt, und welche Bedeutung und welchen Wert er der Geschichte der Philosophie zuschreibt. Hierauf ist meine Antwort, dafs diejenigen Studien, deren vorläufiger Abschlufs durch die Herausgabe dieses Werkes bezeichnet wird, eben bezweckten, zur Orientierung in der Frage, was die Philosophie denn eigentlich ist, zu dienen. Wie wir einen Menschen aus seiner Biographie kennen lernen, so müssen wir auch imstande sein, eine Wissenschaft aus ihrer Geschichte kennen zu lernen. Und es wird um so natürlicher sein, diesen Weg zu versuchen, da die Erfahrung ja fortwährend zeigt, dafs sich auf dem Gebiete der Philosophie streitige Ansichten geltend machen, so dafs man auf keine Darstellung der Philosophie verweisen kann, von der sich behaupten liefse, sie gebe einen erschöpfenden Begriff derselben. Es wird denn natürlich sein, hier, wie auf dem Gebiete der Religion, die vergleichende Methode anzuwenden. Die Geschichte der Philosophie behandelt die von einzelnen Denkern angestellten Versuche, die letzten Probleme der Erkenntnis und des Lebens zu erörtern. Es wird nun das wichtigste Resultat sein, ins reine zu bringen, mit welchen Problemen sich die Philosophie beschäftigt, wie diese Probleme zu verschiedenen Zeiten aufgestellt werden, und wodurch die verschiedenen Aufstellungen der Probleme und Versuche der Problemlösung im einzelnen bestimmt werden. Läfst sich ein solches Resultat annähernd erreichen, so wird das Studium der Geschichte der Philosophie für das fortgesetzte Philosophieren von nicht geringer Bedeutung sein.

Durch die Untersuchung der Geschichte der neueren Philosophie, die ich jetzt angestellt habe, bin ich für meine Person in der Ansicht bestätigt worden, zu der ich auf anderem Wege gelangt war: dafs sich das philosophische Forschen um vier Hauptprobleme dreht. Es möchte vielleicht das Verständnis des Buches erleichtern, wenn diese vier Probleme hier in aller Kürze charakterisiert werden.

1. Das Erkenntnisproblem (das logische Problem). Wie verschieden die einzelnen Wissenschaften auch hinsichtlich des Gegenstandes und der Methode sind, so arbeiten sie doch alle mit dem menschlichen Denken. Jedesmal, wenn sie einen Begriff bilden, ein Urteil aussprechen oder einen Schlufs ziehen, setzen sie die allgemeinen Formen und Prinzipien des Denkens voraus. Es erscheint hier die Möglichkeit einer besonderen Disziplin, welche die Formen, in welchen sich das Denken bewegt, und die Prinzipien, die dasselbe seiner Natur zufolge zu Grunde legen mufs, welche Gegenstände es auch betreffen möge, untersucht. Diese Disziplin, *die formelle Logik,* behandelt indes nur einen Teil des Erkenntnisproblems. Jene Formen und Prinzipien führen nicht über das Denken selbst hinaus, sondern ermöglichen es diesem nur, mit sich selbst in Übereinstimmung, konsequent zu sein. Jedesmal, wenn sie auf gegebene Erscheinungen angewandt werden, die unser Denken nicht selbst konstruiert hat, die es aber nehmen mufs, wie sie kommen, entsteht die Frage, mit welchem Rechte diese Anwendung geschieht, — mit welchem Rechte wir annehmen, dafs nicht nur unser Denken, sondern auch eben die Existenz, die sich in den gegebenen Erscheinungen äufsert, konsequent ist, mit sich selbst übereinstimmt. Hierdurch erweist sich die Möglichkeit einer Disziplin, welche die Bedingungen für eine Erkenntnis der Existenz und die Grenzen einer solchen Erkenntnis untersucht. Diese Disziplin ist die *Erkenntnistheorie.*

2. **Das Existenzproblem** (das kosmologische Problem) entsteht durch Aufstellung der Frage, welche Beschaffenheit wir derjenigen Existenz, deren Glieder wir sind, beilegen müssen, wenn wir aus allem, was wir wissen, oder was wir mittels der wahrscheinlichsten Hypothesen vermuten können, die letzten Konsequenzen ziehen. Wir nennen dieses Problem das kosmologische (von Kosmos, Welt, und Logos, Lehre), weil es zur Erörterung der Möglichkeiten führt, die sich dem Gedanken darstellen, wenn er das in der Erfahrung Gegebene zu einer allgemeinen Weltanschauung zusammenzuarbeiten sucht, oder wenn er eine solche auf dem kühnen Wege der Spekulation zu konstruieren sucht. Die verschiedenen philosophischen Systeme sind Versuche in dieser Richtung, Versuche, deren Wert darauf beruht, wie umfassend und bedeutungsvoll die zu Grunde gelegten Erfahrungen sind, und wie grofse Konsequenz und wie grofses Kombinationsvermögen sich in ihren Konstruktionen an den Tag legt.

3. **Das Wertschätzungsproblem** (das ethisch-religiöse Problem) entsteht dadurch, dafs wir uns der Existenz gegenüber nicht blofs anschauend und verstehend verhalten, sondern dafs auch unser Gefühl durch dieselbe erregt wird, so dafs wir Urteile aussprechen, die ihr Wert zu- oder absprechen. Von besonderer Bedeutung sind die Urteile, die wir über menschliche Handlungen, unsre eignen sowohl als diejenigen andrer Menschen, aussprechen. Alles derartige Beurteilen beruht — wie alles Erkennen und Verstehen — auf gewissen Voraussetzungen, um deren Nachweis und Bestimmung es sich dreht. Diese Aufgabe kommt dem ethischen Probleme zu. Betrifft die Schätzung nicht nur menschliche Handlungen und Einrichtungen, sondern die Existenz, das gesamte Leben, so entsteht das religiöse Problem, das namentlich zur Erörterung des Verhältnisses zwischen den ethischen Idealen und dem wirklichen Dasein führt, so dafs dasselbe eine Kombination des kosmologischen Problems mit dem ethischen wird.

4. **Das Bewufstseinsproblem** (das psychologische Problem). Inbetreff aller drei bereits angedeuteten Probleme erweist es sich, dafs ihre Behandlung empirische

Erkenntnis des menschlichen Bewufstseinslebens voraussetzt. Die Psychologie schildert die *faktische* Entwickelung der menschlichen Erkenntnis, die man kennen mufs, bevor man die Bedingungen für die *Gültigkeit* der Erkenntnis erörtern kann. Und da das Verhältnis zwischen dem Geistigen und dem Materiellen ein Hauptpunkt des Existenzproblems ist, wird die Psychologie auch in der Kosmologie vorausgesetzt. Was endlich das Wertschätzungsproblem betrifft, so untersucht die Psychologie teils die Beschaffenheit eben der Gefühle, die zur Anstellung von Schätzungen führen, teils die Möglichkeiten, die das wirkliche Bewufstseinsleben für fernere Entwickelung in der von der Schätzung verlangten Richtung darbietet. Infolge dieses engen Verhältnisses zu den philosophischen Problemen ist die Psychologie selbst als ein Teil der Philosophie zu betrachten, und umgekehrt wird man deshalb in der Psychologie ganz natürlich auch philosophische Probleme berühren müssen. (Siehe meine *Psychologie*, 2. deutsche Ausg. S. 18, 35 u. f., 71 u. f., 286 u. f., 360 u. f.) Und wollte man auch von allen drei ersteren Problemen erklären, sie seien unlösbar oder durch Mifsverständnis entstanden, so würde doch das psychologische Problem, die Frage nach der Natur und den Gesetzen des Bewufstseinslebens, als die letzte Burg der Philosophie übrigbleiben. —

Wird die Frage gestellt, welche Faktoren der Natur der Sache zufolge auf die Behandlung und Beantwortung dieser Probleme Einflufs erhalten werden, so ist vorerst die Persönlichkeit des Philosophierenden zu nennen. Es ist den genannten Problemen gemeinschaftlich, dafs sie an der Grenze unsrer Erkenntnis liegen, wo die exakten Methoden uns keine Hilfe mehr leisten; es kann also nicht vermieden werden, dafs die Persönlichkeit des Forschers seinen Gedankengang bestimmen wird, ohne dafs er sich dessen bewufst zu sein brauchte. Die „persönliche Gleichung" mufs in der Philosophie von gröfserer Bedeutung sein, als auf andern wissenschaftlichen Gebieten. Die geschichtliche, vergleichende Methode erhält hier deshalb besondere Wichtigkeit; mittels derselben läfst sich das persönliche Element am leichtesten nachweisen. Dieses persönliche Element soll nicht immer beiseite geschoben werden; seine Gegenwart ist oft eine Bedingung, damit ein Problem entstehen kann. Es gibt Gedanken, die nur auf einem bestimmten psychologischen Boden entstehen können. — Zweitens wird es darauf ankommen, welche Beobachtungen zu Grunde gelegt werden. Namentlich erhält die Entwickelung der Naturwissenschaft hier grofse Bedeutung für die neuere Philosophie. Wie es sich erweisen wird, sind die entscheidenden Probleme der neueren Philosophie eben durch die Thatsache bestimmt, dafs die moderne Naturwissenschaft entstand. Hierzu kommen aber ebenfalls — besonders was das Wertschätzungsproblem betrifft — historische Verhältnisse, geistige Bewegungen auf anderen Gebieten. — Endlich wird das Aufstellen und das Lösen der Probleme durch die Konsequenz bestimmt, mit welcher die ergriffenen Ausgangspunkte behauptet und durchgeführt werden.

Sowohl die Charakteristik als die Kritik jedes philosophischen Versuches wird stets auf diese drei Punkte zurückgehen. Den beiden ersten derselben lege ich in der folgenden Darstellung das gröfsere Gewicht bei. Eine Inkonsequenz ist bei einem grofsen Denker oft gerade die natürliche Folge davon, dafs sich seinem Genie *mehrere* Gedankenreihen enthüllten, ohne dafs er imstande gewesen wäre, diese so weit zu verfolgen, dafs er ihren gegenseitigen Widerspruch entdeckte. Und es kann von der gröfsten Bedeutung sein, dafs diese verschiedenen Gedankenreihen hervorgezogen werden. Am allerbesten wäre es natürlich, wenn Tiefsinn und Konsequenz vereint wären.

Der Versuch einer Problemaufstellung oder Problemlösung kann zweifaches Interesse haben. Erstens läfst er sich als Symptom, als historische Äufserung geistiger Strömungen betrachten. Von dieser Seite erblickt ist die Geschichte der Philosophie ein Teil der allgemeinen Kulturgeschichte. Zweitens kann er mit Bezug auf die wirkliche, definitive Klarheit, die durch ihn erreicht wurde, untersucht werden. Diese Betrachtung ist eine mehr speziell philosophische und technische. Die beiden Seiten, von denen die philosophischen Erscheinungen sich betrachten lassen, werden inbetreff der verschiedenen Erscheinungen natürlich in höchst verschiedenem Verhältnisse zu einander stehen. Zuweilen wird das kulturhistorische Interesse sogar in umgekehrtem Verhältnisse zu dem rein philosophischen stehen können.

Soll ich nun in Kürze angeben, wodurch meine Darstellung der Philosophie der neueren Zeit sich von ihrer Vorgängerin in der dänischen Litteratur, von Bröchners vor zwanzig Jahren erschienenem Werke unterscheidet, so nenne ich zuerst das besondere Gewicht, das ich dem persönlichen Faktor und dem Verhältnisse zur Erfahrungswissenschaft, wie auch der kulturhistorischen Bedeutung der philosophischen Erscheinungen beilege. Ferner verweise ich auf mein Bestreben, der Problemaufstellung den Vorrang vor der Problemlösung zu geben. Die Lösungen können sterben, während die Probleme leben bleiben; sonst hätte die Philosophie kein so langes Leben gehabt, wie sie bereits zurückgelegt hat. Endlich folgt es von selbst, dafs ein erneuertes Quellenstudium sowohl als die Verwertung der reichhaltigen Litteratur der letzten zwanzig Jahre viele Erscheinungen in neues Licht gestellt hat. Trotz alledem war es mir ein teurer Gedanke, durch diese Schrift Bröchners Arbeiten auf dem Gebiete der Geschichte der Philosophie fortsetzen zu können, und ich hoffe, dafs mein Buch nicht unwürdig befunden werde, dem Andenken an diesen edlen Forscher gewidmet zu werden, dessen Bewunderung für die Heroen des Denkens so tief und zugleich so verständnisvoll war.

Inhaltsverzeichnis.

Seite
Einleitung VII

Erstes Buch.
Die Philosophie der Renaissance.

1. Die Renaissance und das Mittelalter 1

A. Die Entdeckung des Menschen.

2. Der Humanismus 9
3. Pietro Pomponazzi und Nicolo Machiavelli 11
4. Michel de Montaigne und Pierre Charron 26
5. Ludovicus Vives 36
6. Die Entwickelung des Naturrechts 39
7. Die natürliche Religion 63
8. Religiöse Spekulation (Jakob Böhme) 74

B. Die neue Weltanschauung.

9. Das Aristotelisch-mittelalterliche Weltbild 84
10. Nikolaus Cusanus 88
11. Bernardino Telesio 98
12. Das Kopernikanische Weltbild 110
13. Giordano Bruno 118
    a) Biographie und Charakteristik 118
    b) Die Begründung und Erweiterung des neuen Weltbildes . . 133
    c) Philosophische Grundgedanken 141
    d) Erkenntnislehre 153
    e) Ethische Ideen 158
14. Tommaso Campanella 163

Zweites Buch.
Die neue Wissenschaft.

1. Die Aufgabe 176
2. Leonardo da Vinci 179

	Seite
3. Johannes Kepler	181
4. Galileo Galilei	187
a) Die Methode und die Prinzipien	191
b) Das neue Weltsystem	194
c) Die ersten Sätze der Bewegungslehre	195
d) Die Subjektivität der Sinnesqualitäten	198
5. Francis Bacon von Verulam	200
a) Vorgänger	200
b) Bacons Leben und Persönlichkeit	206
c) Die Hindernisse, die Bedingungen und die Methode der Erkenntnis	211
d. Wissenschaftslehre, Theologie und Ethik	222

Drittes Buch.
Die grofsen Systeme.

Einleitung	228
1. René Decartes	230
a) Biographie und Charakteristik	230
b) Methode und Voraussetzungen der Erkenntnis	238
c) Theologische Spekulation	243
d) Naturphilosophie	248
e) Psychologie	258
f) Ethik	264
2. Der Cartesianismus	266
3. Pierre Gassendi	283
4. Thomas Hobbes	286
a) Biographie und Charakteristik	286
b) Erste Voraussetzungen	292
c) Gegenstand der Wissenschaft	297
d) Grenzen der Erkenntnis. Glaube und Wissen	301
e) Psychologie	303
f) Ethik und Staatslehre	309
g) Gegensätzliche Richtungen der englischen Philosophie	319
5. Benedikt Spinoza	324
a) Biographie und Charakteristik	324
b) Erkenntnislehre	336
c) Systematische Grundbegriffe	342
d) Religionsphilosophie	351
e) Naturphilosophie und Psychologie	354
f) Ethik und Staatslehre	362
6. Gottfried Wilhelm Leibniz	372
a) Biographie und Charakteristik	372
b) Monadenlehre	385
c) Psychologie und Erkenntnislehre	400

Inhaltsverzeichnis.

	Seite
d) Theodicee	407
e) Rechtsphilosophie	413
7. Christian Wolff	415

Viertes Buch.
Die englische Erfahrungsphilosophie.

Einleitung	420
1. John Locke	422
a) Biographie und Charakteristik	422
b) Ursprung der Vorstellungen	428
c) Gültigkeit der Erkenntnis	432
d) Religionsphilosophie	435
e) Rechts- und Staatsphilosophie	437
2. Moralphilosophische und religionsphilosophische Diskussionen	440
a) Die Lehre von dem moralischen Sinne	440
b) Freidenker	452
3. Newton und seine Bedeutung für die Philosophie	457
4. George Berkeley	464
a) Biographie und Charakteristik	464
b) Von dem Raume und den abstrakten Vorstellungen	469
c) Erkenntnistheoretische Konsequenzen	471
5. David Hume	476
a) Biographie und Charakteristik	476
b) Erkenntnistheoretischer Radikalismus	481
c) Ethik	488
d) Religionsphilosophie	492
6. Humes Nachfolger und Kritiker in England	496
a) Adam Smith	497
b) Hartley, Priestley und Erasmus Darwin	503
c) Reid und die schottische Schule	506

Fünftes Buch.
Die französische Aufklärungsphilosophie und Rousseau.

Allgemeine Charakteristik	511
1. Voltaire und Montesquieu	515
2. Condillac und Helvétius	523
3. La Mettrie, Diderot und Holbach	530
4. Jean Jacques Rousseau	545
Anmerkungen	565

ERSTES BUCH.

Die Philosophie der Renaissance.

I. Die Renaissance und das Mittelalter.

Diejenige Periode des europäischen Geisteslebens, die das Zeitalter der Renaissance heißt, wird teils durch den Bruch mit der unfreien, zusammenhangslosen und begrenzten Lebensanschauung des Mittelalters, teils durch die Erweiterung des Blickes auf neue Gebiete und die Entfaltung frischer geistiger Kräfte bezeichnet. Bei jeder Geburt treten zwei Handlungen gleichzeitig ein: das Losreißen von dem Alten und die Entfaltung eines neuen Lebens. Es ist aber im menschlichen Geistesleben gewiß einzig, daß beide Seiten des Überganges zu einem neuen Zeitraum in so reichem Maße hervortreten wie hier. Bei anderen Übergangsperioden erhält gewöhnlich entweder die Kritik und die Negation oder die frische und positive Fülle einen überwältigenden Charakter. Der Renaissance ist es in dieser Beziehung charakteristisch, daß es hauptsächlich das neue Leben ist, das die Kritik des Alten herbeiführt. Hierauf beruht ihre Gesundheit und ihre Kraft. Sie hat eine neue, frei menschliche Auffassung der Natur und des menschlichen Lebens begründet, die sie selbst nur in den großen Zügen auszudrücken vermochte, und bei deren Durcharbeitung im einzelnen es sich ergab, daß sie hinlängliche Probleme für das Denken und Forschen von Jahrhunderten enthält, die in ihren großen Hauptzügen jedoch keine wesentliche Änderung erlitten hat. Jeder Versuch, sich an der Hand der Geschichte mit Bezug auf die grofsen theoretischen und praktischen Probleme zu orientieren, mufs deshalb auf diese Zeit zurückblicken, die die Frische und Kraft des Durchbruches besitzt und in ahnendem Reichtum umfafst, was das mehr geteilte Forschen oft nur einseitig zu ergreifen vermag.

Bevor wir uns darauf einlassen, das Philosophieren der Renaissance darzustellen, so wie dieses bei deren wichtigsten Denkern auftritt, müssen wir einen Blick auf das Mittelalter zurückwerfen, von dem es sich loszureifsen galt.

Es wäre falsch, das Mittelalter als die Zeit der reinen Finsternis zu betrachten. Nicht nur entfaltete sich unter oder aufserhalb der offiziellen Herrschaft der Kirche ein heiteres und naturfrisches Volksleben, das an den neuen hervorspriefsenden Nationallitteraturen Denkmale hinterlassen hat, sondern auch innerhalb der gelehrten Welt wird es grofse Schwierigkeit bieten, eine bestimmte Grenze zwischen dem Mittelalter und der Renaissancezeit aufzustellen. Besonders in den romanischen Ländern, vor allen Dingen in Italien, war der Zusammenhang mit dem Altertum eigentlich niemals gänzlich unterbrochen. Die Berechtigung, von der Renaissance als einer besonderen Periode zu reden, ist doch darin zu suchen, dafs eine Zeit kam, da die Kenntnis der Natur und des menschlichen Lebens so reichhaltig wurde, dafs sie sich nicht mehr durch die Schranken der kirchlichen Vorstellungen umfassen liefs. Aber auch diesen Punkt der Entwickelung bestimmt festzustellen, wird keine leichte Sache sein. Diese Schwierigkeit betrifft uns hier indes nicht näher, da wir uns darauf beschränken wollen, die Philosophie darzustellen, die sich gegen Ende der Renaissance, d. h. im Laufe des 16. Jahrhunderts, gestaltete, und deshalb von Keimen und Anläufen absehen können, die ohnedies mehr von litteraturhistorischem als von philosophischem Interesse sind.

Selbst wenn man von denjenigen Keimen fernerer Entwickelung absieht, die im Geistesleben des Mittelalters zu finden sind, und bei dem mittelalterlichen Gedankengang in dessen klassischer Form stehen bleibt, wird man ersehen, dafs das Mittelalter seine bedeutenden Beiträge zur geistigen Entwickelung gegeben hat und keineswegs die Wüste oder die Welt der Finsternis war, als welche es noch häufig geschildert wird.

Es hat das Geistesleben vertieft und dessen Kräfte auf bedeutungsvolle Weise geschärft und geübt, und jedenfalls weicht es keiner anderen Periode an der Energie, womit es die ihm zur Verfügung stehenden Bildungsmittel benutzte, die der historischen Verhältnisse wegen, wie diese nun einmal vorlagen, sehr beschränkt waren. In späteren, günstigeren Perioden, die über einen reichhaltigen Stoff verfügten, ist schwerlich so grofse Kraft an die Bearbeitung und innige Aneignung dieses Reichtums gesetzt worden, wie das Mittelalter an sein dürftiges Material verwendete. Einige einzelne Punkte, an denen das mittelalterliche Denken besonders Vorzüge darbietet und vorbereitend gewirkt hat, mögen hier angedeutet werden.

Das Denken des Mittelalters war theologisch. Die Theologie einer monotheistischen Religion geht von dem Grundgedanken aus, dafs es eine einzige Ursache aller Dinge gibt. Von den grofsen Schwierigkeiten abgesehen, die dieser Gedanke darbietet, hat er die grofse und nützliche Wirkung, dafs er daran gewöhnt, über die Verschiedenheiten und Einzelheiten hinwegzusehen, und auf die Annahme eines gesetzmäfsigen Zusammenhanges aller Dinge vorbereitet. Der Einheit der Ursache mufs die Einheit des Gesetzes entsprechen. Das Mittelalter hat zu diesem Gedanken erzogen, zu dem sich der natürliche Mensch, der, von der Mannigfaltigkeit der Erscheinungen überwältigt, zum Polytheismus geneigt ist, nicht hingezogen fühlt. Er bezeichnet somit die Vorbereitung auf eine durch die Wissenschaft bestimmte Weltauffassung. Denn alle Wissenschaft ist bestrebt, die Erscheinungen auf möglichst wenige Prinzipien zurückzuführen, wenn sie allerdings auch erkennen mufs, dafs der Gedanke eines einzigen, höchsten Gesetzes ein unerreichbares Ideal ist.

Zur Durchführung seiner Ideen im einzelnen verfügte das Denken des Mittelalters, wie schon bemerkt, nur über ein sehr armseliges Material. Um so gröfser war aber die Arbeit, die es darauf verwandte. Die Armut der Realitäten mufste durch den Reichtum der Formalitäten ausgeglichen werden. Das Denken entfaltete einen formellen Scharfsinn, eine Geschicklichkeit, Distinktionen zu vollziehen und Argumente aufzustellen, die durchaus ohnegleichen sind. Man wünscht dieser

Geschicklichkeit bessere Verwendung, Geschicklichkeit war es aber, und für die Geistesentwickelung hat sie grofse Bedeutung gehabt. Sie hat Organe ausgebildet, die auf fruchtbareren Gebieten zur Funktion gelangen konnten. Auf die Länge mufste sie zur prüfenden Kritik eben der Voraussetzungen führen, die lange als die festen Stämme gestanden hatten, zu deren Untersuchung man sich nicht erkühnte.

Sein gröfstes Verdienst hat das Mittelalter durch die Vertiefung in die innere Welt des Seelenlebens. Das antike Altertum machte Halt bei einem harmonischen Verhältnisse zwischen dem Innern und dem Äufsern und hatte für das innere Leben nur in dessen Verhalten zum äufseren Leben in Natur und Staat Interesse. Dem mittelalterlichen Glauben war das ewige Schicksal der Persönlichkeit durch die Begebenheiten des inneren Lebens bestimmt. Es war eine Frage auf Tod und Leben, ob das seelische Wachstum sich genügend entfaltete. Kein Wunder, dafs sich ein feiner und tiefer Sinn für das im Innern Vorgehende entwickelte. Die Selbstvertiefung der Mystiker hat für die Entwickelung des psychologischen Sinnes die nämliche Bedeutung, wie das Distinguieren und Argumentieren der Scholastiker für die Entwickelung des logischen Sinnes. Es kam zur Klarheit, dafs die geistige Welt doch ebensowohl eine Realität ist, als die materielle Welt, und dafs der Mensch ja doch in jener sein eigentliches Heim hat. Es wurde der Weg gebahnt, das grofse Problem von Geist und Materie gründlicher zu untersuchen, als das Altertum dies vermocht hatte. Vor allen Dingen wurde indes dem menschlichen Leben ein Erfahrungsgebiet errungen, das im allerstrengsten Sinne sein Eigentum war, in welches keine äufseren Mächte eindringen konnten. Somit war die Möglichkeit einer tiefer gehenden geistigen Befreiung gegeben.

Jedoch war es ja eben das grofse Unglück des Mittelalters, dafs keines dieser an und für sich fruchtbaren Motive sich frei und fruchtbringend regen konnte. Es liegt im mittelalterlichen Denken, wie in der mittelalterlichen Baukunst, ein Trachten nach dem Grofsen und dem Unendlichen und zugleich ein Streben, alle Elemente der Weltkenntnis, die man besafs, dem grofsen Gedankenbau als tragende Steine und

Pfeiler einzufügen. Zu unterst: die Welt der Natur, wie
Aristoteles sie dargestellt hatte; über dieser: die mit Christus
zum Durchbruch gekommene Welt der Gnade; und zu oberst:
die Aussicht auf die ewige Welt der Herrlichkeit. Das Ideal
war eine harmonische Stufenreihe der *natura*, *gratia* und
gloria, so zwar, dafs das höhere Gebiet das niedere nicht
unterbrach, sondern vollendete. Am vollkommensten ist dieses
Streben bei Thomas Aquinas (1227—1274) ausgedrückt,
dem Vollender der Scholastik, einem der gröfsten Systematiker,
die je lebten. Er hat Dante inspiriert, wurde 1323 kanonisiert, hiefs in den theologischen Schulen des Mittelalters der
doctor angelicus und steht noch als der klassische Denker der
römischen Kirche da, indem der jetzige Papst im Jahre 1879
dekretierte, dafs seine Philosophie in den katholischen Lehranstalten als Grundlage zu benutzen sei. Trotz des Grofsartigen eines Lehrgebäudes, das noch jetzt in den Augen vieler
Menschen die Elemente des Daseins umfaſst und auf dessen
Zusammenhang Licht wirft, besitzt es aber doch vom ersten
Anfang an höchst bedenkliche Mängel. Nur auf künstliche
Weise waren die von so verschiedenen Seiten herangezogenen
Elemente vereinigt. Um das natürliche Wissen, das man von
Aristoteles zusammengefaſst glaubte, mit den übernatürlichen
Voraussetzungen der Kirche zu vereinen, muſste es teils umgedeutet, teils an der Entfaltung seiner sämtlichen Konsequenzen verhindert werden. Die Philosophie des Aristoteles
war wirklich darauf angelegt, das Dasein als eine harmonische
Stufenreihe darzustellen. Die Grundbegriffe, mit denen Aristoteles operierte, waren den Erscheinungen des organischen
Lebens entnommen. Er erblickte die Natur als einen grofsen
Entwickelungsvorgang, innerhalb dessen die höheren Stufen
sich zu den niederen wie Form zu Stoff oder wie Wirklichkeit
zu Möglichkeit verhielten. Was auf der niederen Stufe nur
möglich (potentiell) sei, werde wirklich (aktuell) auf der höheren Stufe. Aristoteles selbst hat diese bedeutungsvolle Anschauung nicht durchführen können. In welcher Richtung
deren Konsequenz liegt, ist aber klar genug. Als kirchlicher
Denker muſste Thomas Aquinas jedoch zum vollständigen
Bruch mit dieser Konsequenz kommen, die Einheitslehre

(Monismus), zu welcher sie führte, zurückdrängen und eine Zweiheitslehre (Dualismus) an deren Stelle setzen. In seiner Psychologie und seiner Ethik zeigt dies sich auf charakteristische Weise. Der Aristotelischen Psychologie zufolge ist die Seele die „Form" des Körpers: was im Körper als blofse Möglichkeit gegeben sei, erscheine im Seelenleben in voller Thätigkeit und Wirklichkeit. Ein so inniges Verhältnis zwischen Seele und Körper widerstritt aber den kirchlichen Voraussetzungen, und obschon Thomas sich den Worten nach dem Aristoteles anschliefst und die Seele die Form des Körpers nennt, behandelt er in der Realität die Seele doch als ein vom Körper durchaus verschiedenes Wesen, wie er auch kein Bedenken trägt, „Formen" ohne Stoff anzunehmen — um für die Engel Platz zu erhalten! In der Ethik erscheint ein ähnlicher Dualismus. Von den Griechen nimmt er eine Reihe natürlicher Haupttugenden auf: die Weisheit, Gerechtigkeit, Tapferkeit und Selbstbeherrschung; während diese aber bei den Griechen die gesamte Tugend bildeten, bringt er als eine höhere Schicht die drei „theologischen" Tugenden: den Glauben, die Hoffnung und die Liebe an, die nur auf übernatürliche Weise entstehen. Die Entwickelung ist also unterbrochen, und Thomas untersucht nicht einmal, ob die Willensformen, die durch die theologischen Tugenden bezeichnet werden, ihren Platz nicht auch sehr wohl innerhalb der natürlichen Tugenden, als besondere Formen derselben, finden könnten. — Was die Weltauffassung im ganzen betraf, trat die Idee der natürlichen Entwickelung in scharfen Gegensatz zum Schöpfungsdogma und zur Annahme eines mirakulösen Eingreifens. Der Dualismus kommt bei näherer Durchsicht an einem Punkte nach dem anderen zum Vorschein. Eine solche nähere Durchsicht mufste das mittelalterliche Denken jedoch fernhalten. Dieses sollte mit der Kirchenlehre übereinstimmen. Es durfte kein von der Theologie unabhängiges Denken und Verständnis der Welt geben. Und da man nun einmal die Überzeugung gewonnen hatte, die Aristotelische Philosophie sei besonders geeignet, das natürliche Wissen beim Aufbau des scholastischen Lehrgebäudes zu repräsentieren, wurde eine Abweichung von Aristoteles, wohl zu merken:

von Aristoteles, wie man ihn im Mittelalter kannte und
verstand, als Ketzerei betrachtet. Mit anderen Worten:
willkürlich hemmte man das Forschen und Denken, damit
der aufgeführte Bau nicht erschüttert werde. Die Aristotelische Philosophie, die ihrer Zeit einen so aufserordentlich grofsen Fortschritt bezeichnete, stellte man als auf
ewige Zeit gültig fest. Für die Lehre von dem organischen
Leben und dem Seelenleben war der Schade hierbei nicht der
gröfste, denn auf diesen Gebieten lag das eigentliche Verdienst
des Aristoteles, schon zu dessen Lebzeiten. Man verhinderte
aber die Entwickelung einer exakten Naturwissenschaft, die
zu erklären vermöchte, mittels welcher elementaren Prozesse
und welchen allgemeinen Gesetzen gemäfs die von Aristoteles
angenommene Formentwickelung vorginge. Der Übelstand der
Aristotelischen Philosophie war der, dafs sie das organische
Wachstum als Typus alles dessen, was in der Natur geschieht,
feststellte. Sie konnte deshalb höchstens eine Beschreibung
von Formen und Eigenschaften, aber keine wirkliche Erklärung von deren Entstehung geben. Die mechanische Naturauffassung, die der neueren Naturwissenschaft sowohl Mittel
als erstrebtes Ziel ist, war also von vornherein ausgeschlossen.
Man schnitt sich den Weg zum Fortschritt ab — ohne jedoch
mit Hilfe der verfügbaren Mittel die Schwierigkeiten besiegen
zu können. Das Autoritätsprinzip verwehrte eine freiere und
fernere Untersuchung der Probleme und stellte den Dualismus
als bleibendes Ergebnis fest. Das Autoritätsprinzip selbst ist
ja eine Form des Dualismus, indem es einen unversöhnlichen
Gegensatz zwischen der menschlichen Erkenntnis und dem auf-
gesteckten Ziel voraussetzt. Man wurde nun darauf verwiesen, an dem dürftigen vorrätigen Inhalt zu zehren und
diesen Inhalt mittels gekünstelter Distinktionen und Argumen-
tationen so zu deuten, wie die Kirche es wünschte. Kein
Wunder, dafs ein starker Hunger nach Inhaltsfülle und grofse
Begeisterung über den in den Jahrhunderten der Renaissance
von allen Seiten herbeiströmenden neuen Reichtum entstehen
mufsten!

Auch auf dem Gebiete, in das man sich im Mittelalter
besonders vertiefte, erscheinen diese Übelstände. Die Selbst-

vertiefung war ängstlich religiös. Es wurde ihr nicht gestattet, sich zur freien Kenntnis der geistigen Welt zu entwickeln. Stets hielt der Dogmatiker Wache über den Mystiker, den der Wellenschlag des inneren Lebens so oft über das von der Kirche als wahres und rechtes Gefühl Sanktionierte hinausführte. Sowenig die Kirche der äufseren Erfahrung freies Spiel gewähren konnte, sowenig durfte sie es wagen, die innere Erfahrung ihren eignen Wegen zu überlassen. Sie erblickte eine Gefahr darin, dafs der Mensch durch das Zurückziehen in sich selbst in unmittelbare Beziehung mit dem höchsten Wertvollen treten und somit von der Kirche unabhängig werden könnte. Es ahnte ihr, dafs die Selbsterkenntnis ebensowohl als die Naturerkenntnis Möglichkeiten geistiger Befreiung darbot und einer ganz anderen Weltauffassung als der theologischen den Weg öffnete. — Indes war es nicht nur die ängstliche Beschränkung auf religiöse Stimmungen, die die Entwickelung der inneren Erfahrung hemmte. Auch hier wirkte der Dualismus und verhinderte die Anerkennung sowohl einer wirklichen Gesetzmäfsigkeit auf dem inneren Gebiete als eines natürlichen Zusammenhanges des Seelischen und Körperlichen. Das Seelenleben liefs sich nicht recht verstehen, solange sich keine freiere und umfassendere Naturauffassung entwickelt hatte. —

Die Bedeutung der Renaissance ist nun die, dafs sie diejenige Periode bezeichnet, während der die Schranken und Einseitigkeiten der mittelalterlichen Lebensanschauung sich mittels neuer Erfahrungen und Gesichtspunkte bekämpfen liefsen. Wie verschiedenartige Erscheinungen uns auch in der Philosophie der Renaissance aufstofsen mögen, gemeinschaftlich ist ihnen dennoch grofse Begeisterung für und Vertrauen auf die Natur, das Streben, eine einheitliche Auffassung des Daseins durchzuführen und die Gesetzmäfsigkeit und Berechtigung des natürlichen menschlichen Lebens zu behaupten. Die Renaissance beginnt mit letzterem Punkt, mit der Behauptung des Rechtes der menschlichen Natur, und führt später zur Entwickelung einer neuen Naturauffassung und einer neuen Naturforschung.

A. Die Entdeckung des Menschen.

2. Der Humanismus.

Es war kein Zufall, dafs Italien die Heimat der Renaissance und somit die Wiege des modernen Denkens wurde. In Italien hatte sich der Zusammenhang mit dem Altertum am besten erhalten, und als die Litteratur des Altertums wieder ans Licht gezogen wurde, konnten die Italiener sich diese auf ganz speziell selbständige Weise zu eigen machen, weil sie das Werk ihres eigenen Altertums, Fleisch von ihrem Fleische und Bein von ihrem Bein war. Auch der griechischen Litteratur, die im 15. Jahrhundert aufs neue der Gegenstand begeisterten Studiums wurde, standen die Italiener in mehreren Beziehungen verständnisvoller gegenüber, als die nördlicheren Völker. Dieses allgemeine Zurückkehren zur Litteratur des Altertums, zum Studium der antiken Geschichte, Poesie und Philosophie hatte die grofse kulturhistorische Bedeutung, dafs man nun darüber ins klare kam, dafs auch aufserhalb der Kirche und des Christentums ein menschliches Geistesleben existierte, welches seine eignen Gesetze befolgte und seine eigne Geschichte besafs. Die geistige Welt wurde erweitert und eine vergleichende Betrachtung der menschlichen Verhältnisse ermöglicht. Bei mehreren Denkern der Renaissance finden wir bereits die komparative Methode zum Verständnis des Menschlichen angewandt. Überdies konnten die Werke des Altertums als Vorbilder dienen, die den Gedanken leiteten, bis dieser selbständiger thätig sein konnte. Viele Gedankenkeime, die im Altertum erst eben ihr Wachstum begonnen hatten, um dann durch des Mittelalters für freie Geistesentwickelung so rauhe Zeit gehemmt zu werden, waren nun der Entfaltung fähig. Nach langem, tiefem Schlafe suchte das Denken die Arbeit da wiederaufzunehmen, wo es diese gegen Ende des Altertums eingestellt hatte.

Dafs aber lebhaftes Verständnis und selbständige Aneignung der Litteratur des Altertums möglich wurden, ist wieder Italiens geschichtlichen Verhältnissen zu verdanken. Die Teilung in viele kleine Staaten, fortwährende Tummelplätze innerer

politischer Kämpfe, während deren gewöhnlich kein Mittel zur
Erlangung und Behauptung der Gewalt gescheut wurde, führte
die Auflösung der gesellschaftlichen Ordnung des Mittelalters
herbei. Im Mittelalter wurde der Mensch nach seiner Verbindung mit der Kirche und der Korporation geschätzt. Der
natürliche Mensch mit seinem rein individuellen Gefühlsleben
wurde nicht beachtet und nicht für berechtigt angesehen. Die
politischen Kämpfe ringsumher in den Städten hatten nun
dagegen ein rücksichtsloses Trachten entwickelt, seine eigene
Persönlichkeit zur Geltung zu bringen, ein Trachten, das
natürlich nur bei den glücklichen Gewalthabern zu ergiebigeren
Erfolgen führte. Anderseits mußte die in den italienischen
Staaten schaltende Gewaltherrschaft viele Einzelne vom öffentlichen Leben zurückhalten und, da das Bedürfnis, die Individualität geltend zu machen, allerdings erregt war, dieselben
auf die möglichst weite und freie Entwickelung ihrer Persönlichkeit unter den Verhältnissen des Privatlebens und in
künstlerischem und litterarischem Interesse verweisen. Es ist
das Verdienst Burkhardts (in seinem Werke über die
Kultur der Renaissance), nachgewiesen zu haben, wie der Hang
zum Individualismus und das Bedürfnis rein persönlicher Entwickelung im 14. und 15. Jahrhundert unter dem Einfluß der
historischen Verhältnisse in Italien entstehen mußten. Es war
also nicht die äußere Entdeckung der Litteratur und Kunst
des Altertums allein, die die italienische Renaissance bedingte.
Denn in diesem Falle wäre letztere eine rein wissenschaftliche
Bewegung, ein vorwiegend rezeptiver Prozeß gewesen. Vor
allen Dingen öffnete die praktische Entdeckung der menschlichen Natur ein Gebiet — für jeden Einzelnen das zunächst
liegende Gebiet —, auf welchem sich reichlicher Platz und
guter Anlaß fanden, sowohl Erfahrungen zu machen, als eine
Entwickelungsarbeit zu unternehmen. Was das Mittelalter in
der Form der religiösen Mystik nur zur Möglichkeit gemacht
hatte, wurde nun weiter fortgeführt und von Schranken und
Banden befreit. Das individuelle Seelenleben wird als Realität
gefühlt und erregt Interesse an und für sich, ohne Rücksicht
darauf, woran es geknüpft ist. Es war eine Entdeckung von
nicht geringerer Bedeutung als die Entdeckung des neuen

Weltteils der Erde und der neuen Welten im Himmelsraum.
Bei den Dichtern (Dante, Petrarca) tritt das Interesse für das
eigne Ich und die Beschäftigung mit diesem und den Ereignissen im Inneren natürlich zuerst und im gröfsten Stile
hervor.

Der Humanismus bezeichnet deswegen nicht nur eine
litterarische Richtung, eine Schule von Philologen, sondern
auch eine Lebensrichtung, charakterisiert durch das Interesse
für das Menschliche sowohl als Gegenstand der Betrachtung,
als auch als Grundlage des Handelns. Sowohl in der Litteratur als im Leben ist er eine Richtung, die äufserst viele
Verschiedenheiten darbietet. Die Kirche zeigte sich ihm eine
Zeitlang günstig gesonnen, und das humanistische Interesse
herrschte sogar eine Weile auf dem päpstlichen Stuhle. Wenn
Pius II. den Kreuzzug predigen liefs, geschah dies vielleicht
wesentlich zur Rettung der Zivilisation; seiner Überzeugung
nach war Rom jetzt, nachdem Konstantinopel gefallen war, die
letzte Zuflucht der Litteratur, und den Fall der griechischen
Kaiserstadt betrauerte er vielleicht mehr aus humanistischen,
als aus religiösen Motiven. Der Humanismus trägt etwas Unbestimmtes in seinem Charakter. Er bezeichnet die Entdeckung des Menschlichen; wie dieses Menschliche aber aufzufassen und wie dessen Entwickelung zu suchen sei, bleibt
noch ins ungewisse dahingestellt. Eine Zeitlang sah es aus,
als könnten das Humane und das Überlieferte friedlich miteinander zusammengehen. Der neue Inhalt sprengte jedoch
bald die alten Lederschläuche.

Hier ist es nun unsere Aufgabe, zu zeigen, wie bei den
Denkern des Zeitraums auf Basis des praktischen Interesses
für das Menschliche eine Reihe von Versuchen auftreten, dasselbe ebenfalls theoretisch aufzufassen und zu verstehen. Es
sind Versuche, die Psychologie und die Ethik von der Theologie zu emanzipieren, die wir hier hervorzuziehen haben.

3. Pietro Pomponazzi und Nicolo Machiavelli.

Das gesamte Denken des Mittelalters hatte ja auf antiker
Grundlage geruht, indem es sich auf Aristoteles stützte, dessen
Ideen es den Forderungen der Dogmen entgegen gebeugt hatte.

Im Gegensatz zu dieser „lateinischen" Erklärung des Aristoteles standen aber teils die alten griechischen Erklärer, die seine Lehre naturalistischer auffaßten, teils die arabischen Erklärer, in erster Reihe Averrhoes, die seine Lehre in pantheistischem Geiste auffaßten. In der Frage, wiefern Aristoteles die Unsterblichkeit der Seele lehre, stießen die drei Gruppen der Erklärer gegeneinander. Nach den griechischen Erklärern, die man im Mittelalter nicht berücksichtigte, lehrte Aristoteles eine natürliche Entwickelung des Seelenlebens aus niederen in höhere Stufen, so zwar, daß sogar die höchste Stufe nicht von den natürlichen Bedingungen unabhängig sei. Der Averrhoistischen Erklärung zufolge wird die höchste Form des Denkens nur dadurch möglich, daß der Mensch der ewigen Vernunft teilhaft wird; dieses Teilhaftwerden dauert aber nur eine Zeitlang, und nicht die individuellen Seelen sind unsterblich, sondern die universelle Vernunft, deren jene in ihren höchsten Denkakten momentan teilhaft werden. Dagegen behaupteten die theologischen Aristoteliker, Thomas Aquinas an der Spitze, die Unsterblichkeit der Seele als einen Lehrsatz, der durch das Vermögen der Seele, das Universelle und Ewige zu erkennen und zu wollen, begründet wird.

Diese so streitige Frage erörterte Pietro Pomponazzi in einer merkwürdigen kleinen Schrift *(de immortalitate animi* 1516). Mit Recht hat man in dieser Schrift die Einleitung zur Philosophie der Renaissance erblickt. Diesen Platz verdient sie wegen der Weise, wie das Problem behandelt wird. Sie untersucht allerdings eigentlich nur, was die eigentliche Meinung des Aristoteles sei, erklärt aber zugleich, die Frage der natürlichen Vernunft gemäß von aller Autorität unabhängig erörtern zu wollen. Und ihr Streben geht darauf aus, den natürlichen Zusammenhang des Seelenlebens und zugleich die Möglichkeit eines ethischen Lebenswandels auf dem Boden der Natur zu behaupten. Pomponazzi war ein berühmter Lehrer der Philosophie, anfangs in Padua, später in Bologna. Über seine persönlichen Verhältnisse ist nur wenig bekannt. Er wurde 1462 in Mantua geboren und starb 1525 in Bologna. Er war ein ausgezeichneter Disputator und Redner; seine Schriften haben indes in litterarischer Beziehung keine Vorzüge.

Sowohl dem Thomas als dem Averrhoes gegenüber legt Pomponazzi Gewicht auf die von Aristoteles in seiner Physik gelehrte gesetzmäfsige und kontinuierliche Entwickelung, die keine Sprünge und keine Einführung ganz neuer, durch die vorhergehende Entwickelung nicht vorbereiteter Prinzipien gestattet. Diesen Gedanken führt er noch weiter durch als sein eigner Meister, Aristoteles, welcher lehrte, die höchste Thätigkeit der Vernunft („die aktive Vernunft") lasse sich nicht aus der successiven Entwickelung erklären. Wie sie denn aufzufassen und zu erklären sei, darüber hatte Aristoteles sich nicht geäufsert und eben deswegen die widerstreitenden Erklärungen veranlafst. Dafs selbst das höchste Denken nicht von natürlichen Bedingungen unabhängig sein könne, beweist Pomponazzi namentlich durch den von Aristoteles ausdrücklich aufgestellten Satz, alles Denken setze Vorstellungen voraus, die von Anfang an mittels sinnlicher Wahrnehmung gegeben sein müfsten. Und er behauptet, die Aristotelische Definition der Seele als Form des Körpers oder als dessen vollkommene Wirklichkeit ermögliche auch nicht die Annahme eines selbständigen Bestehens der Seele.

Werden nun aus diesem Ergebnis nicht in ethischer Beziehung bedenkliche Konsequenzen entstehen, indem die Aussichten auf Belohnung oder Strafe nach dem Tode für den natürlichen Menschen alsdann ja keine Motive werden können? Pomponazzi behauptet im Gegenteil, diese Aussichten seien in ethischer Beziehung bedenklich, da sie den Menschen verhinderten, das Gute um des Guten willen zu thun. Die volle Entwickelung der Natur des Menschen auf den verschiedenen Gebieten finde ihre Befriedigung in sich selbst. Und während die wissenschaftliche und künstlerische Entwickelung nicht allen in gleichem Mafse zu teil werde, gebe es eine Entwickelung, von der niemand ausgeschlossen sei, die ethische Entwickelung. Und diese trage ihr Ziel und ihren Wert in sich selbst. Der Lohn der Tugend sei eben die Tugend, die Strafe des Lasterhaften eben das Laster. Der Mensch möge darum sterblich sein oder auch nicht, so sei der Tod doch gering zu schätzen, und wie es sich auch mit dem Zustand nach dem Tode verhalte, so dürfe man nicht von dem Wege des Guten abweichen. — Diese Äufserungen, die sich im 14. Kapitel des Buches finden, erinnern einerseits an die Apologie des Sokrates, und deuten anderseits vorwärts auf Spinozas und Kants Auffassung des Ethischen. Es waren freilich mehrere Humanisten mit der Idee einer selbständigen Ethik aufgetreten; bei Pomponazzi erhält diese Idee aber besondere Bedeutung wegen des Zusammenhangs mit einem speziell religiösen Problem, in welchem sie erscheint.

Die Unsterblichkeitsfrage ist nach Pomponazzi ein unlösbares Problem (problema neutrum); man kann in seinem Geiste hinzusetzen: auch in dem Sinne ein neutrales Problem, dafs von dessen Beantwortung keine wirklich ethischen Werte abhängig sind. Es kommt aber bei dergleichen Fragen darauf an, zur Entscheidung zu kommen, wie weit unsere Erkenntnis wirklich zu reichen vermag. Augenscheinlich ist für Pomponazzi das Hauptinteresse seiner Untersuchung an das Licht verknüpft, das sie auf die Natur unserer Erkenntnis wirft. Das Problem gibt nur den Anlafs. Er unterscheidet scharf zwischen dem Standpunkt des Philosophen und dem des Gesetzgebers. Für den Gesetzgeber drehe es sich um das Auffinden von Motiven, die den Menschen rechtschaffen zu machen vermöchten, und dieser könne es vielleicht richtig finden, sich des Glaubens an die Unsterblichkeit als erziehenden Motives zu bedienen; der Philosoph habe nur nach der Wahrheit zu fragen, ohne sich durch Furcht oder Hoffnung beirren zu lassen. Ein ähnlicher Gegensatz, lehrt Pomponazzi, sei im einzelnen Menschen zu finden. Mit der Vernunft suche dieser nur, aus gegebenen Voraussetzungen richtige Schlüsse zu ziehen; zu welchen Resultaten die Vernunft kommen müsse, das beruhe daher nicht auf dem Willen des Menschen. Mit seinem Willen könne der Mensch an einem Glauben festhalten, den seine Vernunft nicht zu begründen vermöge. Pomponazzi unterscheidet also zwischen Glauben und Wissen, und rücksichtlich der endlichen Entscheidung des von ihm behandelten Problems kann er sich daher der Lehre der Kirche unterwerfen. Während der Scholastiker Duns Scotus zwei Jahrhunderte früher geäufsert hatte, es könne etwas für den Philosophen wahr sein, ohne für den Theologen wahr zu sein, wird

Pomponazzis Auffassung sich zunächst durch den Satz ausdrücken lassen, es könne etwas für den Theologen wahr sein, ohne für den Philosophen wahr zu sein. Man bedenke, dafs er als Philosoph mit einem problema neutrum schlofs. Es ist deshalb auch kein Grund, zu bezweifeln, dafs diese Lehre vom Glauben und Wissen völliger Ernst war, und dieselbe für Ironie oder einfach für eine Ausflucht zu halten[1]). Er macht den Eindruck einer suchenden Natur, die mit vollem Ernst zur Forschung schreitet. Er vergleicht den Philosophen mit Prometheus, weil er bei seinem Trachten, die göttlichen Geheimnisse zu erforschen, fortwährend von unruhigen Gedanken zernagt wird. Mag sein, dafs die Vernunft bei ihm mehr entwickelt war als der Wille, der ihn an den Glauben binden sollte, darum kann es ihm aber sehr wohl Ernst gewesen sein, wenn er die Ansprüche beider wahren wollte. Nur vermifst man bei ihm eine nähere Entwickelung des Zusammenhanges zwischen Willen und Glauben. Er beschränkt sich darauf, auf den Willen als Grundlage des Glaubens zu verweisen, ohne eine fernere Erklärung zu geben, obschon eine solche von grofsem Interesse sein würde. —

Aufser der hier besprochenen Schrift hat Pomponazzi auch über Zauberei geschrieben und eine natürliche Erklärung von Ereignissen zu geben gesucht, die als Wirkungen übernatürlichen Eingreifens ausgelegt wurden. Dieses Werk ist von Interesse wegen des Strebens, das Prinzip der natürlichen Ursachen zu behaupten, wenngleich die Ursachen, die er benutzt, nach unserer Auffassung ebenfalls unter den Begriff des Aberglaubens gehören. Es ist nämlich besonders der Einflufs der Sterne, auf den er sich stützt, ein Einflufs, den die damalige Zeit ja nicht als übernatürlich betrachtete. — In einer dritten Schrift erörtert er das Problem von der göttlichen Vorherbestimmung und dem Willen des Menschen. Scharfsinnig weist er den stattfindenden Widerspruch nach. Als Philosoph beruft er sich auf das erfahrungsmäfsig Feststehende: auf die Realität des menschlichen Willens; dessen Verhalten zur göttlichen Thätigkeit läfst er als unlösbares Problem dahingestellt bleiben, indem er sich ebenfalls hier der Distinktion zwischen Glauben und Wissen bedient.

Diese Distinktion half ihm übrigens nichts. In Venedig liefs die Inquisition sein Werk „de immortalitate" verbrennen, und hätte er nicht an dem Kardinal Bembo, dem Freunde des Papstes Leo X., einen mächtigen Beschützer besessen, so wäre ihm vielleicht dasselbe Schicksal zu teil geworden, wie seinem Buche. —

Beim ersten Anblick möchte es sonderbar scheinen, Machiavelli neben Pomponazzi zu stellen. Der florentinische Staatsmann scheint mit dem bolognesischen Scholastiker nichts zu thun zu haben. Und doch hatten die gemeinschaftlichen Feinde dieser beiden gleichzeitigen Denker wohl kaum unrecht, wenn sie meinten, sie seien aus demselben Holze geschnitten. Es war der antike Glaube an die menschliche Natur, dessen Wiedergeburt beide bezweckten, jeder auf seine Weise. Und beide waren stark von den Verfassern des Altertums beeinflufst. Wie Pomponazzi die naturalistische Psychologie und Ethik des Aristoteles fortzusetzen suchte, so erscheint Machiavelli an wichtigen Punkten als unter dem Einflusse des griechischen Geschichtsschreibers Polybios stehend, der wiederum auf die Auffassung älterer griechischer Denker von dem Entwickelungsverlaufe der Staaten zurückweist. Es waren aber Machiavellis eigene Beobachtungen über die Begebenheiten der damaligen Zeit, in die er selbst verwickelt war, die das Bedürfnis in ihm entstehen liefsen, auf das Altertum zurückzugehen. Nicolo Machiavelli wurde 1469 in Florenz aus einer alten, angesehenen Familie geboren, die bessere Tage erlebt hatte. Früh trat er als Diplomat in den Dienst der republikanischen Regierung seiner Vaterstadt und besuchte als deren Botschafter den Papst Julius II., Cesare Borgia, Kaiser Maximilian und König Ludwig XII. Hierdurch erhielt er reichliche Gelegenheit, Beobachtungen über Menschen und Begebenheiten anzusammeln. Verhängnisvoll für die Entwickelung seiner Anschauungen war es, dafs gerade während dieser Periode der italienischen Geschichte List und Intriguenspiel, Tücke und Grausamkeit die Mittel waren, die die politischen Entscheidungen herbeiführten. Er selbst macht in seiner florentinischen Geschichte (in der Einleitung des 5. Buches) die Bemerkung über die Geschichte Italiens im 15. Jahrhundert,

man könne dem Treiben der damaligen italienischen Fürsten
weder Grofsheit noch Hochherzigkeit nachrühmen, obgleich die
Geschichte darum nicht weniger Stoff zur Betrachtung gebe,
wenn man sehe, wie so edle Völkerschaften durch schwache
und schlecht geführte Waffen gezügelt würden. Machiavelli
mufste durch seine Lebenserfahrungen zu dem Resultat kommen, dafs Klugheit und Kraft die einzigen notwendigen Eigenschaften eines Staatsmannes seien. Er selbst erscheint nicht
als überlegener Politiker; seine Gröfse liegt in der Welt des
Gedankens, nicht in der der Handlung. Und doch war er
tief betrübt, als er gezwungen ward, letztere Welt mit ersterer
zu wechseln. Als die Mediceer die freie Verfassung von Florenz umstürzten (1512), wurde Machiavelli verabschiedet, und
während des gezwungenen Privatlebens, das er hierauf eine
Reihe von Jahren führte, verfafste er seine berühmten Werke.
Hätte er sein politisches Unglück mit gröfserer Würde getragen, wären vielleicht auch seine litterarischen Werke in
einem höheren Stile gehalten worden. Nun arbeitete er
namentlich dasjenige seiner Werke, das sein berühmtestes geworden ist, das Buch von dem Fürsten *(Il principe)*, mit dem
Zweck vor Augen aus, sich die Gunst der Mediceer zu verschaffen. Zum Teil erreichte er diesen Zweck allerdings; zu
leugnen steht es aber nicht, dafs sein Charakter hierdurch
befleckt wurde, und dafs er mit der politischen Gewalt eines
einzelnen Geschlechtes vor Augen dahin geriet, die individuelle
Willkür und Rücksichtslosigkeit in der Politik stärker zu betonen, als er dies sonst vielleicht gethan hätte. Oft sieht es
in seinen Schilderungen aus, als ob es in letzter Instanz gleichgültig wäre, welchen Zweck der Gewalthaber durchzusetzen
willens sei, und als ob er es jedenfalls als seine Aufgabe betrachtete, für die verschiedenen Zwecke, auf deren Aufstellung
man verfallen möchte, Anleitungen zu geben. Nicht nur im
„Fürsten", sondern auch in seinem eigentlichen Hauptwerke,
den *Discorsi*, Abhandlungen über die ersten zehn Bücher des
Livius, legt dies sich an den Tag. Wer eine Republik gründen
wolle, müsse es so und so anfangen, eine Monarchie, so und
so, eine Alleinherrschaft, so und so. Und dennoch ist es sicher,
dafs es **einen** Zweck gab, für den Machiavellis Herz schlug,

und den er während des diplomatischen Intriguenspiels sowohl als während der Ausarbeitung seiner Werke im tiefsten Innern mit seinem Gedanken umfaſste, Italiens Einheit und Gröſse nämlich. Auſserdem ist es sicher, daſs er sich stets als Republikaner fühlte; dies ist aus den Ratschlägen zu ersehen, die er den Mediceern inbetreff der florentinischen Verfassung erteilte. Und endlich: es schwebte seinem Geiste ein Menschenideal der Gesundheit, Kraft und Weisheit vor, das über die Jämmerlichkeit, von der er sich umgeben fühlte, und die Verkümmerung, welche die mittelalterliche Kirche über die menschliche Natur ausgebreitet hatte, hoch emporragen sollte. Dies war der Punkt, an dem er selbst auf die Antike zurückblickte und deren Nachahmung verlangte. Obwohl er selbst ein Dichter war und mit Dichtern verkehrte, und obwohl er selbst ziemlich viel des ungezügelten Genuſsmenschen in sich hatte, war die ästhetische Renaissance ihm doch nicht genügend, ebensowenig wie das Evangelium des Genusses ihm das höchste war. Es war die Renaissance der Kraft und der Gröſse, die er forderte. „Wenn ich," sagt er (in der Einleitung zum 1. Buch der Discorsi), „die Ehrfurcht betrachte, die das Altertum allen Menschen einflöſst, wie man z. B. für das Bruchstück einer antiken Statue eine groſse Summe Goldes gibt, um es als Zierde seines Hauses und als Vorbild für die Künstler beständig vor Augen zu haben, während ich anderseits sehe, daſs die wunderbaren Thaten, die nach dem Berichte der Geschichte in den alten Staaten von deren Fürsten, Feldherren, Bürgern und Gesetzgebern und allen denen, die an der Gröſse ihres Vaterlandes arbeiteten, ausgeführt wurden, vielmehr kalte Bewunderung als Nachahmung erregen, ja, daſs im Gegenteil jedermann alles zu vermeiden scheint, was an dieselben erinnern könnte, so daſs wir jetzt nicht die geringste Spur der antiken Tugend zurückhaben, so muſs ich mich hierüber sowohl verwundern als beklagen." In seinen höchsten Ideen ist er mit dem groſsen Geiste verwandt, der in Michelangelos vorzüglichsten Werken hervortritt. Es war aber sein tragisches Schicksal, daſs die groſsen Zwecke so oft gegen die Mannigfaltigkeit der Mittel zurückstehen muſsten. Er war dermaſsen von dem Gedanken erfüllt, daſs es nichts nütze, einen noch so edlen Zweck zu haben, wenn man keine kräftigen Mittel besitze, diesen auszuführen, — dafs er zuletzt den Zweck über den Mitteln vergafs oder zu untersuchen unterliefs, ob die Mittel, die er bewunderte, auch wirklich und andauernd für die grofsen Zwecke wirken würden, die ihm zweifelsohne die höchsten waren. Er wurde von der Kraft des Mittels so benommen, dafs er schliefslich diesem an und für sich, getrennt von dem Zwecke, der es heiligen sollte, Wert beilegte. Als echter Renaissancemensch bewundert er die Kraftentfaltung an und für sich, einerlei, in welcher Richtung die Kraft wirken möge. Obgleich er sich wider die rein ästhetische Renaissance äufsert, hat er sie doch selbst auf einem Gebiete eingeführt, wo es gerade darauf ankommt, die Kraft stets durch den Zweck bestimmt zu sehen. Der Widerspruch, der an diesem Punkte in seinen Schriften und zwar besonders im „Fürsten" erscheint, hat oft dahin geführt, dafs er höchst ungerecht beurteilt wurde. Und der nämliche Widerspruch war das Schicksal seines Lebens, um nicht zu sagen seine Schuld. Als die Mediceer nach der Einnahme Roms von den Kaiserlichen 1527 wieder vertrieben wurden, wollten seine Landsleute nach Wiederherstellung der freien Verfassung seine Dienste nicht annehmen, weil sie ihn als einen Überläufer betrachteten. Hierdurch wurde ihm das letzte Jahr vergällt. Ein ihm übrigens nicht geneigter Zeitgenosse sagte nach seinem Tode von ihm: „Ich glaube, dafs seine eignen Verhältnisse ihn schmerzten; denn er liebte die Freiheit wirklich, und zwar in mehr als gewöhnlichem Mafse. Es quälte ihn aber, dafs er sich mit dem Papste Klemens eingelassen hatte." Er starb 1527.

Als eine Unterströmung geht durch Machiavellis Werke ein fortwährender Vergleich der antiken Moral mit der christlichen. Er hat sich (in den Discorsi) die Aufgabe gestellt, „die antiken Begebenheiten mit den modernen zu vergleichen"; aber auch wo er einen solchen Vergleich nicht ausdrücklich anstellt, läfst sich dieser in der Auffassung und der Darstellungsweise spüren. Er will sich nicht mit dem Erzählen und Beschreiben begnügen; er will zugleich die Ursachen des Unterschiedes zwischen dem Alten und dem Neuen ausfindig machen, und das kann er nicht, ohne auf den grofsen Gegensatz zwischen der antiken und der mittelalterlichen Lebensanschauung zurückzugehen. Deswegen wird Machiavelli der am bewufstesten ausgeprägte Repräsentant des Gegensatzes zum Mittelalter.

Im Mittelalter stand es als Aufgabe des Staates da, den Menschen zu ihrem höchsten Ziel, der Seligkeit im Jenseits, zu helfen. Der Fürst sollte zwar nicht direkt, aber doch mittelbar, besonders indem er für die Erhaltung des Friedens Sorge trug, hierfür thätig sein. In dieser Richtung geht Thomas Aquinas' Auffassung des Staates. Dem Machiavelli dagegen besitzt der nationale Staat seinen Zweck in sich selbst. Dessen Kraft und Gesundheit im Innern, dessen Macht und Erweiterung nach aufsen, darauf kommt alles an. Und er denkt nicht an einen idealen Staat, sondern an bestimmte, wirklich gegebene Staaten. „Da ich gesonnen bin," sagt er (Il principe, Kap. 15), „Sachen zu schreiben, die meinen Lesern von Nutzen sein können, scheint es mir besser, bei der Wirklichkeit der Dinge zu bleiben, als mich leeren Spekulationen zu überlassen. Es gibt viele, die sich nie gesehene oder gekannte Republiken und Fürstentümer ersonnen haben. Wozu aber diese Phantasien? Es ist eine so grofse Entfernung von der Weise, wie man lebt, bis zu der Weise, wie man leben sollte, dafs man durch das ausschliefsliche Studium der letzteren vielmehr sich verderben, als sich aufrecht erhalten lernt. Wer sich in allem und überall als rechtschaffener Mann betragen will, mufs unvermeidlich unter so vielen Bösen zu Grunde gehen. Ein Fürst, der die Gewalt behaupten will, mufs deshalb lernen, nicht immer gut zu sein, sondern das Gute und das Böse je nach Bedürfnis zu benutzen." Und hiermit übereinstimmend heifst es in der Abhandlung über Livius: „Überall, wo ein Entschlufs zu fassen ist, von dem das Wohl des Staates abhängt, darf man sich nicht durch die Rücksicht auf Gerechtigkeit oder Ungerechtigkeit, Menschlichkeit oder Grausamkeit, Ehre oder Schande aufhalten lassen, sondern mufs man, sich über alles andere hinwegsetzend, das ergreifen, was den Staat retten und dessen Freiheit erhalten kann." (Discorsi, III, 41.) Wer sich nicht auf diese Weise der gewöhnlichen moralischen Vorstellungen entäufsern könne, müsse als Privatmann leben und sich nicht unter die Herrschenden hervorwagen (I, 26).

Es ist nicht klar ersichtlich, ob Machiavelli diejenige Gerechtigkeit und Ehrliebe, die in gewissen Fällen die erforderliche politische Handlung verhindern, für wirkliche oder nur für eingebildete Tugenden hält. An einzelnen Orten (z. B. im Principe Kap. 8) redet er von Eigenschaften, die scheinbar Tugenden seien und doch den Untergang des Fürsten herbeiführen könnten. Auf die hier entstehenden grofsen Probleme, nämlich auf das Verhältnis zwischen der Ethik des Privatmannes und der des Staatsmannes, läfst er sich nicht näher ein. Sollte sich hier ein prinzipieller Gegensatz zwischen zwei Arten der Tugend finden? Oder wäre es nicht ein Mifsverständnis, eine Eigenschaft, die den ganzen von der Wertschätzung betroffenen Kreis an dem Gewinn eines Gutes verhindert, eine Tugend zu nennen? Machiavelli macht sich hier einer Zweideutigkeit schuldig, die mehrere moderne Deklamatoren wider die „Moral" mit ihm teilen. Es scheint, als wolle er über den Gegensatz zwischen Gut und Böse hinaus, und doch bezweckt er nur eine neue Wertschätzung, also eine neue Anwendung der Begriffe Gut und Böse. Diese neue Wertschätzung wird indes, wie schon nachgewiesen, eine unsichere bei ihm, weil das Verhältnis der Macht zum Zwecke, dem die Macht dienstbar sein soll, nicht klar ist. Die ästhetische Bewunderung der rücksichtslosen Kraftentfaltung drängt den Gedanken an den heiligenden Zweck zurück. Sein Tadel ist gegen die Menschen gerichtet, weil sie weder zum Guten noch zum Bösen Energie zeigten: kleine Verbrechen fürchte man nicht, vor Verbrechen in grofsem Stil, „deren Gröfse die Schande vertilgen würde", schrecke man zurück. Im Jahre 1505 wagte sich der Papst Julius II. mit seinen Kardinälen ohne ein Heer in Perugia hinein, um Baglioni, den Alleinherrscher dieser Stadt, abzusetzen. Dafs Baglioni die Gelegenheit nicht benutzte, um sich des tollkühnen Papstes zu bemächtigen und sich somit auf einen Schlag von seinem Todfeinde zu befreien, grofse Reichtümer zu erwerben und den Fürsten der Kirche eine nützliche Lehre für die Zukunft zu erteilen, geschah sicherlich nicht aus moralischen Gründen; denn Baglioni war ein Mann, der nicht vor Blutschande und dem Mord naher Anverwandter zurückbebte. „Man zog hieraus den Schluſs, daſs die Menschen im Verbrechen nicht die Würde zu wahren wissen, ebensowenig wie sie fähig sind, vollkommen gut zu sein, daſs sie aber vor einem Verbrechen zurückschaudern, wenn es den Stempel der Gröſse und Erhabenheit trägt." (Discorsi, I, 27.)

Machiavelli greift also das Kleinliche, Matte und Furchtsame an, und dieses ist der eigentliche Gegenstand seines Tadels gegen die Zeitgenossen, wie auch aus seiner florentinischen Geschichte zu ersehen ist. Fragte er nun, weshalb man sich so weit von der Gröſse des Altertums entfernt habe, so fand er den Grund in der Erziehung, deren Folgen Schwächung und Verkümmerung seien, und die Erziehung stehe wieder mit der Religion in Verbindung. Die Alten hätten die Ehre, Geistesgröſse, körperliche Stärke und Gesundheit geliebt, und die alten Religionen den Sterblichen, die sich als groſse Feldherren, Helden oder Gesetzgeber Verdienst eingelegt hätten, göttliches Ansehen verliehen. Ihre religiösen Zeremonien seien prachtvoll und oft mit blutigen Opfern vereint gewesen, die den Gemütern notwendigerweise Neigung zur Wildheit eingegeben hätten. Unsere Religion dagegen verlege das höchste Ziel nach einer anderen Welt und lehre uns die Ehre dieser Welt geringschätzen. Sie verherrliche die Demut und die Selbstverleugnung und stelle das stille, beschauende Leben höher als das praktische, nach auſsen gerichtete. Wenn sie Kraft von uns verlange, sei es vielmehr Kraft zum Leiden, als zum Handeln. Diese Moral habe die Menschen schwach gemacht und tollkühnen Gewaltthätern die Welt übergeben, die entdeckt hätten, daſs die meisten Menschen in der Hoffnung auf das Paradies gesonnen seien, Beleidigungen lieber zu erdulden, als zu ahnden. (Discorsi, II, 2.) Machiavelli setzt freilich hinzu, dies sei eine falsche Auslegung des Christentums, die der menschlichen Feigheit zu verdanken sei; es ist aber doch wohl kaum seine Meinung, hiermit den ganzen Vergleich der antiken Moral mit der christlichen zurückzunehmen, und welcher Seite seine eigene Sym-

pathie sich zuneigt, ist klar genug. Ihm ist die Religion
wesentlich ein Mittel in der Hand des Gesetzgebers. Dieser
bedürfe derselben als Stütze der Gesetze. Der Weise sehe
vieles voraus, das die Menge nicht ahne und nicht glauben
wolle, und dann müfsten die Götter hinzutreten und die notwendigen Gesetze sanktionieren. Dies bezeuge die Geschichte
Lykurgs und Solons, und Savonarola habe so starke Einwirkung auf seine Landsleute gehabt, weil man (ob mit Recht
oder Unrecht) glaubte, er stünde mit Gott in unmittelbarem
Verkehr. Die Religion sei eine feste Grundlage, die namentlich zur Erhaltung der Einheit und der guten Sitten des Volkes
diene. Numas religiöse Institutionen hätten zum wesentlichen
Teil die Kraft und Gröfse des römischen Reiches begründet,
und jeder kluge Fürst müsse die nationale Religion beschützen,
sogar wenn er sie persönlich für einen Irrtum ansehe. (Discorsi,
I, 11—12.)

Machiavelli hat nicht das Gefühl, dafs die Religion eine
geistige Macht ist, die sich ihren eignen unwillkürlichen Gesetzen gemäfs entfaltet, und die der Politik deshalb nicht
immer ohne weiteres dienstbar oder verfügbar ist. Er verläfst sich überhaupt zu sehr auf schlaue Berechnungen, willkürliches Eingreifen und Gleichförmigkeit der Verhältnisse und
übersicht, dafs das Grofsartigste in der Geschichte häufig wie
ein Strom kommt, der plötzlich aus bisher unsichtbaren Quellen
hervorrauscht. Allerdings hebt er selbst die Mannigfaltigkeit
grofser und nicht vorherzusehender Ereignisse hervor, die sein
Zeitalter erlebte, und die zu dem Glauben führen könnten,
„Gott und das Schicksal" leukten alles. Er meint aber doch
nicht, dafs der menschliche Wille darum ohnmächtig sei.
Gegen eine reifsende Sturmflut sei im Augenblick vielleicht
nichts auszurichten; wenn das Unwetter vorüber sei, könnten
wir aber Kanäle graben und Deiche bauen, so dafs die Verwüstung das nächste Mal weniger bedeutend würde. Das
Schicksal werde namentlich da walten, wo kein Widerstand
vorbereitet sei. (Il principe, Kap. 25.) Er bringt das Unwillkürliche hier aber in gar zu äufserliche Beziehung mit
dem Willkürlichen. Ein Staatsmann, der ganz aufserhalb der
grofsen geistigen Strömungen steht, wird schwerlich ein solches

Verständnis derselben besitzen, dafs er auf rechte Weise Kanäle ziehen und Deiche bauen kann. — Machiavelli legt grofses Gewicht auf die Notwendigkeit, dafs Institutionen und Verfassungen — sowohl religiöse als politische — von Zeit zu Zeit durch die „Zurückführung auf ihr Prinzip" wiedergeboren werden. Im Laufe der Zeit kämen Hinzufügungen und Änderungen, die die Quelle ihrer wesentlichen Kraft verhunzen könnten. Es komme dann darauf an, des Anfangs zu gedenken, sich des Ursprungs zu entsinnen. Der Anlafs hierzu könne durch äufsere Unfälle gegeben werden, wie damals, als Rom nach den Kriegen mit den Galliern zur Wiedergeburt kam, oder durch bestimmte Institutionen, wie die römischen Tribunen und Zensoren, oder durch hervorragende Männer, deren Persönlichkeiten Vorbilder würden, wie damals, als der heilige Franziskus und der heilige Dominikus den Menschen wieder das ursprüngliche christliche Muster vor Augen hielten und hierdurch die Kirche vom Untergange retteten, der sonst nahe gewesen wäre. (Discorsi, III, 1.) Diese Betrachtung Machiavellis ist eine seiner genialsten. Sie zeigt aber zugleich die Begrenzung der Klugheit, die er seiner Meinung nach in System bringen konnte. Gerade die wichtigste Begebenheit, die er erlebte, war eine derartige Erneuerung dem ursprünglichen Prinzip gemäfs auf dem religiösen Gebiete, zugleich aber eine Erneuerung, die keine blofse Wiederholung war. Die Reformation führte die geistige Entwickelung auf neue Bahnen, und kein Politiker, der sie nur als Mittel betrachten wollte, ohne tieferes Verständnis ihres Wertes zu besitzen, ist imstande gewesen, auf den Lauf der Dinge anhaltenden Einflufs zu üben Dafs durch die „Erneuerung" ganz frische Kräfte zum Vorschein kommen können, will er nicht verstehen. — Überhaupt hatte Machiavelli keinen Blick für die im Verborgenen wirkenden Ursachen. Aufser der innigen Religiosität entgingen viele andere Seiten des Lebens seiner Aufmerksamkeit. Die Entwickelung der praktischen Interessen, des Handels und Gewerbes, der Mechanik und der Ökonomie, und die Weise, wie diese Interessen und die neuen sozialen Schichten, die sie repräsentierten, sich stark genug gewachsen hatten, um zum wesentlichen Teil die Politik des neuen Zeitalters zu bestimmen, vermochte er nicht zu erblicken, da seine vorherrschend formelle Auffassung der Politik als eines Intriguenspiels und eines Kampfes um die Macht ihm die Augen verschleierte. Seine Politik schwebte in der Luft, weil sie nicht an die grofsen Ideen anknüpfte, mittels deren die fortwährend schaffenden Kräfte zur Äufserung kommen. Wie so viele Realisten ging er der Realität verlustig, weil er sie an der Oberfläche der Begebenheiten ergreifen wollte.

Es war ganz natürlich, dafs Machiavelli in seinem Streben, die Geschichte zu verstehen, bei den Ursachen verweilen mufste, die er erblicken konnte oder zu erblicken glaubte. Ebenso mufste Pomponazzi sich ja in seiner Kritik des Aberglaubens mit astrologischen Erklärungen begnügen. Beide haben das Verdienst, das Prinzip der natürlichen Ursachen behauptet zu haben. Sie schlugen den Weg ein und machten es möglich, dafs ihre Nachfolger auf diesem Wege weiter fortschreiten konnten. Was speziell Machiavelli betrifft, so steht er nicht nur als Begründer der wissenschaftlichen Politik der neueren Zeit da, sondern auch als Begründer der vergleichenden Ethik. Er hatte die grofsen Züge angedeutet, und späteren Zeiten war es aufgetragen, diese mit Vermeidung der Riffe, an denen er gescheitert war, im einzelnen auszuführen.

Kurz nach Pomponazzis und Machiavellis Tode war es um das freie Geistesleben in Italien geschehen. Als Florenz zum zweitenmal seine Freiheit verlor (1530), trat der Wendepunkt ein. Die Reaktion drang gewaltig vor, und die Inquisition wurde aufs neue organisiert, um der protestantischen Bewegung entgegenzutreten. Das Exil oder das Martyrium wurde jetzt denjenigen Italienern zu teil, deren religiöse oder wissenschaftliche Anschauungen sie auf neue Bahnen führten. Und dennoch wurden, wie wir später sehen werden, gerade während dieser Periode die neue Weltanschauung und die neue wissenschaftliche Methode von italienischen Denkern entwickelt — Italiens grofser Beitrag zur Geistesentwickelung der modernen Zeit. Erst verfolgen wir die Auffassung des Menschen und haben einige bedeutende Erscheinungen hervorzuheben, die uns zeigen, wie die Grundgedanken der Renaissance aufserhalb Italiens thätig waren.

4. Michel de Montaigne und Pierre Charron.

Wohl bei keinem anderen Denker der damaligen Zeit treten die verschiedenen Seiten der Renaissance so klar und vollständig hervor, wie bei Montaigne. Erstens besafs er den entschiedenen Individualismus, der im 16. Jahrhundert in Frankreich nicht weniger als in den vorhergehenden Jahrhunderten in Italien durch die politischen Kämpfe und, was Montaigne betrifft, zugleich durch die religiösen Streitigkeiten, deren Augenzeuge er war, zur Entwickelung kam. Aufserdem hatte das Frankreich des 16. Jahrhunderts seinen Humanismus. Montaigne wurde (1533) in Südfrankreich aus einem edlen Geschlechte geboren, erhielt eine sorgfältige und gelehrte Erziehung, unternahm Reisen in Italien und lebte später meistens auf seinem Gute im Genusse der Freiheit und seine Studien betreibend, indem er sich wohl hütete, in die damaligen politischen und religiösen Bewegungen verstrickt zu werden, die er wie ein Schauspiel betrachtete. Dafs er sich zurückhielt, hatte seinen Grund gewifs nicht nur darin, dafs die Beobachtung der vielen Parteien und der wechselnden Anschauungen ihn zum Skeptizismus bewog, sondern hauptsächlich darin, dafs er seine eigene Persönlichkeit, wie sie nun einmal war, bewahren wollte. Diese war der wichtigste Gegenstand seines Studiums. Seine *Essais* (die beiden ersten Bücher erschienen 1580, das dritte 1588) sind ein in hohem Mafse persönliches Buch, sowohl an Inhalt, als an Form. „Ich studiere mich selbst mehr als irgend einen anderen Gegenstand," sagt er, (III, 13); „das ist meine Metaphysik, das meine Physik." Das Buch gibt uns nun auch vollständige Aufschlüsse über seine Interessen, Studien, Gewohnheiten und Lebensweise. Es ist in freier Form ohne systematischen Zusammenhang geschrieben. Das Denken ist ihm eine Art Spiel oder Zeitvertreib; er läfst den Gedanken freien Lauf und gibt sie seinen Lesern ebenso ungebunden und ungeordnet, wie er selbst sie erhalten hat. Und gleich in der Vorrede erklärt er, eigentlich schreibe er nur über sich selbst (je suis moy mesme la matière de mon livre), und wenn Sitte und Gebrauch es gestattet hätten, würde er in der Berichterstattung von Einzelheiten über sich selbst gern noch weiter gegangen sein. Im dritten Buch der „Essais" geht er in dieser Beziehung weiter, als in den beiden ersten, indem er sich auf die gröfsere Freiheit beruft, die das Alter gebe. Diese Beschäftigung mit dem Ich, in der man sich den eigenen Gedanken überläfst und in den eigenen Stimmungen wiegt, ist ein moderner Zug; er beweist, dafs das Individuum von traditionellen Voraussetzungen befreit ist und sich ohne Rücksicht auf irgend eine Autorität ruhig den Strömungen seiner eigenen Natur hingeben und von diesen leiten lassen darf.

Merkwürdig ist ebenfalls seine Belesenheit, namentlich in der Litteratur des Altertums. Seine Schriften wimmeln von Citaten, und zur Beleuchtung der menschlichen Meinungen, Gefühle und Triebe führt er eine grofse Menge charakteristischer Züge an. Die vergleichende Methode hat er in noch gröfserer Ausdehnung als Machiavelli auf dem geistigen Gebiete angewandt und zwar nicht nur um, wie man oft geglaubt hat, aus der Mannigfaltigkeit der hervorgehobenen Charaktere, Anschauungen und Richtungen skeptische Konsequenzen zu ziehen. Er interessiert sich für die individuellen Nüancen und fühlt gleichzeitig die Freude des Humanisten über den reichen Stoff. Der Blick auf die unüberschauliche Welt geistiger Erscheinungen und nicht nur der möglicherweise stattfindende innere Unterschied oder Streit derselben fesselt sein Gemüt.

Allerdings mufste sowohl der Individualismus als der Humanismus ihn zum Gegner jedes Versuches machen, eine einzige allgemeine Lehre dogmatisch aufzwingen und durchführen zu wollen. Er greift sowohl den theologischen, als den philosophischen Dogmatismus an (besonders II, 12). Wenn es uns mit dem Glauben an das Übernatürliche wirklich Ernst wäre — spricht er zu den Orthodoxen —, „wenn wir wirklich von dem Strahle der Gottheit berührt würden," — so müfste unser Leben ganz anders aussehen. — Alle Verhältnisse würden den heiligen Forderungen gemäfs umgestaltet sein, und die Religionskriege mit ihren unedlen Leidenschaften wären nicht imstande gewesen, uns zu entzweien. Was uns leitet, sind also schwerlich göttliche Kräfte, sondern vielmehr Herkommen und Tradition, insoweit nicht die Leidenschaften unseren Glauben bestimmen. In den Religionskriegen würde Gottes Sache allein kaum imstande gewesen sein, eine einzige Kompanie zu errichten. Und von den zur Geltung kommenden Einflüssen abgesehen ist es klar, daß unser Vorstellungsvermögen nicht fähig ist, etwas, das ganz über die Grenzen unseres Wesens hinaus liegt, aufzufassen. Unsere eignen Eigenschaften können wir uns erhöht oder verringert denken, über diese hinauszukommen, das vermögen wir aber nicht. Außerdem interessiert jedes Wesen sich am meisten für sich selbst, für seine eigentümliche Natur. Hieraus folgt, daß wir uns die Gottheit unter menschlicher Gestalt vorstellen und glauben, alles in der Welt werde zum Besten der Menschen gelenkt. Würden aber die Tiere nicht auf ähnliche Weise aus ihrer Natur räsonnieren? Wer etwas von Gott zu wissen glaubt, zieht unvermeidlich Gott in die Tiefe hinab. Unter allen menschlichen Meinungen von der Religion erscheint die als die wahrscheinlichste, die Gott als eine unbegreifliche Macht, den Urheber und Erhalter aller Dinge erkennt, der nur Güte und Vollkommenheit ist und gnädig die Anbetung annimmt, die die Menschen ihm darbringen, unter welcher Form sie ihn auch auffassen, und auf welche Weise sie auch ihre Ehrfurcht bezeugen.

Die Zurückweisung der orthodoxen Behauptungen gibt indes keinen Grund, auf die menschliche Vernunft zu pochen. Der Mensch ist das elendeste aber zugleich das stolzeste aller Geschöpfe. Hochmut ist seine angeborne Krankheit. Er fühlt sich über die übrige Schöpfung hoch erhaben, und doch ist die Entfernung zwischen ihm und dem Tiere nicht so groß, als er glaubt (was Montaigne durch die ausführliche Aufzählung von Zügen, die einen Beweis für den Verstand und das Gefühl der Tiere abgeben, zu zeigen sucht). Er hat keinen Grund, sich aus der Schar der Wesen auszusondern. Mit seiner Erkenntnis ist es übel bewandt. Die Sinne sind unsicher und irren. Wir können uns nicht überzeugen, daß sie uns die Wahrheit lehren. Sie stellen uns die Welt nur so vor, wie ihre Natur und ihr Zustand es mit sich bringen. Nicht der äufsere Gegenstand, sondern eben der Zustand der Sinnesorgane erscheint uns bei der sinnlichen Wahrnehmung: les sens ne comprennent pas le subject estrangier, ains seulement leurs propres passions. Um der Sinnlichkeit absolut trauen zu können, müfsten wir ein Instrument besitzen, das dieselbe kontrollieren könnte — und dann wieder ein Mittel, um dieses Instrument zu kontrollieren, und so ins unendliche. Auch die Vernunft führt uns zu keiner endlichen Entscheidung: jeder Grund, der für eine Meinung angeführt wird, bedarf wieder selbst eines Grundes, und so können wir fortwährend bis ins unendliche zurückgehen. Dazu kommt, dafs sowohl wir selbst, als die Gegenstände sich unablässig verändern und wechseln; es gibt nichts Festes und Beständiges. Und der Reichtum an Verschiedenheiten ist so grofs, dafs der Versuch, allgemeine Gesetze oder Typen aufzustellen, hoffnungslos wird. Kein Gesetz kann die Mannigfaltigkeit der Fälle erschöpfen. Je genauer die Untersuchung ist, um so mehr Verschiedenheiten werden entdeckt. Und bei dem Versuche, die gefundenen Verschiedenheiten unter gemeinschaftliche Gesichtspunkte zu bringen, wird man finden, dafs sie in innerem Widerspruch miteinander stehen, so dafs der Vergleich zu keinem Resultat zu führen vermag. — Die fortwährenden Veränderungen und grofsen Verschiedenheiten zeigen sich ebenfalls inbetreff der moralischen und bürgerlichen Gesetze. Es läfst sich kein natürliches Gesetz nachweisen, das von allen Menschen beobachtet wird. Die Sitten wechseln nach Zeit und Ort. Was ist das für eine Güte, die gestern galt, morgen aber nicht mehr, und die zum Verbrechen wird, wenn man den Flufs überschreitet? Läfst sich die Wahrheit durch Berge begrenzen, so dafs sie jenseits derselben zur Lüge wird? — Der Zweifel wird also der letzte Ausweg. Aber auch der Zweifel darf nicht als ein bestimmt Gültiges festgestellt werden. Wir dürfen nicht sagen, dafs wir nichts wissen. Unser Resultat wird: *was weifs ich?*

Dieser ganze Gedankengang ist Montaigne oft als Skeptizismus angeschrieben worden, weil man darin sein letztes

Wort erblickte. So faſste ihn schon Pascal auf. Damit wird aber nicht die tiefste Grundlage der Lebensanschauung Montaignes erreicht, der Punkt, um den sich für ihn schlieſslich alles dreht, und der ihn eine ganze Weltanschauung andeuten läſst. Montaigne hat allerdings gar zu viel vom Causeur, um seine Weltanschauung in rein philosophischer Form zu entwickeln. Sein letztes Wort ist aber nicht die verwirrende Verschiedenheit der Erscheinungen, ist nicht der Skeptizismus, auch nicht der Individualismus. Hinter allen Dingen erhebt sich bei ihm ein unendlicher Hintergrund: die Idee der Natur in ihrer Hoheit und Unendlichkeit, der die Fülle der Erscheinungen entstammt, und deren Kraft sich auf eigentümliche Weise in jedes einzelne individuelle Wesen verzweigt²).

Montaigne will nicht allein das aufgeblasene Wissen widerlegen, er preist sogar geradezu die Unwissenheit, weil diese der Natur freien Spielraum gebe und „unsere groſse und mächtige Mutter Natur" nicht durch Reflexion und Kunst hindere, uns zu leiten. Unter Unwissenheit versteht er nun nicht die rohe und gedankenlose Leere, sondern die Unwissenheit, die aus dem Verständnis der Grenzen unseres Wesens entsteht. Nur wenn wir an eine Thür stieſsen, könnten wir uns überzeugen, daſs sie geschlossen sei, nicht aber, wenn wir passiv vor derselben stünden. Nur für „einen guten Kopf" (une teste bien faiste) sei die Unwissenheit ein gutes und gesundes Ruhekissen. Sowohl im Groſsen als im Kleinen hat der Begriff der Natur für Montaigne Bedeutung. Ist die Rede z. B. von Krankheiten, so will er nichts von den Ärzten wissen, denn diese verquackelten nur die Natur und hinderten sie an ihrer rechten Entwickelung. Wie jedes andere Wesen habe jede Krankheit ihre bestimmte Zeit zur Entwickelung und zum Abschluſs, und ein Eingreifen sei vergeblich. Man solle die Natur gewähren lassen; sie verstehe die Sache besser als wir. Die Ordnung der Natur müsse man sich gefallen lassen. Ebenso wie die Harmonie der Welt sei unser Leben aus Gegensätzen, aus verschiedenen Tönen zusammengesetzt, die alle zum groſsen Zusammenhang mitgehörten — Krankheit und Tod sowohl als Gesundheit und Leben. — Ist von der Erziehung die Rede, so komme es ebenfalls darauf

an, der Natur ihren freien Lauf zu lassen. Mitteilung von
Kenntnissen dürfe nur das Mittel zur Entwickelung des Gefühls und des Charakters sein, und die Lebenserfahrung sei
die beste Schule zur Selbstbeherrschung. — Seinen Skeptizismus widerruft er eigentlich geradezu, wenn er auf den Begriff
der Natur gerät. Die einzige Weise, sagt er, wie man sich
hüten kann, die Dinge mit falschem Mafse zu messen, besteht
darin, dafs wir „unsere Mutter Natur in ihrer ganzen Majestät"
vor Augen halten: sie zeigt uns eine durchgängige und fortwährende Mannigfaltigkeit, in der wir uns selbst und alles,
was wir grofs nennen, als einen verschwindenden Punkt entdecken³). Dies werde uns verhindern, willkürliche und enge
Grenzen zu ziehen. Dadurch entstehe die Toleranz. Wie wir
bereits sahen, ist es Montaignes letztes Ergebnis in religiöser
Beziehung, dafs die unbekannte Gottheit von den verschiedenen
Nationen unter ebenso vielen verschiedenen Formen angebetet
werde. — Und durch diese Betrachtung begründet Montaigne
seinen Konservatismus. Ich bin des Neuen überdrüssig, sagt
er, unter welcher Gestalt es sich auch einfinden möge. Nicht.
weil die bestehenden Gesetze immer vernünftig sind. Die
Gültigkeit der Gesetze beruht nicht darauf, dafs sie gerecht
sind, sondern eben darauf, dafs sie Gesetze sind: c'est le fondement mystique de leur auctorité! Die Gewohnheit sei die
Beherrscherin der Welt. Was das Gewissen zu respektieren
gewohnt sei, daran fühle es sich gebunden und könne sich
nicht ohne Schmerz davon trennen. Zwar müsse der Weise
im Inneren seine Seele befreien, um die Dinge unbefangen zu
beurteilen, im Äufseren solle er aber die bestehenden Gesetze
und Sitten beobachten. Sich getrauen, sie durch etwas Besseres
ersetzen zu können, sei thörichter Hochmut. Obgleich Montaigne es nicht geradezu ausspricht, scheint es doch in seinem
Gedankengang zu liegen, dafs die Natur sich durch das Sitte
und Gebrauch Gewordene kundgebe, und sein Konservatismus
gehört somit zu seinem Glauben an die Natur, obgleich —
nach Montaignes eigener Auffassung — das Neue ja ebenso
„natürlich" sein müfste, als das Alte.

Durch den Begriff der Natur wird nun auch der erste an
Montaigne hervorgehobene Zug, sein Individualismus, begründet.

Bei aufmerksamem Horchen auf die inneren Vorgänge (s'il s'escoute), meint er, werde jedermann eine ihm eigentümliche Art und Weise, einen herrschenden Charakter (forme sienne, forme maistresse, forme universelle) in sich entdecken, der äufserer Einwirkung Widerstand leiste und ihm unvereinbare Gemütsbewegungen fernhalte. Dieser Charakter sei im tiefsten Innern unveränderlich. Ich kann mir eine andere „Form" wünschen, diejenige, die ich besitze, verabscheuen und verdammen. Was aber am tiefsten in meiner Natur wurzelt, läfst sich nicht wirklich bereuen, denn die Reue kann nur betreffen, was wir zu verändern vermögen. Mittels dieser herrschenden Form regt sich die Natur in uns, und zwar in jedem von uns auf eigentümliche Weise, weshalb jeder nach seinem Mafsstabe zu beurteilen ist. Montaigne wahrt also der Natur des einzelnen Individuums ihr Recht, ebenso wie der des grofsen Ganzen. Während die Kirche eine absolute Wiedergeburt verlangt, behauptet er, eine völlige Umwandlung sei unmöglich. Er bestreitet die Realität der Reue, wenn diese eine solche Umwandlung sein soll. Reue sei nur dann möglich, wenn es eine innere Grundlage gebe, die durch das volle und klare Bild der begangenen bösen That verletzt werden könne. Während die Vernunft anderem Kummer und Schmerze abhelfe, erzeuge sie den Schmerz der Reue, der der härteste sei, weil er im Innern entstehe, ebenso wie die Hitze oder Kälte des Fiebers durchdringender sei, als die äufsere. Auf ähnliche Weise werde innere Befriedigung, edler Stolz gefühlt, wenn man das Gute thue und ein gutes Gewissen habe. Den Lohn guter Handlungen auf den Beifall anderer Menschen zu bauen, hiefse auf eine garzu unsichere Grundlage bauen, namentlich in solchen Zeiten — meint Montaigne — wie der von ihm erlebten, wo es ein schlimmes Zeichen sei, die Achtung der Leute zu geniefsen. Jeder müsse einen inneren Prüfstein (un patron au dedans) haben, der seine Handlungen zu richten fähig sei. Nur du selbst kannst dein Betragen richten. Die anderen erblicken nicht so sehr deine Natur, als deine Kunst. Schon von unseren Nächsten werden unsere Handlungen anders betrachtet, als von Fremden. Wegen des gröfseren Einblicks in unsere Natur, der ihnen vergönnt ist, entdecken sie vielleicht, dafs die glanzvollen äufseren Thaten nur feine Wasserstrahlen sind, die aus einem sumpfigen Boden emporschiefsen. Aus dem Äufseren läfst sich nicht auf das Innere schliefsen (Essais. III, 2).

Wie jener „patron au dedans" entstehe und wie er sich zur „forme maistresse" verhalte, erklärt Montaigne nicht näher. Er hinterläfst dem folgenden Denken also ein bedeutendes Problem. Ebenso wie er aber die Unwissenheit und die ruhige Hingebung an die Natur nur unter der Bedingung pries, dafs man einen guten Kopf hätte, ebenso kann es auf dem praktischen Gebiete, wie es klar aus seinen Worten hervorgeht, nicht seine Meinung sein, man solle ohne weiteres die Natur sorgen lassen. Die individuelle Natur entwickele sich nur unter Beteiligung der Besinnung und des Willens zu ihrer eigentümlichen Form, und nur durch Aufmerksamkeit und Arbeit könne die „herrschende Form" vor Entstellung gehütet werden. Montaigne ist sich bewufst, dafs er kein Willensheld ist. Habe er einige Tugend, so sei dies, meint er, vielmehr die Gunst des Glückes als das Werk des Willens. Er ist dankbar, weil er zu einem guten Geschlechte (une race fameuse en prond' homme) gehört und eine gute Erziehung genossen hat. Er fühlt natürlichen Abscheu vor den meisten Lastern (besonders der Grausamkeit), will aber nicht verbürgen, wie es ihm gegangen wäre, hätte er nicht eine so glückliche Natur besessen; inneren Streit und Zwist kann er nicht ertragen. Die Vernunft trachte zwar nach dem Vorsitz in seiner Seele, oft habe sie aber genug zu thun, sich nicht durch die Triebe entstellen zu lassen, die sie nicht immer reformieren könne. Und doch war es seine Überzeugung, dafs die höchste Lust an die Tugend geknüpft sei; der Kampf könne nur ein Übergang sein. Die niederen Genüsse seien nur augenblicklich und flüchtig und brächten leicht Reue mit sich. Vollkommene Befriedigung, von sinnlichem Genusse und vom mühseligen Kampfe, die Gebote der Vernunft zu halten, gleich weit entfernt, sei nur da zu finden, wo gerade die innerste Natur der Seele durch gute Handlungen zum Ausdruck komme. Eine solche Natur in sich entwickelt zu haben, dafs jeder Anlafs zu inneren Kämpfen wegfällt, das ist für Montaigne das Höchste. Er weifs, dafs er selbst nur im dritten Gliede steht, weder zu denen gehört, die tapfer kämpfen, noch zu denen, die des Kampfes überhoben sind. Er bewundert aber die „Hoheit der heroischen Seelen". Seine eigene Schwäche macht ihn nicht für die Stärke anderer blind. Obgleich er selbst an der Erde kriecht, ist er doch imstande, ihren hohen Flug zu sehen. Und er sieht es auch nicht für ein Geringes an, dafs er seine moralische Urteilskraft bewahrt hat in einem Zeitalter, da die Tugend weiter nichts zu sein scheint, als ein „jargon du collège" (I, 19, 36. — II, 11. — III, 13).

Die Weise, wie Montaigne dem Begriffe der Natur das Wort redet, ist antiken Charakters. Dieser Begriff ist aber von ihm über die begrenzte Form hinausgeführt, die er bei den griechischen Denkern hat. Durch die so enge Verbindung mit dem Begriffe der Individualität wird er bis ins Unendliche erweitert. Wenn Montaigne die Natur als Gegensatz der Künstlereien der Menschen aufstellt, so geschieht dies, teils weil diese gewisse einzelne Formen als alleinberechtigt feststellen und somit die Fülle der Natur übersehen, teils weil sie die einzelne eigentümliche Individualität verletzen, die dasselbe Recht besitzt, sich „sur son propre modele" zu entwickeln, wie jede andere. Den beiden Gedanken der Unendlichkeit und der Individualität lag die Zukunft offen. Und Montaignes Skepsis, grofses Beobachtungsvermögen und humanistische Gelehrsamkeit gaben ihm Geistesfreiheit und Stoff zur Einschärfung der Bedeutung dieser Begriffe. Seine Skepsis — die eigentlich eine Behauptung des Rechts zum Denken ist — bewog ihn, über die künstlichen Schranken hinauszuschreiten, und seine reiche Erfahrung und Gelehrsamkeit lehrten ihn, was jenseits der Schranken zu finden sei: neue individuelle Formen, durch die sich eine und dieselbe einzige unendliche Natur ausdrückt.

Montaigne starb 1592. Ein Denker seiner Art konnte eigentlich keine Schüler finden. Dazu war sein Denken gar zu persönlich. In ihm waren Elemente vereinigt, die in der nämlichen Verbindung bei keinem anderen wiedererscheinen konnten. Derjenige, der zunächst als sein Schüler und als systematischer Ordner seiner Ideen zu betrachten ist, repräsentiert denn auch nur eine einzelne, allerdings sehr bedeutende Seite seiner Gedankenwelt. Die Bekanntschaft mit Montaigne führte **Pierre Charron** auf philosophische Ideen. 1541 in Paris geboren, war er erst Advokat, ging aber später zum geistlichen Stand über und wurde ein berühmter Kanzelredner. Wider Protestanten und Freidenker gab er Schriften zur Verteidigung des katholischen Glaubens heraus. Das Bemerkenswerteste findet sich jedoch in einem Werke, das unter dem Titel: *De la sagesse* im Jahre 1600 (drei Jahre vor seinem Tode) in Bordeaux erschien, eine durchgeführte Verteidigung eben des Hauptgedankens, den wir sowohl bei Pomponazzi als bei Machiavelli und Montaigne fanden: des Gedankens von der menschlichen Natur als Grundlage der Ethik und der Politik. Er legt grofses Gewicht auf die aus wahrer Selbsterkenntnis hervorgehende Unwissenheit. Die menschliche Natur erscheine uns bei näherer Untersuchung sowohl in ihrem Elend als in ihrer Gröfse. Die natürliche Vernunft könne nicht der Mafsstab aller Dinge sein; man müsse deshalb bei der alten Lehre der Kirche bleiben, ohne sich in neue Lehren zu verwickeln. Charron zieht also ebenso wie Montaigne, nur in noch höherem Mafse, konservative Konsequenzen aus dem Zweifel. Sonderbar ist es aber, dafs er sich auf das von Montaigne nicht direkt berührte Verhalten der Religion zur Sittlichkeit einläfst. Religion und Sittlichkeit gehörten zusammen, dürften indes nicht miteinander vermengt werden, da ja jede ihre Triebfeder (ressort) habe. Vor allem dürfe die Güte nicht von der Religion abhängig gemacht werden, da sie hierdurch ein Zufälliges werde und ihren Ursprung nicht aus der „guten Triebfeder der Natur" erhalte. Ich will, sagt Charron, dafs man ein guter Mensch sei, auch wenn es kein Paradies und keine Hölle gibt. Es ist mir eine entsetzliche Rede, wenn jemand sagt, wäre er kein Christ, fürchtete er nicht die Verdammnis, so würde er dies oder jenes thun. Ich will, dafs du ein guter Mensch seiest, weil die Natur und die Vernunft es so wollen, — weil es von der allgemeinen Ordnung der Dinge, deren die Vernunft nur ein Teil ist, verlangt wird, — und weil du nicht wider dich selbst, dein Wesen und deinen Zweck handeln kannst; es folge hieraus, was folgen mag. Steht dieses fest, so mag die Religion hinterher kommen. Das entgegengesetzte Verhältnis ist aber verderblich.

Im Munde eines katholischen Geistlichen ist eine so resolute Anerkennung der Selbständigkeit der Ethik merkwürdig. Es ist ein psychologisches Rätsel, wie Charron, der nicht lange vorher als eifriger katholischer Prediger auftrat, zu derselben bewogen wurde. Jedenfalls legt sie das Zeugnis ab, dafs sich zu damaliger Zeit eine starke Tendenz in dieser Richtung regte.

5. Ludovicus Vives.

Das grofse Interesse für das Menschliche, das das Zeitalter der Renaissance hegte, mufste ganz natürlich zum eifrigen psychologischen Studium der seelischen Erscheinungen bewegen. Bei allen bisher genannten Denkern sind psychologische Beobachtung und psychologisches Interesse wesentlich beteiligt, ohne dafs die psychologische Untersuchung jedoch als besonderes Streben, abgesondert von den weitergehenden philosophischen Konsequenzen, die man aus ihr abzog, auftritt. Es wurde um diese Zeit aber auch ein rein theoretisches psychologisches Studium betrieben. Und ist ein einzelner Mann als Repräsentant der damaligen reinen Psychologie zu nennen, so mufs es der Spanier Ludovicus Vives sein. Er war ein stiller Gelehrter, eifriger Humanist, Freund und Mitarbeiter des Erasmus von Rotterdam, seine Hauptbedeutung hat er aber auf dem Gebiete der Psychologie und der Pädagogik. Er wurde 1492 in Valencia geboren, studierte zu Paris und wohnte später bis zu seinem Tode (1540) in Brügge. Eine Zeitlang unterrichtete er die Tochter des englischen Königs Heinrich VIII., der Scheidungsprozefs führte indes seinen Bruch mit dem englischen Hofe herbei. Vives war ein ernster Katholik, seine friedliebende, gesunde und sanfte Betrachtungsweise bewog ihn jedoch, einen freimütigen Brief an den Papst Hadrian VI. zu richten (1522), worin er den Wunsch aussprach, ein allgemeines Konzil möchte durch die Unterscheidung dessen, was zur Frömmigkeit und Sittlichkeit notwendig sei, von dem, was freier Prüfung überlassen werden könne,

den Bruch der Kirche heilen. Auch später redete er der
Toleranz und einer milden und freien Auffassung des Christentums das Wort. Als Pädagog hat er aufserordentliche Bedeutung für sein Zeitalter. Viele der später von den Jesuiten
durchgeführten guten pädagogischen Ideen sollen von Vives
herrühren, der ein persönlicher Bekannter des Loyola gewesen
sein soll. Seine Beschäftigung mit philologischer Kritik und
pädagogischen Problemen führte ihn auf die Untersuchung der
wissenschaftlichen Methode überhaupt, und er verlangt, dafs
die Erfahrung die Grundlage aller Erkenntnis sei. Mit Bezug
auf die Psychologie hat er selbst dieses Verlangen durchzuführen versucht, indem er als Begründer der neueren empirischen Psychologie dasteht. Wie alle seine Zeitgenossen stützt
er sich auf ein reiches, dem Altertum entlehntes Material,
sucht dieses aber durch eigene Erfahrung zu erhärten, und
sein Werk *De anima et vita* (Brügge 1538) enthält viele originale Beobachtungen. Seine Schilderung einzelner seelischer
Erscheinungen, besonders der Gemütsbewegungen, ist noch
jetzt lehrreich, und sein Buch erhielt aufserordentlichen Einflufs auf die psychologischen Theorien des 16. und 17. Jahrhunderts [4]).

Der klare empirische Standpunkt des Vives legt sich
namentlich in dem Abschnitte des ersten Buches des „De
anima" an den Tag, der den Titel trägt „Was die Seele ist".
Nachdem er auf die Schwierigkeiten aufmerksam gemacht hat,
die mit der Beantwortung dieser Frage verbunden sind, da
es uns leichter falle zu sagen, was die Seele nicht sei, als zu
sagen, was sie sei, bemerkt er, dafs es eigentlich auch kein
Interesse für uns habe, zu wissen, *was* die Seele sei, wohl
aber, *wie sie thätig sei*, und dafs das Gebot der Selbsterkenntnis nicht das Wesen, sondern die Funktionen der Seele
betreffe. Mit grofser Sicherheit wird hier festgestellt, dafs es
die seelischen Erscheinungen sind, mit denen wir es direkt zu
thun haben, und dafs die Erfahrungspsychologie durchaus von
jeder rein spekulativen Theorie von dem Wesen der Seele
absehen kann. Diesem Standpunkt bleibt Vives bei seinem
rein beschreibenden Verfahren durchweg treu. Allerdings
konnte es nicht ausbleiben, dafs er vieles als sichere Erfahrung

betrachtete, was später nicht vor der Kritik bestehen konnte; Vives hat aber doch viel dazu beigetragen, daſs der psychologische Standpunkt aus dem spekulativen und theologischen einerseits, dem physischen anderseits ausgesondert werden konnte, eine Aussonderung, die Descartes auf klare und entscheidende Weise bewerkstelligte. Descartes verdankt dem Vives mehr, als man nach der geringen Anzahl der Stellen, wo er ihn nennt, glauben möchte.

Wie Vives schon aus dem Titel seines Buches hervorgehen läſst, stellt er die Begriffe der Seele und des Lebens in enge Beziehung zu einander. Er faſst die Seele als Prinzip des Lebens, und zwar alles organischen Lebens, nicht nur als Prinzip des Bewuſstseinslebens auf. Er strebt die niederen Formen des Lebens als Grundlage der höheren aufzufassen. Seine Psychologie ist eine physiologische Psychologie, die es sich angelegen sein läſst, die Erscheinungen, soweit möglich, auch von der physiologischen Seite zu beschreiben. Er wendet natürlich die damalige Physiologie an. Als ein von der aristotelischen Schule emanzipierter Forscher zeigt er sich, indem er die Erkenntnis ins Gehirn verlegt. Noch gab es Aristoteliker, die behaupteten, daſs die Nerven nicht vom Gehirn ausgingen (was doch bereits die späteren griechischen Anatomen nachgewiesen hatten), sondern vom Herzen. Die Lebenskraft dagegen hat nach Vives ihren Sitz im Herzen, wo sich das erste und das letzte Lebenszeichen kundgeben, und dessen gehemmte oder freie Funktion sich durch die Gemütsbewegungen ausdrückt. Mit einer von den Stoikern und Galenus überlieferten Lehre übereinstimmend nimmt er an, daſs das Gehirn von feiner Luft oder feinem Atem (spiritus tenuissimi ac pellucidi) angefüllt sei. Es wurde angenommen, daſs dessen Schwingungen mit den Vorgängen im Bewuſstsein in Verbindung stünden; doch äuſsert Vives sich nicht näher hierüber. Wie das Verhältnis zwischen der im Gehirn und der im Herzen thätigen Seele sei, läſst er ebenfalls dahingestellt bleiben. Seiner Auffassung zufolge sei nur die eigentlich menschliche Seele unmittelbar von Gott erschaffen; die Seele der Pflanze und des Tieres (also das Prinzip des organischen Lebens und der sinnlichen Wahrnehmung) werde durch die Kraft der

Materie erzeugt. Die menschliche Seele begnüge sich bei ihrem Denken und Trachten nicht mit dem Endlichen und Sinnlichen, sondern suche sich einen unendlichen Gegenstand; hieraus sei ihr göttlicher Ursprung herzuleiten, denn die Ursache müsse der Wirkung entsprechen. Vives zeigt sich hier als entschiedener Spiritualist, was man nach seinen religiösen Voraussetzungen auch erwarten mufste. Auch an diesem Punkte hinterläfst er dem folgenden Denken grofse Probleme.

Seine Psychologie beschränkt sich auf die Aufstellung der verschiedenen seelischen Erscheinungen. Erst die spätere Forschung fand die Prinzipien der Mechanik, die von der einen Erscheinung zur anderen führen konnte.

6. Die Entwickelung des Naturrechts.

Der italienische Humanismus trug ein geistesaristokratisches Gepräge. Seine grofse Bedeutung lag in der Begründung eines freien Geisteslebens. Wie es aber mit dem menschlichen Leben in weiteren Kreisen gehen möchte, das kümmerte ihn nicht sonderlich. Kirche, Staat und das Leben der Gesellschaft liefs er für sich selbst sorgen und beschäftigte sich wesentlich mit intellektuellen und ästhetischen Aufgaben. Selbst Machiavelli bildet trotz seines grofsen Interesses für Nationalität und Politik eigentlich keine Ausnahme hiervon, denn was seinen Blick am meisten fesselt, ist doch die Kraftentfaltung der Gewalthaber; die tiefer liegenden Kräfte und Bedingungen des sozialen Lebens beachtet er nicht. Der Humanismus fiel mit dem Sturz der politischen Freiheit in Italien; dafs aber die politische Freiheit gestürzt wurde, und dafs sich kein nationales Staatsleben entwickelte, daran war der Humanismus schuld wegen dieser beengten Auffassung des Menschlichen, wegen seiner Furcht, in die Tiefe und Breite zu gehen. Dies war auch der Grund, weshalb er die religiöse Frage liegen liefs und sich damit begnügte, sie beiseite zu schieben. Die nördlicheren Nationen, bei denen die Renaissance mit geringerem Glanz auftrat, führten die Befreiung tiefer nach innen und weiter nach aufsen durch.

Es war das grofse Verdienst der Reformation, dafs sie sich nicht mit der Umgehung der religiösen Frage begnügte, sondern direkt auf diese losging und auf dem religiösen Gebiete das nämliche Prinzip der Persönlichkeit proklamierte, das der Humanismus auf anderen Gebieten ausgesprochen hatte. Die Reformation ist die Anwendung des Renaissancegedankens auf das religiöse Gebiet. Nicht so zu verstehen, als ob Luther und Zwingli sich erst diesen Gedanken angeeignet und dann ihn angewandt hätten. Das Grofse dieser Persönlichkeiten besteht gerade darin, dafs sie in ihrer eigenen Lebenserfahrung jenen Gedanken von neuem entdecken und ihn in durchaus eigentümliche Form gestalten. Sie stellen gerade die unmittelbare persönliche Lebenserfahrung als eigentliche Grundlage der Religion auf, und darauf sich stützend bekämpfen sie die mittelalterliche Kirche und Theologie. Die inneren menschlichen Kräfte wurden von den künstlichen Formen befreit. Das Christentum wurde hier wirklich — um Machiavellis Ausdruck zu gebrauchen — auf dasjenige Prinzip zurückgeführt, dem es von Anfang an entsprungen war. Liefs Luther sich auch nicht auf eine kritische Untersuchung des Urchristentums ein, so ergriff er doch einen wichtigen Punkt der Vorstellungen der ältesten Gemeinde, indem er die Paulinische Lehre von der Rechtfertigung durch den Glauben zur Grundlage nahm. Durch den innigen persönlichen Anschlufs an Christus werde der Mensch über alle äufseren Verhältnisse erhoben. Diesen Gedanken entwickelte er besonders in seiner Schrift „*Von der Freiheit eines Christen - Menschen*" (1520). Wenn auf diese Weise die Persönlichkeit in ihrem innersten Verhältnisse, auf dem ihr ewiges Schicksal beruhen sollte, von aller äufseren Autorität befreit wurde, mufste es nahe liegen, auch auf anderen Gebieten eine ähnliche Befreiung durchzuführen. Zu bestreiten steht es nun auch nicht, dafs die Luthersche Reformation in vielen Beziehungen erweckend eingriff. In seinem Kampfe wider die Kirche mufste Luther der Fürsprecher des natürlich Menschlichen werden. Der Kirche gegenüber behauptet er die Selbständigkeit der Familie und des Staates, und in natürlichem Zusammenhang mit seiner Lehre von der Rechtfertigung durch den Glauben allein behauptet er besonders die Bedeutung von dem Treiben und Wirken des einfachen menschlichen Lebens, im Gegensatz zum Katholizismus, der dasselbe im Vergleich mit der Askese unterschätzte. Eine positive Beziehung zu den natürlichen menschlichen Interessen vermochte Luther jedoch nicht zu begründen. Gegen die Wissenschaft stand er — namentlich in seinen jüngeren Jahren — kraft seines Glaubensprinzips mifstrauisch da, und im Staatsleben hielt er an dem Prinzipe des passiven Gehorsams fest. In seiner Schrift „Von der Freiheit eines Christenmenschen" teilte er nämlich seine Betrachtung in zwei Teile: erst zeigt er die innere Freiheit, die ein Christ besitzt, darauf überweist er die volle Entfaltung dieser Freiheit dem Jenseits und behauptet, ein Christ sei seinem äufseren Menschen nach gerade „ein dienstbarer Knecht und jedermann unterthan". In diesem Dualismus des Inneren und Äufseren lag der Grund, weshalb das Lutherthum nicht die Bedeutung für die geistige und politische Entwickelung erhielt, die es sonst wegen der grofsen und kräftigen Persönlichkeit seines Stifters möglicherweise hätte gewinnen können. Das Religiöse und das Menschliche wurden nur wie Sonntag und Werktag ohne inneren wesentlichen Zusammenhang nebeneinander gestellt. Und so ging es namentlich mit dem Verhalten des Glaubens zur Wissenschaft. Luther berief sich in Worms auf die Bibel und auf klare, einleuchtende Gründe. Das gegenseitige Verhältnis dieser beiden Prinzipien gelangte jedoch nicht zur Klarheit[5]), es sei denn, dafs man es Klarheit nennen wollte, dafs sich in der lutherischen Theologie bald eine Scholastik entwickelte, die weniger grofsartig und mehr engherzig war als die mittelalterliche.

Luther zur Seite stand ein Mann, der mit stiller Begeisterung die Gedanken der Reformation mit denen der Renaissance zu vereinen suchte. Philipp Melanchthon, „Deutschlands Lehrer", repräsentiert im Gegensatz zu Luther eine mehr rationelle Seite des Protestantismus. Er war nicht nur Theolog, sondern auch Philolog und Philosoph, und wenn es ihm hart ankam, dafs Luther und die Lutheraner den nicht wiedergeborenen Menschen arg verdammten, war es wohl nicht allein, weil dies seiner sanftmütigen Auffassung des Menschlichen überhaupt widerstritt, sondern namentlich weil es über seine lieben Klassiker ausging. An der Universität in Wittenberg trug Melanchthon nicht nur Theologie, sondern auch Naturlehre und philosophische Wissenschaften, wie Psychologie, Logik („Dialektik") und Ethik vor. Elegante Darstellung und eingehende Kenntnis der Litteratur des Altertums zeichnen diese Vorlesungen aus. Das gröfste Interesse hat seine Ethik. In der Naturlehre polemisiert er (wie wir unten sehen werden) gegen die neue Kopernikanische Lehre, und als Psycholog läfst er sich nicht mit Vives zusammenstellen, dessen Werk ungefähr gleichzeitig erschien. Von grofser Bedeutung für seine Ethik war seine Lehre von dem *natürlichen Lichte* auf die besonders Ciceros Reproduktion der stoischen Philosophie Einflufs hatte, indem sie sich zugleich auf die Worte des Apostels Paulus von dem Gesetz, als in der Menschen Herzen geschrieben, stützte. Allem Schliefsen, Aufzählen und Berechnen, jeder Annahme der ersten Prinzipien der Wissenschaften und jeder moralischen Beurteilung zu Grunde lägen gewisse von der Gottheit eingepflanzte und jedem Menschen angeborene Vorstellungen (noticiae nobiscum nascentes, divinitus sparsae in mentibus nostris), weshalb es kein Zufall sei, dafs wissenschaftliche Erkenntnis und moralische Wertschätzung niemals im menschlichen Geschlechte ausstürben. (Diese Lehre entwickelt Melanchthon teils in dem *Liber de anima*, teils in den *Erotemata dialectices*.) Das natürliche Licht sei jedoch durch den Sündenfall verfinstert worden, und deshalb sei es notwendig gewesen, dessen wesentlichen moralischen Inhalt auf dem Berge Sinai durch die zehn Gebote kundzugeben. Dafs die zehn Gebote und das natürliche Moralgesetz den nämlichen Inhalt verkündeten, war eine Meinung, die von allen Reformatoren geteilt wurde. Sie findet sich sowohl bei Luther als bei Calvin und geht bis ins frühe Mittelalter zurück. Durch diese von Melanchthon erneuerte Lehre wurde festgestellt, dafs man auf dem Wege klarer Gründe zu demselben Ergebnis zu gelangen vermöge wie die alttestamentliche Offenbarung. Obwohl nun Melanchthon dem natürlichen Gesetze, das ihm sowohl das Moralgesetz als das höchste Prinzip aller Rechtsverhältnisse bedeutet, auf diese Weise eine selbständige, natür-

liche und rationelle Begründung gibt, folgte doch aus seinen
theologischen Voraussetzungen, dafs der auf dieser Grundlage
mögliche ethische Lebenswandel nur das äufsere, bürgerliche
Leben, nicht aber die innersten Regungen der Seele betreffen
konnte. Er definiert die Moralphilosophie als „die Erkenntnis
der Gebote von allen sittlichen Handlungen (honestis actio-
nibus), von denen die Vernunft einsieht, dafs sie mit der
menschlichen Natur übereinstimmen, und dafs sie im bürgerlichen Leben notwendig sind, so dafs man, soweit möglich,
den Ursprung dieser Gebote auf wissenschaftlichem Wege zu
finden sucht." Das Innigste und Tiefste des Seelenlebens
sollte also der Auffassung des Reformators zufolge nicht „mit
der menschlichen Natur übereinstimmen", sondern erst durch
übernatürlichen Einflufs zu erregen sein. Freilich meint er
(*Philosophiae moralis epitome*), die Philosophie vermöge zu
lehren, dafs nur ein Gott sei, dafs dieser angebetet werden
solle, und dafs der Wille Gottes den grofsen Unterschied des
Guten vom Bösen aufstelle. Die drei ersten Gebote gehörten
unter die Moralphilosophie ebensowohl als die sieben letzten.
Das eigentliche, innige Gottesverhältnis, „in welchem wir unmittelbar mit Gott zu thun hätten", falle indes aufserhalb der
Philosophie. Hier erweist es sich, dafs es verkehrt ist, den
Inhalt des Dekalogs dem Inhalt des natürlichen Gesetzes kon-
gruent zu setzen. Denn schwerlich war es Melanchthons
Meinung, der alttestamentlichen Religiosität ein unmittelbares
und inniges Gottesverhältnis abzusprechen. Und anderseits
zeugte jenes Kongruentsetzen von dem theologischen Vorurteil,
dafs das innigste Menschliche sich nur in religiöser Form
denken liefse. Das Humane war für Melanchthon nur das
rein Bürgerliche. Wir treffen hier, sogar bei diesem Humanisten, den Gegensatz des Inneren und Äufseren wieder an.
Das gemachte Eingeständnis, dafs nämlich das menschliche
Leben sich in seinen äufseren Verhältnissen nach rationell
begründlichen Gesetzen ordnen lasse, war jedoch von grofser
Bedeutung. Das bürgerliche Leben, das ganze Staatsleben
war nun imstande, sich seinen eigenen, rein menschlichen
Prinzipien gemäfs selbständig zu entfalten.

Und in Melanchthons Schule wurde diese Selbständigkeit noch schärfer entwickelt, als vom Meister selbst. Der dänische Theolog Niels Hemmingsen, „Dänemarks Lehrer" genannt, wie Melanchthon, dessen Unterricht er genossen hatte, Deutschlands Lehrer heifst, verlangte in seiner Schrift *De lege naturae apodictica methodus* (1562) eine stringent wissenschaftliche Entwickelung des Naturrechts. Wie er selbst am Schlusse der Schrift äufsert, hielt er vorsätzlich alle theologischen Erörterungen fern, damit es klar werden könne, „wie weit die Vernunft ohne das prophetische und apostolische Wort zu gelangen vermöge". Auf dem Wege der Untersuchung will er eine klare und deutliche Erkenntnis des Wesens des Rechtes gewinnen. Ein wahres Gesetz sei nur ein solches, das sich nicht allein auf die Autorität des Fürsten und der Obrigkeit stütze, sondern auch seinen „festen und notwendigen Grund" habe, der sonst nirgends zu suchen sei, als eben in der Natur und dem Zwecke des Gesetzes. In der Natur des Menschen seien die Keime des Sittlichen und Gerechten gegeben, aufserdem ebenfalls die Urteilskraft, das Gerechte von dem Ungerechten zu unterscheiden. Dieser Mittel müsse man sich bedienen, wenn man ein Gesetz im wahren Sinne des Wortes wünsche. Hemmingsen weist nun nach, dafs es im Wesen des Menschen ein sinnliches und ein vernünftiges Element gebe, und dafs der durch sinnliche Wahrnehmung erweckte animalische Trieb der Vernunft gehorchen müsse, die das wahre menschliche Naturgesetz (lex naturae seu recta ratio) enthalte. Der Zweck des menschlichen Lebens sei die Erkenntnis des Wahren und die Ausübung des Guten. Über das Familien- und Staatsleben empor erhebe sich das geistige Leben (vita spiritualis als Gegensatz der vita oeconomica und politica) in der Anbetung Gottes, worin der höchste Zweck zu finden sei. An diesem Punkte wären die natürlichen Kräfte nicht mehr hinlänglich, denn die rechte Weise, Gott anzubeten, könne niemand ohne göttliche Offenbarung erkennen. Was die Erkenntnis des eigentlichen Naturrechts betreffe, sei die Offenbarung aber nicht notwendig. Allerdings betrachtet Hemmingsen ebensowohl als Melanchthon die zehn Gebote als den kurzen Inbegriff des Naturrechtes (epitome legis naturae), aber erst nachdem er das natürliche Gesetz entwickelt hat, untersucht er dessen Übereinstimmung mit den zehn Geboten. Es ist hier also der Fortschritt gemacht, dafs die Ethik und die Rechtslehre (das „Naturrecht" umfafst beide) von der Theologie unabhängig werden, sich nicht auf übernatürliche Autorität stützen.

Hiermit gerät die Bewegung im Luthertum aber auch ins Stocken. Einzelne Rechtsgelehrte wie Oldendorp und Winkler behaupteten freilich die entwickelten Gedanken, aber nur in den reformierten Ländern waren die inneren und äufseren Bedingungen für eine weiter durchgeführte Befreiung der Ethik und der Rechtslehre vorhanden. Bei Zwingli und Calvin ist jene ängstliche Unterscheidung zwischen der Freiheit der Persönlichkeit im Innern und der Beschränkung in allem Äufseren nicht zu finden. Sie verwerfen das Autoritätsprinzip in weit höherem Mafse als das Luthertum. Der durch die Gnadenwahl Befreite fühlt sein Recht der Selbstbestimmung in allen geistigen und weltlichen Sachen. Zwingli, diese klare, kräftige Natur, bei dem die religiöse Innigkeit des Reformators mit der Konsequenz des Denkers, mit des Humanisten Liebe zum Altertum, mit dem politischen Freiheitsbedürfnisse des Republikaners vereint war, befürwortete die Selbstverwaltung sowohl auf dem bürgerlichen als auf dem kirchlichen Gebiete. Und Calvin setzte, mit geringerer Begabung und gröfserer Beschränktheit freilich, sein Werk fort. Ihre Gedanken waren es, die den grofsen Kämpfen des 16. und 17. Jahrhunderts in Frankreich, in den Niederlanden und in England zu Grunde lagen, den Kämpfen, durch welche die bürgerliche, religiöse und wissenschaftliche Freiheit der neueren Zeit entstanden. Der moderne Staat und die moderne Wissenschaft verdanken diesen Kämpfen ihr Dasein. Was der italienische Humanismus vor Weichlichkeit und Geistesaristokratie und das Luthertum vor furchtsamem Innigkeits- und Gehorsamkeitsdrange nicht erzielen konnten, das vollbrachten die Schüler der schweizerischen Reformatoren mittels der Waffen des Geistes und des Armes. Zwar mufste auch hier ein harter Straufs ausgefochten werden, um die konfessionellen Schranken zu sprengen, innerhalb deren die reformierte

Kirche ebensowohl als andere Kirchen die geistige Bewegung zu halten suchte. Es wurde aber von grofser Bedeutung, dafs diese Kirche das Verhalten des Inneren zum Äufseren unbefangener auffafste und keinen scharfen Gegensatz zwischen dem innersten persönlichen Leben und allen menschlichen Interessen aufstellte. Deshalb wurden die reformierten Länder die zweite Heimat der neueren Philosophie, nachdem Italien, deren erstes Heim, durch die Gewalten der Reaktion unterjocht worden war. Und somit erhielt namentlich das moderne Naturrecht, das bis in unser Jahrhundert die Grundlage aller politischen und sozialen Reformbestrebungen bildet, seinen Quellborn in diesen Ländern.

Die Religionskriege in den Niederlanden und in Frankreich nebst der durch sie veranlafsten publizistischen Litteratur wurden von grofser Bedeutung für die Entwickelung der Idee von der Freiheit des Volkes und der Selbständigkeit des Staates der Kirche gegenüber. Der Kampf für die Behauptung der religiösen Freiheit stand in enger Verbindung mit dem Kampfe für die Aufrechthaltung der bürgerlichen Freiheit. Das Recht der Unterthanen, durch ihre gesetzlichen Vertreter einem Fürsten, der das Recht des Volkes verletzte, Widerstand zu leisten und ihn im äufsersten Falle abzusetzen, wurde mit grofser Stärke behauptet. Und als Begründung stellte man den Satz auf, alle Regierungsgewalt entspringe aus einer Übertragung, die durch Erfüllung bestimmter Pflichten von seiten der Regierenden bedingt werde. Man proklamierte also das Prinzip der Souveränität des Volkes und machte die Idee eines ursprünglichen Kontraktes zwischen Volk und Regierung zur Basis aller staatsrechtlichen Untersuchungen. Die Theorie des Kontraktes war schon im Mittelalter während des Streites der Kirche mit dem Staat gegen die Ansprüche der Kirche auf die Oberhoheit als Waffe gebraucht werden. Das Andenken an den Ursprung des römischen Kaisertums, das aus der römischen Demokratie entstand, wirkte hier im Verein mit Konsequenzen, die man aus der Vorstellung von einem paradiesischen Naturzustande ohne Rechts- und Staatsverhältnisse zog. Diese Theorie wurde jetzt von dem Volke gegen die Fürsten gebraucht, während sie im Mittelalter im Dienste der Fürsten gegen die Kirche angewandt wurde. Eine Reihe protestantischer Publizisten, in erster Reihe **Hubert Languet** und **François Hotman**, gingen in ihren agitatorischen Schriften von ihr aus. Sie wurde aber auch von katholischer Seite aufgenommen. Namentlich wo die Herrschaft der Fürsten kaltsinnig oder ketzerisch war, fand man seine Rechnung bei der Berufung auf das Recht des Volkes, das aus einem ursprünglichen Kontrakte hergeleitet wurde. In diesem Geiste sprachen sich eine Reihe jesuitischer Schriftsteller aus, zum Teil Männer von grofsem Scharfsinn und bedeutender Energie. Die Kirche sollte nun als die einzige von oben her entstandene Gesellschaft dastehen, während der Staat von unten her aufgebaut sei.

Die Religionskriege, sowohl die physischen als die litterarischen, mufsten ganz natürlich patriotische, für die Erhaltung des Staates, die der Kampf der Konfessionen bedrohte, besorgte Männer bewegen, die von den streitigen religiösen Meinungen unabhängigen Bedingungen des Staatslebens ins Auge zu fassen. Es bildete sich in Frankreich als Gegensatz der Hugenotten und Liguisten eine Partei von „Politikern", deren Auffassung in der Litteratur von **Jean Bodin** in seinem 1577 erschienenen Werke von dem „Staate" (*La république*) ausgesprochen wurde. Dieser merkwürdige Mann, dessen Aberglaube an das finsterste Mittelalter erinnert, während seine politische und historische Auffassung weit über sein Zeitalter hinausdeutet, war ein französischer Rechtsgelehrter, der eine Zeitlang die Gunst Heinrichs III. besafs, diese aber später verscherzte, weil er die Rechte der Stände und des Volkes gegen den König verteidigte. Einige Zeit stand er dem Herzog von Alençon, dem Oberhaupte der Politiker, nahe und gehörte später zu den ersten, die sich Heinrich IV. anschlossen, als dieser die Bürgerkriege beendigte, indem der Schutz der Toleranz die Streitenden vereinte. Er starb indes zwei Jahre vor dem Erscheinen des Ediktes von Nantes. In der Geschichte der Rechtslehre beruht seine Bedeutung auf der klaren und konsequenten Weise, wie er den **Begriff der Souveränität** entwickelte. Er sondert die Souveränität entschieden von der Regierung. Die höchste Gewalt sei nicht dasselbe wie die Souveränität, denn die Gewalt könne auf gewisse Zeit übertragen und könne geteilt sein, während die Souveränität unteilbar sei. Ebensowenig wie es mehrere Götter geben könne, wenn Gott ein absolutes Wesen sein solle, ebensowenig könne es in einem Staate mehrere Souveräne geben. Bodin unterscheidet die Staatsform von der Regierungsform. Die Verschiedenheit der Staatsformen beruhe darauf, wer die Souveränität besitze. Und die Merkmale der Souveränität seien die gesetzgebende Gewalt, das Recht, Krieg und Frieden zu erklären, das Begnadigungsrecht und das Recht, die höchsten Beamten anzustellen. Die souveräne Gewalt könne beim ganzen Volke, bei der Aristokratie oder beim Fürsten sein. Die Regierungsform könne aber sehr wohl monarchisch sein, obschon die Staatsform demokratisch wäre; so verhalte es sich, wenn das ganze Volk den König erwähle.

Bodin fühlte das Bedürfnis, den protestantischen und katholischen Monarchomachen entgegen den Begriff der absoluten Souveränität einzuschärfen. Darum bestreitet er jedoch nicht das Recht des Volkes. Die souveräne Gewalt sei der Moral und dem Naturrecht untergeordnet; sie könne das persönliche Eigentumsrecht nicht aufheben und deshalb auch keine Steuern auferlegen. Bodin sah nicht, dafs die gesetzgebende Gewalt sich auf die Dauer nicht ohne die steuerbewilligende Gewalt behaupten läfst, und indem er letztere dem Volke zusprach, sprach er in der That diesem auch die Souveränität zu, so dafs der Unterschied der verschiedenen „Staatsformen" wegfiel und nur der Unterschied der „Regierungsformen" zurückblieb. Diese Konsequenz zogen erst seine Nachfolger aus dem Begriffe der Souveränität.

Bodins Staatslehre zeichnet sich durch den Nachdruck aus, den er auf die Familie und die kleineren Gesellschaften oder Korporationen legt. Er verlangt, dafs deren Selbständigkeit und Eigentümlichkeit bewahrt und entwickelt würden, insoweit sie sich mit den gemeinsamen Aufgaben des Staates vereinen liefsen. Überhaupt hat er gesunden Blick für das reale menschliche Leben in dessen verschiedenen Richtungen und tadelt Machiavelli, von dem er sagt, „er habe niemals das Fahrwasser der politischen Wissenschaft mit dem Senkblei

untersucht", wegen des Glaubens an tyrannische Finessen als
das Wichtigste der Politik. In einer speziellen kleinen Schrift
(von der Methode der Geschichte) weist er die Bedeutung der
vergleichenden und historischen Methode für die Rechtslehre
nach. „In der Geschichte," sagt er, „ist der beste Teil des
universellen Rechts enthalten, und aus den Gesetzen können
wir die Sitten der Nationen, die Grundlage des Staates, seinen
Entwickelungslauf, seine Formen, Umwälzungen und seinen
Untergang kennen lernen, was für die rechte Wertschätzung der
Gesetze nützlich ist." Er meint, auf diesem Wege müsse man
von dem Glauben an ein goldenes Zeitalter abkommen: „im
Vergleich mit unserer Zeit würde das sogenannte goldene
Zeitalter als ein eisernes dastehen!" Seinen Glauben an den
Fortschritt stützt er namentlich auf die Entwickelung der Industrie. Die Erfindungen und Entdeckungen der neueren Zeit
betont er mit Stärke, wie auch den lebhafteren Verkehr der
verschiedenen Nationen. Er unterscheidet jedoch zwischen
dem Fortschritte der Kultur und dem Fortschritte der Moralität; in letzterer Beziehung ist sein Glaube nicht so hoffnungs-
voll. — Von seiner religionsphilosophischen Schrift und deren
Bedeutung wird später die Rede sein.

Der eigentliche Begründer der naturrechtlichen Theorie
der neueren Zeit war Johannes Althusius. Dieser Mann,
der durch Gierkes Verdienst einer höchst unberechtigten
Vergessenheit entzogen ward, wurde 1557 in Diedenshausen
geboren, studierte zu Basel, wahrscheinlich auch in Genf, war
eine Zeitlang Professor der Jura in Herborn und später viele
Jahre hindurch Bürgermeister der ostfriesischen Stadt Emden,
deren Gerechtsamen er mit Eifer gegen die Übergriffe der
ostfriesischen Grafen und Ritter verteidigte. Er war ein
eifriger Calvinist und folgte mit Begeisterung dem Kampfe der
den Ostfriesen verwandten Niederländer für religiöse und politische Freiheit. In seinen Schriften deutet er mehrmals auf
diesen Kampf hin. In Friesland hatte sich die alte Freiheit
der Bauern erhalten, während sie im übrigen Deutschland
untergegangen war, und Althusius wahrt denn auch dem
Bauernstande seine Rechte neben denen des Adels und des
Bürgerstandes. Sowohl sein religiöser Glaube als seine Stu-

dien, sowohl die damaligen Ereignisse im benachbarten Lande als die sozialen Verhältnisse seines engeren Vaterlandes trugen also zur Nährung der rechts- und staatsphilosophischen Anschauung bei, die er in seiner Schrift von der Politik (*Politica methodice digesta atque exemplis sacris et profanis illustrata*, 1603) entwickelte. Unter seinen anderen Werken ist aufser mehreren rein juristischen eine Schrift von den Tugenden, die bei dem Umgang mit anderen Menschen zur Anwendung kommen (*Civilis conversationis libri duo*), zu nennen. Er starb 1638 nach einem langen und thatenreichen Leben.

Althusius ist darin mit Bodin einig, dafs es nur eine und zwar unteilbare Souveränität gebe. In einem Staate könne nur ein einziger Souverän sein, wie in einem Körper nur eine einzige Seele. Er polemisiert aber gegen Bodins Aufstellung mehrerer Staatsformen. Die Souveränität kann nur an einem Orte liegen und läfst sich nicht übertragen und veräufsern. Fürsten und Aristokraten können die Regierung ausüben, niemals aber die Souveränität besitzen, die ihren Sitz im ganzen Volke haben mufs, das nie stirbt, und dem jeder Regent für seine Verwaltung verantwortlich ist. Dem Wohl und dem Bedürfnisse des Volkes soll der Staat förderlich und behilflich sein: hier findet der Staat seine Ursache und seinen Zweck. Der einzelne Regent stirbt, das Volk aber nicht. Und der Regent ist nur der einzelne Mensch, das Volk sind aber die vielen. Vom Volke mufs deshalb alle Gewalt ausgehen, und stets kehrt sie zum Volke zurück.

Nur die Regierungsform, nicht die Staatsform kann verschieden sein. Das durch gemeinschaftliche Lebensbedingungen vereinigte Volk (*corpus symbioticum*) ist die Quelle aller Gewalt, und kann diese nicht auf ewig irgend welcher Obrigkeit übertragen. Alle Ausüber der Regierungsgewalt stehen als Vertreter des Volkes da, und sowie sie die Grenzen überschreiten, die durch das natürliche, in den zehn Geboten enthaltene Gesetz und durch das Wohl der Gesellschaft ihrer Thätigkeit abgesteckt sind, hören sie auf, die Diener der Gesellschaft zu sein, und werden Privatleute, denen man da, wo sie die Grenzen ihrer Gewalt überschreiten, keinen Gehorsam schuldig ist. Indes ist es nicht Sache jedes Einzelnen, die

Gewalt der Obrigkeit in ihre Grenzen zurückzuweisen. In jedem wohlgeordneten Staate gibt es aufser den Obrigkeitspersonen noch eine andere Art „Administratoren", Aufseher (ephori) nämlich, deren Aufgabe es ist, die höchste Obrigkeitsperson zu wählen, die unveräufserlichen Rechte des Volkes zu wahren, die Obrigkeitsperson zu entfernen, die diese verletzt. aber auch jede Obrigkeitsperson innerhalb der Grenze ihrer Gewalt zu schützen und zu unterstützen. Solche Ephoren kennt man sowohl in den Staaten des Altertums, z. B. die Senatoren und Volkstribunen, als auch in den neueren Staaten als Stände, Kurfürsten und Ratsherren. Unter irgend einer Form mufs stets eine die Aufsicht führende Gewalt organisiert werden[6]).

Einen historischen Beweis seiner Idee von der Souveränität des Volkes findet Althusius nicht nur darin, dafs es in den meisten Staaten eine solche Autorität gibt, die im Namen des ganzen Volkes das Verfahren der höchsten Obrigkeit der Kritik unterwerfen soll, sondern auch darin, dafs das Volk die Herrschaft eines tyrannischen Fürsten abgeworfen hat. Er verweist auf den Freiheitskampf der Niederländer, und in der Vorrede der 3. Ausgabe sagt er, sein Werk sei den Ständen Frieslands gewidmet, weil sie, ebenso wie die übrigen Niederländer, eingesehen hätten, dafs die Souveränität nicht untrennbar an die Person des Fürsten gebunden sei, sondern dafs dieser nur den Niefsbrauch davon haben könne, während das eigentliche Majestätsrecht dem Volke gebühre, und weil sie mit so grofser Tapferkeit, Einsicht und Ausdauer für dieses Prinzip gekämpft hätten.

Einen philosophischen Beweis findet er, indem er den Zweck und die Ursache des Staatslebens betrachtet. Der Zweck ist ja nicht das Wohl der Obrigkeit, sondern das Wohl des gesamten Volkes, und die Ursache, weshalb die Menschen sich aneinander schliefsen und Staaten bilden, ist der hilflose und notleidende Zustand des Einzelnen. Das Gefühl und das Bedürfnis der *einzelnen* Individuen sind die letzte Ursache des Staatslebens. Anfangs bilden sich engere Gesellschaften, wie die Familie und die Nachbarschaft. Diese engeren Gesellschaften sind die Pflanzschulen gröfserer Gesellschaften, die durch Verbindung mehrerer kleinen entstehen. Dann bildet sich aber eine politische, nicht blofs eine private Gesellschaft. Der Staat ist die universelle Gesellschaft, die alle kleineren in sich umfafst. Althusius bringt hier den Bodin ins Gedächtnis, der ja so grofses Gewicht auf die Bedeutung der kleineren Gesellschaften innerhalb der grofsen legte. Inhaber der Souveränität ist das in verschiedene gesellschaftliche Kreise organisierte und durch die Ephoren repräsentierte Volk. — An diesem Punkte besitzen diese älteren Verfasser einen grofsen Vorzug vor den Naturrechtslehrern des 18. Jahrhunderts, die eigentlich nur das einzelne Individuum und den Staat als Gesamtheit kannten. Doch mufs man erinnern, teils dafs die Korporationen sich als mit vielen Übelständen verbunden erwiesen hatten, teils dafs das absolute Königtum in Frankreich und dessen Nachahmungen an anderen Orten alles gethan hatten, um die zwischen dem Einzelnen und dem Staate gelegenen Vermittelungsglieder bis zur möglichst grofsen Bedeutungslosigkeit herabzudrücken.

Die Gesellschaft in ihrer einfachsten Form, die allen anderen zur Grundlage dient, ist durch eine Übereinkunft entstanden, die ihr Motiv wieder in den Bedürfnissen des Menschen findet. Um die so aufgestellte Theorie des Kontraktes recht zu verstehen, mufs man etwas näher betrachten, wie Althusius die Übereinkunft auffafst, die die Basis alles gesellschaftlichen Lebens bilden soll. Sie soll durch das Bedürfnis herbeigeführt sein. Dieses Bedürfnis scheint Althusius aber nicht als ein rein egoistisches aufzufassen. Namentlich wo er von der Entstehung der Familie und der nachbarlichen Gesellschaft redet, bedient er sich zur Erklärung nicht nur der „Notwendigkeit", sondern auch des „natürlichen Gefühls" (naturalis affectio). Er stimmt der Äufserung des Aristoteles bei, der Mensch sei ein „soziales Tier" in weit höherem Mafse als die Bienen oder andere in Gemeinschaft lebende Tiere. Es steht unklar, wie jenes „natürliche Gefühl" und diese soziale Neigung sich zur individuellen Selbsterhaltung verhalten. Althusius hat nicht das Bedürfnis einer näheren psychologischen Analyse gefühlt. Ein solches hätte ihm doch um so näher liegen müssen, weil er das rein individuelle Bündnis ja auf die einfachste Gesellschaft beschränkt und die anderen

Gesellschaften aus dieser emporwachsen läfst. Der Glaube an
ein natürliches Wachstum der Gesellschaft steht offenbar in
einem gewissen Gegensatze zur unmittelbaren Willkür des
einzelnen Individuums. Auch wenn es nach Althusius der
Wille der gesellschaftstiftenden Individuen ist, der die Gesellschaft
entstehen läfst, können diese, seiner eignen Lehre zufolge,
doch nur den ersten Anstofs geben; später treten sie
nicht als einzelne auf, sondern als Mitglieder der Korporation,
nicht als selbständige Atome, sondern als Elemente eines
zusammengesetzten Moleküls, dessen Bewegungen nicht von
dem einzelnen Atom allein abhängig sind. Es gibt keine
reinen Individuen; alle Individuen sind unwillkürlich sozial bestimmt.
Die Kontrakttheorie steht, weil sie reine Individuen
aufstellt, von Anfang an im Gegensatz zur historischen Auffassung
der Entwickelung des gesellschaftlichen Lebens, welche
die Individuen als die *Produkte* der Gesellschaft, nicht nur
als deren *thätige Kräfte* betrachtet. Althusius wollte beide
Gesichtspunkte vereinen. Auch hier kam das entscheidende
Problem später zum Vorschein.

Hiermit in Verbindung steht eine andere Frage: ist der
ursprüngliche, gesellschaftstiftende Vertrag mit Bewufstheit geschlossen
oder nicht? Es ist klar, dafs unter demselben nur
dann ein wirklich historisches, zu bestimmter Zeit und an bestimmtem
Orte geschehenes Ereignis zu verstehen ist, wenn
er mit Bewufstheit geschlossen wurde. So scheint Althusius
das Verhältnis nicht aufzufassen. Die Gesellschaft, sagt er,
ist durch einen *ausdrücklichen oder stillschweigenden* Vertrag
(pacto expresso vel tacito) gebildet worden. Was will
aber ein „stillschweigender" Vertrag heifsen? Nach Althusius
ist es notwendig, einen Kontrakt anzunehmen, nicht nur um
das Entstehen der Gesellschaft zu begreifen, sondern auch
um die Übertragung der Regierungsgewalt an die Obrigkeitspersonen
zu verstehen. Wir würden also erst einen Gesellschaftsvertrag
und darauf einen Herrschervertrag erhalten,
jenen zwischen den Einzelnen untereinander, diesen zwischen
dem gesamten Volke und denjenigen, die regieren sollen. Mit
Bezug auf letzteren Vertrag sagt Althusius nun (und das mufs
auch ersterem gelten), dafs das Volk die Rechte, die es dem

Fürsten nicht ausdrücklich übertragen habe, selbst behalte, und dafs auch da, wo das Volk sich ohne ausdrückliche Bedingungen einer Obrigkeit unterwerfe, die allgemeinen Forderungen der Billigkeit und Gerechtigkeit und der Inhalt des Dekalogs hinzuzudenken seien: „denn es ist nicht wahrscheinlich, dafs das Volk zu seinem eignen Verderben dem Fürsten zügellose Freiheit gegeben hätte, und das Volk hat sich nicht selbst der Fähigkeit der Selbsterhaltung berauben oder einem Einzelnen eine Gewalt geben wollen, die gröfser wäre als die aller anderen zusammen." Mit anderen Worten: Althusius schliefst aus dem, was *vernünftigerweise* die Meinung des Volkes sein müsse, auf den Inhalt des *ursprünglichen* Kontrakts, und er setzt also voraus, dafs das Volk es vernünftig angefangen habe, als der Kontrakt entstand. Leider dessen fängt das Volk es ebensowenig immer vernünftig an, als die Fürsten, und die Berechtigung, bei jener Gelegenheit eine „stillschweigende" Vernunft anzunehmen, ist also nicht beweislich. Es ist nun offenbar, dafs jener Vertrag (namentlich in seinem „stillschweigenden" Teile) vielmehr Althusius' Ideal von einer Gesellschaft als eine geschichtliche Begebenheit ausdrückt. Das Naturrecht, und vorzüglich dessen Kontrakttheorie, ist ein mythologischer Ausdruck der idealen Forderung, die an die Ordnung und Entwickelung der Gesellschaft gestellt werden mufs. Sein Zukunftsideal verlegt es in die Vergangenheit zurück. Es ist vielleicht die Frage, ob die meisten Lehrer des Naturrechts den ursprünglichen Vertrag wirklich als geschichtliche Thatsache auffafsten. Schon Bodin sah ein, dafs die Idee von einem goldenen Zeitalter auf einer Illusion beruhe, und so geht es mit jeder Vorstellung von einem absoluten Naturzustande. Die grofse Bedeutung des Naturrechts beruht darauf, dafs es an der Idee des ursprünglichen Vertrages eine Form besafs, in welcher das Recht des Individuums gegen die Gesellschaft und deren Autoritäten klar und nachdrücklich geltend gemacht werden konnte. Aber Kant erst lehrte, dafs zwischen einer leitenden, regulativen Idee und einem thatsächlich Gegebenen Unterschied ist. Mit Hilfe dieser Distinktion kann man zu gleicher Zeit die Mängel und die grofse Bedeutung des Naturrechts erblicken. —

Bodin und Althusius setzen das Bemühen Machiavellis fort, die Staatslehre zu einer rein menschlichen Wissenschaft zu machen. Althusius stützt sich freilich, wie schon der Titel seines Werkes angibt, auf die biblische Geschichte ebensowohl wie auf die profane. Er entlehnt derselben aber nur rein historische Beispiele. Er operiert nicht (wie die Monarchomachen) mit theologischen Argumenten. Mit Paulus nimmt er an, dafs alle Obrigkeit von Gott sei; Gottes Thätigkeit sei hier aber keine unmittelbare, sondern eine mittelbare: die Kräfte und Triebe, die zur Stiftung der Gesellschaften und zur Einsetzung der Obrigkeit führten, stammten durch die Natur von Gott her. Die Gewalt der Fürsten und der Ephoren rühre *unmittelbar* von dem Volke, *mittelbar* von Gott her. Nicht dem Fürsten allein, sondern auch den Ephoren oder den Ständen habe Gott die Sorge für den Staat übertragen. Die theologische Hypothese ist also tiefer in den Hintergrund geschoben. Als eifriger Calvinist stellt Althusius jedoch die Förderung der Religion als einen Hauptzweck des Staates auf. Er äufsert sich entschieden wider die Religionsfreiheit, indem er auf das 5. Buch Mos. 13, 5 verweist, wo die Todesstrafe über den verhängt wird, der einen anderen Glauben als den der Väter lehrt. Die Religionsfreiheit, meint er, würde den Glauben unsicher machen und die Einheit, die im Staate herrschen sollte, aufheben; wer nicht für mich ist, der ist wider mich. Der theologische Standpunkt des Althusius legt sich ebenfalls dadurch an den Tag, dafs er der individuellen Ethik mit Bezug auf die Theologie Selbständigkeit abspricht. Was jeder Einzelne für Pflichten habe, lerne er aus den zehn Geboten, insofern sie nicht zu denjenigen Pflichten gehörten, die die Staats- und die Rechtslehre einschärften. Der Ethik bleiben also nur die Regeln für ein würdiges Auftreten im Reden und Handeln, die Althusius in seiner Schrift über „gebildeten Umgang" (civilis conversatio) behandelt hat. Er hält also konsequent an dem von Melanchthon behaupteten Gegensatze des inneren und äufseren Menschen fest, obgleich er bedenkliches Interesse für das äufsere menschliche Leben hegt und dessen Ordnung nach rein natürlichen Gesetzen für möglich ansieht. Er erkennt die natürlichen Kräfte des gesell-

schaftlichen Lebens mit einer Energie an, die in Melanchthon
Ärgernis erregt haben würde. In seiner „Politik" formulierte
der Emdener Ratsherr Ideen, die während des Freiheitskrieges
der Niederlande erzeugt waren, und die später, nachdem
Rousseaus leidenschaftliches Gemüt sie durchgearbeitet und
bis zur äufsersten formalen Konsequenz zugespitzt hatte, den
Dogmenkreis bildeten, der den französischen Nationalkonvent
beherrschte. Sie waren das Evangelium der politischen Freiheit.
Melanchthon und seine Schule würden nie und nimmer
zugegeben haben, dafs es ein solches Evangelium gebe. In
schneidendem Gegensatz zu diesem Evangelium steht es, dafs
Althusius selbst die Religionsfreiheit verwirft, ein Zeugnis von
dem inneren Zwiespalt des vom Mittelalter angeerbten Gedankenganges,
über den nicht einmal die unbefangenste
Richtung des kirchlichen Protestantismus hinauszukommen vermochte.

Dafs nicht Althusius, sondern Hugo Grotius von den
folgenden Geschlechtern als der eigentliche moderne Begründer
des Naturrechtes betrachtet wird, hatte seinen Grund teils in
dem radikalen, demokratischen Standpunkt, den der Verfasser
der „Politica" repräsentierte, und der im höchsten Mafse von
dem Standpunkt abwich, den die leitenden Staatsmänner und
Staatsrechtslehrer des 17. Jahrhunderts einnahmen, teils in
der gröfseren und tieferen historischen Begründung der naturrechtlichen
Prinzipien, die Grotius gab, teils und nicht zum
wenigsten darin, dafs Grotius in seinem berühmten Werke
„Über das Recht in Krieg und Frieden" (*De jure belli ac
pacis*, 1625) die Frage nach der Berechtigung des Krieges
und nach dem im Kriege gültigen Recht zum Ausgangspunkt
nahm. Somit knüpfte er das Naturrecht an das Völkerrecht
und ging von einer Erscheinung aus, die die Gedanken der
Staatsmänner in Anspruch nahm und die Interessen aller
Menschen berührte. Nicht das innere Verhältnis zwischen
Obrigkeit und Volk, sondern das äufsere Verhältnis souveräner
Staaten untereinander war der Ausgangspunkt seiner Betrachtung.
Was ihm die Feder in die Hand gab, war der Anblick
der vielen, oft ohne triftigen Grund angefangenen Kriege, die
alle wilden Leidenschaften entfesselten, als ob die Menschen

nach Ausbruch des Krieges in wütende Tiere verwandelt würden. Er begann nun zu untersuchen, inwiefern hier wirklich alles Recht verschwinden müsse, und diese Frage führte ihn auf die letzte Grundlage des Rechtes zurück.

Hugo de Groot war 1583 in Delft geboren. Schon während er in Leiden studierte, gewann er den Ruf großer Gelehrsamkeit. 16 Jahr alt begleitete er Oldenbarneveldt nach Paris, wo Heinrich IV. ihn seinen Umgebungen als das Wunder aus Holland vorgestellt haben soll. Schnell erreichte er hohe Stellungen in seinem Vaterlande als Rechtsgelehrter und Staatsmann. Als Moritz von Oranien mit Hilfe der orthodoxen Priesterschaft Oldenbarneveldt stürzte und hinrichten ließ, wurde Grotius zu lebenslänglicher Gefangenschaft verurteilt, der er durch eine List seiner Gemahlin entfloh. Er ließ sich darauf in Paris nieder, wo er eine Zeitlang von der französischen Regierung unterstützt wurde. Hier arbeitete er das Werk aus, an das sein Name geknüpft ist. Später wurde er schwedischer Botschafter in Paris. Er starb 1645 in Rostock, auf der Rückkehr von einem Besuche in Schweden.

Grotius bemerkt, es sei leichter zu sagen, was Unrecht ist, als was Recht ist. Unrecht sei alles, was der Natur des von vernünftigen Wesen geführten gesellschaftlichen Lebens widerstreite. — Es ist hier zu ersehen, daß Grotius der Erfahrung und der Geschichte näher steht als seine Vorgänger. Denn daß das Leben der menschlichen Gesellschaft gewisse Bedingungen verlangt, mit denen es steht und fällt, ist am leichtesten zu entdecken, wenn diese Bedingungen fehlen, so daß gewissermaßen ein Experiment vorliegt. Wären die Bedingungen stets vorhanden, würde man sie nicht beachten. — Nach Grotius wird der Mensch durch einen unwillkürlichen Drang zum Anschluß an andere Menschen bewogen. Selbst wenn wir ihrer nicht geradezu bedürftig wären, würden wir doch Verkehr und Gemeinschaft mit ihnen suchen. Zwar verhält es sich so, daß wir die Hilfe anderer nicht entbehren können, hierin liegt aber nicht der eigentliche Grund des gesellschaftlichen Lebens. Schon bei Kindern ist die Neigung zu finden, anderen Wohlthaten zu erweisen und mit ihrem Unglück Mitleid zu fühlen. Dieser natürliche Drang (appetitus societatis) wird entwickelt und geläutert, wenn die Gemeinschaft mit anderen mittels der Sprache zu einem geistigen Verkehr wird, und wenn der Mensch fähig wird, sein Erkennen und Handeln nach allgemeinen Prinzipien einzurichten, so dafs er ähnliche Fälle auf ähnliche Weise behandelt. In dem Bestreben, ein gesellschaftliches Leben dieser Art zu schützen, liegt der Ursprung des Naturrechts. Die menschlichen Handlungen werden nun nach ihrer Übereinstimmung oder ihrem Widerspruch mit den Forderungen eines solchen gesellschaftlichen Lebens beurteilt. Das Naturrecht entspringt also aus Prinzipien, die im Menschen selbst liegen (ex principiis homini internis), und die gültig sein würden, auch wenn kein Gott wäre. Jedoch kann Gott der Urheber des natürlichen Rechtes genannt werden, da er der Urheber der Natur ist und also wollte, dafs dieses Recht gelten sollte.

Die erste und wichtigste Bestimmung des Naturrechtes ist die, dafs Verträge und Versprechungen gehalten werden sollen. Dies ist in dem ursprünglichen Willen enthalten, der die Gesellschaft zu stande bringt. Jede Verpflichtung hat ihren Grund in einer vorausgehenden Übereinkunft oder einem gegebenen Versprechen. Das positive Gesetz (jus civile) entspringt hier aus dem natürlichen Gesetze. Denn das gesellschaftliche Leben würde nicht bestehen können, wenn die Menschen sich nicht gegeneinander verpflichten könnten. Das gesamte bürgerliche Leben beruht hier also auf einer ewigen und unwandelbaren Gerechtigkeit, die für Gott sowohl als für alle Vernunftwesen gilt. Die menschliche Natur, die die Mutter des natürlichen Rechtes ist, wird also die Stammmutter des positiven Rechts, da die Quelle des positiven Rechts die naturrechtliche Notwendigkeit ist, sein Wort zu halten.

Was teilt denn aber dem Prinzipe von der Erfüllung der Versprechungen und der Verträge seine ursprüngliche Kraft mit? Hier kommt es zum Vorschein, dafs Grotius ebensowohl als Althusius von der Kontrakttheorie ausgeht. Gerade das Prinzip, dafs Verträge gelten sollen, wird nämlich eben durch einen Vertrag festgestellt! Nur dafs dieser ursprüngliche Vertrag nicht mit voller Bewufstheit geschlossen zu sein braucht. Er kann stillschweigend, vorausgesetzt sein, in der Natur der

Verhältnisse liegen, das heifst: er ist nur ein anderer Ausdruck des Willens, die Gesellschaft aufrechtzuhalten, der wieder die Bedingung alles gesellschaftlichen Lebens ist. Die Gesellschaft wird als das Produkt einer freien Vereinigung betrachtet, wo jeder Einzelne seinen Willen als Teil des gemeinschaftlichen Willens einsetzt. Alle einzelnen Verhältnisse müssen nach diesem ursprünglichen Willen (ex primaeva voluntate) beurteilt werden. Der Staat ist ein Körper, der einen willkürlichen Ursprung hat (corpus voluntate contractum). Hieraus wird unter anderem die wichtige Bestimmung hergeleitet, dafs das Recht des Einzelnen in seiner Beziehung zur Gesellschaft niemals durchaus verschwinden kann: es kann ja doch nicht sein Wille gewesen sein, sich selbst zu vernichten! Er kann das Recht der Selbsterhaltung nicht aufgeben, das er besafs, bevor er der Gesellschaft beitrat.

Ebenso wie bei Althusius tritt hier die mythologische Vorstellung von dem Naturzustande und von dessen Ablösung durch das Staatsleben mittels eines Willensaktes auf. Indes bedient sich Grotius, wo er mit Hilfe dieser Vorstellung spezielle Rechtsverhältnisse (wie die Ungerechtigkeit der Lüge[7]), den Privatbesitz, Verjährung, Gewohnheitsrecht) ableitet, gern der Idee von einer *stillschweigenden* Übereinkunft, wodurch ausgedrückt wird, was die nützliche Ordnung des Verhältnisses verlangt (aut expresse, aut ex negotii natura tacite promittere, silentio convenire), so dafs es auch, was ihn betrifft, zweifelhaft wird, inwiefern er den Kontrakt der Gesellschaft als eine historische Begebenheit auffafste. Sonderbar ist es aber, dafs Grotius, obgleich er vom Unrecht und Unfrieden als leitenden Thatsachen ausgeht, dennoch von dem Menschenleben, wie dieses aussehen würde ohne in Gesellschaften geordnet zu sein, eine höchst idyllische Auffassung hat. Er sieht den sozialen Drang für direkt, uninteressiert an, und dessen Verhältnis zur Selbsterhaltung steht, wie bei Althusius, im unklaren. Erst Hobbes brachte hier die Bewegung hervor, aus welcher die psychologischen Voraussetzungen des Rechtes in gröfserer Klarheit hervorgehen konnten.

Von Althusius unterscheidet Grotius sich durch die Behauptung, das Volk könne nach seiner Konstituierung durch den gesellschaftstiftenden Kontrakt die Souveränität auf immer einem Fürsten oder einem Stande übertragen, ebensowohl als der Einzelne sich selbst zum Sklaven machen könne. Er polemisiert direkt gegen die Lehre des Althusius von der Souveränität des Volkes, obgleich er ihn, ungewiß aus welchen Gründen, nicht mit Namen nennt. Er bringt zur Geltung, daß es hier nicht darauf ankomme, welche Staatsform die beste sei — denn hierüber könnten die Meinungen stets verschieden sein — sondern es komme auf den Willen an, der der Ursprung des Rechtes sei (ex voluntate jus metiendum est). Und weshalb sollte sich das Volk nicht ganz der Gewalt eines einzelnen oder mehrerer Menschen überlassen können? Sogar in einem demokratischen Staate müsse die Minderzahl sich ja der Mehrzahl unterordnen, und Frauen, Kinder und Arme nähmen ja nicht an den Entscheidungen, also auch nicht an der Souveränität teil. Der ursprüngliche Wille könne eine Notwendigkeit erzeugen, die auf alle Zeiten bindend wäre. Es nütze nichts, daß man sage, der Staat existiere des Volkes, nicht der Regierenden wegen, denn eine Vormundschaft sei der Mündlinge, nicht des Vormunds wegen, und doch habe dieser die Gewalt über jene. — Indem Grotius auf diese Weise dem Kontrakte, durch den die Gewalt den Regierenden übertragen wird, einen anderen Charakter gibt als demjenigen, durch den das Volk sich als Volk konstituiert, wird er der Vorgänger des Hobbes und ermöglicht es, daß auch die absolute Monarchie sich auf die Kontrakttheorie stützen kann. Seine Argumente erschüttern jedoch nicht die Behauptung des Althusius, es sei kaum wahrscheinlich, daß das Volk sich auf ewige Zeiten hätte seiner Freiheit begeben wollen. Die Auffassung des Althusius stimmt offenbar am besten mit der Kontrakttheorie überein, sowohl nach deren mythologischem als vernünftigem Sinne.

Wie schon bemerkt gab der Krieg dem Grotius den Anlaß zu einer Untersuchung über den Begriff und den Ursprung des Rechtes. Krieg könne es erstens zwischen Einzelnen untereinander geben. Unter Voraussetzung eines sozialen Zustandes und eines Staatslebens sei der gerechte Krieg zwischen Ein-

zelnen jedoch auf die Notwehr beschränkt, und die strafende
Gewalt liege in der Hand der Regierung. Es könne zweitens
ein Krieg von dem Einzelnen gegen den Staat angestiftet
werden. Dies sei Aufruhr, und dafs dieser unzulässig sei,
steht für Grotius fest, der auch hier gegen Althusius polemisiert. Er meint, dafs diejenigen, die den Vertretern des Volkes
das Recht zum Aufruhr zugesprochen hätten, sich den Verhältnissen zu bestimmter Zeit und an bestimmtem Orte zu
sehr anbequemt hätten. Anderseits scheint Grotius selbst den
auf „das Recht der Natur" gegründeten Kampf seiner Landsleute gegen ihren Herrscher zu wenig berücksichtigt zu haben.
Drittens könne von seiten des Staates gegen den Einzelnen
Krieg geführt werden. Dieser sei gerecht, wenn er gegen
denjenigen gerichtet sei, der Unrecht begangen habe. Die
Untersuchung dieses Punktes führt also zur Untersuchung der
Natur und der Berechtigung der Strafe. Grotius behandelt
dieses Problem auf sehr interessante Weise. Er ist ein entschiedener Gegner der Vergeltungstheorie. Die Strafe habe
ihren Zweck nicht in sich selbst; nur ein wildes und unmensch-
liches Gemüt könne Befriedigung darin finden, dafs irgend
einem Menschen ein Leid zugefügt werde, wenn hierdurch
nicht ein gröfseres Gut für den Betreffenden selbst oder für
andere oder für die gesamte Gesellschaft zu erreichen sei.
Viertens könne es Krieg zwischen den Staaten untereinander
geben. Dieses Thema wird am weitläufigsten behandelt. Die
Bedingungen für die Gerechtigkeit eines Krieges und die während eines Krieges zu beobachtenden Humanitätsrücksichten
werden aus den Prinzipien des Naturrechts abgeleitet. Das
Hauptprinzip ist, dafs die Menschen, weil sie Feinde würden,
doch nicht aufhörten, Menschen zu sein, und dafs der Krieg,
da er nur um des Friedens willen geführt werde, so ehrlich
und menschlich geführt werden müsse, dafs er den Frieden
nicht unmöglich mache. Grotius ist sich völlig bewufst, dafs
es dem Völkerrechte an der Sanktion gebreche, die die Staatsmacht im einzelnen Volke verleihe. Grofse Staaten schienen
sich alles erlauben zu können. Aber auch diese wären eines
geordneten Verkehrs mit anderen Völkern bedürftig, und die
öffentliche Meinung der Menschlichkeit könne ihnen nicht

gleichgültig sein, so wie der Krieg sich nur dann mit Kraft führen lasse, wenn das Volk selbst an die Gerechtigkeit der Sache glaube. Indem Grotius diese Forderungen der Humanität einschärfte und die Analogie der Bedingungen für den Verkehr der Völker mit den Bedingungen für den Verkehr im einzelnen Volke nachwies, machte er aufserordentlichen Eindruck auf die Staatsmänner des 17. und 18. Jahrhunderts. Gustav Adolf soll sein Buch stets bei sich im Zelte gehabt haben. Die Autorität des Grotius soll Ludwig XIV abgehalten haben, aus seiner Drohung, im Kriege mit den Holländern keinen Pardon zu geben, Ernst zu machen, wie denn auch die Entrüstung, die die Verwüstung der Pfalz erregte, sich der allgemeinen Meinung nach nicht mit so grofser Stärke erhoben hätte, wäre nicht durch das Werk des Grotius vorher eine Stimmung dagegen erweckt. Und noch heutzutage gehen in den meisten Staaten die Instruktionen der Offiziere für Kriegszeiten zum wesentlichen Teil von den in Grotius' Schrift aufgestellten Regeln aus[8]), die wir hier indes nicht im einzelnen verfolgen werden. Es kam nur darauf an, zu zeigen, dafs der berühmte Rechtsphilosoph und Völkerrechtslehrer seinen Platz in der Mitte derer hat, die das Menschliche entdeckten.

Eine wichtige Frage des Staatsrechts und Völkerrechts war es damals, ob Menschen ihrer religiösen Meinungen wegen zu strafen seien, und ob der eine Staat um der Religion willen den anderen bekriegen dürfe. Althusius nahm inbetreff des ersteren Punktes eine engherzige konfessionelle Stellung ein, und wie die allgemeine Auffassung des letzteren Punktes war, das bezeugen die Religionskriege. Grotius wirft anfangs die Frage auf, was unter der wahren Religion zu verstehen sei. Die müsse es sein, die allen Zeitgenossen gemeinschaftlich sei, und als deren Inhalt findet er: Gottes Einheit und Unsichtbarkeit, Gott als Urheber aller Dinge und als den, der für alles Sorge trägt. Diese Meinungen liefsen sich auf natürlichem Wege beweisen, und ihre allgemeine Verbreitung zeuge aufserdem von alten Traditionen. Gottes Dasein wenigstens (man möchte nun einen oder mehrere Götter annehmen) und das Walten einer Vorsehung seien selbsteinleuchtende, allge-

mein verbreitete und in moralischer Beziehung notwendige
Wahrheiten. Diejenigen, die diese bestritten, verletzten die
menschliche Gesellschaft und müfsten bestraft werden. Aus
religiösen Gründen dürfe ein anderes Volk nur dann bekriegt
werden, wenn sein Gottesdienst unsittlichen und unmenschlichen Charakters sei. Auf die Frage, ob ein Volk zu bekriegen sei, weil es das Christentum nicht annehmen wolle,
erwidert Grotius, dafs die Verwerfung eines Glaubens, der sich
auf geschichtliche Zeugnisse stütze und nur durch übernatürliche Einwirkung entstehe, keinem menschlichen Gericht unterworfen sei, ganz davon abgesehen, welcher Art das dargebotene
Christentum sei. Der Horizont ist hier ein weiterer, als bei
Althusius, und es wird eine natürliche Theologie aufgestellt.
An diesem Punkte zeigt Grotius sich als mit den Bestrebungen
verwandt, zu deren Besprechung wir jetzt übergehen.

7. Die natürliche Religion.

Es konnte nicht ausbleiben, dafs die starke geistige Bewegung des Renaissancezeitalters und die grofse Erweiterung
des geistigen Horizontes auch in das religiöse Leben eingreifen
mufsten. Schon die Reformation legt ein Zeugnis hiervon ab.
Die Reformation ist aber doch zugleich gerade ein Versuch,
der religiösen Bewegung bestimmte Schranken zu setzen. Zu
den merkwürdigsten Erscheinungen der Renaissanceperiode,
besonders gegen deren Ende, gehört dagegen eben das Streben,
eine in der Natur des Menschen selbst niedergelegte, von
äufseren Formen und Traditionen unabhängige Religion zu
finden. Und ebenso wie bei dem Naturrechte gehen hier
zwei Ideen Hand in Hand: denn was wirklich in der menschlichen Natur seinen Grund hat, das mufs auch in den verschiedenen historischen Formen, unter denen das menschliche
Geistesleben auftritt, wiederzufinden sein. Der Vergleich der
verschiedenen streitigen Konfessionen untereinander, deren Zahl
ja gerade zu dieser Zeit vermehrt wurde, arbeitete im Verein
mit dem neuerweckten Glauben an die selbstgenügende Kraft
der menschlichen Natur. Schon im italienischen Humanismus
äufsern sich Bestrebungen, einen Kreis von religiösen Ideen

zu entwickeln, die von der kirchlichen Lehre unabhängig sein sollten. Namentlich Platons Lehre, wie sie von den Neuplatonikern aufgefaßt wurde, bildete die Grundlage. Die Platonische Akademie in Florenz erhielt in dieser Beziehung grofsen Einfluss, auch über Italiens Grenzen hinaus. In dem innigen Glauben an einen persönlichen Gott und an die Unsterblichkeit der Seele fand der Einzelne die Befriedigung seines religiösen Bedürfnisses, die ihn manchen Dogmen und Zeremonien der Kirche gegenüber frei stellte und es ihm zugleich doch ermöglichte, eine tiefere, symbolische Bedeutung in denselben zu erblicken. In Deutschland und den Niederlanden verband sich mit dieser humanistischen Strömung die mystische Richtung, die schon im Mittelalter im stillen für eine innigere und freiere Religiösität gewirkt hatte. Der Schwabe Sebastian Franck und der Holländer Coornhert traten in diesem Geiste gegen den neuen protestantischen Dogmatismus auf. Sie deuteten auf eine innere religiöse Erfahrung hin, die sich unter sehr verschiedenen konfessionellen Formen durchleben lasse. Der unsichtbare Christus war für Franck ganz dasselbe wie das natürliche Licht, dessen Funke in jedem menschlichen Gemüte zu finden sei, und das sich deshalb auch in den Heiden entzünden lasse. Man kann, sagte Coornhert, Christi Gesetz befolgen, ohne seinen Namen zu kennen. Diese beiden Männer sind die Vorläufer der Religionsphilosophie einer späteren Zeit, die das Verständnis der positiven Religion und ihrer Bedeutung nicht durch äufsere Kritik der fertigen Dogmen suchte, sondern durch Vertiefung in den geistigen Naturgrund und die inneren Erfahrungen, die die letzte Quelle und die beständige Zuflucht aller Dogmen sind. Sie selbst mufsten den konfessionellen Fanatismus empfinden. Der Name, der gewöhnlich denjenigen gegeben wurde, die sich den Konfessionen gegenüber selbständig stellten, wurde besonders dem Coornhert angeheftet, den die holländischen Prediger einen „Fürsten der Libertiner" nannten [9]).

Zu noch bestimmteren Formen entwickelte sich die natürliche Religion in Frankreich und England. Die langen und heftigen Religionskriege in Frankreich mufsten das Bedürfnis erregen, über den Streit der Konfessionen hinwegzukommen, und den Blick auf die menschliche Seite lenken, die jede derselben besitzt. Im Jahre 1577 schrieb Heinrich von Navarra (der spätere Heinrich IV.): „Diejenigen, die ihrem Gewissen schlichtweg folgen, gehören zu meiner Religion, und ich gehöre zu der Religion, die alle braven und guten Menschen haben." Gleichzeitig war Montaigne auf seine Weise zur Vorstellung von einer universellen Religion gelangt, die bei allen zu finden sei, einerlei wie sie die Gottheit auffaſsten. Das merkwürdigste Aktenstück in dieser Richtung ist indes von Jean Bodin gegeben, dessen Ideen auf dem Bereiche der Staatslehre bereits hervorgehoben wurden. Er hinterliefs einen Dialog zwischen sieben Männern (*Colloquium heptaplomeres*), deren jeder seinen religiösen Standpunkt einnimmt, den er ohne Vorbehalt, aber in der gröfsten Freundschaftlichkeit und mit dem feinsten Verständnisse der persönlichen Seite der religiösen Vorstellungen entwickelt. Ein reicher Katholik in Venedig versammelt an seinem Tisch einen Kreis von Freunden zu Gesprächen über verschiedene Gegenstände, unter denen nun eine Weile die Religionsfrage den ersten Platz einnimmt. Unter den Teilnehmern befinden sich aufser dem katholischen Wirt ein Lutheraner, ein Calvinist, ein Jude, ein Mohammedaner und zwei Männer, die jeder auf seine Weise einem universellen Theismus huldigen. Merkwürdig ist die objektive, dramatische Weise, wie die verschiedenen Standpunkte vorgeführt werden. Nur der Lutheraner wird vielleicht etwas in den Schatten gestellt, jedenfalls glänzt er nicht durch Scharfsinn. Wie der Wirt eines Tages unter die aufgetragenen natürlichen Äpfel künstliche gemischt hat, ist der lutherische Gast der einzige, der getrost in einen der letzteren beifst, ohne Unrat zu merken. Der Wirt, der sich stets auf die Lehre der unfehlbaren Kirche beruft, ohne indes ein Fanatiker zu sein, zieht hieraus die Moral: wenn das Gesicht, der schärfste unserer Sinne, so zu täuschen sei, wie sollte denn der an die Sinne gefesselte Geist eine sichere Erkenntnis der höchsten Dinge zu erreichen vermögen! — Nachdem alle Standpunkte, an mehreren Stellen mit Entfaltung grofser Gelehrsamkeit, aufgetreten sind, endet der Dialog ohne eigentlichen Abschluſs. Ein Chor singt die Hymne: „Siehe, wie fein und lieblich ist

es, dafs Brüder einträchtig bei einander wohnen!" Darauf
umarmen sich die Teilnehmer und scheiden. „Später übten
sie Frömmigkeit und Redlichkeit in wunderbarer Eintracht
unter Verkehr miteinander und gemeinschaftlichen Studien,
doch stellten sie keine Debatte mehr über die Religion an,
obgleich jeder in heiligem Wandel *seine* Religion hielt."

Bodin verfafste diese Schrift in seinem 63. Jahre, also
1593. Sie erschien nicht im Druck, wurde aber in Abschriften
verbreitet und war den Gelehrten des 17. und 18. Jahrhunderts
wohlbekannt. Nicht selten wird sie erwähnt, gewöhnlich mit
gröfstem Abscheu. Nur einzelne, wie Leibniz im reiferen
Alter, äufserten sich dahin, dafs sie herauszugeben sei. Erst
im Jahre 1841 wurde sie indes (in etwas verkürzter Übersetzung) von Guhrauer herausgegeben und mag nun als
Mafsstab dessen dienen, was man vor ein paar Jahrhunderten
ziemlich einstimmig Gottlosigkeit nannte.

Da Bodin selbst nicht direkt zu verstehen gibt, welche
der Personen seine eignen Anschauungen ausspricht, hat es
hierüber verschiedene Meinungen gegeben. Eine Zeitlang war
man zu dem Glauben geneigt, Bodin sympathisiere mit dem
Judentum, dessen Vertreter mit besonderer Kraft und Kenntnis
geschildert ist. Beachtet man aber, was sonst über Bodins
religiöse Richtung bekannt ist, und hält dieses mit dem im
Laufe der Gespräche Angeführten zusammen, so kommt man
zu einem anderen Ergebnis. Es gibt aus früherer Zeit einen
Brief Bodins an einen Freund, in welchem er sich im Geiste
des universellen Theismus, wie wir diesen bereits kennen,
äufsert. „Lasse dich," schreibt er, „nicht durch die verschiedenen Meinungen über die Religionen beirren. Halte in deinem
Gemüte nur daran fest, dafs die wahre Religion nichts anderes
ist als das Hinwenden einer geläuterten Seele an den wahren
Gott." „Das ist meine oder vielmehr Christi Religion." Hierauf entwickelt er, wie die Menschen in ewiger Finsternis wandern würden, wenn nicht von Zeit zu Zeit erhabene Menschen
als Vorbilder aufträten. Zu diesen gehörten aufser den jüdischen Patriarchen und Propheten auch die griechischen und
römischen Weisen. Besonders wird Platon gepriesen, weil er
die Idee von Gott und der unsterblichen Seele verkündet

habe. Was er andeutete, habe Christus vollendet, und nach
diesem hätten auserwählte Männer in seinem Geiste gewirkt.
Die nämliche Idee von einer fortgesetzten Offenbarung durch
eine Reihe von Weisen, sowohl vor als neben der mosaischen,
christlichen und mohammedanischen Religion, tritt nun auch
bei einer der beiden Personen des „Heptaplomeres", die den
universellen Theismus verteidigen, hervor. Toralba führt aus,
dafs die beste Religion die älteste sein müsse. Der erste
Mensch habe seine Kenntnis und seine Frömmigkeit von Gott
selbst. Der Glaube an *einen* Gott gehe, dem Zeugnis der
Bibel zufolge, der jüdischen Religion voraus; das sei die Religion
des Abel, Enoch und Noah; das sei Hiobs Religion.
Nach dem Verlassen dieser natürlichen Religion, die zugleich
mit der Vernunft den Menschen eingepflanzt sei (cum recta
ratione mentibus humanis insita), habe man sich in verwickelte
Labyrinthe verirrt. Das natürliche Gesetz und die natürliche
Religion genügten; die anderen Religionen — der Christen,
Juden, Mohammedaner und Heiden — seien überflüssig. Zur
Naturreligion bedürfe man keines besonderen Unterrichts und
keiner Erziehung; zu ihr werde man geschaffen, sie habe man
in seiner eigenen Natur gegeben. Die uns eingepflanzte Vernunft
unterscheide und urteile, was gut und was schlecht sei.
Bei einigen Erwählten trete dieses religiöse und moralische
Vermögen mit gröfserer Kraft als bei anderen auf. Toralba
preist (ebenso wie Bodin im erwähnten Briefe) den Platon,
weil er — „nicht ohne göttliche Hilfe und Erleuchtung" —
zu so hoher Weisheit von den göttlichen Dingen gelangte.
Das Wesen der Gottheit sei unendlich, lasse sich nicht vom
Gedanken umfassen, geschweige denn durch Worte ausdrücken.
Am nächsten komme man ihm, wenn man Gott das ewige
Wesen nenne, das über alles Körperliche erhaben, unendliche
Güte, Weisheit und Macht sei. Und hierin stimmten griechische
Philosophen mit Hebräern und Ismaeliten überein, so dafs
diese Idee gewifs von der Natur eingepflanzt sei.

Hierzu kommt noch ein anderer Zug des Toralba, der an
Bodin selbst erinnert. Wie weit auch Bodin in mehreren
Beziehungen im Vergleich mit seinem Zeitalter fortgeschritten
war, steckte er doch in **einer** Beziehung mitten darin. Er

glaubte aus überzeugtem Herzen an Zauberei und an Dämonen, und schrieb sogar ein Buch gegen die gottlosen Menschen, die Behutsamkeit und Schonung bei der Bestrafung von Hexen empfahlen. Es sei der Teufel selbst, meinte er, der diese Milde gegen die Besessenen errege. Im zweiten Buche des Dialogs wird dieser Punkt berührt in einer Diskussion zwischen Toralba und Senamus, demjenigen der Redenden, der übrigens Toralba am nächsten steht. Toralba äufsert, es sei ein Fehler der neueren Physiker, alles aus natürlichen Gesetzen erklären zu wollen und kein Eingreifen Gottes oder der Dämonen anzuerkennen. Senamus erwidert, dafs hierdurch alle Naturwissenschaft vereitelt werde, da diese bestimmte Naturgesetze voraussetze. Als Beweis seiner Auffassung führt Toralba mehrere Dämonengeschichten an und kann sich hier des vollen Anschlusses des Lutheraners erfreuen. Senamus entgegnet, auch wenn es Dämonen gebe, die in die körperliche Welt einzugreifen vermöchten, sei es doch nicht sicher, dafs wunderbare Erscheinungen durch solche zu erklären seien, und anderseits: wenn man ein Eingreifen der Dämonen annehme, weshalb erkläre man dann nicht alles in der Natur durch Dämonen? Ferner schärft er die Notwendigkeit ein, bei Hexengeschichten Kritik anzuwenden.

Toralbas Standpunkt ist Bodins eigner, wie dieser aus seinen persönlichen Äufserungen bekannt ist. Und doch legt er dem Senamus eine Kritik in den Mund, die Toralba nicht zu widerlegen vermag. Senamus ist überhaupt der kritische Geist des Dialogs. Auf die Frage, wer in Religionsstreitigkeiten der Richter sein solle, antwortet der Lutheraner: Christus, der Gott ist! Senamus macht ihn darauf aufmerksam, dafs der Streit unter anderem ja gerade Christi Göttlichkeit betreffe. Der Calvinist verweist auf die Zeugen und die Urkunden. Senamus fragt, wo die echten Zeugen und Zeugnisse zu finden seien. Der Katholik verweist auf die Kirche, — Senamus fragt aber, welche der vielen Kirchen die wahre sei. Der Lutheraner beruft sich auf die Bibel, der Mohammedaner auf den Koran; Toralba weist dieses Berufen auf Autoritäten ab und meint, die Weisen müssten die Sache entscheiden; Senamus fragt nun aber, wer weise sei. Und wie der

Katholik zuletzt eine Unterscheidung des Wesentlichen der
Religion von dem Unwesentlichen verlangt, weist Senamus
nach, dafs der grofse Streit gerade wegen der Aufstellung dieser
Grenze entstehe.

Senamus nimmt gegen Toralbas natürliche Religion dieselbe Stellung ein wie gegen die heidnische, mohammedanische,
jüdische und christliche Religion. Er meint, alle seien sie Gott
wohlgefällig, wenn sie mit aufrichtigem Gemüte geübt würden.
Selbst besuche er gern alle Arten von Tempeln, wo sie nur
zu finden seien. Er will niemand beleidigen, ebenso wenig
den Meistgläubigen, den Katholiken, der „religiosissimus" sei,
als denjenigen, dessen Religion nur der Glaube an *einen*
Gott ist. Er stellt also nicht die natürliche Religion als eine
besondere Religion im Gegensatz zu den positiven Religionen
auf. Bodin hat im Senamus Gedanken entstehen lassen, die
ein Korrektiv des Dogmatismus enthalten, dem, wie die Geschichte zeigt, die „natürliche" Religion ebensowohl als die positiven Religionen anheimfallen können. Auch wenn sein eigner
Standpunkt mit dem des Toralba zusammenfällt, hat er doch
eine Betrachtung angedeutet, die weiter geht als die des letzteren. Es ist nicht unmöglich, dafs Bodin in seinen letzten
Lebensjahren anfing, seine eignen früheren Meinungen auf den
Gebieten der Theologie und der Dämonologie zu bezweifeln,
und dafs er diesen Zweifel durch Senamus zu Worte kommen
liefs, ohne dafs er imstande war, auf Grundlage dessen,
was er diesen aussprechen läfst, eine neue Auffassung zu gestalten.

In völlig ausgebildeter Form wurde die Idee der natürlichen Religion gröfseren Kreisen vorgebracht vom Lord
Herbert von Cherbury in seinem Werke *De veritate* (1624).
Ebenso wie Althusius, Grotius, Coornhert und Bodin war er
ein Staatsmann, der an den öffentlichen Angelegenheiten seines
Zeitalters teilnahm und Gelegenheit hatte, weitreichende Erfahrungen zu machen und Vergleichungen anzustellen. Er gehörte
einer edlen walisischen Familie an; seine Ahnen waren wackere
Ritter, und er selbst verleugnete ihren kriegerischen Geist
nicht. Krieg und Duelle sind ein Hauptthema in seiner Selbstbiographie. Das Schwert safs ihm sehr lose in der Scheide,

obwohl er behauptet, er habe es immer nur um anderer willen gezogen. Er wurde 1582 oder 1583 geboren und erhielt eine sorgfältige Erziehung, die er später fortwährend auf eigne Hand fortsetzte. Es war sein Wunsch, sich zu einem Weltbürger auszubilden. Nachdem er sich schon in seinem 16. Jahre mit einer reichen Erbin verheiratet hatte, studierte er zu Oxford und kam darauf an den Hof. Später war er im Lager des Moritz von Oranien, unternahm Reisen in Deutschland und Italien und war darauf eine Reihe von Jahren hindurch englischer Gesandter in Frankreich. Weder am Hofe noch im Lager noch in seiner diplomatischen Stellung vergafs er indes seine „teuren Studien". Sein berühmtes Buch vollendete er in Paris, wo er es von Grotius durchlesen liefs. Obgleich Grotius es sehr günstig beurteilte, trug Herbert doch grofses Bedenken, ob er es herausgeben sollte, da er wufste, dafs es bedeutenden Widerstand antreffen würde. Als er einst ratlos in seinem nach Süden geöffneten Zimmer safs, beschlofs er, eine übernatürliche Entscheidung seiner Bedenklichkeiten herbeizuführen. Sein Buch in der Hand warf er sich auf die Kniee und flehte Gott, der nicht nur der Urheber des äufseren Lichtes sei, sondern dem auch alle innere Erleuchtung entstamme, um ein Zeichen an, das ihn zur Herausgabe ermuntern könnte; unterblieb das Zeichen, so wollte er das Buch unterdrücken. Sogleich hörte er einen schwachen Ton, der vom heiteren Himmel herabkam und keinem irdischen Laute glich, und nun liefs er getrost das Buch erscheinen [10]). Diese Begebenheit steht nicht, wie man gemeint hat, mit der von Herbert in seiner Schrift entwickelten Auffassung im Widerspruch. Er nimmt nämlich an, dafs Gott nicht nur in der menschlichen Vernunft thätig sei, sondern auch durch besondere Kundgebungen die Gebete der Menschen beantworte. Ebenso wie Bodins Toralba glaubt er an Wunder. Kurz nach Erscheinen des Buches wurde er von seinem Gesandtenposten abberufen, weil sein rasches Verfahren nicht für die zögernde Politik Jakobs I. pafste. Den Rest seines Lebens brachte er, mit historischen und philosophischen Studien beschäftigt, teils in London, teils auf seiner Burg in Wales zu. Während des Bürgerkrieges trat er schwankend auf, schlofs sich jedoch zuletzt dem Parlamente an. Am liebsten hätte er, wie in früheren Zeiten, öffentliche Thätigkeit mit seinen Studien vereint, und seine politischen Täuschungen verschmerzte er nie. Er starb 1648.

Herbert bahnt sich den Weg zu seiner Lehre von der natürlichen Religion mittels einer Erkenntnistheorie, die nicht ohne historisches Interesse ist. — Soll die Wahrheit von uns zu erfassen sein, so müssen sich Fähigkeiten dazu in uns finden lassen. Aufser der prüfenden Vernunft und dem inneren und äufseren Sinne gibt es einen natürlichen Instinkt, der zur Entwickelung gewisser, allen Menschen gemeinsamer Wahrheiten (notitiae communes) führt. Diese stoische Lehre fanden wir bereits bei Melanchthon und seiner Schule. Bei Herbert dient sie zur Grundlage der universellen Wahrheiten, zu deren Annahme eine Vergleichung der verschiedenen Religionen führte. Ihm eigentümlich ist indes die Weise, wie er den Ursprung dieser gemeinsamen Vorstellungen mit den Instinkten in Verbindung bringt, die zur Erhaltung des Individuums und der Art führen. Der natürliche Instinkt, aus dem sie entspringen, ist nämlich die Urkraft jedes Menschen und der ganzen Welt: der Selbsterhaltungsinstinkt im weitesten Sinne, durch den sich die göttliche Vorsehung an den Tag legt. Ohne bewufste Vernunft strebt alles in der Welt nach dem, was ihm am meisten frommt. Und da nun die „gemeinsamen Vorstellungen" zur Erhaltung des Lebens und Bewahrung des Friedens dienen, bewegt der Erhaltungsinstinkt zu deren Entwickelung und Anerkennung. Die für das Individuum und die Gesellschaft wichtigsten Wahrheiten werden also Gegenstand instinktmäfsiger Anerkennung. Wenn sie von unreinen Zusätzen geläutert und methodisch geordnet werden, bilden sie einen Inbegriff göttlicher Weisheit. Dergleichen Wahrheiten sind folgende: einander widersprechende Behauptungen können nicht alle wahr sein; es gibt eine erste Ursache aller Dinge; die Natur thut nichts vergeblich; thue anderen nicht, was du nicht willst, dafs sie dir thun. Die wichtigsten logischen, ethischen und religiösen Ideen sollten also auf die angedeutete Weise durch natürliche Instinkte begründet werden. Mehr als Andeutungen gibt Herbert nicht. Das Verhalten der Urwahrheiten zum natürlichen Instinkte steht nicht klar. Zwischen dem Instinkt und den Urwahrheiten sind ja offenbar viele psychologische Mittelglieder hinzuzudenken. Es kommt — um moderne Ausdrücke zu gebrauchen — darauf an, zu verstehen, wie der Kampf ums Dasein dazu bewegen kann, gewisse Vorstellungen als selbstgültig zu statuieren. Diese Mittelglieder sucht Herbert indes nicht auf, wogegen er mitunter die natürlichen Instinkte und die Urwahrheiten auf eins hinauslaufen läfst.

Herbert macht nach drei Seiten Front. Erstens gegen diejenigen, die den Glauben höher stellen als die Erkenntnis und unter dem Glauben nur verstehen, was ihre Sekte glaubt, indem sie durch Androhung von Strafen im künftigen Leben diesem Glauben Eingang zu verschaffen suchen. Hiermit stehe gewöhnlich der Glaube an die Verderbnis der Natur in Verbindung. Ein gottloser Glaube, denn er widerstreite der Vorsehung, die sich in den natürlichen Instinkten äufsere! Zweitens gegen diejenigen, die alles auf dem Wege des Räsonnements (discursus luxuriosus) beweisen wollen. Diese Schulpedanterie sehe nicht, dafs der natürliche Instinkt sowohl als der innere und der äufsere Sinn höher stehe als die Vernunft. Jener äufsere sich, bevor das Vermögen des Räsonnierens rege werde und wirke von diesem unabhängig; er sei bei allen zu finden, wirke ohne Zögern und durchaus sicher und sei die notwendige Bedingung der Selbsterhaltung. Drittens kehrt er sich gegen diejenigen, die alle Erkenntnis aus den Sinnen ableiten und annehmen, unser Geist sei ursprünglich eine unbeschriebene Tafel (tabula rasa). Jene Grundvorstellungen seien ja gerade die Bedingungen, um Erfahrungen machen zu können! Und die Gegenstände selbst könnten ja doch nicht bewirken, dafs wir auf sie zurückwirkten! Die Übereinstimmung der Vorstellungen der Menschen lege die Existenz eines natürlichen Instinktes dar, der sich auch aus Gottes Güte folgern lasse, die den Menschen nicht hilflos stehen lassen könne.

Die natürliche Religion stützt sich nun eben auf eine solche instinktive Grundlage. Gelegentlich entwickelt Herbert dies näher in seiner Selbstbiographie. Es entstehen Fähigkeiten und Triebe in uns, die durch das in der Erfahrung

Gegebene nicht zur völligen Verwendung gelangen oder gänzliche Befriedigung erreichen können; nur das Vollkommene, Ewige und Unendliche würde uns Ruhe zu bringen vermögen. Die Gottheit selbst ist deren eigentlicher Gegenstand. Bei jedem gesunden und normalen Menschen findet sich daher dieselbe Fähigkeit der Religion, wenn sie sich auch auf höchst verschiedene Weise entwickelt und vielleicht nicht durch äufseren Kultus zum Ausdruck kommt. Die Basis aller Religion bilden fünf Sätze, die überall Gültigkeit haben: es gibt ein höchstes, göttliches Wesen; dieses Wesen soll angebetet werden; der wichtigste Teil seiner Anbetung besteht in Tugend verbunden mit Frömmigkeit; Frevel und Verbrechen müssen durch Reue gesühnt werden; es kommt Lohn und Strafe nach diesem Leben. Was in den einzelnen Religionen diesen Sätzen nicht widerstreitet, sondern zu ihrer Bestätigung dient, das mag man glauben. Wenn es Menschen gibt, die sie bestreiten, so läfst dies sich daraus erklären, dafs in den Religionen so viele falsche und unwürdige Vorstellungen zum Vorschein gekommen sind, dafs einige dadurch bewogen werden, alle Religion zu verwerfen, ohne die natürliche auszunehmen. Die fünf Sätze genügen an und für sich; an diesen sollte man festhalten und die streitigen Fragen liegen lassen. Mittels der natürlichen Instinkte, auf die sich die natürliche Religion stützt, findet eine ununterbrochene innere Offenbarung an die Einzelnen statt, so dafs sie von der Rede des Priesters unabhängig werden.

Es liegt nahe, auf Herbert die Worte des Senamus anzuwenden, dafs es keineswegs leicht sei, die Grenze zwischen dem Wesentlichen und dem Unwesentlichen der Religion zu ziehen. Den Beweis zu führen, dafs jene fünf Punkte wirklich in allen Religionen zu finden sind, würde auch unmöglich sein. Und selbst wenn es sich darlegen liefse, dafs sie universell wären, würde überdies ja keineswegs folgen, dafs sie durch natürliche Instinkte begründet wären. Und auch wenn sie einen derartigen instinktiven Ursprung hätten, wäre — wie schon berührt — noch nachzuweisen, *wie* sie sich entwickelten. Herbert verfährt zu rasch und gar zu dogmatisch. Auf seinem Wege geht er an einer ganzen Reihe erkenntnistheoretischer, psychologischer und religiöser Probleme vorbei. Die Anschauungsweise, die er in grofsen Zügen entwarf, ist jedoch mit kräftiger Hand gebildet und von grofser historischer Bedeutung geworden. Es wurde festgestellt, dafs es ein religiöses Bewufstsein gibt, das sich von allen bestehenden kirchlichen Gemeinschaften unabhängig fühlt und sich kritisch prüfend gegen diese verhält.

8. Religiöse Spekulation (Jakob Böhme).

Lord Herbert beschäftigte sich abwechselnd mit dem Schwerte und dem Buche, und von den diplomatischen Verhandlungen am Pariser Hofe kehrte er in sein Kämmerlein zurück, um an dem Werke „De veritate" zu arbeiten. Das Bedürfnis des Zeitalters, neue Gedanken zu erzeugen und die starren kirchlichen Formen zu sprengen, in denen die reformatorische Bewegung sich so bald der Ruhe überlassen hatte, äufserte sich aber auch unter weniger glänzenden Verhältnissen. Jakob Böhme liefs Ahle und Leisten liegen, um seine *„Morgenröte im Aufgang"* zu schreiben. Auch er hatte sich in der Welt umgesehen, ehe er die Feder ergriff. Als Schuhmachergeselle hatte er seine Wanderschaft gemacht; später liefs er sich in Görlitz nieder, und in der stillen Werkstatt arbeitete sein Denken ebenso eifrig wie seine Hand. Ein ganz ungelehrter Mann war er nicht; selbst nennt er sich einen Naturkundigen und Philosophen, und mit astronomischen Schriften hatte er Bekanntschaft gemacht; merkwürdigerweise ist er Kopernikaner, insofern er die Erde und die meisten Planeten sich um die Sonne bewegen läfst; er hatte die naturphilosophischen Schriften des Arztes Paracelsus gelesen, wahrscheinlich auch die in Abschriften verbreiteten Werke des Mystikers Valentin Weigel, in denen paracelsische Ideen mit den Lehren früherer Mystiker zusammengearbeitet waren. Daneben war er ein frommer Mann, der seine Bibel und die lutherische Lehre kannte. Seine Probleme stellte er sich aber selbst, und er behandelte sie mit einer geistigen Freiheit und Kraft, die noch jetzt seine Schriften wertvoll machen und ihn über die dogmatischen Schranken hinausführten. Während Bodin und Herbert mehr von aufsenher zum religiösen Problem kommen, stellt dieses sich bei Böhme innerhalb der konfessionellen Vorstellungen ein; unablässig bearbeitet er diese, bis der Gedankenstrom alle Dämme durchbricht. In seinem naiven aber kräftigen Selbstgefühl trägt auch der Schuhmacher von Görlitz das Gepräge des Renaissancezeitalters, wie denn auch die von ihm zu seinem Gedankengebäude verwerteten Bildungselemente auf die philosophischen und naturwissenschaftlichen Bewegungen der damaligen Zeit zurückdeuten, die durch viele Mittelglieder hindurch und nach manchen Umwandlungen auch zu ihm den Weg gefunden hatten. Er gebraucht, was ihm zur Verfügung steht, um die Probleme zu lösen, die ihn eine Zeitlang der Verzweifelung nahe brachten. Ein merkwürdiges Beispiel, wie die philosophische Geistesrichtung selbst da zum Durchbruch zu kommen vermag, wo sie durch innere und äufsere Verhältnisse ausgeschlossen zu sein scheint! So lange und so hart hatte er die quälenden Gedanken bekämpft, dafs es ihm als eine Offenbarung, als eine höhere Erleuchtung erschien, als er die Möglichkeit einer Lösung erblickte. Im 19. Kapitel der „Morgenröte" hat er geschildert, wie er zweifelte und wie ihm darauf das Licht erschien und es ihm war, als wäre „mitten im Tode das Leben gebohren". Damals war er 25 Jahre alt; der Sage nach soll er seine Grundgedanken zuerst während eines ekstatischen Zustandes, in den ihn der Anblick einer glänzenden metallnen Schüssel versetzte, klar vor sich erblickt haben. Und zwölf Jahre mufsten sie noch reifen, bevor er sein erstes Werk (die Morgenröte) verfafste (1612). Dafs der Schuster so kühn zu philosophieren wagte, war dem Pfarrer, dem eine Abschrift des Buches in die Hände geraten war, ein grofses Ärgernis. Er verketzerte Böhme von der Kanzel herab und bewog die Obrigkeit, ihm das Schreiben zu verbieten; eine Zeitlang mufste der sanftmütige Mann sogar die Stadt verlassen. Nur einige Jahre beachtete Böhme das Verbot. In seinen letzten Lebensjahren entfaltete er eine fruchtbare Schriftstellerthätigkeit. Er starb 1624 in Görlitz.

Das religiöse Problem stellt sich Böhme unter zwei Hauptformen dar. — Er wurde „gantz melancholisch und hochbetrübet", als er anschaute. einen wie geringen Platz der Mensch in der äufseren Welt einnimmt. Es sei hoch bis zum

Himmel, wo Gott nach Aussage der Gelehrten wohne. Und die Himmelskörper und Elemente, die den Raum erfüllten, schienen ihre Bahn zu wandeln, ohne dafs geachtet würde, wie es dem Menschen gehe! Gottes Ferne und der verschwindende Platz des Menschen in der Natur war also der erste Stein des Anstofses. Hierzu kam aber noch: Der Kampf des Guten mit dem Bösen, sowohl in der menschlichen Welt als in der Natur, nebst dem Anblick, wie es den Gottlosen ebenso gut in der Welt gehe als den Frommen, und wie die barbarischen Völker die besten Teile der Erde inne hätten und ihnen das Glück mehr beistünde als den Frommen. Dies war der zweite Stein des Anstofses: Wie ist die Existenz des Bösen mit Gottes Existenz vereinbar? —

Ersteres Problem, das dadurch entsteht, dafs die Welt der Materie so grofs und die Welt des Geistes so fern und so klein ist, löst er mittels des Gedankens, dafs Gottes Kraft und Wesen sich in allem regt, in uns sowohl als in den äufseren Massen. Gott ist nicht von der Natur abgesondert, sondern verhält sich zu dieser wie die Seele zum Körper. Der Himmel ist nicht droben im Blauen, er ist in deinem eignen Innersten, wo das göttliche Leben sich in dir rührt. Gott ist nicht fern; du lebst in Gott, und Gott in dir, und bist du rein und heilig, so bist du Gott. Es rühren sich in dir die nämlichen Kräfte wie in Gott und in der ganzen Natur. Feuer, Luft, Wasser, Erde — alles ist Gott. Oder auch bist du nicht Gottes Bild. Du kannst keine andere Materie sein als Gott selbst. Wenn du die Sterne, die Erden und die Tiefen ansiehst, so siehst du Gott, und in demselben Gott lebest und bist du. Zwar sind die Himmelskörper und die Elemente nicht die klare Gottheit selbst, aber die Kraft, aus der sie ihr Leben holen, waltet auch in dir. Die inneren Regungen im Wesen des Menschen sind derselben Natur wie diejenigen, die in Gott vorgehen. In allen Vorgängen der Natur ist Gott verborgen, nur im Geiste des Menschen wird er erkannt. Man versteht nichts von Gott, solange die Seele von ihm getrennt wird, als wäre sie ein besonderes Wesen.

Will man diesen Gedankengang heidnisch nennen, so erwidert Böhme: „Höre und siehe, und mercke den Unterscheidt.

Ich schreibe nicht Heydnisch, sondern Philosophisch. Ich bin auch kein Heyde, sondern ich habe die tieffe und wahre Erkenntnis des Einzigen grofsen Gottes, der Alles ist." Und er weifs, wie viel es ihm gekostet hat, zu diesem Gedanken zu gelangen, der ihm die Welt lebendig gemacht und ihn gelehrt hat, dafs der Geist in dieser nicht fern und fremd ist, sondern eins mit dem, was sich innerst in allem regt. Er hat versucht, dergleichen Gedanken beiseite zu schieben, grofse Angst und Anfechtung haben ihn dann bewogen, sie aufs neue aufzusuchen. (Morgenröte im Aufgang, Kap. 19 u. 25.) Das religiöse Bedürfnis nach inniger Einheit mit der Gottheit, nach der Aufhebung von Gottes Ferne trifft hier mit dem philosophischen Bedürfnis zusammen, Zusammenhang aller Dinge zu finden, und beides wird durch die von dem Naturphilosophen Paracelsus aufgestellte Lehre gestützt, dafs der Mensch aus denselben Elementen besteht wie das Weltall.

Böhme betrachtet aber nicht nur die Natur, wie sie jetzt ist. Es erhebt sich die Frage in ihm: wie ist diese äufsere, sinnliche Welt entstanden? weshalb steht nicht alles in so innigem und harmonischem Zusammenhange, dafs Anfechtungen wie die von ihm erlittenen nicht vorkommen könnten? — Schon Paracelsus, der revolutionäre Chemiker und Arzt, der augenscheinlich grofsen Einflufs auf Böhme gehabt hat, mufste hier Anleitung geben, indem er gelehrt hatte, dafs die Verschiedenheit der Elemente durch einen Scheidungs- und Spaltungsprozefs entstanden sei. Böhme verfolgt diese Spur mit seiner gewöhnlichen Kühnheit, und sie führt ihn zugleich zur Lösung des zweiten und ernstlichsten Problems. Das Problem von dem Ursprung des Bösen war ihm aber dadurch geschärft, dafs er Gott nicht von der Welt und den Seelen gesondert wissen will, sondern deren Leben als einen Teil von Gottes eignem Leben auffafst. Für Böhme besteht das Böse gerade darin, dafs man sich von dem ganzen Zusammenhang trennen, eine Totalität sein will, obgleich man nur ein Teil ist. Hierdurch entsteht die harte Spaltung, die Äufserlichkeit, der Streit und die Pein der Welt.

Die Erörterung dieser Frage gibt Böhme in mythologischer Form, indem er sich, oft in barocker, häufig aber auch in großartig poetischer Zusammenstellung, biblischer und alchymistischer Vorstellungen bedient. Dieser mythologischen oder symbolischen Darstellungsform ist er sich klar bewußt. Daß er die hohen Fragen, die sich ihm aufdrängen, überhaupt lösen könne, erklärt er dadurch, daß derselbe Geist und dieselben Elemente, die sich in der Welt regten und von Ewigkeit an geregt hätten, sich auch in ihm rührten. Mit anderen Worten: er bedient sich seiner eignen inneren Erfahrungen und Kämpfe, um die Natur und deren Geschichte zu erklären und die innerste bewegende Kraft aller Dinge zu verstehen. Und indem er eine Reihe von Prozessen und Katastrophen, ein ganzes Weltdrama, in anschaulichen Bildern schildert, ist es damit nicht seine Meinung, etwas Derartiges sei wirklich zu bestimmter Zeit und an bestimmtem Orte buchstäblich so vorgefallen, — auch nicht, daß es sich historisch und successiv entwickelt hätte. Er will schildern, was überall und zu jeder Zeit vorgeht, das ewige Grundverhältnis der Weltmächte, den Streit, der nicht ein für allemal geführt wurde, sondern unablässig geführt wird, und in dessen Mitte er sich befindet. Seine Äußerungen hierüber sind von überraschender Klarheit. „Die meynung ist nicht, daß im Himmel ein besonder orth sey oder ein besonder Corpus, da das Feuer des Göttlichen Lebens auffgehe ... sondern *ich rede auff Corporliche weise umb des Lesers unverstand willen* ... Dan du kanst keinen orth, weder im Himmel noch in dieser Welt ernennen, da die Göttliche gebuhrt nicht also sey." „Und ob ich gleich allhie habe geschrieben, wie alles wird, und wie sich alles formet und bildet, und wie die Gottheit auffgehet, so darfstu darumb nicht dencken, daß es etwan eine Ruhe oder verleschung habe und hernach wieder also auffgehe. O nein, sondern *ich muß im stückwerke schreiben umb des Lesers unverstand willen.*" „Die Gebuhrt der Natur stehet auff heute noch, wie sie erstlich ihren Anfang genommen hat." „Bey den Qualitäten [d. h. den göttlichen Vorgängen] ist kein Anfang, weder Mittel noch Ende." „Du solst wissen, daß ich allhie nicht schreibe als eine Historia, die mir von andern erzehlet ist worden, sondern ich muß stets in derselben Schlacht stehen, da mir dan oft ein bein untergeschlagen wird, wie allen Menschen." — Es ist also berechtigt, bei der Darstellung der Gedanken Böhmes die mythologische Form als minder wesentlich zu betrachten.

Böhme erklärt sich entschieden gegen die Erschaffung aus nichts. „Es haben zwar viel Scribenten geschrieben, der Himmel und die Erde sey aufs Nichts geschaffen, nimt mich aber wunder, dafs unter so trefflichen Männern nicht einer ist gefunden worden, der doch hätte den rechten Grund können beschreiben, sintemahl doch derselbe Gott ist von Ewigkeit gewesen, der itzt ist. Wo nun nichts ist, da wird auch nichts, alles Ding mufs eine Wurzel haben, sonst wächst nichts; wären nicht die Geister der Natur von Ewigkeit gewesen, so wäre kein Engel, auch kein Himmel und auch keine Erden worden." Es ist Böhmes Überzeugung, dafs aus einer absoluten Einheit nichts zu erklären sei. Im Wesen der Gottheit müsse eine Mehrheit von Momenten liegen, es müsse sich eine Verschiedenheit derselben geltend machen, die von Anfang an nicht willkürlich erzeugt sein könne, die aber eben gleichwie eine dunkle Quelle des universellen Lebens sei. In rein logischer oder psychologischer Form drückt Böhme dies (in den „Theosophischen Fragen") dadurch aus, dafs Gott nicht nur das Ja sei, sondern dafs diesem positiven Moment das Nein entgegentreten müsse, da sonst keine Freude noch Empfindlichkeit wäre, überhaupt nichts, das entschieden hervortreten könnte (keine *Erheblichkeit*). Ohne einen solchen inneren ursprünglichen Gegensatz eines positiven und eines negativen Moments wäre auch kein Wille; die reine Einheit habe nichts in sich, das sie wollen könnte. Dieses ursprüngliche Element des Gegensatzes nennt Böhme in seiner mythologischen Sprache Gottes Zorn und das Fundament der Hölle. Bei Gott ist ursprünglich ebensowohl Zorn als Liebe, ebensowohl das Fundament der Hölle als das der Seligkeit. Wo sollte der Zorn, alles Scharfe, Bittre, Harte und Giftige in der Welt auch herkommen, wenn es nicht seine Wurzel in Gott hätte? Ursprünglich ist der Zorn aber nur ein Moment, das dazu dient, die Liebe bewufst hervortreten zu lassen. Das Leben fordert einen solchen Gegensatz; nur weil es verschiedene „Qualitäten" der Natur gibt, ist Beweglichkeit, Wachstum und Trieb in allen Dingen. Das Wort Qualität erklärt Böhme durch eine naive Etymologie, die einen genialen Gedanken ausdrückt, als von quallen, Quelle abstammend: „Qualität ist die Beweglichkeit, quallen oder treiben eines Dinges." „Qualificirung" ist dasselbe wie „Bewegung". Er gibt sich nicht damit zufrieden, den Dingen tote und ruhende Eigenschaften beizulegen, sondern löst alles in thätige Kräfte und Tendenzen auf. Dafs die Wärme z. B. eine „Qualität" ist, soll also heifsen, dafs sie leuchtet, erwärmt, auflöst, schmelzt. Die Mehrheit der Qualitäten — d. h. der Urkräfte — ist also eine Thatsache für Böhme, da keine Bewegung, kein Leben, kein Bewufstsein ohne eine solche Differenz möglich sein würde. Von Anfang an sind die Urkräfte jedoch in harmonischem Zusammenspiel. Die Bitterkeit in der Wurzel der Natur dient nur dazu, die Süfsigkeit um so stärker hervortreten zu lassen. Die bittere Qualität ist ebenfalls in Gott, aber als „triumphirender Freuden-quäll".

Selbst wenn diese ursprüngliche gegensätzliche Einheit anerkannt wird, bleibt das Rätsel aber doch ungelöst. Wie läfst sich mit derselben die Erfahrung von einer Härte und Bitterkeit der Welt vereinen, die keineswegs nur Momente einer inneren Harmonie sind, und namentlich die Erfahrung von dem scharfen Streite des Guten und des Bösen in der inneren und äufseren Welt? Hier liegt der Knotenpunkt aller religiösen Spekulation. Sowenig es möglich ist, die Mehrheit aus der absoluten Einheit abzuleiten, sowenig ist es möglich, die Disharmonie aus der absoluten Harmonie abzuleiten. Kein Wunder, dafs Böhmes mythologisierende Phantasie an diesem Punkte, wo obendrein sein Gefühl in so heftiger Bewegung ist, sein Denken vollständig überwältigt. Es wird nicht möglich sein, eine anschauliche Schilderung des Dramas zu geben, in welchem die Personen der Dreieinigkeit, die ursprünglichen „Qualitäten" und „Quellengeister" und die Schar der Erzengel auftreten. Die Hauptsache ist, dafs eins der Elemente in der ursprünglichen Natur der Gottheit, das Element des Zornes, das Nein, sich mit der Neigung, das Ganze zu beherrschen, hervordrängt. Nicht zufrieden damit, Moment zu sein, will es Totalität werden. Es ist Lucifer, der von seinem Glanz, seiner

Kraft und seinem Sitz im höchsten Zentrum geblendet nun über die gesamte Gottheit triumphieren, eine stolzere und prächtigere „Qualificierung" als Gott selbst haben will. Nun wird der Streit und die Pein der Welt erzeugt, es wird ein Feuer entzündet, das seitdem nicht wieder erloschen ist. Die Gegensätze werden aus der ursprünglichen harmonischen Verbindung gelöst, die harte Materie in den Raum hinausgeschleudert, und nun erst entsteht die Welt, so wie wir sie jetzt kennen. Das Böse existierte also vor dem Menschen, dieser erhielt dessen Keime in seiner Natur. Nun erst ist Böhme an dem Punkte angelangt, wo die Schöpfungsgeschichte im 1. Buch Moses' beginnt, eine Geschichte, vor der er übrigens keine große Achtung hegt, da verschiedenes darin „gantz wieder die Philosophia und Vernunfft lauffet", weshalb er auch nicht glauben könne, daß „der theure Mann Moses der Author dazu sey". Überhaupt folgt er im Vertrauen auf das innere Zeugnis des Geistes seinen eignen Gedanken. Auch von den Gelehrten läßt er sich nicht imponieren: „Ich brauche nicht ihrer [d. h. der Philosophen, Astronomen und Theologen] Formula und Arth, sintemahl ichs von ihnen nicht gelernet habe, sondern habe einen andern Lehrmeister, welcher ist die gantze Natur."

Besonders ist Böhme gegen diejenigen entrüstet, die da lehren, Gott habe vorsätzlich einige Menschen zur Seligkeit erwählt, andere der Verdammnis bestimmt. Wenn auch Paulus oder Petrus dies geschrieben hätte, würde er es nicht glauben. Gott wolle nicht das Böse, habe auch nicht vorausgewußt, daß es so gehen würde, wie es gehe. Und doch müsse das Böse in Gott, dem Urheber aller Dinge, seine Wurzel haben! Diese Wurzel ist das negative Moment, das „Fundament der Hölle", — dasjenige in Gott, das nicht Gott ist, wenn man unter Gott nur die Liebe (nicht den Zorn) versteht. Und doch ist es ja ein göttliches Element, das sich von der ursprünglichen Harmonie lostrennt — es ist „Gott wider Gott", wie Böhme (Morgenröte, Kap. 14 § 72) ausdrücklich sagt. Deswegen wird der Streit in der Welt ein so ernstlicher und heftiger, auf beiden Seiten kämpfen göttliche

Kräfte! Hieraus die Angst und Pein, die der Kampf mit sich bringt und aus der sich Böhme nur dadurch rettete, dafs er seine Zuflucht zu dem Gedanken an das Herz der Gottheit nahm, das unablässig thätig ist, um die Härte und Bitterkeit hinter ihre Grenzen zurückzuweisen.

Böhme verwertet in seiner theologischen Spekulation die psychologische Wahrheit, dafs das Unwillkürliche dem Willkürlichen vorausgeht und dessen Grundlage bildet. Er findet den Ursprung des Bösen nicht in Gottes willkürlichem Wollen, sondern in dem unwillkürlichen Naturgrund, der verschiedene Elemente enthalten sollte. Den grofsen Sprung von Unterschied zu Streit, von Gegensatz zu Spaltung hat er übersehen. Wie der Hochmut des Lucifer entsteht, kann er nicht erklären. Hier erzählt er, statt zu begründen. Und doch hat sich sein Gedanke so weit vorgewagt, wie die Gedanken eines innig religiösen Menschen sich nur selten getrauen. Konsequent mufs man ihn von theologischer Seite so betrachten, wie er den Lucifer betrachtet. Er hat eine gefährliche „Qualität", den Gedanken, in Bewegung gesetzt, und hat diese Quelle zu fliefsen begonnen, so wird sie nicht wieder zu verstopfen sein. Es ist jedoch kein Hochmut, sondern das innige Bedürfnis des Verständnisses, das ihn Schritt für Schritt weiter führt. Das naive Selbstgefühl des neugeborenen Denkens bewirkt, dafs er nicht schwankt und anhält. Er betrachtet, wie wir bereits aus einer charakteristischen Äufserung erfuhren, seine Aufgabe ausdrücklich als eine rein philosophische. „Was ist noch verborgen?" fragt er an einem anderen Orte, „die rechte Lehre Christi? nein, sondern die Philosophia." Diese will er nun bringen, und er legt seinem errungenen Verständnisse so grofse Bedeutung bei, dafs er sein erstes Buch „Morgenröte im Aufgang" nennt; die Zeit der Vollendung mufs jetzt nahe sein! In der That ist Morgenröte in seinem Denken. Er hat die neuen Kräfte gespürt, wenn er auch nicht sah, wohin sie führten.

Zwei bedeutende Gesetze dienten Böhme als Grundlage seiner Spekulationen: das Gesetz des Gegensatzes als Bedingung aller Bewegung und alles Bewufstseins und das Gesetz der Entwickelung als fortschreitender Entfaltung der

Unterschiede. Beim Gesetze des Gegensatzes geht er ganz deutlich von psychologischen Erfahrungen aus, wie es namentlich aus dem charakteristischen Satze: „Kein Ding ohne Widerwertigkeit mag ihm selbst offenbar werden" zu ersehen ist. Bei dem Gedanken der Entwickelung als Erzeugung der Verschiedenheiten steht er unter dem Einflusse des Paracelsus. Den Begriff der Entwickelung hat er in der deutschen Sprache eingeführt[11]. — Durch konsequenten Gebrauch dieser Gesetze hat er den religiösen Gedanken bis an dessen Grenze geführt, eine Grenze, die kein späterer Versuch ähnlicher Art zu überschreiten vermocht hat.

Es könnte scheinen, als bestehe ein grofser Unterschied zwischen Böhmes religiöser Spekulation und der von Bodin, Cherbury und Grotius verteidigten natürlichen Religion. Böhme war ein positiv gläubiger Lutheraner oder glaubte es zu sein. Er war aber so konsequent, einzusehen, dafs wenn göttliches Licht und Leben als Gegengewicht der Härte und Bitterkeit in der ganzen Natur thätig ist, der Zutritt zum Lichte kein begrenzter sein kann. Jeder könne sich durch den „Zorn" zur „Liebe" durcharbeiten oder durchwachsen. Juden, Türken und Heiden, die nichts von Christus wüfsten, stünden doch den Christen gleich. „Wer Liebe in seinem Hertzen hat und führet ein barmhertziges und sanfftmütiges Leben und streitet wider die Bofsheit und dringet durch den Zorn Gottes ins Licht, der lebet mit Gott und ist ein Geist mit Gott. Denn Gott bedarf keines andern Dienstes." Diese Worte hätte Bodin sehr wohl seinem Toralba in den Mund legen können. Martensen findet sie (in seinem Buche über Jakob Böhme) „sonderbar und fundamentlos". Sie haben aber ein sicheres Fundament an Böhmes eignen Grundgedanken. Spätere „spekulierende" Theologen könnten sich den sicheren Gang seines Denkens wünschen. Hier interessiert es uns, dafs wir mitten im Gebiete der lutherischen Orthodoxie bei einem ungelehrten Handwerker dieselbe universelle Richtung in religiöser Beziehung antreffen, die der Philosophie der Renaissance eigentümlich ist, und die mit dem Umstande in so enger Verbindung steht, dafs man wieder an die natürlichen Kräfte glaubt und seine eignen Gedanken zu gebrauchen wagt.

B. Die neue Weltanschauung.

9. Das Aristotelisch-Mittelalterliche Weltbild.

Ebensowenig wie der Mensch und die Welt sich trennen lassen, ebensowenig läfst sich die Auffassung des Menschen von der Weltanschauung trennen. Es ist deshalb nicht ganz möglich, die Umwandlung zu verfolgen, welche die Auffassung des Menschen erleidet, ohne die Änderungen der Weltanschauung zu berücksichtigen. Es findet hier eine ununterbrochene Wechselwirkung statt. So ist Böhmes religiöse Spekulation zum Teil offenbar durch die neue Weltanschauung (vorzüglich durch Paracelsische oder Kopernikanische Ideen) bedingt, und wird eigentlich erst durch Rücksichtnahme auf diese verständlich, obschon die religionspsychologische Auffassung bei ihm das Vorwiegende ist. Anderseits werden bei mehreren der Denker, die wir jetzt als Begründer der neuen Weltanschauung betrachten wollen, in psychologischer und ethischer Beziehung wertvolle Ideen und Erörterungen zu finden sein, die sie an und für sich zu einem Platze in der Mitte derjenigen, die den Menschen entdeckten, berechtigen würden. Es möchte indes gestattet sein, ihnen ihren Platz unter dem Gesichtspunkte anzuweisen, der ihre entscheidende Bedeutung in der Geschichte des Denkens angibt.

Um die grofsartige Veränderung der Weltanschauung zu verstehen, welche die Renaissance nebst ihrer Kunst und ihrer Entdeckung des Menschen als ihre gröfste That erzeugte, müssen wir vorerst die Hauptzüge des Weltbildes hervorheben, das noch im 15. Jahrhundert Gelehrten und Laien unerschütterlich fest dastand. Es stammte von der Aristotelischen Physik und der Ptolemäischen Astronomie her und war mit biblischen Vorstellungen verwoben worden, eine Verbindung, die sehr leicht möglich war, da das ganze Weltbild bei dem unmittelbar von den Sinnen Gelehrten stehen blieb und diesem nur eine genauere Bestimmung und systematische Durchführung gab.

Schon der gewöhnlichen Auffassung zeigt sich ein großer Unterschied zwischen den Bewegungen am Himmel und dem, was hienieden geschieht. Hier scheint beständiger Wechsel zu herrschen. Die Erscheinungen nehmen zu und ab, entstehen und vergehen. Es entstehen Bewegungen, die nach kürzerer oder längerer Zeit wieder aufhören. Anders da droben: die Sterne gehen ihren regelmäßigen Gang ohne merkbare Veränderung, und ihre Bahn führt sie stets in ewiger, ruheloser Kreisbewegung auf denselben Wegen zurück. Aristoteles begründete seine Weltanschauung auf diesen Gegensatz zwischen der himmlischen und der irdischen oder sublunarischen Region. Er stützte sich auf das, was die Wahrnehmung zu lehren schien, indem er zugleich auf den alten Glauben der Hellenen sowohl als der Barbaren hinwies, der den Himmel den Sitz der ewigen Götter sein ließ. Die himmlische Region ist unvergänglich; die Bewegung in dieser ist ewig und absolut regelmäßig. Die sublunarische Region dagegen ist das Heim der Vergänglichkeit, wo Bewegung und Ruhe, Entstehen und Vergehen sich ablösen.

Die beiden Regionen müssen nun auch aus verschiedener Materie bestehen. Die himmlischen Körper müssen aus einer Materie bestehen, die an keinem bestimmten Orte zu Hause ist und ihre Bewegung deshalb in Ewigkeit fortsetzen kann. Diese Materie, „den ersten Körper", nennt Aristoteles den Äther. Dieser erfüllt den Himmelsraum, und in ihm findet die ewige Kreisbewegung statt. Nur die Kreisbewegung kann ewig sein, indem sie stets in sich selbst zurückkehrt und von jedem Punkte des Kreises nach jedem anderen Punkte geht. In der sublunarischen Region stockt jede Bewegung an einem gewissen Punkte, nämlich wenn der Körper seinen „natürlichen Ort" erreicht hat. Hier herrscht die geradlinige Bewegung, die entweder vom Mittelpunkte der Welt nach außen und oben, oder nach dem Mittelpunkte der Welt nach innen und unten geht. Dasjenige, dessen natürlicher Ort im Mittelpunkte der Welt oder in der Nähe desselben ist, heißt schwer; dasjenige, dessen natürlicher Ort nach oben gegen die obere Grenze der sublunarischen Welt liegt, heißt leicht. Die beständigen Veränderungen in den irdischen Regionen kommen nun daher, dafs die Elemente sich nicht immer an ihrem natürlichen Orte befinden. Das schwere Element ist die Erde, das leichte das Feuer; zwischen beiden liegen Wasser und Luft. Das Feuer steigt ja beständig empor, und der emporgeworfene Stein fällt stets wieder herab. Jedes Element trachtet nach seinem bestimmten Orte im Weltraume. Die vier Elemente können wechselseitig ineinander übergehen, lassen sich aber nicht in einfachere Bestandteile auflösen, wogegen alle Körper aus ihnen zusammengesetzt sind.

Es kann nur eine einzige Welt geben. Dächte man sich einen Augenblick, dafs es mehrere solche gäbe, müfsten die schweren Elemente sich zuletzt um einen einzigen Mittelpunkt sammeln, und dann wäre wieder nur eine einzige Welt. Die Erde steht, wie die Wahrnehmung zeigt, in der Mitte der Welt, und von dieser kommen wir, wenn wir nach aufsen und oben gehen, erst durch die anderen drei sublunarischen Schichten und darauf in die Ätherregion, deren Stoff um so reiner ist, je weiter er von der Erde entfernt liegt. Die Himmelskörper, vorerst der Mond, die Sonne und die anderen Planeten, dann die Fixsterne, sitzen in soliden aber durchsichtigen Sphären befestigt, die sich um ihre Achsen drehen. Diesen Glauben hat Aristoteles nach dem Astronomen Eudoxos angenommen. Dafs die Weltkörper frei im Himmelsraume schweben könnten, vermochten die Alten sich nicht zu denken. Alle Sphären bewegen sich um die Erde als Mittelpunkt; der Mond, die Sonne und die anderen Planeten haben jeder seine Sphäre; alle diese Sphären, mithin das ganze Weltsystem, wird von dem „ersten Himmel", der Fixsternensphäre, umschlossen, die unmittelbar von der Gottheit selbst bewegt wird, während untergeordnete Prinzipien oder Geister die Bewegungen der niederen Sphären lenken. Das Höchste ist das Umschliefsende und Begrenzende. Der oberste oder äufserste Teil der Welt ist der vollkommenste[12]).

Das Aristotelische Weltschema bot einen Rahmen dar, der scheinbar nicht nur der Lehre der sinnlichen Wahrnehmung entsprach, sondern auch instande war, die von den Astronomen des späteren Altertums gemachten Beobachtungen in sich aufzunehmen. Allerdings erwies es sich, dafs die Berücksichtigung

der hin- und hergehenden Bewegungen der Planeten dazu
nötigte, die Bewegungen der Planetensphären als sehr verwickelt zu denken; dem half man aber ab, indem man sich
jeden einzelnen Planeten als an mehrere Sphären, deren jede
ihre Bewegung hatte, zugleich gebunden dachte. Oder man
dachte sich, dafs die Bewegungen nicht in einfachen Kreisen
vorgingen, sondern in kleineren Kreisen, Epicykeln, deren
Mittelpunkte sich auf gröfseren Kreisen bewegten. Und je
weiter die Forschung fortschritt, wurde dieses Epicykelsystem
immer mehr verwickelt. Ptolemäos von Alexandria gab (im
2. Jahrhundert nach Christus) eine Darstellung des Weltsystems, die das ganze Mittelalter hindurch die Autorität auf
dem astronomischen Gebiete hatte, ebenso wie Aristoteles diese
auf dem philosophischen Gebiete besafs.

Da das Aristotelisch-Ptolemäische System sich ebenso wie
die Weltauffassung der Bibel auf den Standpunkt der sinnlichen Wahrnehmung stellte, dem zufolge die Erde stille steht,
während sich die Sonne und die Sterne bewegen, eignete es
sich sehr wohl zur Verbindung mit den im Mittelalter herrschenden religiösen Vorstellungen. Wie Aristoteles bemerkt
hatte, stimmte dasselbe ja auch mit dem alten Glauben an
den Himmel als Sitz der Gottheit überein. Es machte sich
jedoch ein wesentlicher Unterschied zwischen der antiken und
der mittelalterlichen Weltauffassung geltend. Aristoteles brachte
die Erde im Mittelpunkte der Welt an, keineswegs aber weil
er meinte, alles andere in der Welt existiere der Erde oder
ihrer Bewohner wegen. Im Gegenteil, ihm war das Umschliefsende und Begrenzende das Höchste und die Erde der
Ort des niedrigsten Stoffes. Für die mittelalterliche Weltauffassung drehte sich aber alles gerade um die Erde und die
Ereignisse auf dieser. Dennoch konnte sie das Aristotelische
Schema und die Idee von der Unvollkommenheit der sublunarischen Welt sehr gut gebrauchen, indem sie die himmlischen Kräfte herabsteigen liefs, um in die irdischen Verhältnisse einzugreifen und diese zum rechten Ziel zu führen.

Die ganze Vorstellungsweise war — abgesehen von den
Schwierigkeiten, welche die zusammengesetzten Sphären oder
Epicykeln verursachten — klar und anschaulich. Sie ging

darauf aus, dafs der sinnliche Raum der absolute Raum sei, und dafs es in diesem Raum absolute Orte gebe. Den Erdball, auf dem sich der Philosoph oder der Astronom befand, nahm er, wie der praktische Mensch dies beständig thut, für das absolute Zentrum der Welt an. Und die Welt, die sich in den verschiedenen Sphären um diesen Mittelpunkt bildete, hatte ihre Grenze an der äufsersten Sphäre, jenseits deren nichts existierte. Es gehörte mit zur antiken Naturauffassung, alles als geformt und begrenzt zu denken. Das Unbegrenzte war dasselbe wie das Dunkle und Ungeformte, wo nicht das Böse. Auch hier konnte das Schema sich auf die sinnliche Anschauung und Phantasie stützen, die stets an einem gewissen Punkte innehalten, ohne das Bedürfnis zu fühlen, zu fragen, was es jenseits desselben gebe.

Ein Weltbild wie dieses war von zwei Seiten angreifbar. Zuvörderst, wenn Wahrnehmungen und Berechnungen angeführt werden, die ihm widerstreiten, oder allenfalls eine andere Auffassung möglich oder wahrscheinlich machen. Ferner — und das interessiert uns hier nicht zum wenigsten — wenn eben das naive Vertrauen auf die absolute Gültigkeit des sinnlichen Raumes bestritten wird. Wenn es sich erweist, dafs jede Ortsbestimmung von dem Orte des Beobachters abhängig ist, so fällt der absolute Unterschied zwischen der himmlischen und der irdischen Region, wie auch zwischen den natürlichen Orten in der irdischen Region weg. Auf beiden Wegen wurde das Aristotelisch-mittelalterliche Weltbild von der Forschung des Renaissancezeitalters angegriffen. Und wie es sich zeigen wird, schlug man letzteren Weg früher ein als ersteren.

10. Nikolaus Cusanus.

Schon gegen Schlufs des Altertums äufserte sich in der Philosophie das Bedürfnis, das klar gegliederte und begrenzte Aristotelische Weltbild zu sprengen. Plotinos, der Begründer der neuplatonischen Schule, sprach einen Gedanken aus, der durch weitere Ausführung über jede dogmatische Begrenzung und Zerstückelung der Natur hätte hinausbringen müssen. Ihm war die harmonische Begrenzung nicht das Höchste, wie dem Platon und Aristoteles. Das Höchste war etwas, das jenseits jeglicher Schranke liegen oder über diese hinausführen sollte. Das Unendliche wurde also nicht mehr etwas rein Negatives, sondern der Ausdruck einer positiven, unüberschaulichen Fülle, gegen die der Gedanke und die Sprache zuletzt ohnmächtig sind. Die endlichen Formen, Wesen, Regionen sind dann jede für sich nur begrenzte Offenbarungen des Unendlichen. Obgleich Plotinos noch auf dem Boden des griechischen Denkens steht, läuft der Gedanke bei ihm oft Gefahr, sich in das Mystische zu verlieren. Er wurde der Stammvater der Mystik des Mittelalters, einer Richtung, die immer wieder Einspruch gegen den Begriffsdogmatismus der Scholastik erhob. In der Naturauffassung führte diese Richtung zum Hervorheben des Zusammenhanges der inneren Kräfte trotz der Verschiedenheiten der äufseren Erscheinungen und zum Gefühl der Nichtbefriedigung durch die festen Formen und Grenzen auf allen Gebieten. Hierdurch hat die Mystik der Entwickelungslehre den Weg gebahnt. Es war nun von grofser Bedeutung, dafs während der Renaissance namentlich die neuplatonische Philosophie mit Eifer betrieben wurde. Die Akademie zu Florenz hat sich hier vorzügliches Verdienst eingelegt.

Nikolaus Chrypffs, nach seiner Vaterstadt Cusanus genannt, kam nicht erst durch diese neuen Studien unter den Einflufs neuplatonischer Ideen. Er wurde in Deventer bei den „Brüdern des gemeinsamen Lebens" erzogen, auf die die deutsche mittelalterliche Mystik grofsen Eindruck gemacht hatte. 1401 war er in Kues, einem Städtchen in der Nähe von Trier, geboren, entfloh aber als Knabe aus dem elterlichen Hause, um den Mifshandlungen des Vaters zu entgehen. Ein Edelmann, zu dem er seine Zuflucht nahm, liefs ihn darauf in Deventer studieren. Später betrieb er zu Padua Rechtswissenschaft, Mathematik und Philosophie. Der mystische Grundton und die von diesem in ihm angeregten Probleme verliefsen ihn jedoch nie. Eine Zeitlang schien es, als wollte er sich ganz dem praktischen Leben widmen. Erst war er nämlich Anwalt, wurde darauf Geistlicher und nahm eifrig an den Verhandlungen wegen der Reform der Kirche teil, indem er sich anfangs dem Basler Konzil anschlofs, später aber die einzige Möglichkeit einer Kirchenreform in der Befestigung des Papsttums erblickte. Zum Bischof von Brixen ernannt hatte er einen schweren Kampf mit dem Erzherzog Siegmund von Österreich zu bestehen und wurde sogar einige Zeit gefangen gehalten. Von Pius II. wurde er zum Kardinal erhoben und nach Deutschland gesandt, um Kirchen und Klöster zu visitieren. Auch hier hatte er in seinem Eifer, die Sitten der Geistlichkeit und der Klöster zu reformieren, heftigen Widerstand zu überwinden. Besonders bekämpfte er den Aberglauben auf eine Weise, die im Vergleich mit seinem Zeitalter grofse geistige Überlegenheit verrät. Er tadelte, dafs man sich des Aberglaubens zu kirchlichen Zwecken bediente und der Kirche mittels Reliquien und blutender Hostien Einkünfte verschaffte. Das Hexenwesen und Zauberwerk betrachtete er als Überreste des Heidentums, die eben durch die angestellten Verfolgungen unterhalten würden. Er fand, dafs es dort die meisten Hexen gebe, wo man am meisten an Hexen glaube. Zwei alte im Rufe der Hexerei stehende Frauen untersuchte er selbst; sie waren halb wahnsinnig, und „was sie wirklich erlebt zu haben glaubten, das hatte der Teufel ihnen im Traume eingegeben". — Während all dieser Teilnahme an den Kämpfen der Zeit beschäftigte er sich aber mit seinen Problemen. Den Grundgedanken seines interessantesten und bekanntesten Werkes (*De docta ignorantia*) erhielt er nach seiner eignen Erzählung, als er von Konstantinopel, wo er im Auftrage des Papstes gewesen war, nach Italien zurücksegelte. Eine Reihe anderer Werke folgten diesem, in denen er seine Ideen teils ausführte, teils modifizierte. Er starb im Jahre 1464 in Livorno, während der Vorbereitungen zu dem von seinem Freunde Pius II. geplanten Kreuzzuge gegen die Feinde des Glaubens, der Wissenschaft und der Litteratur.

Cusanus steht an der Grenze zwischen dem Mittelalter und der Renaissance und zwischen der Theologie und der Philosophie. Sein innigstes Interesse ist allerdings theologisch. Die Dreieinigkeit ist ihm das zu lösende Problem. Er behandelt dieses aber so, dafs er gelegentlich erkenntnistheoretische und naturwissenschaftliche Gedanken von hohem Interesse

ausführt. Es steht gerade mit seiner mystischen Richtung in
Verbindung, dafs die scharfe Sonderung der Begriffsgebiete für
ihn nicht existiert. Das Dunkle und Abstruse, das neben den
vielen vortrefflichen Ideen in seinen Schriften zu finden ist,
hat in dieser Vermischung seinen Grund. — Für uns hat es
kein Interesse, die gesamte Philosophie des Cusanus durch-
zugehen. Es gilt nur, nachzuweisen, wie er auf Gedanken
geriet, die das durch das Zeugnis der Sinne, die Forschung
des Altertums und die Autorität der Kirche gestützte Weltbild
erschütterten.

Cusanus fafst die Erkenntnis als vereinende und assimi-
lierende Thätigkeit auf. Die Sinnlichkeit nimmt die zerstreu-
ten Eindrücke an, schon hierin äufsert sich aber das Denken,
teils indem die getrennten Eindrücke zu einem Ganzen gesammelt werden, teils weil ein Erstaunen eintritt, das zum
Weitergehen anspornt. Die verschiedenen Sinnesbilder werden
vom Vorstellungsvermögen (phantasia), die verschiedenen Vor-
stellungskomplexe von der Vernunft (ratio) vereint; auf allen
diesen Stufen wirkt aber der Gedanke (intelligentia), der zuletzt alle Verschiedenheiten auf die absolute Einheit zurückzuführen sucht. An diesem Punkte erscheint aber die Schwierigkeit, denn ohne Mehrheit und Unterschied (alteritas) kann
unser Gedanke nicht erkennen. Gerade auf seinem Gipfel
findet der Gedanke also seine Grenze. Er kann sich der absoluten Einheit nur nähern, indem ein mystisches Anschauen,
bei dem alle Radien des Daseins in einem einzigen Zentrum
zusammenfliefsen, den erkennenden Vorgang ablöst und dem
Gedanken Ruhe verschafft. Die Vollkommenheit des Gedankens
ist also sein Aufhören.

Diese Auffassung der Erkenntnis (entwickelt in dem Werke
De conjecturis, Kap. 16) verdeutlicht, was Cusanus unter „be-
wufster Unwissenheit" (docta ignorantia) versteht, welcher
Ausdruck schon bei Bonaventura vorkommt. Er meint damit
das Bewufstsein des Gedankens von seiner eigenen Grenze im
Verein mit der mystischen Voraussetzung, dafs das Beste und
Höchste jenseits dieser Grenze liege, allerdings in der Fort-
setzung des Vorgangs, der bis an die Grenze führte. In dem
„De docta ignorantia" betitelten Werke wird die Sache so

ausgeführt: Unsere Erkenntnis sucht über die von der Erfahrung dargebotenen Gegensätze und Widersprüche hinwegzukommen. Bei näherer Untersuchung entdeckt sie, dafs sogar die gröfsten Gegensätze, sogar die einander widerstreitenden Zustände auf eins und dasselbe hinauslaufen, wenn nur der Einheitspunkt sich nachweisen läfst. So fallen Maximum und Minimum mittels des Begriffs der Gröfse miteinander zusammen: beide sind absolute Quantitäten, jedes in seiner Richtung; beide sind Superlative und zwar auf einer und derselben Skala. Eben der Begriff der Gröfse umfafst beide. Alle Mittelglieder der Skala vermag unsere Erkenntnis aber nicht zu finden. Sie bleibt stets in Gegensätzen stecken. Sie arbeitet sich von Glied zu Glied vorwärts, kann aber nicht die vollkommene Einheit der Gegensätze erreichen, sowenig wie man einen vollkommenen Kreis bilden kann, wie viele Seiten man auch dem Vieleck geben möge. Unser Gedanke verhält sich zur Wahrheit, der vollkommenen Einheit der Gegensätze, wie das Vieleck zum Kreise.

Das Unendliche ist der Mafsstab und das Ideal des Endlichen. In ihm vereinen sich die Gegensätze. Eine unendliche Kurve ist ganz dasselbe wie eine unendliche gerade Linie. Jede Linie, die wir auffassen, ist aber entweder gerade oder krumm. Über die endlichen Bestimmungen können wir nicht hinwegkommen. Und doch ist dies notwendig, wenn es eine Erkenntnis Gottes geben soll. Gott läfst sich nur unter Aufhebung aller einzelnen Bestimmungen denken: uns bleibt aber nichts zurück, wenn alle einzelnen Bestimmungen entfernt werden. Gott als Einheit aller Dinge, als alles, sogar das sich gegenseitig Widersprechende umfassend (omnium rerum complicatio, etiam contradictoriorum), ist deshalb unbegreiflich. Kein Name kann ihm beigelegt werden. Denn jeder Name rührt von einem Unterscheiden und Sondern her, wodurch das eine dem anderen entgegengestellt wird. Gott hat aber keinen Gegensatz, sowenig wie der Begriff der Gröfse auf der ganzen Skala von Maximum bis Minimum einen Gegensatz hat. Im religiösen Kultus wird die bewufste Unwissenheit von der heiligen Unwissenheit (die docta ignorantia von der sacra ignorantia), die negative Theologie von der positiven abgelöst.

Dann werden Gott bestimmte Prädikate und Namen beigelegt; keiner derselben ist indes in buchstäblichem Sinne zu nehmen. Wenn Gott z. B. das Licht heifst, so ist damit nicht ein Licht gemeint, das den Gegensatz zur Finsternis bildet; in dem unendlichen Lichte ist sogar die Finsternis Licht, ebenso wie das Minimum auf derselben Skala liegt wie das Maximum.

Die aristotelische Schule verkannte diese Wahrheit, ohne die kein Zutritt zu einer mystischen Theologie offen steht. Deswegen konnte sie die Dreieinigkeitslehre nicht recht begreifen, denn sie erblickte nicht die Notwendigkeit eines Prinzips, das die durch Vater und Sohn ausgedrückten Gegensätze zu vereinen imstande wäre: Spiritus sanctus est nexus infinitus! Und deshalb hat sie auch zu keiner wahren Naturerkenntnis geführt. Sie macht Halt bei dem Unterschiede zwischen Möglichkeit und Wirklichkeit, zwischen Stoff und Form, zwischen dem Erzeugenden und dem Erzeugten, und sucht nicht das Band, das alle diese Gegensätze zu umfassen und deren Einheit auszudrücken vermöchte. Dieses Band ist die Bewegung. Die Bewegung ist weder nur erzeugt noch nur erzeugend, sondern beides zugleich, und so verhält es sich ebenfalls mit den anderen Gegensätzen. Und diese Zusammenstellung des vereinenden Prinzips der Dreieinigkeit mit dem der Natur ist für Cusanus keine zufällige: der Heilige Geist ist das Band der Natur, ist eins mit der Natur als Inbegriff alles dessen, was durch Bewegung geschieht. — Cusanus macht keinen Unterschied zwischen Zusammenfallen (coincidentia), Zusammenfassen (complicatio) und Vereinigung (connexio) der Gegensätze, obgleich die drei Ausdrücke ja höcht verschiedene Verhältnisse bezeichnen. Seine Beispiele deuten zunächst auf eine Vereinigung der Extreme durch Übergänge und Mittelglieder und auf deren Zusammenfassen mittels der solchergestalt bewerkstelligten Kontinuität hin. Dies ist aber etwas anderes als die vollständige Aufhebung der Gegensätze. Es fehlt hier an voller Klarheit über die Beschaffenheit eben des Begriffes, der seinen höchsten Gesichtspunkt bezeichnet. Und dies hängt wieder zusammen mit dem oben erwähnten Mangel einer Sonderung zwischen den verschiedenen Gebieten der Erkenntnis.

Es ist für Cusanus besonders charakteristisch, dafs er aus mystischem Grübeln über die göttlichen Vorgänge leicht in die Vorgänge der Natur hinübergleitet und an beide die nämlichen Gesichtspunkte anlegen kann. Dafs die beiden Vorgänge, das Leben der Gottheit und das Leben der Natur, indes nicht miteinander zusammenfallen, steht ihm klar. Sie verhalten sich zu einander, wie die geschlossene Einheit (coincidentia, complicatio, connexus) der Gegensätze zu deren gesondertem Erscheinen in Zeit und Raum. Die Natur ist eine Entfaltung (explicatio, evolutio) dessen, was in der Gottheit zu vollständiger Einheit verbunden war, wie die Linie die Entfaltung des Punktes (durch wiederholtes Absetzen) und die Wirklichkeit die Entfaltung der Möglichkeit ist. Wie aber dieser Umsatz aus komplikativer in explikative Form geschieht, — wie das absolute Zusammenfallen der Gegensätze von ihrem Auftreten als streitige Mächte abgelöst wird, — wie die Verworrenheit der Mannigfaltigkeit die Harmonie der Einheit ablöst, — das ist ein Rätsel, das unser Gedanke nicht zu lösen vermag. Jede endliche Existenz ist eine Begrenzung, und das grofse Rätsel liegt gerade darin, wie das Unendliche sich selbst begrenzen kann. Cusanus sagt irgendwo, dafs es keine positive Ursache der Vielfachheit gebe, da nur die Einheit der Dinge von Gott herrühren könne. Berufst du dich zur Erklärung des Entstehens der Vielfachheit auf Gott, so ist dies gleichbedeutend damit, dafs du es nicht verstehst! [13])

Wenn Cusanus an diesem Punkte auch im Dualismus endet, indem zwischen seiner Gotteserkenntnis und seiner Naturerkenntnis eine weite Kluft entsteht, so hat er doch in der Idee von der Bewegung als dem vereinenden Prinzip der Natur und als dem, das die Welt zur Totalität macht, und nicht minder in der Idee von der Entwickelung der Welt als einem fortschreitenden Komplikations- und Explikationsvorgange [14]) fruchtbringende Gesichtspunkte ausgesprochen, die den Gedanken späterer Philosophen vorgreifen. Sie machten es möglich, dafs er die Eigentümlichkeit der individuellen Wesen (als besondere Komplikationen oder Kontraktionen) und zugleich den kontinuierlichen Zusammenhang und Übergang derselben verteidigen konnte. Während sowohl für das Altertum als das Mittelalter die vollendete Wirklichkeit das Höchste war, begann nun die Bedeutung der Möglichkeiten und der Entwickelung zu ihrem Recht zu kommen. Und dies hing wieder eng mit der Änderung zusammen, die der Begriff der Unendlichkeit erlitten hatte. Statt auf die endlichen, fest begrenzten Formen wurde das Gewicht nun auf das unendliche Variieren, die beständigen Übergänge gelegt, welche die Gegensätze als die äußersten Fälle oder Stadien einer zusammenhangenden Skala dastehen lassen.

In religiöser Beziehung erwuchs dem Cusanus eine Schwierigkeit aus seiner prinzipiellen Bestreitung des Rechtes, irgend welchen Begriff auf die Gottheit anzuwenden. Konsequent hätte er schließlich alle religiösen Vorstellungen für symbolisch oder mythologisch erklären müssen; als gläubiger Katholik war er jedoch nicht imstande, diesen Schritt zu thun. In der „Docta Ignorantia" hilft er sich damit, einen gewissen Unterschied der Prädikate zu beachten. Obwohl alle Prädikate der Gottheit zu negieren seien, müsse doch die Negation der größten Unvollkommenheiten „wahrer" sein als die Negation der höchsten Prädikate. So müsse es wahrer sein, zu sagen, Gott sei kein Stein, als er sei kein Leben oder kein Geist; — und hieraus folge wieder, daß man Gott mit größerem Rechte das Leben oder den Geist als einen Stein nennen könne. Es ist klar, daß wenn *alle* Gegensätze in der Gottheit als dem unendlichen Prinzipe zusammen — oder wegfallen sollen, so wird sogar der größte Unterschied zwischen Prädikaten, den wir von unserem Standpunkt aus machen können, von durchaus verschwindender Bedeutung. In seinen späteren Schriften suchte Cusanus deshalb auch positivere Bestimmungen und legte größeres Gewicht auf die positive Theologie im Vergleich mit der negativen, ohne daß es ihm jedoch gelang, die von ihm selbst nachgewiesenen Schwierigkeiten zu heben. —

In der Naturerkenntnis finden die Grundgedanken des Cusanus an mehreren sehr wichtigen Punkten Verwendung. Indem er durch die beständigen Übergänge die absoluten

Gegensätze aufhebt, wird er zur Entdeckung der Relativität unserer Vorstellungen geführt. Das erkenntnistheoretische Beziehungsgesetz hat an ihm einen seiner ersten Vertreter. So behauptet er z. B. die Relativität des Atombegriffes. *In unserem Gedanken*, sagt er, können wir die Teilung der Dinge stets fortsetzen; die *wirkliche* Teilung hält aber immer bei einem Teile auf, der für uns faktisch unteilbar ist. Eine solche ihrer Kleinheit wegen faktisch unteilbare Gröfse ist ein Atom. Dieses faktische Aufhalten ist also kein Beweis, dafs ein absolutes Minimum erreicht sei, ebensowenig wie das faktische Aufhalten bei der Summierung von Gröfsen der Beweis eines absoluten Maximums ist. — Ebenso wie eine unendliche Teilung in der Wirklichkeit unmöglich ist, weil wir stets an einem gewissen Punkte des Teilungsvorganges aufhalten, ebenso ist auch eine unendliche Bewegung unmöglich, weil jeder Körper wegen seiner eignen Beschaffenheit und der Beschaffenheit der Umgebungen stets auf Widerstand stofsen wird. Eine vollkommen runde Kugel auf einer vollkommen glatten Grundlage würde die einmal angefangene Bewegung beständig fortsetzen, wenn nichts an ihrem Zustande verändert würde. Sie wäre als ein Atom zu betrachten, und die demselben mitgeteilte Kraft würde ihre Thätigkeit nicht einstellen können. Eine nicht vollkommen runde Kugel würde die mitgeteilte Bewegung nicht dergestalt aufnehmen können, dafs diese eine natürliche Bewegung würde, die als solche nicht aufhören könnte. Dies ist eine der merkwürdigsten Andeutungen des Trägheitsgesetzes, die vor Galilei vorkommen. Und sie entspringt aus der grofsen Fähigkeit des Cusanus, jedes Ding in den bestimmten Relationen zu denken, in denen es erst seine volle Eigentümlichkeit erhält. — Von noch gröfserem Interesse ist seine durch dieselbe Anschauungsweise entstandene Lehre von der Relativität der Ortsbestimmung und der Bewegung. Die Welt kann weder Zentrum noch Umkreis haben, denn sie müfste dann zu einem Äufseren, durch das sie begrenzt würde, in Beziehung stehen und wäre mithin nicht die ganze Welt. Wo der Mensch sich auch befindet: auf der Erde, der Sonne oder irgend einem Sterne, stets wird er sich im Zentrum glauben. Fasse nun diese verschiedenen möglichen Gesichtspunkte zusammen, und du wirst sehen, dafs es unmöglich ist, der Welt irgend eine Gestalt beizulegen, ebenso unmöglich, als ihr Bewegung beizulegen. Jeder Punkt der Welt kann mit gleich grofsem Rechte das Zentrum heifsen oder in die Peripherie verlegt werden. Und da die Erde nicht im absoluten Zentrum der Welt steht, kann sie nicht in Ruhe sein. Wir merken ihre Bewegung aber nicht, da es uns an einem absolut festen Punkte gebricht, der zum Vergleich dienen könnte. Es geht uns wie demjenigen, der sich auf einem mit dem Strome treibenden Schiffe befindet, ohne zu wissen, dafs das Wasser fortströmt, und ohne die Küsten sehen zu können: wie sollte er entdecken, dafs das Schiff sich fortbewegt? — Cusanus verlegt also die Erde aus dem Mittelpunkt der Welt, weil es überhaupt keinen absoluten Mittelpunkt geben könne, und mit der zentralen Stellung mufs auch die absolute Ruhe wegfallen. Dagegen lehrt er nicht, dafs die Erde sich um die Sonne bewege; er hebt die geozentrische Theorie auf, stellt aber nicht die heliozentrische fest. Diejenigen, die glauben möchten, die Erde verliere hierdurch an Würde, tröstet er damit, dafs die Vollkommenheit nicht auf der Gröfse beruhe. Die Bewohner der Erde seien um so vollkommner, je mehr sie sich dem Ideal näherten, das mit ihrer Natur übereinstimme; es sei aber nicht gesagt, dafs dieses Ideal dasselbe sei, das für die Bewohner anderer Weltkörper gelte. Der Mensch trachte nicht nach einer anderen Natur, sondern nur nach der Vervollkommnung seiner Natur. Die Vergänglichkeit hier auf Erden könne ebensowenig deren Unvollkommenheit beweisen, denn nichts sei absolut vergänglich. Nur die eigentümliche Form des Daseins höre auf, indem sie in ihre Elemente aufgelöst werde. Und dergleichen Auflösungsprozesse könnten ebensowohl auf anderen Sternen als auf der Erde vorgehen, da man ja glauben müsse, dafs diese nicht minder als die Erde äufseren Einflüssen unterworfen seien[15]). Diese Lehre brachte dem Aristotelisch-mittelalterlichen Weltbilde einen entscheidenden Stofs bei. Die Sicherheit, die für die Abgeschlossenheit dieses Bildes eine Voraussetzung war, wurde unterbrochen. Die Reflexion hatte die Weltkugel aus ihrem

Fundament gehoben und in eine Bewegung gesetzt, die jetzt nicht mehr zu hemmen war. Zugleich wurde innerhalb des Bildes der scharfe Gegensatz des Himmels und der Erde gehoben; die Möglichkeit, dafs in beiden Regionen die nämlichen Gesetze und Verhältnisse gültig sein könnten, war ausgesprochen. Ein wichtiger Beitrag war somit der neuen Weltanschauung geleistet, und zwar ein Beitrag, der dem innersten Kern in dem Systeme des tiefsinnigen Denkers entsprungen war. Dafs die Alten nicht zur Lehre von der Relativität der Bewegung gelangten, kam daher, sagt Cusanus, dafs es ihnen an der Docta ignorantia gebrach. Sie sahen nicht, dafs alle unsere Begriffe nur in gewissen Relationen gelten und mit diesen wegfallen. Derselbe Gedanke also, der nach Cusanus eine Erkenntnis Gottes unmöglich macht, ermöglicht die Erkenntnis, dafs das Weltbild nicht so beschränkt und so ruhend sein kann, wie man bisher glaubte.

II. Bernardino Telesio.

Die Philosophie des tiefsinnigen Kardinals ist die gröfste Denkarbeit, die das 15. Jahrhundert geleistet hat. Sie bahnte einer neuen Weltanschauung den Weg, indem sie die Starrheit löste, der die Begriffe unter der Herrschaft der Scholastik verfallen waren. Aber nicht nur aus der inneren Werkstätte des Denkens, sondern auch aus der Welt der äufseren Erfahrung wurden wichtige vorbereitende Schritte gethan. Im 16. Jahrhundert begann die Erfahrung die Lösung zu werden. Alte Bücher will man nicht mehr lesen, dagegen aber das ewig junge Buch der Natur. Dieses Bedürfnis äufserte sich anfangs natürlich auf unklare, dafür aber um so leidenschaftlichere Weise. Man wollte die in den Büchern vermifste Fülle des Inhalts aus der Erde herausstampfen. Und man besafs nicht Kritik genug, um die echten Erfahrungen auszuscheiden, auch nicht, um die eignen mystischen Eingebungen oder Lieblingsideen fernzuhalten. Als Vertreter dieses titanischen Dranges nach Erfahrungs- und Naturerkenntnis können der deutsche Arzt und Chemiker Paracelsus und der italienische Arzt und Mathematiker Cardanus genannt werden, beide vom Schicksal umhergeworfene Männer, die aufser genialen Ideen auf dem Gebiete ihrer Fachwissenschaften auch philosophische Anschauungen ausgesprochen haben. An mehreren Punkten bestritten sie die Aristotelische Naturauffassung, besonders die Lehre von den vier Elementen, und im Gegensatz zur Aristotelisch-mittelalterlichen Doppelheit einer himmlischen und einer sublunarischen Welt behaupteten sie die Einheit der verschiedenen Teile des Weltalls rücksichtlich der Stoffe und der Kräfte. Obgleich sie selbst sich als Bahnbrecher betrachten, namentlich mit Bezug auf die Methode, ist ihr Forschen doch bei weitem kein wissenschaftliches und methodisches. Sie kennen noch nicht die strengeren Forderungen an die Methode der Naturerkenntnis, die von Leonardo da Vinci, Galilei und Bacon eingeschärft wurden[16]). Ihre Gedanken ordnen sich auch nicht zu einem leicht überschaulichen Ganzen, so wie es — trotz aller methodischen Mängel — bei Bernardino Telesio der Fall ist, den wir deshalb als Vertreter der auf die Erfahrung sich stützenden Philosophie betrachten wollen, die der Begründung der modernen Naturwissenschaft vorausgeht, sich aber bereits von der Aristotelisch-mittelalterlichen Auffassung befreit hat.

Mit Telesio betreten wir den Boden Süditaliens, der im Altertum so viele Denker erzeugte und im Zeitalter der Renaissance diesen Ruf wiedergewinnen sollte. Hier war die Heimat eines Telesio, Giordano Bruno und Campanella. Diese drei Denker bilden eine einzige Reihe; die Richtung ihrer Ideen ist die nämliche, wie charakteristische Verschiedenheiten sie auch sonst darbieten. Telesio hat die beiden anderen beeinflufst. Er war aus einer edlen Familie in Cosenza bei Neapel geboren und benutzte seine günstigen äufseren Verhältnisse zum Betreiben umfassender Studien. Nachdem er zu Mailand studiert hatte, kam er nach Rom, wo er bei der Eroberung der Stadt von den Kaiserlichen unter dem Connetable von Bourbon Mifshandlungen erlitt. Später zog er nach Padua, und hier soll der Bruch mit Aristoteles in ihm vorgegangen sein. Hierdurch wurde der Grund eines scharfen Gegensatzes zwischen den nord- und den süditalienischen Schulen gelegt. Während man in Padua und Bologna fortfuhr, Aristoteles zu verehren und mehr oder weniger blind auf seine Worte zu schwören, schlug man in Süditalien neue Richtungen ein und öffnete neue Bahnen, indem man zugleich möglichst weit auf die erwachende Naturwissenschaft zu bauen suchte. Nach einem Aufenthalte in Rom bei dem Papste Paul IV., der ihn hochschätzte und ihn sogar zum Erzbischof ernennen wollte, kehrte Telesio nach Süditalien zurück. Er hielt Vorlesungen in Neapel und stiftete eine Akademie in Cosenza. Im Jahre 1565 erschien der erste Teil seines Hauptwerkes „Von der Natur der Dinge" (de rerum natura); später (1587) erschien der den Menschen in psychologischer und ethischer Beziehung behandelnde Teil. Telesio starb im Jahre 1588. Während seiner letzten Lebensjahre war er der Gegenstand heftiger Angriffe von seiten der Mönche, welche meinten, dafs mit den Aristotelischen Begriffen alles einstürzen müsse, und wenige Jahre nach seinem Tode wurden seine Werke auf die Liste der verbotenen Bücher gesetzt.

Telesio stellt sein Streben demjenigen aller seiner Vorgänger entgegen: in ihrem grofsen Selbstvertrauen hätten diese mit ihrer Vernunft die Natur ergründen wollen, gerade als ob sie Gottes Gleichen an Weisheit wären; er selbst besitze gröfsere Demut und wolle nur menschliche Weisheit erreichen, die ihre Grenze an dem habe, was die Sinne lehrten und was sich aus der Ähnlichkeit mit sinnlich wahrgenommenen Dingen schliefsen lasse. Er will sich also auf sinnliche Erfahrung und nur auf diese stützen. Hierdurch glaubt er imstande zu sein, eine sicherere Erkenntnis als seine Vorgänger zu erlangen. Non ratione, sed sensu! ist sein Wahlspruch. Er ist aber überzeugt, dafs die sinnliche Wahrnehmung ihn niemals in Widerspruch mit sich selbst noch (was er doch — vielleicht durch Erfahrung belehrt — erst in einer späteren Ausgabe hinzufügt) in Streit mit der Kirche bringen werde. Aristoteles dagegen widerspreche ja sowohl der Erfahrung als sich selbst und der Kirche!

Der bedeutendste Zug in Telesios Naturphilosophie ist sein Streben, das Verhältnis des Stoffes zur Kraft an die Stelle des bei Aristoteles immer wieder auftretenden Verhältnisses des Stoffes zur Form zu setzen. Es war der ästhetischen

Naturauffassung des Altertums charakteristisch, dafs sie die Erklärung der Naturerscheinungen in den Formen fand, unter denen diese hervortraten; die natürlichen Vorgänge wurden mittels der völlig entwickelten Resultate, die sie herbeiführten, verstanden. Die neue Naturauffassung geht weiter zurück und fragt nach den thätigen Kräften. Nach Telesio gibt es zwei solche Kräfte (principia agentia), eine ausdehnende, die er Wärme, und eine zusammenziehende, die er Kälte nennt. Wärme und Kälte sind ihm also keine Stoffe oder blofsen Eigenschaften, sondern Kräfte, die sich durch zwei verschiedene Arten der Bewegung äufsern. Es würde also dem Telesio nicht fern gelegen haben, alles, was in der Natur vorgeht, als Bewegung aufzufassen. Diese beiden Kräfte wirken auf den Stoff, der nie vermehrt oder vermindert wird, unter ihrem Einflusse aber höchst verschiedene Formen je nach dem verschiedenen Verhältnisse der Zusammenziehung und Ausdehnung annimmt, und überall gleichförmig ist, ohne dafs ein Unterschied zwischen himmlischer und irdischer Materie aufzustellen wäre.

Ferner tritt er Aristoteles ebenfalls entschieden entgegen, indem er lehrt, der Raum sei ein von der Materie Verschiedenes, wodurch die Aristotelische Lehre von den natürlichen Orten der verschiedenen Elemente den Todesstreich erlitt. Die verschiedenen Orte des Raumes hätten keine verschiedenen Eigenschaften. Es müsse sogar einen absolut leeren Raum geben können; es sei reine Einbildung, wenn Aristoteles glaube, die Natur schrecke vor dem Leeren zurück. Die Lehre des Aristoteles von den Elementen falle nicht nur dadurch weg, dafs deren „natürliche Orte" wegfielen, sondern auch dadurch, dafs nur die einzige und unvergängliche Masse (moles) zurückbleibe, die wegen der verschiedenen Verhältnisse der Ausdehnung und Zusammenziehung verschiedene Gestalten annehme. Wären verschiedene Elemente anzunehmen, so sollten es nur zwei sein: eins, in welchem die ausdehnende, ein zweites, in welchem die zusammenziehende Kraft wirke. Ersteres habe seinen Mittelpunkt in der Sonne, letzteres in der Erde. Telesio tritt insofern dem Aristotelischen Weltbilde bei, nur dafs er die Masse beider Himmelskörper für gleichförmig und die Kräfte allein für verschieden ansieht, und daſs er eine lebhaftere Wechselwirkung des Himmlischen und Irdischen als Aristoteles annimmt. Aufserdem opponiert er ausdrücklich gegen die Weise, wie Aristoteles die himmlischen Sphären von besonderen Geistern lenken läſst. Nicht durch ein fremdes Prinzip gezwungen, auch nicht wegen des Trachtens nach etwas, das aufser ihm liege, sondern weil es so seine eigne Natur sei, bewege der Himmel sich rund. Und ebenfalls verhalte die Erde sich ruhig, weil dies ihre Natur sei, nämlich kalt und finster. Gott greife nicht an den einzelnen Punkten in die Natur ein, habe aber jedes Wesen mit dessen Natur und Wirkungsweise begabt. Und die Selbsterhaltungstriebe der einzelnen Wesen stünden in Harmonie, ebensowie die einzelnen Organe eines Organismus in Harmonie miteinander stünden, da sie dem Ganzen dienten, indem jedes der Eigentümlichkeit seiner Natur gemäſs thätig sei. Es gebe deshalb keine besonderen Zweckursachen, es sei aber jeder Ursache eine Befriedigung, ihrer eignen Natur zu folgen, und hieraus entstehe die Harmonie unter den einzelnen Wesen. Statt eine äuſsere Akkommodation und ein äuſseres Eingreifen von seiten Gottes anzunehmen, glaubt Telesio, die göttliche Weisheit zeige sich gerade darin, daſs alles, was nach den notwendigen Gesetzen geschehe, an und für sich zweckmäſsig sei. Der Himmel bewege sich nicht um der Erde willen rund, sondern seiner eignen Natur gemäſs, und dennoch komme seine Bewegung der Erde zu gute.

Telesio bezweckt offenbar eine richtigere und fruchtbarere Aufstellung der Begriffe, als die von der Aristotelischen Naturphilosophie dargebotene. Er führt aber keinen methodischen, induktiven Nachweis der Gültigkeit und Notwendigkeit seiner Grundbegriffe und verleugnet insofern sein eignes Programm, dem zufolge er nur auf die sinnliche Wahrnehmung bauen will. Wider die Grundbegriffe selbst lieſsen sich Einwürfe erheben, und wurden solche erhoben. Ein gleichzeitiger Philosoph, der Platoniker Patrizzi, der in wesentlichen Punkten von Telesio abhängig war, in einer interessanten Diskussion teils mit diesem selbst, teils mit einem seiner Schüler[17]) aber verschiedene treffende Einwürfe gegen ihn richtet, bemerkte

u. a., dafs das, was Telesio die Materie nenne, sich nicht
mittels sinnlicher Wahrnehmung auffassen lasse, die uns nur
die einzelnen, wechselnden Qualitäten, nicht aber die absolute,
passive Materie zeige. Patrizzi berührt hier die wichtige Frage
nach dem Verhalten des Stoffes zur Kraft. Ferner fragt er,
wie es möglich sei, aus den beiden Kräften alle Vielfachheit
der Erscheinungen abzuleiten. Diese Einwürfe treffen alle
beide, und speziell der letztere wird durch die höchst willkürlichen und naiven Erklärungen bekräftigt, die Telesio von den
einzelnen Naturerscheinungen gibt. Es gab noch kein Material
zu wissenschaftlichen Erklärungen im einzelnen, und an diesem
Punkte erwies Telesio nicht denselben kritischen Geist wie bei
der Aufstellung der für die gesamte Naturerkenntnis gültigen
Grundbegriffe. Es war aber auch willkürlich, dafs Telesio die
Urkräfte Wärme und Kälte nannte. Dies führte u. a. folge-
richtig herbei, dafs das Entstehen der Wärme durch Bewegung
immer als sekundär oder als Erweckung einer präexistierenden
Wärme zu betrachten wäre, während das Entstehen der Bewegung durch Wärme das ursprüngliche Faktum sein sollte,
was, wie Patrizzi ebenfalls nachwies, eine rein willkürliche
Behauptung war. Wenn endlich die Wärme in der Sonne,
die Kälte in der Erde zentralisiert wurde, sollte dies nach
Telesio nicht ausschliefsen, dafs die Erde unter dem Einflusse
der Sonne Wärme erzeugte; dann müfste — erklärt Patrizzi
— ja aber auch die Erde sich bewegen können, da Wärme
Bewegung hervorbringe. Telesio selbst beantwortete diese
Bemerkung nicht; einer seiner Schüler dagegen äufserte, es
gebe allerdings solche, die da meinten, die Erde bewege sich,
diese hätten aber weiter nichts bewiesen, als ihren eignen Scharfsinn. Die Zeit, da die Kopernikanische Theorie entscheidenden
Einflufs auf die Weltanschauung erhalten konnte, war noch
nicht gekommen. Telesios Naturphilosophie mufste in ihren
Einzelheiten radikal geändert werden, um mit der neuen
Astronomie übereinzustimmen, die die Erde, den „kalten"
Körper, sich bewegen und die Sonne, den „warmen" Körper,
stillstehen liefs! Das schliefst aber nicht aus, dafs Telesio
an wichtigen Punkten der neuen Weltanschauung in die Hand
arbeitete. Am besten ist dies aus dem Ärgernis zu ersehen,

das er in den Aristotelikern erregte. In ganz Italien wurden Disputationen angestellt, in denen die „Kräfte" mit den „Formen" stritten, und wo der Kampf zuweilen — z. B. bei einer Disputation 1573 in Venedig zwischen Telesianern und Paduaner Studenten — fast mit körperlichen Waffen ausgefochten wäre. Die Philosophie Süditaliens stand hier der Philosophie Norditaliens gegenüber. —

Die geistige Natur steht nach Telesio in innigem Verhältnisse zur materiellen, ja ist eigentlich gar nicht von dieser verschieden. Die materiellen Kräfte, die „Wärme" und die „Kälte", müssen das Vermögen des Empfindens besitzen, denn sonst würden sie nicht bestehen können, da sie, um jede für sich der anderen, entgegengesetzten Kraft Widerstand leisten zu können, deren Annäherung merken und bei ihrem eignen Bestehen und Wirken Befriedigung fühlen müssen. Jedes materielle Ding hat ferner das Bedürfnis der Fühlung mit anderen Dingen, weshalb es diesen folgt, wenn sie sich entfernen; auch dies setzt Sinnlichkeit und Empfindung voraus. Besondere Sinnesorgane braucht man darum den Dingen nicht beizulegen; ein Sinnesorgan ist ja nur der Weg, auf welchem ein Eindruck weiter geführt wird, und der bei unmittelbarer Fühlung zu entbehren ist. Telesio findet also auf mythologische, animistische Weise in der Beseelung der Körper die notwendige Voraussetzung ihres Wechselwirkens. Von mehr andauernder Bedeutung ist ein anderes Argument, dessen er er sich zur Stütze seiner Beseelungstheorie bedient, nämlich: wenn die Urkräfte und der Urstoff keine Empfindung besäßen, würde das Entstehen derselben bei Wesen, die aus den Urkräften und dem Urstoffe bestünden, durchaus unerklärlich sein, denn was man nicht habe, könne man auch nicht geben. Er behauptet also die Unmöglichkeit, das Entstehen des Bewufstseins aus der Materie zu erklären, wenn man das Bewufstsein nicht als ursprüngliches Vermögen der Materie annehme. Hierdurch legt er dann aber zugleich das Zeugnis ab, dafs der Urstoff und die Urkräfte, von denen er ausgeht, keineswegs zur Erklärung aller Dinge der Welt genügen. Es tritt hier ja eine neue Kraft hinzu! Und dennoch wollte Telesio die Berechtigung dieser Kritik nicht zugeben. Denn wie er der Materie Bewufstsein beilegt, so fafst er auch die Seele als ein materielles Wesen auf. Wäre die Seele nicht materiell, wie könnten sonst materielle Kräfte Einfluſs auf sie üben? Wie sollte sie Ausdehnung und Zusammenziehung merken können, würde sie nicht selbst ausgedehnt oder zusammengezogen? Bei Lust dehne sich die Seele aus, bei Unlust ziehe sie sich zusammen. Und da dies schnell und leicht geschehen könne, müsse sie aus einem sehr feinen Stoffe bestehen. Dieser Seelenstoff (spiritus) habe seinen Platz in den Höhlen des Gehirns, was teils dadurch bewiesen werde, daſs die Nerven aus dem Gehirn, nicht, wie Aristoteles glaubte, aus dem Herzen entsprüngen, und daſs der Stoff der Nerven dem des Gehirns, nicht dem des Herzens gleiche, teils dadurch, daſs der Tod eintrete, wenn die Höhlen des Gehirns mit gar zu dickem Stoffe angefüllt würden, oder wenn das Gehirn anderswie verletzt würde, wie denn auch Bewufstlosigkeit bei Apoplexie, Ohnmacht und Schlaf ohne Veränderungen der anderen Teile des Körpers eintreten könne. Schon bei Vives und Melanchthon trafen wir diesen Lebensgeist an, der bald der Sitz der Seele, bald wie hier bei Telesio die Seele selbst ist, eine von griechischen Ärzten und Philosophen überlieferte Vorstellung. — Es leuchtet ja ein, daſs Telesio, wenn er sich alle Materie mit Bewufstsein begabt denkt, nicht so sehr dagegen sein kann, das Bewufstsein selbst als ein Materielles zu denken. Indessen zeigt es sich, daſs er einen Unterschied zwischen dem Bewuſstsein selbst und dem in jenem „Geiste" Vorgehenden macht, der sich in den Nerven und dem Gehirn regt und in Bewegung ist. Denn indem er darauf aufmerksam macht, daſs eine einförmige Bewegung des „Geistes" mit keiner Empfindung verbunden sei, daſs aber eine durch Einwirken der Dinge bestimmte Veränderung in der Bewegung des „Geistes" eintreten müsse, um Empfindung zu ermöglichen, bemerkt er: Also ist die Empfindung (sensus) eine Auffassung (perceptio) der äuſseren Eindrücke und der inneren Veränderungen, vor allen Dingen eine Auffassung der inneren Veränderungen, da wir nur mittels dieser die äuſseren Eindrücke kennen[18]). Die Empfindung ist also nicht ohne weiteres dasselbe wie die Veränderungen der Bewegung der inneren Seelenmaterie, sondern ist deren „Auffassung". Dann entsteht ja aber die neue Frage: wie wird nun dieses Auffassen möglich? Durch die eingeschobene „perceptio" hat Telesio das unwillkürliche Eingeständnis ausgedrückt, daſs die Sache sich doch nicht so gar einfach verhält. Er glaubt das Problem dadurch gelöst zu haben, daſs er die Seele materiell macht; das Heinzelmännchen steckt aber neckisch den Kopf heraus und fragt, wie denn das, was in dieser materiellen Seele vorgeht, *aufgefaſst werde!* —

Auf interessante Weise sucht Telesio nachzuweisen, daſs alle Erkenntnis Empfindung sei. Er bestreitet den Unterschied zwischen Empfindung und Denken, so zwar, daſs er alles Denken zur Empfindung macht. Wenn nämlich eine Bewegung im „Geiste" erregt ist, läſst sie sich später wieder hervorrufen, indem sich die Gewohnheit bildet, diese Bewegung anzunehmen, oder die Bewegung sich vielleicht selbst zum Teil erhält. Die mit solcher angewöhnten oder wiederholten Bewegung verbundene Erkenntnis ist die Erinnerung. Wenn nun ein vorher in seiner Totalität wahrgenommenes Ding unserer unmittelbaren Auffassung später nur einzelne seiner Eigenschaften darbietet, sind wir doch imstande, wegen der Ähnlichkeit mit dem vorher Aufgefaſsten das Fehlende zu ergänzen und das Ding, obgleich es nur als Bruchstück gegeben ist, in seiner Totalität anzuschauen. Wir können uns das Feuer mit allen seinen Eigenschaften vorstellen, wenngleich wir es vielleicht nur leuchten sehen, die Wärme und die verzehrende Kraft aber nicht merken. In einem solchen Auffassen des bruchstückweise Gegebenen als einer Totalität besteht nach Telesio der Verstand (intelligere), den er deshalb lieber eine Erinnerung oder ein Gutachten nennen möchte. Sogar die höchste und vollkommenste Erkenntnis enthält weiter nichts als das Vermögen, mittels der Ähnlichkeit mit einem uns als Totalität bekannten Falle die unbekannten Eigenschaften und Bedingungen der Dinge zu entdecken. Das absolut Unbekannte läſst sich nicht erkennen. Es muſs stets ein Berührungspunkt mit einem Gegebenen vorhanden sein, ein Anknüpfungspunkt also für den Sinn und die Erinnerung, welche letztere weiter nichts ist, als die verlängerte Sinnlichkeit. Schliefsen heifst nur auf die gedachte Weise die fehlenden Eigenschaften erkennen. Sogar die reine Logik und Mathematik entspringen aus der Empfindung, indem diese uns etwas dem Ähnliches zeigt, was in den logischen und mathematischen Grundsätzen enthalten ist. Sinnliche Auffassung gibt mir unmittelbare Beispiele, dafs das Ganze gröfser ist als der Teil, und dafs ich dieselbe Sache nicht zugleich bejahen und verneinen kann, wie sie mir auch unmittelbar zeigt, dafs der Schnee sowohl weifs als kalt ist, und dafs der Mensch zwei Beine hat. Durch alle Grade der Annäherung hindurch hangen die einfachsten sinnlichen Auffassungen mit den idealen wissenschaftlichen Prinzipien zusammen. Es liegt also kein Grund vor, unser Erkenntnisvermögen in zwei Vermögen zu spalten. Seinem Wesen nach ist es ein einziges und beruht es durchaus auf der Ähnlichkeitsbeziehung — oder vielleicht auf mehreren sehr zusammengesetzten Ähnlichkeitsbeziehungen — der durch unmittelbare Empfindung aufgefafsten Gegenstände, und deshalb ist es ganz und gar Empfindung.

Eine Voraussetzung dieser ganzen Lehre ist es, dafs Ähnlichkeit und Unterschied ganz wie andere Eigenschaften „zu empfinden" sind. „Der Geist," sagt Telesio, „merkt die Ähnlichkeit und den Unterschied der empfundenen Dinge; was die nämlichen Wirkungen hat, merkt er als ein und dasselbe Ding, was verschiedene Wirkungen hat als verschiedene Dinge." Es entsteht nun die Frage, ob dies auch ganz einfache Sinnesakte sind. Jedenfalls besteht der Unterschied zwischen Ähnlichkeit und Verschiedenheit einerseits und andern Eigenschaften anderseits, dafs jene — mehr als diese — einen Vergleichungsprozefs voraussetzen, so dafs innerhalb der Sinnlichkeit eine aktive von einer passiven Seite zu trennen ist. Beim Auffassen der Ähnlichkeit und Verschiedenheit hat die aktive Seite das Übergewicht über die passive. Es ist also nur eine terminologische Frage, ob man den Ausdruck Empfindung von beiden Seiten gebrauchen oder (mit Cusanus) sagen will, in aller sinnlichen Auffassung liege ein Denken. Es geschah indes, dafs Telesio selbst die Auffassung der Ähnlichkeit mitunter als Gegensatz der Empfindung aufstellte.

Auf Patrizzis Tadel, er verachte die Vernunft (ratio), erwidert er: „Ich verachte keineswegs die Vernunft, das heifst: diejenige Erkenntnis der Dinge, die *nicht die Empfindung, sondern die Ähnlichkeit der durch Empfindung aufgefafsten Dinge* uns gewährt, und ich würde auch niemals glauben, dafs sie zu verachten sei. Ich werde aber stets behaupten, dafs der Empfindung besser zu trauen ist als der Vernunft." Hierauf entgegnet nun wieder Patrizzi sehr richtig: „Von dieser Ähnlichkeit scheinst du also nicht zu behaupten, dafs sie sich durch Empfindung auffassen lasse; wodurch wird sie denn aufgefafst, wenn nicht eben durch die Vernunft?" — Bei der Auffassung der Ähnlichkeit kommt also etwas hinzu, das nicht in den einfachsten Sinnesakten liegt. Telesios Versuch, die Erkenntnis auf allen Stufen absolut eins zu machen, ist folglich nicht gelungen; an und für sich war es indes ein berechtigter Versuch, ein Seitenstück des von Cusanus gemachten. Beide Entwürfe enthalten schöpferische Gedanken in psychologischer und erkenntnistheoretischer Beziehung. —

Wie alle Materie sucht auch die Seele sich selbst zu erhalten. Sie trachtet nach vielen verschiedenen Gütern und besitzt viele verschiedene Triebe; trifft sie aber eine Wahl, und unterstellt sie alle anderen Güter einem einzigen, so tritt es stets klar hervor, dafs der Mafsstab dieser Wahl die Selbsterhaltung und deren Bedingungen sind. Alle Güter erhalten ihren Wert durch ihre Beziehung zur Selbsterhaltung, und mit der natürlichen Thätigkeit, durch die ein Wesen bewahrt und erhalten wird, ist ein unmittelbares Lustgefühl verbunden. Kein Wesen, also auch nicht der „Geist", kann ein anderes Ziel als die Selbsterhaltung erstreben. Besonders erweist es sich, dafs die Erkenntnis ein Mittel derselben ist. Die Weisheit wird der Inbegriff aller Tugend, da die rechte Erkenntnis für das Auffinden der Mittel zur Selbstbehauptung von so grofser Bedeutung wird. Die verschiedenen einzelnen Tugenden sind die verschiedenen Vermögen, deren die Selbstbehauptung bedarf. Der Einzelne kann nur in der Wechselwirkung mit anderen sicher und bequem leben, und damit diese Wechselwirkung eine innige und fruchtbringende werde, müssen die Einzelnen sich so eng verbinden, als ob sie ein einziges, zusammengesetztes Wesen bildeten, so dafs sie wie die Organe eines Organismus zusammen arbeiten. — Auf diese Weise werden die sozialen Tugenden motiviert, deren Inbegriff die Menschlichkeit (humanitas) ist, und deren Möglichkeit auf dem Bedürfnisse des gesellschaftlichen Lebens, des Vertrauens und Wohlwollens beruht. Die höchste aller Tugenden [19]) ist jedoch der Hochsinn (sublimitas), der den Ehreifer reguliert. Der Mensch will sich nicht verachten lassen; er duldet es nicht, dafs man ihn als zum Ausfüllen seines Platzes ungeeignet oder als unrein oder schädlich betrachtet. Er sucht deshalb eine Stütze an der Meinung anderer Menschen, da seine eigne Kraft nicht immer ein hinlängliches Zeugnis abgibt. Der Hochsinn besteht nun darauf, dafs nur diejenige Ehre gesucht werden darf, die sich auf die eignen inneren Güter des Individuums gründet, und dafs eben diese Güter wieder der Ehre vorzuziehen sind, die mit ihnen verbunden sein mag. Die Ehre ist für den Hochsinn kein notwendiges, kein inneres Gut; es kommt aber darauf an, der Ehre wert zu sein; eine genügende Quelle der Befriedigung liegt in der Reinheit und Tüchtigkeit an und für sich. —

Dies alles, sowohl die Erkenntnis als die Selbsterhaltung, betrifft nach Telesio nur die materielle Seele, diejenige, die sich aus dem Samen entwickelt (spiritus e semine eductus). Nun äufsert sich aber im Menschen aufser dieser sinnlichen Erkenntnis und natürlichen Selbsterhaltung auch ein höherer Trieb und Sinn, der über das Leben hienieden und dessen Erhaltung hinausdeutet und deshalb dadurch zu erklären ist, dafs Gott eine andere Seele eingepflanzt hat, die sich als nichtkörperliche Form mit der auf natürliche Weise entwickelten verbindet, wenn der Körper völlig ausgebildet ist. Hierdurch wird es erst verständlich, dafs der Mensch in seiner Kontemplation die sinnlichen Bedürfnisse vergessen kann, und überhaupt, dafs er sich durch das irdische Leben nicht befriedigt fühlt. Wie diese „von oben hinzugefügte Form" (forma superaddita) sich zur natürlichen Seele verhält, das erklärt Telesio nicht näher. Durch diese Lehre, die vielleicht nur einem Zugeständnis an die Theologie zu verdanken ist, unterbricht Telesio den abgerundeten Charakter seiner Philosophie. Und er übersieht, daſs er in der natürlichen Ethik bereits einen Charakterzustand geschildert hat, der über die rein physische Selbsterhaltung erhaben ist. Es fehlt an verschiedenen psychologischen Mittelgliedern, die es verständlich machen könnten, wie der Hochsinn sich aus dem ursprünglichen Selbsterhaltungstrieb zu entwickeln vermag. Sein Streben hätte eher darauf ausgehen müssen, diese Lücken auszufüllen, als darauf, Supplemente aufzunehmen, die nicht mit der ganzen Grundlage in Übereinstimmung sind. —

Mit allen seinen Unvollkommenheiten erscheint Telesios System dennoch als eines der merkwürdigsten, die die Renaissance erzeugte. Staubgeboren und sinnlich in seiner Grundlage erhebt es sich doch kühn auf das Erhabene zu. Es zog Konsequenzen und deutete Anschauungsweisen an, die sich erst viel später mit ausgiebiger Begründung sollten entwickeln lassen. Und doch brachte es zugleich seine Zeitgenossen in starke Erregung und erhielt bedeutenden Einfluſs auf solche Denker wie Bruno, Campanella und Bacon.

12. Das Kopernikanische Weltbild.

Die überlieferte Weltauffassung war erschüttert worden durch Cusanus' Kritik der Lehre von der absoluten Bewegung und durch Paracelsus' und Telesios Polemik gegen die Aristotelischen Elemente und Formen. Die Grundfeste wurde ihr aber erst durch das neue Weltbild des Kopernikus entzogen. Dieser wies nach, daſs man triftigen Grund habe, die Dinge auf eine der angewohnten Weise entgegengesetzte Art zu betrachten. Gerade dies, daſs die Kopernikaner die Welt auf den Kopf stellen wollten, wurde von Luther beklagt, der doch selbst bei so vielen Dingen das Oberste zu unterst gekehrt hatte. Kein Wunder, daſs das neue Weltbild bei einigen die gröſste Begeisterung erregte, weil es einen unendlichen Horizont zu eröffnen schien, bei anderen aber das gröſste Ärgernis, weil man den klaren und überschaulichen Rahmen zu verlieren glaubte, in welchen sich bisher alles, was man von der Welt und den Weltkräften zu wissen meinte, hatte einfügen lassen. Es begann ein harter Strauſs, der edles Blut und was noch wertvoller ist als Blut kostete, ein Kampf nicht nur mit religiösen Bedenklichkeiten, sondern zugleich mit dem Vertrauen auf die unmittelbare sinnliche Auffassung. Die menschliche Erkenntnis hatte zu lernen, daſs das Dasein an und für sich ganz anders beschaffen sein kann, als es sich unmittelbar darstellt. Dies war eine Lektion im Unterscheiden zwischen der subjektiven Auffassung und dem wirklichen Dasein, die von groſser philosophischer Bedeutung wurde. In dieser Sache war deshalb besonders Geistesfreiheit von nöten, das Vermögen, von dem abzusehen, was die Sinne unmittelbar zu lehren und was religiöse Ideen zu verlangen schienen. Von den Vorkämpfern der neuen Hypothese wird denn auch fortwährend die Notwendigkeit eines „freien Geistes" hervorgehoben. Joachim Rheticus, der erste Schüler des Kopernikus, sagt mit Rückblick auf das Verhältnis des Meisters zu den alten Astronomen: „Wer forschen will, muſs einen freien Geist besitzen"; Kepler betrachtete ebenfalls den freien Geist (animus liber) des Kopernikus als eine wesentliche Bedingung für dessen Werk, und Galilei gebrauchte wieder den nämlichen Ausdruck (ingegno libero) von Kepler[20]. Es drehte sich um einen Befreiungsprozeſs.

Der Begründer der neuen Weltauffassung fuſste auf dem Boden des Humanismus. Nikolaus Kopernikus (sein eigentlicher Name soll Koppernigk gewesen sein) wurde den 19. Februar 1473 aus einer wohlhabenden Familie zu Thorn geboren. Die Polen und Deutschen haben sich um seine Nationalität gestritten; wahrcheinlich entstammt er einem deutschen Geschlechte, das seit langem in den polnischen Landen ansässig war. Soviel man weiſs weder schrieb noch sprach er polnisch. In Krakau, wo eine blühende Universität war, studierte er Humaniora, Mathematik und Astronomie. Durch den Einfluſs seines Oheims, des Bischofs von Ermeland, wurde er als Kanonikus oder Domherr in das Frauenburger Stift aufgenommen. Hiermit war ein niederer Grad geistlicher Würde verbunden, es wurde aber keine theologische Vorbildung verlangt, und nur sehr wenige der Domherren waren imstande, geistliche Funktionen auszuüben. Sie lebten vielmehr als Edelleute und Humanisten, denn als Geistliche. Man macht sich ein falsches Bild von Kopernikus, wenn man ihn als Mönch in seiner Zelle denkt. Vorläufig verlebte der junge Domherr zehn Jahre in Italien, wo er zu Bologna, Rom und Padua astronomische, medizinische und humanistische Studien betrieb. Schon sein Lehrer in Bologna soll die Richtigkeit des Aristotelisch-Ptolemäischen Systems bezweifelt haben. Nach der Rückkehr aus Italien hielt er sich teils als Arzt, teils als Hofmann einige Jahre bei dem Bischofe von Ermeland auf. Während dieser Zeit, in seinem 33. bis 36. Jahre, sind die Grundzüge seines Systems in ihm entstanden. Er selbst sagt, dafs er seit 1506 die wissenschaftliche Darstellung und Begründung seiner Lehre aufzeichnete. Nach dem Tode seines Oheims wohnte er den gröfsten Teil seines Lebens hindurch auf dem Schlosse Frauenburg; eine Ausnahme bilden einige Jahre, während deren er Güter des Stiftes verwaltete. Astronomische Studien beschäftigten ihn also nicht ausschliefslich. Er war Administrator und Arzt und nahm aufserdem an Verhandlungen wegen Münzreformen teil. Die humanistischen Studien hatte er nicht ganz an den Nagel gehängt. 1509 gab er die Episteln des Theophylactus in lateinischer Übersetzung heraus. Eine allseitige Thätigkeit also. Ferner betrachtete er mit Aufmerksamkeit, was in der Welt vorging. Als Arzt gehörte er allerdings zur alten Schule und stützte sich auf Avicenna. Der religiösen Bewegung stand er aber nebst mehreren seiner Kollegen frei und sympathisch gegenüber. Man wünschte eine Reform und wollte jedenfalls den Kampf mit geistigen Waffen geführt wissen. Es scheint die Geistesrichtung des Erasmus gewesen zu sein, die bei den Ermelandschen Kanonikern die vorherrschende war.

Viele Jahre hindurch liefs Kopernikus sein Werk ruhen. Unablässig feilte er daran und er trug grofses Bedenken, es herauszugeben. Seine Ideen wurden mittlerweile weit umher bekannt, besonders vielleicht durch einen von ihm verfafsten kleinen Auszug (commentariolus), den man vor kurzem als Handschrift aufgefunden hat. Den entscheidenden Stofs zur Herausgabe that indes Joachim Rheticus, ein junger begeisterter Anhänger, Lehrer an der Hochschule zu Wittenberg. Dieser reiste (1539) nach Frauenburg und hielt sich zwei

Jahre lang bei Kopernikus auf, um dessen Werke zu studieren. Aus seiner Hand erhielt die gelehrte Welt die erste ausführliche Nachricht von dem neuen System (Narratio prima de libris revolutionum. Danzig 1539—40). Ferner bewog er den Meister, seine Bedenklichkeiten zu überwinden und den Druck zu gestatten.

Die letzten Jahre des Kopernikus waren keine glücklichen. Die katholische Reaktion begann, und der bisher unter den Kanonikern herrschende freiere, humanistische Geist wurde nun gehemmt und verfolgt von dem neuen Bischof Johannes Dantiscus, der aus einem Weltmann und erotischen Dichter zum fanatischen Diener der Kirche geworden war. Trotz seines ehemaligen Freundschaftsverhältnisses zu Kopernikus schien er nun besonders darauf auszugehen, diesen zu plagen. Kopernikus wurde gezwungen, den Verkehr mit mehreren ihm nahestehenden Personen zu unterbrechen, weil der Bischof sie für Ketzer ansah. Seine letzten Jahre verlebte er in geistiger Einsamkeit. Im Frühling 1543 wurde er von einem Blutsturz und von Lahmheit betroffen und der Tod trat den 24. Mai 1543 ein. Auf dem Sterbelager erhielt er ein Exemplar seines Werkes, das Bewußtsein war ihm jedoch bereits entschwunden.

Es gehört nicht hierher, alle astronomischen Fragen hervorzuziehen, die Kopernikus berühren mußte. Was die allgemeine Geschichte des Denkens interessiert, sind die Voraussetzungen, von denen der Reformator der Astronomie ausgeht, und die großen Züge, mit denen sein neues Weltbild auftritt. In den Voraussetzungen trägt sein System das geistige Gepräge der damaligen Zeit, durch den Charakter des Weltbildes greift es in die fortschreitende Entwickelung der Zeit ein.

Unter den Voraussetzungen verdienen besonders zwei unser Interesse.

Die Künstelei und Verworrenheit des alten Weltbildes bewog Kopernikus zum Nachsinnen über die Möglichkeit, die himmlischen Erscheinungen auf andere Weise aufzufassen. Dieses ganze System vielfach verbundener Sphären und Epicykeln schien ihm der sonst von der Natur an den Tag gelegten Einfachheit und Zweckmäfsigkeit zu widerstreiten. Die Klugheit der Natur (naturae sagacitas) erreiche ihren Zweck anderswo auf den einfachsten Wegen, ohne Umschweife und unter harmonischem Zusammenhange der thätigen Elemente. Sie suche vielmehr viele Wirkungen an eine einzige Ursache zu knüpfen, als die Anzahl der Ursachen zu vermehren. Dieser Glaube an die Einfachheit der Natur war für Kopernikus und seine Nachfolger nicht nur ein methodologisches, sondern auch ein metaphysisches Prinzip. Sie wären in Verlegenheit geraten, hätte man gefragt, woher sie denn wüfsten, dafs die Natur stets auf die einfachste Weise verfahre. Für sie war dies eine unmittelbare Gewifsheit, ein religiöser Glaube. Sie fühlten sich noch dem Herzen der Natur nahe. Die Berechtigung solcher Voraussetzungen zu untersuchen wurde eine wesentliche Aufgabe für die Philosophie der folgenden Zeiten. Vorläufig griff man keck zu, und es zeigte sich, dafs in diesem Falle die Voraussetzung glücklich ergriffen war. Sie machte es zur Notwendigkeit, einen Gesichtspunkt zu finden, von welchem aus die Ordnung der Welt sich überschauen und das bisherige Wirrsal sich heben liefs. Namentlich mufste es nach dem Prinzipe der Einfachheit als absurd erscheinen, dafs das ganze Universum sich um die Erde, die grofse Masse sich um die kleine bewegen sollte. Wäre es nicht einfacher, wenn die grofse Masse sich in Ruhe befände, und nur die kleinen Massen sich bewegten?

Mit dem Prinzip der Einfachheit wurde das Prinzip kombiniert, das bereits den Cusanus über das alte Weltsystem hinausgeführt hatte (ohne ihn indes zu einem neuen zu führen), das Prinzip der Relativität. Wenn eine Bewegung im Raume stattfindet, sagt Kopernikus, so kann die sinnliche Wahrnehmung uns nicht unmittelbar sagen, was sich bewegt. Es kann das wahrgenommene Ding sein. Es kann aber auch sein, dafs der Wahrnehmende selbst sich bewegt. Und endlich kann es möglich sein, dafs sowohl das Ding als der Wahrnehmende sich mit verschiedener Geschwindigkeit oder in verschiedener Richtung bewegt. Wenn wir segeln, scheinen ja die Ufer sich von uns zu entfernen, obgleich wir, nicht aber diese in Bewegung sind. Denken wir uns nun, dafs die Erde, der

Ort, von dem aus wir wahrnehmen, was im Weltall vorgeht, in Bewegung ist, und sehen wir dann, ob wir nicht eine einfachere und natürlichere Weltauffassung gewinnen, als wenn wir annähmen, dafs sich die Gegenstände der Wahrnehmung bewegten![21]. — Das ganze Werk des Kopernikus besteht in dem mathematischen Nachweise, dafs die Erscheinungen sich unter dieser Voraussetzung gerade so ausnehmen werden, wie uns die Wahrnehmung sie zeigt.

Das neue Weltbild hat also die Sonne zum Mittelpunkt und zur Lichtquelle der Welt. Um sie bewegen sich, an konzentrische Sphären befestigt, die Planeten, in deren Reihe nun die Erde ihren Platz zwischen der Venus und dem Mars einnimmt. Die Erde bewegt sich aufserdem um ihre eigne Achse. Zu äufserst wird das ganze Universum von dem festen Fixsternenhimmel umschlossen, der unbeweglich ist. Ob die Welt endlich oder unendlich sei, will Kopernikus nicht entscheiden. So viel steht ihm aber fest, dafs der Durchmesser der Erdbahn im Vergleich mit der Entfernung der Erde vom Fixsternenhimmel verschwindend klein sein mufs, da an den Fixsternen kein derartiges scheinbares Hin- und Herwandeln wahrzunehmen ist wie an den Planeten, die der Erde so nahe sind. Diese ungeheure Erweiterung des Weltalls, die für Kopernikus selbst jedoch keine Sprengung des alten Rahmens bedeutete, war einer der grofsen Steine des Anstofses der neuen Theorie[22]), was Kopernikus sehr wohl fühlte. Er tröstet sich damit, dafs man doch lieber eine solche Erweiterung zugeben möge, als ein so grofses Gewimmel von Kreisen anzunehmen, das notwendig wäre, wenn man glaubte, die Erde befinde sich im Zentrum. Und ist es denn doch nicht wahrscheinlicher, dafs das Umschlossene sich bewegt, als dafs der alles umschliefsende Rahmen in Bewegung sein sollte? Die Fixsternensphäre ist für Kopernikus der absolute Ort, mit Bezug auf den jeder andere Ort und jede Bewegung bestimmt wird (communis universorum locus). Der Himmel ist ja überdies das Ehrwürdigste des Weltalls; ihm gebührt deshalb die Unbeweglichkeit. Und sollte er sich bewegen, müfste dies mit so ungeheurer Geschwindigkeit geschehen, dafs man viel gröfseren Grund hätte, seine Zersplitterung zu befürchten, als mit Ptolemäus eine solche Furcht für die Erde zu hegen, wenn diese sich bewegen sollte. Dafs das Wasser und die Luft beim Umlaufe der Erde nicht zurückbleiben, kommt daher, dafs sie mit der eigentlichen Erde ein Ganzes bilden und deshalb an deren Bewegung teilnehmen. Ebenso geht es mit den Gegenständen auf der Erde. — So sucht Kopernikus die physischen Einwürfe, die sich gegen seine Theorie erheben liefsen, in Kürze zu erwidern. Über die Ursache, weshalb die Planeten sich um die Sonne bewegen, sagt er nichts. Wie die Alten nimmt er die Kreisbewegung für die natürliche Bewegung der Körper an. Eine geradlinige Bewegung komme nur vor, wenn ein Teil von dem Ganzen, dem er angehöre, getrennt werde[23]. Sie sei also immer ein Anzeichen, dafs etwas sei, wie es nicht sein sollte. — Die Theorie des Kopernikus trägt einen beschreibenden Charakter. Sie ist ein Versuch, zu zeigen, wie die Dinge der Welt sich von einem bestimmten Standpunkte ausnehmen. Die zwingende Notwendigkeit, diesen Standpunkt einzunehmen, vermochte er jedoch nicht darzuthun. Und viele Schwierigkeiten im einzelnen blieben noch unaufgeklärt.

Und doch hat einer der Gröfsten unter seinen Nachfolgern ihn eben um des Mutes willen gepriesen, mit dem er seine Anschauung entwickelte, ohne sich durch irgend eine Schwierigkeit hemmen zu lassen, indem er der Vernunft besser traute als der Wahrnehmung. Galilei findet es sogar verständlich, dafs er sich nicht weitläufiger auf die Gegengründe einliefs: diese habe er nicht mehr beachtet, als der Löwe das Klaffen der Hunde. Ohne einen solchen Mut wäre die neue Anschauung nicht zum Vorschein gekommen und nicht geprüft worden. Der Kopernikanismus steht in der Geschichte des Denkens als treffendes Beispiel, wie notwendig es ist, dafs Ideen und Hypothesen aufgestellt werden, die der Untersuchung den Weg zeigen können. Auch in der Wissenschaft hat das Wagnis sein Recht.

Kopernikus fafste seine Lehre indes nicht als blofse Hypothese auf. — Die Herausgabe seines Werkes besorgte er nicht selbst. Sie wurde dem Prediger Osiander in Nürnberg übertragen, der dem Buche, damit es kein Ärgernis erregen sollte,

ein Vorwort hinzufügte, in welchem die neue Lehre als
reine und blofse Hypothese geschildert wurde, die bei dem
Versuche, sie als Grundlage zu verwerten, rein mathematisches
Vergnügen verschaffen könnte. Die neuen Meinungen, sagt er,
mögen ebenso gut sein als die alten, und niemand darf erwarten, dafs die Astronomie etwas zu lehren vermöchte, was
gewifs wäre. Diese Vorrede, von der der Leser glauben
mufste, dafs sie vom Verfasser herrührte, trug gewifs viel
dazu bei, dafs die Theorie vorläufig kein grofses Aufsehen
erregte. Wenn es dem Verfasser kein Ernst damit war, hatte
sie ja kein grofses Interesse. Luther verspottete sie in seinen
Tischreden, und Melanchthon äufserte in seinen Vorlesungen
über die Physik (Initia physices), man ersinne dergleichen
wunderliche Dinge nur aus Lust zu etwas Neuem und um
seinen Scharfsinn zu zeigen, es sei aber doch nicht schicklich
(honestum) und könne ein schädliches Beispiel abgeben, wenn
man sich, blofs um den Geist zu üben, auf dergleichen absurde
Meinungen einlasse, statt in Ehrfurcht die von Gott geoffenbarte Wahrheit anzunehmen und sich bei dieser zu beruhigen,
besonders da die neue Lehre offenbar der Aussage der Bibel
widerstreite. Melanchthon betrachtete deshalb auch seinen
jungen Kollegen, den Rheticus, als einen unruhigen Kopf.
Es waren verhältnismäfsig nur wenige, die sich noch im Laufe
des 16. Jahrhunderts der neuen Lehre anschlossen. Zu den
meist Begeisterten unter diesen gehörten Giordano Bruno und
Kepler, während Galilei sich noch aus Furcht vor Spott zurückhielt, und Tycho Brahe — teils aus wissenschaftlichen, teils
aus religiösen Gründen — eine mittlere Stellung zwischen dem
alten und dem neuen System einnahm. Bruno protestiert bereits in kräftigen Worten dagegen, dafs die verzagte Vorrede
von Kopernikus herrühren sollte. Er deutet an, dafs es Leute
gebe, die sich mit dem Lesen des Vorwortes begnügten und
dann, wenn sie sähen, dafs es sich nur um mathematische
Spekulationen handelte, die Sache aus dem Sinne schlügen.
Bruno behauptet, jenes Vorwort müsse von „irgend einem
unwissenden und selbstgefälligen Esel" geschrieben sein, der
den andern Eseln das Buch habe zurechtlegen wollen, und er
beruft sich auf Kopernikus' eigne Vorrede, aus der zu ersehen

sei, dafs er es mit der Theorie ernstlich gemeint habe, wie
er denn ja auch in dem Werke selbst nicht nur als Mathematiker, sondern auch als Physiker rede. Und später führte
Kepler, sich auf Osianders eigne Briefe stützend, den ausdrücklichen Beweis, dafs das Vorwort gefälscht ist [24]).

Sogar in Italien, wo die kirchliche Reaktion jetzt doch in
vollem Gange war, dauerte es noch eine Weile, bis das neue
Weltbild so bekannt wurde, dafs es zur Verfolgung auffordern
konnte. Dafs es so weit kam, dazu trug wohl nicht zum
wenigsten der begeisterte Denker bei, der nicht nur das neue
Weltbild aufnahm und in seine Gedankenreihe verwob, sondern zugleich es erweiterte und seine wichtigsten Konsequenzen
rücksichtlich einer allgemeinen Weltauffassung ableitete, während sein eignes Leben wiederum durch seinen Kampf für die
neuen Ideen bestimmt wurde.

13. Giordano Bruno.

a) Biographie und Charakteristik.

Bei Bruno finden wir die Ideen des Cusanus, Telesio und
Kopernikus zu einem eigentümlichen Ganzen verbunden, zu
dem gröfsten philosophischen Denkgebäude, das die Renaissance
aufführte, und das in mehreren Beziehungen von prophetischem
Charakter war. Die wissenschaftlichen Weltanschauungen der
neueren Zeit wurden in einigen ihrer wesentlichsten Züge begründet. Anderseits opfert Bruno auf dem Altare seines Zeitalters und teilt dessen Aberglauben und Phantasterei, wozu
sein leidenschaftliches und ungeduldiges Gemüt ihn geneigt
machte. Klares, methodisches Denken war seine Sache nicht;
nur die grofsen Linien gestalteten sich deutlich und wurden
mit einer Begeisterung ausgeführt, die ihre Probe bestand.
Im einzelnen war er aber nicht über sich selbst oder seinen
Gedanken im klaren, konnte sich keine Rechenschaft ablegen,
wie weit dieser sich von dem Alten entfernt hatte, mit dem
er sich noch verknüpft fühlte, wie sehr er es auch verspotten
und verhöhnen mochte. Es ist eine Gestalt, an der sich weder
die intellektuelle noch die moralische Physiognomie rein und

deutlich abzeichnet. Er selbst fühlte die Widersprüche und
die inneren Kämpfe in sich. Sie entsprangen aus seiner Natur,
wurden aber durch die Verhältnisse genährt, unter denen er
und sein Denken sich entwickelten.

Sein Schicksal wurde früh entschieden. Er selbst sagt,
wenn man den ersten Knopf seines Gewandes verkehrt geknüpft
habe, lasse keiner der anderen sich richtig knüpfen. Dies
läfst sich auf den Schritt anwenden, den Philippo Bruno, der
1548 [25]) zu Nola in Süditalien geboren war, in seinem 16. Jahre
that, als er in ein neapolitanisches Kloster eintrat. Seine
Familie scheint zum Adel gehört zu haben, und er hatte einen
guten vorbereitenden Unterricht genossen; sonst weifs man
nichts von seiner Kindheit, namentlich nicht, was ihn bewog,
ein Mönch zu werden. Vielleicht fafste er diesen Entschlufs
in einer exaltierten Stimmung. Starke Schwingungen von
unendlicher Begeisterung bis zu tiefer Niedergeschlagenheit,
zwischen mystischer Schwärmerei und kritischer Untersuchung
gehörten zu den Eigentümlichkeiten seines Charakters. Er
that einen Schritt, der sich nicht wieder ungethan machen
liefs, und doch war sein ganzes späteres Leben ein Versuch,
ihn ungethan zu machen. Im Kloster, wo er den Namen
Giordano annahm, verriet es sich bald, wie wenig er seinen
Geist unter die Zucht zu beugen vermochte. Zu wiederholten
Malen wurde er ketzerischer Handlungen beschuldigt. Erst
machte er sich verdächtig, indem er alle Heiligenbilder aus
seiner Zelle entfernte und nur ein Kruzifix behielt, darauf, als
er schon die Priesterweihe empfangen hatte, indem er die
arianische Lehre verteidigte. Während des Inquisitionsverhörs
in Venedig äufserte er später, dafs er schon seit seinem
18. Jahre an dem Dogma der Dreieinigkeit gezweifelt habe.
Als er merkte, dafs man eine Anklage gegen ihn vorbereitete,
floh er nach Rom, um der Gefangenschaft zu entgehen, und
als die Anklage ihm auf den Fersen hierhin folgte, entfloh er
nach Ablegung seiner Mönchskleidung auch aus Rom. Dies
war Ende des Jahres 1576. Und nun begann sein unruhiges
Umherschweifen von Ort zu Ort, unter leidenschaftlicher Denkarbeit und nicht weniger leidenschaftlichem Kampfe für die neuen
Ideen, die er errungen hatte. Vieles deutet indes darauf hin,

dafs es nicht nur die intellektuelle Seite seiner Natur war, die sich gegen die Klosterzucht empörte. Er war eine stark sinnliche Natur und hat selbst geäufsert, dafs nicht einmal der Schnee des Kaukasus das Feuer in seinem Innern würde kühlen können. Er hat einen harten Straufs bestehen müssen, um seine Triebe zu adeln, so dafs sich aus dem „tierischen Affekt" ein „heroischer Affekt" entwickeln konnte, und es ist keine Askese gewesen, wodurch er dieses Ziel hat erstreben können. Eine Reihe von Gedichten, die er später allegorisch auslegt (in „De gl'heroici furori"), die ursprünglich aber gewifs Liebesgedichte waren, zeugt hiervon. In einer Komödie, deren Stoff während des Aufenthaltes in seiner Heimatsgegend gesammelt sein mufs, werden Verhältnisse geschildert und Ausdrücke gebraucht, deren Derbheit auffällt, auch wenn man weifs, dafs Nolas Einwohner ihrer losen Zunge wegen bekannt waren. Obgleich er ganz jung ins Kloster trat, entfremdete er sich dadurch nicht dem Leben, das sich ja auch so stark in ihm regte, dafs es ihn bald wieder hinaustrieb. Wesentlich waren es jedoch intellektuelle Anfechtungen, die den Bruch bewirkten. — Nach seiner Flucht aus Rom irrte er einige Jahre lang in Norditalien umher. In Noli bei Genua leitete er eine Zeitlang eine Kleinkinderschule und unterrichtete zugleich einige adelige Jünglinge in der Astronomie. Wahrscheinlich war er schon zu dieser Zeit ein Anhänger des Kopernikus. Die Bekanntschaft mit diesem machte er nach eigner Angabe schon im frühen Jugendalter. Erst war er nicht imstande, anderes als Wahnsinn in der neuen Lehre zu erblicken, bald leuchtete ihm aber deren Wahrheit und Bedeutung ein, namentlich nachdem er Mathematik genug gelernt hatte, um die Begründung im einzelnen zu verfolgen. Er fühlte nun das Bedürfnis, weiter zu gehen als sein Lehrer, der noch in der antiken und mittelalterlichen Astronomie befangen der Begrenzung der Welt und der Unbeweglichkeit der 8. Sphäre huldigte. Dem Bruno war das Weltall schrankenlos, da jeder Versuch, eine absolute Grenze festzustellen, unberechtigt sei, und es eine Unendlichkeit von Welten gleich der unsrigen, jede mit ihrem Mittelpunkt umfasse. Die Gottheit wirke an jedem Punkte dieses unendlichen Weltalls als die innere Seele, die alles umfasse und belebe. Solche Gedanken entwickelten sich nun in Bruno. Aufser Kopernikus hatten, wie schon bemerkt, auch Cusanus und Telesio grofsen Einflufs auf ihn. Wie die Einwirkung dieser Denker bei ihm hervortritt, wird klar werden, wenn wir seine Lehre in ihrer speziellen Motivierung schildern. Hier sei nur hervorgehoben, dafs diese geänderte Weltauffassung ihn in scharfen Gegensatz zur herrschenden aristotelischen Philosophie brachte, auf die sich auch die damalige Theologie stützte, und die mit dem alten Weltbilde stand und fiel. Da er in Norditalien keine bleibende Statt fand, obleich er es ganz bis Venedig durchstreifte, zog er über die Alpen und kam nach Genf (1579). Er scheint hier zur reformierten Kirche gerechnet worden zu sein, obschon er im Inquisitionsverhör zu Venedig den Übertritt leugnete. Man hat nämlich gefunden, dafs er, sogar mit eigner Hand, an der Universität eingezeichnet ist, und dies war durch den Anschlufs an das Calvinische Glaubensbekenntnis bedingt. Ferner hat man Akten gefunden, die bezeugen, dafs er einen heftigen Streit mit einem Professor des Gymnasiums und den Geistlichen der Stadt geführt hat; besonders wird es ihm zur Last gelegt, dafs er letztere „Pädagogen" genannt hatte; überdies habe er ketzerische Lehre vorgebracht. Er wurde deshalb exkommuniziert und mufste — damit die Exkommunikation aufgehoben werden konnte — seine Reue über das Geschehene kundgeben. Diese Episode setzt ja offenbar voraus, dafs Bruno sich allenfalls dem Äufseren nach der reformierten Kirche angeschlossen hatte. Das theokratische Regiment des Calvinismus wurde ihm also sogleich fühlbar, und dies hat gewifs nebst anderen Erfahrungen aus seinem Aufenthalte in protestantischen Ländern den Grund zu dem scharfen Urteile gelegt, das er später über den Protestantismus, vorzüglich in dessen calvinistischer Form, fällt. Was sich geschichtlich aus dem Calvinismus entwickeln sollte, ahnte Bruno nicht; er bekam nur die Schattenseiten zu merken. und diese bewirkten, dafs er nach wenigen Monaten Genf verliefs und nach dem südlichen Frankreich ging. In Toulouse begann er mit grofsem Beifall Vorlesungen an der Universität zu halten, und wurde er als Professor angestellt, in welcher

Stellung er zwei Jahre lang thätig war. Auch hier trug er Astronomie und Aristotelische Philosophie vor. Dies war seine ruhigste Periode, obgleich er ebenfalls hier mit den Gelehrten in Streit geriet, wahrscheinlich der Neuerungen wegen, die er im Schilde führte. Es ist beachtenswert, um Brunos Verhältnis zum Katholizismus recht zu verstehen, dafs er schon in Toulouse Schritte that, in den Schofs der katholischen Kirche zurückzukehren, Schritte, die er später in Paris erneuerte. Er glaubte ohne ins Kloster zurückzukehren mit der Kirche im Verständnis leben zu können. Sein Verhältnis zur Kirche hat er wohl schwerlich als unterbrochen betrachtet. Das Wesentliche des Christentums glaubte er mit seinen neuen Ideen vereinen zu können, und er meinte, dafs die Kirche diejenige Erklärung der dogmatischen Vorstellungen, die eine Voraussetzung dieser Aussöhnung war, gestatten könnte. Der abstofsende Eindruck, den er vom Protestantismus erhalten hatte, nährte das Bedürfnis einer Vereinigung mit der verlassenen Kirche, wenn er auch meinte, dafs dieser eine gründliche Reform not thäte. Als erste Bedingung nannte man ihm aber — sowohl in Toulouse als in Paris —, dafs er sich in sein Kloster zurückbegeben sollte, und hierauf konnte er sich nicht einlassen. Sein Wunsch war es, im stillen seinen Studien zu leben, ohne sich wieder der Klosterzucht zu unterwerfen. — Diese Auffassung von Brunos Verhältnisse zum Katholizismus wird durch seine Äufserungen in den Inquisitionsverhören unterstützt, wie denn überhaupt seine Rückkehr nach Italien nur unter dieser Voraussetzung verständlich wird.

Als der Bürgerkrieg der Thätigkeit Brunos an der Toulouser Universität ein Ende machte, zog er (1581) nach Paris und trat hier mit grofsem Beifall als akademischer Lehrer auf. Aufser scholastischen Gegenständen stellte er teils die sogenannte Lullische Kunst dar, eine Art Gedankenschematismus, die ihn stark beschäftigte, und die er in einer ganzen Reihe von Schriften behandelte, teils die Gedächtniskunst, der er ebenfalls grofse Bedeutung beilegte. Der König Heinrich III berief ihn zu sich, um sich Aufklärung über seine Ideen geben zu lassen. Er gewann die Gunst des Königs, und auf dessen Empfehlung kam er, nachdem er 1583 nach England gegangen war, in das Haus des französischen Gesandten, des Marquis von Castelnau. In den Schriften, die er zu London herausgab, preist er in hohen Tönen die Gastfreiheit und feine Bildung des Gesandten und seiner Familie. Weniger zufrieden war er mit den Engländern, die den Eindruck von Barbaren auf ihn machten. Sogar die Gelehrten bildeten ihm durchgehends keine Ausnahme hiervon. Namentlich in *La cena delle cenere* (Aschermittwochsmittag), der ersten einer in London herausgegebenen Reihe italienischer Schriften, gab sich sein Unwille über den gelehrten und ungelehrten Pöbel Luft. Die Sache war die, dafs er hier in England zum erstenmal als Reformator der Weltanschauung auftrat, und jetzt, nach seinem eignen Ausdruck, erfuhr, was das heifst, Perlen vor die Säue zu werfen. Bruno war jetzt nicht nur für die neuen Ideen begeistert, die immer festere Gestalt in ihm annahmen, und denen die Zeit der Verkündigung jetzt erschienen war, sondern er hatte auch ein Gefühl seiner Bedeutung, dem er auf ziemlich bombastische Weise Luft gab. Nicht konservative Pedanten allein mochten sich über den Brief gereizt fühlen, den er an den Vizekanzler der Oxforder Universität schrieb, um sein dortiges Auftreten zu melden. Er kündigt sich an als Lehrer der reinen und schuldlosen Weisheit, als ein an den anderen europäischen Akademien berühmter Philosoph, der nur den Barbaren und Brutalen fremd sei, als Erwecker der schlummernden Seelen, Bezwinger der Unwissenheit, dessen Blick nur auf geistige Bildung gerichtet sei, gehafst von den Dummen und Heuchlern, mit Jubel begrüfst von den Redlichen und Ernsten u. s. w. u. s. w. Viel dieses Bombastes ist natürlich dem damaligen Geschmacke in Rechnung zu bringen. Die Oxforder Universität öffnete ihm ihre Thüren, und eine Zeitlang hielt er nun Vorlesungen über seine psychologischen und astronomischen Theorien. Seine Ideen von der Einheit des Seelenlebens unter den vielen verschiedenen Formen, unter denen es gleichzeitig und successive in der Welt auftritt, und von der Unendlichkeit des Weltalls, da die Erde, statt der absolute Mittelpunkt zu sein, nur einer der unendlich vielen sich stets bewegenden Weltkörper sei, deren durchaus keiner irgend ein Recht besitze, als absolute

Mitte dazustehen, — diese Ideen mochten in den Scholastikern
zu Oxford wohl Schwindel und Ärgernis erregen. Die Vorlesungen mufsten unterbrochen werden. Auch bei einer öffentlichen Disputation, in der er nach eignem Berichte seinen
Gegner, „den Koryphäen der Universität", fünfzehn Mal zum
Schweigen brachte, glaubte er Beweise von der Rohcit der
Fachgelehrten erhalten zu haben. Und ebenso ging es in der
Disputation, die er in „La cena delle ceneri" ausführlich geschildert hat. Indessen gab er die Hoffnung auf günstigen
Erfolg seiner Ideen nicht auf, sondern benutzte den Aufenthalt im Hause des französischen Gesandten zur Ausarbeitung
einer Reihe von Schriften in italienischer Sprache und dia-
logischer Form, in denen er das reichhaltigste und grofsartigste
Bild seiner Anschauungen gegeben hat. Wie unruhig und
zerrissen sein Leben auch war, erreichte er doch das gröfste
Glück, das einem Denker vergönnt ist; es gelang ihm nämlich,
seine Ideen so ausführlich und klar zu entwickeln, wie es auf
der Stufe, die er einnahm, möglich war. Trotz alles Widerstandes war der Aufenthalt in London deshalb eine glückliche
Zeit für Bruno. Einzelne ausgezeichnete Männer wie Phillip
Sidney und Fulco Greville erwiesen ihm Freundschaft; er kam
mit adeligen Kreisen in Berührung und erhielt sogar Zutritt
zur Königin Elisabeth, die er in seinen Schriften als Amphi-
trite, die Königin des Meeres, preist. Seinem strengen Urteil
über die Engländer gibt er denn auch in einer späteren Schrift
nähere Begrenzung. Es wäre doch gewifs zu kühn, zu glauben, dafs sich, wenn auch nur in engeren, gewählteren Kreisen,
ein wirkliches Verständnis seiner Anschauungen gebildet hätte.
Es läfst sich durchaus keine Spur hiervon nachweisen; über
Brunos Aufenthalt in England hören wir überhaupt nur aus
seinen eignen Berichten. Das philosophische Interesse der
Engländer ging in anderer Richtung als dasjenige Brunos,
sowohl damals als in der folgenden Zeit. Die Zeit für das
Verständnis des Bruno kam erst später. Die mit Brunos
Ideen verwandten Gedanken, die sich bei Shakespeare, namentlich im Hamlet, finden, sind zunächst aus Montaigne und
anderen gleichzeitigen Verfassern herzuleiten, insofern sie

nicht dem Denken des grofsen Dichters selbst zu verdanken sind [26]).

Während seines Aufenthalts in London entwickelte Bruno eine erstaunliche Produktivität. Aufser einer mnemotechnischen Schrift (mit dem erwähnten Introduktionsbriefe an den Kanzler zu Oxford) gab er hier fünf bedeutende italienische Dialoge heraus, die eine Darstellung seiner philosophischen Ideen enthalten. In dem ersten, dem „Aschermittwochsmittag", wird die Kopernikanische Theorie behandelt mit der Begründung und Erweiterung, die Bruno ihr gab. Darauf folgte „Über die Ursache, das Prinzip und die Einheit" (*Della causa, principio ed uno*), Brunos Hauptwerk, in welchem seine spekulativen und religionsphilosophischen Ideen entwickelt werden. Fortgesetzt wird es in dem Dialoge *Über das unendliche Universum und die Welten,* der seine Lehre von dem unendlichen, göttlichen Prinzipe, welches sich in einer Unendlichkeit von Welten und Wesen offenbare, eingehender darstellt. Nachdem er in diesen Schriften seine Anschauungen von der theoretischen Seite aus entwickelt hatte, gibt er seine Moralphilosophie und seine praktische Lebensanschauung in der „Vertreibung des triumphierenden Tieres" (*Spaccio della bestia trionfante*), woran sich *Die geheime Lehre des Pegasischen Esels* und „Über die heroischen Affekte" (*De gl'heroici furori*) schliefsen. Diese Schriften zeichnen sich in vielen Abschnitten durch Tiefsinn und stimmungsreiche und poetische Darstellung aus. Hiermit wechseln aber Abschnitte ab, in denen noch die alte Scholastik den Kopf heraussteckt, oder wo die Phantasie in Phantasterei übergeht, oder wo mit der Sprache gekämpft wird, um das Unaussprechliche auszusprechen. Dieses letztere ist vielleicht das Bruno am besten Charakterisierende. Seine Weltanschauung ist wesentlich durch die von Kopernikus aufgestellte neue Anschauungsweise motiviert. Bruno sieht aber, dafs deren Konsequenz viel weiter führt, und dafs man in eben dem Augenblicke, da man die Erde von ihrem Ruheort im Mittelpunkte des Universums entfernt, eigentlich das Recht verliert, irgendwo in der Welt Ruhe und Grenze zu statuieren. Mit dem Streben, die Weltanschauung auf gegebene Erfahrung zu gründen, geht nun eine Bewegung zusammen, die über die Grenzen der Erfahrung hinausführt. Und ebenso überzeugt wie Bruno war, dafs das Höchste sich in der Natur offenbart, ebenso überzeugt war er zugleich, dafs jede beliebige Offenbarung oder Reihe von Offenbarungen ungenügend ist, um dessen Fülle und dessen Einheit auszudrücken, so dafs für dieses keine Gegensätze gelten und keine Worte passen. Kein Gedanke, keine Zahl und kein Mafs genügt, ist die Natur gleich in allen Teilen durch Gedanken, Zahl und Mafs bestimmt. Er ist ebenso überzeugt von der Notwendigkeit der wissenschaftlichen Auffassung als von deren Unzulänglichkeit. In einem seiner philosophischen Gedichte sagt er: „Mein Gedanke und mein Sinn lehren mich, dafs kein Denkakt, kein Messen und kein Berechnen eine Kraft, eine Masse und eine Zahl zu umfassen vermag, die sich über jede untere Grenze, jede Mitte, jede obere Grenze hinaus erstrecken."

>Con senso, con raggion, con mente scerno,
>Ch'atto, misura, et conto non comprende
>Quel vigor, mole, et numero, che tende
>Oltr' ogn' inferior, mezzo et superno.

Die „bewufste Unwissenheit" (docta ignorantia), die wir aus Nikolaus a Cusa kennen, ist ebenfalls Brunos letztes Wort. Er steht aber der Erfahrungswelt näher und widmet ihr gröfseres Interesse als der Theolog, dem die Untersuchung des Wesens und der Grenze des Denkens vorzüglich eine Leiter zur mystischen Vertiefung in den Gedanken an die Gottheit war. Bruno verwertet die Ideen, die er Cusanus verdankt, besonders zur Begründung und Ausführung des neuen Weltbildes. Er verliert sich jedoch nicht in der Beschauung der äufseren Welt. Er hegt die Überzeugung, dafs die Gottheit im Innersten der Welt wirkt, und dafs dieses Innerste an jedem Punkte zu finden ist. Die äufseren kindlichen Verschiedenheiten des Himmels von der Erde sind weggefallen, aber nur um (wie später bei Böhme) dem Gefühle Raum zu machen, dafs das Höchste allenthalben ist, wo der Sinn für dasselbe offen ist. Dann beginnt die Arbeit aber aufs neue im Gebiete des inneren Lebens. Auch hier regen sich starke Gegensätze, ein Wellengang ohne Schranken, ein Trachten

nach einem unendlichen Ziele. Namentlich in der Schrift über
„die heroischen Affekte" wird dies durch einen Reichtum an
Poesien, Allegorien, psychologischen Reflexionen und ethischen
Ideen ausgesprochen. Lust und Schmerz sind miteinander
verbunden, so dafs sich das eine nicht ohne das andere er-
wählen läfst; nur durch Gefahr und Untergang hindurch geht
der Weg zum Siege; und die Gefahr ist nicht nur eine äufsere,
sondern auch eine innere; der Wille mufs zu Fall kommen,
um sich hoch genug erheben zu können, und die Reue ist
unter den Tugenden, was der Schwan unter den Vögeln. Für
Bruno gibt es ein tragisches Verhältnis zwischen der Erkenntnis und der Wahrheit, zwischen dem Willen und dessen
Zwecke. Das Höchste war ihm aber das Gefühl dieses Mifs-
verhältnisses während des unablässigen Strebens. „Selbst
wenn das erstrebte Ziel nicht erreicht wird, und selbst wenn
die Seele sich durch das heftige Trachten verzehrt, ist es ihr
genug, dafs ein so edles Feuer in ihr entflammt ist":

>   Eh bench' il fin bramato non consegua,
>   E'n tanto studio l'alma si dilegua,
>   Basta che sia si nobilmente accesa!

In seiner eignen Natur und seinem eignen Schicksal fand
Bruno Gegensätze in reichem Mafse. Ideales Trachten und
leidenschaftlicher Erkenntnistrieb einerseits, phantastisches
Selbstgefühl und sinnliche Brunst anderseits: hier waren Aufgaben genug gestellt, und hier waren Riffe genug, an denen
die Entwickelung des Charakters scheitern konnte, ganz von
den äufseren Verhältnissen abgesehen. Und wie waren diese
nicht zusammengesetzt und wechselnd! Ein verlaufener Mönch,
der sich in den protestantischen Ländern, in denen er umherirrte, nicht zurechtfinden konnte, sondern den Protestantismus
weit härter verurteilte als die Kirche, die ihn verbannt hatte!
Ein Denker, der alle überlieferten Systeme umstürzen wollte,
um einem neuen System zu frommen, das sein Gedanke unablässig zu gestalten strebte, und das bei den Zeitgenossen
kein Verständnis fand! Ein Südländer, der sich im nördlichen
Europa als unter Barbaren im Auslande fühlte! —

Nach einem zweijährigen Aufenthalt in England ging
Bruno mit dem französischen Gesandten nach Paris zurück,

wo er seinen zweiten vergeblichen Versuch einer Annäherung an die katholische Kirche machte. An der Universität hielt er eine öffentliche Disputation, in der er die Aristotelische Philosophie angriff und die neue Weltauffassung verteidigte. Die Freiheit des Denkens wurde hier in kräftigen und klaren Worten behauptet. Die Einladungsschrift zu dieser Disputation (*Acrotismus*, wahrscheinlich zuerst 1586 in Paris, später 1588 in Wittenberg gedruckt) ist eine der klarsten von Brunos Schriften. In konziser Form gibt sie die wichtigsten Ideen, die in den italienischen Dialogen ausgeführt waren. Bald nach der Disputation verließ er Paris, wahrscheinlich wegen der politischen Unruhen. Hierauf irrte er an mehreren deutschen Universitäten umher. Zu Marburg verweigerte man ihm das Recht zum Dozieren, was einen heftigen Auftritt mit dem Rektor der Universität zur Folge hatte, der ihn aus der Liste über die Studierenden ausstrich, in die sein Name bereits eingetragen war. Wahrscheinlich wurde er als Katholik ausgeschlossen; seine Schriften hat man schwerlich gekannt. In Wittenberg wurde es ihm dagegen gestattet, Vorlesungen zu halten, und hier verlebte er zwei ruhige Jahre. Es kam aber ein neuer Herzog, und er mußte verzichen. In seiner Abschiedsrede preist er die deutsche Wissenschaft, vertreten durch Cusanus, Paracelsus und Kopernikus, und verherrlicht Luther, weil er den Kampf mit der Gewalt der Kirche führte: wie ein neuer Herkules habe er den Cerberus mit der dreifachen Krone bekämpft! —

Wieder begann das unstete Leben. Nach kurzen Aufenthalten in Prag und Helmstedt zog er nach Frankfurt, wo er sich ein Jahr hindurch der Ruhe überließ, um eine Reihe von Schriften drucken zu lassen, die, zum Teil unter der Form von Lehrgedichten, eine systematische Darstellung seiner Lehre geben sollten. Abweichend von den Londoner Schriften sind diese Schriften in lateinischer Sprache verfaßt, wahrscheinlich weil sie auf die deutschen Gelehrten berechnet waren. Diese Reihe von Werken ist außerdem deshalb merkwürdig, weil Bruno sich einer atomistischen Naturauffassung nähert (in der Schrift *De triplici Minimo*), und weil er in seiner Darstellung des neuen Weltbildes (in der Schrift *De Immenso*) Tycho

Brahes Untersuchungen über die Bahnen der Kometen benutzte, die seine früher entwickelten Ideen vortrefflich unterstützten. Daneben finden sich aber in diesen Schriften mehrere abstruse und symbolisierende Ausführungen, die nur deswegen Interesse haben, weil sie zeigen, wozu man damals wegen Mangels an wissenschaftlichen Daten greifen konnte. Bruno hat an diesem wie an anderen Punkten eine gewisse Ähnlichkeit mit Kepler, bei dem sich ebenfalls grofse wissenschaftliche Ideen auf sonderbare Weise mit symbolisierenden Spekulationen vereinigten.

Bevor der Druck dieser Bücher beendet war, mufste er Frankfurt verlassen. Im Vorworte zum „De triplici Minimo", das er nicht mehr besorgen konnte, sagen die Verleger, der Verfasser sei ihnen durch einen plötzlichen Zufall entrissen (casu repentino avulsus). Wahrscheinlich wurde er aus der Stadt verwiesen; aufgefundene Akten thun dar, dafs der Frankfurter Magistrat ihm von seiner Ankunft an ungünstig gesinnt war. Der Ausdruck, dessen sich die Verleger bedienen, deutet auf keine freiwillige Abreise. Indes hatte er eine Einladung bekommen, nach Italien zu reisen, der er gewifs auf jeden Fall Folge geleistet hätte. In einem Sonette vergleicht er sich einem auf das Licht losflatternden Schmetterlinge. Hierbei dachte er an den unwiderstehlichen aber schmerzbringenden Trieb zur Wahrheit. Ein ähnlicher Trieb scheint sich bei dem Gedanken an das Vaterland in ihm geregt zu haben. Ein neues Vaterland hatte er während seines langwierigen Umherirrens nördlich von den Alpen nicht finden können. Wie grofse Gefahr mufste aber den verlaufenen Mönch bedrohen, wenn er zurückkehrte! Der Umstand, dafs die Einladung aus Venedig kam, hat ihn vielleicht sicher gemacht. Ein junger venezianischer Edelmann, Giovanni Mocenigo, der eine der mnemotechnischen Schriften des Bruno studiert hatte, erfuhr von seinem Buchhändler, dafs der Verfasser sich in Frankfurt aufhielt. Er lud nun letzteren nach Venedig ein, um seinen Unterricht zu geniefsen. Er scheint geglaubt zu haben, dafs Bruno auch in den geheimen Künsten erfahren sei, und wollte eigentlich wohl in diese eingeweiht

werden. Bruno nahm die Einladung an. Nach der plötzlichen
Abreise aus Frankfurt hielt er sich eine Zeitlang in Zürich
auf, wo er einigen Jünglingen Vorträge hielt, und hierauf trat
er (im Herbste 1591) die verhängnisvolle Reise über die
Alpen an. In Venedig unterrichtete er den Mocenigo und
wohnte zuletzt in dessen Hause. Nach Verlauf einiger Zeit
beschwerte sein Schüler sich jedoch darüber, dafs er nicht
alles lernte, was er zu lernen wünschte. Zugleich empfand
er Gewissensbisse, weil er einen Ketzer beherbergte. Auf
Geheifs seines Beichtigers zeigte er nun den Bruno bei der
Inquisition an und sperrte ihn in seinem Hause ein, bis
er ins Gefängnis der Inquisition abgeholt wurde (23. Mai
1592).

Im Verhör sank Bruno zusammen. Er protestierte gegen
verschiedene losgerissene und übermütige Äufserungen, die
ihm nach Mocenigos Anzeige zugeschrieben wurden; er erklärte, dafs er in seinem Innern stets an dem Glauben der
Kirche festgehalten habe, wenn er auch als entlaufener Mönch
verhindert gewesen sei, an dem Gottesdienste der Kirche teilzunehmen, und wenn er auch in seiner Philosophie Sachen
lehre, die indirekt zum Streit mit den Dogmen führten, —
und fufsfällig that er zuletzt Abbitte wegen aller seiner Irrtümer und äufserte den Wunsch nach einer Bufse, die ihm
den Schofs der Kirche wieder öffnen könnte. — Um zu verstehen, wie Bruno auf diese Weise verleugnen konnte, was er
selbst so begeistert verkündigt hatte, mufs man eingedenk
sein, dafs er selbst nie gemeint hatte, die Brücke zwischen
ihm und der katholischen Kirche sei abgebrochen. Dies bezeugen die wiederholten Versuche einer Versöhnung. Und
der abstofsende Eindruck, den er vom Protestantismus erhalten
hatte, mufste ihn ebenfalls versöhnlich stimmen. Noch in
Venedig hatte er an verschiedene Personen, die dies vor der
Inquisition bestätigten, geäufsert, er habe eine Schrift unter
Arbeit, die er dem Papste vorlegen wolle, und die es ihm
hoffentlich ermöglichen werde, litterarischen Beschäftigungen
obliegend in Rom zu wohnen. Zugleich wolle er dem Papste
die Schriften vorlegen, die er jetzt als die seinigen anerkenne,
und er hoffe, Absolution von seinen Vergehungen erhalten zu

können. Vielleicht hat er gemeint, die symbolische Wahrheit, die er in seiner Philosophie den kirchlichen Vorstellungen beilegen konnte, möchte bewirken, dafs dieselbe geduldet würde, namentlich da er kraft der „bewufsten Unwissenheit" dem Glauben einen selbständigen Platz aufserhalb des Gebietes der Wissenschaften zugestand. Er fängt deshalb unbefangen an, den Inquisitoren seinen Lebenslauf zu erzählen und seine Philosophie darzustellen; er teilt ihnen z. B. mit, dafs ihm das, was die Kirche den Heiligen Geist nenne, die Seele der Welt sei, die das Universum zusammenhalte, und während die Seelen „catholicamente parlando" nach dem Tode in das Paradies oder das Fegfeuer oder die Hölle kämen, lehre er „seguendo le raggion filosofiche", dafs das Seelenleben unvergänglich sei und stets neue Formen annehme, was er in der alten Lehre von der Seelenwanderung ausgedrückt finde. Er beruft sich eigentlich nicht wie Pomponazzi darauf, dafs etwas in der Theologie wahr sein könne, ohne in der Philosophie wahr zu sein. Er glaubte nicht an eine doppelte Wahrheit, wohl aber an eine doppelte Form der Wahrheit. Das Verhältnis seiner Philosophie zur Kirchenlehre ist ihm ungefähr so erschienen wie das Verhältnis der Kopernikanischen Theorie zur sinnlichen Anschauung. Zugegeben mufs jedoch werden, dafs er nie zur völligen Klarheit mit sich selbst gelangte. Um so leichter ist es zu verstehen, dafs er — der Stimmungsmensch, der zwischen Exaltation und Niedergeschlagenheit schwankte — zusammenbrechen konnte, und dafs er, um die Aussicht auf ein ruhiges litterarisches Leben zu retten, wie er sich dieses nach den unruhigen Jahren eines wandernden Scholastikus gewünscht haben mag, ebenso wie später Galilei das gewünschte Bekenntnis ablegte, statt sein eignes Verständnis des Christentums dem kirchlich-dogmatischen entgegenzustellen.

Vielleicht wäre er hiermit durchgekommen und stünde dann nicht in der Weltgeschichte als der Held da, den wir jetzt kennen. Die römische Inquisition hatte indes Nachricht von seinem Prozefs erhalten und verlangte seine Auslieferung, teils weil er so grober Ketzereien schuldig war, teils weil er sich früheren Anklagen in Rom und Neapel durch die Flucht entzogen hatte. Nach einigem Bedenken lieferte die venezianische Regierung ihn aus, und nun begann ein neuer Prozeſs in Rom. Aus den Akten dieses Prozesses sind nur einzelne Bruchstücke bekannt, das übrige soll, man weiſs nicht wie, aus dem päpstlichen Archiv verschwunden sein [27]. Es ist deshalb nicht aufgeklärt, wie es zuging, daſs Bruno mehr als sechs Jahre lang in Rom gefangen saſs. Nur so viel ist zu ersehen, daſs die römischen Inquisitoren, unter denen sich der spätere Kardinal Bellarmin besonders bemerkbar machte, gröſseren Eifer zeigten, als die venezianischen. Man ging Brunos Bücher durch und verfaſste eine Liste über acht grobe Ketzereien, deren Widerrufung man verlangte. Obenan stand die Verleugnung der katholischen Lehre vom Abendmahl. Wahrscheinlich wurde ihm auch die Meinung, daſs es unendlich viele Welten gebe, zur Last gelegt [28]. Diese war ketzerisch, weil sie der Offenbarung zu widerstreiten scheine, die nicht mehr als einmal stattgefunden haben könne. Aus demselben Grunde hatte man den Glauben an Antipoden im Mittelalter ketzerisch gefunden. Aus den uns bekannten Überbleibseln der Verhöre sieht man jedoch, daſs der Papst die dem Bruno abzufordernde Widerrufung auf solche Sätze beschränken wollte, die die Kirche schon seit langem verdammt hatte; diejenigen Sätze, die unmittelbar mit dem Kopernikanismus zusammenhingen, wollte man dann unbeachtet lassen. Gegen diese präzisierte Aufforderung hielt Bruno aber stand. Er bestritt, sich irgend einer Ketzerei schuldig gemacht zu haben; es wären die Inquisitoren, die seine Meinungen in ketzerischer Richtung ausgelegt hätten; er habe nichts zu widerrufen. Durch diese seine Haltung wird die oben geschilderte Auffassung seines Verhältnisses zum Katholizismus bestätigt. Den Tod vor Augen hielt er an seiner Auffassung des Christentums im Gegensatz zur kirchlichen Auffassung fest, und ebensowenig wie seine religiösen wollte er seine philosophischen Anschauungen abschwören. Er verfaſste eine Verteidigungsschrift, die er dem Papste vorzulegen wünschte; diese wurde geöffnet, aber nicht gelesen. Den 9. Februar 1600 wurde Bruno sein Urteil verkündigt. Er wurde degradiert, exkommuniziert und der weltlichen Macht, dem Gouverneur zu Rom übergeben mit dem gewöhnlichen heuchlerischen Ersuchen, er möchte milde und ohne Blutvergiefsen bestraft werden. Hierauf erwiderte Bruno mit drohender Geberde: „Ihr, die ihr das Urteil über mich fället, fühlt vielleicht gröfsere Furcht als ich, über den es gefällt wird!" Er meinte wohl, dafs sie Furcht vor der Wahrheit fühlten, während er selbst nun die Furcht vor Leiden im Dienste der Wahrheit überwunden habe. Nun sah er klar, was er in Venedig nicht erblickt hatte, dafs es darauf ankam, dem freien Suchen nach Wahrheit seine Rechte zu wahren. Nun schwankte er nicht mehr. Den 17. Februar 1600 wurde er auf dem Campo di fiora lebendig verbrannt und erlitt standhaft den Tod. Einen Priester, der ihm ein Kruzifix reichen wollte, wies er ab, und verschied, ohne einen Ausruf zu thun. Seine Asche wurde den Winden preisgegeben. — An dem Orte aber, wo er verbrannt war, errichtete man ihm im Jahre 1889 eine Statue durch Beiträge aus der ganzen zivilisierten Welt, und der italienische Staat bestreitet jetzt eine Prachtausgabe seiner Werke. —

Nachdem wir das Leben und die Persönlichkeit des gröfsten Renaissancephilosophen haben kennen lernen, gehen wir nun zur Darstellung seiner Philosophie im einzelnen über.

b) **Die Begründung und Erweiterung des neuen Weltbildes.**

Giordano ist einer der ersten Denker, die das klare Bewufstsein haben, dafs grofse Gedanken einer langen, successiven Erfahrungsreihe zu verdanken sind. Er glaubt, grofse Gedanken ausgesprochen zu haben, ist sich aber auch bewufst, was er seinen Vorgängern zu verdanken hat, namentlich den Astronomen, auf deren Beobachtungen er sich stützt. Während man im Zeitalter der Renaissance noch geneigt war, auf das Altertum als die Quelle der Wahrheiten zurückzublicken, ebenso wie die Kirche auf die Zeit zurückblickte, da die Offenbarungen geschahen, behauptet Bruno, dafs die jetzigen Menschen älter seien als „die Alten", da sie sich auf reichere Erfahrung stützen könnten als diese. Eudoxos habe nicht so viel gewufst als Hipparchos, und letzterer nicht so viel als Kopernikus. Und den Kopernikus preist er nicht allein als

denjenigen, der das Werk seiner Vorgänger fortgesetzt hat,
sondern vorzüglich als den, der Hochsinn (magnanimita) und
Kraft genug hatte, um sein Gemüt über die Vorurteile der
Menge und die Illusionen der Sinne zu erheben und ein neues
Weltbild aufzustellen. In dem lateinischen Lehrgedichte „von
dem Unermefslichen und den zahllosen Welten" bricht er in
eine Hymne zu Ehren des Kopernikus aus. Er macht diesem
aber den Vorwurf, zu früh aufgehalten und nicht alle Konsequenzen seines Gedankens gezogen zu haben. Es sei deshalb
ein Erklärer notwendig, der alles zu ersinnen vermöge, was
in der Entdeckung des Kopernikus liege, und diese Würde
legt er sich selbst bei. Er hat den Blick für die Unendlichkeit des Weltalls geöffnet, gezeigt, dafs dieses keine absoluten
Grenzen haben kann, ebensowenig wie es feste „Sphären"
geben kann, die die verschiedenen Regionen der Welt voneinander absondern sollten, — gezeigt, dafs ein einziges Gesetz
und eine einzige Kraft im ganzen Weltall herrscht, so dafs
wir, wo wir uns auch befinden mögen, uns nicht von der
Gottheit entfernen, die in demselben waltet, ebensowenig wie
wir diese überhaupt aufser unserem eigenen Ich zu suchen
brauchen. — Es wird nun die Aufgabe sein, die Gründe zu
finden, auf welche sich Bruno bei seiner Aufstellung und
Weiterführung des Kopernikanischen Weltbildes stützt. Diese
lassen sich auf zwei Hauptbetrachtungen zurückführen, deren
die eine erkenntnistheoretischer, die andere religionsphilosophischer Art ist.

Das alte Weltbild mit der Erde als Mittelpunkt und der
Fixsternensphäre als äufserster Grenze kann sich nicht mit
Recht auf das Zeugnis der Sinne berufen. Nehmen wir die
verschiedenen Sinnesbilder vor, die wir erhalten, wenn wir
uns bewegen, so sehen wir, dafs der Horizont stets wechselt,
wenn wir unsern Platz verändern. Weit davon, dafs die
sinnliche Wahrnehmung ein absolutes Zentrum und eine
absolute Grenze der Welt beweisen sollte, beweist sie, recht
erklärt, vielmehr das Gegenteil: die Möglichkeit nämlich, jeden
beliebigen Ort, wo wir sind oder wohin wir uns denken
können, als Mittelpunkt zu betrachten, und die Möglichkeit,
die Grenze unsrer Welt immer wieder zu ändern und zu er-

weitern. Und mit diesem Zeugnisse der sinnlichen Wahrnehmung ist das Vermögen unserer Phantasie und unsers Gedankens übereinstimmend, unaufhörlich Zahl an Zahl, Größe an Größe, Form an Form zu reihen, wie sich in uns auch ein Trieb und ein Trachten regt, das sich nie mit dem Erreichten zufrieden gibt. Es wäre undenkbar — meint Bruno — daß unsre Phantasie und unser Gedanke die Natur übertreffen sollten, und daß dieser fortwährenden Möglichkeit neuen Anschauens keine Realitäten der Welt entsprächen. Aus der subjektiven Unmöglichkeit, eine Grenze zu setzen und einen absoluten Mittelpunkt zu statuieren, schließt er nun, daß es keine Grenze und keinen Mittelpunkt gibt. Bei diesem Beweise stützt er sich, wie er selbst sagt, auf die Grundbedingung unsrer Erkenntnis (la conditione del modo nostro de intendere). In guter Konsequenz dieser Betrachtung — einer Konsequenz, die er indes nur gelegentlich andeutet — bemerkt Bruno irgendwo, daß man das Weltall eigentlich nicht als Totalität auffassen dürfe, wenn es keine Grenze habe.

Da der Horizont sich stets von neuem um den Ort des Beschauers als Mittelpunkt bildet, muß jede Ortsbestimmung relativ sein. Das Weltall nimmt sich verschieden aus, je nachdem man es als von der Erde, dem Monde, der Venus, der Sonne u. s. w. erblickt denkt. Ein und derselbe Punkt wird nach den verschiedenen Punkten, von denen aus er zu sehen ist (respectu diversorum), Zentrum, Pol, Zenith und Nadir sein. Bestimmungen wie oben und unten bedeuten deshalb nicht, wie das alte Weltbild voraussetzt, ein Absolutes. Nur wenn man bestimmte Gesichtspunkte voraussetzt, kann man solchen Ausdrücken bestimmte Bedeutung verleihen. — Und wie mit der Relativität des Ortes verhält es sich mit der Relativität der Bewegung. Die Bewegung wird nur in ihrer Beziehung zu einem festen Punkte aufgefaßt, und es kommt nun darauf an, wo man sich diesen festen Punkt denkt. Eine und dieselbe Bewegung wird sich verschieden ausnehmen, je nachdem ich sie von der Erde oder von der Sonne aus erblicke, und wohin ich mich auch denke, wird mein Standpunkt mir stets unbeweglich erscheinen. Absolute Sicherheit kann der Unterschied zwischen dem, was in Ruhe, und dem, was in Bewegung ist, also nicht erlangen. Das alte Weltbild setzt als gegeben voraus, was gerade zu beweisen ist, dafs nämlich die Erde der feste Punkt sei, nach welchem jede Bewegung zu messen wäre. — Aus der Relativität der Bewegung folgt die Relativität der Zeit. Denn eine absolut regelmäfsige Bewegung läfst sich nicht nachweisen, und wir besitzen kein Merkzeichen, das beweisen könnte, dafs alle Sterne genau die nämliche Stellung mit Bezug auf die Erde eingenommen hätten, die sie schon vorher gehabt haben, und dafs ihre Bewegungen absolut regelmäfsig wären. Einen absoluten Zeitmesser können wir daher nicht erhalten. Da die Bewegung sich von den verschiedenen Sternen aus verschieden ausnimmt, wird es, wenn diese zum Messen der Zeit gebraucht werden soll, ebenso viele Zeiten im Weltall geben, als Sterne sind.

Ebensowenig wie die Ortsbestimmungen können die Begriffe der Schwere und Leichtheit absolute Bedeutung haben. Die Schwere war dem Aristoteles ja die Neigung, den Mittelpunkt der Welt aufzusuchen, und da die Erde das schwerste Element sei, müsse die Erde im Mittelpunkte der Welt stehen! Die Eigenschaften schwer und leicht gebühren aber den Teilen jedes einzelnen Himmelskörpers in ihrer Beziehung zum ganzen Himmelskörper. Wenn das Schwere fällt, geschieht dies, weil es den Ort wieder aufsucht, wo es zu Hause hat, und wo es sich am besten aufhalten kann. Die Partikeln der Sonne sind schwer in ihrer Beziehung zu dieser, ebenso wie die Partikeln der Erde in ihrer Beziehung zur Erde. In der Beziehung auf das Weltall als Totalität gelten die Begriffe der Schwere und der Leichtheit ebensowenig als Zeit- und Ortsbestimmungen und Bewegungen. Nur in der Beziehung zu einem bestimmten Weltkörper oder einem bestimmten System erhalten sie Bedeutung. - Dies ist dieselbe Theorie von der Schwere, die wir schon bei Kopernikus antrafen, nur dafs Bruno das Hauptgewicht darauf legt, dafs die Teile aus Selbsterhaltungstrieb ihr Ganzes wieder aufsuchen. Kopernikus stützte sich ebenfalls auf die Relativität unsrer Bestimmungen; halbwegs machte er aber Halt. Es ist Brunos Verdienst, dieses Prinzip durchgeführt und gezeigt zu haben, welche Konsequenzen es herbeiführt. Bei Bruno treffen wir auch zum erstenmal eine ent-

scheidende Antwort auf einen der wichtigsten Einwürfe gegen
Kopernikus, den nämlich, dafs Gegenstände, die auf die Erde
herabfallen, diese nicht genau senkrecht unter dem Ausgangspunkte, sondern ein wenig westlicher treffen müfsten. Bruno
weist nämlich nach, dafs ein von der Spitze des Mastes hinab-
geworfener Stein am Fufse des Mastes fallen wird, weil er
von Anfang an mittels mitgeteilter Kraft (virtù impressa) an
der Bewegung des Schiffes teilnimmt. Würde der Stein dagegen von einem nicht zum Schiffe gehörenden Punkte hinab-
geworfen, so würde er ein wenig weiter zurück fallen.
Bruno schlägt hier den bedeutungsvollen Gedankengang ein,
der Galilei später zur Entdeckung des Trägheitsgesetzes führte.

In engem Zusammenhang mit dem Prinzip der Relativität
steht bei Bruno das Prinzip, dafs die Natur überall sich selbst
wesentlich gleich ist (indifferenza della natura). Aus den
Verhältnissen, wie sie hier bei uns sind, schliefst er auf die
Verhältnisse an anderen Orten des Weltalls. Eine Erfahrung
aus der Kindheit brachte ihn auf diesen Weg. Von dem
Berge Cicada bei Nola, der mit Wäldern und Weinreben be-
deckt zu seinen Füfsen lag, sah er nach dem fernen Vesuv,
der ihm sowohl klein als kahl und unfruchtbar erschien. Als
er aber einst dorthin gewandert war, sah er, dafs die beiden
Berge ihr Aussehen vertauscht hatten; nun war der Vesuv
grofs und waldreich, der Cicada aber klein und kahl. Das
nämliche Prinzip, das ihn bewegt, den Kopernikanismus durch
Statuierung der Unendlichkeit des Weltalls zu begründen und
zu erweitern, bewegt ihn ganz natürlich ebenfalls, überall
dieselben Verhältnisse anzunehmen, wo keine besonderen Erfahrungen dagegen sprechen. Er denkt sich nun die anderen
Weltkörper als der Erde ähnlich und die anderen Systeme
als dem Sonnensysteme ähnlich, so dafs die Fixsterne von
Planeten umgebene Sonnen werden. Es liegt kein Grund vor,
etwas anderes anzunehmen, als dafs dieselben Kräfte überall
wirken. Dann ist es aber unberechtigt, wenn Kopernikus in
Übereinstimmung mit der gewöhnlichen Auffassung alle Fixsterne in gleich grofser Entfernung von uns, in einer und derselben Sphäre sitzend, sein läfst. Vielleicht hat es nur den
Anschein, als behielten sie stets dieselbe Entfernung von uns

und untereinander. Ferne Schiffe erscheinen uns unbeweglich, und bewegen sich doch häufig mit keiner geringen Geschwindigkeit. Ob es sich so mit den Fixsternen verhält, werden allerdings erst langjährige, vielleicht noch nicht angefangene Beobachtungen zeigen können. Daſs man aber noch keine derartigen Beobachtungen angefangen hat, kommt gerade daher, weil man so fest überzeugt war, daſs die Fixsterne weder in ihrer Beziehung zu uns noch zu einander ihren Platz veränderten! — Es zeigt sich also, daſs auch das Prinzip von der „Indifferenz der Natur" (oder, wie man es heutzutage nennt, das Prinzip der Aktualität) nicht minder als das Prinzip der Relativität, aus dem es sich ableiten läſst, ergiebig wird, indem es zu neuen Untersuchungen führt. — Bruno hat weit klareren Blick für die Notwendigkeit, theoretische und subjektive Betrachtungen auf dem Wege der Erfahrung zu bestätigen, als die gewöhnlichen Schilderungen ihm beilegen. „Was könnten wir denken, wenn die vielen Beobachtungen nicht vorlägen?" fragt er. Keineswegs ist er nur ein begeisterter Schwärmer für das Unendliche. Durch kritische Denkarbeit hat er nachzuweisen gesucht, auf welchen dogmatischen Voraussetzungen das alte Weltbild ruhte, und wie berechtigt und natürlich es ist, andere Voraussetzungen anzulegen. Und die Beweispflicht, meint er, liege zunächst demjenigen ob, der die Begrenzung des Weltalls behaupte, da die Erfahrung ja zeige, daſs die Grenze, wo wir auch gehen möchten, stets wechsle. Weshalb sollte das Weltall auch eben mit der achten Sphäre aufhalten, wie noch Kopernikus meinte? Weshalb nicht an eine neunte, zehnte und so weiter glauben? Weil unsere sinnliche Wahrnehmung ihre Grenze habe, dürfe man doch nicht schlieſsen, daſs auch das Weltall begrenzt sei. — Brunos groſses Verdienst ist die Energie, mit welcher er sich in die neue Weltanschauung hineindachte und deren Prüfung im einzelnen verlangte. Deswegen wurde seine Lehre mehr als eine geniale Antizipation. Die erkenntnistheoretische Grundlage, auf die er sich stützt, hat bleibende Bedeutung. Deshalb soll jedoch nicht bestritten werden, daſs die leidenschaftliche Konsequenz, womit er verfährt, ihn oft bewegt, sich mit gröſserer Gewiſsheit auszusprechen, als er streng genommen das Recht hat. Kein Wunder, wenn der Eifer, mit dem er hervortritt, und der zur Besiegung des Widerstandes notwendig war, ihn übers Ziel hinausführt. Durch die Relativität der Ortsbestimmungen hatte Bruno, wie wir sahen, die alte Lehre von den Elementen umgestürzt, welche diese durch Schwere und Leichtheit als absolute Eigenschaften charakterisierte und jedes derselben an seinem „natürlichen" Orte im Weltall anbrachte. Somit war auch der Unterschied zwischen der himmlischen und der sublunarischen Welt aufgehoben, und zugleich das Vorurteil, dafs im Himmel keine Veränderungen sollten eintreten können. Besonders angelegen liefs Bruno es sich aber sein, den Glauben an die festen Sphären zu stürzen. Er zeigt, wie dieser Glaube damit zusammenhängt, dafs man die Erde als absoluten Mittelpunkt annimmt. Sobald man sich in den Gedanken hineindenkt, dafs jeder Weltkörper gewissermafsen der Mittelpunkt ist und sich frei im Raume bewegen kann, ebenso wie die Erde, fällt auch die Notwendigkeit weg, an Sphären zu glauben. Und weshalb sollten die Weltkörper äufserer Kräfte bedürfen, um sich zu bewegen? Jeder derselben hat, wie jedes Wesen der Welt, einen inneren Bewegungstrieb, der ihn vorwärts führt; jeder Weltkörper und jede kleine Welt hat eine Quelle des Lebens und der Bewegung in sich selbst, und der Raum ist das grofse Äthermedium, in welchem die alles umspannende Weltseele thätig ist, ohne dafs es besonderer Sphärengeister bedürfte, um die einzelnen Regionen in Bewegung zu setzen. Eine Bestätigung seiner Auffassung fand Bruno in Tycho Brahes Untersuchungen über die Kometen. Das lateinische Lehrgedicht „Von dem Unermefslichen und den zahllosen Welten" hat er vielleicht sogar deshalb ausgearbeitet, weil er zeigen wollte, wie diese Untersuchungen die Meinungen bestätigen, die er aus anderen Gründen in dem italienischen Dialoge „über das unendliche Universum und die Welten" ausgeführt hatte. Er preist hier den dänischen Forscher als den ersten der damaligen Astronomen (Ticho Danus, nobilissimus atque princeps astronomorum nostri temporis) und als den, der den festen Sphären, die unsre Welt schichtenweise umschliefsen sollten, ein Ende gemacht habe[29]. Die Kometen gingen ja quer durch die „Sphären", deren Kristallmassen die Weltregionen voneinander scheiden sollten!

Dies sind diejenigen Betrachtungen Brunos, die sich unter dem Gesichtspunkt einer erkenntnistheoretischen Begründung des neuen Weltbildes zusammenfassen lassen. Wir gehen jetzt über zu dem, was man die religionsphilosophische Begründung nennen könnte. Diese wird der Idee von der Unendlichkeit der Gottheit entnommen, die von Anfang an für Bruno feststeht, und von der er wohl auch voraussetzen mochte, dafs seine Leser und Gegner sie teilten, wenn sie sich auch nicht klar machten, was in dieser Idee enthalten war. Es stand Bruno als ein Widerspruch da, dafs der unendlichen Ursache keine unendliche Wirkung entsprechen sollte. Wenn die Gottheit, die in ihrer ursprünglichen Einheitlichkeit alles umfafst, was sich im Universum entfaltet, unendlich ist, so mufs auch das Universum, das die entfaltete Form von Gottes Wesen ist, unendlich sein. Keine Kraft begrenzt sich selbst, und die unendliche Kraft hat nichts, wodurch sie sich begrenzen liefse. Wenn die Gottheit als das Prinzip des Guten aufgefafst wird, mufs dann nicht anzunehmen sein, dafs sie alles, was sie mitzuteilen vermag, auch mitteilen wird? Sollte sie neidisch oder karg sein? Die unendliche Vollkommenheit mufs sich durch unendlich viele Wesen und Welten an den Tag legen. Es ist nicht berechtigt, der Gottheit eine Kraft oder eine Möglichkeit beizulegen, die nicht zur Wirklichkeit würde. Dieser Gegensatz zwischen Möglichkeit und Wirklichkeit ist nur für endliche Wesen gültig und darf nicht auf die Gottheit übertragen werden. Wir würden sonst zwei Götter, einen möglichen und einen wirklichen oder thätigen im Gegensatz miteinander erhalten, und dies würde der Einheit Gottes widerstreiten und blasphemisch sein. — Diese Blasphemie fürchtete Jakob Böhme nicht, wie wir oben sahen. Seine religionsphilosophischen Spekulationen mahnen in mehreren Beziehungen an die des Bruno, wie auch die neue Weltanschauung für ihn Bedeutung hat. Was Böhme beschäftigte, war indes das Problem von dem Bösen, nicht aber das Problem von dem Zusammenhange der Welt. — Der religionsphilosophische Beweis, auf den Bruno sich stützt, rührt übrigens ursprünglich nicht von ihm

her. Wie er selbst erwähnt, wurde dieser schon von Pietro
Manzoli aus Ferrara aufgestellt, der unter dem Namen
Palingenius ein lateinisches Lehrgedicht (*Zodiacus vitae*.
Lyon 1552) herausgab, in welchem die Unendlichkeit des Weltalls
gelehrt wird, obschon das Weltbild sonst auf die überlieferte
Weise mit festen Sphären gedacht ist; aufserhalb der achten
Sphäre stellt Palingenius sich eine körperlose und unendliche
Lichtwelt vor. Es ist keine Verkleinerung der Originalität
Brunos, dafs er auf diese Weise frühere Denker benutzt, den
Palingenius hier, wie anderswo den Cusanus, Kopernikus und
die alten Atomiker. Überall bringt er deren Gedanken in
gröfseren Zusammenhang und führt dieselben mit gröfserer
Konsequenz und auf reicherer Erfahrungsbasis durch, als jene
es vermochten.

Dem Bruno war es, als ob er erst frei atmete, nachdem
die Grenzen des Weltalls sich ihm bis ins Unendliche erweitert
hatten und die festen Sphären weggefallen waren. Es gab
keine Schranke mehr für den Flug des Geistes, kein „bis hierher und nicht weiter"; der enge Kerker, in den der alte
Glaube die Geister eingeschlossen hatte, mufste nun seine
Pforten öffnen, und die reine Luft eines neuen Lebens liefs
sich einatmen. Diese Gedanken hat er in einigen Sonetten
ausgedrückt, die dem Dialoge über „das unendliche Universum"
vorangehen. Das Bild der Wirklichkeit, an dessen Gestaltung
sein Denken so begeistert und unverdrossen gearbeitet hatte,
erhielt für ihn selbst symbolische Bedeutung. Die äufsere Unendlichkeit wurde ihm das Symbol der inneren. Nicht aller
Symbolismus wird auf so festem Boden aufgebaut.

c) **Philosophische Grundgedanken.**

Brunos Grofsthat als Denker ist die Begründung, die er
dem neuen Weltbilde aus der Natur unserer sinnlichen Wahrnehmung und unsers Denkens gibt, wie auch die Erweiterung
desselben, die er zugleich als notwendig nachweist. In enger
Verbindung mit dieser seiner Weltanschauung stehen aber
seine allgemeinen Grundgedanken, seine Lehre von den letzten
Prinzipien des Daseins. Auf Grundlage eines eingehenden
Studiums von Brunos lateinischen Schriften und nach deren

Vergleichung mit den italienischen Schriften hat Felice
Tocco darzulegen gesucht, dafs mit Bezug auf Brunos philosophische Grundauffassung drei Stadien zu unterscheiden sind.
Im ersten Stadium steht er den Neuplatonikern nahe, indem
er sowohl in der Welt als in der menschlichen Erkenntnis
einen Ergufs der Gottheit erblickt. Dieses Stadium ist besonders durch die Schrift „De umbris idearum" (Die Schatten
der Ideen) vertreten. Im zweiten Stadium fafst er die Gottheit als die unendliche Substanz auf, die unter allem Wechsel
der Erscheinungen besteht, als die Einheitlichkeit aller Gegensätze des Daseins. Dieses Stadium ist vertreten durch seine
Hauptschriften, die in London erschienenen italienischen Dialoge. Im dritten Stadium fafst er das den Erscheinungen zu
Grunde Liegende als eine Unendlichkeit von Atomen oder
Monaden auf, ohne deshalb jedoch den Gedanken an die sich
in allen Dingen regende Substanz aufzugeben. In den zu
Frankfurt erschienenen lateinischen Lehrgedichten, vorzüglich
im „De minimo" spricht sich dieses Stadium aus. Dieser
Auffassung der philosophischen Entwickelung des Bruno während der letzten zehn Jahre (1582—1592), die er auf freiem
Fufse verlebte, kann ich im ganzen beistimmen, besonders
wenn die Äufserung des Tocco hinlänglich betont wird, dafs
die Übergänge und Verschiedenheiten zwischen diesen Stadien
Bruno selbst nicht bewufst waren. Im einzelnen müssen
meines Erachtens mehrere Punkte ein wenig anders aufgefafst
werden, als der unermüdliche italienische Brunoforscher sie
auffafst.

Bruno begann als Platoniker. In einer ewigen Idee, die
mit dem Wesen der Gottheit eins ist, hat alles seinen letzten
Grund. Es ist die Aufgabe unsrer Erkenntnis, sich aus der
verworrenen Vielfachheit des Sinnlichen bis zu der Einheit zu
erheben, die sich in allen Dingen regt, wenn die höchste uns
erreichbare Erkenntnis auch nur ein Schatten der göttlichen
Ideen ist. An einem und zwar sehr wesentlichen Punkte trennt
sich Bruno aber von Platon. Während Platon unter Ideen
die Gemeinbegriffe, das den einzelnen Erscheinungen Gemeinschaftliche, das Universelle versteht, erklärt Bruno ausdrücklich, dafs die Begriffe, mittels deren wir uns über die ver-

worrene Vielfachheit der Sinne erheben, keine Stufenreihe von
Gemeinbegriffen (universalia logica) sind, sondern Begriffe, die
den realen Zusammenhang der Erscheinungen ausdrücken, so
dafs man statt einer ungeformten Mannigfaltigkeit von Teilen
ein fest verbundenes und geformtes Ganzes erhält, wodurch
die einzelnen Teile verständlicher werden, als solange sie
gesondert, jeder für sich gehalten werden, ebenso wie wir die
Hand nur in ihrem Zusammenhange mit dem Arme, den Fufs
im Zusammenhang mit dem Beine, das Auge im Zusammenhang mit dem Kopfe verstehen können. Die höchste Einheit,
die als ideales Ziel der Erkenntnis aufgestellt wird, ist also
keine abstrakte Idee, sondern das Prinzip des realen, gesetzmäfsigen Zusammenhanges, der allein den einzelnen Erscheinungen ihr Bestehen verleiht und sie uns verständlich macht.
Bruno stellt hier einen Gedanken auf, der sich unter verschiedenen Formen über die ganze Geschichte der neueren
Philosophie erstreckt. Während die antike Philosophie der
Idee oder der Form ihre Hauptaufmerksamkeit zukehrt, richtet
die moderne Philosophie ihre Hauptaufmerksamkeit auf das
Gesetz. Der gesetzmäfsige Zusammenhang des Daseins ist
das Grundfaktum, das sie durchdenken und auslegen will.
Bruno berührt diesen Gedanken nur in der Schrift über die
„Schatten der Ideen". Er läfst sich nicht näher auf denselben
ein, da sein Hauptinteresse ein mnemotechnisches ist: er em-
pfiehlt es, im Gedächtnisse die Vorstellungen auf dieselbe
Weise miteinander zu verknüpfen, wie die entsprechenden
Erscheinungen in der Realität zusammengehören, da diese
Verbindung sowohl das Erinnern, als das praktische Anwenden erleichtere. — Es wird mithin nicht schwer, Brunos
Übergang zu der Auffassung zu verstehen, die er in engem
Zusammenhang mit den Konsequenzen des neuen Weltbildes
in den italienischen Dialogen entwickelt. Was er eigentlich
sucht, ist schon im ersten Stadium das innere Prinzip, das
dem realen Zusammenhange der einzelnen Dinge sowohl als
diesen selbst zu Grunde liegt. Nach innen, nicht nach aufsen
oder nach oben ist von Anfang an seine Losung.

In dem Dialoge „über die Ursache, das Prinzip und die
Einheit" finden wir die vollständige Ausführung der Grund-

gedanken Brunos. Es ist das durchgängige Streben, das Universum als ein durch innere Kräfte bewegtes Ganzes aufzufassen, in dem alles in engem Zusammenhang steht, und das selbst die Entfaltung dessen ist, was das unendliche Prinzip, der höchste uns erreichbare Gedanke, in sich enthält. Wenn Bruno zwischen Ursache und Prinzip unterscheidet, meint er damit, daſs die unendliche Einheit teils als Gegensatz zu dem aus ihr Entspringenden erblickt werden kann, — und dann nennt er sie Ursache, — teils als das, was sich in der Vielfachheit der Erscheinungen regt, — und dann heiſst sie das Prinzip oder die Weltseele. In ersterer Form ist sie unserm Gedanken nicht zugänglich, sondern nur Gegenstand des Glaubens. Der wahre Philosoph und der gläubige Theolog unterscheiden sich dadurch voneinander, daſs dieser die Gottheit auſser und über, jener sie in der Natur sucht. Wie es sich schon bei der Erörterung des Weltbildes erwies, legt Bruno groſses Gewicht darauf, daſs die unendliche Ursache unendliche Wirkung haben muſs. Aber eben weil die Wirkung unendlich ist, läſst sie sich nicht überschauen, und die Erkenntnis der Gottheit, die zu erreichen ist, muſs daher stets, auch wenn die Gottheit als Prinzip (oder innewohnende Ursache) oder als Weltseele betrachtet wird, eine unvollkommene bleiben. Daſs eine Erkenntnis überhaupt möglich ist, hat seinen Grund darin, daſs dieses Prinzip sich ebensowohl in uns als in allen anderen Dingen der Welt regt. Das neue Weltbild legt dar, wie illusorisch es ist, den Sitz der Gottheit ganz auſserhalb unseres Ichs zu suchen, und belehrt uns, daſs diese in unserm eignen Innersten, „in einem innigeren Verhältnisse zu uns, als dem, in welchem wir zu uns selbst stehen" (di dentro piu che noi medesmi siamo dentro a noi), zu suchen ist. Die Gottheit ist die Seele unsrer Seele, wie sie die Seele der gesamten Natur ist.

Die Weltseele ist Bruno das alles vereinende und ordnende Prinzip; mittels des Raumes, der nicht leer ist, sondern ein unendliches Äthermedium bildet, ruft sie das Wechselwirken der einzelnen Dinge hervor. Ebenso wie der Raum nicht die Körper ausschlieſst, sondern gerade deren anschaulichen Zusammenhang ermöglicht, ebenso wirkt die Weltseele als

Trägerin der Weltideen (mundus intelligibilis), nicht von aufsenher oder als ein den Dingen Fremdes, sondern eben als das Gesetz für deren eignes Wesen. Sie ist eine Künstlerin, die von innenher die Formen erzeugt und entwickelt, welche die Naturerscheinungen annehmen: kein Geist, der die Welt von aufsenher in Bewegung setzt, sondern das innere Prinzip der Bewegung. Sie wirkt in ihrer Gesamtheit an jedem einzelnen Orte, in jedem einzelnen Teile. Das Universum liegt nicht als Gesamtheit in seinen einzelnen Teilen; aber die Weltseele regt sich als Gesamtheit in jedem dieser Teile: Anima tota in toto et qualibet totius parte![30]) Es regt sich ein innerer Bewegungstrieb, eine Lebenskraft in jedem Dinge, ein Wille, der die Dinge auf denjenigen Wegen führt, die ihnen die Selbsterhaltung ermöglichen. Dieser innere Trieb ist es, der dem Magnete das Eisen zuführt, der den Wassertropfen sowohl als die ganze Erde die Kugelform annehmen läfst, welche die Teile am besten zusammenhält. Dieses innere Bewegungsprincip, durch welches die Weltseele sich in jedem einzelnen Wesen der Welt kundmacht, bildet für Bruno den Gegensatz zu den äufseren bewegenden Geistern der alten Naturphilosophie und bezeichnet einen Fortschritt, insofern es äufsere Ursachen zurückweist, wo die inneren genügen. Es bereitete auf die Entdeckung des Trägheitsgesetzes vor, das Bruno in seinen astronomischen Dialogen andeutet. Für ihn ist es aber zugleich, was schon aus dem Angeführten klar wird, ein zweckmäfsig, teleologisch wirkendes Prinzip. Mit innerer Notwendigkeit führt es zur Selbsterhaltung und Entwickelung. Teleologie und Mechanik sind in demselben vereint. Die verschiedenen Wesen und Welten werden durch das innere Prinzip auf solche Weise bewegt, dafs ihr Bestehen gesichert wird und die Weltsysteme sich nicht zur Unzeit auflösen. Die Vorsehung und die thätige Kraft der Natur (la provida natura) sind also nicht verschieden, sondern eins und dasselbe. In dem lateinischen Lehrgedichte „De immenso" (V, 3) zeigt Bruno näher, wie diese Einheit der Teleologie und der Mechanik in der Natur auftritt. Die nicht zweckmäfsigen Verbindungen von Elementen gehen schnell zu Grunde: male adorta cito pereunt. Durch fortwährendes Herumtummeln

(exagitatio) der Elemente müssen nun zuletzt Verbindungen
entstehen, die längere Zeit hindurch Existenz und Lebensfähigkeit besitzen. Auf diese Weise läfst es sich erklären,
dafs Jahrhunderte lang bestehende Weltsysteme erzeugt werden können. Indem Bruno sich mit dieser Erklärung den
Atomisten des Altertums anschliefst, die — wie aus dem Lehrgedichte des Lucretius zu ersehen — ähnliche Ideen hatten,
ist es jedoch seine bestimmte Überzeugung, dafs eine Vorsehung hierdurch nicht ausgeschlossen wird: in der Tendenz,
die fortwährend zu neuen und schliefslich siegreichen Versuchen antreibt, erblickt er den Ausdruck eines lenkenden
Willens, spürt er eine mens paterna cuncta moderans. Dies
ist charakteristisch für Brunos Versuche, den platonischen
Idealismus mit einer realistischen Naturauffassung zu vereinen.
Im ersten Stadium (in den „Schatten der Ideen") war es der
Zusammenhang der Natur, in welchem er die Idee fand; hier
geht er einen Schritt weiter und findet die Idee eben im
Kampfe ums Dasein. — Durch das Betonen der inneren
Kraft bewahrt Brunos Naturauffassung indes einen poetischen
Charakter. Er nähert sich an einzelnen Punkten einer rein
naturwissenschaftlichen Betrachtungsweise; der Drang, überall
dieselben Motive wiederzufinden, die er aus sich selbst kannte,
verhinderte ihn aber, den Schritt vollends zu thun. Er hat
Ansichten aufgestellt, die auch *nach* der Begründung einer
mechanischen Naturwissenschaft von Interesse sein können,
die aber selbst nicht zu deren Begründung zu führen vermochten. Zu den Punkten, an denen er sich der mechanischen Naturauffassung nähert, gehört besonders seine Äufserung, dafs Bewegung im Raume das Prinzip aller Veränderung
sei. Dies ist der Gedanke, auf den sich die moderne Naturwissenschaft stützt.

Ein realistisches Gepräge erhält Brunos Philosophie durch
die scharfe Polemik gegen Platon und Aristoteles, welche die
Idee oder die Form als Gegensatz des Stoffes aufstellten.
Hierdurch wurde jene phantastisch, und dieser wurde zu einem
durchaus passiven und unfruchtbaren Prinzip entwürdigt. Im
Anschlufs an die älteren griechischen Naturphilosophen (vielleicht auch von Paracelsus beeinflufst) stellt Bruno die Lehre

von der Erhaltung des Stoffes auf. Aus dem Samenkorn entsteht der Halm, aus dem Halm die Ähre, aus der Ähre Brot, aus dem Brote der Chylus, aus dem Chylus Blut, aus dem Blute Samen, aus dem Samen der Fötus, aus dem Fötus ein Mensch, aus dem Menschen eine Leiche, aus der Leiche Erde! Es geht also eine fortwährende Umwandlung des Stoffes vor. Dieser besteht während des Wechsels der „Formen". Und die Formen, die er in den einzelnen Fällen annimmt, erhält er nicht von aufsen, sondern aus seinem eignen Schofse. Die Kunst erzeugt die Formen durch Zusammensetzung oder Auflösung des Stoffes. Die Natur dagegen erzeugt ihre Formen durch Entfaltung dessen, was sich als Anlage in ihr findet, indem sie expliziert, was im ursprünglichen Prinzipe der Natur kompliziert ist. Weit davon, ein Niedriges und Geringes zu sein, ist der Stoff deshalb ein göttliches Wesen (cosa divina), Urheber und Mutter der Naturdinge, ja ist eins mit der Natur selbst. Bruno sagt, dafs diese Betrachtung der Bedeutung und Ursprünglichkeit des Stoffes ihn eine Zeitlang sogar zu der Auffassung geneigt machte, dafs die Formen nur ein Äufserliches und Verschwindendes in der Natur seien. Vermutlich hatte Telesios Naturphilosophie damals Eindruck auf ihn gemacht. Er sah indes ein, dafs es ein ursprüngliches Prinzip geben müsse, durch welches die Formen ihre Erklärung fänden. Form und Stoff, aktuelle Thätigkeit und passive Empfängnis müssen ursprünglich in demjenigen Wesen vereint sein, das allen Dingen zu Grunde liegt. Die göttliche Thätigkeit hat ihren Stoff nicht aufser sich und braucht auch nicht von aufsenher in Bewegung gesetzt zu werden. Möglichkeit und Wirklichkeit treffen hier zusammen, ebenso wie Stoff und Form, Passivität und Aktivität. Bruno unterscheidet zwei Arten von Substanzen, die er bald Form und Stoff, bald geistige und materielle Substanz nennt, und beide bestehen ewig. Die Weltseele ist sowohl die ewige Form, die die einzelnen entstehenden und verschwindenden Formen umfafst, als auch der unendliche Geist, der während des Wechsels der endlichen Geister besteht. Beseelt und geformt ist alles Existierende, allerdings auf verschiedene Art und Weise, wenigstens in der Anlage (secondo la sustanza), wenn auch nicht in der wirklichen Entwickelung (secondo l'atto). Beide Substanzen sind ihm schliefslich aber doch nur eine einzige Substanz; sie entspringen aus einer einzigen Wurzel, lassen sich auf ein einziges Wesen zurückführen. Es können nicht mehrere Substanzen der Welt angenommen werden, sondern nur *una originale et universale sustanza*, die allen vom Dasein dargebotenen Verschiedenheiten zu Grunde liegt. Ja, er erklärt sogar, das die Verschiedenheiten der Dinge Erzeugende gehöre nicht zum Wesen der Dinge, sondern nur zu ihrer sinnlichen Erscheinung. In der höchsten Einheit, dem Ziele der Erkenntnis, sei also der Unterschied zwischen Geist und Stoff überwunden, ebensowohl als der Unterschied zwischen Form und Stoff, Wirken und Leiden, Wirklichkeit und Möglichkeit [31]). Kurz, alle Gegensätze und Verschiedenheiten des Daseins sind im ewigen Wesen zur Einheit und Übereinstimmung (unità et convenienza) verbunden, ohne dafs eine Änderung in irgend einer Richtung möglich wäre, und ohne dafs sich irgend etwas als dessen Gegensatz aufstellen könnte, wie denn auch ebensowenig irgend etwas in einem Verhältnisse der Gleichheit zu demselben stehen kann, da es nichts anderes gibt, als es selbst. Weil es ewig besteht, fällt ihm der Unterschied zwischen Stunde, Tag, Jahr und Jahrhundert weg, und ebenso werden die Verschiedenheiten der endlichen Wesen untereinander — zwischen der Ameise und dem Menschen, zwischen dem Menschen und dem Stern — verschwindend im Verhältnisse zum unendlichen, alles umfassenden Wesen. Diese unendliche Einheit und Fülle vermag unser Gedanke deshalb auch nicht zu fassen. Nur einen *negativen* Begriff können wir uns davon bilden, indem wir Verschiedenheiten und Gegensätze fernzuhalten trachten. Alles, was wir begreifen, gestalten wir zur Einheit, die absolute Einheit übersteigt aber unser Vermögen. — Durch diese negative Theologie erweist sich Bruno als Schüler des Cusanus, wie ebenfalls durch seine Lehre von der Relativität der Erkenntnis. Er macht Halt (De la causa. ed. Lagarde. S. 268) vor der Schwierigkeit, wie die Gottheit *sowohl* Möglichkeit *als* Wirklichkeit sein kann, wenn sie eine absolute Einheit sein soll. Er bemüht sich, wie Cusanus, dem Begriffe der Gottheit Leben zu verleihen, indem er ihm Mög-

lichkeit und nicht blofs die ein für allemal abgeschlossene
Wirklichkeit beilegt; durch die mystische Erklärung, dafs
Möglichkeit und Wirklichkeit eins sein sollten, nimmt er diese
Bestimmung aber zurück. Damit bricht zugleich der Dualismus in seinem Systeme hervor, denn in der endlichen Welt
sind Möglichkeit und Wirklichkeit getrennt, und es bleibt also
ein starker Gegensatz zurück zwischen dieser endlichen Welt
und der ewigen Substanz, in welcher der Gegensatz zwischen
Möglichkeit und Wirklichkeit nicht existiert. Wenn die ewige
Substanz, die in ihrer Einheit (complicamente et totalmente)
allen Inhalt des Daseins umfafst, vollkommen ist, welche Bedeutung hat dann der durch den Wellengang der Gegensätze
und den fortwährenden Übergang aus Möglichkeit in Wirklichkeit fortschreitende Entfaltungsprozefs? Nur wenn man eine
ursprüngliche Unvollkommenheit oder Unfertigkeit (die darin
bestünde, dafs der Inhalt *nur* komplikativ, nicht auch explikativ existierte) oder auch — mit Jakob Böhme — einen Fall
der Gottheit zugesteht, kann die endliche Entwickelung mit der
Gottesidee vereinbar werden. Böhme hat das Verdienst, dies
klar erblickt zu haben. Bruno schwingt, ohne es selbst recht
zu merken, zwischen mystischem Anschauen der Einheit und
begeisterter Hingebung an die Vielfachheit. Sein Denken beschäftigt sich jedoch am meisten mit dem Aufsuchen der
ewigen Einheit unter der ununterbrochenen Entwickelung und
durch alle Gegensätze hindurch. Er verweist auf eine Reihe
empirischer Bestätigungen (verificationi) seiner Lehre. Der
fortwährende Umsatz des Stoffes in neue Formen ist ein Ausdruck der unendlichen Einheit, die sich durch keine einzelne
Form erschöpfend verwirklichen läfst. Nur mittels eines gemeinschaftlichen zu Grunde liegenden Prinzipes können Gegensätze wie Minimum und Maximum, schwindelndes Glück und
jäher Untergang, Geburt und Tod, Liebe und Hafs ineinander
übergehen. Durch kontinuierliche Übergänge stehen der höchste
Wärmegrad und der höchste Kältegrad in Verbindung miteinander, was darauf hindeutet, dafs ein einziges Prinzip zu
Grunde liegt (eine Betrachtung, die Bruno wider Telesio
richtet). Wer die gröfsten Geheimnisse der Natur verstehen
will, mufs überhaupt beachten, wie die Gegensätze in ihren

Minima und Maxima ineinander übergehen. Überall in der
Natur sind die Gegensätze zusammen thätig, und bei näherer
Betrachtung ergibt sich stets ein gemeinschaftlicher Grund,
auf welchen jeder derselben für sich zurückführt. — Wenn
man beachtet, wie Bruno auf diese Weise seine Lehre von der
Einheit der Gegensätze „verifiziert", verliert diese Lehre ziemlich
viel von ihrem mystischen Charakter. Was er darlegt,
ist die Kontinuität der Gegensätze, nicht aber deren absolute
Identität. Hierdurch erhält seine Lehre einen realistischen
Charakter, fordert dazu auf, alle Mittelglieder und Mittelursachen
zu suchen und das Höchste in dem zu finden, was
ihre Verbindung und ihr Zusammenwirken ermöglicht. Dies
ist auch die Bedeutung seiner Lehre von der Weltseele, wie
es ebenfalls derselbe Gedanke ist, der schon in der Schrift
„De umbris idearum" erscheint. Dieser ganze Gedankengang
versetzt ihn in eine optimistische Stimmung. Untergang, Auflösung,
Mißbildung und Leiden betreffen gar nicht das wahrhaft
Bestehende. Sie gehören der sinnlichen Welt an, wo
Möglichkeit und Wirklichkeit nicht immer beisammen gehen,
und wo die Gegensätze in scharfem Streit miteinander hervortreten.
Sie verschwinden, wenn der Blick auf das ewig Bestehende
gerichtet wird. Ebenfalls verschwinden sie aber,
wenn man jedes Ding in seiner individuellen Natur nach der
bestimmten Weise auffaßt, wie es einen Platz in dem grofsen
Zusammenhange ausfüllt, in welchem sogar das kleinste Glied
seine Bedeutung besitzt: „Alles ist vollkommen, weil es in
seiner eignen Eigentümlichkeit (De imm. II, 12: in sua individuitate)
ein Wesen ist, das von keinem anderen begrenzt
wird; dies ist der innere Mafsstab der Vollkommenheit." Und
was in gewissen Beziehungen und für einige Wesen böse ist,
das ist für andere Wesen und in anderen Beziehungen gut.
Demjenigen, der den Blick auf den ganzen Zusammenhang
heftet, löst sich der Zwiespalt deshalb in Harmonie auf. Die
Natur ist wie ein Singemeister, der viele Stimmen in seinem
Chor hat, aber auch imstande ist, diese harmonisch ertönen
zu lassen. — Doch nur, wenn Brunos Gedanke in diesen
hohen Regionen verweilt, vermag er an dieser Harmonie festzuhalten.
Wo er sich in die thatsächlichen Gegensätze des

Lebens vertieft, fühlt er diese einander so widerstreitend, dafs die Grundstimmung eine mehr zusammengesetzte wird und einen tragischen Charakter erhält oder allenfalls das Gepräge der Resignation trägt. Von dieser Seite fafst er das Dasein in seiner Schrift „über die heroischen Affekte" auf.

Diejenigen Äufserungen des Bruno, durch welche die individuelle Eigentümlichkeit als Mafsstab der Vollkommenheit aufgestellt und die Bedeutung der kleinen Elemente für die grofsen Resultate hervorgehoben wird, finden sich in den Frankfurter Schriften, in der letzten Gruppe von Werken also, die, wie Felice Tocco nachweist, Brunos dritten Standpunkt ausdrücken. Hier entfernt er sich noch mehr als in den Londoner Schriften von dem neuplatonischen Aufgehen in einem übernatürlichen Prinzipe. Und während er in den Londoner Schriften vorzüglich den Zusammenhang und die Wechselwirkung betonte, legt er hier besonderen Nachdruck auf die einzelnen Elemente, unter denen die Wechselwirkung stattfindet. Das Individuelle wird in seiner Eigenheit hervorgehoben: es finden sich, behauptet er z. B., nicht zwei Dinge, nicht zwei Fälle, zwei Zeiten, die durchaus eins wären. Und diese Elemente, aus denen zuguterletzt alles besteht, sind das eigentlich Substantielle. Was sich unsern Sinnen als ein Zusammenhangendes darstellt, besteht aus kleinen Körperchen, ebenso wie die Zahl aus Einem besteht. Das Atom (oder das Minimum oder die Monas) ist das, was keinen Teil hat, und was selbst der erste Teil einer Erscheinung ist. In jedem Gebiete müssen wir auf die konstituierenden Elemente zurückgehen, die dasjenige sind, was nicht aufgelöst wird, wenn die ganze Erscheinung sich auflöst. Ein zusammengesetztes Wesen kann nicht Substanz sein. Bruno spricht bestimmt aus, dafs die Teilung nicht ins unendliche gehen könne, und er tadelt nicht nur die Physiker, sondern auch die Mathematiker, weil sie an eine solche unendliche Teilung glaubten. Es ist jedoch eigentlich nicht seine Meinung, absolute Atome festzustellen. Er denkt sich Atome verschiedener Grade, und Atome des einen Grades können Atome eines andern Grades umschliefsen. Es ist also klar, dafs der Atombegriff bei ihm ein relativer Begriff ist. Von den beiden Gliedern, aus denen seine Definition des Minimums besteht:

Est minimum, cujus pars nulla est, prima quod est pars,

kann er eigentlich nur letzteres behaupten. Das Atom ist das erste konstituierende Element, dessen wir zur Erklärung einer sinnlichen Erscheinung bedürfen; es liegt aber kein Grund vor, zu statuieren, daſs es selbst keine Teile besitze; daſs wir diese nicht berücksichtigen, ist etwas ganz anderes. Bruno gebraucht nun auch selbst den Begriff Minimum von groſsen Ganzheiten: so ist die Sonne mit ihrem gesamten Planetensystem ein Minimum im Verhältnisse zum Weltall. Ja, sogar das ganze Weltall wird eine Monade genannt. Und ferner: das Minimum ist nicht nur Stoffteil, sondern auch thätige Kraft, Seele und Wille. Das Ziel ist als Anlage in ihm enthalten — wodurch es möglich wird, die Einheit von Teleologie und Mechanismus zu bewahren. Auch von dieser Seite betrachtet unterscheidet Bruno zwischen Atomen (oder Minima oder Monaden) verschiedener Grade: auch die Weltseele, Gott selbst heiſst Monade. Diese Bestimmung ist notwendig, denn was nicht ein einziges ist, das ist nicht. Gott ist die Monade der Monaden, das heiſst, er ist das Wesen aller einzelnen Wesen. Hierdurch wird dasselbe ausgedrückt, was in den italienischen Schriften gesagt wird, wo Gott die Seele der Seelen heiſst. Bruno hat also seinen Grundgedanken aus den früheren Stadien, den Gedanken einer einzigen Substanz, die sich in allen Dingen regt, nicht verlassen. Selbst wenn er die Notwendigkeit des Atombegriffes für eine exakte Naturauffassung erblickt hat, wendet er diesen doch nur auf die materiellen Erscheinungen an, und es bleibt ein ungelöstes Problem, wie die individuellen seelischen Wesen sich zur geistigen Substanz verhalten, deren einzelne Formen sie sind[32]). Aus seinem Interesse für die alte Lehre von der Seelenwanderung möchte man schlieſsen, er nehme an, daſs die individuellen Seelen nach dem Tode in neue Körper übergingen. Dieser phantastischen Vorstellung hat er aber doch nicht im Ernst gehuldigt. Er machte Halt bei dem Gedanken, daſs die geistige Substanz ebensowohl als die materielle unter fortwährend wechselnden Formen bestehe, daſs die neuen Formen aber nicht notwendigerweise mit den früheren identisch sein müfsten. Er legt grofses Gewicht auf den Trieb zur Fortsetzung des Lebens und zu ununterbrochener Entwickelung; und dieser Trieb werde nicht getäuscht, meint er, weil es eine Illusion wäre, wenn wir glaubten, von der Existenzform, in die wir übergehen würden, Kenntnis zu haben[33]). —

Neben vielen Ideen, bei denen der Dichter die Oberhand über den Denker gewinnt, und neben vielen allegorisierenden und willkürlichen Spekulationen (besonders in der Schrift „De monade"), die wir hier nicht angeführt haben, weil sie kein Interesse mehr besitzen, bietet Brunos Philosophie uns einen für die damalige Zeit merkwürdigen Versuch dar, eine ideale Grundauffassung mit der wissenschaftlichen Weltanschauung zu vereinen. Allerdings kannte Bruno nicht die exakte Begründung dieser Weltanschauung, die erst Galilei und Kepler brachten; in mehreren seiner Gedanken kommt er diesen aber nahe.

d) Erkenntnislehre.

Das vorherrschende Streben Brunos ist, die Natur kennen zu lernen. Und dies ist ihm dasselbe wie die Gottheit kennen zu lernen. Ein Fortschritt in der Naturerkenntnis ist ihm wie eine Offenbarung. Deshalb seine Begeisterung über Kopernikus und Tycho Brahe und sein Eifer, um die Konsequenzen ihrer Entdeckungen durchzudenken. Das Denken, die Vernunft ist ihm nur das Mittel, um das Wesen der Natur zu finden; sie darf sich selbst und ihre Formen nicht an die Stelle der Natur setzen. Er tadelt Platon und Aristoteles, weil sie logische Verschiedenheiten, gedachte Gegensätze und Distinktionen aufgestellt hätten, als ob es reale Gegensätze im eignen Wesen der Natur wären. Es ist, wie er mehrmals äufsert, die Grundlage aller „natürlichen und göttlichen Erkenntnis", zwischen logischem Gegensatze und realer Einheit zu unterscheiden, so dafs man nicht — wie Aristoteles z. B. es durch seine Distinktion zwischen Form und Stoff macht — mit der Vernunft teilt, was der Natur und der Wahrheit gemäfs ungeteilt ist. Die Vernunft mufs sich nach der Natur, die Natur sich aber nicht nach der Vernunft richten. Namentlich ist es nach Brunos Auffassung durchaus willkürlich, wenn man meint, in der Natur seien die Gegensätze ebenso scharf gesondert wie in unserem Denken. In der Natur gingen die Gegensätze ja gerade ineinander über und erwiesen sich somit als nahverwandt, während sie in einem logischen System möglichst fern voneinander gestellt würden.

Auch inbetreff der sinnlichen Erkenntnis schärft Bruno die kritische Sonderung ein zwischen dem, was nur unserer Erkenntnisthätigkeit und dem, was der Natur angehört. Besonders in seinem letzten Stadium, wo die atomistische Wendung seiner Anschauungsweise speziellen Anlafs dazu gab, kommt diese Sonderung zum Vorschein. In der Schrift „De minimo", die die Atomenlehre aufstellt, wird gelehrt, dafs diejenigen Minima (Atome oder Monaden), die das eigentliche Reale seien, nicht selbst als solche bemerkt würden. Die sinnliche Wahrnehmung entstehe also erst durch deren vereinte Thätigkeit. Den Verschiedenheiten, die unsere Empfindungen darböten, brauchten also keine ebenso grofsen Verschiedenheiten der physischen Elemente zu entsprechen. Bruno will indes nicht so weit gehen, dafs er nur einen einzigen gleichförmigen Stoff (communis materia) annimmt, weil es dann schwer zu verstehen wäre, wie die Verschiedenheiten der sinnlichen Wahrnehmung entstehen könnten. Dafs das Licht, das Fliefsende und das Trockne (die Atome) ein und derselbe Stoff sein sollten, vermag er sich nicht zu denken. Dies hängt damit zusammen, dafs seine Atomistik nur der „trocknen" oder festen Materie (materia arida) gilt, nicht aber dem Lichte und dem Ätherfluidum, das die Verbindung der kleinen Körperchen herstellt. Er sieht nicht, dafs die Schwierigkeit, das Entstehen der Empfindungsverschiedenheiten zu begreifen, sich doch jedenfalls rücksichtlich der „trocknen" Materie einstellen mufs, da dieser ja verschiedene Empfindungsqualitäten entsprechen. Er nähert sich dem Prinzipe von der Subjektivität der Sinnesqualitäten, tritt diesem aber nicht völlig bei. Nur mit Bezug auf die mit den Empfindungen verbundenen Gefühlselemente lehrt er, diese hätten nur subjektive und relative Bedeutung. Ihre Gültigkeit beruhe auf dem auffassenden Subjekte, dessen Wertschätzung sie ausdrückten. Sie gölten *ex latere potentiarum*, nicht *ex latere objectorum*. (De minimo. ed. 1591. S. 59.) Dieselbe Betrachtung lasse sich zum Teil auf die moralischen und ästhetischen Begriffe anwenden; indes behauptet Bruno, es gebe etwas an und für sich (simpliciter) Gutes, dessen Auffinden dem Denken überlassen sei, indem dieses dann den begrenzten menschlichen Gesichtspunkt verlassen müsse. Das Gute lasse sich so bestimmen, dafs es nicht blofs ein Verhältnis zur menschlichen Natur (als „ad speciem humanam contractum") ausdrücke. Die Konsequenz der Brunoschen Naturauffassung scheint doch notwendigerweise die zu sein, dafs ebensowenig wie im Weltall eine absolute Ortsbestimmung, d. h. eine Ortsbestimmung ohne Relation möglich ist, ebensowenig ist eine moralische oder ästhetische Wertschätzung möglich ohne Beziehung auf eine bestimmte subjektive Grundlage. An diesem Punkte ist Bruno noch kein Kopernikaner.

Und dies steht damit in Verbindung, dafs er nicht von der Voraussetzung lassen kann, dafs eben unsere Erkenntnis die innerste Natur des Daseins ausdrücke und bezeuge. Es sei eine und dieselbe Skala, auf welcher die Natur bei ihrem Erzeugen zu den einzelnen Dingen hinabsteige und wir bei unserm Erkennen bis zu den allgemeinen Gesetzen hinaufstiegen. Das Erzeugen der Natur sei ein Entfalten, eine Explikation, unser Erkennen ein Zusammenfassen, eine Komplikation. Die beiden Vorgänge entsprächen einander vollständig. Eine Sache verstehen sei ihr einen verkürzten, vereinfachten Ausdruck geben. Alles Erkennen sei ein Vereinfachen, weil es Einheit suche — und hieraus sei deutlich zu ersehen, dafs das Wesen der Dinge in der Einheit bestehe! — Es ist klar, dafs Bruno hier seine Gedankenform auf das Dasein selbst überträgt, nur dafs es nicht die Distinktionsform, sondern die Einheitsform ist. Diese hält er für wesentlicher als jene. Keine derselben ist jedoch zu entbehren. Das grofse hierin liegende Problem wurde erst weit später aufgenommen.

Der höchste Gegenstand der Erkenntnis bezeichnet für Bruno zugleich deren Grenze. Die absolute Einheit ist unserem diskursiven und distinguierenden Denken unzugänglich. Wir vermögen keinen Begriff zu gestalten, der sie ausdrücken könnte. Sie ist Gegenstand des Glaubens. Nur als in der Natur geoffenbart, als Weltseele, ist sie Gegenstand der Philosophie. Und dennoch — auch die Weltseele, Gott als die Seele der Natur, als das Wesen aller Wesen, muſs ja über alle Gegensätze (zwischen Form und Stoff, Wirklichkeit und Möglichkeit, Geist und Materie u. s. w.) erhaben sein! Auch sie muſs sich der Erkenntnis entziehen. — Während Nikolaus a Cusa, von dem Bruno hier stark beeinfluſst ist, an diesem Punkte in die positive Theologie hinüberschwingt, und zwar immer mehr, je älter er wird, hält Bruno nur einen Augenblick inne, um auszurufen, daſs „die tiefsten und göttlichsten Theologen" gelehrt hätten, man ehre und liebe Gott mehr durch Schweigen, als durch Reden, und um die Vorzüge der negativen Theologie vor der scholastischen zu preisen — und darauf kehrt er wieder zur Natur zurück. Die Leiter der Erkenntnis, die er aufbaut, reicht nicht ganz hinauf, und er befindet sich denn auch am besten auf der Mitte der Leiter, wo die Strebenden ihren Platz haben.

Die positive Theologie hat nach Bruno nur praktische, keine theoretische Bedeutung. Das neue astronomische System, für welches er stritt, und das auf so groſsen Widerstand von seiten der Bibelgläubigen stieſs, verteidigte er (wie später Galilei und Kepler) damit, „daſs die heiligen Bücher nicht von Beweisen und Spekulationen hinsichtlich der natürlichen Dinge handelten, als ob es sich um die Wissenschaft drehte, sondern im Gegenteil durch ihre Gebote das moralische Handeln zum Besten unseres Geistes und unseres Herzens lenken wollten." Deshalb müſsten sie, setzt er hinzu, eine Sprache reden, die allen verständlich sei. Hiermit wollte er einen etwaigen „ungeduldigen und strengen Rabbiner" zum Schweigen bringen. Selbst ist er überzeugt, daſs die von ihm aufgestellte neue Philosophie die wahre Religion weit mehr unterstützen werde als irgend eine andere Philosophie, da sie lehre, daſs das Dasein unendlich sei, ebenso wie dessen Ursache, und daſs trotz alles Wechsels kein absoluter Untergang stattfinde. Diese Äuſserung (Cena. S. 169—173) enthält die deutlichste Schilderung von Brunos Verhältnisse zur positiven Religion, die zu finden ist. An anderen Orten (De l'infin. S. 318. De gl'her. fur. S. 619) äufsert er sich mehr geistesaristokratisch, z. B. wenn er sagt, der Glaube sei für die rohen Menschen, die regiert werden sollten, das Denken aber für die kontemplativen Naturen, die sowohl sich selbst als andere zu beherrschen wüfsten. Es ist nicht zu verwundern, dafs das Verhältnis ihm verschiedene Seiten darbieten mufste, besonders während des heftigen Kampfes, den er mit Vorurteilen zu führen hatte, welche sich auf religiöse Vorstellungen stützten. — Wo er gelegentlich das Christentum angreift oder aufs Korn nimmt, mufs viel mehr der Protestantismus als der Katholizismus herhalten. Und wohl eben, weil er befürchtete, die nützlichen praktischen Folgen der positiven Religion möchten durch den Protestantismus (namentlich den Calvinismus) verloren gehen, der aufrührerische Gesinnung, Streit unter nahen Verwandten, Bürgerkrieg und unaufhörliche dogmatische Polemik erzeuge, da jeder Pedant seinen eignen Katechismus bereit habe, den er herauszugeben gedenke, wenn er dies nicht schon gethan habe, und verlange, dafs alle anderen Menschen sich nach diesem Katechismus richten sollten. Nicht zum wenigsten ist es Bruno anstöfsig, dafs die Protestanten den Glauben im Gegensatz zum Werke preisen. Dies, meint er, öffne der Barbarei den Weg. Es führe dahin, dafs man sich aneigne und verbrauche, was die Vorfahren gethan hätten, ohne dieses zu vermehren. Hospitäler und Armenhäuser, Schulen und Universitäten verdanke man nicht der neuen, sondern der alten Kirche, und es sei unberechtigt, wenn diese Verketzer der Werke sich dieselben aneigneten. Statt zu reformieren, entfernten sie gerade das Gute aus der Religion. Diese Äufserungen (Spaccio. S. 446 u. f., 466 u. f.) sind offenbar aus Brunos Erfahrungen in Genf, Frankreich und England hervorgegangen. Die neuen Lebenskeime des protestantischen Geistes hat er nicht erblickt, und inmitten der Gärung und während der gegenseitigen Verketzerungen fiel es wohl auch schwer, ihrer gewahr zu werden. Seine Sympathie ist offenbar auf der Seite der alten Kirche, und man versteht, dafs er sich heimatlos fühlte. So frei sich sein Gedanke im unendlichen Weltraum bewegte, so schwer war es ihm, sich in der bunten menschlichen Welt zurechtzufinden. Er sah nicht, dafs der Protestantismus ein Kopernikanismus auf dem geistigen Gebiete war: dafs derselbe jeden Einzelnen zu einem Mittelpunkte der Welt machen wollte. Der Fanatismus und die Pedanterie der protestantischen Theologen machten ihn blind für den Befreiungsprozefs, der hier eingeleitet war. Freilich aber auch nur eingeleitet.

In seinen symbolisierenden Schriften (dem Spaccio und der Cabala) satirisiert Bruno über mehrere dogmatische Vorstellungen, wie die Inkarnation und die Transsubstantiation. Gerade dies bewirkte seine Verurteilung, wie sehr er auch behauptete, in seiner Philosophie seien die Gesichtspunkte der wahren Religion hervorgezogen. Interessant ist es zu sehen, welchen entschiedenen Unterschied er zwischen der dogmatischen Vorstellung von Christus und dem historischen Christus macht. Im „Spaccio", wo die Gestirne reformiert werden sollen, kommt auch Chiron der Centaur unter Behandlung. Der Spötter Momos reifst mehrere Witze über seine doppelte Natur, die dennoch eine einzige Person bilden soll, erhält aber den Befehl, seinen Verstand hübsch in Fesseln zu legen. Zeus entsinnt sich, dafs dieser Chiron während seines irdischen Lebens der gerechteste der Menschen war, dafs er die Menschen die Heilkunst und die Tonkunst lehrte und ihnen den Weg zu den Sternen zeigte. Deswegen wird er nicht aus dem Himmel vertrieben, sondern erhält seinen Platz am Altare als dessen einziger Priester. Dieser Zug gibt Aufschlufs über Brunos Verhalten zum Christentum. Dafs derselbe in den Augen des Kardinals Bellarmin keine Bedeutung hatte, versteht sich von selbst.

e) Ethische Ideen.

Eine zusammenhangende Ethik hat Bruno nicht gegeben, obschon er (im Vorwort des Spaccio) sagt, er sei gesonnen, eine Moralphilosophie, „auf das innere Licht begründet", zu geben. Es stöfst uns hier wieder „das natürliche Licht" auf, das im 16. Jahrhundert in seiner Selbständigkeit hervorgezogen wurde. Bruno kam nicht zur Ausführung dieses Planes. Dagegen gab er, was er „Präludien" nennt, in zwei symbolisierenden Schriften: dem Spaccio (der Vertreibung des triumphierenden Tieres) und dem Werke De gl'heroici furori (Von den heroischen Affekten).

Diese beiden Schriften stehen, obschon mit kurzem Zwischenraum erschienen, in einem gewissen Gegensatze zu einander. Der Spaccio ist optimistisch, sein Gegenstand ist das menschliche Leben in seiner Gesamtheit, besonders das soziale Leben. Die Schrift von den heroischen Affekten führt uns dagegen in den inneren Kampf und Gegensatz des einzelnen strebenden Individuums hinein; der Schmerz des unablässigen Strebens wird betont, obgleich er eben als Zeugnis betrachtet wird, dafs der Mensch ideale Forderungen aufstellt; das Streben des Einzelnen, nicht das Streben der ganzen Gesellschaft oder des Geschlechtes wird geschildert. Letztere Schrift ist eine Ethik für die wenigen Auserwählten, die die Tiefe und die Höhe in ihrem inneren Leben aufsuchen; erstere ist für alle.

Im Spaccio ist die Einkleidung die, dafs Zeus, unter dem nicht die höchste Gottheit, sondern jeder von uns zu verstehen ist, insofern es göttliche Kräfte in uns gibt, den Entschlufs fafst, den Himmel zu reformieren. Er spricht zu den Göttern: Unsere skandalösen Geschichten stehen in den Gestirnen zu lesen. Lafst uns nun zur Gerechtigkeit, das heifst zu uns selbst zurückkehren. Lafst uns die innere Welt reformieren, dann wird auch die äufsere reformiert werden. — Und diese Reformation wird nun unter der Form geschildert, dafs die Gestirne neue Namen erhalten, indem die verschiedenen Tugenden den Platz der mehr oder weniger zweideutigen Götter- und Tiergestalten einnehmen. Bei der Prüfung, welche Tugenden am Himmel repräsentiert werden sollen, erhält Bruno Gelegenheit, eine „Umwertung aller Werte" anzustellen (um einen modernen Ausdruck zu benutzen). Die Darstellung ist sehr weitläufig, hat aber mehrere interessante Episoden. Es liegt kein Anlafs vor, hier mehr als einige charakteristische Züge hervorzuheben.

Der erste und höchste Platz in der neuen Ordnung wird der Wahrheit verliehen, denn diese waltet über alles und bestimmt jedem Dinge seinen Platz; von ihr sind alle Dinge abhängig. Wollte man sich etwas denken, das die Wahrheit übertreffen und deren Gültigkeit bestimmen könnte, so würde dieses Etwas ja gerade die eigentliche Wahrheit sein! Also der Wahrheit kann nichts vorangestellt werden. Von vielen wird sie aufgesucht, von wenigen erschaut. Oft wird sie bekämpft, bedarf aber dennoch keiner Verteidigung; sie wächst gerade, je mehr sie bestritten wird. — Diese Wertschätzung steht offenbar in Zusammenhang mit Brunos Kampf für die neue Weltanschauung und mit seiner Überzeugung, dafs die neuen Ideen den Blick erweitern und die Gesinnung veredeln würden.

In Brunos Weltanschauung hat der notwendige Zusammenhang der Gegensätze und deren Übergang ineinander grofse Bedeutung. Dasselbe Gesetz findet er auf dem Gebiete des Seelenlebens, vorzüglich auf dem des Gefühls. Wenn es keine Veränderung gäbe, könnte keine Lust gefühlt werden. Jedes Lustgefühl besteht in einem Übergang, einer Bewegung. Und die Lust setzt die Unlust als Hintergrund voraus. Deshalb keine Lust ohne eingemischten Kummer. Diese Verwandtschaft der Gegensätze ermöglicht die Reue und erzeugt das Verlangen nach einer höheren Lebensstufe als der bisher eingenommenen. Dies ist der Beweggrund, weshalb Zeus sich selbst und die ganze Götterwelt zu reformieren beschliefst. Während alles Wechsels bleibt nur die Wahrheit bestehen, und in deren Lichte soll die Reform stattfinden. Dies sind ja die beiden Gedanken, an denen Bruno (wie der alte Heraklit) beständig festhält: das Schwingen aller Dinge durch Gegensätze hindurch und die Ewigkeit des Weltgesetzes während alles Wechsels. Somit wird es verständlich, dafs in seiner Ethik sowohl die Wahrheit als die Reue einen Platz erhält. Die Reue soll in der neuen Ordnung den Platz des Schwanes einnehmen. Wie der Schwan taucht sie aus Flüssen und Sümpfen auf und sucht durch Reinigung die glänzende Reinheit zu erlangen. Sie besteht im Mifsfallen an dem gegenwärtigen Zustande, im Kummer darüber, an diesem Befriedigung gefunden zu haben, und in dem Trachten, sich aus den niederen Regionen der Sonne entgegen emporzuschwingen. Obgleich der Irrtum ihr Vater und das Unrecht ihre Mutter ist, hat sie dennoch göttliche Natur in sich; sie ist wie die Rose, die unter Dornen gebrochen wird, oder wie der leuchtende Funke, der dem finstern Flintenstein entfährt. —

Unter denen, die bei der neuen Ordnung einen Platz am Himmel suchen, ist auch die Mufse (ocio). Sie preist die glückliche Kindheit des Menschengeschlechtes, da es nicht zu arbeiten brauchte und aller Sorgen und der Unruhe des Trachtens ledig war, und da nicht nur das Unglück, sondern auch das Laster und die Sünde nicht existierten. Auf dieses Lobpreisen des goldenen Zeitalters entgegnet Zeus, der Mensch habe Hände und Gedanken, um sie zu gebrauchen, und es sei dessen Aufgabe, nicht allein den Eingebungen der Natur zu folgen, sondern auch eine zweite Natur, eine höhere Ordnung durch die Gewalt seines Geistes zu erzeugen, ohne die er seine Würde als der Gott der Erde nicht bewahren könne. Im goldenen Zeitalter mit dessen Mufse seien die Menschen nicht tugendhafter gewesen als jetzt die Tiere, ja vielleicht sogar noch stumpfer als diese. Not und Drang hätten die Industrie ins Leben gerufen, den Gedanken geschärft und zur Entdeckung der Kunst geführt, und so entwickelten sich von Tag zu Tage unter dem Drucke der Bedürfnisse stets neue und wunderbare Entdeckungen aus der Tiefe des menschlichen Geistes. Hierdurch entferne er sich von dem Tierischen und komme dem Göttlichen näher. Freilich nähmen zugleich Ungerechtigkeit und Bosheit zu. In dem tierischen Zustande gebe es aber weder Tugenden noch Laster, denn man dürfe die Tugend nicht mit der Abwesenheit des Lasters verwechseln. Selbstbeherrschung sei nur da zu finden, wo Widerstand zu überwinden sei; sonst werde tierische Stumpfheit Tugend sein. Die Keuschheit sei keine Tugend bei einer kalten und stumpfen Natur; im nördlichen Europa sei sie deshalb schwerlich eine Tugend, wohl aber in Frankreich, noch mehr in Italien, am allermeisten in Libyen. — Das Resultat wird, dafs die Mufse nur als notwendiges Gegenteil der Arbeit anzuerkennen sei (ocio — negocio). Arbeit und Ruhe müfsten einen natürlichen Rhythmus bilden. Einem edelgeborenen Geiste werde die Mufse zur gröfsten Plage werden, wenn sie nicht als Ablösung angestrengter Thätigkeit erscheine. —

Auch in der Schrift über die heroischen Affekte wird Gewicht darauf gelegt, daſs das Gefühlsleben, weil das Dasein aus groſsen Gegensätzen zusammengesetzt ist, in denen, die nicht tierisch borniert sind, von zusammengesetzter Beschaffenheit sein muſs, und dies wird nun als Maſsstab für die Entwickelung des Gefühls verwertet. Der Dumme verweilt bei dem gegenwärtigen Zustande und denkt nicht an das Vorhergehende und das Nachfolgende, nicht an das Entgegengesetzte, das doch so nahe liegt, nicht an das Abwesende, das doch immer eine Möglichkeit ist. Seine Freude kann deshalb ohne Sorge, ohne Furcht und ohne Reue sein. Die Unwissenheit ist die Mutter der sinnlichen Glückseligkeit und des tierischen Paradieses. Wer sein Wissen vermehrt, vergröſsert seinen Schmerz. Bei anwachsendem Wissen erblickt man eine gröſsere Anzahl von Möglichkeiten, steckt man sich ein höheres Ziel auf, — das dann um so schwerer zu erreichen wird. Der heroische Affekt entsteht, wenn man sich nicht von dem Trachten nach einem hohen Ziele abhalten läſst, weil Schmerz und Gefahr mit diesem Trachten verbunden sind. Der Schmetterling, der vom Lichte angelockt wird, weiſs nicht, daſs es sein Tod ist; der heroische Mensch weiſs dies, und doch sucht er das Licht auf, da er weiſs, daſs Schmerz und Gefahr nur in der beschränkten und sinnlichen Betrachtung, nicht vom Gesichtspunkte der Ewigkeit aus (ne l'occhio de l'eternitade) Übel sind. Es ist sogar eine Notwendigkeit, daſs alles höhere Streben von Unlust begleitet wird, da das Ziel immer höher steigt, je weiter man fortschreitet. Sorglos besteigt man den Nachen, um die Fahrt zu beginnen — und bald befindet man sich drauſsen auf dem unendlichen Meere, das Sinn und Gedanken überwältigt. Je mehr man erreicht, um so deutlicher sieht man, daſs absolute Befriedigung unmöglich ist. Man entdeckt, daſs der Gegenstand des Triebes unendlich ist, und hierdurch entsteht Streit und Unruhe in der endlichen Natur. Man fühlt dann aber Befriedigung daran, daſs das edle Feuer entzündet ist, selbst wenn es Schmerz herbeiführt. Es ist eine höhere Form der Selbsterhaltung, die dazu bewegt, trotz der aufgehobenen Harmonie das ideale Streben fortzusetzen. Was den Willen bindet (vinculum voluntatis), ist auf allen Stufen

eine Liebe, diese Liebe kann aber etwas betreffen, das hoch
über die endliche Existenz des Individuums hinaus liegt.
— Dieser ganze Gedankengang ist von Interesse nicht
nur, weil er Entgegnungen auf Einwürfe enthält, die bis in
die jüngste Zeit gegen diejenige Ethik erhoben wurden, welche
das Glück oder die Wohlfahrt als Mafsstab anlegt, sondern
auch wegen des Gegensatzes, in welchem Bruno hier sowohl
zur antiken als zur mittelalterlichen Auffassung steht. Sich
im Streite der Gegensätze tummeln und auf dem Ozean
des unendlichen Strebens schiffen ist für Bruno das Höchste.
Dies erzeugt einen Reichtum und eine Fülle des inneren
Lebens, die seines Erachtens durchaus kein möglicher
ruhender Zustand herbeiführen würde. Wie sehr auch die
Schrift über die heroischen Affekte an Platon und Plotinus
mahnt, auf die er selbst verweist, charakterisiert doch eben
sie den Bruno als modernen Denker. Er ist hier der Vorgänger
der Lessingschen und Kantischen Idee von dem ewigen
Streben als dem Höchsten, wie auch seine Stellung zur Vorstellung
vom goldenen Zeitalter an die kulturhistorische Auffassung
in der jüngeren Zeit mahnt. Wie in seiner Weltauffassung
arbeitet er auch in seinen ethischen Ideen mit
weitem Horizont — und mit der Vorstellung, dafs dieser sich
immer mehr erweitern lasse. —

14. Tommaso Campanella.

Wie Bruno war auch Campanella ein Mönch, der mit den
neuen Gedanken des Zeitalters in Berührung kam und ihnen
ein empfängliches Gemüt entgegentrug. Er gehört aber schon
der Reaktion an. Mit den Renaissancephilosophen ist er darüber
einig, dafs eine neue Wissenschaft und eine neue Philosophie
kommen müfsten, weil jetzt das Buch der Natur wie
sonst noch nie geöffnet sei. Doch hat er noch einen Grund
seiner Forderung, den nämlich, dafs die alte Philosophie heidnisch
sei. Es sei unmöglich, meinte er, die Aristotelische
Philosophie mit dem Glauben der Kirche zu vereinen, obgleich
man dies das ganze Mittelalter hindurch für möglich gehalten
habe. Eine neue Naturlehre und eine neue Staatslehre, eine

ganz neue Philosophie müfste begründet werden, damit die Kirche bestehen könnte, und damit diese sich nicht vor den neuen Völkern in den anderen Weltteilen schämen sollte, wenn sie mit einer Kultur ankomme, die nicht in der Kirche selbst hervorgebracht wäre. Die kühnen Hoffnungen der Renaissancedenker sind in Campanella mit des gläubigen Katholiken Demut vor der Kirche vereint. Er bestreitet, dafs Bruno um seiner wissenschaftlichen Meinungen willen verbrannt worden sei; er fordert in seiner Verteidigungsschrift für Galilei die Kirche auf, dem auf Erfahrung gegründeten Forschen freien Lauf zu lassen, da das Buch der Natur, gründlich studiert, schon mit der Heiligen Schrift übereinstimmen werde. Nachdem die Kirche aber die neue Astronomie in Galileis Lehre verdammt hat, beugt er sich. Es ist ihm hierbei freilich eine Befriedigung, dafs er jetzt nicht nötig hat, die Naturauffassung aufzugeben, die er von Telesio gelernt und in seinen früheren Schriften ausgesprochen hatte. Durch seinen Versuch, eine andere Philosophie als die scholastische aufzustellen, zieht er sich dennoch bittere Feindschaft zu, die wahrscheinlich eine mitwirkende Ursache seiner langen Gefangenschaft wurde. Seine Gestalt hat etwas Tragisches, indem sein Kampf mit der Scholastik von den Gewalthabern der Kirche und des Staates mit Unwillen betrachtet wird, weil sie nun jede Veränderung des Überlieferten fürchten gelernt hatten. All seine Begeisterung für die Sache der Kirche half ihm nichts. Auch in seinem Innern war er nicht imstande, die Mächte der Vergangenheit zu besiegen. Es arbeiten sich bedeutende Gedanken in ihm empor; sie werden aber in scholastische und mystische Formen gekleidet; und als es ihm gelang, sie der Öffentlichkeit zu übergeben, waren sie bereits auf anderem Wege, in klarerer Form und in besserem Zusammenhange mit der Wissenschaft der damaligen Zeit von Descartes ausgesprochen.

Campanella wurde 1568 zu Stilo in Kalabrien geboren. Seinen Vornamen Giovan vertauschte er mit dem Namen Tommaso, als er vierzehn Jahre alt in den Dominikanerorden eintrat. Nach seiner eignen Aussage bewog ihn zu diesem Schritte nicht nur religiöser Drang, sondern vielleicht noch

mehr die Hoffnung, im Kloster seine Studien besser betreiben
zu können. Durch seinen Eifer und Scharfsinn erregte er
bald die Aufmerksamkeit und Furcht der Mönche. Er griff die
Aristotelische Philosophie mit so triftigen Argumenten an, daſs
man meinte, er habe diese nicht auf natürliche Weise erhalten,
und seine Neigung zu den „geheimen Wissenschaften" mochte
diese Meinung bestärken. Telesios Naturphilosophie erregte
seine Begeisterung, und es machte ihm Kummer, daſs es ihm
nicht gestattet wurde, den alten Denker zu besuchen; erst als
Telesio auf der Bahre lag, bekam er ihn zu sehen. In wesentlichen Punkten folgt er der Telesianischen Philosophie, als
deren eifriger Verteidiger er auftrat. Um sich den erweckten
Feindschaften zu entziehen, reiste er nach Rom und von da
nach Florenz und Padua. Einen Lehrstuhl, von dem er seine
neuen Ideen verkünden könnte, zu erreichen, gelang ihm nicht.
Man trug Bedenken gegen die neue Lehre. Seine Manuskripte wurden ihm sogar gestohlen — und er fand sie erst
wieder, als er sich auf der Rückkehr aus Norditalien vor der
römischen Inquisition einstellen muſste. Hier scheint er doch
ziemlich leicht durch die Prüfung gekommen zu sein, der man
ihn unterwarf. Eine härtere stand ihm in der Heimat bevor.
Während der herrschenden Gärung der Gemüter und Unzufriedenheit mit der spanischen Wirtschaft entstanden Unruhen
in Kalabrien. Campanella, der bereits durch seine philosophische Opposition die Aufmerksamkeit auf sich gelenkt
hatte, muſste Gegenstand des Miſstrauens werden wegen der
sozialistischen Idee, auf die er schon früh geriet, und nicht
minder wegen der Weise, wie er aus den Zeichen der Natur
und der Zeit glaubte, für das Jahr 1600 groſse Umwälzungen
vorhersagen zu können. Staatsfeindlicher Pläne und der
Ketzerei beschuldigt wurde er mehrmals der entsetzlichsten
Folterung unterworfen und 27 Jahre lang gefangen gehalten.
Seine beste Lebenszeit verfloſs auf diese Weise. Die Begeisterung des kräftigen Mannes wurde jedoch nicht bezwungen.
Im Gefängnisse dichtete und dachte er, und als sein unter-
irdisches Loch mit einem besseren Aufenthaltsorte vertauscht
worden war, lag er eifrig den Studien ob. Freunde, die ihn
besuchten, beförderten seine Manuskripte in den Druck. Zu-

letzt erhielt er jedoch seine Freiheit und wurde nach Rom ausgeliefert. Der Papst beschützte ihn und ließ ihn nach Frankreich fliehen, wo er, von der französischen Regierung unterstützt, seine letzten Jahre in Ruhe verlebte. Er starb 1639, zwei Jahre nach dem Erscheinen der ersten epochemachenden Schrift des Descartes.

Campanella will eine von der Erfahrung ausgehende Philosophie. Deshalb wurde er über Telesios Programm begeistert und übersah die unvollkommene Weise, wie dieses Programm erfüllt wurde. Deshalb interessierte er sich ebenfalls lebhaft für Tycho Brahes und Galileis Beobachtungen und schwankte, wie schon berührt, eine Zeitlang in seiner Anschauung des Weltalls. Hat Galilei recht in seinen Folgerungen, sagte er, so müssen wir auf eine neue Weise philosophieren. Und da Galilei sich stets auf Beobachtungen stützt, kann man ihn nur durch andere Beobachtungen widerlegen. Es liegt dem Katholiken Campanella sehr am Herzen, daß die Kirche sich durch Verdammung der neuen Lehre keinem Spott aussetzen möge. Darum schrieb er im Gefängnisse seine *Apologia pro Galileo*, die auf Verwenden eines seiner Freunde 1622 in Frankfurt gedruckt wurde. Die Kirche wollte aber (wie wir unten ausführlicher besprechen werden) nicht den Weg gehen, zu dessen Einschlagung Campanella so eindringlich aufforderte: das Buch der Natur und das Buch der Offenbarung je seinen Regeln gemäß erklären zu lassen, in der Überzeugung, schließlich würden sie miteinander übereinstimmen, besonders wenn man daran festhalte, daß die Bibel sich, wie ganz natürlich, mit der sinnlichen und populären Weltauffassung begnüge. Als nun über Galilei das Urteil gefällt wurde, war Campanella ein so eifriger Katholik, und zugleich ein so eifriger Telesianer, daß er sich diesem Urteile fügte[34]). Nur verwarf er unter Berufung auf Tychos und Galileis Untersuchungen die festen Sphären. Wie Telesio glaubte auch er an zwei einander bekämpfende Kräfte der Welt, die erweiternde (die Wärme) und die zusammendrängende (die Kälte), deren erstere ihren Sitz in der Sonne (als centrum amoris), letztere in der Erde (als centrum odii) habe. Die Sonne nebst den anderen Sternen als Gehilfen bewege sich um die Erde.

Campanellas Naturauffassung hat ebenso wie die des Telesio einen animistischen Charakter, indem er meint, dafs die Wechselwirkung der Dinge und vorzüglich die gegenseitige Anziehung der entgegengesetzten Kräfte undenkbar wären, wenn sie nicht beseelt wären. Um aufeinander wirken zu können, müfsten sie einander spüren. Er wiederholt Telesios Argumente mit näherer Ausführung. Das gröfste Interesse hat die Betrachtung, dafs die Empfindung nicht durch Zusammenwirken der Elemente entstehen könne, da das Entstehen einer solchen ganz neuen Fähigkeit oder Eigenschaft eine Schöpfung aus nichts sein würde. Im Altertum sei (von Lucretius) hiergegen vorgebracht, dafs die Natur doch so viele Beispiele darbiete, wie das Erzeugnis andere Eigenschaften habe, als die erzeugenden Elemente. Campanella entgegnet aber, dafs alle derartigen Fälle für uns auch ein Erzeugen aus nichts sind, da wir nicht verstehen, was in den Elementen die Möglichkeit der neuen Eigenschaft enthält. Dafs Empfindung aus materiellen Elementen entsteht, ist also ebensowohl ein Erschaffen aus nichts, als dafs das Körperliche aus dem Körperlosen entsteht. Dasjenige in den Elementen, das die Möglichkeit der neuen Eigenschaft enthält, mufs dem Wesen nach mit dieser verwandt (ejusdem rationis) sein, ohne dafs sie darum auf dieselbe Weise praeexistierte, wie sie im Resultate auftritt (eodem modo qvo nunc). So aufgefafst hat die Idee von der Beseelung aller Dinge eine Bedeutung, die von dem Animismus durchaus unabhängig ist und gerade erst dann zu ihrem Rechte gelangt, wenn der Animismus der mechanischen Naturerklärung weicht. — Campanella will indes nur die sinnliche oder körperliche Seele auf diese Weise mit der übrigen Natur in Verbindung bringen. Den höheren geistigen Teil der Seele glaubt er, wie Telesio, aus nichts geschaffen.

Campanellas Naturphilosophie entwickelt sich ebenso wie die des Bruno zu einer ganzen Metaphysik, die wieder mit religiösen Ideen in Verbindung gesetzt wird. Alles, was ist, tritt **als** Kraft (potestas), Wissen (sapientia) und Trieb (amor) auf. — Sein heifst vor allen Dingen vermögen, sich geltend machen können. In ihrer höchsten, unendlichen Stufe und Form findet sich die Kraft in der Gottheit, beschränkt in jedem endlichen Wesen, bei dem die Fülle des Seins stets in höherem oder geringerem Maße durch das Nicht-sein begrenzt ist: es gibt nichts, das Gott nicht ist; durch sein Wesen, nicht durch Wirken nach außen (essentiando, non exterius agendo) regt er sich in allen Dingen; — es gibt aber viel, das ein endliches Wesen nicht ist. Die Mannigfaltigkeit endlicher Wesen zeigt dieses relative Nicht-sein; diese begrenzen und negieren insofern einander. — Was der Kraft gilt, gilt ebenfalls dem Wissen und dem Triebe. Ohne Wissen kann die Kraft nicht wirken. Dieses Wissen ist aber der Kraft innewohnend, ist eins mit der Kraft. Das Vermögen, dasjenige zu merken, wogegen zu wirken ist, läßt sich nicht von dem Vermögen des Wirkens trennen. Der Selbsterhaltungsinstinkt der Tiere zeigt uns dies deutlich; es gilt aber allen Dingen der Natur. Deshalb muß das Wissen ursprünglich sein, nicht erst ein Erzeugnis äußerer Einflüsse. Die Voraussetzung alles anderen Wissens ist das Wissen vom eignen Selbst. Ein solches ursprüngliches Selbstwissen findet sich in jedem Dinge, „verborgen" aber (als intellectio abdita), indem kein Gegensatz und keine Veränderung zur Geltung kommt. Campanella versucht zu zeigen, wie Selbsterkenntnis möglich sei, im Widerspruch mit **Telesios** Satze, daß alle Erkenntnis eine Änderung voraussetze. Dieser Satz, meint Campanella, gilt nur der durch äußere Erfahrung erworbenen Erkenntnis. Um andere Dinge zu erkennen, muß man von diesen beeinflußt und mithin verändert werden. Um sich selbst zu erkennen ist es aber nicht notwendig, beeinflußt und verändert zu werden; denn was man hier erkennen soll, das **ist** man ja und braucht es nicht erst zu werden. Von sich selbst hat das einzelne Wesen einen „ursprünglichen, verborgenen Gedanken" (notio abdita innata), der mit seiner Natur eins ist. Daß wir nicht sogleich Klarheit über uns selbst besitzen, sondern unsre Natur aus unsern Handlungen erkennen lernen müssen, hat seinen Grund darin, daß diese in unserer Natur liegende Selbsterkenntnis stets durch äußere Einflüsse verhindert oder gehemmt wird. Für die Selbsterhaltung ist es notwendig, andere Dinge kennen zu lernen und uns somit also fortwährend zu verändern. Hierdurch wird das ursprüngliche Wissen verdunkelt; die Seele verfällt

dem Selbstvergessen und der Unwissenheit über sich selbst.
Vorzüglich die niederen Tiere sind sich selbst fremd und leben
wegen der unablässigen äufseren Beeinflussung wie in beständigem Irrsinne. Jenes „verborgene" Wissen seiner selbst ist
aber doch die notwendige Voraussetzung, um etwas von
anderen Dingen wissen zu können. Dafs ich die Wärme merke,
heifst, dafs ich mich selbst als erwärmt merke. Jedes Erkennen anderer Dinge ist eine spezielle Bestimmung, Modifikation meines Bewufstseins und setzt dieses voraus. Nur in
dem unendlichen Wesen kann sich das ursprüngliche Wissen
seiner selbst frei und klar entfalten, weil äufsere Einflüfse hier
wegfallen. Für die endlichen Wesen hat die Lehre von dem
Sichselbstwissen aber die Bedeutung, dafs alle Erkenntnis sich
auf unsere unmittelbare Empfindung stützt. Die Skeptiker
mögen recht haben mit Bezug auf alle abgeleitete Erkenntnis;
diese setzt aber stets ein Bewufstsein von unsern eignen unmittelbaren Zuständen und deren Modifikationen voraus, und
dieses Bewufstsein ist eine Realität, die sich nicht bezweifeln
läfst. Es geht mit unserm Wissen wie mit unserm Können:
dafs ich eine Last zu heben vermag, setzt voraus, dafs ich
meinen Arm heben kann; und also kann ich von anderen
Dingen nur deshalb etwas wissen, weil ich meinen eignen
Zustand als durch diese anderen Dinge bestimmt erkennen
kann. In der Erklärung meines Zustandes kann ich mich
irren, nicht aber darin, dafs ich ihn auf bestimmte Weise
auffasse. Campanella verweist auf Augustinus, der schon gezeigt habe, dafs das unmittelbare Bewufstsein nicht täusche.
„Für mich," sagte Augustinus, „ist das Sicherste von allem,
dafs ich bin. Selbst wenn du verneinst, dafs ich sei, und
sagst, dafs ich mich täusche, so gestehst du eben hierdurch, dafs
ich bin; denn ich kann mich nicht täuschen, wenn ich nicht bin."
— Durch diese Lehre gelangt Campanella zu dem Punkte,
der durch Descartes der Ausgangspunkt der gesamten neueren
Philosophie wurde. Campanellas „Metaphysik", in der diese
Lehre ausgesprochen wird, erschien allerdings erst ein Jahr
nach Descartes' *Discours sur la methode*, sie war aber
sicherlich zum gröfsten Teil schon in seiner Kerkerzeit verfafst. Übrigens findet sich der Gedanke von dem unmittel-

baren Bewufstsein als Grundlage alles Wissens schon früher bei mehreren Denkern der Renaissance, bei Cusanus, Montaigne, Charron und Sanchez (welchen letzteren zu erwähnen wir bisher keine Gelegenheit hatten). — Campanella geht aber noch weiter zurück. Sein „verborgenes" Wissen ist, was man jetzt potentielles Wissen nennen könnte; es ist vielmehr Bewufstseinsmöglichkeit als wirkliches Bewufstsein, wie denn Campanella auch lehrt, dafs es stets durch äufsere Erfahrung gehindert werde. Wirkliche Selbsterkenntnis wird ja doch auch gewonnen, nicht indem man sich von allen Veränderungen zurückzieht (denn ein unveränderliches Sein können wir uns nicht als bewufstes denken), sondern indem wir beachten, wie unser Wesen sich mittels der Veränderungen und durch unsere Handlungen entfaltet. Und dies giebt Campanella denn auch zu, wenn er sagt: „die vielfachen Veränderungen verschleiern unser ursprüngliches Wesen und machen uns fortwährend zu neuen Wesen, wodurch die Vergleichung mit der Vergangenheit und die Einheitlichkeit unseres Wesens, mithin auch die Kenntnis unser selbst verhindert wird." Es wird hier eine andere Art der Selbsterkenntnis angedeutet als jene halb mystische, die von aller Veränderung unabhängig sein sollte. —

Wie sich in allen Dingen Kraft und Wissen regen, so regt sich auch Trieb. Dies erweist sich dadurch, dafs jedes Ding sich selbst zu erhalten sucht. Der Stein will Stein bleiben, und wird er emporgeworfen, so sucht er wieder die Erde auf, wo er zu Hause ist. Pflanzen und Tiere suchen mittels der Fortpflanzung sogar eine Selbsterhaltung, die sich über das Leben des einzelnen Individuums hinaus erstreckt. Ja, in dem Bedürfnisse des Lichtes und der Wärme, sich über alles und in allem zu verbreiten, sieht Campanella denselben ewigen Trieb oder die ewige „Liebe" (amor) in Thätigkeit. Und ebenso wie die Kraft, sich selbst zu bewegen, die Voraussetzung der Kraft, alles andere zu bewegen, und das Wissen seiner selbst die Voraussetzung des Wissens von allem anderen ist, so ist auch die Liebe zu sich selbst die Voraussetzung der Liebe zu allem anderen. Die speziellen Formen, die die Liebe mit Bezug auf verschiedene

Gegenstände annimmt, setzen die „verborgene" Liebe (amor abditus) voraus, mit welcher jedes Wesen sein eignes Sein erhält und behauptet. Das Glück des Menschen wie dasjenige jedes Wesens besteht in solcher Selbsterhaltung; bestünde es in etwas anderem, so wäre die Folge Selbstvernichtung. Die Tugend ist die Regel, die befolgt werden muſs, damit der höchste Zweck, die volle Selbsterhaltung zu erreichen sei; was das Gesetz für die Gesellschaft, ist die Tugend für den einzelnen Menschen. Auf drei Wegen ist das Ziel hier in der Welt zu erreichen: durch Erhaltung der eignen Persönlichkeit, durch Fortsetzung des Lebens in den Kindern, und indem man Ehre und Ruhm hinterläfst. Ein vierter Weg führt zum ewigen Leben in Gott, wo der Mensch des unendlichen Seins teilhaft wird, aus dem seine eigne Existenz durch Vermischung mit Nicht-sein ausgesondert ist. Alle Moral und Religion setzt Campanella also mit der Selbsterhaltung in enge Verbindung. Am innigsten ist das Verhältnis inbetreff der Religion: denn die unbewuſste oder „verborgene" Liebe zu sich selbst, die der Liebe zu allem anderen zu Grunde liegt, ist ihrem innersten Wesen nach wieder die Liebe zum unendlichen Sein, das sich in dem begrenzten Sein aller Dinge regt, und nur, wenn wir dieser teilhaft werden, können wir die ewige Seligkeit erlangen. Es giebt deshalb eine ursprüngliche, „verborgene" Religion (religio abdita) in allen Menschen, ebenso wie ein „verborgenes" Wissen und einen „verborgenen" Trieb, und eigentlich als mit diesen eins. Die einzelnen, positiven Religionen können sich irren, nicht aber jene innere, ursprüngliche Religion, die sie zur gemeinschaftlichen Voraussetzung haben. Eine Offenbarung ist nur deshalb notwendig, weil die positiven Religionen (religiones superadditae) Verschiedenheiten und Irrtümer darbieten.

In seiner individuellen Ethik erinnert Campanella durchaus an Telesio. Wie dieser macht er den Hochsinn (sublimitas) zum Gipfel aller Tugend, da derselbe den wahren Adel, die innere Selbstbewahrung ausdrückt, auf äuſsere Ehre herabblickt und in seinem Trachten, sich selbst und anderen die Freiheit zu erringen, weder unter den schrecklichsten

Martern noch in der langwierigsten Kerkerhaft sich selbst
verleugnet. In seiner sozialen Ethik geht er die verschiedenen
Gesellschaften durch, von den engsten, der Familie und dem
Hausstande, durch Kommune und Staat bis zum Weltreich,
einer allgemeinen Gesellschaft der Menschen, dessen höchster
Lenker der Papst ist, und dessen Senat aus den weltlichen
Fürsten gebildet wird. Campanella beschäftigte sich eifrig
mit der Politik. Vielleicht hegte er in seiner Jugend kühne
Pläne mit Bezug auf die Zukunft seines Vaterlandes und
glaubte er sich selbst zum religiös-politischen Reformator berufen. Es ruht noch grofses Dunkel über der Verschwörung,
an der er teilgenommen haben soll. Äufserungen, die in
seiner Schilderung des hochsinnigen Menschen vorkommen,
könnten andeuten, dafs er grofse Pläne gehegt hatte, die er
nicht bekennen *wollte*. Wie dem aber auch sei, so plante er
später eine theokratische, über die ganze Erde sich er-
streckende Weltherrschaft, mit dem Papste an der Spitze, in
welcher Spanien (wie in der Schrift Über die spanische Monarchie speziell entwickelt wird) die Aufgabe haben sollte, die
Völkerschaften der fremden Weltteile unter die Kirche zu
bringen, während es dem „allerchristlichsten" Könige Frankreichs (nach der Vorrede zur *Universalis philosophia*) obliegen würde, die Ketzer in Europa zu bezwingen. Hier tritt
Campanellas reaktionäre Stellung in seiner Politik, wie oben
in seiner Naturauffassung hervor. Namentlich steht er in
scharfem Gegensatze zu Machiavelli, den er (besonders im
Atheismus triumphatus 1636) als Repräsentanten des bösen
Prinzips betrachtet.

Das Merkwürdige ist aber, dafs Campanella hier wie
auch auf dem Gebiete der Naturauffassung unter dem äufserst
starken Einflusse eben derjenigen Gedanken steht, die er bekämpfen will oder bekämpfen mufs. Als Beigabe seiner
Ethik und Politik wurde seine ideale Schilderung der Zukunft,
„der Sonnenstaat" (*Civitas solis*) herausgegeben. Sie entstand
im Gefängnisse, während der Druck der Gegenwart schwer
auf ihm lastete. Ein Jahrhundert früher hatte Thomas Morus,
der englische Kanzler, und fast gleichzeitig mit Campanella
Bacon von Verulam solche Ideale der menschlichen Gesell-

schaft aufgestellt; das gemeinschaftliche Vorbild hatte Platon allen dreien in seinem „Staate" gegeben. Campanella beschreibt eine Ordnung der Gesellschaft, in welcher die Wissenschaft, das heifst die Naturwissenschaft und die Philosophie herrscht, und wo die materielle Arbeit zu ihrem Rechte gelangt. Es gibt keine Priesterschaft und keinen Adel. Die Regierenden sind diejenigen, welche die beste theoretische und praktische Ausbildung erhalten haben. Die Einwohner des Sonnenstaates finden den Gedanken lächerlich, dafs die Handwerker nicht eine eben so edle Klasse als andere Mitglieder der Gesellschaft sein sollten. Kein Privateigentum, keine abgesonderte Wohnung, kein privates Familienleben wird gestattet, da hierdurch der Egoismus begünstigt und die heifse Vaterlandsliebe, die die Einwohner des Sonnenstaates beseelt, vermindert würde. Die Obrigkeit reguliert die geschlechtlichen Verbindungen nach physiologischen Rücksichten, damit der Staat gesunde und wohlbegabte Bürger erhalte. Es sei ja doch das Geschlecht, meinen die Sonnenbürger, und nicht das Individuum, das durch die Fortpflanzung erhalten werden solle! Hochmut wird als das ärgste Laster betrachtet. Jedem wird das seinen Fähigkeiten am besten angemessene Werk aufgegeben, und von der Ausbeute der Arbeit bekommt jeder, was er gebraucht und verdient. Der Zufall darf nicht walten, weder was die Zeugung noch den Beruf noch die Verteilung betrifft. Dies würde nur Ungerechtigkeit und die Not vieler Menschen zur Folge haben. „Es wohnen jetzt siebzig tausend Menschen in der Stadt Neapel; von denselben arbeiten kaum zehn bis fünfzehn tausend, und diese werden durch die übertriebene, fortwährende und tägliche Arbeit aufgerieben und zu Grunde gerichtet, während die übrigen sich dem Müfsiggang ergeben oder der Stumpfheit, dem Geiz, der Kränklichkeit, Wollust und Genussucht verfallen. Im Sonnenstaate aber, wo dienstliche Stellungen, Künste, Arbeiten und Beschäftigungen unter alle Menschen geteilt werden, braucht jeder kaum vier Stunden des Tages zu arbeiten; die übrige Zeit kann er gebrauchen, um sich auf angenehme Weise Kenntnisse zu verschaffen, zum Diskutieren, Lesen, Erzählen, Schreiben, Spazieren oder zu fröhlicher Übung des Geistes und des Körpers."

Dieses Zukunftsbild, das Campanella vorschwebte, während er im Kerker saſs, „gefesselt und dennoch frei, einsam aber nicht allein, schweigend und doch seinen Ruf erhebend" — wie es in einem seiner Sonette heiſst, steht in einem gewissen Gegensatz sowohl zu der philosophischen als zu der politisch-religiösen Anschauung, die er in seinen anderen Schriften entwickelt. Mit der starken Betonung der Selbstbehauptung stimmt es nicht überein, daſs der Einzelne im „Sonnenstaate" so ganz und gar darauf verzichten muſs, seinen eignen Weg zum Ziele zu finden. Unter anderem vergiſst Campanella, daſs er die Fortpflanzung ausdrücklich als eine Form der Erhaltung des *Individuums* betrachtet hat; hier soll es aber *nur* auf die Erhaltung des Geschlechtes ankommen. Noch sonderbarer ist der Gegensatz zwischen dem „Sonnenstaate" und der Theokratie, die Campanella in seinen philosophischen und politischen Schriften als das Ziel betrachtet. Alle Hierarchie und alle Alleinherrschaft ist dort verschwunden. Es bleibt eigentlich auch kein Raum für die positive Religion übrig. Die „verborgene" Religion scheint zu genügen, und es wird sogar ausgesprochen, daſs das Christentum ja eigentlich nur sanktioniere, was man dem natürlichen Denken gemäſs als glaublich annehme, — eine Sanktion, die bei einer so vollkommenen sozialen Ordnung wie der des Sonnenstaates nicht mehr notwendig scheint. Allerdings kann man, wie Sigwart in seiner vorzüglichen Abhandlung über Campanella und dessen politische Ideen bemerkt, zwischen dem Plane einer Theokratie und dem Plane eines wissenschaftlich geleiteten künftigen Staates gewisse Übereinstimmung finden; charakteristisch ist es aber, daſs Campanella seine Ideen in dieser doppelten Form und zwar so ausarbeitete, daſs nicht die Theokratie, sondern der sozialistische Staat, in welchem das Recht der Arbeit und der Wissenschaft in erster Reihe steht, das schlieſsliche Ideal wird. Die Mächte seines Zeitalters, sogar die Vertreter der

Reaktion in Kirche und Staat hat er eben als Mittel und als erziehende Kräfte betrachtet, die auf das ideale Ziel losführen sollten, welches der bestehenden Ordnung diametral entgegengesetzt war. Obgleich Campanella in so vielem ein Mann der Reaktion ist, hat er doch noch das Blut der Renaissance in sich, und sein Blick schaut mit ebenso grofser Begeisterung über die Grenzen der gegebenen sozialen Welt hinweg, wie Giordano Bruno über die Grenzen des äufseren sinnlichen Himmels.

ZWEITES BUCH.

Die neue Wissenschaft.

I. Die Aufgabe.

Die Praxis geht der Theorie und die Kunst der Wissenschaft voraus — wenn sich später gleich aus der Theorie eine neue Praxis, aus der Wissenschaft eine neue Kunst entwickeln kann. Der Humanismus entwickelte sich, wie wir sahen, aus den politischen und sozialen Verhältnissen der italienischen Staaten, und aus dem Humanismus als einer Richtung des praktischen Lebenswandels entwickelte sich wiederum eine neue Lehre von dem Menschen. Ähnlicherweise entwickelte sich die mechanische Naturwissenschaft aus der blühenden Industrie der italienischen Städte. Um sich Mittel zur Gewalt und zur Pracht zu verschaffen, mufsten die Herrscher Handwerk und Gewerbe unterstützen, und die persönliche Kraft und das starke Selbstgefühl der städtischen Bürger gaben sich Ausschlag in eifriger und kluger Thätigkeit auf dem Gebiete der industriellen Arbeit und der industriellen Erfindungen. In dieser Beziehung fand ein Wettkampf der Städte statt. Man suchte einander an gewerbekundiger Klugheit zu übertreffen und hütete eifersüchtig neue Erfindungen und Maschinen. Praktische Verwertung der Naturkräfte vermehrte die Kenntnis von deren Wirkungsart und mufste Interesse für das Auffinden ihrer Gesetze erwecken. Das Erscheinen eines Leonardo oder eines Galilei wird nur im Zusammenhang mit der italienischen Industrie verständlich, ebenso wie Pomponazzi und

Machiavelli nur im Zusammenhange mit der italienischen Geistesentwickelung und der italienischen Politik verständlich sind.

Nehmen wir ein einzelnes Beispiel. Galilei beginnt seine berühmten „*Untersuchungen über zwei neue Wissenschaften*", indem er den Salviati, die Hauptperson des Dialogs, ausrufen läfst: „Die unerschöpfliche Thätigkeit in eurem berühmten Arsenal, meine Herren aus Venedig, scheint mir den Denkern ein grofses Bereich der Spekulation darzubieten, besonders auf dem Gebiete der Mechanik, da von zahlreichen Künstlern fortwährend neue Maschinen und Gerätschaften aufgeführt werden." Hierauf entgegnet Sagredo: „Sie haben ganz recht, mein Herr, und da ich wifsbegieriger Natur bin, komme ich häufig hierher, und die Erfahrung, über welche diejenigen, die wir ihrer hervorragenden Meisterschaft wegen „die ersten" nennen, verfügen, hat mir oft den Kausalzusammenhang wunderbarer Erscheinungen entdeckt, die früher für unerklärlich und unglaublich gehalten wurden."

Die Entwickelung des neuen Weltbildes wirkte auch in dieser Richtung vorbereitend. Sie bewog zum Aufsuchen eines anderen Zusammenhanges der Natur als des von der sinnlichen Wahrnehmung unmittelbar dargebotenen, und mufste zu der Frage führen, durch welche Kräfte und Gesetze das Weltsystem, welches das Denken auf Grundlage der Wahrnehmung konstruierte, zusammengehalten und in Thätigkeit erhalten werde. Diese Frage beantwortete die neue Weltanschauung nicht selbst, oder wenn sie es versuchte, geschah es auf phantastische, poetische, animistische Weise. Allerdings war es ein bedeutender Fortschritt, dafs Telesio die Aristotelische Form durch den Begriff der Kraft ersetzte. Hierdurch wurde festgestellt, dafs die Erklärung nicht in der Qualität, der vollendeten Gestalt der Erscheinung zu suchen sei, wie bei dem Werke eines Künstlers, das verstanden wird, wenn man entdeckt, welches Vorbild ihm vorgeschwebt hat. Der Begriff der Kraft ist aber noch zu vag und unergiebig, solange er nicht auf Grundlage der Einsicht in den regelmäfsigen Zusammenhang der Erscheinungen konstruiert wird. Weifs man, welchem Gesetze gemäfs die Erscheinung B auf die Erscheinung A folgt, so weifs man auch, welche Kraft und wieviel Kraft man A zuschreiben mufs; denn Kraft bedeutet dann nur die in A enthaltenen Bedingungen für das Auftreten des B. Um dies zu entdecken, sind Wahrnehmung und Beschreibung aber nicht genügend. Man mufs auf die einfachsten Verhältnisse zurückgehen und auf experimentalem Wege die Bedingungen untersuchen, von denen das Eintreten der Erscheinungen abhängig ist. Es dreht sich nicht mehr um ein Bild allein. Das Bild mufs in seinen einzelnen Zügen analysiert und der Zusammenhang dieser Züge untersucht werden. Erst hierdurch läfst sich völlige Sicherheit gewinnen, dafs das Bild Gültigkeit besitzt. Mehrere der Forscher, die als Begründer der neuen mechanischen Naturwissenschaft dastehen, haben denn auch an der Ausführung des neuen Weltbildes weiter fortgearbeitet, wie sie dessen Verhältnissen ebenfalls zum Teil die Aufgaben ihrer mechanischen Untersuchungen entnahmen.

Auch hier war es ein Gedanke aus dem Altertum, der wieder vorgenommen wurde. Archimedes, der Begründer der Statik und der Hydrostatik, hatte bereits im dritten Jahrhundert vor Christus Gedanken geäufsert, die den Keim einer mechanischen Naturauffassung enthielten. Wegen Ungunst der Zeiten wurde dieser Keim erst nach dem Verlaufe zweier Jahrtausende entwickelt. Archimedes gehörte nun, da seine Geistesrichtung günstigere Lebensbedingungen gefunden hatte, zu den Verfassern, die im 16. Jahrhundert mit Eifer studiert, herausgegeben und übersetzt wurden. In der That war jedoch eine neue Wissenschaft zu begründen. Das philosophische Interesse dieser Begebenheit beruht auf deren Bedeutung für das Geistesleben, und diese Bedeutung ist mehrseitiger Art. — Erstens wurde hier eine neue Methode entwickelt und somit eine neue Anwendung des menschlichen Erkenntnisvermögens, die in den Charakter und die Richtung der Geistesentwickelung tief eingriff. Neue geistige Bedürfnisse und Gewohnheiten entstanden. Das Experiment und die Analyse drängten sich vor die Kontemplation und die Konstruktion, wenn sie diese nicht geradezu verdrängten. — Zweitens war es vorzüglich die materielle Seite des Daseins, auf die sich die neue Methode anwenden ließ. Es mußte nun zur Frage kommen, welche Tragweite die gefundenen Resultate hätten, — ob sie eine Erkenntnis des gesamten Daseins enthielten, oder in welchem Verhältnisse sie zur geistigen Seite des Daseins ständen. Die durch die neue Weltanschauung bewerkstelligte Revolution hatte tiefsinnigen Denkern bereits die Einsicht gegeben, daß die Rätsel der Welt nicht nur, wie die naive Auffassung glaubte, wesentlich außer und über uns in den großen kosmischen Verhältnissen liegen, sondern sich in unserm eignen Innern und in den allergeringsten und zugänglichsten Naturerscheinungen verbergen. Durch die neue Methode und deren Erfolge wurde dies noch einleuchtender. — Endlich war es nicht zu vermeiden, daß die genauere Kenntnis der Natur und die die Einsicht in die Naturgesetze begleitende Fähigkeit, den Lauf der Erscheinungen vorauszusehen und teilweise zu beherrschen, das menschliche Selbstgefühl kräftigen, und was der Humanismus in mehr ästhetischer und theoretischer Form eingeleitet hatte, weiter ausführen mußten.

2. Leonardo Da Vinci.

Dieser große Künstler führt uns wieder in die Renaissance zurück. Sein Name ist in der Geschichte der Philosophie zu nennen, weil sich in den aus seinen hinterlassenen Manuskripten ausgezogenen Aphorismen die erste deutliche Äußerung über das Prinzip und die Methode der exakten Wissenschaft findet. Nicht nur in der bildenden Kunst, sondern auch in der Anatomie, der Ingenieurwissenschaft und der Mechanik war dieser allseitigste Geist der Renaissance heimisch, und er fühlte das Bedürfnis, sich in philosophischen Ideen von dem Wege, den er bei seinem Forschen einschlug, wie auch von den Eindrücken, die er von dem Treiben der Menschen um sich her erhielt, Rechenschaft abzulegen. Er wurde 1452 in der Nähe von Florenz geboren und wurde in der Malerkunst von Verrocchio unterrichtet, der neben dieser auch die Weberei, Metallgießerei und Goldschmiedekunst betrieb. Von Ludwig

Moro wurde er nach Mailand berufen, wo er eine Akademie
der Wissenschaften stiftete. Man hat gemeint, dafs ein Teil
seiner Aufzeichnungen für Vorlesungen an dieser bestimmt
waren. In Mailand war Leonardo nicht nur als Maler und
Bildhauer, sondern auch als Ingenieur, Musiker und als Ordner
von Hoffesten thätig. Nach dem Sturze Ludwig Moros wirkte
er vorzüglich in Florenz und Rom. Seine letzten Jahre verlebte er in Frankreich, wo er 1519 starb. Sein unstetes Leben
und seine vielseitige Thätigkeit bewirkten, dafs er nicht dazu
kam, die geplanten Werke über naturwissenschaftliche und
philosophische Gegenstände auszuarbeiten. Sie würden tief in
die Entwickelung des wissenschaftlichen Denkens eingegriffen
und dieselbe um ein bedeutendes beschleunigt haben. Gedanken, die man gewöhnlich auf Galilei oder Bacon zurückführt, finden sich bereits von Leonardo geäufsert, lagen aber
in seinen Manuskripten begraben, die erst in der jüngsten
Zeit genauer bekannt geworden sind. Die Hauptgedanken,
die uns in diesem Zusammenhang interessieren, gehen darauf
aus, teils die Bedeutung der Erfahrung hervorzuheben, teils
einzuschärfen, dafs die Resultate unserer Erkenntnis ohne Anwendung der Mathematik keine völlige Sicherheit gewinnen
können. Die Weisheit ist die Tochter der Erfahrung und
deshalb auch ein Produkt der Zeit. Spekulationen, die keine
Bestätigung in der Erfahrung, der gemeinschaftlichen Mutter
aller Wissenschaften fänden, weist er ab. Bei blofser Wahrnehmung will er aber nicht stehen bleiben. Es ist seine
Überzeugung, dafs mit jedem thätigen Elemente (potentia) der
Natur Wirkungen bestimmter Beschaffenheit verknüpft sind,
die sich in bestimmter Ordnung entfalten. Die Notwendigkeit
ist das ewige Band, die ewige Regel der Natur (freno et regola
eterna). Es kommt darauf an, bis zu dieser einzudringen,
und — so ist Leonardos Meinung wohl aufzufassen — kraft
dieser läfst sich die mathematische Erkenntnis auf die Erfahrung anwenden: sie ermöglicht es, dafs aus den vorliegenden
Erscheinungen auf solche gefolgert werden kann, die zu denselben in einem Bedingungsverhältnisse stehen. In der Mechanik zeigt sich dies am klarsten und einfachsten: sie ist das
„Paradies der mathematischen Wissenschaften". — In den

'Gedanken, die uns auf diese Weise durch Kombination der Aphorismen Leonardos entgegentreten, sind bereits die Grundprobleme der modernen Erkenntnistheorie enthalten. Indem er sie praktisch verwertete, wurde er einer der Begründer der modernen Mechanik und Ingenieurwissenschaft.

Was sonst von Leonardos Ideen vorliegt, trägt das Gepräge eines derben Naturalismus. Er betrachtet die Seele teils als Prinzip des Wahrnehmens, Erinnerns und Denkens, teils auch als das gestaltende Prinzip des Organismus. Wenn wir noch mehr über die Seele zu wissen wünschen, verweist er uns an die Mönche, „diese Väter des Volkes, denen durch Inspiration alle Geheimnisse bekannt sind". Er äufsert (wie später Montaigne und Bruno) die Idee von dem Kreislaufe des Stoffes in der organischen und der unorganischen Welt und zieht hieraus einen eigentümlichen Schlufs, der erst nach Verlauf langer Zeit bei Diderot wieder auftaucht: „In dem Stoffe, der stirbt, bleibt das Leben erhalten, ohne dafs dies gespürt wird; wenn er darauf wieder in die Ernährungsorgane lebender Wesen aufgenommen wird, erwacht er abermals zu sinnlichem und geistigem Leben." In Übereinstimmung hiermit findet er in dem beständigen Trachten und Erwarten des Menschen ein Zeugnis dessen, was sich in der Natur selbst regt, deren Vorbild der Mensch sei.

Wie interessant diese Andeutungen auch sind, verdankt Leonardo seinen hervorragenden Platz in der Geschichte des Denkens doch nicht ihnen, sondern der Idee von der Verbindung der Erfahrung und des exakten Denkens. Ein Jahrhundert sollte verfliefsen, bevor diese Idee weiter durchgeführt werden konnte von grofsen Forschern, die sie auf ihren eignen Wegen entdecken mufsten.

3. Johannes Kepler.

Es wurde schon darauf aufmerksam gemacht, wie sich die neue Weltanschauung unter der Form mystischer Spekulation im Anfang des 17. Jahrhunderts regte, sogar in Böhmes stiller Werkstätte. Seinem Zeitgenossen und in gewissen Beziehungen Geistesverwandten Johannes Kepler gelang es, eine exaktere Grundlage für die neue Anschauung zu finden als die, auf welche sie sich bisher hatte stützen können. Durch eine seltene Vereinigung anscheinend streitiger Fähigkeiten und Interessen wurde er mittels begeisterten und beharrlichen Arbeitens aus hoch schwebenden Spekulationen zur Begründung einer exakten Erfahrungswissenschaft geführt. Mit Bruno gemein ist Kepler das Bedürfnis eines weiten Horizontes und der Drang, die sein Gemüt erregenden Gedanken zu äußern. „Ich kenne," sagt er, „keine größere Qual, als die, nicht ausdrücken zu können, was ich in meinem Innern fühle, — geschweige denn, das Entgegengesetzte von dem, was ich denke, aussprechen zu müssen." Von seiten der Orthodoxie wurde ihm denn auch der Widerstand fühlbar genug gemacht; diese warf im Verein mit dem geringen geistigen Sinne und großen Aberglauben der damaligen Zeit düstre Schatten in seinen Lebenslauf. Seine Wahrheitsliebe und sein unermüdlicher Arbeitsfleiß hielten ihn jedoch aufrecht trotz aller Widerwärtigkeiten.

Kepler wurde 1571 zu Weil in Württemberg geboren. Er war ein Schwabe, wie so viele der tiefsinnigsten Denker Deutschlands. Seine Erziehung erhielt er an dem theologischen Seminarium zu Tübingen, wo er Humaniora, Philosophie, Mathematik und Astronomie in nicht geringem Umfange betrieb. Hier wurde er in die Aristotelische Naturphilosophie eingeführt, an der er lange festhielt. In der Astronomie hatte er Möstlin zum Lehrer, der die Richtigkeit des Ptolemäischen Systems privat bezweifelte, offiziell aber fortfuhr, dasselbe vorzutragen. Die Theologie wurde an den Nagel gehängt, als er mit Widerstreben die Stellung als Lehrer der Mathematik am Grazer Gymnasium übernahm. Diese Berufung wurde entscheidend für seine Zukunft — und für die der Wissenschaft. Er faßte nun den Plan, eine neue Naturphilosophie zu geben, die das System des Kopernikus mit der alten Lehre von seelischen Wesen als Bewegern der Weltkörper verbinden sollte. Er trennt sich (*Epitome Astronomiae Copernicanae.* Op. ed. Frisch. VI, S. 136 u. f.) ausdrücklich von Bruno, indem er die Fixsternensphäre als Grenze des Weltalls annimmt, weil er meinte, nach Brunos Theorie müßten die Fixsterne so weit von einander entfernt sein, dafs wir in der That viel weniger derselben zu sehen vermöchten, als wir wirklich sähen. Die Fixsternensphäre umschliefse einen hohlen Raum, in dessen Mitte sich die Sonne befinde, die von den Planeten, darunter auch der Erde, umkreist werde. Bruno sah hier richtiger, als Kepler. Anderseits war letzterer imstande, seine Ideen — trotz ihrer ursprünglich mystischen Form — einer genaueren Verifikation zu unterwerfen als Bruno. Keplers erstes Werk (*Mysterium cosmographicum.* 1597) geht von theologischen und pythagoreischen Voraussetzungen aus. Er will das Weltall als Abbild der Dreieinigkeit auffassen: dem Vater entspricht das Zentrum, dem Sohne die umgebende Sphäre, und dem Geiste das Verhältnis der beiden zu einander, ausgedrückt durch die geometrischen Verhältnisse unter den verschiedenen Sphären, in denen sich die Planeten bewegen. Der göttliche Geist offenbare sich nämlich durch die harmonischen Gröfsenverhältnisse des Weltalls. Kepler sucht zu zeigen, dafs man in die verschiedenen Kugelflächen, in denen sich die Planeten bewegen, die fünf von Pythagoras aufgestellten regelmäfsigen Körper, das heifst die Körper, die lauter gleich grofse Flächen mit gleich grofsen Seiten und gleich grofsen Winkeln haben, legen könne. Die Grundformen der Geometrie und die Verteilung der Weltkörper im Raume sollten einander also genau entsprechen. Dies ist das kosmographische Mysterium, über welches Kepler begeistert war, und das er als leitende Idee, die seine folgenden Untersuchungen teils förderte, teils hemmte, festhielt. Diese Idee war ein Ausdruck seiner nie aufgegebenen Überzeugung, dafs sich bestimmte mathematische Verhältnisse des Weltalls müfsten nachweisen lassen, und sie bewog ihn deshalb stets zu erneuten Forschungen, verursachte ihm aber viele Mühseligkeiten wegen der Voraussetzung, von der er wie das ganze Altertum und Mittelalter ausging, dafs nämlich die Himmelskörper sich in Kreisen bewegen sollten, da der Kreis die vollkommenste Figur sei.

Unter den Männern, denen Kepler seine Schrift zustellte, war auch Tycho Brahe, den er als „Fürsten der Mathematiker seines Jahrhunderts" begrüfste. Tycho antwortete freundlich, erklärte aber, dafs er, sich auf 35jährige Beobachtungen stützend, den Spekulationen Keplers nicht beistimmen könne, wieviel Sinnreiches er auch darin finde. Speziell führte er seine Einwürfe gegen die Kopernikanische Theorie an. Die solchergestalt eingeleitete Verbindung der beiden Männer führte dahin, dafs Kepler — als Tycho kurz darauf nach Prag übersiedelte — ebenfalls seinen Wohnsitz in Prag aufschlug, und dafs ihm später nach Tychos Tode dessen grofses Material überlassen wurde, von dem er seinem Lehrer Möstlin geschrieben hatte: „Meine Meinung von Tycho ist die, dafs er Reichtümer besitzt, die er — wie so viele Reiche — nicht auf rechte Weise benutzt." Nun hatte er selbst diese Reichtümer geerbt und somit die Möglichkeit der ferneren Entwickelung und Bestätigung seiner Ideen gewonnen. Auf Grundlage der Beobachtungen Tychos fand er die nach ihm benannten Gesetze und wurde er — was uns in diesem Zusammenhange am meisten interessiert — bewogen, die mechanische Naturauffassung an die Stelle der animistischen, der er bisher gehuldigt hatte, zu setzen.

Kepler verlebte seine späteren Jahre in Linz, unter schwerem Kampfe mit dem protestantischen und dem katholischen Fanatismus und unter peinlichen Bemühungen, Mittel zur Herausgabe seiner Werke zu beschaffen. Nach seiner Heimat in Württemberg mufste er auf ein Jahr zurückkehren, um seine der Zauberei angeklagte Mutter vom Scheiterhaufen zu erretten. Er starb 1630 in Regensburg, wohin er gereist war, um auf dem Reichstage Ansprüche auf rückständige Gelder zur Geltung zu bringen. —

Durch seine Idee von der Bedeutung der quantitativen Verhältnisse in der Natur wurde Kepler einer der Begründer der exakten Naturwissenschaft. Zu dieser Idee gelangte er teils auf theologischem, teils auf psychologischem, teils auf naturphilosophischem Wege. — Den theologischen Weg kennen wir bereits. Damit das Weltall zum schönen Abbild des Wesens der Gottheit werden könnte, wurde es in bestimmte quantitative Verhältnisse geordnet. Kepler hegte ebenso wie Kopernikus die Überzeugung, dafs die Natur einfachen und klaren Regeln gemäfs wirke. Einfachheit und geordnete Regelmäfsigkeit (simplicitas atque ordinata regularitas) einer Natur-

auffassung reden deshalb in seinen Augen von vornherein zu
deren gunsten. Es kommt darauf an, alles auf möglichst
wenige und einfache Prinzipien zurückzuführen. — Die psychologische Begründung liegt darin, dafs der menschliche Geist
quantitative Verhältnisse am klarsten durchschaue; er sei recht
eigentlich geschaffen, diese aufzufassen. In qualitativer Beziehung nähmen die Thätigkeiten der Natur sich in den Augen
der verschiedenen Subjekte (pro habitudine subjecti) höchst
verschieden aus; völlige Sicherheit sei nur zu erreichen, wenn
man bei der quantitativen Seite stehen bleibe; diese bringe
deshalb die eigentliche Wahrheit. — Die naturphilosophische
Begründung endlich liegt in der Materie selbst, so wie wir
diese aus Erfahrung kennen: „wo Materie ist, da ist auch
Geometrie" (ubi materia, ibi geometria). Es erweise sich
thatsächlich, dafs die Welt der Quantität teilhaft sei (mundus
participat quantitate).

Die Frage, *welche* quantitativen Verhältnisse denn dem
Weltall zu Grunde liegen, glaubte Kepler anfangs (im Mysterium cosmographicum) rein apriorisch beantworten zu
können. Diesen Irrtum verliefs er jedoch, nachdem er sich
in Tychos Erfahrungsmaterial und seine eignen Beobachtungen
vertieft hatte. Bekannt ist, wie unverdrossen er arbeitete,
bis er das mit den Beobachtungen durchaus übereinstimmende
Verhältnis gefunden hatte, und dafs er hierdurch bewogen
wurde, den seit dem Altertum vergötterten Kreis durch die
Ellipse zu ersetzen.

In seiner Lehre von der Hypothese hat Kepler klar dargestellt, wie er die Natur des wissenschaftlichen Forschens
auffafste. Auf verschiedene Weise wurde er zur Aufstellung
einer solchen Lehre veranlafst. Tycho hatte mit Schroffheit
die Hypothese des Kopernikus als reine Phantasie (imaginatio)
von sich gewiesen und gegen jede Methode protestiert, die
apriorisch (oder wie man damals auch sagte: ab anteriore)
verführe. Überdies wurden beide Theorien, sowohl die des
Tycho als die des Kopernikus, von Gegnern (z. B. dem Dithmarschen Ursus) als ganz willkürliche Meinungen betrachtet,
die nur darauf ausgingen, die Leute zum besten zu haben.
Und seiner Zeit hatte ja Osiander, um Ärgernis zu vermeiden,

die Weltauffassung des Kopernikus für eine Hypothese erklärt, die nur die mathematischen Verhältnisse veranschaulichen sollte, nicht aber ernstlich zu nehmen wäre. In seiner unvollendeten *Apologia Tychonis contra Ursum* (cap. 1) erörtert Kepler nun die ganze Frage nach der Bedeutung der Hypothesen, und viele Jahre später kommt er im ersten Buche des „Epitome astronomiae Copernicanae" auf dieselbe zurück. Alle Wissenschaft — sagt er — stützt sich auf gewisse Voraussetzungen, und man wartet nicht mit dem Forschen, bis man die absolut ersten Voraussetzungen gefunden hat, ebensowenig wie man mit dem Bauen seines Hauses wartet, bis man untersucht hat, ob das Innere der Erde solid ist. Hypothese im weitesten Sinne des Wortes heifst, was man bei einer Beweisführung als sicher annimmt. In diesem Sinne stützt sich auch die Geometrie auf die Hypothese, und die Beobachtung, auf der man in der Naturwissenschaft baut, ist ebenfalls Hypothese. In engerem Sinne ist eine astronomische Hypothese derjenige Inbegriff von Vorstellungen, mit dessen Hilfe ein Forscher die Ordnung der Bewegungen der Himmelskörper nachweist. Solche Vorstellungen können keineswegs willkürlich geformt werden. Sie müssen dadurch erhärtet werden, dafs die aus ihnen abgezogenen Folgerungen mit den wirklichen Erscheinungen übereinstimmen und nicht zu Absurditäten in physischer Beziehung führen. Und sie sind ebensowenig zu entbehren, wie der Arzt es unterlassen kann, sich eine Vorstellung von der Krankheit zu bilden, und nicht bei den Symptomen allein stehen zu bleiben. Die Wissenschaft beginnt mit der Beobachtung, baut ihre Hypothesen auf diese und sucht dann die Ursachen, die den angenommenen Zusammenhang bewirken. Bei Kepler findet sich noch einige Unsicherheit inbetreff des Verhältnisses zwischen dem ersten und zweiten Gliede dieser Dreiteilung. Denn wenn er meint, Tycho habe die Beobachtungen geliefert, auf die sich die Astronomie stütze, und Kopernikus habe die beste Hypothese gegeben, so ist die Hypothese ja den Beobachtungen vorausgegangen. Dies kann auch sehr wohl angehen, wenn es die auf vorläufige Untersuchung gestützte Hypothese ist, die zum Verständnis der gefundenen Thatsachen und zum Aufsuchen

neuer Thatsachen führt. So erging es Kepler selbst: es waren
seine Kopernikanischen Voraussetzungen und seine Ideen von
der Bedeutung der Quantität in der Welt, die ihn erblicken
liefsen, was in den Reichtümern steckte, die Tycho selbst nicht
recht zu schätzen wufste.

Was das dritte Glied, die Nachweisung der Ursachen betrifft, stellte Kepler nach und nach strengere Forderungen,
als er während seiner ersten, animistischen Periode gemacht
hatte. Er begann damit (im Mysterium cosmographicum), die
Planeten durch Seelen, oder auch das ganze System durch die
Weltseele in der Sonne lenken zu lassen. Später brach er
jedoch mit dem Animismus. In seiner epochemachenden Abhandlung über den Mars (1609) erklärt er, es drehe sich
darum, physische Ursachen nachzuweisen. „Wahre" Ursachen
(*verae causae*) oder wahrscheinliche Ursachen werden nun
häufig von ihm gefordert. Er nähert sich der Überzeugung,
dafs die den Naturerscheinungen gegebenen Ursachen als in
der Natur thätig nachzuweisen sein müssen. In der zweiten
Ausgabe seiner animistischen Jugendschrift setzt er zum Ausdrucke „bewegende Seelen" (animae motrices) folgende Bemerkung hinzu: „In meiner Abhandlung über den Mars wies
ich nach, dafs es keine solchen gibt," und meint, statt des
Wortes „Seele" müsse man „Kraft" setzen. „Früher," fährt
er fort, „glaubte ich, dafs die Kraft, die die Planeten bewegt,
wirklich eine Seele sei . . . . Als ich aber erwog, dafs diese
bewegende Kraft bei gröfserer Entfernung abnimmt, . . . schlofs
ich, dafs sie ein Körperliches sein müsse." (Opera I; S. 176.)
— Das „Mysterium cosmographicum" wurde nun in Kepler
durch die Idee einer „Physica coelestis" ersetzt, zu deren
Durchführung es ihm indes noch an Mitteln gebrach. Einen
mächtigen Schritt weiter geführt wurde sie von Keplers
grossem Zeitgenossen

4. Galileo Galilei.

Wenn Galilei einige Jahre nach Keplers Tode in einem
Briefe sagt, „er habe Kepler stets als einen freien (vielleicht
gar zu freien) und scharfsinnigen Geist wertgeschätzt, seine

eigne Methode des Forschens sei aber von der des Kepler verschieden", so denkt er bei dieser Charakteristik gewifs hauptsächlich an Keplers frühere, animistische Theorien. Den Wendepunkt, der für Kepler eintrat, als dieser die zu den berühmten Gesetzen führende Untersuchung anstellte, hat er schwerlich klar vor Augen gehabt. In der That arbeiten die beiden grofsen Forscher in demselben Geiste: sie suchen Deduktion und Induktion, Mathematik und Erfahrung zu vereinen und stehen deshalb als Begründer der exakten Erfahrungswissenschaft da. Nur dafs Kepler mehr von der apriorischen, deduktiven, Galilei mehr von der experimentalen, induktiven Seite her den Anfang machte. Von Galilei wird der eigentlich entscheidende Schritt unternommen, durch den die Naturwissenschaft als selbständige Wissenschaft konstituiert und ein hohes Ideal aller Forschung aufgestellt wurde.

Galilei wurde ebenso wie Bruno ein Märtyrer der neuen Weltanschauung. Bei ihm findet eine interessante Wechselwirkung zwischen den astronomischen und den physischen Untersuchungen statt. Seine Experimente und sein Studium des Archimedes zeigten ihm die Schwierigkeiten des Aristotelisch-Ptolemäischen Systems, und anderseits führte ihn sein Eifer für die Begründung des neuen Weltbildes zum Auffinden neuer physischer Gesetze. Langsam nur und zögernd trat er als entschiedener Kopernikaner auf. Er wurde 1564 in Pisa geboren und studierte hier Philosophie, Physik und Mathematik, wie er auch mit Begeisterung die poetische Litteratur pflegte. Platon und Archimedes zog er dem Aristoteles vor, und hierdurch legte er schon während seiner Studienjahre den Grund zu seinen späteren Anschauungen. Als Professor, erst zu Pisa, darauf zu Padua, trug er das alte System vor, obgleich er im Innern schon längst von der Wahrheit des neuen überzeugt war. In einem Briefe an Kepler schreibt er (August 1597): „Es ist ein Unglück, dafs die, welche der Wahrheit nachspüren und keine falsche Methode befolgen, so selten sind. Vor vielen Jahren bin ich zu der Meinung des Kopernikus gelangt und habe von diesem Standpunkte aus die Ursachen vieler Naturerscheinungen gefunden, die durch die gewöhnliche Hypothese ganz sicher unerklärlich sind. Ich habe viele Gründe

und Widerlegungen aufgeschrieben, die ich indes nicht ans
Licht kommen zu lassen wagte, da ich durch das Schicksal
unseres Lehrers Kopernikus abgeschreckt werde, der allerdings
bei einigen wenigen Menschen unsterblichen Ruhm gewann,
bei unzähligen aber (es gibt der Thoren so viel in der Welt)
Gegenstand des Gelächters und des Spottes wurde." Erst
nachdem er ein Fernrohr konstruiert und die Jupitertrabanten
entdeckt hatte, äußerte er sich (1610) öffentlich für das
Kopernikanische System. Damit war das Signal zur Verfolgung
gegeben. Obgleich Galilei Entdeckung auf Entdeckung machte,
die seine Hypothese unterstützen konnte — so entdeckte er
die Sonnenflecke und die Phasen der Venus —, sprachen
Mönche und Theologen sich doch mit immer steigender Heftigkeit gegen ihn aus. Aristotelische Philosophen wollten nicht
einmal durch Galileis Fernrohr sehen, um nicht den ärger-
lichen Anblick der Veränderungen am Himmel zu haben und
somit den Glauben an das alte Weltbild zu verlieren. Galilei
hatte recht, als er sagte, wenn die Sterne selbst vom Himmel
zur Erde herabstiegen und Zeugnis ablegten, würden seine
Gegner sich nicht überzeugen lassen. Vergebens suchte er zu
zeigen, daß seine Anschauungen nicht mit der Bibel im Widerspruch stünden. Wäre er in Padua geblieben, das unter der
Herrschaft Venedigs stand, so wäre seine Person gewiß in
Sicherheit gewesen. Um aber größere Muße und eine günstigere pekuniäre Stellung zu gewinnen, nahm er das Amt
eines „Mathematikers" des Großherzogs in Florenz an, und
hier war er leicht aus Rom zu erreichen. Das Inquisitionskollegium that nun (1616) den bedeutungsvollen Schritt, das
Werk des Kopernikus in die Liste der verbotenen Bücher
einzutragen („bis es verbessert sein würde") und dessen Lehre
für ketzerisch zu erklären. Galilei wurde vor den Kardinal
Bellarmin geladen und soll — wie von katholischer Seite behauptet wird — den ausdrücklichen Befehl erhalten haben,
die verketzerte Lehre nicht zu verteidigen und zu verbreiten.
Der Beweis, daß ein solcher Befehl wirklich erteilt sei, läßt
sich jedoch nicht führen. Galilei gab darum doch nicht sein
Forschen auf. Durch seine Untersuchungen über die Kometen
geriet er in Streit mit den Jesuiten, und der mächtige Orden

erhob sich wider ihn wie ein Mann. Aufserdem arbeitete er
unablässig an einer vollständigen Darstellung des Kampfes
zwischen den beiden Weltsystemen, die er in früheren Schriften
öfters angekündigt hatte. Wenn er sich nur hypothetisch ausdrückte, hätte es keine Gefahr, meinte er. Er bediente sich
also derselben Methode wie Osiander, als dieser das Werk des
Kopernikus herausgab. Im Jahre 1632 erschien sein berühmtes
Werk, auf dem Titelblatte bezeichnet als *„Dialog, in welchem
durch Gespräche vier Tage nacheinander die beiden wichtigsten
Weltsysteme*, das Ptolemäische und das Kopernikanische, *erörtert werden*, indem die philosophischen und natürlichen
Gründe sowohl von dem einen als dem anderen der beiden
Teile angeführt werden, ohne eine Entscheidung zu treffen
(indeterminatamente)". Die Personen des Gesprächs sind
Salviati und Sagredo, zwei von Galileis Freunden, und Simplicio, der Vertreter der Aristotelischen Philosophie. Salviati
ist der besonnene kritische Forscher; dieser führt die Gründe
an, zieht aber durchaus keinen bestimmten Schlufs und sucht
den feurigen Sagredo zurückzuhalten, durch den Galilei seinen
freiesten Ideen Luft schafft, um sie, wenn es not thut, durch
Salviati widerrufen zu lassen. Jedem Leser ist es aber deutlich genug, welcher Richtung sich die Sympathie des Verfassers zuneigt, und in Rom liefs man sich nicht hinters Licht
führen. Das Buch wurde verboten und Galilei nach Rom
geladen. Wahrscheinlich ist er nicht wirklich gefoltert, sondern nur mit der Folter bedroht worden; den 22. Juni 1633
mufste er aber knieend „die falsche Lehre, dafs die Sonne der
Mittelpunkt der Welt und unbeweglich, die Erde aber nicht
der Mittelpunkt, dagegen beweglich sei" abschwören, und eid-
lich geloben, „dafs er künftig weder mündlich noch schriftlich
irgend etwas äufsern würde, woraus diese Lehre sich ableiten
liefse, im Gegenteil der Inquisition anzeigen würde, wenn er
einen Ketzer oder einen der Ketzerei Verdächtigen kennen
lernte"! — Dafs er einen Meineid ablegte, darüber herrscht
kein Zweifel. Seine Überzeugung gab er nicht auf. Statt
ihn körperlich zu verbrennen, strafte man ihn mit dem bren-
nenden Schmerze, den die gezwungene Verschweigung der
eignen Überzeugung verursacht. Wenn Galilei seiner Natur

zufolge diesen Schmerz auch nicht so stark fühlte, wie dies
mit einem Kepler der Fall gewesen sein würde, war derselbe
doch stark genug, um ihm das Leben zu vergällen. Hierzu
kamen Kummer und Blindheit. Unter beständiger Aufsicht
lebte er in der Nähe von Florenz, fortwährend mit wissenschaftlichen Ideen beschäftigt. Das Leben, das er durch seinen
Meineid rettete, erhielt noch aufseroidentlichen Wert durch
die Herausgabe seines zweiten Hauptwerkes: *Untersuchungen
(Discorsi) über zwei neue Wissenschaften*, das — um der
Zensur zu entgehen — in Holland gedruckt wurde (1638).
Dieses, die Begründung der modernen Physik enthaltende
Werk mufste sich, wie man treffend gesagt hat, in die Litteratur einschleichen. Galilei starb 1642; bis zum letzten Augenblicke war sein Geist thätig. — Wir wollen nun die wichtigsten Gesichtspunke hervorheben, die Galileis Bedeutung für
die allgemeine Geschichte des Denkens feststellen[35]).

a) **Die Methode und die Prinzipien.**

Galilei bringt gegen die formelle Logik vor, sie sei vortrefflich, um den Gedankengang zu regulieren und korrigieren,
sei aber kein Mittel zur Entdeckung neuer Wahrheiten.
Solche Entdeckung — sagt er — geschieht dadurch, dafs man
aus gewissen Erfahrungen eine Annahme ableitet und darauf
deduktiv zu zeigen sucht, dafs die aufgestellte Annahme mit
anderen Erfahrungen übereinstimmt. Die analytische Methode
(metodo risolutivo) und die synthetische Methode (metodo
compositivo) ergänzen sich also gegenseitig. Wollte man unter
Induktion eine Untersuchung aller möglichen Fälle verstehen,
so wäre induktives Folgern entweder unmöglich oder nutzlos:
unmöglich, wenn man nicht alle Fälle mitnehmen könnte,
nutzlos, wenn man alle Fälle zu bewältigen vermöchte. Es
dreht sich also nur um die Untersuchung der charakteristisch-
sten Fälle; von diesen schliefst man dann auf die anderen.
Man mufs aber einen Satz als Vermutung aufstellen, bevor
man dessen eigentlichen Beweis finden kann. Das Vertrauen
auf die Richtigkeit des Satzes trägt viel zum Auffinden des
Beweises bei. Anderseits mufs das, was man aus allgemeinen
Prinzipien schliefst, im einzelnen durch Versuche bestätigt

werden. — So bewies Galilei durch Versuche auf der schiefen Ebene seine a priori abgeleitete Annahme, dafs die mit gleichmäfsig anwachsender Geschwindigkeit durchlaufenen Bahnen sich wie die Quadrate der Zeiten verhalten.

Wenn nun aber Deduktion und Induktion auf diese Weise zusammenwirken sollen, entsteht eine Schwierigkeit dadurch, dafs wir bei unsern deduktiven Schlufsfolgerungen die Verhältnisse für einfacher halten, als sie in der That sind. Die mathematischen Sätze gelten nur für ideale Figuren. Es ist kein Fehler der wirklichen Dinge, dafs ihre Gestalt niemals durchaus mit irgend einer von der Geometrie konstruierten Figur zusammentrifft. Die unregelmäfsige Figur, die der Stein hat, besitzt er zur Vollkommenheit. Bei Anwendung der abstrakten Schlufsfolgerung auf konkrete Verhältnisse sind aber die mannigfaltigen und verwickelten Bedingungen mit in Anschlag zu bringen. Unsere Rechenkunst und nicht die Figur der Dinge ist unvollkommen. Im leeren Raum werden alle Körper — das nehmen wir an — mit derselben Geschwindigkeit fallen. Da wir nun keinen absolut leeren Raum zu erzeugen vermögen, untersuchen wir, wie sich die Verhältnisse bei dichteren und bei dünneren Medien gestalten, und wenn wir sehen, dafs die Geschwindigkeiten sich einander nähern, je dünner die Medien sind, sehen wir den Satz für bewiesen an. Dafs der längs einer horizontalen Fläche geworfene Körper seine Bewegung fortsetzen wird, wenn alle Hindernisse entfernt sind, wird dadurch bewiesen, dafs die Bewegung um so länger andauert, je mehr man imstande ist, die Hindernisse auszuschliefsen.

Um in den Erfahrungen Anknüpfungspunkte der Deduktion zu finden und um darlegen zu können, in welchem Mafse die Erfahrungen sich den idealen Voraussetzungen nähern, auf denen die Deduktion beruht, legt Galilei — ebenso wie Kepler — grofses Gewicht auf die quantitativen Verhältnisse. Nur durch Ausmessung der Erscheinungen werde es möglich, zu entscheiden, inwiefern diese die Forderungen der Deduktion erfüllten. Deshalb war es Galileis Prinzip, alles Mefsbare zu messen, und mefsbar zu machen, was sich nicht unmittelbar messen liefs.

Galileis Hauptmethode ist die, welche Stuart Mill weit später die Methode der proportionalen Veränderungen nannte, und welche man auch die Grenzmethode nennen könnte. Sie ermöglicht es, abstraktes Denken mit konkreter Wahrnehmung zu verbinden. Durch Annäherung werden die konkreten Fälle der Idealität abstrakter Regeln teilhaft. Wie für Platon die „Idee" das Vorbild der realen Dinge war, so ist für Galilei das Gesetz der ideale Ausdruck des Zusammenhanges der Dinge.

Wenn nun also das Gesetz mittels Analyse des durch die Erfahrung Gegebenen zu finden ist, folgt es von selbst, dafs eben die Ursachen, durch welche die Erscheinungen erklärt werden, in der Erfahrung gegeben sein müssen. Galilei huldigt demselben Prinzipe, das Kepler durch die Forderung der „wahren Ursachen" (verae causae) ausdrückte. Sehr treffend weist Galilei nach, dafs die Berufung auf den göttlichen Willen gar nichts erklärt, eben weil sie alles gleich leicht erklärt. Es ist Gott eine ebenso leichte Sache, das Weltall sich um die Erde, als die Erde sich um die Sonne bewegen zu lassen. Ersteres ist hier ebenso einfach als letzteres. Betrachten wir aber nur das sich Bewegende, so sind die beiden Meinungen inbetreff der Einfachheit offenbar sehr verschieden; die eine erfordert einen weit gröfseren Aufwand von Kraft als die andere. Vor dem Unendlichen verschwinden die endlichen Unterschiede, sie bleiben aber, wenn man zwei endliche Dinge miteinander vergleicht. Bei solchem Vergleichen mufs die Wissenschaft stehen bleiben. Beruft man sich auf ein Wunder, so läfst sich ebensowohl das eine als das andere annehmen; es gebricht an jeglichem Kriterium. Aufserdem übersieht man, dafs alle von der Natur und von Gott erzeugten Werke Wunder sind, wenn sie sich gleich auf natürliche Weise erklären lassen.

Nicht nur die theologische, sondern auch die animistische Erklärung der Natur wird durch die angewandte Methode ausgeschlossen. Die gegenseitige Einwirkung der Dinge aufeinander, z. B. die Anziehung des Magnetes, durch „Sympathie" zu erklären, heifst nur eine ganze Menge Fragen mit einem wohltönenden Worte abfertigen. So ist auch die

Schwere nur ein Name. Wir wissen nicht, was den Stein zur
Erde herabzieht, ebensowenig wie wir wissen, was den Mond
in seinem Kreislaufe um die Erde erhält, oder was die Bewegung
des Steines, der die schleudernde Hand verlassen hat,
fortsetzt. Galilei verwirft deshalb die Annahme, daſs der
Mond auf die Gezeiten Einfluſs habe. Hier führt seine Furcht
vor „verborgenen Eigenschaften" ihn irre.

b) Das neue Weltsystem.

Wie oft Galilei in seinen Dialogen auch sagt, er wolle
keine Anschauung feststellen, so ist sein eigner Standpunkt
doch deutlich genug, selbst wenn wir diesen nicht aus seinen
Briefen kennten. Er bewundert Kopernikus, weil derselbe
trotz des Zeugnisses der Sinne imstande gewesen sei, die
Überzeugung von der Bewegung der Erde zu gewinnen und
zu behalten. Und er selbst führt durch seine astronomischen
Entdeckungen eine Reihe von Beweisen, daſs das Weltall sich
nicht, wie Aristoteles meinte, in eine unveränderliche, himmlische,
und eine veränderliche, irdische Welt teilen läſst: die
Sonnenflecke und die neuen Sterne zeigen, daſs auch am
Himmel Veränderungen geschehen. Und — bemerkt Galilei
— mit welchem Rechte legt man eigentlich dem Unveränderlichen
höheren Wert bei als dem Veränderlichen? „Ich meinesteils,"
läſst er den Sagredo sagen, „betrachte gerade die Erde
als höchst vornehm und bewundernswert wegen der vielen
verschiedenartigen Veränderungen und Erzeugungen, die unaufhörlich
auf derselben vorgehen." Hiergegen wendet Simplicio
ein, daſs, während die auf der Erde eintretenden Veränderungen
zum Besten der Menschen sein könnten, die himmlischen
Veränderungen durchaus zwecklos sein würden. Ein
ähnliches Räsonnement wendet er auf die ungeheure Ausdehnung
an, die das Weltall (wie schon Tycho Brahe bemerkt
hatte) nach dem Systeme des Kopernikus erhalten würde:
welchen Nutzen stiftet der unermeſsliche Raum zwischen dem
äuſsersten Planeten und der Fixsternensphäre? In seiner Antwort
wendet Salviati dieselbe Betrachtung auf die Zweckursachen
an, die Simplicio an einem anderen Orte auf die
natürlichen Ursachen anwendet: wie dürfen wir uns vermessen,

die Zwecke des Allmächtigen zu kennen! Es gibt ja in unserem eigenen Körper so viel, dessen Bedeutung wir nicht kennen; wie sollten wir denn die Bedeutung des Fernerliegenden kennen können? Und wie schwer ist es nicht zu entdecken, wie ein Ding in den ganzen Zusammenhang, dem es angehört, eingreift, wenn man nicht die Möglichkeit hat zu sehen, welche Wirkung seine Entfernung hervorbringen würde? Es heifst der göttlichen Macht Grenzen setzen, wenn man glaubt, dafs die ungeheuren Dimensionen des Weltalls ihre Thätigkeit an allen Punkten zur Unmöglichkeit machen würden. Die Sonne bescheint die Traube und bringt diese zur Reife, als ob sie gar nichts anderes zu thun hätte, und ebenso können Gott und die Natur wohl auch für jedes Einzelne sorgen, auch wenn der Inhalt des Weltalls ins unendliche geht. — Galilei ist zunächst geneigt, (mit Bruno) die Unendlichkeit des Raumes anzunehmen; er zweifelt an der Berechtigung, von einem Mittelpunkte der Welt zu reden; wenn er sich hierüber nicht bestimmt äufsert, kommt dies vielleicht daher, dafs Brunos Schicksal ihn bedenklich machte.

Mit Recht hat man sich darüber gewundert, dafs Galilei in seiner Erörterung der Weltsysteme Keplers Gesetze unerwähnt läfst, deren Ableitung aus dem Gesetze der Schwerkraft in Newtons Hand eine so mächtige Stütze des neuen Systems werden sollte. Galilei hat denselben wohl nur rein mathematisches Interesse beigelegt und sich nicht gedacht, dafs sie den physischen Zusammenhang des Weltalls bezeugen könnten.

c) Die ersten Sätze der Bewegungslehre.

Zur Stütze des neuen Weltbildes beruft sich Galilei, wie vor ihm ebenfalls Kopernikus, auf das Prinzip der Einfachheit. Die Natur thut nichts vergeblich, und deshalb schlägt sie stets die einfachsten Wege ein und sucht durch wenige und einfache Ursachen eine Mannigfaltigkeit von Wirkungen zu erzielen. Dieses Prinzip der Einfachheit, das er in der Astronomie gegen die komplizierten Systeme des Ptolemäus und des Tycho aufstellte, führte ihn in der Physik dahin, die ersten Gesetze der Veränderungen materieller Erscheinungen zu formulieren. Es erschien ihm als das Einfachste, dafs ein Ding in dem Zustande bleibe, in welchem es sich nun einmal befinde, wenn keine Veränderung eintrete. Schon Kepler hatte den Satz aufgestellt, dafs ein Körper nicht von selbst aus Ruhe in Bewegung übergehen könne. Galilei entdeckte nun, dafs ein Körper ebenfalls nicht von selbst seine Bewegung verändern oder aus Bewegung in Ruhe übergehen kann. Dies ist das Gesetz, das später (mit einem von Kepler gebrauchten Ausdruck) das Gesetz der Inertie oder der Trägheit genannt wird. Indes stellt Galilei es nicht als allgemeinen Satz auf. Dafs sowohl die Richtung als die Geschwindigkeit erhalten werde, hat er nirgends ausgesprochen. In den „Dialogen" verweilt er vorzüglich bei der Erhaltung der Geschwindigkeit; er denkt hier namentlich an die horizontale Bewegung und nimmt an, dafs die Kreisbewegung ebensowohl andauern werde als die geradlinige Bewegung. In den „Discorsi" tritt der Satz deutlicher hervor. Eine Bewegung, heifst es hier, kann nur dann anwachsen, wenn frische Kraft (impeto, momento) zugeführt wird, und nur dann abnehmen, wenn ein Hindernis (impedimento) angebracht wird, in beiden Fällen also nur unter Einwirkung äufserer Ursachen. Werden äufsere Ursachen fern gehalten (dum externae causae tollantur), wird sich die Bewegung mit der einmal erreichten Geschwindigkeit fortsetzen[36]). Dafs dies ein Gedankenexperiment ist, sagt Galilei ausdrücklich; er beweist aber die Richtigkeit des Satzes durch Versuche, welche darthun, dafs die Bewegung um so länger unveränderlich fortgesetzt wird, je mehr die äufseren Ursachen fernzuhalten sind. Hier zeigt sich die Wechselwirkung der Deduktion und der Induktion in der Grenzmethode, und Galilei selbst gibt ein Beispiel seiner Behauptung ab, dafs der Weg der Beweisführung ein anderer ist als der der Entdeckung. Denn sich auf die Einfachheit der Natur berufen ist kein Beweis, wenngleich dieser Gedanke zu bedeutenden Entdeckungen zu führen vermag.

Auch bei seinen Untersuchungen über die Fallbewegung bedient sich Galilei des Prinzipes der Einfachheit als Ausgangspunktes. „Zur Untersuchung der auf natürliche Weise beschleunigten Bewegung wurde ich durch aufmerksame Betrachtung des gewöhnlichen Verfahrens und Ordnens der Natur bei allen ihren Thätigkeiten geführt, indem diese die einfachsten und leichtesten Hilfsmittel anzuwenden pflegt . . . . Wenn ich daher bemerke, dafs ein aus der Ruhestellung aus bedeutender Höhe herabfallender Stein allmählich neue Zuwächse der Geschwindigkeit erhält, weshalb soll ich denn nicht glauben, dafs solche Zuwächse auf die allereinfachste Weise entstehen? Und wir werden keinen einfacheren Zuwachs finden können als den, der stets auf dieselbe Weise hinzutritt." Auch hier werden die allgemeinen Prinzipien jedoch nur zum Auffinden und Aufstellen, nicht zur eigentlichen Beweisführung benutzt.

Indem Galilei seine Untersuchungen über die Bewegung beginnt, sagt er: „Von einem sehr alten Gegenstande bringe ich eine ganz neue Wissenschaft." Namentlich hebt er hervor, dafs noch niemand die quantitativen Variationen der Bewegung beim freien Fall oder bei der Wurfbewegung untersucht habe. Galilei ist sich bewufst, durch das Auffinden der Gesetze dieser Variationen eine neue Wissenschaft begründet zu haben, „in deren tiefere Geheimnisse einzudringen überlegenen Geistern vorbehalten sei".

Der durch diese Begründung gemachte Schritt war von aufserordentlicher Bedeutung. Die spätere Geschichte der Naturwissenschaft hat gezeigt, dafs die Gesetze der Bewegung den Schlüssel aller wissenschaftlichen Kenntnis der materiellen Natur enthalten. Galilei selbst hat eine Ahnung hiervon gehabt. In den „Dialogen" äufsert er, er habe nie begreifen können, wie eine Umwandlung der Stoffe ineinander möglich sei. Wenn ein Körper Eigenschaften darbietet, die derselbe noch nie besessen hat, hält er es nicht für unmöglich, dafs dies nur durch eine geänderte Ordnung der Teile geschehe, bei welcher nichts zu Grunde gehe und nichts entstehe. Hierdurch war es klar ausgedrückt, dafs das Verständnis der qualitativen Veränderungen in der Natur nur dann möglich wird, wenn diese sich auf quantitative Veränderungen, das heifst hier auf Bewegungen im Raume zurückführen lassen. Für die Philosophie der neueren Zeit entstand nun die grofse Frage, wie sie sich zu dem grofsen Prinzip zu verhalten habe, das hierdurch aufgestellt wurde, und das seine Verwendbarkeit auf dem einen Gebiete der Natur nach dem andern siegreich an den Tag legte.

d) **Die Subjektivität der Sinnesqualitäten.**

Schon bei Kopernikus und Bruno erwies es sich, dafs die neue Weltauffassung dahin führte, das Problem der Erkenntnis auf neue Weise zu stellen, indem das von der unmittelbaren Wahrnehmung gegebene Bild der Welt durch ein ganz anderes ersetzt werden mufste, wenn das Denken seine Konsequenzen zog. Bei Galilei tritt dies noch klarer hervor.

Wenn er bei so vielen wichtigen Fragen das Prinzip der Einfachheit zu Grunde legt, unterscheidet er ausdrücklich zwischen der Leichtigkeit und Einfachheit, womit die Natur wirkt, und dem oft verwickelten und mühseligen Verfahren, das wir anwenden müssen, um uns von der Einfachheit der Natur zu überzeugen. Was uns schwer zu verstehen sei, das zu thun sei der Natur sehr leicht. Es tritt hier also ein entschiedener Gegensatz zwischen dem Dasein und der Erkenntnis hervor. Galilei war der Meinung, dafs dieser Gegensatz in der klarsten Erkenntnis, die wir besitzen, in der mathematischen nämlich, gewissermafsen wegfalle. Hier sei die menschliche Erkenntnis der Notwendigkeit teilhaft, mit welcher die Gottheit diejenigen Wahrheiten denke, die dem Zusammenhange des Daseins zu Grunde liegen — was wir aber successiv denken, indem wir uns mühsam von Schlufs zu Schlufs weiter arbeiten, das erkenne die Gottheit durch einfaches Erschauen (di un semplice intuito, im Gegensatz zu: con discorsi). In sofern bleibt auch an diesem Punkte der Gegensatz zwischen Einfachheit und Mannigfaltigkeit zurück. Und nur an Intensität, an Strenge und Notwendigkeit trifft auf diese Weise die menschliche Erkenntnis auf ihrem Gipfel mit der göttlichen zusammen. An Umfang steht sie unendlich weit zurück, und sogar das Unbedeutendste, was in der Natur vorgeht, vermag auch das tiefste Forschen unmöglich zu durchschauen. Sokrates sah deutlich diese Unvollkommenheit unseres Wissens, und doch wurde er als der Weiseste aller Weisen gepriesen. — Sowohl seiner Einfachheit als seiner Unendlichkeit wegen bildet das Dasein einen Gegensatz zu unserer Erkenntnis. Galilei lehrt die docta ignorantia ebenso wie Cusanus und Bruno.

Der Gegensatz zwischen der Erkenntnis und dem Dasein tritt nicht minder durch den scharfen Unterschied hervor, den Galilei wie alle Kopernikaner zwischen absoluter und relativer Bewegung macht. Nur in Beziehung auf ein Unbewegtes fassen wir die Bewegung auf. Die mehreren Dingen gemeinschaftliche Bewegung verhält sich — was deren gegenseitige Beziehungen betrifft —, als fände sie nicht statt. Während die antike Weltauffassung ruhig voraussetzte, daſs der sichtbare und der absolute Raum eins seien, mufste nun der Gedanke sich eine Bahn brechen, daſs der absolute Raum als unbeweglicher Behälter aller materiellen Dinge durchaus kein Gegenstand der sinnlichen Wahrnehmung sei, da der anscheinend ruhende Rahmen selbst ja in der Beziehung auf einen aufserhalb liegenden Punkt in Bewegung sein könne, und so ferner. Überhaupt gab der Kopernikanismus, namentlich unter Galileis scharfsinniger Behandlung, Übung in der Anwendung des erkenntnistheoretischen Beziehungsgesetzes. Während die peripatetische Philosophie sonst von keiner Veränderung am Himmel wissen wollte, betrachtete sie doch den Auf- und Niedergang der Sonne und der Sterne, den Wechsel von Tag und Nacht als reale Veränderungen. Galileis Vertreter in den Dialogen bemerkt hierzu: „Dies alles sind nur Veränderungen vom Standpunkte der Erde aus. Denkt euch die Erde fort: dann gibt es weder Sonnenaufgang noch Sonnenuntergang, auch keinen Horizont, keinen Meridian, keinen Tag und keine Nacht!"

Wie auf diese Weise eine ganze Reihe Veränderungen am Himmel ihren absoluten Charakter verloren und nur durch den Standpunkt des Beschauers erklärt wurden, fand Galilei auch mit Bezug auf irdische Erscheinungen Anlaſs, eine Übertragung der Verschiedenheiten von dem objektiven Gebiet auf das subjektive zu unternehmen. Wir sahen bereits, daſs er die Verwandlung der Stoffe bestritt und nur eine Umlagerung der Teile annehmen wollte; hierdurch war eigentlich schon das Prinzip der Subjektivität der Sinnesqualitäten gegeben.

Galilei hat dieses Prinzip aber in noch bestimmterer Form ausgesprochen. In einem merkwürdigen Abschnitt einer astronomischen Streitschrift (*Il Saggiatore*. 1623) sprach er aus, dafs die einzigen Eigenschaften, die wir den Dingen notwendigerweise beilegen müfsten, Figur, Gröfse und Bewegung oder Ruhe wären. Diese Eigenschaften, die er deswegen die ersten und realen Eigenschaften (primi e reali accidenti) nennt, vermöchten wir durch keine noch so grofse Anstrengung der Einbildungskraft von den Dingen zu trennen. Dagegen sei es nur einem von den Sinnen genährten Vorurteil zu verdanken, dafs wir Geschmack, Geruch, Farbe, Wärme u. s. w. als absolute Eigenschaften der Dinge betrachteten. Diese wären nur Namen, die wir den Dingen gäben, wenn sie gewisse Empfindungen in uns hervorriefen. In der That hätten sie ihren Sitz nicht in den Dingen, sondern in dem empfindenden Körper (nel corpo sensitivo). Man entferne das empfindende Wesen — und alle jene Qualitäten würden sogleich wegfallen![87]) — Der Parallelismus dieser Betrachtung mit dem zur Verteidigung des neuen Weltbildes angewandten Gedankengange ist leicht zu ersehen. Er wurde von grofser Bedeutung für die moderne Erkenntnistheorie, sobald diese imstande war, sich ganz aus den Wickeln des Dogmatismus herauszuarbeiten.

5. Francis Bacon von Verulam.

a) Vorgänger.

Die neue Wissenschaft, die unter dem Einflusse der Erfahrungen und Erfindungen des praktischen Lebens begründet wurde, mufste zu einer Erweiterung der überlieferten Logik führen. Aber auch bei denen, die nicht speziell unter dem Einflusse standen, welcher die neue Wissenschaft ins Leben rief, auch im Kreise der Humanisten äufserte sich, und zwar immer lebhafter, das fünfzehnte und sechzehnte Jahrhundert hindurch das Bedürfnis einer neuen Logik. Hieraus entsprang eine Reihe von Reformversuchen, Programmen und Ankündigungen mit vielerlei Ahnungen dessen, was an die Stelle der scholastischen Logik zu setzen sei, die eigentlich nur geeignet war, aus den im voraus durch Autorität gegebenen

Voraussetzungen formelle Schlüsse zu ziehen. Im Mittelalter waren es ja vorwiegend die Theologie und die Rechtslehre, die sich der Logik bedienten, und beide gingen von Voraussetzungen aus, welche die Autorität festgestellt hatte. Die ganze Reihe von Reformversuchen erreicht ihren Gipfel mit Francis Bacon von Verulam. Dieser Mann, den man oft als Begründer der Erfahrungswissenschaft geschildert hat, verdient nicht einmal den Namen eines Moses, der in das gelobte Land schaut. Allerdings besitzt er etwas Prophetisches, und oft spricht er auf geniale Weise Gedanken aus, die den Gang und die Bedingungen des menschlichen Forschens beleuchten, wie er sich auch des Gegensatzes zur Scholastik klar bewußt ist; das gelobte Land aber war — ohne daß er es bemerkt hätte — von Vinci, Kepler und Galilei erobert worden. Bescheiden erklärt er, daß er selbst kein Krieger sei, wohl aber ein Herold (buccinator), der zum Streit anspørne. Die Forscher, welche die moderne Erfahrungswissenschaft begründeten, bedurften aber nicht der Klänge seines Horns, um zum Kampfe begeistert zu werden. Darum verliert Bacon jedoch nicht seine Bedeutung in der Geschichte der Philosophie. In seltenem Maße nahm er die Gedanken und Hoffnungen in sich auf, die sich in dem Zeitalter regten, das die neue Wissenschaft entstehen sah. Trug er auch nicht zu deren Begründung bei, so war er doch von dem Medium berührt, in welchem sie sich entwickelte, und er prophezeite, wie eine solche neue Wissenschaft notwendigerweise ins menschliche Leben eingreifen würde. Er hat das Bewußtsein von einer fundamentalen Umwandlung des Gedankenganges und der Interessen, weit klarer als sonst irgend einer der Denker der Übergangszeit. Deshalb wird er einen großen Namen behalten, wenn auch von der Vergötterung, die seine Landsleute mit ihm getrieben haben, und die weder seine Werke noch seine Persönlichkeit verdienen, einiges abzuziehen ist. — Ehe wir diesen Mann und seine Werke näher betrachten, müssen wir einen Augenblick bei seinen Vorgängern während des 16. Jahrhunderts verweilen.

Aus dem Kreise der Humanisten ging Pierre de la Ramée (Petrus Ramus) hervor. Um die Mitte des 16. Jahrhunderts führte er einen heftigen Kampf mit der Aristotelischen Logik. Allerdings setzte er[38]) hierdurch nur die Bemühungen fort, die schon im vorhergehenden Jahrhundert gesucht hatten, die Logik der praktischen Anwendung, namentlich auf die Rhetorik, näher zu bringen. Und er erklärte selbst, er habe Agricola und Sturm, die deutschen Humanisten und Pädagogen, zu Lehrern gehabt. Die gesamte Richtung erhält jedoch an ihm ihren begabtesten und formvollendetsten Vertreter, und er führte den Kampf mit einer Energie, die mächtig dazu beitrug, die Alleinherrschaft der Scholastik an den westeuropäischen Universitäten zu erschüttern.

Ramus wurde 1515 als Sohn eines Köhlers im nordöstlichen Frankreich geboren. Dafs er der Sohn eines Köhlers sei, mufste er — nach der damaligen Weise des Polemisierens — oft von seinen Gegnern hören. Er schämte sich dessen aber nicht. Doch nicht, weil seine Familie, obschon herabgekommen, zum Adel gehörte, sondern weil er sich durch seine leidenschaftliche Lernbegierde bis zu einer hohen wissenschaftlichen Stellung emporgearbeitet hatte. Er begann als Diener eines reichen Studenten in Paris. Nach vollendetem Tagewerke studierte er des Nachts. Zuerst zog ihn die scholastische Logik an; er fühlte sich aber durch diese nicht befriedigt und lernte mit Begeisterung Platons Dialoge kennen, die ihm in weit höherem Mafse die lebendige, wirkliche Denkthätigkeit zu beschreiben schienen. In seiner Disputation für den Magistergrad 1536 verteidigte er den radikalen Satz, dafs alles, was Aristoteles gesagt habe, falsch sei. Die Erbitterung der Aristoteliker war grofs; sie wuchs aber noch nach seiner ausführlichen Kritik der alten Logik. Die Universität verlangte, dafs Ramus' Bücher unterdrückt würden, da er ein Feind der Religion und der öffentlichen Ruhe sei, indem er der Jugend eine gefährliche Liebe zum Neuen einflöfse. Franz I. untersagte nun durch ein Edikt die Bücher des Ramus und verbot diesem zugleich, den Aristoteles und andere alte Verfasser anzugreifen! Unter Heinrich II. erhielt Ramus indes die Lehrfreiheit zurück, und nun war er am Collège de France thätig, wo sein Vortrag bis gegen 2000 Zuhörer versammelte. Dies war eine Bewegung, wie man seit den

Tagen Abälards keine kannte. 1555 gab Ramus in französischer Sprache seine „Dialektik" heraus. Der Grundgedanke seiner Lehre ist der, dafs man erst untersuchen müsse, wie das Denken von der Natur benutzt werde, bevor man Regeln für dasselbe aufstelle. Er verweist deshalb auf die ersten Philosophen, die noch keine künstliche Logik besessen hätten. Und nicht allein diese Philosophen, sondern auch grofse Staatsmänner, Redner und Dichter und die Mathematiker des Altertums zeigten uns in ihren Werken den unwillkürlichen Gebrauch des Denkvermögens. Hier fänden wir die Regeln unbewufst angewandt. Das humanistische Interesse des Ramus wird dadurch befriedigt, dafs das Studium der antiken Verfasser auf diese Weise der Logik dienstbar gemacht werden kann. Ebenso wie seine humanistischen Vorgänger stellt auch er zwei logische Hauptfunktionen auf: das Auffinden (inventio) der Argumente und den Gebrauch dieser Argumente, den die Urteilskraft (judicium) zu näherer Begründung und Beleuchtung des Themas macht. Die Urteilskraft heifst deshalb häufig in der Schulsprache der folgenden Zeit: secunda pars Petri. Ramus beschäftigte sich am meisten mit letzterem Teile und führte besonders die Lehre vom Schlusse aus, und hier zeigt sich der auffällige Umstand, dafs er eigentlich nicht sehr von der Aristotelischen Logik abweicht. Der rein formale Charakter seiner Reform erweist sich durch das grofse Gewicht, das er auf Zweiteilungen (Dichotomien) legt. Ohne Rücksicht auf die Beschaffenheit des Stoffes wird die Darstellung an jedem Punkte in zwei Glieder geteilt, indem (laut der Lehre der Logik) ein gewisses befragtes Prädikat entweder gültig ist oder auch nicht. Es wird mithin eigentlich eine neue Scholastik eingeführt. — Es regte sich in Ramus indes ein lebhaftes Bedürfnis, zur Natur zurückzukehren, und durch Vereinfachung der Darstellung und weil er einschärfte, dafs die Kunst sich stets auf die Natur stützt, hat er Nutzen gestiftet. Die Natur fand er aber in den Schriften des Altertums statt in dem fortwährend lebendigen Gedanken. Er vertiefte sich nicht in das Studium der Psychologie des Denkens, und war noch nicht imstande, das Verfahren der neuen Wissenschaft bei seiner Beschreibung der Methode des Denkens als Modell zu benutzen.

Ramus, der zum Protestantismus übergetreten war, wurde in der Bartholomäusnacht 1572 ermordet. Unmöglich ist es nicht, dafs der Hafs eines fanatischen Scholastikers seinen Mördern den Weg zeigte. Seine Leiche wurde von den katholischen Studenten verstümmelt.

Seine Reform des Unterrichts in den freien Künsten brach sich indes auch im Auslande Bahn. Der Ramismus blühte in Deutschland, Schottland und der Schweiz. An der Universität zu Cambridge wurde der Ramismus von dem eifrigen Scholastiker und Mystiker Everard Digby bekämpft, der wahrscheinlich Bacons Lehrer war; zugleich fand er aber ebenfalls in England einen eifrigen Verteidiger an William Temple (dem älteren), der ihn zum Sieg führte und durch seine Streitschriften wider die Scholastik den Grund einer freieren Richtung in der Philosophie legte, die von der Zeit an stets für Cambridge im Gegensatz zum konservativen Oxford charakteristisch gewesen ist. Digbys und Temples heftiger Streit über die Methode mufste grofse Aufmerksamkeit erregen und war gewifs von nicht geringer Bedeutung für Bacons Entwickelung[30]).

Während der Ramismus seinen Siegeslauf im nördlichen und westlichen Europa machte, regte sich zugleich in vielen ein tiefes Bedürfnis realen Wissens, ein Durst nach begründeter Kenntnis der wirklichen Natur. Dies bezeugen die Schriften Telesios und Campanellas, zum Teil auch die des Bruno. Ein merkwürdiges Beispiel tief eindringender Kritik des überlieferten Wissens, klarer Vorstellung, wie viel dazu gehört, etwas recht zu wissen, zugleich aber der Ohnmacht, eine positive Verwirklichung dieses Ideals zu finden, bietet Franz Sanchez, der Verfasser der „Abhandlung über die edle und hohe Wissenschaft des Nichtswissens" (*Quod nihil scitur*), die 1581 erschien. Sanchez war der Sohn eines nach Bordeaux übergesiedelten spanischen Arztes, und war selbst als Professor der Medizin erst in Montpellier, später in Toulouse thätig. Obgleich es scheinen möchte, als ob der Titel seines Hauptwerkes den Sanchez zum Skeptiker stempelte, würde es gewifs doch sehr unberechtigt sein, ihn nur von dieser Seite zu betrachten. Er hegt ein lebhaftes Gefühl von der Unvollkommenheit der menschlichen Natur, besonders des menschlichen Wissens. Der Zweifel ist ihm aber nicht Zweck, sondern Mittel. Sein skeptisches Werk bildet nur die Einleitung einer Reihe von Arbeiten spezieller und empirischer Art. Es war auch seine Absicht, eine spezielle Abhandlung über die Methode auszuarbeiten. Beobachtung und Experiment im Verein mit der Urteilskraft preist er als die besten Wege zur Erkenntnis. Sein Motto ist: Gehe zu den Dingen selbst! Er hat aber nicht die grofse Hoffnung auf weiten Fortschritt in dieser Richtung, die Bacon, seinen Zeitgenossen beseelt. Er sieht, wie viele Rätsel sogar das kleinste Ding enthält, — und zugleich, dafs alle Dinge der Welt in engem Zusammenhange stehen, und dafs die Welt sich ins unendliche erstreckt: deshalb steht ihm eine vollkommene Erkenntnis der Dinge als unerreichbares Ideal da. Die Versuche, die er selbst in naturphilosophischer Richtung anstellte, und die an diejenigen des Telesio und des Bacon erinnern, brachten ihm nicht die Befriedigung, die diese beiden Forscher bei ihren ähnlichen Versuchen fühlten.

An einem einzelnen Punkte geht Sanchez tiefer als Bacon und Ramus. Er geht nämlich auf die Quelle alles Wissens im menschlichen Geiste selbst zurück. Keine äufsere Kenntnis, sagt er, kann sicherer sein, als diejenige, die ich von meinen eignen Zuständen und meinen eignen Handlungen besitze; diese ist so unmittelbar, wie jene es nie werden kann. Ich habe gröfsere Gewifsheit, dafs sich ein Gedanke, ein Trieb, ein Wollen in mir regt, als ich haben kann, dafs ich einen gewissen Gegenstand oder eine gewisse Person aufserhalb meiner erblicke. Dagegen steht die innere Erfahrung an Deutlichkeit und Genauigkeit hinter der äufseren zurück. — Wegen dieses Gedankenganges steht Sanchez als Vorgänger des Campanella und des Descartes da. Er war aber ebensowenig als Campanella imstande, denselben fruchtbringend zu machen. Dies war Descartes vorbehalten.

Bei Bacon tritt sowohl der Nachweis der Mängel der Erkenntnis als der Nachweis der rechten Methode weit vollständiger hervor, als bei irgend einem der Humanisten und Empiriker, die vor ihm eine Reform der Logik versuchten. Und dies hat man mit Recht nicht nur durch Bacons eigentümliche Persönlichkeit, sondern auch durch seine Stellung inmitten des üppig pulsierenden englischen Lebens zu erklären gesucht. Er hat — wie mit Recht gesagt worden ist — als Vorgänger nicht nur Philosophen und Männer der Wissenschaft, sondern auch praktische Naturforscher, Ingenieure, Seeleute und Abenteurer.

b) Bacons Leben und Persönlichkeit.

Über Bacons Charakter hat man sich lange gestritten. Seine Ehre als Mensch, nicht nur als Denker, ist abwechselnd vernichtet und wiederhergestellt worden. Dieser Streit fällt für den aufmerksamen Leser seiner *Essays* und seiner vor einigen Jahren herausgegebenen Tagebücher weg. Hier ist er so aufrichtig gewesen, dafs wir nicht an ihm irre werden können, besonders wenn wir mit diesen direkten oder indirekten Selbstbekenntnissen die in seinen philosophischen Schriften hervortretenden Charakterzüge zusammenhalten.

Francis Bacon wurde 1561 geboren. Er war der Sohn des Nikolas Bacon, Grofssiegelbewahrers der Königin Elisabeth, und der Neffe des Premierministers Burleigh. Nachdem er zu Cambridge studiert hatte, wo er wahrscheinlich Digby zum Lehrer der Scholastik hatte, begleitete er eine Gesandtschaft nach Paris. Die ihm eröffneten glänzenden Aussichten verschwanden mit dem frühzeitigen Tode seines Vaters. Als jüngster Sohn mufste er sich nun selbst einen Weg bahnen; sein mächtiger Oheim wollte nichts für ihn thun. Ein starker Drang nach Macht, Reichtum und Ehre beseelte ihn, war aber doch nicht das einzige antreibende Motiv. In einer seiner ersten Abhandlungen sagt er: „Ist die Lust der Gefühle nicht gröfser als die Lust der Sinne, und ist die Lust des Gedankens nicht gröfser als die der Gefühle? Ist die Lust des Gedankens nicht die einzige, die nicht übersättigt, und ist es nicht die Erkenntnis, die das Gemüt von aller Unruhe befreit?" Der Drang nach Erkenntnis und das Trachten nach Macht, Reichtum und Ehre gingen in ihm nicht nur beisammen — er fand auch eine Rechtfertigung letzteren Motives, indem er es ersterem unterordnete: Macht und Reichtum suchte er nur, um Mittel zur Ausführung der grofsen wissenschaftlichen Pläne — die in nichts geringerem als einer vollständigen Erneuerung der Wissenschaft (instauratio magna) bestanden —, über die er brütete, zu erwerben. Und hier ist nun ein drittes, besonders durch seine Schriften bezeugtes Moment seines Charakters zu beachten, nämlich seine grofse Sanguinität und sein nicht geringeres Selbstgefühl. Er sah ein grofses Werk vor sich, das grofser Mittel bedürftig war. Hiermit entschuldigt er bei sich selbst die moralischen Schliche, deren er sich bediente, und sogar die Niederträchtigkeit verschwamm ihm in dem glänzenden Lichte, in welchem er sein Streben erblickte. Um seinen Plan durchführen zu können, waren ihm Mufse und Mittel zum Ansammeln von Beobachtungen und Anstellen von Experimenten nötig. Deshalb warf er sich in die politische Laufbahn. Bei ihm wie bei Machiavelli erhielt aber das Mittel die Oberhand über den Zweck, der es heiligen sollte. Hätte er, statt seinen Plan sowohl hinsichtlich des Zweckes als der Mittel so grofsartig anzulegen, mit Aufmerksamkeit die Werke seiner bedeutenden Zeitgenossen Tycho Brahe, Gilbert, Kepler und Galilei studiert, so würde er Stoff genug zum Nachdenken und eine genügende Grundlage für die Ausarbeitung eines Zukunftsprogrammes gefunden haben. Sein Sinn für das Grandiose leitete ihn auf Irrwege und verwickelte ihn unter Mitwirkung der Machtgier in Verhältnisse, die seinen Charakter verdarben und ihn ins Unglück stürzten. Es gebrach ihm an lebhaftem moralischen Sinne, der ein regulierendes Gegengewicht der anderen Motive hätte bilden können. In den „*Essays*" sagt er: „Der beste Charakter besteht darin, den Ruf der Offenheit zu besitzen, aber darin geübt zu sein, heimlich zu Werke zu gehen und sich im eintretenden Falle verstellen zu können." Und an einem anderen Orte: „Es gibt keine glücklicheren Eigenschaften als die beiden, ein wenig von einem Thoren und nicht zu viel von einem ehrlichen Menschen zu sein." Bacons Ehrgeiz führte ihn ins weltliche und politische Leben hinein, und hier erhielt er den Stoff zur Beobachtung und zur

Menschenkenntnis, den er in seinen Schriften verwertete (vorzüglich in den „Essays" und im siebenten und achten Buche des Werkes *De dignitate et augmentis scientiarum*). Er lobt Machiavelli, weil dieser so offen und ehrlich schildere, was die Menschen zu thun pflegten, nicht was sie thun sollten. Diese Kenntnis sei notwendig, damit es der Einfalt der Taube nicht an der Klugheit der Schlange gebreche. Auch hier ist das Mittel ihm aber wieder zum Zwecke geworden. Denn um in der Welt emporzukommen, müsse man sein Betragen nach dem thatsächlichen Betragen der Menschen richten, und er warnt deshalb davor, unter wechselnden Verhältnissen stets derselbe zu bleiben; es komme darauf an, das Gemüt sich der Gelegenheit und Opportunität anbequemen zu lassen (ut animus reddatur occasionibus et opportunitatibus obsequens, neqve ullo modo erga res durus aut obnixus). Und er fordert dazu auf, stets mehrere Zwecke zu ertrachten, damit man den Nebenzweck erreichen könne, wenn der Hauptzweck auch verfehlt werde. Ein sehr gefährlicher Rat, namentlich für seinen eignen Charakter! —

Bacon versuchte anfangs, sich durch Gesuche einen Weg zu bahnen. Dies gelang nicht. Im Parlamente trat er gegen einen Entwurf der Regierung auf und zog sich hierdurch die entschiedene Ungnade der Königin zu. Seine Freundschaft mit Essex (wenn es Freundschaft genannt werden darf) half ihm eine Zeitlang über schwierige Geldverlegenheiten hinaus. Als Essex aber dem Sturze nahe war, zog Bacon sich von ihm zurück. Ja, während des Prozesses des ehemaligen Freundes bot Bacon sogar der Königin seine Dienste an, die angenommen wurden. Und als Essex den verzweifelten Versuch einer Empörung gemacht hatte, trat Bacon als Zeuge wider ihn auf und schrieb nach seiner Hinrichtung einen Aufsatz, um die Handlungsweise der Regierung zu rechtfertigen. Ein Eifer, der nicht durch die Sorge erklärlich ist, der Gerechtigkeit ihren Lauf zu lassen, der jedoch verständlich wird, wenn man folgende Äufserung in einem Essay (of followers and friends) liest, der 1597, also wenige Jahre vor Essex' Untergange gedruckt wurde: „Es gibt nur wenig Freundschaft in der Welt, und am allerwenigsten zwischen Gleichgestellten.

Die Freundschaft, die zu finden ist, besteht zwischen Höherstehenden und Untergeordneten, wo das Schicksal des einen dasjenige des anderen umfaßt." Dieser Art war Bacons „Freundschaft" für Essex, und er sorgte beizeiten dafür, daß das Schicksal des „Freundes" nicht auf unangenehme Weise auch sein eignes umfaßte. Ob die Menschen sich wirklich so zu betragen pflegen, mag dahingestellt bleiben. Der oben erwähnte William Temple, der Essex' Sekretär gewesen war, betrug sich allenfalls nicht auf diese Weise, und mußte deshalb auch in die Verbannung gehen.

Trotz aller Versuche Bacons, sich den Verhältnissen anzubequemen, hatte er unter der Königin Elisabeth doch keinen Erfolg. Besser ging es unter Jakob I., besonders da er sich bei den verschiedenen Günstlingen des Königs einzuschmeicheln wußte. Die Schattenseiten seines Charakters erhielten hier unglückliche und weitreichende historische Folgen. Er selbst hatte die Überzeugung, daß der König den berechtigten Wünschen des Unterhauses willfahren, darauf aber seine souveräne Gewalt benutzen sollte, um die Kodifikation der Gesetze und Irlands Kolonisation durchzuführen und um dem Auslande gegenüber energisch aufzutreten, indem er sich zum Oberhaupte einer protestantischen Liga machte. Hierdurch würde die Aufmerksamkeit des Volkes von den Verfassungsfragen abgelenkt werden. Mit dem wankelmütigen und schwachen, von seinem Machtgefühl aufgeblasenen Könige war es jedoch unmöglich, eine solche Haltung durchzuführen. Herbert von Cherbury, der eine ähnliche Auffassung der äußeren Politik hatte, verlor deshalb ein wenig später seine Stellung als Gesandter in Frankreich. Bacon fügte sich den Launen des Königs — ob ganz unbewußt, wie Edwin Abbott, sein Biograph, meint, ist wohl die große Frage. Und doch wäre ein kräftiges Auftreten seinerseits von großer Bedeutung gewesen. Für ihn selbst trug diese Fügsamkeit günstige Folgen. Er rückte zuletzt zum Lord-Kanzler, Baron von Verulam und Viscount von St. Albans auf. Um dieses hohe Ziel zu erreichen, mußte er nicht nur seine politischen Anschauungen ändern, sondern auch zum Vorteile der königlichen Günstlinge thätig sein. Dies verursachte seinen jähen Sturz (1621). Bacon hatte einige, den Verwandten Buckinghams günstige Monopole für gesetzmäfsig und nützlich erklärt. Als das Parlament hierüber in Entrüstung geriet, schob der König die Schuld auf seine Ratgeber. Man kehrte sich gegen Bacon und richtete die Anklage der Bestechlichkeit gegen ihn. Er erklärte sich sogleich schuldig, wurde vom Oberhause seiner Würden beraubt und zu einer grofsen Geldstrafe und zur Einkerkerung, solange es dem Könige gefiele, verurteilt. Da er — von seiner eignen Schuld abgesehen — als Opfer des Betragens des Königs und der Günstlinge fiel, kam er gnädig davon. Nur einige Tage safs er im Gefängnisse, und die Geldstrafe hat er nie bezahlt. Seine letzten Jahre verlebte er in der Stille, mit wissenschaftlichen Arbeiten beschäftigt. Diese Ruhe hätte er sich früher und um wohlfeileren Preis verschaffen können. Er erreichte nun, was er in den Essays als das Wünschenswerteste angegeben hatte: mitten in einer ernstlichen Arbeit zu sterben, da man die Wunde nicht merke, wenn man in einem heifsen Kampfe falle. 1626 starb er. — Seine Freunde und Diener liebten und bewunderten ihn. Dies gehört nebst dem grofsen Interesse für das Studium und dem grofsen Glauben, den er hegte, dafs die menschliche Kultur sich so reich und herrlich entwickeln werde, wie man bisher nicht geahnt habe, zu den Zügen, die auf seinen Charakter nach all dem Unheimlichen, das sonst über ihn zu berichten ist, ein versöhnendes Licht werfen.

Während seiner Thätigkeit als Richter, Staatsmann und Höfling hatte er die Studien nicht vergessen. Die Entwürfe seiner Hauptwerke entstanden schon früh in ihm. Eine Schrift aus 1607 (*Cogitata et Visa*) ist der erste Entwurf zu Bacons berühmtestem Werke, *Novum Organum* („Die neue Logik"), das 1620 erschien, nachdem Bacon es zwölfmal umgearbeitet hatte. Es untersucht die Gründe der Unvollkommenheit der Wissenschaften, schildert die Hindernisse wahrer Erkenntnis, die in der Beschaffenheit des menschlichen Geistes und den Verhältnissen, unter denen sich dieser entwickelt, zu suchen sind, und geht darauf zur Beschreibung der induktiven Methode über. Das Werk ist unvollendet und nach einem

Mafsstabe angelegt, dessen Durchführung die zu Bacons Zeiten vorhandenen Mittel nicht gestatteten. Erst zwei Jahrhunderte später beendete Stuart Mill in seiner Logik die Arbeit, die zu unternehmen sich Bacon mit seinem unvollkommenen Material erkühnt hatte. — Eine Schrift aus 1605 (*Advancement of learning*) ist der erste Entwurf des Werkes *De dignitate et augmentis scientiarum* (Über den Wert und den Fortschritt der Wissenschaften), das 1623 erschien. Dieses ist eine encyklopädische Übersicht der Wissenschaften und enthält viele treffende Bemerkungen, besonders über die Lücken, die noch auszufüllen wären. — Die übrigen Werke Bacons sind gröfstenteils Ansammlungen von Material, die jetzt fast kein Interesse mehr haben.

Als Verfasser besitzt Bacon eine kraftvolle und treffende Ausdrucksweise und ist in der Wahl seiner Bilder oft äufserst glücklich. Nicht zu verstehen ist es aber, wie man ihn mit Shakespeare hat vergleichen können [40]. Seine Phantasie ist abstrakt anschauend und symbolisierend und vermifst Shakespeares feurige Energie, individuelle Nüancierung und stimmungsreiche Innigkeit.

c) **Die Hindernisse, die Bedingungen und die Methode der Erkenntnis.**

Die Wissenschaft, sagt Bacon, ist erst seit sehr kurzer Zeit betrieben worden, und besonders gilt dies von der Naturwissenschaft, der Mutter aller Wissenschaft. Die Griechen gaben sich am meisten mit der Moralphilosophie ab, die Römer mit der Rechtslehre, und nach dem Erscheinen des Christentums warfen sich die Bestbegabten auf die Theologie. Nur in müfsigen Stunden wurde die als Dienerin betrachtete Naturwissenschaft betrieben, und zwar nicht als Hauptaufgabe, nicht mit dem Zwecke vor Augen, durch den sie erst recht fruchtbringend werden kann: das menschliche Leben reicher und besser zu machen. Und überdies bediente man sich falscher Methoden. Man meinte, der menschliche Geist sei gar zu erhaben, um sich mit Versuchen zu beschäftigen, zumal da man ihm die Fähigkeit zuschrieb, die Wahrheit aus seinem eignen Inneren herauszuspinnen. Man begnügte sich mit dem Überlieferten. Man hegte allzu grofse Ehrfurcht vor der Vergangenheit und deren grofsen Denkern, die man die Alten nannte, obgleich gerade wir die Alten sind, da wir auf eine weit gröfsere Erfahrung zurückblicken können als jene. Hierzu kam ein falscher Religionseifer, der nicht sah, dafs die Naturwissenschaft uns Gottes Macht kennen lehrt, wie die Religion uns Gottes Willen kennen lehrt. Wie der Glaube uns die durch den Sündenfall verlorene Unschuld wiedergeben soll, so soll die Wissenschaft uns die damals verlorene Gewalt über die Natur wiedergeben. Am allermeisten hat indes der Kleinmut und der Zweifel an eigner Kraft geschadet. Es fehlte an Hoffnung und an Mut, sich grofse Aufgaben zu stellen.

Jetzt sind wir berechtigt, guten Muts zu sein, eben weil unsere eignen Fehler an der Unvollkommenheit schuld sind, unter der wir leiden. Die rechte Methode mufs sich finden lassen. Diese will nicht wie die Spinne alles aus sich selbst herausspinnen, auch nicht wie die Ameise nur Stoff ansammeln, sondern der Biene ähnlich den Stoff in sich aufnehmen und verarbeiten. Ist der Stoff gesammelt, und ist man imstande, Vorurteile und vorausgefafste Meinungen fernzuhalten, so wird die rechte Erklärung der Natur bald zu finden sein. Der allerwichtigste Schritt, der geschehen mufs, ist also, eine möglichst reiche und allseitige Ansammlung von Thatsachen zu beschaffen. Dann wird der menschliche Geist diese aus eignem, unwillkürlichem Antriebe verarbeiten und erklären. — Bei dieser Behauptung der unwillkürlichen Geistesthätigkeit, die in Kraft treten sollte, sobald nur der Stoff vorliege, ist Bacon vielleicht von Ramus beeinflufst, dessen er anerkennend erwähnt, obgleich er ihm den Vorwurf einer gar zu einfachen Methode macht. Der Unterschied zwischen ihnen beruht darauf, dafs Bacon einsah, wie notwendig ein grofser Erfahrungsstoff ist, damit Erfindungsvermögen und Urteilskraft auf fruchtbringende Weise wirken können. Der wichtigste Fehler, den man begehen kann, ist nach Bacon der, zu schnell fortzuschreiten, auf die allgemeinen Grundsätze loszueilen, statt langsam durch viele Mittelglieder zu diesen emporzusteigen. Der menschliche Geist bedarf des Bleies, aber keiner Flügel.

Der Zweck ist, das menschliche Leben mittels der Erfahrungen, die man machen kann, wenn man die Natur kennt, zu bereichern. Wissen ist Macht: denn wir besitzen die Möglichkeit, die Dinge zu erzeugen, wenn wir deren Ursachen kennen. Mit Hilfe der Erfindungen und der mechanischen Geschicklichkeiten haben die Menschen sich allmählich aus der Barbarei emporgearbeitet und ein zivilisiertes Leben errungen. Nur auf diesem Wege ist dem Elend und dem Unglück, unter dem die Menschen noch immer leiden, abzuhelfen. Es dreht sich darum, gröfsere Gewalt über die Natur zu erwerben; das kann aber nur geschehen, wenn man ihr gehorcht. — Man würde Bacon indes unrecht thun, wenn man ihm die Meinung beilegte, die Wissenschaft sei nur um des praktischen Nutzens willen zu treiben. Höher als die äufsere Ausbeute, welche die Kenntnisse zu schaffen vermögen, stellt er eben die Betrachtung der Dinge (die contemplatio rerum höher als die inventio fructus). Wir freuen uns über das Licht, weil wir mit dessen Hilfe arbeiten, lesen und einander sehen können; eben der Anblick des Lichtes ist aber doch herrlicher als dessen vielfache Benutzung.

Das grofse Ziel zu erreichen kann man aber nur dann hoffen, wenn man sich ohne Vorurteile einstellt. Wie ins Himmelreich können wir auch in das auf die Wissenschaft gegründete menschliche Reich nur dann aufgenommen werden, wenn wir wie die Kinder werden. Vorurteile und vorausgefafste Meinungen müssen abgelegt werden. Es kommt ja darauf an, die Natur zu erklären, nicht der Natur vorzugreifen, es gilt eine interpretatio, nicht eine antecipatio. Bacon sucht deshalb eine Gesamtlehre von den unberechtigten Antizipationen zu geben. Dies ist seine berühmte Lehre von den Illusionen des Geistes (idola mentis), die man ausrotten müsse, damit der Geist eine reine und blanke Tafel (tabula abrasa) werde, auf welche die Dinge ihre echte Natur schreiben könnten. Bacon unterscheidet vier Klassen solcher Illusionen.

Einige Illusionen sind durch die menschliche Natur begründet und deshalb dem ganzen Geschlechte gemein (idola tribus). Zu diesen Geschlechtsillusionen gehören diejenigen, die dadurch entstehen, dafs wir die Dinge nach ihrer Beziehung zu und in Ähnlichkeit mit uns selbst auffassen (ex analogia hominis), und nicht in ihrer Beziehung zu und ihrer Ähnlichkeit mit dem Weltall (ex analogia universi). Unsere Auffassungsweise, unsere Wahrnehmungs- und Denkweise kann doch nicht der Mafsstab der Dinge sein! Namentlich sind wir geneigt, gröfsere Ordnung und Regelmäfsigkeit der Dinge vorauszusetzen, als wirklich zu finden sind. Die Gleichförmigkeit (aequalitas) unseres eignen Geistes setzen wir auch von den Dingen voraus. Und was unseren einmal gefafsten Meinungen widerstreitet, sind wir zu übersehen geneigt. Man geht leicht über die negativen Fälle hinweg, wenn man aus der Erfahrung folgert. Dem plötzlich und unmittelbar auf uns Wirkenden legen wir gröfsere Bedeutung bei, indem wir geneigt sind, dem Ferneren die nämliche Beschaffenheit zuzuschreiben. Anderseits legen wir auch die Unruhe und das beständige Trachten unseres Geistes in die Natur hinein, so dafs wir deren Ausdehnung oder der Reihe der Ursachen keine Grenzen aufstellen wollen. Oder man beruhigt sich damit, die Erklärung in einem Zwecke zu finden und statuiert Zweckursachen (causae finales), eine Erklärung, die offenbar unserer eignen Natur, nicht der des Weltalls entnommen ist. Sehr leicht werden endlich unsere Resultate durch unsere Gefühle und Triebe, unsere Hoffnung oder Furcht bestimmt, und dieser Einflufs des Gefühls auf die Erkenntnis geht oft durchaus unmerkbar vor.

Eine andere Klasse der Illusionen entspringt aus der individuellen Natur des Einzelnen. Diese nennt Bacon (mit Bezug auf ein Bild bei Platon) „Höhlenillusionen" (idola specus), da die Individualität jedes einzelnen Menschen gleichsam eine Höhle sei, aus der er das Weltall betrachte, und in der sich das Licht der Natur auf eigentümliche Weise breche. Diese Individualitätsillusionen werden durch ursprüngliche Anlage, Erziehung, Umgang und Lektüre bestimmt. Es gibt einige, die mehr Neigung haben, bei den Verschiedenheiten der Dinge zu verweilen, während andere geneigter sind, deren Ähnlichkeiten aufzusuchen, — einige, die das Alte am meisten lieben, andere, die sich mit Vorliebe dem Neuen zukehren, — einige, die die Elemente der Dinge suchen, andere, die bei den zusammengesetzten Erscheinungen, wie diese unmittelbar gegeben sind, stehen bleiben.

Als die schlimmsten aller Illusionen betrachtet Bacon diejenigen, die dem Einflusse der Wörter auf das Denken zu verdanken sind. Er nennt sie „Idole des Marktes" (idola fori). Die Wörter werden nach dem Bedürfnisse des praktischen Lebens und dem populären Verständnisse gemäfs (ex captu vulgi) gebildet, und die Grenzlinien zwischen den Dingen, die sie aufstellen, lassen sich oft nicht von dem schärferen Denken gebrauchen. Es werden für gar nicht Existierendes Wörter gebildet, und anderseits gebricht es an Wörtern für wirklich von der Erfahrung dargebotene Dinge. Hieraus entsteht viel Streit um Wörter.

Während die drei ersten Klassen der Idole ihren Grund in der Natur des Menschen hatten, entsteht die letzte Klasse, „die Idole der Schaubühne" (idola theatri) durch den Einfluss überlieferter Theorien. Diese Theorien können sehr genial und scharf ersonnen sein und dennoch das Ziel verfehlen. Wer den rechten Weg geht, kommt mit geringerer Begabung schneller und sichrer ans Ziel als der beste Läufer, der einmal den rechten Weg verlassen hat; ja gerade wegen seiner Geschicklichkeit wird der Läufer sich immer mehr vom Ziel entfernen. Die empirische Methode, die Bacon im Gegensatz zu den glänzenden Spekulationen früherer Zeiten empfiehlt, läfst — seiner Auffassung nach — dem Scharfsinn und der Geisteskraft keinen grofsen Übungsraum übrig. Die rechte Methode gleicht den Unterschied zwischen den Geistern aus. Wenn ein Kreis aus freier Hand zu ziehen ist, kann verschiedene Begabung von Bedeutung werden; beim Gebrauch eines Zirkels fällt ein solcher Unterschied aber weg. — Diese vierte Klasse der Idole ist schwer von der zweiten zu sondern, da Bacon Lektüre, Überlieferung und Autorität beim Entstehen der individuellen Eigentümlichkeit mitbeteiligt sein läfst.

Bacons Lehre von den Idolen ist ein Stückchen kritischer Philosophie, ein Versuch, zwischen dem, was nur der subjektiven Beschaffenheit der Erkenntnis, und dem, was dem Weltall angehört, zu unterscheiden. Bei Montaigne, Cusanus, Bruno und Galilei trafen wir Anläufe in der nämlichen Richtung. Leider gebricht es Bacon an dem grofsartigen Gesichtspunkte, der besonders bei Galilei mittels der Kopernikanischen, die Relativität des Standpunktes einschärfenden Theorie zum Vorschein kommt. Und Bacon ist geneigt, die von uns unwillkürlich angelegten Anschauungsweisen als durchaus trügerisch zu betrachten. So ist es ihm eine Sinnestäuschung (fallacia sensuum), dafs die Sinne uns die Dinge anders zeigen, als die Wissenschaft sie erklärt. Aufserdem hat er nicht näher untersucht, wie es möglich ist, den Geist zu reinigen, so dafs dieser wie eine unbeschriebene Tafel wird. Die in unserer ursprünglichen Individualität und in der gemeinsamen menschlichen Natur liegenden Bedingungen und Formen können wir doch nicht aufheben, wenn wir sie auch zu entdecken vermögen. An diesem Punkte zeigt sich ein Widerspruch bei Bacon. Denn wie wir sahen, ist es seine Überzeugung, dafs der Stoff, nachdem er zurechtgelegt sei, unwillkürlich und dem eignen inneren Vermögen gemäfs (vi propria atqve genuina) vom Geiste bearbeitet werde. Wird hier aber nicht etwas zum Stoffe hinzugefügt — und mit welchem Rechte wird dieses hinzugefügt? Welche Garantie besitzen wir, dafs die eigne innere Kraft unseres Geistes uns bestimmen kann, die Dinge nicht mehr in ihrer Beziehung auf uns selbst, sondern in ihrer Beziehung auf das Weltall zu erblicken? Wie überzeugen wir uns, dafs wir wirklich zur analogia universi gelangt sind? — Hier fafste die spätere Erkenntnistheorie an. Bacon ist deren Vorläufer wegen seiner Lehre von den Idolen. Und vorzüglich ist der Gedanke interessant, dafs die Voraussetzung, von welcher Kopernikus, Bruno und Galilei so ruhig ausgingen: die Natur schlage stets die einfachsten Wege ein, rein menschlichen und subjektiven Ursprungs sein könnte, so dafs ihre Berechtigung zu untersuchen wäre. —

Die bei der Verarbeitung des Stoffes zu befolgende Methode ist die Induktion. Diese Methode hatte man allerdings schon lange angewandt. Bacon fand aber in ihrer gewöhnlichen Anwendung einen wesentlichen Fehler, den er unter die Geschlechtsillusionen rechnet, den nämlich, dafs man sich mit denjenigen Fällen begnüge, in denen sich eine Erscheinung gezeigt habe, und dieselben für hinlänglich halte, um eine

Einsicht in die Natur der Erscheinung zu begründen. Diese Art der Induktion nennt Bacon Induktion mittels einfachen Herzählens (inductio per enumerationem simplicem). Er verlangt deren Ergänzung durch Untersuchung der „negativen Instanzen", das heißt derjenigen Fälle, in denen die Erscheinung nicht eintritt, obgleich die Verhältnisse mit denen verwandt sind, unter welchen sie eintritt. Und außerdem verlangt er einen Gradmesser, der anzeigt, unter welchen Verhältnissen die Erscheinung ab- oder zunimmt. Durch dieses Verfahren können wir so weit kommen, daß wir imstande sind, uns von der Natur, oder wie Bacon sagt, von der „Form" der Erscheinung eine vorläufige Auffassung zu bilden. Unter der „Form" versteht Bacon die Beschaffenheit, die stets zu finden ist, wenn die Erscheinung zu finden ist, die stets fehlt, wo diese fehlt, die in demselben Maße wie diese ab- oder zunimmt. Nach Aussonderung der Beschaffenheiten, die diese Forderungen nicht befriedigen, behalten wir die Form zurück. Bei der Untersuchung der Natur des Todes müssen wir davon absehen, ob dieser durch Ertränkung, Verbrennung, Durchbohrung, Schlagfluß, Mangel an Nahrung u. s. w. verursacht ist. Bei der Wärme müssen wir von den speziellen Erzeugungsweisen der Wärme, von der Zusammensetzung der erwärmten Stoffe u. s. w. absehen.

Wenn man Bacon oft beschuldigt, die Induktion nur als Ansammlung von Stoff aufzufassen, ist zu beachten, daß er großes Gewicht auf die Bildung vorläufiger Hypothesen der Übersicht und Orientierung wegen legt. Die erste Erklärung sei nur ein Versuch, sei die „erste Weinlese", die nur zur Probe diene (Nov. Org. II, 20). Sie werde unternommen, weil die Wahrheit leichter durch einen Irrtum zu gewinnen sei, wenn dieser nur klar durchgedacht werde, als durch chaotische Anhäufung des Stoffes. Dies ist einer der berühmtesten Aphorismen Bacons: citus emergit veritas ex errore qvam ex confusione. Als eine derartige vorläufige Hypothese stellt Bacon mit Bezug auf die „Form" der Wärme den Satz auf: Wärme ist Bewegung. — Seine Induktionsmethode wird nun aber nach Aufstellung dieser vorläufigen Hypothese und mit dieser als Wegweiser fortgesetzt. Es gilt nun, solche Fälle zu finden oder auf experimentalem Wege hervorzubringen, die zur Beleuchtung und näheren Begründung der aufgestellten Meinung besonders geeignet sind. Solcher „prärogativen Instanzen" zählt Bacon eine ganze Menge auf. Unter anderem erwähnt er (als instantiae solitariae) Fälle, welche die befragte Beschaffenheit unter Verhältnissen darbieten, die sonst durchaus nichts mit allen anderen Fällen, in denen sie vorkommt, gemein haben, oder welche dieselbe nicht darbieten, obschon sie sonst alle anderen Umstände mit den Fällen gemein haben, in denen sie vorkommt. Dies sind die Methoden, die Stuart Mill später die Übereinstimmungs- und die Unterschiedsmethode nannte. Als instantiae viae bezeichnet er Fälle und Experimente, die uns die Erscheinung „unterwegs", in ihrer Entstehung zeigen, während der sich ihre Natur („Form") am leichtesten offenbaren werde. Als instantiae irregulares et deviantes bezeichnet er Fälle, in denen die Erscheinung gleichsam „auf Abwege" geraten ist, variiert, unregelmäfsige Formen annimmt. Durch solches Variieren enthülle das Ding leichter seine eigentliche Natur. Verwandt hiermit sind die Übergangsformen (instantiae limitaneae), die einige Eigenschaften darbieten, die auf die eine Form, andere, die auf eine andere Form zurückzuführen sind.

Bacon deutet an, dafs zur vollständigen Durchführung der Induktionsmethode noch eine ganze Reihe weitergehender Operationen gehöre. Das Novum Organum endet aber mit der Aufzählung der verschiedenen Arten prärogativer Instanzen. —

Die von Bacon gegebene ausführliche Beschreibung der Induktionsmethode war für die damalige Zeit ein wirklicher Fortschritt. Sie verrät klares Verständnis wesentlicher Punkte. Was er übersah, und was ihn im Vergleich mit den Begründern der modernen Wissenschaft in den Schatten stellt, ist die untergeordnete Stellung, die er der quantitativen Bestimmung und der Deduktion anweist. Die exakte Erfahrungswissenschaft wird nämlich erst dadurch ermöglicht, dafs man durch genaues Ausmessen der Erscheinungen eine Grundlage mathematischer Deduktion gewinnt. Allerdings räumt er der quantitativen Bestimmung einen Platz im induktiven Prozesse ein; eine besondere Art prärogativer Instanzen sind die instantiae quanti, auch doses naturae genannt. Deren entscheidende Bedeutung erblickte er jedoch nicht. Und hiermit steht seine Unterschätzung der Deduktion in Verbindung. Die glänzendsten Deduktionen sind die mathematischen. Wenn Bacon auch nicht, wie man ihn dessen häufig beschuldigt hat, die Bedeutung der Deduktion durchaus verkannte (dem widerspricht „die erste Weinlese"), so gibt er dem deduktiven Prozeß in seiner empirischen Methode doch einen ganz untergeordneten Platz. Er hatte keine Ahnung davon, daß eine Deduktion den eigentlichen Beweis von der Richtigkeit des induktiven Schlusses gibt.

Bacon will auf dem Wege der Induktion eine Bestimmung der Natur oder „Form" der Dinge gewinnen, will für jedes derselben dessen eigentümliches Wesen bestimmen. Eigentlich ist eine solche Bestimmung aber keine Induktion im modernen Sinne des Wortes. Sie gibt nicht die Abhängigkeit einer Erscheinung von einer anderen an, gibt kein Gesetz, sondern einen Begriff. Sie ist (wie schon Fries in seiner Geschichte der Philosophie bemerkt) vielmehr Abstraktion als Induktion zu nennen. Und Bacon selbst verweist hier auf Platon als sein Vorbild. Es ist, sagt er, ein Unterschied zwischen den Idolen des menschlichen Geistes und den Ideen des göttlichen Geistes. Eben die letzteren will er suchen: sie sind die ewigen Formen der Dinge. Die Form ist die Definition des Dinges, ist das Ding selbst (ipsissima res). Er lobt Platon, weil dieser erblickt habe, daß die „Form" der wahre Gegenstand der Wissenschaft sei. Platon habe den Fehler begangen, teils daß er die Formen oder Ideen von den Dingen selbst trennte, während sie doch gerade in eben den einzelnen Erscheinungen zu suchen seien, teils daß er die zusammengesetzten Formen oder Naturen nicht in die einfachsten, rein elementaren auflöste. Gerade die einfachsten, unauflöslichen Eigenschaften (naturae simplices) der Dinge[41]) müßten nach Bacon festgestellt werden. Solche Eigenschaften wären Farbe, Schwere, Auflösbarkeit, Ausdehnbarkeit u. s. w.

Von dieser Seite betrachtet zeigt Bacons Begriff der „Form" auf die antike und die scholastische Philosophie zurück. Seine Auffassung dieses Begriffes schwankt aber nicht unbedeutend. An einzelnen Stellen bedeutet die „Form" nicht eine Definition oder Bestimmung der Beschaffenheit des Dinges, sondern das Gesetz, dem zufolge die Thätigkeit vorgeht, aus der die Erscheinung besteht. „Die Formen," sagt er irgendwo, „sind Erdichtungen (commenta) des menschlichen Geistes, wenn man sie nicht Gesetze der Thätigkeit oder der Bewegung für die Formen nennen möchte." Die Form der Wärme wäre also dasselbe wie das Gesetz der Wärmeerscheinungen. Hierdurch wollte er seine „Formen" von den bisher angenommenen unterscheiden. Dieses Gesetz müsse man kennen, um die Erscheinung hervorbringen zu können. Sowohl in der Theorie als in der Praxis komme es nun darauf an, das Gesetz zu finden. Diese praktische Seite erhält allerdings ihren Ausdruck, wenn Bacon von der Form als Äusserung des Wesens der Dinge redet, indem er sie die thätige Natur (natura naturans) des Dinges, die Quelle nennt, aus der dessen einzelne Eigenschaften entspringen sollten (fons emanationis). Auch Platon habe ja die Ideen als die wahren Ursachen betrachtet. Die Nüance, die — ohne dafs Bacon selbst es bemerkt — in dem Begriffe der Form dadurch entsteht, dafs diese bald das Wesen der Dinge, bald das Gesetz für deren Entstehung ist, hat jedoch Bedeutung für die Charakteristik seiner Methodenlehre. Es ergibt sich hier, dafs er an dem Übergange der alten zur neuen Philosophie steht. Er geht — wie Platon und die Scholastiker — davon aus, dafs es eine gewisse Anzahl „einfacher Naturen" gebe, deren Verbindungen die verschiedenen Erscheinungen bildeten. Die Voraussetzung aber, dafs die Dinge bestimmten Gesetzen unterworfen wären, stellt er weder auf, noch untersucht er sie.

Eine Verbindung der beiden Bedeutungen des Begriffes „Form" entstand für Bacon dadurch, dafs er so entschieden behauptete, man könne das Wesen der Dinge nur kennen lernen, wenn man den Prozefs, durch den sie hervorgebracht würden, sowohl als den inneren Zusammenhang der Teile, aus denen sie bestünden, untersuche. Beides führt uns aber über die Sinnlichkeit hinaus. Denn die Veränderungen der Natur geschehen stufenweise, mittels kleiner Übergänge (per minima), so kleiner, dafs wir sie ebensowenig merken, wie wir die kleinen Teilchen wahrzunehmen vermögen, aus denen die Dinge wahrscheinlich zusammengesetzt sind, und deren Zusammensetzungsweise (schematismus) die Eigenschaften (Formen!) erzeugt, die sie uns darbieten. Die Aufgabe des Forschens ist es nun, den verborgenen Prozeſs (latens processus) zu finden, der die verschiedenen Entwickelungsstufen, welche unsere springende und periodische Wahrnehmung auffaſst, und die verborgene Ordnung (latens schematismus), welche den sinnlichen Eigenschaften zu Grunde liegt, kontinuierlich verbindet. Die Natur ist unseren Sinnen zu subtil. Die Bewegung, aus der das Wesen der Wärme besteht, spüren wir nicht an und für sich. Der verborgene Prozeſs entzieht sich uns hier. Ähnlich geht es mit der Entwickelung des Organismus, mit dem Ernährungsvorgange (wenn man alle Stadien mitnehmen soll, von der Aufnahme des Nahrungsstoffes an bis zur vollständigen Umarbeitung in Fleisch und Blut), mit der willkürlichen Bewegung (wenn man alle Stufen mitnehmen soll, von der ersten Bewegung in der Vorstellung durch die inneren Vorgänge hindurch bis zur Biegung und Bewegung der Glieder). Und namentlich wird die Lösung der Aufgabe schwierig, wenn man an jedem Punkte finden soll, was verloren geht, was übrig bleibt und was hinzukommt; denn Bacon betrachtet es als sicher, daſs die Totalsumme des Stoffes weder vermehrt noch vermindert wird. — Diese Lehre (Nov. Org. I, 10. 50; II, 5—7; 40—41) von dem kontinuierlichen Prozesse und von dessen einzelnen Gliedern als Umsätzen dessen, was in anderer Form gegeben war, in neue Formen, ohne daſs an Quantum verloren oder gewonnen würde, gehört zu Bacons genialsten Antizipationen — obschon er selbst durch seine Methode die Antizipation ja ausschlieſsen und durch die Interpretation ersetzen wollte. Er hat das Prinzip der Kontinuität aufgestellt, das sich später so ergiebig erwies. Bacon gibt hier das unwillkürliche Eingeständnis, daſs jede Erklärung von gewissen Prinzipien ausgehen muſs. Die ganze Lehre von dem verborgenen kontinuierlichen Prozesse und von der verborgenen Ordnung stellt er rein dogmatisch auf, indem er sie nur durch einzelne Beispiele erläutert.

Zieht man die Konsequenz der Lehre von dem verborgenen Prozesse, so entdeckt man, dafs die beiden Bedeutungen des Begriffes „Form" bei Bacon sich widersprechen. Nach der ersteren Bedeutung (Form = einfache Natur = Eigenschaft, die das Wesen des Dinges ausmacht) gehen wir davon aus, dafs die durch Wahrnehmung dargelegten Eigenschaften ebenfalls den Dingen selbst gebühren. Bei der letzteren Bedeutung (Form = Gesetz für den Prozefs, durch den die Dinge entstehen) zeigt es sich, dafs die Dinge in der That aus kleinen Teilchen bestehen und durch kleine Änderungen hervorgebracht werden, die sich nicht jede für sich beobachten lassen. Mit letzterer Bedeutung stimmt die Subjektivität der Sinnesqualitäten überein (indem die Wärme an sich oder in ordine ad universum Bewegung ist), während sie der ersteren Bedeutung widerstreitet (wo die Wärme wie die Farbe u. s. w. natura simplex ist). Wie Bacon mit ersterer Bedeutung an Platon und die Scholastiker erinnert, erinnert er mit letzterer an Demokrit, ohne jedoch eigentlich Atomist zu sein. Charakteristisch ist es, dafs oben angeführte Äußerung, die „Formen" seien Erdichtungen und Geschlechtsillusionen, wenn man unter Form nicht Gesetz verstehe, gerade in einem Zusammenhange vorkommt, wo er unmittelbar vorher den Demokrit lobt, weil dieser die Forderung stellt, man möchte lieber die Natur in ihre Elemente auflösen, als Abstraktionen unternehmen. — Es ist hier wieder das Verhältnis zwischen Qualität und Quantität, vor dem Bacon Halt macht. In Platonischen und scholastischen Voraussetzungen befangen führte er nicht konsequent durch, was seine Idee von dem kontinuierlichen Prozefs enthält, durch den die qualitativen Unterschiede in quantitative aufgelöst werden; und deshalb erkennt er die Subjektivität der Sinnesqualitäten nicht auf so entschiedene Weise an wie Galilei.

d) **Wissenschaftslehre, Theologie und Ethik.**

Die induktive Methode soll für alle Wissenschaften gültig sein, für die Geisteswissenschaften (Ethik, Politik, Logik) sowohl als für die Naturwissenschaften. Überhaupt hebt Bacon stark die Einheit der Wissenschaft trotz der Sonderung in spezielle Fächer hervor. Die vollständige Isolierung des einzelnen Faches würde dieses zur Unfruchtbarkeit verdammen. Fragt man, wo die gemeinschaftliche Grundlage der verschiedenen Wissenschaften zu finden sei, so gibt er in seinen beiden Hauptwerken eine etwas verschiedene Antwort. Im Novum Organum heifst die Naturwissenschaft die grofse Mutter aller Wissenschaften. In der Schrift über die Fortschritte der Wissenschaften (De augmentis scientiarum) wird indes diejenige Wissenschaft, welche die den verschiedenen Wissenschaften gemeinschaftlichen Grundsätze enthalte, mit dem Ehrennamen der Mutter der Wissenschaft benannt. Diese Wissenschaft von den gemeinschaftlichen Grundsätzen nennt Bacon die prima philosophia. Eine solche sei aber noch nicht entwickelt, obgleich sie von grofser Bedeutung sein würde, da ein System solcher gemeinschaftlichen Grundsätze ein Zeugnis von der Einheit der Natur abgeben würde. Als dergleichen gemeinschaftliche Grundsätze nennt Bacon (Nov. Org. I, 80. 127. De augm. III, 1): Gleich Grofses zu ungleich Grofsem gelegt gibt ungleich Grofses; was mit einem und demselben Dritten übereinstimmt, stimmt untereinander; die Natur offenbart sich besonders in Minima; alles ändert sich, aber nichts vergeht. Dies sind zum Teil Sätze, mit denen Bacon in seiner Methodenlehre ruhig operiert. Ihren Ursprung und ihre Begründung bespricht er nicht näher, es ist natürlich aber seine Meinung, dafs sie selbst eine Frucht der Induktion seien. Hierdurch entsteht allerdings ein Kreis in seinem Gedankengange, indem er einerseits diese Grundsätze als Voraussetzungen der induktiven Methode benutzt, sie anderseits aber als Resultate der Induktion betrachtet, ein Kreis, der allen Formen des reinen Empirismus unvermeidlich ist. Und wie wir sahen, wollte Bacon den Geist ja zu einer unbeschriebenen Tafel machen, bevor das Werk der Erkenntnis beginnen könnte.

Von der Begründung der ersten Grundsätze durch Induktion redet er nicht in seiner Lehre von der prima philosophia, wohl aber in einem ganz anderen Zusammenhange, dort nämlich, wo er die Grenze zwischen der Philosophie und der Theologie ziehen will. Bacon warnt nachdrücklich davor, die Philosophie mit der Theologie zu vermengen; hierdurch erhalte man eine phantastische Philosophie und eine ketzerische Theologie. Deren Quellen seien ganz verschiedene. Die Philosophie gehe von sinnlicher Wahrnehmung aus, die Theologie stütze sich auf göttliche Inspiration. In der Wissenschaft stehe der menschliche Geist unter dem Einflusse der Sinnlichkeit, im Glauben unter dem Einflusse eines anderen Geistes; deshalb sei der Glaube edler als die Wissenschaft. Und je unwahrscheinlicher und unglaublicher ein göttliches Mysterium sei, um so gröfsere Ehre erweise man Gott, wenn man daran glaube, um so herrlicher sei der Sieg des Glaubens. Habe man dann erst die Prinzipien der Religion angenommen, so könne man aus diesen logische Konsequenzen abziehen, ganz wie aus den ersten philosophischen Prinzipien. Der bedeutende Unterschied bestehe aber darin, dafs in der Philosophie die Prinzipien selbst, wie alle anderen Sätze, einer näheren Prüfung mittels Induktion unterworfen würden; in der Religion ständen die ersten Prinzipien ihrer göttlichen Autorität wegen aber unerschütterlich fest, ebenso wie im Schachspiele, dessen erste Regeln sich nicht diskutieren liefsen. Bacon meint indes, man vermisse noch eine nähere Untersuchung, wie weit die Vernunft auf dem religiösen Gebiete anzuwenden sei, wie auch die Erörterung der Frage, inwiefern Einigkeit in religiösen Meinungen notwendig sei.

Aufser der kirchlichen Theologie, die Bacon bei diesen Bestimmungen zunächst ins Auge fafst, hält er jedoch auch eine natürliche Theologie für möglich, wenn diese auch keinen grofsen Umfang besitze. Sie könne nur den Atheismus widerlegen und die Notwendigkeit zeigen, eine erste Ursache anzunehmen. Wenn man natürliche Ursachen (causae secundae) zu finden beginne, fühle man sich oft von diesen so überwältigt, dafs man glaube, keiner ersten Ursache benötigt zu sein. Später erweise aber gerade der feste innere Zusammenhang der Ursachen die Existenz einer Gottheit. Hierher gehöre es ebenfalls, dafs selbst wenn die Naturwissenschaft keiner Zweckursachen bedürfe, die im Gegenteil durch Anwendung eines blofs menschlichen Motives auf die Natur die Wissenschaft verderbten, so falle doch nicht die Berechtigung weg, Zweckursachen anzunehmen, und diese liefsen sich sehr wohl mit dem kontinuierlichen Prozefs vereinen, dessen Findung die Aufgabe der Naturwissenschaft sei. Die Zweckursache sei wie eine Nonne; sie sei unfruchtbar in der Wissenschaft, habe aber religiöse Bedeutung.

In seinen Essays untersucht Bacon das Verhältnis zwischen dem Atheismus und dem Aberglauben. Auch hier sagt er, dafs beginnendes Forschen zum Atheismus, tieferes Forschen aber zur Annahme eines Gottes führe. Die Hauptursachen des Atheismus findet er indes in religiösen Zänkereien, im anstöfsigen Wandel einiger Geistlichen, in der Neigung zum Spott und in den aufgeklärten, friedlichen und glücklichen Verhältnissen der damaligen Zeit (denn Unglück und Mifsgeschick machen das Gemüt für Religion empfänglich). Der Atheismus entwürdige den Menschen, da dessen geistiges Wesen einer Stütze bedürfe, damit das Körperliche ihn nicht zu weit zum Tiere hinabziehe, und da der Mensch durch die Beziehung zu einer höheren Natur veredelt werde, wie der Hund durch die Beziehung zum Menschen. Der Aberglaube sei aber doch noch ärger als der Atheismus. Lieber gar keine Meinung von Gott als eine Gottes unwürdige Meinung; ersteres sei nur Unglaube, letzteres eine Beleidigung. Der Aberglaube erzeuge weit eher als der Unglaube unmoralische Eigenschaften. Jener sei dem Staate gefährlich, da er eine Gewalt im Volke gründe, welche die Gewalt der Regierung übersteigen könne. Dann würden die Weisen gezwungen, den Thoren zu folgen. Namentlich zu barbarischen Zeiten entstehe Aberglaube.

Die Doppelheit, die in Bacons Lehre vom Glauben und Wissen erscheint, und die das deutliche Gepräge eines Kompromisses trägt, wirft konsequent ihren Widerschein auf seine Psychologie und seine Ethik. — Die sinnliche Seele des Menschen ist materiell wie die des Tieres. Sie besteht aus einer feinen, feurigen Luft (aura ex natura flammea et aërea conflata), die aus dem Gehirn durch die Nerven strömt und vom Blute genährt wird. Bacon tritt hier dem Telesio bei. Er vermifst indes den näheren Nachweis, wie diese feine Luft den dichten und harten Körper zu bewegen vermöge. Mit Telesio ist er ebenfalls darin einig, dafs er allen Dingen eine

Empfänglichkeit für Eindrücke beilegt, die er lieber Auffassung (perceptio) als Empfindung (sensus) nennen will. Er möchte es näher untersucht wissen, wie jene in diese übergehen kann, wie also die allgemeine Empfänglichkeit für Eindrücke zur Empfindung wird, oder wie das unbewufste Seelenleben in das bewufste übergehen kann. — Aufser der sinnlichen und materiellen Seele nimmt Bacon, wie Telesio, eine geistige, von Gott eingepflanzte Seele an; über diese vermöge aber nur die Religion, nicht die Philosophie uns zu belehren. — Die spezielle psychologische Beobachtung der Erscheinungen des Seelenlebens, die von Materialismus und Spiritualismus unabhängig ihren Gang geht, kennt Bacon nicht. Hier steht er hinter Sanchez und Campanella, um nicht von Descartes zu reden, zurück. Nur beiläufig deutet er dieselbe in dem Satze an, dafs wir die Natur mittels direkten Lichtes, Gott mittels eines durch die Welt als Medium gebrochenen Lichtes, und den Menschen, der sein eigner Gegenstand sei, mittels zurückgeworfenen Lichtes (radio reflexo) kennen lernten.

Was die Ethik betrifft, unterscheidet Bacon zwischen der Lehre von den Vorbildern und der Lehre von Mitteln und Wegen, um sich diesen Vorbildern zu nähern. Letztere Lehre (de cultura animi) sei in hohem Grade versäumt worden aus dem nämlichen Grunde, der die Unvollkommenheit der Wissenschaften überhaupt erkläre; man habe lieber in den Vorstellungen vom Ideale schwelgen, als mühsam erforschen wollen, wie dieses sich verwirklichen lasse. Was das Vorbild betreffe, so sei dieses in seiner höchsten Form in der Religion, nicht aber in der Philosophie zu Hause, da es auf übernatürliche Weise geoffenbart sei. Die philosophische Lehre von dem Vorbilde sei schon von den alten Philosophen gut dargestellt. Bacon vermifst indes Untersuchungen über die ersten Quellen des Ethischen (fontes ipsi rerum moralium). Er verlangt also eine Lehre von der psychologischen Entwickelung des Ethischen. Und er selbst gibt die Grundzüge einer solchen. In jedem Dinge sei ein doppelter Drang zu finden: wegen des einen suche das Ding sich als Ganzes zu behaupten; wegen des anderen suche es als Teil eines gröfseren Ganzen zu wirken. Ersterer habe das individuelle Gut, letzterer das allgemeine

Gut zum Gegenstande. Die alten Philosophen hätten mit Unrecht gröfseres Gewicht auf das individuelle Gut gelegt, indem sie die Erkenntnis, die Kontemplation als das Höchste aufstellten, während das thätige Leben doch höher zu stellen sei. Es sei nicht unsere Aufgabe hier im Leben, nur als Zuschauer aufzutreten. — Auf die Staatslehre will Bacon sich nicht näher einlassen. Denn das Werk (De augmentis sc.), dessen sie einen Teil bilden sollte, war König Jakob I. gewidmet — und einem solchen Meister der Regierungskunst gegenüber sei Schweigen das Schicklichste! —

Wir treffen hier zuletzt Bacon wieder als Höfling an. Es war das Unglück seines Lebens, dafs er auf diese Bahn geriet, wie es Brunos Mifsgeschick war, dafs er ein Mönch wurde. Dennoch hat er es vermocht, Gedanken zu entwickeln, die gute Ausdrücke der neuen Wege waren, welche zu betreten die Forschung sich anschickte, und welche namentlich ein gutes Wahrzeichen der philosophischen Forschung gaben, die mächtig dazu beitragen sollte, seinem Vaterlande in der Geschichte der modernen Geistesentwickelung einen hervorragenden Platz zu verschaffen.

DRITTES BUCH.
Die grofsen Systeme.
—

Nach dem Zeitalter der neuen Ideen und Entdeckungen kommt die Zeit der Versuche, zu ordnen und zu systematisieren, die vielen Gedanken und Thatsachen auf einfache und feste Grundgedanken zurückzuführen. Diese Versuche wurden im festen Vertrauen angestellt, dafs die rechte Grundlage gefunden sei. Die Analyse wurde durch die Konstruktion ersetzt. Dies erhielt die grofse Bedeutung für das Denken, dafs es jetzt vollständig klar werden konnte, was in den von der Renaissance und der neuen Naturwissenschaft erzeugten Gesichtspunkten enthalten war. Diese wurden mit einer dogmatischen Zuverlässigkeit festgestellt, die die Geister der vorhergehenden Zeit nicht kannten, weil sie sich von den einzelnen Prinzipien und deren Tragweite keine deutliche Rechenschaft ablegten. Man formulierte jetzt mit ausdrücklichem Bewufstsein, was früher mehr oder weniger dunkel vorgeschwebt hatte. Und aus den solchergestalt formulierten Voraussetzungen baute man Systeme auf, die jedes für sich darauf Anspruch machten, das alte scholastische System zu ersetzen, dem jetzt erst der Garaus gemacht wurde. Ein Erbstück der Scholastik war indes das Streben, einen absoluten Abschlufs der Erkenntnis zu erlangen, den Gedanken durch ein Prinzip zur Ruhe zu bringen, das selbst kein Problem wieder enthielte.

Man wollte ebenso hoch bauen, wie das eingerissene Gebäude gereicht hatte. Der natürliche, im menschlichen Geiste stets mehr oder weniger stark rege Drang, alle für gültig genommenen Vorstellungen in Zusammenhang zu bringen, äußerte sich hier so lebhaft und energisch und zugleich auf so geniale Weise, wie während keiner anderen Periode in der Geschichte der neueren Philosophie. Dies stand damit in Verbindung, daß Aufgaben gestellt waren, die sich weder früher noch später mit derselben Neuheit und Schärfe einstellten. Das neue Weltbild und die neue Wissenschaft sollten mit dem übrigen, dem Bewußtsein als fest dastehenden geistigen Inhalte zusammengearbeitet werden. Das Daseinsproblem mußte deshalb in erster Reihe auftreten. Bruno hatte dasselbe auf Grundlage des neuen Weltbildes behandelt. Nun war aber die neue mechanische Naturerklärung hinzugetreten, und somit wurde dem Denken das große Problem von dem Verhältnisse zwischen dem Körperlichen und dem Geistigen gestellt. Die wichtigsten der Hypothesen, die rücksichtlich dieses Verhältnisses möglich sind, wurden von den Systemen des 17. Jahrhunderts mit einer Klarheit und Energie aufgestellt, die diesen Denkversuchen bleibenden Wert verleihen. Andere Probleme werden indes mit diesem verwoben. Das Problem von dem Verhältnisse zwischen Gott und der Welt drängt sich eine Zeitlang sogar in den Vordergrund. Mit diesem steht wieder das Problem von der Einheit oder der Vielfachheit des Daseins in Verbindung. Und endlich wird es ein wichtiges Problem, inwiefern die mechanische Naturerklärung es möglich macht, dem Begriffe des Zweckes reale Bedeutung beizulegen.

Das Erkenntnisproblem und das Schätzungsproblem treten vor dem Daseinsprobleme zurück, obgleich sie fortwährend als mehr oder weniger bewußt motivierende und vorwärtstreibende Kräfte ihren Einfluß üben. Bei Descartes, dem ersten in der Reihe der großen Systematiker, zeigt sich noch, auch in der Darstellung, das deutliche Bestreben, den Weg zum konstruktiven Denken durch die Analyse zu finden. Bei Hobbes und Spinoza wird die Analyse durch die Konstruktion verdunkelt. Bei Leibniz fängt die analytische Tendenz wieder an, sich emporzuarbeiten — ein Übergang zu der vorherrschenden Bedeutung, die das Erkenntnisproblem und das Schätzungsproblem im 18. Jahrhundert erhalten sollten.

Die kulturgeschichtlichen Verhältnisse des 17. Jahrhunderts bieten eine Analogie der abschließenden, systematischen Tendenz, die während dieser Zeit die Hauptströmung der Philosophie bildete. Eine einzige Grundstimmung durchdringt die verschiedenen Gebiete der Politik, der Kirche und des Denkens. Es ist das Zeitalter der absoluten Staatssouveränität. Der Staat hat sich von der kirchlichen Vormundschaft befreit und verlangt nun von den einzelnen Menschen und den kleineren Kreisen unbedingte Unterwerfung. Das Prinzip der Souveränität wird in seinen schärfsten Formen sogar von eben den beiden Denkern durchgeführt, die den Gipfel der Konstruktion bezeichnen. Der einzelne Mensch sucht nun Ruhe und Sicherheit nach den Stürmen der Renaissance und der Reformation. Intellektuelle Kontemplation und Mystik ziehen viele an. Es macht sich ein Hang zum Quietismus geltend. In den philosophischen Systemen werden diese Neigungen aber durch denkende Bearbeitung der neuen Ideen und Entdeckungen befriedigt. Hierdurch erhielten sie Bedeutung als Experimente, um die Tragweite wichtiger Gedankenreihen zu prüfen.

I. René Descartes.

a) Biographie und Charakteristik.

Dieser Mann, der Begründer der neueren Philosophie, wurde den 31. März 1596 aus einer adeligen Familie in Touraine geboren. Der kränkliche Knabe verriet schon früh ungewöhnliche Anlagen, und sein Vater pflegte ihn wegen der vielen von ihm gestellten Fragen den Philosophen zu nennen. Um eine sorgfältige Erziehung zu erhalten, kam er in das vor kurzem von Heinrich IV. gestiftete Jesuitenkollegium zu La Flèche. Später gedachte er seiner jesuitischen Lehrer stets mit Dankbarkeit, und es verursachte ihm großen Kummer, daß die Jesuiten als Gegner seiner Philosophie auftraten. In La Flèche lernte er Naturlehre und Philosophie nach dem scholastischen System, gab sich aber am meisten mit der

Mathematik ab und scheint sich sehr früh mit Ideen beschäftigt zu haben, die ihn zu seiner grofsen mathematischen Entdeckung, der Begründung der analytischen Geometrie, zur Anwendung der Algebra auf die Geometrie führten. Seine Entwickelung während der Jugendzeit hat er selbst in seinem epochemachenden Werke *Discours de la méthode* geschildert, da sie zugleich die Entstehungsgeschichte seiner Philosophie ist. Beim Verlassen der Schule fühlte er sich unbefriedigt trotz des vielen, das er gelernt hatte. Viele Thatsachen kannte er, und viele schöne Gedanken waren ihm mitgeteilt worden; vorzüglich bewunderte er die stringente Methode der Mathematik. Jene Thatsachen und Gedanken erschienen ihm aber als zusammenhangslose Bruchstücke, und die Mathematik war ihm nur nutzloses Hirngespinst. Er hängte nun die Studien an den Nagel und warf sich in den Strudel des Pariser Lebens. Sein theoretisches Interesse vermochte er jedoch nicht gänzlich zu verleugnen: unter seinen Papieren fand sich eine aus dieser Zeit herrührende Abhandlung über die Fechtkunst. Bald wurde er des gedankenleeren Lebens überdrüssig und entschwand plötzlich seinen Freunden, indem er sich in einen einsamen Teil der Stadt zurückzog, um in Ruhe zu studieren. Immer mehr wurde es nun sein Ideal, ein eingezogenes, dem Nachdenken und dem Studium gewidmetes Leben zu führen. Sein Wahlspruch wurde: „Glücklich, wer im Verborgenen lebte!" (Bene vixit, qui bene latuit!) Nach Verlauf von zwei Jahren fanden seine Freunde ihn wieder und entrissen ihn der Einsamkeit. Nun beschlofs er, das „grofse Buch der Welt" kennen zu lernen. Vielleicht hätte das praktische, alle Gedanken auf die Probe stellende Leben die Menschen Wahrheiten gelehrt, die sich nicht durch gelehrte Spekulationen entdecken liefsen! Und aufserdem wünschte er sich selbst unter den Schickungen des Lebens zu prüfen. Als Freiwilliger nahm er auf eigene Kosten Kriegsdienste unter Moritz von Oranien, indem er jedoch jede ruhigere Stunde den Studien, besonders den mathematischen widmete. Aus Holland ging er nach Deutschland, wo der Dreifsigjährige Krieg dem Ausbruche nahe war. Er schlofs sich dem Heere an, das der Kurfürst von Bayern gegen die aufständischen Böhmen sammelte. Während er (1619—1620) zu Neuburg an der Donau im Winterquartier lag, trat ein wissenschaftlicher Durchbruch in ihm ein, indem er die allgemeine Methode fand, die ihn später sowohl bei den philosophischen als den mathematischen Studien leitete. In einer hinterlassenen Aufzeichnung aus dieser Zeit hat er sogar ein bestimmtes Datum als Entstehungstag des entscheidenden Gedankens angegeben: — „den 10. November 1619, als ich von Enthusiasmus erfüllt war und die Grundlage einer wunderbaren Wissenschaft fand!"[42]) Er schloſs sich in sein Zimmer ein und gab sich Gedanken hin, die ihn auf seine allgemeine Methodenlehre führten. Es fiel ihm ein, daſs ebenso wie das gemeinschaftliche Werk vieler Menschen überhaupt unvollkommener sein werde, als das von einem einzelnen Menschen ausgeführte, ebenso rühre unser unvollkommenes Wissen von den vielen verschiedenen Lehrern her, die uns jeder seine eignen Meinungen einflöſsten, von dem Einflusse der verschiedenen Triebe, von den verschiedenen widerstreitenden Urteilen, die wir von Gelehrten und von praktischen Leuten hörten. Wir sollten deshalb, um dieser Unvollkommenheit abzuhelfen, von vorn anfangen, von dem Überlieferten absehen und unseren Bau langsam auf einem einzigen Fundamente aufführen! Die rechte Methode bestehe darin, nur das anzunehmen, was klar und deutlich gedacht werde, jede Schwierigkeit in ihre einzelnen Teile aufzulösen und von dem Einfachsten und Leichtestverständlichen auszugehen, um darauf Schritt für Schritt in die zusammengesetzteren Fragen einzudringen. Dies war die analytische Methode, wie sie ganz im allgemeinen seinem inneren Blicke erschien. Auf dem mathematischen Gebiete führte diese Methode ihn auf die Idee einer Wissenschaft, die allgemeiner sein sollte als die einzelnen mathematischen Wissenschaften, indem sie Verhältnisse, Proportionen im allgemeinen untersucht, einerlei ob diese unter Figuren oder Zahlen oder anderen Dingen stattfinden. Dies war eine allgemeine Lehre von den Gröſsen oder den Funktionen, deren spezielle Anwendung die analytische Geometrie war. — Seine Gedanken arbeiteten so eifrig an diesen Ideen, daſs er in einen überspannten Zustand geriet. Er hatte sonderbare Träume, und den nächsten Tag gelobte er der Mutter Gottes, eine Wallfahrt nach Loretto zu machen, damit sie seine Gedanken fördere. (Dieses Gelübde erfüllte er jedoch erst, als sich eine bequeme Gelegenheit darbot.) Das Gelöbnis einer Wallfahrt ist eine eigentümliche Einleitung der neueren Philosophie — ein Seitenstück der übernatürlichen Stimme, in welcher Herbert von Cherbury wenige Jahre später die Sanktion seiner „natürlichen Religion" vernahm! — Seiner Meinung nach war es indes noch zu früh, zur Ausarbeitung seiner Philosophie zu schreiten. Nachdem er an der Eroberung Prags und an einem Feldzuge in Ungarn teilgenommen hatte, kehrte er nach Frankreich zurück und übernahm einige Güter, die ihm als Erbe zugefallen waren. Seine Familie wünschte ihn vermählt und in einer Beamtenstellung zu sehen; hierauf war sein Sinn aber nicht gerichtet. Er fafste den Entschlufs, sein Leben der Wissenschaft zu widmen, und um dieser in Ruhe obliegen zu können, zog er (1629) nach Holland. Vorher hatte er zu wiederholten Malen Gelegenheit erhalten, seine philosophischen Ideen, namentlich über die Methode, in litterarischen Kreisen zu Paris zu entwickeln. Zwei merkwürdige unvollendete Abhandlungen, die erst lange nach seinem Tode erschienen: „Regeln zur Anleitung des Denkens" und „Das Forschen nach Wahrheit mittels des natürlichen Lichtes", rühren gewifs aus dieser Zeit her. Sie geben eine bedeutungsvolle Darstellung der analytischen Methode. Während der ersten Zeit seines Aufenthalts in Holland beschäftigte er sich (wie aus dem Discours de la méthode, 3. und 4. Teil zu ersehen) mit den spekulativen Ideen, die er später ausführlich in den „Meditationes" darstellte. Hier begründete er seine Theologie und seine Psychologie und fand er einen Weg, der ihn durch den Zweifel selbst zum Ausgangspunkte aller zusammenhangenden philosophischen Erkenntnis führte.

Dafs Descartes sich in Holland niederliefs, geschah gewifs nicht allein, weil er Ruhe suchte, und weil er — wie er sagte — unter einem kühleren Klima besser philosophieren konnte. Ein mitwirkender Grund war der, dafs er gröfsere Freiheit für sein Forschen zu finden erwartete. Die reaktionäre Bewegung, die Bruno auf den Scheiterhaufen brachte und Galilei der seelischen Folter unterwarf, hatte sich nach Frankreich fortgepflanzt. Als einige junge Forscher 1624 in einer öffentlichen Disputation zu Paris die Atomlehre gegen die Aristotelische Physik verteidigen wollten, erklärte die theologische Fakultät die Lehre, dafs alles aus Atomen bestehe, für ketzerisch, da dieselbe der katholischen Lehre vom Abendmahle widerstreite. Die Disputation wurde im äufsersten Augenblick verboten, als sich bereits gegen tausend Menschen versammelt hatten, um ihr beizuwohnen. Die Verfasser wurden verhaftet und aus der Stadt verwiesen. Und den 6. September 1624 verbot das Parlament — bei Todesstrafe! — Grundsätze aufzustellen, die den alten erprobten Autoren widerstritten, und Disputationen anzustellen, die nicht von der theologischen Fakultät gebilligt wären! — Dies mufste allerdings einem Philosophen die Pariser Luft weniger zuträglich machen. In Holland konnte er eine freiere Atmosphäre zu finden erwarten. Aufser mit den erwähnten rein philosophischen Spekulationen beschäftigte Descartes sich in seinem neuen Aufenthalte mit naturwissenschaftlichen Studien, und er arbeitete eine Schrift aus, die „das Weltall" (Le Monde) heifsen sollte, und in der er darzustellen gedachte, wie die Welt sich rein mechanischen Gesetzen gemäfs entwickelt und aufgebaut habe. Er dachte sich, dafs Gott die Materie als ein Chaos erschaffen und darauf nach denselben Gesetzen geordnet habe, die er jetzt fortwährend bei der Erhaltung der Welt beobachte. Auf diese Weise söhnte er den Glauben an das Schöpfungsdogma mit der Idee einer Entwickelung nach natürlichen, noch jetzt nachweisbaren Gesetzen aus, durch deren Anwendung auf die Entstehung unseres Weltsystems er als Vorgänger eines Kant und Laplace dasteht. Da kam aber die Nachricht, dafs Galilei verurteilt sei und das Inquisitionskollegium die Kopernikanische Lehre, die Descartes in seiner Hypothese vorausgesetzt hatte, verdammt habe, — und das Werk wurde hingelegt. Er wolle nichts lehren, schreibt er seinem Freunde, dem Pater Mersenne, was dem Glauben der Kirche widerstreite, und überdies sei es ja sein Wahlspruch, man lebe am besten im Verborgenen (bene vixit, qvi bene latuit); vor allen Dingen wolle er Ruhe haben und Furcht und Verdriefslichkeiten vermeiden;

deshalb wolle er sich unter den vorliegenden Verhältnissen darauf beschränken, für sich selbst allein zu studieren. — Der schöne Wahlspruch des Descartes erhielt hierdurch eine häfsliche Anwendung, und diese ganze Sache ist mit Recht ein Fleck seines Charakters genannt worden. Aus seinen Briefen ist ersichtlich, dafs er durchaus mit Galileis Resultaten einverstanden war. Und auch wenn man allen Grund hat, Descartes für einen aufrichtigen Katholiken zu halten, ist es doch wohl keinem Zweifel unterworfen, dafs die Furcht und noch mehr vielleicht das Bedürfnis der Ruhe das vorwiegende Motiv seiner Zurückhaltung war. Später stellte er (in den „Principia philosophiae") seine kosmische Entwickelungsgeschichte dar — freilich in vermummter Gestalt. Er streute, wie sein erster Biograph sagt, der Inquisition Sand in die Augen.

Bisher hatte Descartes nichts in den Druck gegeben. Seine philosophischen und naturwissenschaftlichen Ideen waren dennoch gröfseren Kreisen bekannt, teils in Paris, teils auch in Holland. Die Kartesianische Philosophie wurde, wie man mit Recht gesagt hat, früher doziert, als sie sich aus Büchern studieren liefs. Mehrere seiner Schüler trugen sie an den holländischen Universitäten vor, wo sie heftige Kämpfe veranlafste, die auch ihrem Begründer vielen Unfrieden verursachten. Erst im Jahre 1637 liefs er auf eindringliche Aufforderungen seiner Freunde vier Abhandlungen herausgeben (*Essays philosophiques*. Leiden 1637), welche charakteristische Beispiele von seinem Forschen und dessen Resultaten abgeben sollten. Er gab hier in der ersten Abhandlung (Discours de la méthode), der einzigen, die direkt von philosophischer Bedeutung ist, die Geschichte seiner Ideen und die Grundzüge einer neuen Erkenntnistheorie und Metaphysik. In der zweiten und dritten Abhandlung (Dioptrique, Météores) gab er Beispiele einer streng mechanischen Erklärung der Natur, und in der vierten (Géométrie) begründete er die analytische Geometrie. — Die vollständige Darstellung seiner Philosophie gab er einige Jahre später in den *Meditationes* (1640) und in den *Principia Philosophiae* (1644). Die Meditationen hatte er in Abschriften mehreren der damaligen Denker zugestellt, z. B.

Antoine Arnauld, dem berühmten Jansenisten, Gassendi, Hobbes, und deren Einwürfe wurden nebst Descartes' Erwiderungen als Beilagen des eigentlichen Werkes gedruckt, was diesem einen interessanten dialogischen Charakter verleiht. Die Diskussion mit Gassendi wurde längere Zeit hindurch fortgesetzt und nahm einen ziemlich bittern Ton an. Während Gassendis und Hobbes' Opposition eine rein philosophische und deshalb stets sehr lehrreiche war, stiefs die neue Philosophie aus ganz anderen Gründen auf Widerstand von seiten der Jesuiten und des orthodoxen Protestantismus. In Utrecht, Groningen und Leiden wurden heftige Kämpfe geführt, indem die Theologen an der scholastischen Philosophie als einem Bollwerke des Glaubens festhielten. Zuletzt wurde ein Verbot der neuen Meinungen erlassen. Die Holländer, sagt Descartes in einem Briefe, ehren den Bart, die Stimme und die Mienen der Theologen mehr als deren Rechtschaffenheit. Die protestantischen Theologen hielt er für schlimmer als die katholischen. Er war in doppeltes Feuer geraten. Die protestantischen Theologen beschuldigten ihn des Skeptizismus, des Atheismus und der Auflösung der Universitäten, der Kirche und des Staates, warnten aber aufserdem vor seiner Philosophie als einer papistischen; und die katholischen Theologen beschuldigten ihn nicht nur ketzerischer Meinungen, z. B. dafs er an die Bewegung der Erde glaube (was er doch zu verbergen gesucht hatte), sondern auch der Neigung zum Protestantismus und der Teilnahme an protestantischem Gottesdienste.

Das letzte Werk von Descartes, das zu seinen Lebzeiten erschien, war die interessante Abhandlung über Gemütsbewegungen (*Les passions de l'âme.* 1649). Das Entstehen derselben ist der Prinzessin Elisabeth von der Pfalz (einer Tochter Friedrichs von der Pfalz, des unglücklichen böhmischen Königs) zu verdanken, mit der er einen lebhaften Briefwechsel unterhielt. In den an sie gerichteten Briefen führte er seine ethischen Ideen aus. Auch mit einer anderen begabten Fürstin trat er in Briefwechsel, nämlich mit der Königin Christine von Schweden. Auf Christinens Einladung reiste er nach Stockholm, um sie persönlich in seine Philosophie einzuweihen. Dieser Aufenthalt „im Lande der Bären, des Eises und der

Felsen" (wie er in einem Briefe sagt) sowohl als das Leben am Hofe war seiner Gesundheit nicht zuträglich. Ein Jahr nach seiner Ankunft zog er sich eine Krankheit zu, die seinen Tod herbeiführte (1650).

In Descartes' Leben treten die Hauptzüge seines Charakters klar hervor. Die Liebe zum Studium und zum Denken, die er sein ganzes Leben hindurch treu bewahrte, und die in einzelnen Augenblicken, wenn neue Ideen ihm einleuchteten, bis zum Affekt und Enthusiasmus steigen konnte, war der wichtigste und schönste Zug seiner Natur. Günstige und unabhängige Verhältnisse ermöglichten ihm die Durchführung des einmal gelegten Lebensplanes, der vorzüglich darauf ausging, um der Studien willen die Ruhe und den Gleichmut des Gemütes zu bewahren. An Mut fehlte es ihm nicht, was er auf seinen Reisen bewies; gegen Autoritäten war er aber zu ängstlich und zu rücksichtsvoll. Der unangenehmste Zug war sein Mangel an Fähigkeit, die Verdienste andrer anzuerkennen. Er hatte ein hohes Gefühl von dem Neuen seines Standpunktes und bestritt entschieden, von seinen Vorgängern gelernt zu haben, indem er behauptete, dafs sogar die Meinungen, die er mit ihnen teilte, von ihm ganz anders begründet seien. Er nennt Platon, Aristoteles, Epikur und unter den Neueren z. B. Telesio, Campanella, Bruno als Verfasser, die er kenne, von denen er aber — trotz aller Übereinstimmung — doch nichts gelernt habe, da seine Prinzipien ganz andere seien. Nur von Kepler will er gelernt haben; namentlich die mechanische Naturauffassung des deutschen Forschers, dessen Betonung der Bedeutung des Quantitätsbegriffes und partielle Entdeckung des Trägheitsgesetzes übten grofsen Einfluss auf Descartes' Naturphilosophie. Aber auch dieser Zug steht mit seinem vollständigen Aufgehen in den eignen Gedanken in Verbindung. Als Denker charakterisiert ihn namentlich das scharfe Unterscheiden, die klare Zurückführung auf einfache Gesichtspunkte. Hierdurch übte er ein Werk von bleibender Bedeutung, machte er der Willkür und der Phantasterei hinsichtlich der Methode definitiv ein Ende. Werden Fehler in seinem Denken begangen, so ist es jedenfalls leicht zu sehen, wo der Fehler steckt. Am glücklichsten ist er in seinen Anläufen, in der zu den Prinzipien emporsteigenden Analyse, obgleich er auf eine Konstruktion abzielte, die das gesamte System unseres Wissens sollte umfassen können. Wegen seines allzuschnellen Überganges aus Analyse in Konstruktion ist er ein dogmatischer Denker; er war sich jedoch in weit höherem Maße, als man geglaubt hat, des hypothetischen Charakters seiner Ideen bewußt. Obwohl die Erkenntnis am kräftigsten in ihm entwickelt war, bezeugt sein Briefwechsel doch lebhaftes und inniges Gefühl.

b) **Methode und Voraussetzungen der Erkenntnis.**

Da wir zu aller Erkenntnis, welchen Gegenstand sie auch betreffen möge, unsern Verstand gebrauchen, meint Descartes, es sei von Wichtigkeit, diesen genau zu untersuchen. — Der Verstand wirkt überall auf dieselbe Weise; deshalb wird die Wissenschaft von demselben die universelle Wissenschaft, und die wahre Methode kann deshalb nur eine einzige sein. Diese besteht wesentlich darin, daß man vom Einfachen und Klaren ausgeht und von diesem aus das Zusammengesetzte und Dunkle zu verstehen sucht. Vor allen Dingen muß man durch Erfahrung (*Induktion* oder Enumeration) alles sammeln, was zur Erhellung der zu behandelnden Frage notwendig ist. Dieser Stoff wird darauf so geordnet, daß die einfachsten, unmittelbar einleuchtenden Verhältnisse die Grundlage bilden. Ein unmittelbar Einleuchtendes zu finden ist die erste Bedingung des Denkens. Jeder Übergang des Gedankens geschieht durch unmittelbare Anschauung, *Intuition*. Durch Intuition lerne ich, daß ein Dreieck von drei Linien begrenzt wird, daß eine Kugel nur eine einzige Oberfläche hat, daß ich sein muß, wenn ich denke. Mittels solches unmittelbaren Anschauens werden die ersten Prinzipien aufgefaßt. Es gibt Sätze, die so einfach sind, daß wir sie nicht denken können, ohne sie für wahr zu halten. Dergleichen Sätze sind: eins und dasselbe kann nicht sowohl sein als nicht sein; ein Nichts kann nicht die Ursache eines Etwas sein; in der Wirkung kann nicht mehr enthalten sein als in der Ursache. Es ist indes nicht Descartes' Meinung, daß solche Sätze unmittelbar *gegeben* seien. Ausdrücklich hebt er hervor, daß die Intuition sich auf einzelne Fälle stütze; in dem einzelnen Beispiele könne aber eine allgemeine Wahrheit enthalten sein, und diese würden wir dann unmittelbar als selbstverständlich erkennen (simplici mentis intuitu), wenn sie auch noch nicht als allgemeiner Satz formuliert werde. Auf die grofse Frage, wie allgemeine Prinzipien aus einzelnen Fällen abgeleitet werden können, so dafs die Intuition zum Grundsatz werden kann, läfst Descartes sich nicht näher ein. Er ermahnt nur zu grofser Behutsamkeit bei der Aufstellung von Prinzipien[45]).

Aus den an und für sich klaren Sätzen leiten wir mittels *Deduktion* fernere Konsequenzen ab. Diese besteht aus einer Reihe von Intuitionen, indem man sich mittels einer kontinuierlichen Bewegung des Denkens von Glied zu Glied vorwärts arbeitet und auf diese Weise dasjenige zusammenknüpft, dessen Verbindung nicht unmittelbar einleuchtend war. Stöfst einem hierbei etwas auf, das sich nicht begreifen läfst, so mufs man anhalten, da es vergeblich sein würde, weiter zu gehen. Entweder gebricht es an hinlänglichen Erfahrungen, oder auch trifft man Fragen an, die sich der Natur des menschlichen Geistes zufolge nicht beantworten lassen. Gelingt es, die Deduktion durchzuführen, so haben wir das Unbekannte auf das Bekannte zurückgeführt, und die Gültigkeit der ersten, einfachen Wahrheiten ist auf ein gröfseres Gebiet ausgedehnt. Die uns zugänglichen Kenntnisse sind durch ein so wunderbares Band miteinander verknüpft und lassen sich auf dem Wege des Schliefsens auseinander ableiten, so dafs man sie wird finden können, wenn man nur stufenweise von den allereinfachsten Kenntnissen aus fortschreitet. — Aus der Weise, wie die Deduktion durch Intuition einfacher empirischer Verhältnisse bedingt wird, ist zu ersehen, dafs Descartes kein Gegner der empirischen Methode ist, wie er denn auch mit unablässigem Eifer Erfahrungen sammelte und Experimente anstellte. Er behauptet aber, dafs wissenschaftliche Kenntnis nur durch strenges Denken zu erreichen sei, und dafs die Erfahrung ihre eigentliche Bedeutung dadurch erhalte, dafs sie solches Denken veranlasse. Dagegen unterschätzt er die Notwendigkeit, die Resultate der Deduktion zu verifizieren. Die

Wissenschaft entstand für ihn durch Schlüsse aus empirischen Daten und bestand aus logisch deduzierten Hypothesen. —
Wie weit muſs ich nun aber zurückgehen, um das Allereinfachste zu finden? Wo finde ich eine unerschütterliche Grundlage meiner Erkenntnis? Diese Fragen beantwortet Descartes im Discours de la méthode (Chap. 4) und — ausführlicher — in den Meditationen. Allen Inhalt, jeden Gegenstand der Erkenntnis können wir bezweifeln. Alle Meinungen und Wahrnehmungen können auf Sinnestäuschung beruhen. Denken wir uns, daſs ein böses Wesen uns erschaffen hätte und uns fortwährend Irrtümer einflöſste! Selbst dann würde es doch eines geben, das wir nicht bezweifeln könnten: unser eignes Denken, unser eignes Bewuſstsein. Aller Zweifel, aller Irrtum ist ja ein Denken, eine Thätigkeit des Bewuſstseins. Wie viele unrichtige, existenzlose Dinge ich mir auch vorstelle, so beweist das Vorstellungsvermögen (vis imaginandi) doch stets seine Realität. Insofern ich denke (oder: Bewuſstsein besitze), bin ich: Je pense, donc je suis (Cogito, ergo sum). Wie schon bemerkt, ist dies eine unmittelbare Intuition, die sich nicht näher begründen läſst, ebensowenig wie es sich definieren läſst, was Denken oder Existenz ist. Diese Intuition besitzt unmittelbare Klarheit und Deutlichkeit, die das Vorbild und der Maſsstab jeder anderen Einsicht sind. — Descartes erklärt es für ein Miſsverständnis, jenen Satz als einen Schluſs aufzufassen, unleugbar hat er aber selbst dieses Miſsverständnis veranlaſst, indem er *donc* (ergo) sagt.

Jene einfache, durch keinen Zweifel zu erschütternde Intuition ist jedoch noch keine Erkenntnis. Wie kommen wir weiter? Wie vermögen wir die objektive Gültigkeit unserer Erkenntnis, die Realität dessen, was wir uns vorstellen und denken, zu begründen? — Zur Beantwortung dieser Fragen benutzt Descartes den Kausalitätssatz oder vielmehr den Satz, daſs Wirkung und Ursache einander entsprechen müssen. Wie wir sahen, gehört dieser Satz nach Descartes zu denjenigen, die sich durch Intuition entdecken lassen. Das natürliche Licht lehrt uns, daſs in der Wirkung nicht mehr liegen kann als in der Ursache. Hieraus folgt, daſs nichts aus nichts und das Vollkommene nicht aus Unvollkommenem entstehen kann.

Wenden wir dies auf unsere Vorstellungen an, so ist es klar, dafs einige derselben als durch äufsere Ursachen entstanden, andere als aus uns selbst erzeugt zu erklären sind. Keine dieser Erklärungen genügt aber, um die Vorstellung von Gott als dem unendlichen Wesen, dem Inbegriffe aller Vollkommenheit und Realität, begreiflich zu machen. Da ich selbst ein endliches Wesen bin (davon überzeugen mich mein Zweifel und mein Verlangen), kann ich keine solche Vorstellung erzeugt haben. Sie kann nicht durch Kombination einzelner wahrgenommener Vollkommenheiten entstanden sein, denn sie würde dann nicht die Einheit und Unauflösbarkeit enthalten, die die Merkmale der Vorstellung von Gott sind. Überdies ist jede äufsere Ursache eine endliche. Es bleibt also nichts anderes übrig, als dafs Gott selbst der Urheber jener Vorstellung ist. Sie ist uns angeboren in dem Sinne, dafs unser Denkvermögen, sobald es zur Klarheit erwacht, durch eigne Kraft diese Vorstellung als wahr auffassen kann. — Unter einer angeborenen Vorstellung (idea innata) versteht Descartes also nicht eine von Anfang an *gegebene* Vorstellung, sondern eine solche, die wir zu entwickeln fähig wären. Die Idee Gottes, sagt er, ist uns angeboren in demselben Sinne, wie die Vorstellung von mir selbst dies ist. „Die angeborenen Vorstellungen gehen aus dem Denkvermögen selbst hervor" [44]. — Das Wort „angeboren" wurde aber verhängnisvoll; es veranlafste viele Mifsverständnisse.

Wenn die Realität der Vorstellung von Gott auf diese Weise (wohl zu merken: kraft des Kausalitätsaxiomes) gesichert ist, haben wir nach Descartes der Realität unserer Erkenntnis eine feste Grundlage errungen. Alles, was ich erkenne, gehört zu der unendlichen Realität, welche durch jene Vorstellung ausgedrückt wird, ist eine der Vollkommenheiten, welche der Gottesbegriff enthält, und steht deshalb für mich fest. Nur ein endliches Wesen kann irren; die Möglichkeit des Irrens fällt in dem unendlichen Wesen weg, an dessen Vollkommenheit ich wegen meiner klaren und deutlichen Vorstellungen teilnehme. Populär drückt Descartes dies so aus, dafs Gott, die letzte Ursache aller unserer Empfindungen und Vorstellungen, nicht täuschen kann, da er ein vollkommenes Wesen ist. Er deutet aber, wenn man näher nachsieht, einen minder äufseren Zusammenhang zwischen der Vorstellung von Gott und der Realität unserer Erkenntnis an. Da ich meine Unvollkommenheit nur mittels einer mehr oder weniger deutlichen Vorstellung von der Vollkommenheit einsehen kann, und da die Vorstellung von Gott die Vorstellung von der höchsten, alles umfassenden Vollkommenheit ist, so dient diese Vorstellung mir zum Ideal, nach dem ich meine unvollkommene Erkenntnis messen und berichtigen kann[45]). Wenn Descartes den Gottesbegriff in die Erkenntnistheorie hineinzieht, so hat er eigentlich nicht Gott in religiösem Sinne vor Augen; die Idee Gottes ist ihm dasselbe wie die Idee von dem kontinuierlichen, alles umfassenden Zusammenhange der Existenz, in welchem alles, was Realität besitzen soll, seinen Platz mufs finden können. So heifst es in der 6. Meditation: „Unter der Natur überhaupt (natura generaliter spectata) verstehe ich anders nichts als entweder Gott selbst oder auch den von Gott eingerichteten Zusammenhang (coordinatio) aller erschaffenen Dinge." Was ich als wahr anerkennen soll, mufs seinen Platz in diesem Zusammenhange finden können, der also ebensowohl die Natur als Gott heifsen könnte. Durch den Zusammenhang mit allem anderen erhält das Einzelne Realität für mich. Das Kriterium der Sonderung zwischen dem Träumen und dem Wachen ist dieses, dafs ich die Erfahrungen des wachen Lebens ohne Unterbrechung des Zusammenhanges mit allen meinen Erfahrungen und Erinnerungen verbinden kann (perceptionem earum absque ulla interruptione cum tota reliqua vita connecto). — Dies ist der tiefere Sinn, der in der von Descartes gegebenen theologischen Begründung der Gültigkeit der Erkenntnis liegt. Wie interessant dieser Gedankengang aber auch ist, so hätte er die theologische Wendung doch ganz vermeiden können, da schon der Kausalitätssatz, der ja wieder von der Realität der Gottesvorstellung vorausgesetzt wird, zur Vermittelung zwischen dem erkennenden Subjekte und dem Weltall genügt. Der Kausalitätssatz und die übrigen ersten Grundsätze bilden bei Descartes (in den Responsiones secundae) eine ausdrückliche Ausnahme von der Erkenntnis, die erst durch die Vorstellung von Gott zu begründen sei. Bei näherer Entwickelung dessen, was im Kausalsatze enthalten ist, würde es sich erweisen, dafs eben dieser zur Annahme eines Zusammenhanges führt, in welchem die einzelnen Erscheinungen ihren bestimmten Platz haben. Die Zeit für eine nähere Untersuchung des Kausalverhältnisses und des Kausalsatzes erschien aber erst ein Jahrhundert nach dem Zeitalter des Descartes.

c) **Theologische Spekulation.**

Descartes fängt analytisch und kritisch an, springt aber sehr bald zu theologischer und spiritualistischer Spekulation über. In seinem „Je pense, donc je suis" findet er den Ausgangspunkt beider Spekulationen. Vorläufig verweilen wir bei seinen theologischen Ideen, die deswegen für uns von Interesse sind, weil sie eine strengere Entwickelung und Begründung des Inhalts der „natürlichen Religion" darbieten.

Descartes bestreitet, dafs Gottes Dasein durch die in der Erfahrung gegebene Welt zu beweisen sei. Die Reihe der Ursachen könnte ja bis ins unendliche gehen, und wir dürfen die Ohnmacht unsers Verstandes, einer solchen unendlichen Reihe nachzuspüren, nicht mit der Notwendigkeit verwechseln, eine erste Ursache anzunehmen. Aufserdem wird vorausgesetzt, dafs der Gottesbegriff schon vorher bekannt ist, wenn ich die Berechtigung darlegen soll, eine derartige erste Ursache Gott zu nennen. Descartes' Beweis ist ein mehr direkter. Er besteht, wie wir bereits sahen, in der Unmöglichkeit, dafs die Vorstellung eines unendlichen Wesens von einem endlichen Wesen gebildet werden könnte. Diese Vorstellung ist ja sogar die Voraussetzung der Vorstellung von mir selbst als einem endlichen, begrenzten Wesen; denn das Endliche setzt eine Begrenzung des Unendlichen voraus; das Unendliche ist die Positivität, durch deren Begrenzung das Endliche entsteht. Der Gottesbegriff wird nun durch Entfernung der Beschränktheit gebildet (also durch Negation einer vorgefundenen Negation). Wegen letzterer Bestimmung nähert Descartes sich bedeutend der Auffassung, dafs der Gottesbegriff gebildet werde, wie wir alle unsere Ideale bilden: durch Erweiterung und Aufhebung der Schranken (aufser durch

Kombination von Zügen aus verschiedenem Zusammenhang). Gassendi verwies gegen Descartes darauf, daſs wir ideale Vorstellungen thatsächlich durch Erweiterung und Kombination bilden; Descartes erwiderte aber, eben dieses Vermögen, die Vorstellung von dem durch die Erfahrung gegebenen relativ Vollkommenen zu erweitern, setze voraus, daſs wir unseren Ursprung in Gott hätten. Statt mit Gassendi die Psychologie der Idealbildung zu studieren (welche Frage noch heutzutage sehr wenig behandelt ist), begnügt Descartes sich mit der *fertigen* Vorstellung von Gott: da diese ein Unendliches betreffe, könne sie nicht von einem endlichen Wesen erzeugt sein. Dieser Schluſs würde ja nur dann richtig sein, wenn die Vorstellung selbst, und nicht nur ihr Gegenstand, unendlich sein sollte. —

Descartes hat indes noch einen Beweis, den ontologischen. Während er oben von der Vorstellung von Gott auf die Ursache dieser Vorstellung zurückging, sucht er hier zu zeigen, daſs wir, wenn wir den Begriff eines unendlichen und allvollkommenen Wesens klar und deutlich denken, auch die Existenz eines solchen Wesens annehmen müssen: denn wir würden ihm eine Vollkommenheit absprechen, wenn wir ihm Existenz absprächen, und somit in Widerspruch mit uns selbst geraten. Gegen dieses Räsonnement (das in der 5. Meditation zu finden ist) wandte schon Gassendi ein, Existenz sei allerdings die Bedingung, daſs etwas Vollkommenheiten oder Unvollkommenheiten besitzen könne, sei aber an und für sich keine Vollkommenheit. Descartes blieb dabei, daſs wir den Dingen ja doch Existenz beilegen auf dieselbe Weise, wie wir ihnen Eigenschaften beilegen. —

Descartes ist darüber im reinen, daſs der Gottesbegriff, dessen Gültigkeit er seiner Meinung nach durch die beiden angeführten Beweise dargethan hat, nicht der populäre ist. Die meisten Menschen betrachteten Gott nicht als das erhabene und unendliche Wesen, als einzigen Urheber aller Dinge, sondern dächten sich unter dem Worte Gott ein endliches Wesen, das von Menschen verehrt werden könne. Da sei es kein Wunder, daſs es Menschen gebe, welche die Existenz eines solchen Gottes leugneten. Seinen eignen höheren Gottesbegriff

entwickelt Descartes näher, indem er Gott als die absolute
Substanz bestimmt. Dafs Gott eine Substanz ist, will sagen,
dafs er ein Wesen ist, das durch sich selbst (per se) zu existieren vermag, keines anderen Dinges bedarf, um zu existieren.
Den Begriff „Substanz" gebraucht Descartes allerdings auch
von endlichen Wesen (z. B. von der Seele und dem Körper,
was wir im Folgenden näher betrachten werden); er erklärt
aber, dafs dieser sich nicht in einer und derselben Bedeutung
(univoce) von dem unendlichen Wesen und von den endlichen
Wesen gebrauchen lasse. Da die endlichen Wesen alle von
dem unendlichen abhängig wären, könnten sie nur uneigentlich Substanzen genannt werden. Besonders in seinen Briefen
führt Descartes den Begriff der Substanz im strengen Sinne
durch. „Man kann," schreibt er, „Gottes Existenz nicht beweisen, ohne ihn als das allervollkommenste Wesen zu betrachten; das würde er aber nicht sein, wenn etwas in der
Welt geschähe, das nicht von ihm ausginge. Schon die natürliche Philosophie lehrt, dafs in dem menschlichen Geiste nicht
der geringste Gedanke auftauchen kann, ohne dafs Gott es
will und von Ewigkeit an gewollt hat, dafs derselbe auftauchen sollte." Dies ist auch einer der Gründe, weshalb
Descartes die Atomlehre verwirft: ein Atom würde etwas sein,
das durch sich selbst bestünde; aber nur ein einziges Wesen,
das höchste aller Wesen, kann von jedem anderen Wesen unabhängig sein! — In seinen Schriften drückt Descartes sich
unbestimmter aus, indem sich neben der strengen Definition
des Begriffes Substanz eine weitere und mehr populäre einschiebt. Nach dem laxeren Sprachgebrauch bedeutet Substanz
dasselbe wie Ding oder Wesen. Substanz ist, was gewisse
Eigenschaften besitzt. Aus den Eigenschaften schliefsen wir
auf eine Substanz. In diesem Sinne (als Träger von Eigenschaften) kann ein endliches Wesen sehr gut Substanz sein.
— Es leuchtet ein, dafs es Unklarheit herbeiführen mufs, wenn
die beiden Bedeutungen des Wortes nicht scharf auseinander
gesondert werden. Descartes fafst aber die Seele und den
Körper auch in dem Sinne absolut selbständiger Wesen als
Substanzen auf. Und wie er nun den strengen Substanzbegriff
auf endliche Wesen anwendet, so wendet er auch den losen

Substanzbegriff auf das unendliche Wesen an, indem der Inhalt dieses Begriffes ja alle mögliche Realität und Vollkommenheit sei — also alle möglichen Eigenschaften! Es war deshalb eine tief in Descartes' System einschneidende Kritik, als Hobbes und Gassendi gegen ihn einwarfen, wir hätten gar keinen positiven Begriff von der Substanz als Träger von Eigenschaften, da wir nur Eigenschaften (Accidenzien, Attribute — oder, wie wir jetzt sagen würden, Erscheinungen) kennten. Descartes gab zu, daſs wir die Substanz nicht unmittelbar auffaſsten, sondern diese aus den Eigenschaften folgerten; er behauptet aber, daſs wir dieselbe zu denken vermöchten, wenn wir uns auch kein Bild von ihr gestalten könnten[40]). Auch hier lag ein Problem, das in der folgenden Philosophie grofse Bedeutung erlangte. —

Mittels des Kausalsatzes kam Descartes zu der Annahme von Gottes Existenz. Es möchte aber scheinen, als könnte derselbe Satz über den Gottesbegriff hinausführen: denn muſs nicht auch Gott eine Ursache haben? Dieser Schwierigkeit sucht Descartes zu entgehen, indem er unterscheidet zwischen dem, was seine Ursache auſser sich, und dem, was seine Ursache in sich selbst hat. Gott müsse in Beziehung zu sich selbst sein, was die Ursache in Beziehung zur Wirkung sei, also die Ursache seiner selbst (causa sui). Als unendliches Wesen habe Gott eine unerschöpfliche Kraft in sich, so daſs er keines anderen Dinges als seiner selbst benötigt sei, um zu existieren. Auf diese Weise knüpften die Begriffe Substanz und Ursache seiner selbst sich eng aneinander. Antoine Arnauld, der grofse jansenistische Theolog, der später ein eifriger Cartesianer wurde, wandte ein, daſs der Begriff „Ursache seiner selbst" sich selbst widerspreche, und jedenfalls nicht auf Gott angewandt werden könne. Denn, sagte er, niemand kann geben, was er nicht hat, und sollte jemand sich selbst erzeugen können, so müſste er schon vorher existieren. Und wäre Gott Ursache, so müſste er auch Wirkung sein; die Ursache geht der Wirkung zeitlich voraus; bei Gott läſst sich aber nicht zwischen Vergangenheit und Zukunft oder zwischen Möglichkeit und Wirklichkeit unterscheiden. Descartes entgegnet, daſs wir, wenn wir Gottes Existenz mittels des

Kausalsatzes beweisen, diesen Satz auch auf Gott selbst anwenden müssen, was nur dann möglich ist, wenn wir ihn als Ursache seiner selbst auffassen. Er setzt indes hinzu, dafs der Ausdruck „Ursache" wegen der Unvollkommenheit der menschlichen Erkenntnis nur durch Analogie von Gott zu gebrauchen sei, und dafs man Gott zwar die Ursache, aber nicht die Wirkung seiner selbst nennen dürfe, da sonst etwas in Gott eine niedrigere Stufe einnehmen würde als etwas anderes! Das Zeitverhältnis habe überdies gar keine Gültigkeit für Gott, da dasselbe nur ein Erzeugnis der menschlichen Auffassung, ein modus cogitandi sei. — Es scheint unstreitig von dem Kausalitätsbegriffe in der theologischen Anwendung also nicht viel übrig zu bleiben. Die Cartesianische Religionsphilosophie mufste das Bedürfnis erzeugen, die Berechtigung und Bedeutung unserer Grundbegriffe mit Bezug auf ihre Anwendung in der Theologie zu untersuchen.

Der Satz, dafs das Zeitverhältnis für Gott keine Gültigkeit habe, ist besonders zu beachten, wenn Descartes lehrt, dafs die ewigen Wahrheiten (wie z. B. ein Ding könne nicht sowohl sein als auch nicht sein, — die Summe der Winkel eines Dreiecks sei gleich zwei rechten Winkeln) von Gottes absolutem Willen abhängig sind. Gottes Vernunft und sein Wollen sind nicht gesondert. Gott hat die ewigen Wahrheiten nicht erst eingesehen und darauf festgestellt. Sein Wollen ist ewig und unveränderlich wie sein Wesen. Auch hier zeigt sich der grofse Unterschied zwischen Descartes' und dem gewöhnlichen Gottesbegriffe. Es gibt eigentlich keinen einzigen psychologischen Ausdruck, der sich auf Gott übertragen läfst. Diese Konsequenz zog Descartes indes noch nicht.

Es steht noch eine Schwierigkeit zurück, selbst wenn man Descartes in allen seinen Meinungen recht geben wollte. Durch unseren Zweifel sahen wir unsere Unvollkommenheit ein, und der Begriff der letzteren setzte den Begriff des Vollkommenen voraus. So stiegen wir bis zum Gottesbegriffe empor. Nachdem wir aber diese Höhe erstiegen haben, besteht doch fortwährend die Unvollkommenheit. — und wie ist es überhaupt möglich, dafs die Unvollkommenheit hat entstehen können, wenn das allen Dingen zu Grunde liegende

Wesen ein ideales und vollkommenes ist? Descartes erwidert, dafs die Unvollkommenheit notwendigerweise allem Endlichen anklebe, und dafs alles Erschaffene endlich sei. Aufserdem sei es nur eine Negation, die die Unvollkommenheit bewirke; und diese Negation mache die Welt vollkommener, als dieselbe sonst sein würde, indem die Mannigfaltigkeit der Welt hierdurch gröfser werde. Wenn das Auge auch das Herrlichste des Körpers sei, hätten die übrigen Körperteile doch keinen Grund zur Beschwerde, da der Körper nicht ausschliefslich aus Augen bestehen könne. Descartes deutet in diesen Bemerkungen eine Theodicee an, ähnlich derjenigen, die später ausführlich von Leibniz dargestellt wurde.

d) Naturphilosophie.

Kraft des Kriteriums der Wahrheit, das Descartes gefunden hatte, schliefst er, dafs unsere Sinnesempfindungen von einem Etwas herrühren müssen, das von unserem Bewufstsein verschieden ist. Dieses Etwas braucht aber — nach Descartes — keineswegs so beschaffen zu sein, wie die Sinne es uns darstellen. Die Bedeutung der sinnlichen Wahrnehmung ist zuvörderst eine praktische; dieselbe soll uns belehren, was uns nützlich oder schädlich ist. Und selbst wenn wir es als die Aufgabe der sinnlichen Wahrnehmung betrachten, uns zur Erkenntnis der Dinge zu verhelfen, ist es nicht notwendig, dafs unsere Empfindungen den Dingen *ähnlich* sind, wenn sie diesen nur so entsprechen, wie das Wort dem Gedanken entspricht. Betrachten wir die Weise, wie die sinnliche Wahrnehmung vorgeht, so finden wir, dafs alle Sinneseindrücke Berührungen sind; wir treten also nur mit der Oberfläche der Dinge in Beziehung. Wollen wir uns denken, wie die Dinge — abgesehen von der Weise, wie sie auf uns einwirken — beschaffen sind, so bleiben nur Ausdehnung, Teilbarkeit und Beweglichkeit als Eigenschaften zurück, die wir nicht einmal in unserer Phantasie hinwegzudenken vermögen. Diese sind die einfachsten und klarsten Vorstellungen, die wir von der Materie haben können, und es erweist sich, dafs wir, wenn wir an diesen — also den Vorstellungen von den rein geometrischen Eigenschaften — festhalten, ein einfaches und klares

Verständnis alles dessen, was in der materiellen Welt vorgeht, erlangen können. Es ist die Erscheinung der Bewegung, welche die Erklärung aller anderen Erscheinungen enthält. Dagegen wird nichts erklärt, wenn wir „Formen" oder Qualitäten der Materie annehmen. Die Qualitäten gehören unserem Bewußstsein an; was aber wirklich in der materiellen Welt vorgeht, sind nur Bewegungen aufserhalb oder innerhalb unseres Organismus. In der Wissenschaft müssen wir uns die materielle Welt so denken, wie sie sein würde, wenn kein Mensch sie sinnlich wahrnähme. — Dies ist das Prinzip der Einfachheit, das in dem Kampfe für das neue Weltbild von so grofser Bedeutung gewesen war, und das nun benutzt wird, um die Zurückführung aller Eigenschaften der Materie auf Ausdehnung und Bewegung zu begründen. Als Konsequenz dieser Zurückführung entsteht die Verlegung der Qualitäten in das subjektive Gebiet. Da Descartes schwerlich den „Saggiatore" Galileis gekannt hat, gewann er das Prinzip von der Subjektivität der Sinnesqualitäten gewifs auf seinem eignen Wege, durch den Versuch, die Bedingungen für eine rein objektive und stringent notwendige Erklärung der materiellen Vorgänge durchzudenken. Aus Aufzeichnungen von Descartes' Hand während der Jahre 1619—1620 ist zu ersehen, dafs er damals noch nicht der mechanischen Erklärung der Natur huldigte. Der Übergang zu dieser mufs während der Jahre 1620—1629 in ihm eingetreten sein. Aufser dem Einflusse Keplers ist wahrscheinlich auch der Einflufs eines Kreises von jüngeren französischen Forschern thätig gewesen, die atomistischen Anschauungen huldigten, besonders aber von Sebastian Basso, dem eigentlichen Reformator der atomistischen Lehre in der neueren Zeit, Eindrücke angenommen hatten; Descartes selbst nennt Basso unter seinen Vorgängern. Es waren zwei junge Männer aus diesem Kreise, die die oben erwähnte Disputation in Paris halten wollten und hierdurch das terroristische Dekret gegen neue Meinungen veranlafsten. Da Sebastian Basso wieder von den Schriften Giordano Brunos beeinflufst zu sein scheint, zeigt sich hier ein historischer Zusammenhang zwischen Descartes und der Philosophie der Renaissance. — Auch Harveys Entdeckung von dem Kreislaufe des Blutes griff (wie wir unten sehen werden) stark in Descartes' Gedankengang ein.

Bei dem Versuche, alle materiellen Erscheinungen mittels der Ausdehnung, Teilbarkeit und Beweglichkeit als Ureigenschaften der Materie zu erklären, schlägt Descartes ein deduktives Verfahren ein. Er geht von Ursache zu Wirkung. Er ist sich völlig bewufst, dafs auf diesem Wege nur eine Hypothese zu gewinnen sei, da die Möglichkeit stets existiere, dafs die gegebenen Erscheinungen aus anderen Ursachen erzeugt wären als denen, von welchen wir ausgingen. Hier müfsten nun Experiment und Erfahrung zur Bestätigung hinzutreten, und Descartes äufsert, dafs hierzu so viele und so kostbare Experimente nötig wären, dafs sie seine Kräfte weit übersteigen würden und nur durch das Zusammenwirken vieler Menschen zustande gebracht werden könnten. Descartes hat also nicht weniger als Bacon Blick für die Bedeutung der Erfahrung, legt aber noch mehr als Bacon den Nachdruck auf die leitenden Prinzipien und Hypothesen. Von Galilei unterscheidet er sich ebenfalls durch sein Interesse für Prinzipien und Deduktionen. Das deduktive Verfahren betrachtete er als das eigentlich wissenschaftliche, und es fehlte ihm an Galileis Fähigkeit, durch Einzeluntersuchungen über grofse und umfassende Verhältnisse Licht zu verbreiten, — und doch stellt er selbst in seiner Methodenlehre die an Einzelwahrnehmung gebundene Intuition als Ausgangspunkt des Denkens auf. Seine Aufgabe war aber eine andere als die des Galilei. Es war seine Mission, völlig klar und bewufst zu machen, dafs die Zeiten vorbei seien, da eine Erklärung der Natur durch den Glauben an mystische Kräfte oder übernatürliches Eingreifen zu erzielen war. Er stellte das Ideal aller Naturwissenschaft auf: Ableitung der Erscheinungen aus deren Ursachen mit derselben durchschaulichen Notwendigkeit, mit der ein mathematischer Schlufs aus gegebenen Voraussetzungen folgt. Das Prinzip der Einfachheit, auf das er sich beruft, ist eigentlich zugleich das Prinzip der Durchschaulichkeit. An dem solchergestalt aufgestellten Prinzip irrte er sich nicht. Er legte aber der deduktiven Anwendung allgemeiner Prinzipien und den hierauf begründeten Hypothesen gröfsere Bedeutung bei, als sie in der That besitzen, und deswegen erhielt seine Naturphilosophie einen dogmatischen Charakter, der namentlich unter den Händen der Cartesianer ausgeprägt und herausfordernd auftrat. Eine mechanische Scholastik trat bei vielen an die Stelle der Scholastik der substantiellen Formen und Qualitäten. —

Aus den Ureigenschaften der Materie folgt, dafs es keine absoluten Atome geben kann, da sich keine Grenze der Teilbarkeit aufstellen läfst, — dafs es keinen leeren Raum geben kann, denn Raum bedeutet Ausdehnung, und Ausdehnung setzt ein ausgedehntes Wesen, also Materie voraus, — dafs die materielle Welt unendlich ist, denn es ist uns unmöglich, der Ausdehnung Grenzen zu setzen, und wo Ausdehnung ist, da ist auch Materie. Ferner folgt, dafs eintretende materielle Veränderungen stets den Gesetzen der Bewegung gemäfs zu erklären sind, die also die höchsten Naturgesetze werden. Auch diese Gesetze sucht Descartes durch Deduktion abzuleiten, und die Grundlage dieser Deduktion findet er im Gottesbegriffe, der in seiner Naturphilosophie eine Bedeutung erhält, die dessen Anwendung in der Erkenntnistheorie analog ist. Aus Gottes Unwandelbarkeit, einem Teile seiner Vollkommenheit, leitet Descartes ab, dafs die bei der Schöpfung erzeugte Summe der Bewegung während der Erhaltung (die nach Descartes eine ununterbrochen fortgesetzte Schöpfung ist) unverändert bleibt. Die Bewegung kann unter die verschiedenen Teile der Welt verschieden verteilt werden, es geht aber keine Bewegung verloren, und es fängt keine von neuem an. — In der theologischen Begründung, die Descartes seinem Satze von der Konstanz der Bewegung gibt, liegt das unwillkürliche Zugeständnis, dafs diejenigen Ureigenschaften der Materie, von denen er in seiner Naturphilosophie ausgeht, zu einfach und zu abstrakt sind. Denn es erweist sich ja, dafs eigentlich die fortwährend in der Welt thätige göttliche Kraft das Konstante ist; die Konstanz der Bewegung wird aus der Konstanz dieser Kraft abgeleitet. Hätte Descartes dies klar erblickt, so würde er auch einen Satz gefunden haben, der richtiger wäre als der aufgestellte. Denn nicht die Bewegung, sondern die Kraft, die Energie ist konstant. Bei jedem Übergang aus Bewegung in Ruhe oder umgekehrt kommt Descartes mit seinem Satze in Verlegenheit. Auch in der unvollkommenen Form ist sein Satz doch ein interessanter Vorläufer des modernen Satzes von der Erhaltung der Energie. — Auch spezielle Bewegungsgesetze leitet Descartes aus Gottes Unwandelbarkeit ab, zuvörderst das Gesetz der Trägheit, das von ihm zum erstenmal bewußt und systematisch aufgestellt wird. Es würde, meint Descartes, der göttlichen Unwandelbarkeit widerstreiten, wenn ein Ding, das als einheitlich und ungeteilt zu betrachten sei, ohne äußere Ursache den Zustand, in dem es sich befinde, verlieren könnte. Hiermit wird die Möglichkeit abgewiesen, daß ein solches Ding von selbst (sua sponte) und ohne äußere Einwirkung aus Bewegung in Ruhe oder umgekehrt übergehen könnte. Zu dem Gesetze der Trägheit gelangte Descartes wahrscheinlich unter Keplers Einflusse, der dessen eine Hälfte aufstellte, aber unabhängig von Galilei. Schon in dem Werke „Le Monde", das vor dem Erscheinen der Dialoge Galileis ausgearbeitet war, hatte er es nämlich aufgestellt. — Descartes macht bei der Aufstellung des Trägheitsgesetzes einen Vorbehalt, indem er die Möglichkeit offen läßt, daß Seelen und Engel auf die Materie wirken könnten. Dieser Vorbehalt geschieht im Interesse seiner spiritualistischen Psychologie, die wir später betrachten werden.

Descartes' Begriff der Materie trägt das Gepräge der Einfachheit und Klarheit und ist ja auch durch das Prinzip der Einfachheit begründet. Derselbe ist ein natürlicher Ausschlag der Richtung, die auch bei Kepler und Galilei zu Worte kam, und die alle Qualitäten auf quantitative Verhältnisse zurückzuführen suchte, wodurch die exakte Naturwissenschaft ermöglicht wurde. Wie Descartes aber geneigt ist, den hypothetischen Charakter seiner deduktiven Resultate zu übersehen, so ist er auch geneigt, seine durch Abstraktion und laut des Prinzipes der Einfachheit aufgestellten Definitionen als erschöpfend zu betrachten. Er glaubt das Wesen der Materie vollständig mittels der Bestimmungen: Ausdehnung, Teilbarkeit und Beweglichkeit zu erkennen, ohne daß er dies verbürgen kann. Wenn er von der Materie als der *ausgedehnten Substanz* redet, merkt er nicht, daß er eine Abstraktion zu einem an und für sich bestehenden Wesen gemacht hat. Die Berechtigung, die geometrischen Eigenschaften der Dinge als absolut zu betrachten, hat er nicht dargethan. Dies folgt nämlich nicht mit Notwendigkeit daraus, daſs diese Eigenschaften für die Naturerkenntnis die wichtigsten sind. Eigenschaften wie Ausdehnung, Teilbarkeit und Beweglichkeit können sehr wohl der. Einwirkung der Dinge auf uns zu verdanken sein (ebenso wie Farbe, Geschmack, Geruch u. s. w.), ohne daſs sie darum den Dingen selbst *ähnlich* wären. Und auſserdem gibt es — wie bereits nachgewiesen — eine Bestimmung, die noch fundamentaler ist als die drei Eigenschaften, bei denen Descartes stehen bleibt, die Kraft nämlich, die Energie. — Es wurde die Aufgabe späterer Forschung, die hier angedeuteten Fragen zu erörtern. Vorläufig bezeichnete Descartes' Naturphilosophie in all ihrer Einseitigkeit einen ungeheuren Fortschritt an Klarheit. Wir wollen nun in Kürze einige der wichtigsten Anwendungen betrachten, die er von den aufgestellten allgemeinen Prinzipien macht. Wir halten uns stets an seine Grundgedanken; im einzelnen sind seine Erklärungen oft sehr unglücklich und willkürlich. Das Ausbrüten von Hypothesen war sein Fehler; seine Gröſse bestand in dem glücklichen Ergreifen allgemeiner Gesichtspunkte.

Wenn alles in der materiellen Natur aus der Ausdehnung, Teilbarkeit und Beweglichkeit als einzigen Eigenschaften der Materie erklärt werden soll, folgt es von selbst, daſs Zweckursachen nicht zu gebrauchen sind. Descartes begründet doch die Ausschlieſsung der teleologischen Naturerklärung vielmehr auf theologische als auf erkenntnistheoretische Weise. Da Gott ein unendliches Wesen ist, muſs es in seinem Wirken vieles geben, das wir nicht zu fassen vermögen; seine Zwecke erforschen wollen, wäre Vermessenheit. Es gibt in der unbeschränkten Welt ja unendlich viel, das gar nicht auf uns einwirkt; welcher Sinn ist denn damit zu verbinden, daſs es unsertwegen erschaffen sein sollte? Der einzige denkbare Zweck alles dessen, was geschieht, muſs Gott selbst sein. Die teleologische Betrachtung wird also verworfen, weil wir dem Wesen der Welt und dem Wesen Gottes keine Schranken setzen dürfen.

Wollen wir nun die Natur im einzelnen verstehen, so müssen wir nach Descartes von den einfachsten, durchschaulichsten Erscheinungen ausgehen, von den Vorgängen, die wir fortwährend vor Augen haben, und mittels dieser erklären, was im Kleinen und im Verborgenen geschieht, und was in der Vergangenheit geschehen ist. Das Prinzip der Einfachheit geht also bei Descartes in das Prinzip der Aktualität über, welche die Erklärung des Fernen und Unbekannten durch das Nahe und Bekannte verlangt. Am liebsten sollten wir die Einsicht in den Bau und die Wirkungsart unserer Maschinen zu Grunde legen, da wir hiervon die deutlichsten Vorstellungen hätten. Deshalb beschreibe er die Welt, als wäre sie eine Maschine (terram totumque hunc mundum *instar machinae* descripsi). Den jetzigen Zustand des Weltalls erklärten wir, indem wir uns dächten, die Teile der Materie seien von Anfang an (denn Materie und Bewegung seien gleichzeitig geschaffen) in wirbelnder Bewegung um gewisse Zentren gewesen. In diesen Zentren hätten sich die kleineren Teile sammeln müssen, die während der wirbelnden Bewegung durch gegenseitige Reibung der größeren Teile entstanden seien. Auf diese Weise seien die verschiedenen größeren und kleineren Weltkörper entstanden. Einige dieser Weltkörper hätten allmählich ihre Selbständigkeit verloren und wären von den Wirbeln mit fortgerissen, welche größere Weltkörper umströmten. So sei es der Erde ergangen. Descartes glaubt nach seiner Theorie die Erde unbeweglich nennen zu können, da sie ihren Platz innerhalb des Mediums, von dem sie mit um die Sonne herumgewirbelt werde, nicht verändere, und da es überdies außerhalb des uns wahrnehmbaren Teiles des Weltalls Sterne geben könnte, zu denen die Erde sich unbeweglich verhielte! Durch solche spitzfindige Anwendung des Begriffes der Relativität suchte Descartes — wie es sich erwies: vergeblich — dem Rufe eines kopernikanischen Ketzers zu entgehen. Die Schwere wird als Folge von dem Drucke der Wirbelströmungen gegen die Teile im Raum erklärt, der diese an die Weltkörper pressen oder sie jedenfalls in deren Nähe halten sollte.

Descartes ist unter den Neueren der erste, der es versuchte, eine mechanische Evolutionstheorie von dem Weltsystem zu geben. Allerdings verwahrt er sich höflich gegen die Theologie, indem er zugibt, die Welt sei vollkommen und fertig erschaffen worden; er wolle nur die *Möglichkeit* nachweisen, dafs der jetzige Zustand der Welt sich natürlichen Gesetzen gemäfs hätte aus einem unvollkommneren Anfangszustande entwickeln können. Fragt man, wie dieser Anfangszustand denn zu denken sei, so entgegnet er, es thue nicht viel zur Sache, ob wir uns diesen so oder so dächten: denn kraft der natürlichen Gesetze werde die Materie alle diejenigen Zustände durchlaufen, welche anzunehmen sie die Möglichkeit besitze, so dafs nach Erschöpfung einer gröfseren oder geringeren Anzahl von unvollkommneren Zuständen der jetzige Zustand jedenfalls erreicht werden würde. Diese Erklärung (Princ. phil. III, 47), die das Programm aller mechanischen Evolutionstheorie enthält, ist von gröfserem Interesse als der Versuch Descartes', den kosmogonischen Prozefs im einzelnen zu schildern.

Ebenso wie Descartes den Zusammenhang und die Entwickelung der Welt den allgemeinen Gesetzen der Natur gemäfs zu erklären sucht, ebenso sucht er auch den Organismus und das organische Leben nach rein mechanischen Gesetzen zu erklären. Nicht nur die Astronomie, auch die Physiologie sollte nach seiner Auffassung eine durchaus mechanische Wissenschaft sein. Wie er in seiner kosmogonischen Hypothese von der Theologie abstrahiert, so abstrahiert er in seiner organischen Mechanik von der Psychologie, und er denkt sich den menschlichen Körper als aus materiellen Teilen zusammengesetzt und den Gesetzen der Wärme und der Bewegung gemäfs thätig, ohne dafs irgend eine Seele (weder eine „vegetative" noch „sensitive" noch „rationale") eingreife. Diese Auffassung, eine Konsequenz der allgemeinen naturphilosophischen Prinzipien Descartes' (indem der Organismus als materielles Wesen unter die allgemeinen Gesetze der Materie fallen mufs), erhielt für ihn eine empirische Bestätigung, als William Harvey den Kreislauf des Blutes entdeckte (1628). Harvey steht unter den Begründern der modernen Naturwissenschaft in erster Reihe; er ist für die Physiologie, was Galilei für die Physik war. Er gab den mystischen Kräften auf dem Gebiete der Physiologie den Todesstofs, indem er nachwies, dafs die Bewegung des Blutes nicht dessen eigner Kraft oder der Kraft der Seele zu verdanken sei, sondern durch Zusammenziehung des Herzens bestimmt wird, die es in den Körper hinausdrängt. Die allgemeinen Gesetze der Bewegung sind also innerhalb wie aufserhalb des Organismus gültig. Unter den hervorragenden Männern war Descartes einer der ersten, die Harveys Lehre beitraten, und sein im Discours de la méthode (chap. 5) ausgesprochener Anschlufs war eine kräftige Stütze der neuen Lehre, die so grofsen Widerstand zu besiegen hatte, da sie mit der alten Auffassung des organischen Lebens in scharfem Widerspruch stand [47]. Descartes schildert in verschiedenen Schriften (namentlich im Traité de l'homme), wie der menschliche Körper sich als reine Maschine auffassen läfst. Auch hier hat seine allgemeine Auffassungsweise Klarheit herbeigeführt, wenn seine speziellen Erklärungen auch nicht immer glücklich waren. Niels Steensen, einer der gröfsten Anatomen des zunächst folgenden Zeitalters, erkannte an, dafs die von Descartes eingeführte Methode dazu diene, die Unzulänglichkeit des früher über die Bedeutung der verschiedenen Organe Gelehrten darzulegen und die hierauf bezüglichen Fragen auf klarere Weise zu stellen. Descartes dehnte die mechanische Auffassung, die Harvey inbetreff des Blutumlaufes durchgeführt hatte, auf das nervenphysiologische Gebiet aus. In Übereinstimmung mit der damaligen Physiologie glaubt er an Strömungen von „Lebensgeistern" (esprits animaux) in den Nerven, welche Strömungen dadurch entstünden, dafs die feinen Teile des Blutes nach der Erwärmung im Herzen dem Gehirn zuströmten und dessen Höhlungen füllten, während das übrige Blut seinen Weg durch die Adern fortsetzte. Aus dem Gehirn nähmen sie ihren Weg durch die Nerven in die Muskeln. Diese Strömungen könnten durch Eindrücke, die uns nicht bewufst würden, in Gang kommen; solches geschehe bei unwillkürlichen Bewegungen, z. B. wenn wir beim Fallen die Hände vorstreckten, oder wenn wir unseren Gang fortsetzten, ohne daran zu denken. Dergleichen unwillkürliche Bewegungen könnten durchaus mechanisch, sogar gegen unseren Willen geschehen (mente invita et *tanqvam in machina*). Descartes drückt das hier Vorgehende dadurch aus, dafs die „Lebensgeister" reflektiert würden (esprits réfléchis), und er gibt eine deutliche Beschreibung und Erklärung dessen, was man jetzt Reflexbewegung nennt. Von den Tieren könnten wir nun nichts anderes annehmen, als dafs alle Funktionen und Handlungen auf diese unwillkürliche und maschinenhafte Weise vorgingen. Ihnen eine Seele beizulegen sei unbegründet. Dafs das Lamm beim Anblicke des Wolfes fliehe, geschehe, weil die Lichtstrahlen, die vom Körper des Wolfes das Auge des Lammes träfen, mittels der „reflektierten" Strömungen der „Lebensgeister" dessen Muskeln in Bewegung setzten. Und dafs die Schwalben sich im Frühling einstellten, lasse sich in Analogie damit erklären, dafs eine Uhr ihre Schläge zu bestimmten Zeiten ertönen lasse. Man sehe ja auch, dafs die Tiere sich ebensowenig wie eine Maschine neuen und verwickelteren Verhältnissen anbequemen könnten. Die Meinung, dafs die Tiere blofse Maschinen wären, empfiehlt sich Descartes auch aus dem Grunde, weil man ihnen sonst nach seiner Auffassung Unsterblichkeit beilegen müfste, — und sollte eine Auster oder ein Pilz unsterblich sein? Anders beim Menschen, wo wir wegen des Bewufstseins, das sich in jedem von uns kundgebe, eine Seele annehmen müfsten, eine denkende Substanz in Wechselwirkung mit der materiellen Substanz, mit der Fähigkeit, lenkend in die Bewegungen der „Lebensgeister" einzugreifen. Unmittelbar steht nach Descartes die Seele nur mit einem einzelnen Teile des Gehirns in Verbindung, mit der Zirbeldrüse (glandula pinealis), welche die Aufmerksamkeit Descartes' auf sich zog, weil sie kein paariges Organ ist, wie so viele andere Teile des Gehirns, und weil es ihm schien, sie sei ungefähr in der Mitte des Gehirns und über der Leitung angebracht, durch welche die „Lebensgeister" der vorderen Höhlungen mit den hinteren Höhlungen des Gehirns eine Verbindung unterhielten. Die „Lebensgeister" stiefsen die Zirbeldrüse an und reizten somit die Seele, erregten Empfindung, Gefühl und Trieb in ihr, und die Seele erwidre dies — ebenfalls mit einem Stoß[!] an die Zirbeldrüse — und lenke hierdurch die Lebensgeister in einer gewissen Richtung. Oft (z. B. bei Selbstbeherrschung) gingen Stoß und Rückstoß in entgegengesetzter Richtung, und dann komme es darauf an, was am stärksten stoßen könne!⁴⁸) —

Descartes hat das Verdienst, die Reflexbewegung beschrieben und analysiert und hierdurch klares Licht auf die unwillkürliche Aktivität in uns geworfen zu haben. Zugleich hat er das Verdienst, behauptet zu haben, daß die Thätigkeit der Seele an das Gehirn, und unmittelbar nur an dieses gebunden ist. Und endlich hat er — trotz der unvollkommenen, ihm zu Gebote stehenden anatomischen Voraussetzungen — das Verdienst, die spiritualistische Psychologie mit großer Anschaulichkeit und in voller Konsequenz dargestellt zu haben. Seine psychologische Theorie werden wir nun etwas näher betrachten.

c) Psychologie.

Nur dem Menschen legt Descartes eine Seele bei, und diese faßt er als eine vom Körper verschiedene Substanz auf, als eine eigne Substanz, Träger aller geistigen Eigenschaften, wie der Körper Träger der materiellen Eigenschaften ist. Indem er seine mechanische Naturauffassung, wie wir sahen, nun auch auf dem Gebiete des organischen Lebens durchführt, muß er annehmen, daß im Organismus ebensowenig als in der übrigen materiellen Natur eine Bewegung entstehen kann, die nicht die Fortsetzung einer vorhergehenden Bewegung wäre, wie auch keine Bewegung verschwinden kann, die nicht durch eine nachfolgende Bewegung fortgesetzt würde: denn der Satz von der Konstanz der Bewegung ist ja ein Hauptsatz seiner Naturphilosophie. Wenn er nun aber die Seele die Zirbeldrüse „anstoßen" läßt, um die „Lebensgeister" in Bewegung zu setzen, worauf sie selbst wieder durch Einwirkung der „Lebensgeister" auf die Zirbeldrüse einen Stoß erhält, so muß an diesem Punkte ja eine Bewegung entstehen oder ohne Ersatz verschwinden! Auch wenn sich ein Sinn damit verbinden ließe, daß die Seele stoßen oder gestoßen werden sollte, gerät Descartes' spiritualistische Psychologie hier doch in offenbaren Widerspruch mit seiner Naturphilosophie. In der That denkt er sich die Seele als materielles Wesen, wenn er sie stofsen und gestofsen werden läfst; so ergeht es dem Spiritualismus immer, wenn dieser mit völliger Klarheit durchgedacht wird. Die Prinzessin Elisabeth von der Pfalz, Descartes' begabte Korrespondentin, bemerkte sehr richtig, es sei leichter, die Seele materiell aufzufassen, als zu verstehen, wie sie, ohne materiell zu sein, die Materie bewegen und von dieser bewegt werden könne. An einem einzelnen Orte scheint Descartes die Einwirkung der Seele so beschränken zu wollen, dafs sie nur eine veränderte Richtung der „Lebensgeister" hervorbringen sollte, die an und für sich ebensowohl die eine als die andere Richtung einschlagen könnten; aber dieses Lenken würde doch dem Trägheitsgesetze widerstreiten und könnte nur als willkürliche Ausnahme von diesem aufgestellt werden.

Wenn Descartes die Seele überhaupt als ein besonderes, vom Körper verschiedenes Wesen aufstellt, so geschieht dies, weil Bewufstsein und Ausdehnung so durchaus verschiedene Eigenschaften sind, dafs er sich diese nur von verschiedenen Wesen getragen denken kann. Je pense, donc je suis! war sein Ausgangspunkt, und unter Denken verstand er, wie er ausdrücklich erklärt, Bewufstsein überhaupt (omnia, quae nobis consciis in nobis fiunt). Er könnte deshalb, bemerkt er, ebenso gern sagen: ich fühle, also bin ich, oder: ich will, also bin ich. Was er betonen will, ist die Urthatsache des Bewufstseins. Und das Verdienst hat er um die Psychologie, dafs er das Bewufstsein (mens) als Ausgangspunkt aufstellte, da der Begriff der Seele (anima) ein mehrdeutiger und mystischer Begriff ist — und namentlich war. Hierdurch hat er der modernen empirischen Psychologie den Weg gebahnt. Unmöglich ist es nicht, dafs er hierbei von Vives beeinflufst war, der zwischen den seelischen Erscheinungen als dem wirklich Gegebenen und dem Wesen der Seele an und für sich so klar unterschied; das psychologische Werk des Vives wird mehrfach von Descartes citiert. Descartes meint aber an dem Denken oder dem Bewufstsein einen durchaus klaren und erschöpfenden Begriff des Wesens der Seele zu besitzen, wie er ebenfalls meint, an der Ausdehnung einen durchaus klaren und erschöpfenden Begriff des Wesens der Materie zu besitzen. Wenn ich, sagt Descartes, den Begriff der Seele klar und vollständig zu denken vermag, ohne dafs ich den Begriff des Körpers vorauszusetzen brauche, und wenn ich den Begriff des Körpers klar und vollständig zu denken vermag, ohne dafs ich an den Begriff der Seele zu denken brauche, ist dies denn nicht ein Beweis, dafs wir hier zwei durchaus verschiedene, von einander unabhängige Wesen oder Substanzen vor uns haben? — Wir erwähnten oben die doppelte Bedeutung, die der Begriff der Substanz bei Descartes annimmt. Derselbe bezeichnet nicht nur einen Träger von Eigenschaften, ein Etwas, das die von der Erfahrung dargebotenen Eigentümlichkeiten „hat". Selbst in dieser vageren Bedeutung des Wortes schliefst Descartes zu viel, wenn er das „Etwas" des Denkens von dem „Etwas" der Ausdehnung verschieden sein läfst; ein und dasselbe „Etwas" könnte ja beide Eigenschaften haben! Im strengeren Sinne ist „Substanz" aber ein durchaus selbständiges und unabhängiges Wesen. Es liegt in der Natur der Substanzen, sagt Descartes, dafs sie *sich gegenseitig ausschliefsen*. Und dies nimmt er von Seele und Körper an, weil er sich jedes derselben für sich zu denken vermag, ohne das andere mitzudenken. Der Mensch sollte also aus zwei Wesen bestehen, die sich gegenseitig ausschlössen! Dann wird aber deren Wechselwirkung unbegreiflich. Wenn die eine Substanz auf die andere wirkt, können sie nicht durchaus von einander unabhängig sein; dann geht in der einen etwas vor, das sich nicht verstehen läfst, ohne dafs ich an die andere denke. Das Verhältnis wird dann unbegreiflich, und Descartes gesteht dies selbst. Wer nie philosophiert, sagt er in einem Briefe, bezweifelt nicht, dafs Seele und Körper in Wechselwirkung stehen und ein einziges Wesen bilden; philosophisch ist es aber unmöglich, den Unterschied und die Verbindung zwischen Seele und Körper zu gleicher Zeit zu denken. Kein Schlufs und keine Vergleichung, sagt er anderswo, kann uns lehren, wie das Bewufstsein, das körperlos ist, den Körper in Bewegung zu setzen vermag; sichere und augenscheinliche Erfahrung lehrt uns dies aber täglich; dies ist eines der

Dinge, die aus sich selbst verstanden werden müssen, und die verdunkelt werden, wenn wir sie mit anderen Dingen vergleichen.
— Descartes redet hier, als ob er es gesehen hätte, wie die Seele die Zirbeldrüse anstößt und wieder gestoßen wird! Die Schwierigkeit des Problems steckt ja aber eben darin, daß unmittelbare Erfahrung die Sache nicht entscheiden kann, daß im Gegenteil Schließen und Vergleichen unser einziger Ausweg ist, um eine verständliche und widerspruchslose Hypothese zu erlangen.

Es ist die gewöhnliche Meinung, daß der mittelalterliche Dualismus in Descartes' Theorie von Seele und Körper umgehe. Was Descartes aber eigentlich zu seiner Theorie geführt hat, ist sein Bestreben, klare und deutliche Begriffe zu bilden. Aus der gegenseitigen Unabhängigkeit der Begriffe schließt er dann auf die gegenseitige Unabhängigkeit der entsprechenden Wesen. Sein großes Verdienst ist die klare und scharfe Charakteristik des Unterschiedes zwischen geistigen und körperlichen Erscheinungen; diese ist es aber auch, die ihn irre leitet. Als Dogmatiker verläßt er sich auf die Vollständigkeit seiner Begriffe und darauf, daß die Existenz mit seinen Begriffen übereinstimme. Den psychologischen Dualismus, den wir bei Telesio, Bacon und Campanella antrafen, führt Descartes in extremer Form durch — und hat hierdurch viel dazu beigetragen, über ihn hinaus zu führen. Die populäre Metaphysik über Seele und Körper hat er so scharf formuliert, daß deren Schwierigkeiten und Widersprüche klar hervorspringen. — Gassendi und Arnauld wandten mit Recht gegen ihn ein, man könne daraus, daß Bewußtsein und Ausdehnung die Haupteigenschaften der Seele und des Körpers wären, nicht schließen, daß deren Wesen damit erschöpft sei. Hiermit trafen sie gerade den entscheidenden Punkt in der Theorie Descartes'. —

Die Konsequenz von Descartes' scharfer Sonderung zwischen Seele und Körper macht sich in seiner speziellen Psychologie bemerkbar. Er untersucht sorgfältig, welche geistigen Thätigkeiten und Erscheinungen von der Seele selbst herrühren, und welche dem Einflusse des Körpers auf die Seele zu verdanken sind.

Die sinnliche Wahrnehmung ist dem Körper zu verdanken; sie entsteht dadurch, dafs die „Lebensgeister" mittels der Zirbeldrüse auf die Seele einwirken. Descartes hebt indes hervor, dafs man in populärem Sinne viel mehr zur Wahrnehmung rechnet, als man eigentlich sollte. Es ist nämlich zu unterscheiden zwischen der durch die Reizung erzeugten Bewegung im Gehirn (die auch bei den Tieren zu finden ist), — dem Einwirken dieser Bewegung im Gehirn auf die Seele, wodurch die Empfindung (z. B. von Farben) entsteht, — und drittens den Urteilen, die infolge der Bewegungen der körperlichen Organe unwillkürlich über die äufseren Dinge gefällt werden. Ein derartiges unwillkürliches Urteil liegt zu Grunde, wenn wir die Dinge als äufsere und als an bestimmten Orten im Raume gelegene auffassen. Es sind die Bewegungen des Auges und des Kopfes, die mittels entsprechender Bewegungen der „Lebensgeister" die Seele zum Abgeben eines solchen Urteils veranlassen. Das dritte Moment der Wahrnehmung ist der Seele selbst zu verdanken.

Ebenfalls gibt es zwei Arten der Erinnerung: eine an materielle Dinge, die auf Nachwirkungen oder Spuren der Reizungen im Gehirn beruht, und eine andere an geistige Dinge, die auf bleibenden Spuren im Bewufstsein selbst beruht. — Eigentliches Denken (intellectio) und Vorstellen (imaginatio) werden dadurch von einander unterschieden, dafs beim eigentlichen Denken die Seele allein thätig ist, beim Vorstellen sich aber körperlicher Bilder bedient. Das Vorstellen gehört wie die Wahrnehmung und die materielle Erinnerung der Seele nur in sofern an, als sie mit dem Körper verbunden ist; die Seele in ihrer Reinheit (anima pura) läfst sich ohne Vorstellen und Wahrnehmen denken. — Der Unterschied zwischen Trieb und Willen beruht ebenfalls darauf, dafs der Trieb durch den Körper erzeugt wird, der Wille aber der Seele selbst angehört. Descartes legt uns unmittelbares Bewufstsein von der Kausallosigkeit des Willens bei, obgleich er zugibt, dafs die Indifferenz des Willens vielmehr eine Unvollkommenheit unserer Erkenntnis als eine Vollkommenheit unseres Willens sei. Der Wille besitzt gröfseren Umfang als der Verstand; wir können eine Sache wählen und behaupten, die wir nicht verstehen. Der Wille ist unbeschränkt, der Verstand beschränkt: hierdurch erklärt Descartes die Möglichkeit des Irrtums. — Die Gemütsbewegungen (passions) sind dem Einflusse des Körpers auf die Seele zu verdanken, die inneren Gefühle (émotions intérieures) entstehen aber in der Seele als Folge von deren eignen Gedanken und Urteilen. Das innere, rein geistige Gefühl ist allerdings, solange die Seele mit dem Körper verbunden ist, von einer Gemütsbewegung, einem sinnlichen Gefühle begleitet: dann rührt dieses aber von der Einwirkung der Seele aufs Gehirn her, indem z. B. bei intellektueller Liebe die Stimmung der Seele auf die Zirbeldrüse wirkt. Bei der Gemütsbewegung geht die Freude der Liebe voraus, umgekehrt beim inneren Gefühl. Obgleich Descartes sich wegen dieser dualistischen Auffassung eigentlich den Weg zu einer zusammenhangenden Entwickelungsgeschichte der Gefühle versperrt, hat er doch grofses Verdienst um die Psychologie der Gefühle wegen seines Versuches, die verschiedenen Gefühle auf gewisse elementare Formen zurückzuführen, aus denen sie durch Kombination entstünden. Als elementare Gefühle stellt er Erstaunen, Liebe, Hafs, Verlangen, Freude und Kummer auf. Von diesen und deren Kombinationen gibt er eine rein beschreibende und analysierende Darstellung, indem er sich fortwährend seiner physiologischen Theorie bedient. Um die physiologischen Verhältnisse der Gemütsbewegungen zu erklären, legt er das Hauptgewicht auf die Wechselwirkung zwischen dem Gehirn und dem Herzen. Nur beim Erstaunen, das er als rein intellektuelles Gefühl auffafst, glaubt er an keinen Einflufs des Gehirns aufs Herz. Er hebt den Zusammenhang der Gemütsbewegungen mit den Instinkten hervor: sie machen die Seele geneigt, das Nützliche zu wollen und das Schädliche zu scheuen; auch ohne Eingreifen der Seele bewirkt die Bewegung der „Lebensgeister", welche die Gemütsbewegung erzeugt, die Ausführung zweckmäfsiger Handlungen. Die hier hervortretende Zweckmäfsigkeit ist jedoch keine absolute; deshalb müssen die Erfahrung und die Vernunft korrigierend eingreifen. Von Wichtigkeit für die Entwickelung der Gefühle ist die Verbindung zwischen einer Vorstellung in der Seele und einem gewissen Zustande der „Lebensgeister"; nur mittels einer solchen Vorstellung, nicht aber durchaus direkt kann der Wille bestimmend in die körperliche Bewegung eingreifen. Der Kampf der Vernunft mit der Sinnlichkeit wird nach Descartes nicht im Innern der Seele geführt, sondern ist ein Kampf zwischen der Seele oder dem Willen einerseits, dem Körper (d. h. den „Lebensgeistern") anderseits und dreht sich darum, wer von den beiden der Zirbeldrüse den heftigsten Stofs zu geben vermag! (Passions de l'âme I, 47.) — Auch hier finden wir die spiritualistische Theorie mit der wünschenswertesten Konsequenz von Descartes durchgeführt.

f) Ethik.

Als Descartes den universellen Zweifel zum Ausgangspunkt seiner Philosophie erwählte, machte er eine vorläufige Ausnahme mit dem moralischen Gebiete, obgleich er einsah, dafs sein Philosophieren auch für dieses Konsequenzen erhalten mufste. Damit sein Lebenswandel nicht ohne Leitung sei, während er alles theoretisch analysierte, stellte er (im Discours de la méthode, chap. 3) folgende einstweilige Regeln für sein Betragen auf: 1. Die Religion und die Sitten seines Vaterlandes zu beobachten. 2. Konsequent das einmal Beschlossene auszuführen. 3. Lieber sich selbst als das Schicksal zu besiegen zu suchen, seine Wünsche der Weltordnung unterzuordnen und eingedenk zu sein, dafs unsere Gedanken das einzige sind, das wir durchaus in unsrer Gewalt haben.

Später, als er seine philosophischen Anschauungen entwickelt und veröffentlicht hatte, trug er Bedenken, sich auf das moralische Gebiet zu wagen. Die Theologen, sagt er, die ihm wegen seiner Physik so sehr zürnten, würden ihn sicherlich nicht unbehelligt lassen, wenn er über die Ethik schriebe. Von einigen Äufserungen in der Schrift Passions de l'âme abgesehen, finden wir seine ethischen Ideen in den Briefen an die Prinzessin Elisabeth, an die Königin Christine und an Chanut (den französischen Gesandten in Schweden) ausgeführt. Dieselben sind nur eine weitere Entwickelung der provisorischen Regeln aus dem Discours de la méthode; sie verraten den Einflufs der stoischen Philosophen, besonders des Seneca.

Welche Mittel, fragt Descartes, vermag uns die Philosophie zu lehren, um das höchste Glück zu erreichen, das vulgäre Seelen vergeblich von dem Laufe der Dinge erwarten, das wir aber nur aus uns selbst erlangen können? Es bieten sich drei Mittel dar: klare Erkenntnis des Rechten, festes Wollen desselben und Zurückdrängen aller Wünsche und aller Verlangen, die auf solche Dinge ausgehen, welche uns nicht zu Gebote stehen. Nur durch das Eingreifen des Willens wird die Erkenntnis das Herrschende in uns, so dafs die Bewegung der „Lebensgeister" dieser folgsam ist. Während sonst das sinnliche Gefühl oder die Gemütsbewegung unseren Gedanken verwirrt und ihn die äufseren Güter überschätzen läfst, wird es nun möglich, in den inneren Genüssen der Seele zu verweilen, die ewig sind wie die Seele selbst, weil sie auf dem festen Boden der Erkenntnis der Wahrheit aufgebaut sind. Die wichtigste Erkenntnis ist die Erkenntnis Gottes als des Urhebers aller Dinge, als des allvollkommenen Wesens, von dem unser Geist eine Ausstrahlung ist, und die Erkenntnis der Seele als eines vom Körper verschiedenen Wesens. Darauf kommt die Erkenntnis der Unendlichkeit der Welt, die den Glauben vernichtet, alles existiere um der Erde willen und die Erde um unsertwillen. Die Erkenntnis lehrt uns, uns selbst als Teile eines Ganzen (Familie, Gesellschaft, Staat) zu betrachten und die Interessen des Ganzen unsern eignen Interessen vorzuziehen. Vor allem kommt es aber darauf an, zu unterscheiden, was in unsrer Gewalt steht und was nicht in unsrer Gewalt steht. Nur der Gebrauch unsers Willens steht gänzlich in unsrer Gewalt. In dem Gefühle hiervon besteht der *Hochsinn* (générosité), der Schlüssel aller Tugenden. Der Hochsinnige fühlt seine eigne Macht, grofse Dinge auszuführen, und zugleich seine eigne Beschränktheit. Statt der Vorstellung von einem launenhaften Schicksal, die ein reines Gaukelbild ist, mufs man an der Überzeugung festhalten, dafs alles auf dem ewigen und unwandelbaren Willen der Vorsehung beruht. Hierdurch werden die Leidenschaften geläutert, und es bleibt Raum für die geistige Liebe (amor intellectualis) zu Gott, das lieblichste und nützlichste aller Gefühle, die wir in diesem Leben haben können (obschon den Theologen die Entscheidung zu überlassen ist, ob dieselbe, so wie der natürliche Mensch sie besitzen kann, genügend ist, um dem Menschen die ewige Seligkeit zu verleihen). Bei hinlänglicher Anspannung des Sinnes und der Gedanken kann dieses Gefühl zugleich das stärkste aller Gefühle werden. — Wie in der Erkenntnistheorie und der Naturphilosophie Descartes' gipfelt auch in seiner Ethik das Denken in der Idee von dem unendlichen Wesen als letzter Grundlage. Eine Mischung von Rationalismus und Mystik ist Descartes wie überhaupt dem 17. Jahrhundert charakteristisch. Diese Seite in der Philosophie Descartes' wurde von seinen Nachfolgern besonders ausgeführt.

2. Der Cartesianismus.

Die Cartesianische Philosophie mußte großen Einfluß auf das Zeitalter üben. Indem sie den methodischen Zweifel und die Analyse forderte und von allen überlieferten Voraussetzungen absah, mußte sie das freie Forschen erwecken und zum Selbstdenken bewegen. An diesem Punkte liegt wohl ihre wichtigste Bedeutung. Hierdurch hat sie auf einen weit größeren Kreis als den der Cartesianer im engeren Sinne des Wortes Einfluß geübt. Indem sie eine rein mechanische Naturerklärung verlangte, griff sie reformierend in die Naturwissenschaft, besonders die Physik und die Medizin ein, wenngleich mehrere ihrer speziellen Hypothesen sich bald als unhaltbar erwiesen. Sie sprach das Prinzip des Mechanismus mit einer Energie aus, die von bleibender Bedeutung gewesen ist. Wegen ihrer spiritualistischen Psychologie und ihrer theologischen Spekulationen gefiel sie der landläufigen Auffassung, der die entschiedene und absolute Distinktion zwischen Seele und Körper sehr klar und anziehend war, und die zugleich an den Cartesianischen Beweisen eine neue Grundlage der Übereinstimmung zwischen der Theologie und der Wissenschaft fand statt der Grundlage, die mit der scholastischen Philosophie einzustürzen drohte. Im letzten Teile des Jahrhunderts erblicken wir denn auch Bossuet und Fénélon, die größten Geister der französischen Kirche, als eifrige Cartesianer. Unter hervorragenden Jansenisten fand sie ebenfalls Anhänger, z. B.

Arnauld und Nicole, während Pascal, die größte Gestalt des Jansenismus, eine Sonderstellung einnahm, die wir unten charakterisieren werden. Unter Arnaulds Leitung wurde von diesem Kreise eine vorzügliche Darstellung der Logik (*La logique ou l'art de penser.* 1662) ausgearbeitet, die noch jetzt von Interesse und Wert ist. Auch unter den gelehrten Priestern vom Oratorium fand der Cartesianismus großen Anschluß. In größeren Kreisen wurde er durch populäre Vorträge in Paris und den Provinzen verbreitet. Aus den Briefen der Madame de Sevigné ist zu ersehen, welches Interesse er in der hohen Aristokratie, auch bei Frauen erregte. In Holland erhielt er eine nicht geringe Verbreitung durch das Auftreten mehrerer jüngeren Universitätslehrer. Sowohl in Frankreich als in Holland stieß er aber zugleich auf heftigen Widerstand. Die Jesuiten und die orthodoxe protestantische Geistlichkeit suchten ihn auf jegliche Weise zu unterdrücken. Die neue Philosophie gewährte der freien menschlichen Vernunft zu viel und gab dem Zweifel gefährliche Bedeutung. Sie lehrte die Subjektivität der Sinnesqualitäten, die nicht mit dem Dogma des Abendmahles (besonders in dessen katholischer Form) vereinbar war, und außerdem glaubte sie an die Bewegung der Erde und die Unendlichkeit des Weltalls. Die Sache der Theologie schien an die alte scholastische Lehre geknüpft zu sein. An mehreren holländischen Universitäten wurde der Cartesianismus verboten; wenigstens wurden die Cartesianer von theologischen Lehrstühlen und Pfarrämtern ferngehalten. In Rom wurden Descartes' Werke 1663 in das Verzeichnis der verbotenen Bücher eingetragen, und in Frankreich untersagten wiederholte königliche Dekrete den Vortrag des Cartesianismus an den Universitäten. Dies alles konnte nicht verhindern, daß er die herrschende Philosophie wurde, deren Gewalt erst durch die von Locke und Newton ausgehende Richtung ihr Ende fand, welche Richtung sie übrigens selbst vorbereitet hatte.

Bei den selbständigeren Cartesianern mußten der Natur der Sache zufolge die Schwierigkeiten und Widersprüche in Descartes' Lehre Versuche herbeiführen, die Gedanken des Meisters weiter zu entwickeln. In dem dogmatischen Teile des Cartesianischen Systems fanden sich besonders zwei Punkte, die zur Untersuchung anstacheln mufsten. Der eine war das Verhältnis zwischen der absoluten Substanz, die für Descartes' Erkenntnislehre, Naturlehre und Ethik von so grofser Bedeutung ist, und den endlichen Substanzen, überhaupt der endlichen Welt. Wie kann ein absolutes Wesen eine endliche Welt aufser sich haben, und welche Realität kann eine solche endliche Welt besitzen? Dieses Problem mufste sich namentlich in einem Zeitalter aufdrängen, das zur Mystik und zur Anerkennung absoluter Mächte geneigt war; es war ja das Zeitalter der Alleinherrschaft in der Politik und wurde dies mittels einer natürlichen Analogie ebenfalls in der Philosophie. Bald glitt die Cartesianische Philosophie in den Mystizismus hinüber. Der zweite Punkt war das Verhältnis zwischen der Seele und dem Körper als Substanzen, die sich gegenseitig ausschliefsen und dennoch in Wechselwirkung miteinander stehen sollten. Der Meister selbst hatte ja sogar erklärt, dies lasse sich nur verstehen, solange man nicht philosophiere. Einige der Schüler setzten an diesem Punkte das Philosophieren fort und fanden hier ein Unbegreifliches, das ihnen überall in der Erfahrung wiedererschien, wo verschiedene Dinge aufeinander einwirken sollen. Auf diesem Wege wurde der Cartesianismus dazu geführt, die Erkenntnis so zu beschränken, dafs sie nur die Succession und den äufseren Zusammenhang der Erscheinungen darlegte, während deren innerer Zusammenhang für unbegreiflich erklärt wird. Hierdurch wird die Weise vorbereitet, wie die spätere Erkenntnistheorie das Kausalproblem behandelte. — Beide Punkte wirken zusammen im sogenannten *Okkasionalismus*, so zwar, dafs das mystische Element, die Neigung, alle Realität und alle Kausalität in der absoluten Substanz zu sammeln, das vorwiegende ist. Wir betrachten in Kürze die wichtigsten Vertreter dieser Richtung.

Louis de la Forge, ein französischer Arzt, äufserte bereits, so schwer es einzusehen sei, wie der Geist den Körper bewege, ebenso schwer sei es zu begreifen, wie ein Körper einen andern bewegen könne. Vielleicht hat vor ihm doch schon ein anderer Cartesianer, Gérand De Cordemoy, ein

Pariser Advokat, der später der Erzieher des Dauphin wurde, diesen Gedanken ausgesprochen, und dann wäre dieser als Begründer des Okkasionalismus zu betrachten. Und während de la Forge erklärt, das Verhältnis zwischen der Seele und dem Körper sei nur dann erklärlich, wenn man annehme, Gott habe sie ursprünglich miteinander in Verbindung gesetzt, geht Cordemoy weiter und lehrt, es sei der Seele ebenso unmöglich, neue Vorstellungen zu erhalten, als dem Körper, neue Bewegungen zu erhalten, wenn Gott nicht eingreife. Die endlichen Wesen, die Seelen sowohl als die Körper seien nur Veranlassungen zu dem Eingreifen Gottes. So sei z. B. unser Wille für Gott der Anlaſs, unseren Arm zu bewegen. Wie die Neigung, alle Aktivität in einem absoluten Wesen zu konzentrieren, zur Entwickelung des Okkasionalismus beiträgt, ist aus folgender Äuſserung des Cartesianers Sylvain Régis zu ersehen: „Um eigentliche Handlungen zu erzeugen, muſs man aus sich selbst und durch sich selbst handeln, d. h. durch seine eigne Kraft, und es ist gewiſs, daſs nur Gott auf diese Weise handeln kann. Hieraus folgt, daſs nur Gott eine in Wahrheit wirkende Ursache ist."

Diese Gedanken kamen bei dem niederländischen Cartesianer Arnold Geulincx (sprich Gölinks) zu konsequenter Entwickelung. Geulincx wurde 1623 von katholischen Eltern zu Antwerpen geboren, studierte in Löwen und wurde daselbst Professor. Als Cartesianer war er übel gelitten, und man wuſste ihn aus seiner Stellung zu verdrängen. Er zog nun nach Leiden, wo er zum Protestantismus übertrat. Nach einer Reihe drangsalsvoller Jahre, während deren er als Lehrer der Philosophie thätig war, starb er 1669 an der Pest, kurz nachdem ihm ein Professorat an der Universität übertragen war. Das wichtigste unter den Werken des Geulincx, die zu seinen Lebzeiten erschienen, sind die *Ethica* (1665) (die indes erst später, 1675, vollständig herausgegeben wurden). Die okkasionalistische Lehre tritt teils als Hintergrund seiner Ethik, teils — ausführlicher — in der nach seinem Tode herausgegebenen Metaphysik (1695) auf.

Was die Philosophie des Geulincx charakterisiert, ist das eigentümliche Gemisch von Rationalismus und Mystik. Und zugleich zeigt es sich bei ihm klar, wie das Kausalitätsproblem aus der Cartesianischen Lehre von der Substanz emporwächst.

Geulincx stellt seine Ethik in scharfen Gegensatz zu der herrschenden Aristotelischen Ethik, die von des Menschen Streben nach Glück ausging und der Übung und unbewufsten Gewohnheit grofses Gewicht beilegte. Das Ethische besteht nach Geulincx in dem Gehorsam gegen das Vernunftgesetz, das Gott in uns niedergelegt hat. Nicht in dem Gehorsam gegen Gottes Willen, denn dieser wird erfüllt, was wir auch thun möchten, und überdies: alles, es sei noch so erhaben und heilig, ist der Erörterung der Vernunft unterworfen. Die Ethik setzt die Naturerkenntnis voraus. Denn der Mensch mufs seine Stellung in der Welt kennen lernen, um auf rechte Weise handeln zu können. Selbstuntersuchung (inspectio sui) ist die Grundlage der Ethik. Sie belehrt mich, dafs nur mein Gedanke und mein Wille mir angehören, wogegen mein Körper ein Teil der materiellen Welt ist. Und in der materiellen Welt habe ich nichts erzeugt und vermag ich nichts zu erzeugen. Mit welchem Rechte darf ich nämlich behaupten, dafs ich etwas erzeuge, wenn ich gar nicht weifs, wie es entsteht? Und ferner: meine Thätigkeit kann nicht über die Grenze meines Wesens hinausreichen, kann nicht auf andere Dinge ausströmen. Mein Wille hat nur für meine eigne Seele Bedeutung. Ebensowenig können die Dinge aufeinander oder auf mich wirken. Wie kann das Handeln eines Dinges, das dessen eigner innerer Zustand ist, für andere Dinge Bedeutung erhalten? Es weifs ja selbst nicht, wie die Veränderung aufser ihm hervorgebracht wird; sein innerer Zustand erstreckt sich ja nicht bis auf die andern Dinge! — Wenn du meinst, dafs du selbst deine Glieder bewegst, obgleich du nicht weifst, wie dies zugeht, könntest du ebensowohl meinen, du hättest die Iliade gedichtet, oder du liefsest die Sonne über den Himmel gehen, und das Kind in der Wiege könnte mit demselben Rechte glauben, sein Wille setze die Wiege direkt in Bewegung, wenn die Mutter seinen Wunsch, gewiegt zu werden, erfüllt. Soll mein Wollen und Thun über mein eignes Wesen hinaus Bedeutung haben, so mufs die Gottheit, die einzige wahre und wirkliche Ursache, eingreifen. Die endlichen Wesen sind nur Veranlassungen oder Werkzeuge für die Thätigkeit der Gottheit. Derselbe, der der Materie Bewegung mitteilte und Gesetze verlieh, bildete auch meinen Willen und verknüpfte diesen so mit dem materiellen Körper, dafs Wille und Bewegung einander entsprechen müssen, ebenso wie zwei Uhren, die denselben Gang haben und gleichzeitig schlagen, nicht weil die eine auf die andere einwirkt, sondern weil sie denselben Erzeuger haben. Treffender als dieses Bild, das schon von Cordemoy gebraucht wurde und in der Diskussion über die Beziehung zwischen Seele und Körper klassisch geworden ist, ist ein Bild, dessen sich Geulincx in seinen *Annotata majora in principia Cartesii* bedient. Wenn ich mir für Geld Speise und Kleider verschaffen kann, wird dies nicht durch die eigne natürliche Kraft des Metalles bewirkt; der Wert des letzteren beruht nämlich auf menschlicher Satzung (ex hominum instituto, quo valor iste ei consignatus est); ähnlicherweise ist es eben nicht die materielle Bewegung, die Empfindungen und Vorstellungen in mir zu erzeugen vermag, sondern dies geschieht kraft göttlicher Satzung (nulla vi sua, sed instituto quodam decretoque divino).

Wegen der scharfen Betonung der Verschiedenheit und Abgeschlossenheit der einzelnen Wesen tritt das Kausalproblem, das die Möglichkeit eines Überganges und Zusammenhanges zwischen denselben betrifft, deutlich hervor. Und indem der göttliche Wille als die einheitliche Macht aufgefafst wird, die alle einzelnen Wesen umspannt und in ihnen thätig ist, wird zugleich angedeutet, dafs das Problem durchaus unlösbar ist, wenn man nicht hinter allen Verschiedenheiten an die Einheitlichkeit der Existenz glaubt, an eine Kontinuität, die sich durch und über alle diese Verschiedenheiten erstreckt. Indem endlich gesagt wird, nicht die Bewegung selbst, sondern ein in diese hineingelegtes oder mit ihr verknüpftes Element vermöge die seelischen Zustände hervorzubringen, ist eine Lösung des Problems von der Seele und dem Körper angedeutet, die tiefer ist als die Cartesianische. Allerdings tritt bei Geulincx dies alles in theologischer oder mythologischer Form hervor, die völlige Klarheit und Konsequenz verwehrt.

Seine Philosophie bietet jedoch wegen der energischen Betonung der Untrennbarkeit der Thätigkeit und des Wesens eines Dinges grofses Interesse dar.

Geulincx selbst zieht aus seiner Lehre die ethische Konsequenz, dafs wir der Welt oder vielmehr Gott gegenüber als Zuschauer dastehen. Denn die Welt selbst kann kein Weltbild in mir erzeugen; das kann nur Gott, und als Zuschauer dessen, was in der Welt geschieht, bin ich deshalb ein fortwährendes Wunder; ego ipse spectator mundi maximum sum et juge miraculum! Wir sind von Gottes Willen absolut abhängig. Es wird also das höchste Prinzip der Ethik: wo ich nichts auszurichten vermag, soll ich auch nichts wollen (ubi nihil vales, ibi nihil velis)! Die Haupttugend wird deswegen in der Ethik des Geulincx die Demut. Ein charakteristischer Gegensatz zum Hochsinne bei Descartes wie bei Telesio und Campanella! Die kräftige Selbstbehauptung der Renaissance ist ihrem Gegensatze gewichen. Auf nichts habe ich ein Recht, sagt Geulincx, nicht einmal auf mich selbst. Es kann mir also nicht zur Aufgabe gemacht werden, mein Glück zu fördern, sondern nur, meine Pflicht zu thun. Indes wird mein Glück vielleicht eben hierdurch auf die beste Weise gefördert, denn, meint Geulincx, unser Unglück kommt eigentlich von unserm allzu eifrigen Streben nach Glück. — Auf Einzelheiten dieser Ethik einer durchgeführten Resignation können wir uns hier nicht einlassen. In vielen ethischen Bemerkungen des Geulincx legt sich zarte und innige Stimmung an den Tag. —

Eine extreme Form erhält der Okkasionalismus bei Nicolas Malebranche. Die mystische Seite des Cartesianismus drängt sich hier entschieden in den Vordergrund. Malebranche, der Sohn eines hohen Beamten zu Paris, trat 1660, 22 Jahre alt, ins Oratorium ein. Seine schwächliche Gesundheit hatte schon, während er noch ein Kind war, die Lust zu einem ruhigen, kontemplativen Leben in ihm genährt, und seine letzten Jahre verlebte er gröfstenteils in der einsamen Zelle. Zufällig fand er eines Tages eine von den Schriften Descartes' (Traité de l'homme), und die klare Entwickelung der Gedanken interessierte und begeisterte ihn dermafsen, dafs er vor Gemütserregung die Lektüre kaum beendigen konnte. Von diesem Augenblick an war sein Leben der Philosophie gewidmet. Sein Hauptwerk ist *La recherche de la vérité*, deren erster Band 1674 erschien. Unter seinen anderen Werken sind besonders die *Entretiens sur la métaphysique* (1687) zu nennen, die von vielen als seine vorzüglichste Arbeit betrachtet werden. Als Verfasser ist Malebranche klar, elegant und geistreich, zugleich aber ein wenig weitschweifig. Das religiöse und das philosophische Interesse gehen bei ihm Hand in Hand, und er glaubte den Weg zur vollständigen Versöhnung derselben gefunden zu haben. Er sah nicht, dafs er durch sein Denken zu ähnlichen Ergebnissen gelangte, wie den von Spinoza (le misérable Spinoza nennt er ihn) schon früher erreichten. Ebensowenig wie Spinoza scheint Malebranche die vorhergehenden Okkasionalisten (Cordemoy und Geulincx) gekannt zu haben, ein Beweis, dafs sich hier eine natürliche Entwickelungstendenz regte. Malebranche behielt seine geistige Frische bis ins hohe Greisenalter und starb 1715.

Malebranche beginnt in der Recherche de la vérité damit, die Ursachen der Irrtümer und die Mittel, sich von diesen loszumachen, zu untersuchen. Eine Hauptquelle des Irrtums ist der Glaube, dafs die Sinne, die uns zu praktischen Zwecken gegeben sind, imstande sein sollten, uns das Wesen der Dinge kennen zu lehren; die von uns empfundenen sinnlichen Qualitäten übertragen wir dann auf die Dinge selbst. Die materiellen Dinge an sich sind nur ausgedehnt, nicht farbig, hart, weich u. s. w. Die Einbildungskraft führt uns irre, indem sie unter dem Einflusse der Sinnlichkeit steht und zugleich von unseren Gefühlen abhängig ist. Malebranche stellt eine interessante Untersuchung über die psychologische und physiologische Natur der Gefühle an und spricht hier Ansichten aus (namentlich über die Rolle, den der Einflufs des Nervensystems auf die Blutgefäfse bei der Gemütsbewegung spielt), die noch heutzutage die Aufmerksamkeit anziehen. — Die Irrtümer der Wahrnehmung sowohl als die der Einbildungskraft rühren von der Einwirkung des Körpers her. Aber auch der Verstand, der doch an und für sich der Seele angehört, mufs der Kritik unterworfen werden. Die Hauptfrage ist die:

wo kommen unsere Vorstellungen (Ideen) her? Nur unsere eignen geistigen Zustände und Thätigkeiten fassen wir unmittelbar auf; andere Dinge kennen wir nur mittels der Vorstellungen oder Ideen, die wir von ihnen haben. Diese Ideen können nun weder von den Dingen noch von uns selbst erzeugt werden: denn kein endliches Wesen kann absolute Ursache sein. Ursache sein ist etwas Göttliches, und deshalb ist es Heidentum, den endlichen Dingen Kausalität beizulegen. Es kann nur eine einzige Ursache geben, die Gottheit nämlich; die natürlichen Ursachen sind nur gelegentliche Ursachen (causes occasionelles — daher der Name dieser gesamten Richtung in der Philosophie). Wenn eine Kugel in Bewegung gerät, weil eine andere sie anstößt, ist diese andere keine Ursache. Zwischen den Bewegungen der beiden Kugeln ist kein notwendiger Zusammenhang [49]). Der Zusammenstoß der Kugeln ist für den Urheber aller materiellen Bewegung nur die *Veranlassung*, die Bestimmung seines Willens auszuführen, indem er der angestoßenen Kugel einen Teil von der Bewegung der stoßenden verleiht. Die bewegende Kraft der Körper ist einzig und allein der Wille dessen, der die Körper erhält. Und ebenso verhält es sich mit dem menschlichen Geiste: ohne Gottes Einwirkung vermag dieser weder wahrzunehmen noch zu wollen. Es hilft uns nichts, wenn wir annehmen wollten, Gott habe den Körpern und den Seelen das Vermögen des Wirkens gegeben, ihnen einen Teil seiner Gewalt verliehen. Denn das kann Gott nicht: Gott kann keine Götter erschaffen! Wie die wahre Religion lehrt, daß nur ein Gott ist, so lehrt die wahre Philosophie, daß nur eine Ursache ist.

Unsere Erkenntnis läßt sich also nur dadurch erklären, daß wir rücksichtlich aller unserer Gedanken von Gott abhängig sind. Gott steht mit jedem Geiste in unmittelbarer Beziehung; er ist „le lieu des esprits". Vermöge dieser Verbindung mit Gott, dem Urheber aller Dinge, erschaut unser Geist die erschaffenen Dinge; die Vorstellungen von diesen müssen ja in Gott sein, da er sie sonst nicht hätte erschaffen können. In eigentlichem Sinne sind alle besonderen Vorstellungen, die wir haben, nur Beschränkungen der Vorstellung von Gott, dem unendlichen Wesen. Jeder Denkakt ist die nähere Bestimmung einer unbestimmten Vorstellung von dem Existierenden, von der wir uns nie losmachen können. Ähnlicherweise ist all unser Streben eigentlich ein Streben nach Gott; nur in der Vereinigung mit ihm liegt das wahre Glück, und er ist es, der das Bedürfnis nach Glück in uns erweckt; oft halten wir aber bei einem endlichen, beschränkten Gute inne und betrachten dieses als das höchste Gut — wie wir die endlichen Wesen als wahre Ursachen betrachten. Malebranches Ethik bildet also eine vollständige Analogie seiner Erkenntnistheorie.

Eine Schwierigkeit erwächst der Lehre Malebranches, dafs wir alle Dinge in Gott erschauen, durch die Frage, weshalb es denn eigentlich notwendig ist, an eine wirkliche, materielle Welt zu glauben. Unsere Naturerkenntnis findet nach Malebranche ja völlige Erklärung durch Gottes Einwirken auf uns, und die wirkliche materielle Welt ist durchaus nicht notwendig: Gottes Vorstellung von derselben (die intelligible Ausdehnung, wie Malebranche sie nennt) genügt. Wie erzählt wird, soll Berkeley, als er Malebranche kurz vor dessen Tode besuchte, diesen Einwurf gegen ihn erhoben haben. Derselbe Einwurf erschien auch in einem Briefwechsel, den der Mathematiker Mairan, ein vormaliger Schüler des Malebranche, mit diesem führte. Mairan stellt Malebranche das Alternativ: entweder existiert die materielle Ausdehnung nicht (da sie nach Malebranche nicht notwendig ist, um unsere Erkenntnis derselben zu erklären), oder auch gehört die materielle Ausdehnung, wie Spinoza lehrte, eben mit zum Wesen Gottes (indem wir dann in Gott nicht nur die intelligible Ausdehnung, nicht nur die Vorstellung von Ausdehnung, sondern eben die wirkliche Ausdehnung erschauen). Der greise mystische Philosoph fühlte sich durch diese Einwürfe übel berührt, und der Briefwechsel mit Mairan wird dadurch abgeschlossen, dafs Malebranche sich auf den religiösen Glauben als letzte Grundlage aller Gewifsheit beruft. —

Während der Cartesianismus bei der hier erwähnten Reihe von Denkern in einen theologischen Idealismus hinüberführte, trug er in einem anderen Kreise von Denkern dazu bei, neue

Formen des Skeptizismus zu erzeugen. Er enthielt mehrere
Elemente, die in dieser Richtung führen konnten. Erstens
das Prinzip des methodischen Zweifels, die ganze kritische
Neigung, mit der die Philosophie des Descartes begann. Nicht
alle konnten mit solcher Geschwindigkeit wie der Begründer
des Cartesianismus aus dem Zweifel und der Analyse in dog-
matisches Feststellen übergehen. Zweitens mußte eben Descartes' Dogmatismus die Kritik herausfordern, besonders da
die dogmatischen Ergebnisse selbst neue Probleme oder alte
Probleme in neuer Form stellten. Drittens behauptete Descartes den Gegensatz zwischen positiver Religion und wissenschaftlicher Erkenntnis, einen Gegensatz, der bei schärferer
Betonung dazu bewegen konnte, den philosophischen Ergebnissen, die Descartes erreicht haben möchte, allen entscheidenden Wert abzusprechen, da sie ja nicht zur höchsten Wahrheit führten. Gegen Ende des 17. Jahrhunderts wirkten diese
Motive in verschiedenem Maße und verschiedener Form auf
eine Reihe von Männern, denen es trotz aller Verschiedenheiten gemein ist, daß sie wenigstens eine Zeitlang unter
dem Einflusse der Cartesianischen Philosophie standen und
später zu einem mehr oder weniger entschiedenen Skeptizismus in philosophischer Beziehung übergingen. Es kann
hier nur eine ganz kurze Charakteristik derselben gegeben
werden.

Joseph Glanvil (1636—1680) arbeitete sich in seiner
Jugend aus dem Puritanismus und der scholastischen Philosophie empor, die während seiner Studienjahre in Oxford
herrschte. Er wurde ein großer Bewunderer Bacons und
Descartes', vorzüglich des letzteren, und hegte große Hoffnungen auf die Zukunft der Erfahrungswissenschaft. In seinem
Hauptwerke (*Scepsis scientifica*, 1665), das er der Royal Society
widmete, redete er der unbefangenen Untersuchung das Wort;
als Skeptiker betrachtete er sich nur im ursprünglichen Sinne
dieses Wortes, in welchem es einen, der sucht, bezeichnet.
Er schließt sich durchaus an Descartes an in der Forderung
einer mechanischen Naturerklärung (the mechanical hypothesis)
im Gegensatz zur scholastischen Lehre von Qualitäten und
Formen. Ihm ist die Natur die große Maschine (the great

automaton). Stärker als Descartes betont er aber, dafs all unsre Naturerkenntnis hypothetisch ist; mit grofsem Eifer spürt er allen Gründen nach, die darauf hindeuten, dafs unserem Wissen stets Unvollkommenheit ankleben wird; und er zeigt, wie gerade die fortschreitende Erfahrung neue Erscheinungen herbeiführt, die eine Änderung unsrer früher gebildeten Hypothesen zur Notwendigkeit machen können. Ebenso wie die Okkasionalisten, jedoch von diesen unabhängig, hebt er sehr stark hervor, welche Schwierigkeiten es darbietet, sich eine Wechselwirkung zwischen der Seele und dem Körper zu denken. und ebenso wie Geulincx und Malebranche, aber früher als diese, erblickt er die Schwierigkeiten, die in jedem beliebigen Kausalverhältnisse liegen. „Keine Ursache," sagt er (Scepsis scientif. cap. 23), „erkennen wir durch unmittelbare Anschauung, sondern nur durch ihre Wirkungen. Wenn wir schliefsen, ein Ding sei die Ursache eines anderen, stützen wir uns nur darauf, dafs ersteres stets das letztere begleitet; denn *das Kausalverhältnis selbst läfst sich nicht sinnlich wahrnehmen* (causality it self is unsensible). Der Schlufs aus einem Begleiten auf ein Kausalverhältnis ist jedoch kein zwingender." Glanvil antizipiert hier den Hume. Er legt besonderes Gewicht auf solche Fälle, in denen Ursache und Wirkung sich sehr unähnlich sind, und wo wir deshalb keine klare und notwendige Einsicht in deren gegenseitige Beziehung besitzen können. Dafs er trotz all seiner kritischen und empirischen Veranlagung den Glauben an Hexen verteidigte, geschah, weil er es für dogmatisch hielt, die Zauberei bestreiten zu wollen, da man nicht a priori wissen könne, welche Kausalverhältnisse in der Welt stattfänden. Seine Skepsis bewog ihn also, der „mechanischen Hypothese" nicht völlig zu trauen. Er ist hier ebenso wie die im zunächst Folgenden zu nennenden geistesverwandten Männer ein Beweis, dafs es dem neuen Denken noch nicht gelungen war, die mittelalterlichen Vorstellungen zu verscheuchen.

Hoch über alle Männer dieser Gruppe und hoch in der Sphäre der hervorragenden Geister überhaupt erhebt sich die Gestalt des Blaise Pascal. Auch Pascal (1623—1662) stand unter Descartes' Einflusse und behielt in seinem Ideenkreise beständig einige Cartesianische Anschauungen. Sein heftig und tief bewegtes inneres Leben veranlaste ihn jedoch, der Philosophie den Rücken zu kehren. Und doch erweist sich fortwährend eine gewisse Verwandtschaft zwischen Pascals religiösem Denken und dem Philosophieren Descartes': beide proklamieren die autoritätslose Überzeugung. In seinem *Fragment d'un traité du vide* spricht Pascal sich gegen die Gewalt der Autorität auf dem wissenschaftlichen Gebiete aus, und in der Abhandlung *De l'esprit géométrique* gibt er klare Andeutungen einer Methodenlehre, indem er ausdrücklich Descartes' Discours de la méthode anerkennt. Später, nach dem religiösen Durchbruche in ihm, kämpft er auf der Seite der Jansenisten gegen die Gültigkeit der päpstlichen Autorität mit Bezug auf Thatsachen. Von Rom appelliert er an den Himmel. Und rücksichtlich der Verurteilung Galileis spricht er (im 18. Provinzialbriefe) das oft wiederholte Wort aus, dafs die Erde, wenn sie sich wirklich drehe, durch kein Dekret hieran zu verhindern sei; sie würde sich mit allen Menschen umdrehen, diese möchten es glauben oder auch nicht. Wie Bruno und Descartes glaubt er an die Unendlichkeit des Weltalls und benutzt in seiner religiösen Agitation diesen Gedanken, um der Seele durch das Gefühl, dafs sie ein verschwindendes Element sei, Schwindel zu verursachen. Mit Descartes ist er in der Auffassung der Seele und des Körpers einig. Der Körper ist ihm nur eine Maschine, ein Automat. Den scharfen Gegensatz zwischen dem Gedanken und der Ausdehnung benutzt er, um den geistigen Wert des Menschen einzuschärfen: der Mensch sei zwar als materielles Wesen im Vergleich mit den ungeheuren Massen für ein Nichts zu rechnen; er sei nur ein Schilf — aber ein *denkendes* Schilf! Dies ist ein echt cartesianischer Gedanke. Wenn dieser Gedanke Pascal aber auch mit Begeisterung erfüllen konnte, umfaste er in seinen Augen doch nicht das Höchste. Über der Welt der Materie und des Geistes stand ihm die übernatürliche Welt der Liebe, die dem Menschen durch Gottes unmittelbare Offenbarung entstehe. Religion ist die unmittelbare Erfahrung des Herzens von Gott (dieu sensible au coeur). Philosophische Beweisführung könnte im günstigsten Falle zu einem abstrakten

Gott, vielleicht dem Gott der Wahrheit führen, nicht aber zum Gott der Liebe, dem einzigen wahren Gott. Deismus und Atheismus sind für Pascal so ziemlich eins und dasselbe. Was er ertrachtet, ist, sein Herz gefüllt zu bekommen, und dazu konnte ihm kein Forschen verhelfen. Aufser diesem direkten Drange, sein Gefühl an einen unendlichen Gegenstand zu verknüpfen, ist bei Pascal noch ein anderes psychologisches Motiv thätig, das den entscheidenden Unterschied zwischen ihm und einer Gestalt wie Malebranche bedingt. Dies ist die Angst, die er fühlt, weil er in einer Welt ohne Schranken, ohne Beständigkeit existiert, in einer Welt, über welche die Erkenntnis keine festen Resultate erreichen kann. Skeptiker und Dogmatiker streiten sich; keiner der beiden Teile kann recht behalten — und doch mufs einer derselben recht haben; eben ihr Streit zeigt, dafs die Skeptiker eigentlich recht haben. Es nützt nichts, die ersten Prinzipien der Erkenntnis auf die menschliche Natur gründen zu wollen: denn wo ist die menschliche Natur zu finden? Diese wechselt fortwährend, oder auch wird sie von der Gewohnheit beherrscht. In praktischer Beziehung wird der Mensch durch Rastlosigkeit und Eitelkeit vorwärts getrieben, oder er beobachtet die herkömmlichen Gebräuche. Der Mensch ist voller Gegensätze und Widersprüche. Zweifel und Unsicherheit herrschen in seinem Innern. „Er soll alles richten und ist doch ein armseliger Wurm; er soll der Träger der Wahrheit sein und ist eine Kloake der Ungewifsheit und des Irrtums; er ist die Ehre des Weltalls und zu gleicher Zeit dessen Schande!" — Aus allen diesen Widersprüchen findet Pascal nur einen einzigen Weg zur Rettung: die Zuflucht zum historisch geoffenbarten Christentum. In diesem fand seine liebevolle und geängstigte Seele Ruhe. Um andere Menschen dahin zu führen, hatte er eine Darstellung ersonnen, die sich auf die biblische Geschichte stützte und zeigen sollte, wie alle Gegensätze und Widersprüche in der Natur und den Lebensverhältnissen des Menschen durch die in den biblischen Schriften gegebene Offenbarung wegfielen. Es ist gewifs ein Glück für Pascals Nachruhm, dafs der positive Teil seiner Apologie des Christentums nicht vollendet wurde, so dafs seine Gedanken (*Pensées*) über die menschliche Natur und deren Bedingungen, die nur den vorbereitenden Teil der Apologie bilden sollten, jetzt durch ihre eigne Gewalt wirken können. Was Pascal beseelt, ist das starke Gefühl von dem Gewicht und dem Werte des Lebens. Im Gegensatz zur rationalistischen Richtung, die an Descartes' Philosophie so gute Stütze erhielt, appelliert Pascal an die lebendige Persönlichkeit, an das Herz, das Gewissen als letztes, entscheidendes Motiv der Lebensanschauung. Ein Jahrhundert früher als Rousseau wirft er die Frage nach dem Werte der wissenschaftlichen Erkenntnis für das persönliche Leben auf. Bei seinem Liebesbedürfnisse und seiner Seelenangst wird die Antwort: „die ganze Philosophie sei nicht die Mühe einer Stunde wert!" Und er hegte den Plan, gegen diejenigen zu schreiben, die sich allzu sehr in die Wissenschaften vertieften (qui approfondissent trop les sciences). Dafs er selbst die Lösung in der christlichen, speziell der katholischen, noch spezieller der gallikanischen und am speziellsten in der jansenistischen Lehre fand, wollte er nicht als Folge der Gewohnheit oder Überlieferung betrachten; er wollte nicht sehen, dafs er den skeptischen Argumenten, die er selbst ins Feld geführt hatte, an diesem Punkte fortwährend einen Raum offen liefs. Und fragte man ihn, was man denn thun sollte, — wie man es anfangen sollte, die zweifelnden Gedanken zu beschwichtigen, so antwortete er als guter Cartesianer: Wir sind Automat ebensowohl als wir Geist sind. Beide müssen zum Glauben gebracht werden, dieser durch Überzeugung, jenes durch Gewohnheit. Und will die Überzeugung nicht kommen, so fange mit der Gewohnheit an: thue, als ob du glaubtest; nimm Weihwasser und lafs eine Messe lesen; dies wird dich bestialisieren und dich glauben machen (cela vous fera croire et vous abêtira)! Das heifst den Knoten zerhauen — mittels der Philosophie, deren er sich bedient, und die er zugleich bekämpft. —

Auch Pierre Daniel Huet, Bischof von Avranches (geb. 1630, gest. 1721), wollte das freie Forschen aufheben, um dem religiösen Glauben zu frommen, der bei ihm entschiedener als bei Pascal als der Glaube der Kirche auftritt. Er hielt ebenfalls noch an wesentlichen Teilen der scholastischen

Philosophie fest. Eine Zeitlang war er Cartesianer und fühlte grofse Begeisterung über die klare und einfache Methode der neuen Philosophie. Später entstand jedoch Zweifel in ihm, ob es überhaupt ein rationelles Kriterium der Wahrheit geben könne: dann müfsten wir wieder ein Kriterium haben, dafs dieses das rechte Kriterium der Wahrheit wäre — und so ins unendliche! Descartes fordre dazu auf, mit dem Einfachen zu beginnen und dann zum Zusammengesetzten überzugehen; es gebe aber nichts so Leichtes und Einfaches, dafs es als unzweifelhaft dastehen könnte! Descartes meine, das Denken selbst könnten wir nicht bezweifeln; weshalb aber nicht? Den Gedanken erkennen wir ja nur auf dieselbe Weise wie alles andere: indem wir die Aufmerksamkeit auf denselben hinlenken — durch einen neuen Gedanken also. Ein absoluter Anfang wird daher nicht erreicht. Das „Cogito, ergo sum" des Descartes ist ein Schlufs, dessen Berechtigung sich bezweifeln läfst, und sein Beweis von dem Dasein Gottes fällt weg, wenn man einsieht, dafs Existenz keine Eigenschaft ist. Nur die Autorität der Überlieferung und die der Kirche können eine Grundlage der Erkenntnis abgeben, und Huet, der gelehrte Humanist, dem es anstöfsig war, dafs die Cartesianer die Alten geringschätzten, sucht deshalb zu zeigen, dafs die Religionen und die philosophischen Systeme des Altertums einer dem jüdischen Volke entstammenden Tradition zu verdanken seien.

Pierre Bayle (1647—1706) hatte während seiner Studienjahre zu Genf den Cartesianismus kennen lernen, der nun die scholastische Philosophie in ihm verdrängte, die er in einem Jesuitenkollegium betrieben hatte. Besonders bewunderte er die Cartesianische Forderung, klare und deutliche Begriffe zu gebrauchen und verwickelte Fragen auf einfache und unmittelbar einleuchtende Prinzipien zurückzuführen. Später nahm er während seiner Thätigkeit an den Universitäten zu Sedan und Rotterdam eine kritische Haltung gegen mehrere Lehren des Cartesianismus ein. Er war wohl eigentlich mehr ein Gelehrter und Litterat als ein Philosoph; er interessierte sich für litterarische Erscheinungen und spekulative Ansichten in ihrer bunten Mannigfaltigkeit, und der Drang nach klaren und deutlichen Begriffen bewog ihn zu scharfer Pointierung der Verschiedenheiten der Standpunkte, zum bestimmten Hervorheben der Spitzen der Probleme und zur Enthüllung illusorischer Lösungen. In seiner meisterhaften Charakteristik Bayles weist Ludwig Feuerbach nach, dafs Bayle keineswegs ein systematischer Zweifler war, dafs aber die Schwierigkeit und Mannigfaltigkeit der einzelnen Probleme den Zweifel in ihm erzeugten. Die Philosophie war ihm wesentlich Kritik, ihre Bedeutung mehr negativ als positiv. Ihre Resultate stehen in entschiedenem Streite mit denen der Theologie, was Bayle mit Bezug auf ein einzelnes Dogma (das des Sündenfalles) nachweist, indem er eine Reihe theologischer und philosophischer Grundsätze aufstellt, die sich als durchaus miteinander unvereinbar erweisen. Durch diese Aufstellung (in der *Réponse aux questions d'un provincial*) leitete Bayle die wichtigste Debatte über das Problem des Bösen ein, die seit Jakob Böhmes „Aurora" geführt worden war. Schon in seinem *Dictionnaire historique et critique* hatte er (namentlich in dem Artikel über die Manichäer) behauptet, die Annahme zweier Prinzipien in der Welt, eines guten und eines bösen, würde sehr schwer zu widerlegen sein, wenn sie von unbefangenen und scharfsinnigen Denkern verteidigt würde. Hätte Augustinus nicht die Lehre der Manichäer verlassen, so würde er, meint Bayle, etwas aus dieser haben machen können, das imstande gewesen wäre, die Orthodoxen in Verwirrung zu bringen. Auf dem Wege der Vernunft lasse diese Lehre sich nicht widerlegen. Man habe die Wahl zwischen der Vernunft und dem Glauben, und der Glaube erscheine um so herrlicher, je vernunftwidriger das zu glaubende Dogma sei. Bayle selbst hatte gewifs seine Wahl getroffen und meinte es aufrichtig mit seiner scharfen Distinktion. Diese Wahl verwehrte ihm aber nicht, eine von allem Dogmatismus unabhängige Humanität anzuerkennen. Er legt (besonders in den *Pensées diverses à l'occasion de la comète*) grofses Gewicht auf die natürlichen Instinkte, die das Individuum und die Gattung ohne bewufstes Räsonnement erhalten. Und mit Bezug auf die Handlungsweise der Menschen im öffentlichen und privaten Leben im ganzen, behauptet er, diese würde weit mehr durch das natürliche Temperament und den Charakter als durch den Glauben oder das Nicht-Glauben bestimmt. Er kann sich deshalb (was ihm sehr übel genommen wurde) sehr wohl einen Staat von Atheisten denken. **Ludwig Holberg** bemerkte später eben mit Rücksicht auf diesen Gedankengang Bayles, dafs somit die ganze Disputation, inwiefern Freigeister moralisch leben könnten, vergeblich würde (Ep. 210). Dieser Gedankengang steht in natürlicher Verbindung mit Bayles eifrigem Kampfe für die Toleranz, und nicht weniger damit, dafs er der Ethik ihre Selbständigkeit der Theologie gegenüber wahrt. Die Cartesianische Methode wird hier auf interessante Weise von ihm angewandt: wie der Satz, dafs das Ganze gröfser sei als der Teil, so klar und deutlich sei, dafs man an keine Offenbarung glauben dürfe, die demselben widerstreite, — ebenso seien auch die einfachsten ethischen Urteile, mittels deren wir Gutes von Bösem unterschieden, so klar, dafs keine Offenbarung sie aufzuheben vermöchte, sondern im Gegenteil die Gültigkeit und der Wert jeder Offenbarung dadurch geprüft werden müfsten, dafs man jene als Mafsstab anlegte. Wollte man hier das natürliche Licht verwerfen, so habe man durchaus keinen Mafsstab. An diesem Punkte kommt bei Bayle eine Möglichkeit zum Vorschein, durch die der Streit des Glaubens mit dem Wissen seine Bedeutung verlieren würde: die Möglichkeit nämlich, dafs die natürlichen Instinkte und der unmittelbare Sinn für das Wahre und Gute genügten, um das Leben zu tragen! Es wurde Sache des 18. Jahrhunderts, diese Möglichkeit auszuführen, die schon von der Renaissance ergriffen worden war, als diese den Menschen entdeckte, der es aber von der siegreichen Reaktion nicht gestattet wurde, über den engen Kreis der Denker hinauszugelangen. Der Gedanke war auch noch vollständigerer Entwickelung benötigt. —

3. Pierre Gassendi

bildete namentlich in der französischen Welt ein Gegengewicht des Descartes, mehr jedoch wegen seiner Methode als wegen seiner Resultate. Er wollte ein empirischer Philosoph sein und die Wahrnehmung gegen Descartes' intuitive und deduktive Methode befürworten. Während Descartes sich mit gröfserer Eile, als seine eigne Methode gestattete, zu den höchsten Ideen emporschwang und geneigt war, diese als in dem menschlichen Geiste unmittelbar begründet zu betrachten, behauptete Gassendi den empirischen Ursprung unserer Begriffe. Die Streitschrift (*Disquisitio metaphysica.* Amsterodami 1644), die er gegen Descartes herausgab, gehört zu den interessantesten Urkunden in der Debatte zwischen der empirischen und der deduktiven Schule. Dafs Gassendi dennoch mit spiritualistischen Resultaten endet, rührt von seiner geistlichen Stellung her, die es ihm zur Notwendigkeit machte, die Theologie und die empirische Philosophie zu vereinen. Er war 1592 zu Digne im südlichen Frankreich geboren, wurde 1617 Prediger und später Professor der Philosophie zu Aix, welche Stellung er verliefs, um eine Professur der Mathematik in Paris zu übernehmen, wo er bis zu seinem Tode (1655) thätig war. Gassendi gab in seiner Jugend eine scharfe Kritik der scholastischen Philosophie heraus; darauf bewirkte das strenge Dekret von 1624 gegen die neuen Lehren und später Galileis Verurteilung, dafs er sich zurückhielt. Er beschäftigte sich mit physischen und astronomischen Studien, wagte es aber nicht, sich für die Kopernikanische Lehre zu erklären. In seinen späteren Schriften entwickelte er die atomistische Lehre, zum Teil unter der Form einer Erneuerung der Epikureischen Lehre. Er verteidigt Epikurs Persönlichkeit und Philosophie gegen die gewöhnlichen Angriffe. Diese Werke wurden von grofser Bedeutung, indem die von Bruno und Basso vorbereitete atomistische Theorie vorzüglich geeignet war, sich von der modernen Naturwissenschaft gebrauchen zu lassen. Gassendi war ein Bewunderer des Galilei, und die von ihm aufgestellten Grundsätze der Naturerkenntnis verraten den Einflufs des letzteren. Indem er davon ausgeht, dafs nichts zu nichts werden oder aus nichts entstehen kann, und dafs deshalb während aller Veränderungen ein Etwas bestehen bleiben mufs, weist er nach, dafs wenn die Veränderung überhaupt erklärlich sein soll, das Etwas, das während aller Veränderungen bestehen bleibt, d. h. die Materie, eine Vielfachheit von soliden und unteilbaren Elementen, d. h. Atomen sein mufs. Mathematisch läfst sich die Teilung bis ins unendliche fortsetzen, physisch hat die Teilbarkeit aber eine bestimmte Grenze.

Durch die Bewegungen der Atome sind alle Veränderungen der Natur zu erklären: alle Ursachen sind Bewegungsursachen. Zwischen den Atomen liegt ein leerer Raum, sonst würde ihre Bewegung nicht möglich sein. Der Raum ist ebenso wie die Zeit ein Ding eigner Art, das weder Wesen noch Eigenschaft zu nennen ist. Nur durch Berührung kann Bewegung entstehen und aufhören; alle Ursachen müssen deswegen materiell sein. Die Seele bewegt den Körper nur, insofern sie (als vegetative und sinnlich wahrnehmende Seele) selbst materiell ist. Von Descartes unterscheidet sich Gassendi, indem er behauptet, es müfsten der Materie noch andere Eigenschaften als Ausdehnung und Beweglichkeit beigelegt werden, und indem er die physische Teilbarkeit begrenzt. Zugleich lehrt er (unter deutlicher Beeinflussung von Galilei), dafs nicht die Bewegung selbst, sondern der Bewegungsdrang (impetus) konstant sei; der Bewegungsdrang falle nicht weg, weil die Bewegung in Ruhe übergehe. Diese Verbesserungen der neuen mechanischen Naturauffassung bezeichnen einen bedeutenden Fortschritt. An die Vorgänger des Descartes und Galilei, besonders an Telesio, erinnert Gassendi dagegen, indem er annimmt, dafs alle Atome Empfindung besitzen, und diese Ansicht, wie auch die Vorstellung von einer Weltseele in seiner Naturphilosophie verwertet. Eine ähnliche Halbheit entsteht durch seinen Versuch, spiritualistische Vorstellungen mit den atomistischen und mechanischen Lehren zu verbinden: die Atome seien von Gott erschaffen; von dem Satze, alle Ursachen seien materiell, bildeten Gott und die übernatürlich eingegebene Seele oder Seite der Seele (anima rationalis oder intellectus) eine Ausnahme. Dieses Kompromifs war noch inkonsequenter als das Cartesianische, da die Seele selbst in zwei Teile, einen materiellen und einen immateriellen, gespalten wurde. Es brachte indes den Vorteil mit sich, dafs man in der gelehrten und namentlich in der theologischen Welt daran gewöhnt wurde, den Atomismus nicht mehr als eine absolut gottlose Lehre zu betrachten. Nun konnte die Naturwissenschaft die atomistische Hypothese ungestört nach ihrem Behufe verwerten.

4. Thomas Hobbes.

a) Biographie und Charakteristik.

Als die spanische Armada 1588 im Begriffe stand, in See zu stechen, um England anzugreifen, bewirkten die schreckeinjagenden Kriegsgerüchte, dafs die Gattin des Pfarrers zu Malmesbury zu früh mit einem Söhnchen niederkam. Sie gebar Zwillinge, sagt Hobbes später in einer versifizierten Selbstbiographie, nämlich mich und die Furcht. Er leitete sein furchtsames, friedfertiges Temperament hieraus ab, das jedoch — wie sein Leben zeigt — energisches Denken und litterarische Streitlust nicht ausschlofs. Den ersten Unterricht erhielt der Knabe in seiner Vaterstadt; 15 Jahr alt kam er nach Oxford, wo er die scholastische Logik und Physik lernte, die ihn sehr wenig interessierten. Schon früh verliefs er die Universität und wurde Erzieher eines jungen Edelmannes aus der Familie Cavendish. Mit dieser Familie blieb er sein ganzes Leben lang in Verbindung. Seine Stellung veranlafste wiederholte Reisen in den europäischen Ländern. Er sammelte Welterfahrung und betrieb mit Eifer die Litteratur, vorzüglich die klassischen Geschichtsschreiber und Dichter. Die Ereignisse in seinem Vaterlande beobachtete er mit aufmerksamem Blicke, und eine Übersetzung des Thukydides, die er 1629 herausgab, ist wohl kaum ohne Rücksicht auf die politischen Gewitterwolken, die schon während der ersten Regierungsjahre Karls I. am Horizonte drohten, ausgearbeitet. Eine Zeitlang wurden seine Interessen indes nach ganz anderer Richtung gelenkt. Durch einen Zufall stiefs ihm die Geometrie des Euklid auf, und er entdeckte somit, dafs es eine stringente deduktive Wissenschaft gab. Hiervon hatte er bisher keine Ahnung gehabt, denn die Mathematik gehörte in England noch nicht zu den beständigen Unterrichtsgegenständen, ja, wurde sogar als Teufelei betrachtet. Nun erhielt er ein Vorbild seines Denkens. Mathematiker von Fach wurde er nicht. Seine späteren Versuche in dieser Richtung fielen höchst unglücklich aus und verwickelten ihn in langwierige litterarische Streitigkeiten, in denen er entschieden den kürzeren zog. Der

Grund seiner philosophischen Richtung war nun aber gelegt. Das große Gewicht, das er dem deduktiven Denken beilegt, stellt ihn Descartes nahe, während es ihn in entschiedenen Gegensatz zu Bacon stellt, mit dem er persönliche Beziehungen unterhalten hatte, indem er diesem in dessen letzten Lebensjahren als Sekretär und bei der lateinischen Übersetzung seiner Werke behilflich war. Von Bacon hat er keine entscheidenden philosophischen Impulse erhalten, wenn man vielleicht auch an einzelnen Stellen nachzuweisen vermag, dafs er, nachdem sein eigentümliches Philosophieren durch anderweitige Impulse in Gang gesetzt war, Baconsche Ideen aufnahm und in sein System verwebte. Das Problem, das sein Denken in Gang brachte, soll er nach dem Berichte seines ersten Biographen durch eine Unterredung erhalten haben, die wahrscheinlich in einem wissenschaftlichen Pariser Kreise stattfand, und in der die gelegentliche Frage aufgeworfen wurde, was sinnliche Wahrnehmung sei. Da diese Frage keine Beantwortung fand, begann Hobbes über dieselbe nachzudenken. Es leuchtete ihm nun ein, dafs wenn die materiellen Dinge und alle deren Teile stets in Ruhe oder in gleichmäßiger Bewegung wären, so würde aller Unterschied (discrimen) der Dinge, mithin alle sinnliche Wahrnehmung wegfallen. Hieraus leitete er nun ab, dafs Änderung der Bewegung (diversitas motuum) die Ursache aller Dinge sei. Nun dachte er, nach eigner Aussage, Tag und Nacht, wachend und träumend an nichts anderes als Bewegung. Es wurde ihm klar, dafs die deduktive Methode, die er unlängst in ihrer vollkommensten Form hatte kennen lernen, von dem Grundsatze aus, dafs alles in Bewegung sei, vortrefflich zur Anwendung kommen könnte. Wahrscheinlich kam er zugleich (ca. 1630) auf eignem Wege hierdurch zur Überzeugung von der Subjektivität der Sinnesqualitäten[56]). Dafs Galilei bereits 1623 dieses Prinzip ausgesprochen hatte, wufste Hobbes nicht. Erst einige Jahre später lernte er auf einer Reise in Italien den Mann kennen, von dem er selbst (in der Dedikation der Schrift De corpore) sagt, dieser „habe uns das erste Thor der ganzen Physik geöffnet, die Natur der Bewegung nämlich". Hierdurch erhielt sein bereits eingeleiteter Gedankengang bestimmtere Form und

festere Basis. Galilei soll ihn ebenfalls auf die Möglichkeit
aufmerksam gemacht haben, die Ethik, der Physik analog,
deduktiv zu behandeln. Ist dem so, dann hat Hobbes' ganzes
System für ihn seinen vorläufigen Abschluſs hiermit gefunden,
lange Zeit hindurch aber doch nur in seinem Sinn und Gedanken und unter dem vertraulichen Austausche von Ideen,
der innerhalb eines Kreises von Männern stattfand, den ein
Mönch, Mersenne, ein Freund des Descartes und des Gassendi,
in Paris um sich sammelte, und zu dem auch Hobbes gehörte.
„Von dem Augenblick an," sagt Hobbes in seiner Selbstbiographie, „da ich Mersenne meine Ideen mitgeteilt hatte,
und dieser wiederum andere damit bekannt gemacht hatte,
wurde auch ich unter die Philosophen gerechnet. Seine Zelle
war besser als alle Schulen." Mersenne war es ebenfalls, der
später verschiedenen Denkern, unter diesen auch Gassendi und
Hobbes, die Meditationes Descartes' zustellte und hierdurch
eine der merkwürdigsten philosophischen Diskussionen des
17. Jahrhunderts hervorrief. Hobbes' Kritik des Cartesianismus
ist ein interessantes Aktenstück zur Beleuchtung seiner Philosophie, noch bevor er diese in systematischer Form entwickelte.
Hobbes, dem der verstorbene Lord Cavendish ökonomische
Unabhängigkeit gesichert hatte, dachte nun, als er sich 1637
nach mehrjähriger Abwesenheit wieder in England niederlieſs,
auf das Zusammenarbeiten seiner Ideen zu einem dreigliedrigen
System: Corpus — Homo — Civis, zu einer Lehre von den
Gesetzen der Materie, des Menschen und des Staates, soweit
möglich nach deduktiver Methode auf Grundlage der allgemeinen Gesetze der Bewegung. Die Ausführung dieses Plans
wurde jedoch auf lange Zeit durch den Ausbruch des englischen
Bürgerkriegs verhindert. Sein Temperament bewirkte, daſs
er den leidenschaftlich anwachsenden politischen Streit mit
Angst betrachtete. Dieser schien ihm alles geordnete Staatsleben in Grund und Boden zu erschüttern. Er fürchtete, die
elementaren Triebe würden sich mit unbändigen und unbe-
dingtem Ungestüm regen. Seine Welterfahrung hatte ihn belehrt, wie sehr der Selbsterhaltungstrieb und der Egoismus
nicht nur zum Guten, sondern auch zum Bösen wirken können,
und daſs es einer groſsen Gewalt bedarf, um den Strom dieser

Kräfte auf das rechte Bett zu beschränken. Er war ultrakonservativ, eben weil er in der Theorie ultraradikal war und auf die rein elementaren Voraussetzungen zurückging. Freilich hat gewifs auch sein Umgang mit hochadeligen Kreisen viel zur Bestimmung seiner politischen Sympathien beigetragen. Deshalb verkannte er die Bedeutung der englischen Revolution, obgleich er deren Verdammung durchaus naturalistisch motivierte, welche Motivierung also derjenigen diametral entgegengesetzt war, die die Anhänger der Stuarts zusammenhielt. Für Hobbes war das Autoritätsprinzip ein abgeleitetes Prinzip, für letztere ein absolutes, göttliches, übernatürliches Prinzip: dies war der grofse Gegensatz, der sich sogleich erwies, als Hobbes seine politische Theorie ausarbeitete. Und die Motivierung, nicht aber die Resultate von Hobbes politischer Theorie, hat dieser in der neueren Ethik und Staatslehre bleibende und in gewissem Sinne einzige Bedeutung gegeben. Im Jahre 1640 arbeitete er eine Schrift aus, die seine psychologische und ethisch-politische Theorie in ihren Grundzügen enthielt. Dieses Werk, das in Abschriften zirkulierte und später in zwei Teilen: Human Nature und De Corpore politico erschien, ist vor kurzem (1888) nach den ältesten Handschriften und unter dem ursprünglichen Titel *Elements of Law* von Tönnies herausgegeben. Es ist eines seiner frischesten und lehrreichsten Werke und sollte bei jedem Studium des Hobbes die Grundlage bilden. Es wurde mit den unruhigen Zeitverhältnissen vor Augen und als ermahnendes Wort verfafst. Hobbes glaubte, er wäre persönlicher Gefahr von seiten der Opposition ausgesetzt gewesen, hätte nicht der König das Parlament aufgelöst. Als die Unruhen zunahmen und das neue Parlament gegen die Anhänger des Königs mit Strenge zu verfahren anfing, floh Hobbes (Ende 1640) nach Frankreich, um hier seine Studien in Ruhe fortsetzen zu können. Die ernstlichen Zeitverhältnisse gestatteten ihm aber keine Ruhe, um die Gedanken von den politischen Problemen abzulenken, und er arbeitete nun den letzten Teil der „Elements of Law" zu einer selbständigen Schrift (*De cive*) aus, die 1642 in einer kleinen, 1647 in einer gröfseren Auflage erschien. Diese sollte der dritte Teil des ganzen Systems sein. Von der früheren Abhandlung unterscheidet sie sich dadurch, dafs sie den Gegensatz zwischen dem Naturzustande und dem Leben im Staate weit stärker hervorhebt und die Notwendigkeit einschärft, der Staatsgewalt in religiösen Sachen die Alleinherrschaft zu überlassen. Hobbes war ein grundsätzlicher Gegner aller Hierarchie, der protestantischen sowohl als der katholischen. Dies machte seinen Aufenthalt in einem katholischen Lande und in einem Kreise verbannter klerikaler Royalisten unsicher. Es kam zu einem förmlichen Bruche, als er seine naturphilosophischen Studien wieder beiseite legte, um ein politisches Werk zu verfassen. Es war dies die berühmte Schrift „*Leviathan* or the Matter, Form and Power of a Commonwealth ecclesiastica and civil", die 1651 in London erschien. Benannt war sie nach dem im Buche Hiob erwähnten gewaltigen Meerungetüm, von dem es heifst: „Auf Erden ist ihm niemand zu gleichen, er ist gemacht, ohne Furcht zu sein." Mit diesem Gewaltigen vergleicht Hobbes die absolute Staatsgewalt. Die von Bodin und Althusius begründete Lehre von der Souveränität führt er hier in ihren äufsersten Konsequenzen durch — allerdings aber auf naturalistischer Basis und in antihierarchischem Geiste. Dafs er nicht speziell die Absolutheit der königlichen Macht, sondern die der Staatsmacht behauptete, wurde ihm (gewifs mit Unrecht) so ausgelegt, als ob er mit dieser Schrift nach Cromwells Gunst angelte. Und die bischöflichen Royalisten waren entrüstet über die Äufserung (in einem Schlufsabschnitt, der in der späteren lateinischen Ausgabe von 1670 weggelassen wurde): wie Elisabeth die katholische Hierarchie gestürzt habe, so hätten die Presbyterianer die Episkopalen gestürzt, um selbst wieder von den Independenten gestürzt zu werden — „und so sind wir zur Unabhängigkeit (independency) der ersten Christen zurückgeführt." Die Folge war, dafs Hobbes seine Stellung als Lehrer der Mathematik für den jungen König Karl II. verlor, und dafs ihm der Zutritt bei Hofe untersagt wurde. In England waren die Zustände jetzt ruhiger; es gab wieder eine feste und geordnete Staatsmacht, einen Vollzieher der Souveränität, und Hobbes glaubte, es sei nun am sichersten für ihn, nach Hause zu kehren. Nach einer beschwerlichen Winterreise kam er Ende 1651 nach England zurück, und nun kam ihm bei der ungestörten Herausgabe seiner Werke, die er nie aus den Augen verloren hatte, die vollständige Prefsfreiheit zu statten. 1655 erschien die Schrift *De corpore*, welche die Logik, die Lehre von den Grundbegriffen (philosophia prima), die Lehre von den Bewegungen und Gröfsen und die Lehre von den physischen Erscheinungen umfafst, 1658 die Schrift *De homine*, die gröfstenteils eine Optik (um die Natur des Gesichtssinnes zu beleuchten) ist und aufserdem nur kurze Umrisse von der Psychologie der Sprache und der Gefühle gibt. Dieser zweite Teil des Systems kann sich weder an Inhalt noch an Form mit dem ersten Teile der Elements of Law oder mit den Anfangskapiteln des Leviathan messen. Der dritte Teil des Systems war die früher erschienene Schrift De cive, und nun war mithin das ganze System fertig. Da kam die Restauration, die Hobbes mit Freuden begrüfste. Er gewann die Gunst seines ehemaligen Schülers Karl II., der sich oft mit ihm unterhielt. Als alter Studiosus lebte er bei der Familie Cavendish, eifrig mit mathematischer und theologischer Polemik beschäftigt. Seinen Antihierarchismus machte man zum Atheismus, und ein Hobbist war dasselbe wie ein Freigeist. Obgleich er der Staatsmacht das Alleinrecht beilegte, zu bestimmen, was gelehrt werden solle, legte er selbst die Bibel in kritischem und rationalistischem Geiste aus. Ihm war der ursprüngliche Glaube des Christentums nur der, dafs Jesus der Messias sei, aber durchaus keine spekulative Lehre. Die Ewigkeit der Höllenstrafen verwarf er. An körperlose Geister glaubte er nicht. Gewöhnlich verwies er aber auf die Unbegreiflichkeit der Glaubenslehren und gab den Rat, diese anzunehmen, ohne darüber nachzudenken, ebenso wie man am besten daran thue, bittre Pillen ganz zu verschlucken, ohne sie zu zerkauen. Hobbes behielt seine physische und geistige Energie bis ins hohe Alter und starb 91 Jahre alt (1679).

Hobbes ist ein scharfsinniger und energischer Denker. Er hat den bestdurchdachten Versuch der neueren Zeit angestellt, die naturwissenschaftliche Erkenntnis zur Grundlage all unsers Wissens von der Existenz zu machen. Das von ihm aufgestellte System ist das tiefsteindringende materialistische System der neueren Zeit. Aufserdem enthalten Hobbes' Schriften, die sich durch ihre kräftige und deutliche Darstellung auszeichnen, viele in logischer und psychologischer Beziehung interessante Bemerkungen. Er kann der Begründer der englischen Psychologie und somit der eigentlich englischen Schule der Philosophie genannt werden. Vor allen Dingen waren es jedoch seine ethischen und politischen Ansichten, die von eingreifender Bedeutung wurden. Durch seinen derben, obschon einseitigen Naturalismus brachte er, zum Teil auf herausfordernde Weise, die Gedanken der Menschen in Flufs. Er führte auf dem Gebiete der Geisteswissenschaft den Bruch mit der Scholastik herbei, wie Kopernikus auf dem der Astronomie, Galilei auf dem der Physik und Harvey auf dem der Physiologie. Diesen Männern stellt sich Hobbes mit wohlberechtigtem Selbstgefühl zur Seite als Begründer der Soziologie: diese ist (wie er in der Vorrede zum Werke De corpore sagt) nicht älter als sein Buch De cive. Wegen seiner naturalistischen Begründung der Ethik und der Politik erregte er eine Bewegung, die man treffend mit derjenigen verglichen hat, welche Darwin im 19. Jahrhundert hervorbrachte.

b) Erste Voraussetzungen.

Die Wissenschaft steht für Hobbes im Gegensatz teils zur sinnlichen Wahrnehmung und zum Gedächtnisse, teils zur Theologie. Sie bleibt nicht wie Empfindung und Gedächtnis bei den einzelnen Erscheinungen stehen, sondern sucht diese aus deren Ursachen zu erkennen; bald geht sie von Ursache zu Wirkung, bald von Wirkung zu Ursache. Hieraus folgt, dafs die Wissenschaft nur dasjenige betrifft, was einen Ursprung hat; mithin wird die Theologie, die Lehre von dem ewigen Gotte, der nicht entstanden ist, ausgeschlossen. — So wenigstens definiere ich die Wissenschaft, sagt Hobbes. Es möchte vielleicht jemand eine andere Definition wünschen; das bleibt seine Sache. Das Definieren ist eine freie und willkürliche Sache, ist nur eine Erklärung dessen, was ein Name bedeuten soll, und der Gebrauch der Namen ist willkürlich. Die Wissenschaft beginnt mit der Definition der zu

Grunde liegenden Begriffe. Man gewinnt diese Begriffe durch Analyse (resolutio) des der Empfindung Gegebenen (a sensibus ad inventionem principiorum). Die Gültigkeit der Prinzipien, der Grundbegriffe kann selbst kein Gegenstand der Beweisführung, sondern nur Gegenstand der Definition sein. Diese sind an und für sich bekannt — sonst wären sie keine Prinzipien. Da sie durch willkürliche Namengebung festgestellt werden, sind sie von uns selbst erzeugt. Die Kunst oder die Konstruktion, nicht aber die Wissenschaft stellt die Prinzipien fest: hier erzeugen wir selbst die Wahrheit: ratiocinationis prima principia, nempe definitiones, *vera esse facimus nosmet ipsi* per consensionem circa rerum appellationes (De corpore, cap. 25, I, vgl. cap. 3, 8—9).

Die scharfe Hervorhebung des rein Willkürlichen bei der Aufstellung der ersten Voraussetzungen unternimmt Hobbes erst recht eigentlich in der Schrift De corpore; in den Elements of Law tritt dieselbe nicht so deutlich hervor. Sie ist der immer mehr hervortretenden deduktiven Methode zu verdanken: wenn alle wahre Wissenschaft Deduktion ist, müssen die Voraussetzungen der Deduktion, die sich nicht selbst deduzieren lassen, als rein willkürlich dastehen. Dann ist aber nicht zu verstehen, was damit gemeint ist, dafs die Prinzipien „an und für sich bekannt" (per se nota) sein müfsten, wenn dies etwas mehr bedeuten soll, als dafs man sich bewufst sei, was mit den angewandten Wörtern gemeint werde. Und sogar dieses unmittelbare Bewufstsein ist dann eine Voraussetzung, die eigentlich für sich aufzustellen wäre. Dasselbe ist eine Art Intuition oder wie Hobbes selbst es irgendwo[51]) nennt: eine Reflexion. Ferner erklärt Hobbes ja, wir kämen zu den Prinzipien durch Auflösung oder Analyse (resolutio, analysis) des Gegebenen; dann ist es aber nicht durchaus willkürlich, welche Prinzipien wir aufstellen, und es liegt in der Aufstellung mehr als die blofse Namengebung. Ja, Hobbes sagt ausdrücklich, die Analyse sei ein Schliefsen aus dem Gegebenen auf die Prinzipien oder die Definitionen (analysis est ratiocinatio a supposito ad principia, id est, ad definitiones. De corp. cap. 20, 6): also die ersten Prinzipien des Schliefsens werden selbst durch ein Schliefsen aufgestellt, insofern sie mittels Analyse aufgestellt werden! Es erweist sich somit, dafs es sich mit der Aufstellung der Prinzipien verwickelter verhält, als die Theorie der reinen Willkür dies glaubt.

Hobbes hat auch auf andere Weise die Willkür bei der Aufstellung der Prinzipien oder bei der Namengebung beschränkt. So darf man einem und demselben Dinge nicht zwei sich widersprechende Namen geben. Von diesem Prinzip erklärt Hobbes (De corp. cap. 2, 8), es sei das Prinzip alles Schliefsens, also aller Wissenschaft. Es ist ja aber selbst doch nicht willkürlich aufgestellt; es beschränkt gerade die Willkür: habe ich einem Dinge einen Namen gegeben, so kann ich nicht *jeden beliebigen* andern Namen hinzufügen. Das nämliche gilt überall, wo wir konstruieren: nur der erste Schritt kann ein rein willkürlicher sein, durch den ersten werden die folgenden bestimmt. — Von dem Schwanken und der Einseitigkeit abgesehen, die sich hier bei Hobbes zeigen, ist es sein grofses Verdienst, das aktive und konstruktive Element der Erkenntnis so scharf hervorgehoben zu haben. Weder bei Descartes noch bei Bacon kam dieses hinlänglich zum Vorschein, und der entscheidende Punkt, an dem man von der Induktion und der Analyse zum deduktiven Denken umbiegt, wurde von ihnen deshalb nicht genügend erhellt. —

Sind wir nun auf dem Wege der Analyse zu den ersten Prinzipien gelangt, so kommt es darauf an, aus diesen die Erscheinungen abzuleiten. Als allgemeines Prinzip stellt Hobbes auf, dafs es nur eine einzige Ursache der von den Erscheinungen dargebotenen Eigenschaften gibt, die *Bewegung* nämlich. Diese Behauptung bedürfe keines Beweises, meint er; sie werde von jedem zugegeben werden, der sie ohne Vorurteil durchdenke (De corp. cap. 6, 5). An diesen Satz, dafs alle Veränderung Bewegung ist, schliefsen sich eine Reihe anderer Sätze, die Hobbes gelegentlich aufstellt, ohne ihre nähere Beziehung zu einander oder zu dem zuerst aufgestellten zu untersuchen. So der allgemeine Kausalsatz (der in der Schrift über Freiheit und Notwendigkeit aufgestellt wird), der Trägheitssatz, der Satz, dafs die Ursache der Bewegung stets in der Bewegung eines berührenden Körpers liegen mufs, und der Satz von der Erhaltung der Materie. An einem einzelnen

Orte beweist Hobbes jedoch den Satz, dafs alle Veränderung Bewegung ist, mittels des Kausalsatzes und des Trägheitssatzes, und auch von diesen beiden Sätzen stellt er gelegentlich Beweise auf, von denen es sich indes bei näherer Untersuchung erweist, dafs sie eben das voraussetzen, was zu beweisen war[52]).

Aus dem Satze, dafs alle Veränderung Bewegung ist, und aus den Sätzen, die mehr oder weniger eng mit diesem zusammenhangen, will Hobbes nun auf deduktivem Wege sein System erbauen. Nachdem die Logik erst die Methode, und die Philosophia prima die wichtigsten Grundbegriffe untersucht haben, erörtert die Geometrie die mathematischen Gesetze der Bewegung, die Mechanik die Wirkungen von der Bewegung eines Körpers auf einen andern, die Physik die Wirkungen der in den Teilchen der Körper vorgehenden Bewegungen, die Lehre vom Menschen und vom Staate (die wir jetzt die Geisteswissenschaft nennen würden) die Bewegungen, die in den Gemütern der Menschen vorgehen und deren gegenseitiges Betragen bestimmen. Liefse das System sich rein deduktiv entwickeln, so würden wir an diesen verschiedenen Fächern nur fortschreitende Spezialanwendungen der allgemeinen Bewegungsgesetze haben, von den ersten selbstgeschaffenen Voraussetzungen aus durch die Stufenreihe Corpus — Homo — Civis hindurch. Und dies ist offenbar das Ideal, das Hobbes vorschwebte. Wie wir aber sahen, dafs die Lehre von der selbstschaffenden Thätigkeit bei der Feststellung der Voraussetzungen, nach seiner eignen Darstellung, bedeutenden Beschränkungen unterworfen ist, so gibt er ebenfalls zu, dafs an zwei Punkten des Systems eine Unterbrechung des strengen deduktiven Zusammenhanges eintritt, indem die Verhältnisse zu verwickelt sind, als dafs eine einzelne, fortschreitende Methode sie zu erhellen vermöchte.

Obschon Hobbes die Wissenschaft teils von den Wirkungen auf deren Ursachen, teils von den Ursachen auf deren Wirkungen gehen läfst, ist er doch darüber im reinen, dafs die Erkenntnis nur dann strenge Notwendigkeit hat, wenn man von der Ursache auf die Wirkung geht. Wenn wir mit einer gegebenen Erscheinung beginnen und diese als Wirkung betrachten, wird die Erkenntnis der Ursache stets nur hypothetisch sein können: nur die Weise, wie die Erscheinung erzeugt sein *könnte,* vermag man ausfindig zu machen; ob sie aber wirklich auf diese Weise erzeugt *ist,* läfst sich nicht rein deduktiv entscheiden. Wenn wir vom Gegebenen ausgehen und dessen wirkliche Ursachen suchen, erzeugen wir nicht selbst die Prinzipien, sondern wir müssen die Prinzipien zu finden suchen, die vom Urheber der Natur zur Erzeugung angewandt wurden. Hierdurch unterscheidet sich die Physik von der Geometrie und der Mechanik (De corpore, cap. 25, 1. De homine, cap. 10, 5). — Bei dem Übergange aus der Mechanik in die Physik müssen wir also mit unsrer Deduktion innehalten, um zu untersuchen, welche Erscheinungen gegeben sind, und um durch deren Analyse unsere Hypothesen zu bilden. Es ist nun die Frage, ob etwas Analoges nicht schon von den Voraussetzungen der Logik, „der ersten Philosophie", der Geometrie und der Mechanik gilt, so dafs auch diese Voraussetzungen keine apodiktischen wären, sondern hypothetischen Charakter trügen. Dies scheint daraus hervorzugehen, dafs es der Analyse bedarf, um sie zu finden[53]).

Der andere Punkt, an dem das successive Fortschreiten des Systems verwickelteren Verhältnissen den Platz räumt, ist zu Anfang der Geisteswissenschaft. Denn die Ursachen der seelischen Bewegungen lassen sich — nach Hobbes — nicht nur deduktiv, also aus den Lehrsätzen der Mechanik und der Physik finden, sondern jeder hat Gelegenheit, mittelst Selbstbeobachtung (per unius cujusque proprium animum examinantis experientiam) die Prinzipien zu kennen, auf welche die Staatslehre sich stützt: die menschlichen Gefühle und Triebe und deren Tendenzen. Zur Staatslehre könne man deshalb nicht allein durch die lange Reihe der Deduktionen von der Geometrie durch die Mechanik und die Physik hindurch gelangen, sondern auch direkt, induktiv, von den Thatsachen der Selbstbeobachtung aus, die als neue Ausgangspunkte der Deduktion aufgestellt werden (De corp. cap. 6, 7). Hobbes erkennt hier die Selbständigkeit der empirischen Psychologie der Wissenschaft von der materiellen Natur gegenüber an. Er hatte um so gröfseren Anlafs, auf diesen Punkt aufmerksam zu machen, da er selbst ja psychologische und staatsphilosophische Schriften (Elements of Law, De cive und den Leviathan) früher herausgegeben hatte als das Werk, das im Systeme den Geisteswissenschaften vorausgeht (De corpore). Er hätte hier noch einen weiteren Schritt thun sollen. Denn was sich physikalisch sollte deduktiv begreifen lassen, könnten doch jedenfalls nur die physiologischen Vorgänge sein, die mit den seelischen Erscheinungen in Verbindung stehen. Als Bewufstseinserscheinungen sind die seelischen Erscheinungen nur auf induktivem Wege, durch die Selbstbeobachtung, zu erkennen, und die Unterbrechung des deduktiven Prozesses ist also gröfser, als Hobbes sie erblickt.

Die beiden Punkte stehen bei näherer Untersuchung übrigens miteinander in Verbindung. Denn der Grund, weshalb wir bei dem Übergange aus der Mechanik in die Physik die Deduktion unterbrechen müssen, ist eigentlich der, dafs die physischen Erscheinungen sich uns als Qualitäten darstellen, diese aber nur dem empfindenden Subjekte zu verdanken sind. Das durch physische Erscheinungen Gegebene sind also subjektive Erscheinungen, deren objektive Ursache aufzusuchen ist, welche Ursache — Hobbes' Voraussetzungen zufolge — notwendigerweise Bewegung sein mufs (De corp. cap. 25, 3). Es sind mithin die seelischen Erscheinungen, die an beiden Punkten die Einheitlichkeit der Methode und des Systems unterbrechen.

c) Gegenstand der Wissenschaft.

In Übereinstimmung mit seinem ersten Grundsatze, dafs alle Veränderung Bewegung sei, erklärt Hobbes, der Gegenstand der Wissenschaft sei das Körperliche. Unter Körper (corpus) wird alles verstanden, was von unserm Denken unabhängig ist und einen Teil des Raumes erfüllt. Als von uns unabhängig heifst dieses Substanz. Körper und Substanz sind eins und dasselbe. Eine unkörperliche Substanz ist für Hobbes ein Widerspruch. Substanzen und Körper fassen wir aber nicht unmittelbar, sondern nur durch Schlufsfolgerungen auf. Was wir empfinden, sind nur die Eigenschaften (Accidenzen); von der Substanz als solcher haben wir eigentlich keine Vorstellung, obgleich wir schliefsen, dafs ein Etwas den Eigenschaften zu Grunde liegt. Die wesentlichen Eigenschaften der Körper sind Ausdehnung und Bewegung. Alle andern Eigenschaften sind nur subjektive Erscheinungen im empfindenden Bewufstsein. Auch Raum und Zeit sind nach Hobbes subjektiv, indem er dann unter Raum und Zeit solche Vorstellungen versteht, wie die Ausdehnung und Bewegung der Körper sie in uns erzeugen, und die wir behalten könnten, wenn auch alle Körper verschwänden.

Man könnte dies so deuten, als ob Hobbes auf alle Erkenntnis vom Wesen der Dinge verzichtete und nur deren Eigenschaften betrachtete, insoweit diese sich mit Hilfe der sinnlichen Empfindung auffassen lassen. Und Hobbes hat sogar ein sehr lebhaftes Verständnis dessen, dafs eben der Umstand, dafs etwas uns erscheinen und von uns aufgefafst werden kann, für den Philosophen die merkwürdigste aller Thatsachen ist. „Unter allen Erscheinungen ist eben die, dafs etwas sich uns als Erscheinung darstellt (id ipsum τὸ φαίνεσϑαι) die allerwunderbarste, so dafs, wenn die Erscheinungen die Prinzipien der Erkenntnis alles andern sind, die Empfindung das Prinzip der Erkenntnis eben der Prinzipien ist, und alle Wissenschaft aus dieser abgeleitet wird, während ihre eignen Ursachen nur, wenn wir mit ihr anfangen, aufzufinden sind" (De corp. cap. 25, 1). Hier ist das empfindende Bewufstsein als erster Ausgangspunkt aller Erkenntnis aufgestellt. Dies ist eine Äufserung, die an Descartes' „Cogito, ergo sum" erinnert. Hierauf sich stützend haben Tönnies und Natorp bestritten, dafs Hobbes' Philosophie Materialismus zu nennen sei. Hobbes kann auch nur, insofern er von seinen ursprünglichen Postulaten oder Definitionen aus streng deduktiv verfährt, ein Materialist genannt werden. Sein Materialismus fällt weg überall, wo das strenge deduktive Verfahren, das alles aus dem einen Satze: „Veränderung ist Bewegung" ableiten will, unterbrochen wird. Dafs Hobbes eine solche Ableitung will, ist sicher, obgleich es ebenfalls sicher ist, dafs er sie nicht erreichen kann und dafs er ihre Unerreichbarkeit einsieht. Ob man ihn einen Materialisten nennen will oder auch nicht, wird deshalb leicht ein Streit um Wörter.

Ed v. Larsen faſst (in seiner Monographie über Hobbes, Kopenhagen 1891, S. 186) die Sache so auf, als ob Hobbes nur in der Methodenlehre ein Materialist wäre, weil unsere Erkenntnis seiner Meinung zufolge nur die Bewegung erklären könne, während er keine materialistische Metaphysik zu geben versuche. Hierdurch wird meines Erachtens dem Hobbes eine Distinktion zwischen Methode und System beigelegt, die er nicht kennt. Er ist ein gar zu groſser Dogmatiker, um so zu unterscheiden. Er verläſst sich darauf, daſs die Dinge so sind, wie sie unsern Definitionen zufolge sein müssen. Er ist ein Materialist in demselben Sinne, in welchem Descartes ein Spiritualist heiſst. Beide verstricken sich durch ihre Ansichten in Widersprüche; dieser Widersprüche waren sie sich aber nicht bewuſst.

Wir sehen deshalb auch, daſs Hobbes, gleich nachdem er mit groſsem Nachdruck hervorgehoben hat, welches Problem in eben der Thatsache liegt, daſs uns etwas zur Thatsache wird, mit völliger Gemütsruhe zu der Frage übergeht, woher denn die sinnliche Empfindung, das Prinzip aller Erkenntnis kommt, und die Frage in Konsequenz seines ersten Grundsatzes beantwortet. Da alle Veränderung Bewegung sei, müsse auch die sinnliche Empfindung, die durch eine Veränderung entstehe, Bewegung sein. Die Empfindung, sagt er, ist *weiter nichts als* eine Bewegung in den kleinen Teilchen des empfindenden Körpers (De corp. cap. 25, 2, vgl. Leviathan, cap. 6). Und was er hier von der Empfindung sagt, das behauptet er in den Einwendungen gegen Descartes vom Bewuſstsein überhaupt (mens *nihil aliud erit* praeterquam motus in partibus quibusdam corporis organici). Somit gehört für Hobbes die Seelenlehre eigentlich vollständig zur Lehre von der Bewegung. Und auch wo er zwischen der Bewegung selbst und deren Sichtbarwerden (apparition) für uns unterscheidet, z. B. wenn er die Subjektivität der Sinnesqualitäten einschärft, behauptet er dennoch, *das, was wirklich existiere*, wenn wir Empfindungen oder Gefühle hätten, sei nur Bewegung. Das Lustgefühl z. B. sei nichts anderes als eine gewisse Bewegung im Herzen (pleasure is nothing *really* but motion about the heart, Elements of Law, VII, 1). Das Sichtbarwerden, die Auffassung, das Gefühl, das Bewußtsein werden für Hobbes, wo er streng deduktiv redet, nur ein Schein (nothing really, Elements of Law, I, 2, 5). — Ein Schein aber, müssen wir hinzusetzen, der ein großes Problem abgibt: denn Bewegung kann nach Hobbes nur Bewegung erzeugen, und es steht mithin als unerklärliches Wunder da, daß an gewissen Punkten außer der Bewegung auch der Schein, die „Apparition" entsteht, die wir Bewußtsein nennen. Es ist Hobbes' große Bedeutung, daß er die Beschränkung der materialistischen Hypothese so klar dargelegt hat. Sein energisches deduktives Denken führte ihn hier an den entscheidenden Punkt. Kein späterer materialistischer Versuch ist mit solcher Klarheit und Unbefangenheit durchgeführt worden wie der seinige. Hierdurch hat er einen Beitrag von bleibendem Werte zur Aufklärung der Frage geleistet, welchen Platz in der Existenz die seelischen Erscheinungen einnehmen. Es lohnt sich stets der Mühe, aus einem Gusse zu gießen. —

Mit Bezug auf Hobbes' spezielle Naturlehre sei hier nur bemerkt, daß er ebensowenig als Descartes an einen leeren Raum glaubt, sondern annimmt, daß die kleinsten festen Teilchen sich in einem Ätherfluidum bewegen. Für ihn verschwindet die Bewegung ebensowenig als für Gassendi beim Übergange zur Ruhe. Raum und Zeit denkt er sich aus kleinen Teilen zusammengesetzt, deren jeder für sich kleiner sei als irgend ein Teil, den uns die Erfahrung zu zeigen vermöchte (minus quam datur); sogar in solchen verschwindend kleinen Raum- und Zeitteilchen sei Bewegung, aber nur als Bewegungstendenz (conatus, endeavour). Und diese Bewegungstendenz verschwinde nicht, wenn eine ebenso große entgegengesetzte Bewegungstendenz ihr die Wage halte; dann werde sie zur Spannung (nixus). Mit Hilfe dieser (De corp. 15, 2; 22, 1 aufgestellten) Begriffe gewinnt Hobbes, der hier (wie Gassendi mit seinen entsprechenden Ideen) unter Galileis Einflusse steht, die Möglichkeit, auf vollkommnere Weise als Descartes die Kontinuität der Bewegung zu behaupten.

d) **Grenzen der Erkenntnis. Glaube und Wissen.**
Jede Vorstellung, die wir uns bilden können, ist Hobbes zufolge endlich und beschränkt. Ein Wissen von dem Unendlichen ist daher ausgeschlossen. Wenn man die Worte „ewig und unendlich" hört, muſs man, sagt Hobbes, sich darauf vorbereiten, Absurditäten zu vernehmen. „Unendlich" läſst sich nur in negativem Sinne gebrauchen von dem, was wir durch keine Schranken begrenzen können. Dieses Wort bezeichnet nicht ein Etwas im Dinge selbst, sondern einen Mangel an Vermögen (impotentia) in unserem Geiste. Durch dasselbe drücken wir unsre eigne Beschränktheit aus, nicht aber eine positive Eigenschaft irgend eines Wesens. — Dem Descartes war umgekehrt das Unendliche der positive Begriff: das Endliche entstand durch Beschränkung des Unendlichen. Es sind die verschiedenen Lebensanschauungen der beiden Denker, die sich durch diesen Gegensatz ausdrücken.

Ebensowenig wie es ein Wissen von dem Unendlichen geben kann, ebensowenig kann es ein Wissen von der Welt als Totalität geben. Rücksichtlich des Weltganzen lassen sich nur wenige Fragen aufwerfen — und keine derselben läſst sich beantworten. Die Wissenschaft kann nichts über die Gröſse, die Dauer oder den Ursprung der Welt sagen, nicht einmal, ob diese überhaupt einen Ursprung hat. Die Kenntnis der ersten Dinge, die Erstlinge der Weisheit (primitiae sapientiae) sind den Theologen vorbehalten, wie in Israel die Erstlinge der Ernte den Priestern geopfert wurden. So drückt Hobbes sich im De corpore (cap. 26, 1) aus. Ferner führt er hier aus, wir könnten die Kausalreihe nicht so abschlieſsen, daſs wir bestimmt zu wissen vermöchten, sie lasse sich nicht weiter fortsetzen. Auch wenn wir eine erste Ursache annähmen, könnte diese kein Unbewegtes sein, denn nichts lasse sich von einem nicht selbst Bewegten in Bewegung setzen; wo wir anhielten, müſste also ein ewig Bewegtes sein. An und für sich liege aber durchaus kein Widerspruch in der Ansicht, daſs die Welt keinen Anfang habe. Deshalb, sagt Hobbes, kann ich diejenigen nicht loben, die sich rühmen, mit natürlichen Gründen bewiesen zu haben, daſs die Welt einen

Ursprung habe. — In merkwürdigem Gegensatz hierzu steht die Weise, wie sich Hobbes in den staatsphilosophischen Schriften (De cive, cap. 14—16 und Leviathan, cap. 11—12) äufsert. Zwar erkennt er hier Gottes Unbegreiflichkeit an, findet aber keine Schwierigkeit darin, von der Welt auf Gott zurückzuschliefsen: wenn wir beständig zurückgingen, müfsten wir notwendigerweise zu einer ewigen Ursache gelangen, die nicht wiederum eine Ursache habe! Es seien jedoch nicht nur theoretische, sondern namentlich praktische Gründe, die zur natürlichen Religion führten, da der Mensch wegen seiner Schwäche und Abhängigkeit Gott Gehorsam leiste. — Dieser Gegensatz fällt um so mehr auf, da er sich nicht dadurch erklären läfst, dafs die staatsphilosophischen Schriften älter sind als das De corpore. Denn in den Einwendungen gegen Descartes, die fast gleichzeitig mit dem De cive verfafst wurden, wird ausdrücklich behauptet, die Erschaffung der Welt lasse sich nicht beweisen. Die Sache ist wohl kaum auf andere Weise zu erklären, als dadurch, dafs Hobbes in seinen staatsphilosophischen Schriften aus praktischen Motiven den Vernunftgründen gröfsere Bedeutung beilegte, als diesen mit Recht gebührte. — Stets behauptet er aber, wir könnten uns von Gott keine Vorstellung bilden. Es gehe uns hier wie dem Blinden, der sich am Feuer wärme; von der Ursache der Wärme könne dieser sich keine Vorstellung machen. Unsre Eigenschaften und Zustände dürften wir nicht auf Gott übertragen — weder Schmerz noch Bedürfnis noch Verstand noch Willen; denn sie setzten alle, um Bedeutung zu haben, ein beschränktes Wesen voraus. Nur negative, superlativische und unbestimmte Ausdrücke seien zulässig, und diese dienten dann zur Bezeichnung unsers Gehorsams und unserer Bewunderung, nicht aber, um zu bezeichnen, was Gott an und für sich sei. Auch das Wort körperlos sei, auf Gott angewandt, nur ein ehrendes Prädikat. Denn da alles, was sei, Körper sei, müsse auch Gott dies sein, was auch mit den Ansichten alter Kirchenlehrer übereinstimme. — Die natürliche Religion genüge nicht, denn die Vernunft sei unvollkommen und die Affekte stark. Eine Offenbarung sei daher notwendig. Deren Besprechung finde aber ihren Platz in der Staatslehre. Denn da sie über das Fassungsvermögen des Menschen hinausgehe, könne sie sich nur auf Autorität stützen, und Autorität könne ein Privatmann nur durch Wunderwerke erwerben; da nun aber die Zeiten der Wunder vorüber seien, müsse der Staat alle religiösen Fragen entscheiden. Religion sei nicht Philosophie, sondern Gesetz; sie verlange keine Diskussion, sondern Gehorsam.

e) Psychologie.

Hobbes eröffnet die Reihe der hervorragenden Forscher auf dem Gebiete der Psychologie, die der Stolz der englischen Philosophie sind. Mit seinem gewöhnlichen kräftigen Griff und seinem Blick für die grofsen, elementaren Linien hat er wertvolle Beiträge zum Verständnis des Seelenlebens gegeben. Eigentlich war es sein Streben, eine empirische Grundlage der Ethik und der Staatslehre zu gewinnen, das ihn der Psychologie zuführte; diese erhält in seiner Darstellung indes selbständiges Interesse. — Vorerst ziehen wir Hobbes' physiologische Theorie hervor, insofern sie die Auffassung des Bewufstseinslebens betrifft. — Was in der äufseren Welt vorgeht, ist, wie wir sahen, nur Bewegung. Wenn diese Bewegung sich durch Sinnesorgane und Nerven ins Gehirn und aus diesem ins Herz fortpflanzt, trifft sie hier einen gewissen Widerstand und Rückschlag an, indem die inneren Organe selbst sich stets in einer gewissen Bewegung befinden. Wegen dieses Rückschlages, der wie ein Streben nach aufsen ist, verlegen wir den Gegenstand unsrer sinnlichen Empfindung in die äufsere Welt. Wie diese inneren Vorgänge (Aktion und Reaktion) sich näher zu einander verhalten, darauf läfst Hobbes sich nicht ein. — Wie zu ersehen, steht Hobbes der antiken und scholastischen Physiologie etwas näher als Descartes, da er (doch erst im De corp. cap. 25, 4, nicht in den Elements of Law, I, 2, 8) das Herz als Entstehungsort der Sinnesempfindung betrachtet. Diese Meinung wurde gewifs durch die mit der Sinnesempfindung verbundenen Gefühlswirkungen hervorgerufen, bei denen das Herz von wesentlicher Bedeutung ist. Im Herzen ist der Ursprung des Lebens, und nach der Weise, wie der äufsere Reiz die Lebensbewegung ändert, die mit der Bewegung des Blutes eins ist, dieselbe nämlich entweder erleichtert oder erschwert, entsteht entweder Lust oder Unlust. Hierdurch wird wieder ein unwillkürliches Streben hervorgerufen, die lustbringende Bewegung fortzusetzen oder die unlustbringende Bewegung zu hemmen. Schon in den Bewegungen des Fötus macht sich dieses ursprüngliche Bedürfnis (conatus primus) kund.

Was wirklich in der Welt vorgeht, ist nach Hobbes nur Bewegung — Bewegung aufser uns und in uns. Die Subjektivität der Sinnesqualitäten ist deshalb bei Hobbes eine Konsequenz seiner Bewegungsmetaphysik. Aber nicht nur auf deduktivem, sondern auch auf induktivem Wege sucht er die Subjektivität der Qualitäten darzuthun. Er verweist darauf, dafs wir Bilder von Dingen an Orten sehen, wo sie sich thatsächlich nicht befinden, z. B. bei Abspiegelung, in Träumen und bei Sinnestäuschungen, — dafs verschiedene Personen die Farben der Dinge verschieden auffassen können, — dafs wir die Dinge bisweilen doppelt erblicken, — dafs durch einen Schlag aufs Auge oder einen Druck auf den Gesichtsnerv Licht entsteht, das thatsächlich doch kein äufseres Licht ist. Hieraus schliefst er, dafs der Inhalt unsrer Sinnesempfindungen stets nur das Sichtbarwerden von Bewegungen im Gehirn und in den Nerven sei, aber nichts Wirkliches.

Verschwindet der Sinnesreiz ohne Nachwirkung, so entsteht eigentlich keine sinnliche Auffassung. Dann erhalten wir ein flüchtiges *phantasma*, keine *sensio*. Zur eigentlichen Sinnesempfindung gehört ein Urteil über die Gegenstände, das sich auf eine Vergleichung der Sinnesreize stützt. (Nam per sensionem vulgo intelligimus aliquam de objectis per phantasmata judicationem, phantasmata scilicet comparando et distinguendo.) Empfindung setzt also Erinnerung und Vergleichung voraus. Die einzelnen Empfindungen müssen sich voneinander sondern lassen. Es ist deshalb eine notwendige Bedingung der Empfindung, dafs die Sinnesreize variieren. Bei durchaus gleichförmiger Reizung fällt alle Empfindung weg. Ebensowenig wie ich irgend eine Empfindung von den Knochen meiner Arme habe, obschon dieselben von sehr reizbaren Häutchen umgeben sind, ebensowenig würde ein Mensch Empfindung haben können, wenn er ein und dasselbe unveränderliche Ding unbeweglich anstarrte. Stets dasselbe empfinden und gar nicht empfinden bleibt sich gleich. — Dies war, wie wir sahen, der Punkt, mit dem Hobbes' ganze Philosophie den Anfang machte: ohne Veränderung würde es keine Empfindung geben. Durch den Satz, alle Veränderung sei Bewegung, gelangte er darauf zu seiner Bewegungsphilosophie, aus welcher ihm dann die Rückkehr zur Empfindung schwer fällt, was er selbst allerdings nicht merkt. Kein Wunder, dafs er so stark betont, eben dafs etwas von uns aufgefafst werde (oder uns zur Erscheinung werden könne), sei die merkwürdigste aller Erscheinungen; hierum dreht sich seine ganze Philosophie, indem sie teils die Ursachen der Empfindung, teils die Wirkungen der Empfindung konstruiert. —

Wie mehrere verschiedene Sinnesreize sich verdunkeln, so werden auch die Erinnerungsbilder, die nichts anderes als durch Entfernung der Gegenstände geschwächte Sinnesempfindungen sind, durch neu hinzutretende Sinnesreize noch mehr abgeschwächt. Im Traume, wo keine solchen neuen Reize kommen, treten die Erinnerungsbilder als Ausdruck eines Gegenwärtigen auf, oft zugleich mit Zügen und Eigenschaften, die anderen Vorstellungen entnommen sind. — Die Erinnerungsbilder entstehen gewissen Gesetzen gemäfs. Sie beobachten dieselbe Reihenfolge wie die ursprünglichen sinnlichen Auffassungen. Die Bewegungen im Gehirn werden solchergestalt verbunden, dafs nach Wiederholung der ersten die übrigen wegen der Kohäsion hinterdrein kommen, ebenso wie das Wasser auf einem glatten Tische dem Finger nachläuft, der einen Teil desselben in gewisser Richtung leitet. So kann die Vorstellung vom Apostel Andreas uns an den Apostel Peter denken machen, der Name des letzteren wieder an einen Stein u. s. w. Dies ist das Gesetz, das man jetzt das Gesetz der Berührung nennt. Hobbes legt aber ebenfalls grofses Gewicht auf das Gesetz des Interesses. Der Lauf der Vorstellungen wird nicht nur durch den Zusammenhang der ursprünglichen Sinnesempfindungen reguliert, sondern auch durch den Einfluſs des Gefühls und des Triebes. Es entsteht eine gewisse Ordnung und ein gewisser Zusammenhang unsrer Vorstellungen dadurch, daſs wir stets einen Zweck zu erreichen streben und wir deshalb die Mittel zu dessen Erreichung suchen. Der fortwährende Hinblick auf unsere Zwecke (frequens ad finem respectio) bringt System in unsre Gedanken. Im Traume fehlt es (auſser an äuſseren Reizungen) auch an diesem Bewuſstsein eines Zweckes, und hierdurch wird die Launenhaftigkeit der Traumvorstellungen leichter verständlich. — Die Entstehung der Sprache findet nach Hobbes keine hinlängliche Erklärung durch die unwillkürliche Association zwischen einem Gegenstande, der das Gefühl erregt, und einem lautbaren Ausbruch oder einer Handlung, durch die sich das Gefühl Luft schafft. Die Sprache entsteht nach Hobbes, wie bereits erwähnt, durch willkürliche Namengebung. Der Mensch mache ein Zeichen, um ein Ding wiederzukennen, ebenso wie Seefahrer einen Felsen, an dem sie vorbeisegelten, mit einem Zeichen versähen, um den Ort wiederkennen zu können. Die Sprache sei ein Kennzeichen (nota) für den Einzelnen, bevor sie diesem ein Mitteilungszeichen (signum) an andre werde. Und erst, wenn auf diese Weise Mitteilungszeichen eingeführt seien, werde eine Gesellschaft möglich. — In Hobbes' eigner Associationslehre lagen die Bedingungen einer natürlicheren und richtigeren Psychologie der Sprache, als diese Theorie, die dem bewuſsten Räsonnement und der Willkür zu viel zuschreibt. — Die willkürliche Namengebung ist in seiner Erkenntnistheorie, wie wir sahen, von groſser Bedeutung. Sie ermöglicht die Konstruktion der ersten Grundsätze oder Definitionen. Und ist erst eine solche Konstruktion ausgeführt, so geht nach Hobbes alles Denken als eine Addition oder Subtraktion von Namen vor. Er sucht alles Denken zu einer Art Algebra mit Namen zu machen. Durch ein Urteil werde z. B. ausgedrückt, daſs ein Name dasselbe Ding bezeichne wie ein andrer Name. Da Hobbes die Bedeutung der Ähnlichkeitsbeziehung für die unwillkürliche Association der Vorstellungen nicht erblickte, blieb er konsequent bei dieser durchaus äuſserlichen Auffassung des Denkens stehen, die zugleich so gut mit seiner deduktiven Tendenz übereinstimmt. —

Lust und Unlust sind, wie bemerkt, eng mit der Erleichterung oder Erschwerung des Lebensprozesses verbunden. Der Selbsterhaltungsdrang ist der fundamentale Drang des Menschen. Lust und Unlust entstehen durch dessen augenblickliche Befriedigung. Wenn Erfahrungen gemacht sind und das Vermögen vorhanden ist, sich von dem Zukünftigen Vorstellungen zu bilden, so entstehen die zusammengesetzteren Gefühle. Diese lassen sich nach Hobbes auf das Gefühl der Macht oder der Ohnmacht zurückführen. Fühle ich Lust an etwas, das mir künftig Lust verursachen kann, so setzt dies voraus, daſs ich die Macht besitze, mir dasselbe zu verschaffen. Diese Macht kann meine eigne geistige oder körperliche Kraft sein, oder die Kraft meiner Freunde, auf deren Beistand ich mich verlasse, oder eine Autorität, von der ich mich beschirmt fühle; vielleicht auch verfügt Gott der Allmächtige allein über die Macht, welche bewirkt, daſs ich an der Vorstellung von dem Künftigen Lust zu fühlen vermag. Unlustgefühl dagegen entsteht durch die Vorstellung von der Ohnmacht, künftige Güter zu erwerben oder künftigen Übeln vorzubeugen. Alle Menschen haben das fortwährende und rastlose Trachten nach Macht, dem erst der Tod ein Ende bereitet. Nicht immer erwartet man gröſsere Freude als die, welche man besitzt: was man aber hat, das will man sich immer mehr sichern. Die speziellen Gefühle entstehen während des Kampfes oder des Wettlaufes unter den Menschen. Frohlocken entsteht in denen, die anderen zuvorkommen, Demut in denen, die zurückbleiben, Hoffnung, wenn man im Zuge ist, Verzweiflung, wenn man ermüdet, Zorn, wenn man ein unerwartetes Hindernis erblickt, das Gefühl des Stolzes durch Überwindung eines starken Hindernisses, Weinen durch einen plötzlichen Fall, Lachen beim Anblicke des Falles anderer, Mitleid, wenn wir jemand, dem wir wohlwollen, zurückbleiben sehen, Entrüstung, wenn wir jemand, dem wir übelwollen, Fortschritte machen sehen, Liebe, wenn wir einem anderen während des Laufes behilflich sind, das Gefühl des Glückes, wenn wir stets die uns Vorangehenden überholen, das Gefühl des Unglücks, wenn wir stets zurückbleiben, — und erst mit dem Tode endet der Lauf! Solange wir leben, stellen wir uns Ziele auf und fühlen wir ein Trachten. Alles Lustgefühl ist an das Trachten nach einem Ziele gebunden. Denken wir uns, daß ein höchstes Ziel aufgesteckt und erreicht wäre, so würde nicht nur alles Trachten, sondern auch alles Empfinden wegfallen. Denn das Leben ist unablässige Bewegung; kann diese nicht geradeaus gehen, so dreht sie sich in einem Kreise herum!

In seiner näheren Erklärung des Mitleids und der Liebe führt Hobbes diese Gefühle auf den Selbsterhaltungsdrang und das Machtgefühl zurück. Mitleid entsteht dadurch, daß wir beim Anblicke fremden Unglücks an unser eignes mögliches Unglück denken; Liebe besteht in demjenigen Gefühle eigner Macht, das man hat, wenn man anderen helfen kann. Auch die Freude an Erkenntnis ist eine Gattung des Machtgefühls, ebensowohl als die Freude an Reichtum und Rang; nur gibt die Wissenschaft sehr geringe Macht, da so wenige sie verstehen. Hobbes glaubt indes auch an eine unmittelbare Freude über Erkenntnis, was aber inkonsequent ist. — Die Grausamkeit, erklärt er, sei Verachtung fremden Schmerzes und Kummers; sie entspringe aus der Gewißheit, daß man selbst in Sicherheit sei; dagegen hält Hobbes es für unmöglich, daß jemand, ohne irgend einen Vorteil dadurch zu erreichen, über die Leiden anderer direkte Freude fühlen könne. Hobbes' Erklärung aller Gefühle aus dem Selbsterhaltungsdrange wird in den Einzelheiten gekünstelt und einseitig. Er hat aber doch stets festen und natürlichen Boden unter den Füßen, wenn er die Gefühle als durch den Kampf um die Existenz und das Fortkommen entstanden und motiviert betrachtet. Man findet bei ihm nicht das Raffinement wie bei La Rochefoucauld, seinem Zeitgenossen, der in den „Maximen", in welchen er die aus der Fronde und dem Salonleben gemachten „Erfahrungen" niederlegte, stets mit dem Pfiff operiert, jedem Gefühl einen bewußten Hintergedanken unterzuschieben. Hobbes hat viel mehr Sinn für das Unwillkürliche. Er würde schwerlich imstande gewesen sein, eine Behauptung niederzuschreiben, wie die von La Rochefoucauld aufgestellte: man weine nur, um den Anschein der Innigkeit zu erhalten, oder um bedauert zu werden, oder um der Schande des Nichtweinens zu entgehen! —

Was die Psychologie des Willens betrifft, so finden sich bei Hobbes gute Bemerkungen über das Verhältnis zwischen Trieb, Erwägung und Wollen, gegen die scholastische Psychologie gerichtet, die den „Willen" zu einem besonderen, abstrakten Vermögen, ohne Zusammenhang mit den mehr elementaren Äufserungen der Aktivität macht. Aufserdem gab Hobbes in der kleinen Schrift „Über Freiheit und Notwendigkeit", die durch die Diskussion mit einem englischen Bischofe hervorgerufen wurde, einen vorzüglichen Beitrag zur Verteidigung des Determinismus. Der Bischof meinte, wenn der Wille nicht kausallos wäre, würden die Gesetze ungerecht sein, insofern sie Handlungen verböten; Erwägung wäre nutzlos, Ermahnung, Lob, Tadel und Strafe vergeblich, und Bücher, Waffen, Instrumente und Arzneimittel würden keinen Nutzen stiften! Hobbes erwidert: das Gesetz wirkt abschreckend, also motivierend; die Strafe soll den Verbrecher nicht um dessentwegen quälen, was sich nicht ungeschehen machen läfst, sondern ihn verbessern und andere abschrecken; ohne Erwägung wird die Handlung oft eine schlechte, wird nicht, was sie werden könnte, und aus demselben Grunde sind Instrumente, Arzneimittel u. s. w. oft nicht zu entbehren; Lob und Tadel werden durch die Nützlichkeit oder Verderblichkeit der Handlung bedingt und haben mit der Notwendigkeit oder Nicht-Notwendigkeit nichts zu schaffen.

f) Ethik und Staatslehre.

Mit derselben Energie, mit der Hobbes seine Totalauffassung der Existenz auf die Gesetze der mechanischen Bewegung stützt, gründet er seine ganze Auffassung des ethischen und des sozialen Lebens auf den Selbsterhaltungsdrang. Fragt man nach dem Verhältnisse zwischen Hobbes' Ethik und Staatslehre einerseits und seinem übrigen Systeme anderseits, so hat er selbst bereits das Zugeständnis gemacht, dafs man auf zwei Wegen zur Ethik und Staatslehre gelangen könne, teils durch Deduktionen aus der Lehre von den Körpern, teils durch unmittelbare psychologische Erfahrung. Den deduktiven Weg hat er aber gar nicht versucht, was damit zusammenhängt, dafs seine ethisch-politischen Schriften vor den politischen verfafst sind. Er stellt keinen Versuch an, den Selbsterhaltungsdrang aus der Mechanik herzuleiten; er erblickt die Selbstbehauptung nicht als allgemeine Tendenz alles Existierenden, wie Telesio und Bruno vor ihm und Spinoza später. Er begnügt sich damit, dieselbe als Thatsache festzustellen. Es gibt jedoch noch einen dritten Weg, auf welchem die Ethik und die Staatslehre sich nach Hobbes einleiten lassen: durch willkürliche Definition, willkürliche Feststellung der ersten Prinzipien. In der Ethik und der Staatslehre haben wir es ja mit unserm eignen Leben zu thun; dessen Schätzung und Ordnung beruhen auf unserm Willen. Deshalb können Ethik und Staatslehre, Hobbes zufolge, konstruktive Wissenschaften sein, ebenso gut als Geometrie und Mechanik. Alle moralischen und politischen Gesetze setzen nämlich einen unter Menschen willkürlich geschlossenen Vertrag voraus, der den Zweck hat, unter gewissen Bedingungen ein gesellschaftliches Leben zu ermöglichen. Aus diesem Vertrag lassen sich die einzelnen moralischen und politischen Regeln deduzieren. Ebenso wie bei den allgemeinen wissenschaftlichen Voraussetzungen ist aber auch hier die Berücksichtigung der Erfahrung von wesentlichem Belang für die Aufstellung der Prinzipien; die Willkür ist keine unmotivierte. Im Gegenteil, es ist nicht der am wenigsten interessante Teil in Hobbes' ethisch-politischer Theorie, der nachzuweisen sucht, wie die Menschen dazu kommen, sich ein gesellschaftliches Leben zu konstruieren.

Die Erfahrung der bittern Not und Gefahr bewegt sie dazu. Es ist falsch, (mit Aristoteles und Grotius) zu glauben, der Mensch fühle ursprünglich den Trieb und das Bedürfnis eines gesellschaftlichen Lebens. Im Gegenteil. Indem das Bedürfnis und das Machtgefühl jedes Einzelnen diesen bewegen, sich dessen, was die Natur darbietet, möglichst viel anzueignen, wird er mit den anderen zusammenstofsen, die ein ähnliches Bedürfnis und Machtgefühl haben. Die Furcht wird ihnen vielleicht sogar ein Grund sein, einander in Gewaltthätigkeiten zuvorzukommen zu suchen, um nicht selbst überrascht zu werden. Dafs es sich so verhält, zeigen die Berichte von unsern barbarischen Vorfahren und von den Wilden, wie es auch aus den Sicherheitsmaſsregeln, die wir alle treffen, und aus den gegenseitigen Beziehungen der Staaten zu ersehen ist. Der Naturzustand, d. h. der Zustand des Menschen, wie er, vom Staatsleben abgesehen, vorgefunden wird, ist ein *Krieg aller gegen alle* (bellum omnium contra omnes). Hier gilt keine andere Regel als das Bedürfnis und die Macht des Einzelnen. Ist die Macht gering, so wird sie durch die List ersetzt. — Dies will nicht heiſsen, daſs alle Menschen von Natur böse sind. Die menschliche Natur selbst ist nicht böse; es können ihr aber verderbliche Handlungen entsprieſsen. Und sogar wenn es weniger der bösen als der guten Menschen gäbe, müſsten diese dennoch Sicherheitsmaſsregeln gegen jene ergreifen.

Es würde keinen Ausweg aus diesem unheimlichen Zustande geben, wenn die Vernunft nicht ebensowohl als die Leidenschaft in der menschlichen Natur wurzelte. Die rechte Vernunft bewegt die Menschen, bessere Mittel zur Erhaltung zu suchen, als solche, die sie erreichen können, wenn jeder für sich kämpft. Sie entdecken, daſs das Übel gemeinschaftlich ist, und daſs es sich durch gemeinschaftliche Mittel bekämpfen läſst. Hierdurch entsteht *das erste und fundamentalste moralische Naturgesetz:* es muſs Friede gesucht werden, und ist dieser nicht zu erreichen, so muſs Beistand zum Kriege gesucht werden! Dies ist aber dadurch bedingt, daſs jeder Einzelne auf das unbedingte Recht verzichtet, das er im Naturzustande besitzt. Der Selbsterhaltungsdrang diktiert diesen Verzicht. Hieraus folgt ferner: Treue, Dankbarkeit, Gefälligkeit, Nachsicht und Billigkeit müssen geübt, Hochmut und Anmaſsung vermieden werden; was sich nicht teilen läſst, ist gemeinschaftlich zu benutzen; innerer Streit ist durch Schiedsrichter zu schlichten; jeder Einzelne muſs seine geistigen Fähigkeiten ungeschwächt erhalten (denn sonst können die rechte Vernunft und deren Gebote nicht walten). Alle diese Konsequenzen lassen sich in dem alten Spruch zusammenfassen: Was du nicht willst, das man dir thu', das füg' auch keinem andern zu. — Sollte jemand meinen, diese Gebote der Vernunft könnten keine Gewalt über die Leidenschaften haben, so gibt Hobbes zu, daſs Furcht und Hoffnung, Zorn und Ehrgeiz, Habsucht und Eitelkeit allerdings deren Anerkennung zu verhindern vermöchten; es gebe aber doch niemand, der nicht bisweilen Ruhe des Gemütes (sedatus animus) finde, und dann würde er dieselben in ihrem notwendigen Zusammenhange mit dem Selbsterhaltungsdrange anerkennen. Alle Pflichten und Tugenden gehen aus dem einen Satze hervor, dafs Friede geschafft werden mufs; sie sind die Mittel zum Frieden. Deswegen ist das natürliche Moralgesetz auch der Wille Gottes: die Vernunft ist von Gott verliehen, und Christus, die Apostel und die Propheten verkündigen dieselben Gebote, die sich aus der rechten Vernunft herleiten lassen.

Es gehört nicht zur Unmöglichkeit, dafs Hobbes mit diesem Gedankengange unter Herbert von Cherburys Einflusse stand, der ja die Bedeutung des natürlichen Gesetzes darin erblickte, dafs dasselbe die gegenseitige Zerstörung verhinderte, und in der rechten Aufstellung der „gemeinschaftlichen Vorstellungen" ein Mittel zum Frieden sah. Aus Hobbes' Biographie (Vitae Hobbianae Auctarium) ist bekannt, dafs Hobbes dem Lord Herbert persönlich nahe stand. —

Wenn Hobbes an die rechte Vernunft appelliert, ist er sich völlig bewufst, dafs er nicht mit Platon und den Scholastikern an ein besonderes mystisches Vermögen glaubt, das bei allen Entscheidungen, was gut und was böse sei, einen gemeinschaftlichen Mafsstab abgeben könnte. Er weist ausdrücklich (Elements of Law, II. 10. 8) zurück, dafs es eine solche vollfertige recta ratio in der Welt sollte geben können. Konstant sei nur das von allen lebenden Wesen erstrebte Ziel, und wenn die Vernunft zur Klarheit erwache, werde sie auch die zur Erreichung dieses Zieles notwendigen Mittel finden. Es ist deshalb wohl kaum richtig, dafs Tönnies den von Hobbes gemachten Gebrauch des Begriffes recta ratio als Nachwirkung der Scholastik betrachtet. Hobbes gibt der Vernunft die Selbsterhaltung und deren Mittel zur Basis und zum Inhalt, und ist völlig darüber im reinen, dafs die Vernunft nur dann wirke, wenn das Gemüt ruhig sei (De cive, III, 26: sedato animo). Bei der Konstruktion der Voraussetzungen der Ethik und der Staatslehre geht er von einem solchen ruhigen Gemütszustande aus. Und die Erfahrung hat ihn gelehrt, dafs nur bei Vereinigung des Selbsterhaltungsdranges mit der Gemütsruhe, welche Erwägung ermöglicht, von ethischen Gesetzen der menschlichen Handlungen die Rede sein kann. Eine Idealisierung des Gegebenen ist also notwendig, denn sowohl leidenschaftliche Erregung als Kurzsichtigkeit und Inkonsequenz müssen fern gehalten werden, wenn die Vernunft die „rechte" sein soll. Die idealen und konsequenten Forderungen, die der Friede erheischt, müssen zugleich durch einen steten Willen aufrecht erhalten werden. Es kommt nicht nur darauf an, die Gebote im Äufseren zu beobachten, sondern auch darauf, sich ihnen um ihrer selbst willen innig anzuschliefsen. Das natürliche Moralgesetz verpflichtet den Einzelnen vor dem Gerichte des eigenen Gewissens (in foro conscientiae). — Unstreitig hat Hobbes nicht bemerkt, in wie hohem Grade er hier idealisiert. Sollte der Selbsterhaltungsdrang in seiner elementaren Form stets das einzige Motiv sein, so wird ein solches Gewissen, wie Hobbes es sich denkt: ein Gefühl oder ein Wille, der die notwendigen Bedingungen des Friedens um deren *selbst* willen beobachtete, zur Unmöglichkeit. Es geht ihm hier ebenso, wie es ihm geht, wenn er die Wifsbegierde zu einem unmittelbaren Lustgefühl macht; auch diese läfst sich nicht aus dem Selbsterhaltungsdrange herleiten. Es gebricht Hobbes an der Idee einer Verschiebung des Motives, mittels deren das, was anfangs als Mittel dasteht, später zum Zwecke werden kann. Eine derartige Metamorphose ist sehr wohl auf Basis des Selbsterhaltungsdranges denkbar: es könnte ja sein, dafs man die Mittel am besten gebrauchte, wenn man sie nicht *als* Mittel gebrauchte!

Es nützt nun nur wenig, dafs der Einzelne das natürliche Gesetz vor dem Gerichte seines eignen Gewissens anerkennt. Es mufs eine Autorität herbeigeschaft werden, vor der sich alle beugen. Der Einzelne mufs einer solchen Gewalt sein natürliches Recht übertragen unter der Voraussetzung, dafs alle andern ebenfalls derselben Gewalt das ihrige übertragen, und diese Gewalt, die Staatsgewalt, konzentriert dann in sich alles Recht, das im Naturzustande unter die vielen verteilt war. Dieser Vertrag, mittels dessen das Staatsleben den

Naturzustand ablöst, enthält eine Übereinkunft der Einzelnen untereinander und zugleich die gemeinschaftliche Anerkennung einer Obergewalt (diese sei eine einzelne Person oder auch eine Versammlung mehrerer Personen). Hierdurch unterscheidet sich Hobbes' Lehre von der des Althusius, der den sozialen Vertrag von der Konstituierung der Gewalt sonderte; bei Hobbes trifft beides zusammen. Hobbes glaubt aber ebensowenig als frühere Lehrer des Naturrechtes, dafs dieser Vertrag mit völligem Bewufstsein geschlossen werde; er könne stillschweigend hinzugedacht oder vorausgesetzt sein (a supposed covenant, pactum subauditum), brauche kein ausdrücklicher (pactum expressum) zu sein. Beispiele stillschweigender Verträge habe man an dem Verhältnisse zwischen dem Sieger und dem Besiegten, dem das Leben geschenkt werde: wenn ersterer sich nicht auf den Gehorsam des letzteren verliefse, würde er ihm nicht das Leben geschenkt haben. Ebenfalls werde eine stillschweigende Übereinkunft zwischen dem zarten Kinde und dessen Erzieher und Beschützer, gewöhnlich der Mutter geschlossen. Dafs der Vertrag stattgefunden habe, *schliefst* Hobbes aus der Natur des Verhältnisses. Ist der Vertrag ein hinzugedachter oder stillschweigender, so ist er eigentlich nur ein blofser Gesichtspunkt, der zur Beleuchtung und Schätzung dient. Es ist dann aber charakteristisch für Hobbes, dafs er sich eben dieses Gesichtspunktes bedient. Der Vertrag setzt (wenn er ein ausdrücklicher ist) voraus, dafs die Individuen sich als selbständige Wesen, jedes mit seinem Selbsterhaltungsdrange, gegenüberstehen, und die Gesellschaft soll nun das Produkt ihrer Wechselwirkung sein. Durch diesen Gesichtspunkt wird es Hobbes möglich, das Staatsleben aus der individuellen Selbsterhaltung zu deduzieren. Er denkt sich die Menschen als Pilze, die jeder an seinem Orte aus der Erde aufgeschossen sind und sich darauf aneinanderschliefsen. Dies ist ein Gedankenexperiment, das für die konstruktive Methode notwendig ist. Hobbes untersucht aber nicht ausdrücklich, wie sich die Erfahrung zu diesem Gedanken verhält, — überhaupt ist das Verhalten der Erfahrung zu den willkürlichen Voraussetzungen des konstruktiven Denkens bei ihm ja im unklaren geblieben.

Durch die Vertragstheorie soll nachgewiesen werden, dafs es in dem wohlverstandenen Interesse jedes Einzelnen sei, Gehorsam zu zeigen. Die Gewalt, der zu gehorchen ist, mufs unbedingt sein. Die Staatsgewalt mufs so stark wie möglich sein, so dafs jeder Einzelne gegen sie durchaus verschwindend ist. Sie mufs Strafgewalt besitzen, ferner das Recht, Krieg zu führen und Frieden zu schliefsen, freie Verfügung über alles Eigentum, entscheidende Bestimmung, welche Meinungen und Lehren verkündet werden dürfen. Der absoluten Gewalt einerseits entspricht absoluter Gehorsam anderseits. Nur was schlimmer als der Tod wäre — z. B. sich selbst oder seine Nächsten zu töten —, kann die Staatsmacht nicht gebieten. Wird diese ungeheure Gewalt gemifsbraucht, so liegt eine Übertretung des moralischen Naturgesetzes vor, an das auch die Inhaber der Staatsgewalt vor dem Gerichte ihres Gewissens gebunden sind, — dagegen keine Übertretung der Gesetze des Staates, welche die Gewalt, deren Wille sie handhabt, nicht verpflichten können. Meint man, dies seien harte Bedingungen, so antwortet Hobbes, die Gewalt zum Beschützen werde unvermeidlich von der Gewalt zum Unterdrücken begleitet. Das menschliche Leben könne nun einmal nicht ohne Unannehmlichkeiten sein. Die Freiheit des Naturzustandes sei mit Unsicherheit und Streit, die Gebundenheit des Staatslebens mit Sicherheit und Frieden verknüpft. Es sei unmöglich, die Staatsgewalt zu beschränken. Denn Gewalt lasse sich nur durch Gewalt beschränken, und die Gewalt beschränken heifse deshalb sie teilen. Beschränke man die Gewalt des Souveräns, so liege die Souveränität in der That in der Person oder denjenigen Personen, die den sogenannten Souverän strafen oder absetzen könnten. Dieses gelte, man möge zwischen geistlicher und weltlicher oder zwischen vollziehender und bewilligender Gewalt unterscheiden. — Hobbes hält die Monarchie für die beste Regierungsform. Die Demokratie sei in der That eine Aristokratie von Rednern. Die Monarchie habe den Vorzug, dafs nur ein einziger die Gewalt mifsbrauchen könne, namentlich aber den, dafs Parteikämpfe vermieden und Geheimnisse leichter bewahrt würden. In der That sei es (kraft des ursprünglichen Vertrags) das Volk, das regiere;

dessen Wille werde vom Monarchen vollzogen, dem wegen des ursprünglichen Vertrags jedermanns natürliches Recht übertragen sei.

In allen religiösen und moralischen Fragen habe der Souverän die Entscheidung zu treffen. Der Souverän müsse bestimmen, wie man Gott anbeten solle: sonst würde, was dem einen Anbetung sei, dem andern Lästerung werden, und es würde eine stete Quelle des Streites und der Auflösung geben. Ebensowenig könnten die Einzelnen entscheiden, was in der Praxis gut und recht sei; dies würde fortwährende Empörungen veranlassen. Es leuchtet ja auch ein, dafs man nur, wenn die Definitionen gemeinschaftlich sind, die Sicherheit erhalten kann, dafs auch die Schlufsfolgerungen gemeinschaftlich werden. Wenn Hobbes die Ethik und die Politik konstruktive Wissenschaften nennt, weil „wir selbst" die ersten Prinzipien feststellten, so werden in der Praxis diese „wir selbst" eins mit dem Souverän. Hier tritt das Wunderliche des Hobbesschen Standpunktes klar hervor. Sein freies naturalistisches Forschen hat ihn dahin gebracht, die Notwendigkeit einer absoluten Autorität zu erblicken, deren Vernunft als recta ratio anerkannt werden müsse. Er gibt darauf aber doch selbst eine Begründung dieser Autorität, begründet deren recta ratio durch seine eigne recta ratio und bedient sich bei dieser Begründung der Denk- und Redefreiheit, deren Vertilgung er verlangt. Die Früchte der Erkenntnis, die er selbst gepflückt hat, benutzt er zur Einschärfung des Verbotes, vom Baume der Erkenntnis zu essen. Er gebrauchte die Prefsfreiheit während der Herrschaft der Independenten, um die erste Ausgabe seines Leviathan erscheinen zu lassen (1651), und später, unter der Restauration, nahm er seine Zuflucht zur holländischen Prefsfreiheit, um die zweite Ausgabe (1670) zu veranstalten. Dies hängt damit zusammen, dafs er, wie so viele der besten Männer des 17. Jahrhunderts, das kräftige Selbstgefühl und Freiheitsgefühl der Renaissance mit der Überzeugung von der Absolutheit der grofsen, tragenden Mächte in sich vereinte. Er bezeichnet durch seine Lehre die starke Reaktion gegen die Renaissance und die Reformation. Die aufrührerische Ansicht von der Gewissensfreiheit und von dem

Rechte der individuellen Erkenntnis auf dem moralischen und politischen Gebiete leitete er teils aus dem Studium der römischen und griechischen Verfasser (vorzüglich des Aristoteles) an den Universitäten her, teils aus dem durch die Reformation veranlafsten freien Lesen und Auslegen der Bibel. Hiergegen stellt er den straffsten Cäsaropapismus auf: Christi Reich beginne erst mit seiner Wiederkehr zum jüngsten Gericht; so lange rede Gott nur mittels seiner Vicegötter, der Inhaber der Staatsgewalt. Er erklärt sich sowohl wider die Katholiken, als wider die Anglikaner und Puritaner. Soll der Papst der Hirt der Gläubigen sein, so wird er deren wirklicher Souverän, und der Staat löst sich auf. Soll jeder einzelne Gläubige als der göttlichen Weisheit teilhaft betrachtet werden, so entsteht ein Streit aller mit allen. Sollen die Bischöfe gröfsere Gewalt haben, als ihnen durch die Einsetzung vom Könige verliehen wird (die Anglikaner glaubten, sie hätten „something more, they know not what, of divine right"), so wird auch zwischen der Kirche und dem Staate Streit entstehen — und zugleich eine geistliche Tyrannei. Die protestantische Geistlichkeit glaube, das Papsttum sei gestürzt, damit sie dessen Platz einnehme. Was hätten wir dann aber durch die Befreiung von der Tyrannei des Papstes gewonnen, wenn diese unbedeutenden Männer (these petty men) ihn ablösen sollten? Besonders, da die geistigen Eigenschaften dieser Leute einem friedlichen Leben der Gesellschaft nicht günstig wären (quorum ingenium paci et societati aptum non est)! Hobbes beginnt also mit der Polemik gegen freies Forschen, endet aber in Polemik gegen die kleinen Autoritäten, die sich auf den Platz der grofsen vorgedrängt hätten. Es sind die ersteren, auf die er eigentlich abzielt. Und in diesem Verhältnisse liegt die Erklärung seiner sonderbaren Stellung.

Hobbes teilt die Neigung zur Einheit, Konzentration und Resignation, die dem 17. Jahrhundert eigentümlich ist, und die in der Philosophie nicht nur in seiner Staatslehre zum Ausdruck kommt, sondern mit analogen Zügen auch in Fénelons und Malebranches Mystik und in Spinozas Pantheismus erscheint. Er hat sich um die Staatslehre verdient gemacht, indem er feststellte, dafs in einem Staate nur ein einziger Schwerpunkt sein kann. An dem Schwerpunkte versieht er sich aber: alle anderen Kräfte als die der Schwere verschwinden ihm, und konsequent sammeln sich dann alle Massen im Zentrum. Macht und Gehorsam sind ihm alles. Der unwillkürliche Inhalt des Lebens, Sitten und Gebräuche, die öffentliche Meinung, die stillen und verborgenen Wege, auf denen sogar die Inhaber der Gewalt davon abhängig sind, was sich in den vielen regt, und anderseits die ganze Entfaltung des Lebens, deren Schutz und Pflege die Aufgabe des Staates ist, und der er sich als dienstbare Grundlage unterordnen muſs — dies alles ist Hobbes' Aufmersamkeit entgangen. Sein Blick ist von jenem einen Punkte gefesselt. Und sein Denken geschieht im Lapidarstil; die feineren Nüancen entziehen sich ihm. Um so mehr Sinn hat er für die groſsen, elementaren Lebensbedingungen der menschlichen Gesellschaft. Er gehört zu der nämlichen Seite des englischen Geistes, aus welcher Malthus und Darwin, die beide als Fortsetzer des Hobbesschen Gedankens betrachtet werden können, ihren Ursprung haben.

Dennoch finden sich, wie schon berührt, Andeutungen von ihm, die einen weiteren Horizont eröffnen.

Die Pflicht des Regierenden wird in dem Satze zusammengefaſst, daſs das Wohl des Volkes das höchste Gesetz ist. Der Staat ist ja nicht um der Regenten, sondern um der Bürger willen gestiftet. Der Despotismus, dem Hobbes das Wort redet, ist derselbe, der bei den aufgeklärten, reformatorischen Staatsmännern des 18. Jahrhunderts (Friedrich II., Joseph II.) zum Vorschein kommt. Er ist ein eifriger Gegner nicht nur der Hierarchie unter allen ihren Formen, sondern auch aller Art der Klassenherrschaft, die ja sogar in „freien" Ländern zu finden ist. Durch den absoluten Schwerpunkt, den er aufstellt, will er die kleinen Schwerpunkte aufheben, damit alle Elemente sich in natürlichen Bahnen bewegen können. Und die absolute Autorität selbst wird auf dem Wege der Vernunft begründet. Hobbes zieht Nutzen aus der freien Diskussion. Er hoffte, sein „Leviathan" würde „einem Fürsten in die Hände geraten, der ihn ohne Hilfe eines interessierten und neidischen Auslegers selbst durchdenken und dann seine souveräne Gewalt anwenden würde, um die öffentliche Verkündigung der darin enthaltenen Lehre zu beschützen, damit die theoretische Wahrheit in praktischen Nutzen übertragen werden könnte" [54]). Er hofft aber nicht nur auf die Aufklärung der Fürsten, sondern auch auf die des Volkes. Was die Hierarchie betrifft, so verläfst er sich nicht nur auf die Eifersucht der Staatsgewalt, sondern auch auf die fortschreitende geistige Bildung und Kritik des Volkes: Paulatim eruditur vulgus! (De homine, XV, 13). Selbstwiderspruch zwischen den Satzungen der Lehre oder zwischen der Lehre und dem Wandel des Verkündigers werde früh oder später entdeckt werden. Es öffnet sich hier ein weiter Horizont, ein weiterer sogar als derjenige, der den Heroen der Aufklärung des 18. Jahrhunderts vorschwebte; denn Voltaire und Diderot verhielten sich entschieden ablehnend zu dem Gedanken von einer Aufklärung des vulgus. Und dieser weite Horizont entsteht, wenn man sich in Hobbes' Voraussetzungen vertieft, eigentlich nicht durch Inkonsequenz. Denn der „Vertrag", mittels dessen die Einzelnen ihren eignen Willen aufgeben, soll diesen ja eigentlich nicht verschwinden machen, sondern ihn nur in einen höheren Zusammenhang aufnehmen. Was man bei Hobbes vermifst, sind die Mittel, um nachzuweisen, wie der isolierte Wille, wenn er auf diese Weise mit einer gröfseren Totalität zusammengearbeitet wird, eine Metamorphose erleiden kann. Durch sein erstes und sein letztes Wort deutet Hobbes aber über die Unvollkommenheit seiner eignen Lehre hinaus, eine Unvollkommenheit, die durch die Naturkraft und den Scharfsinn in der Grundlage und dem Aufbau der Lehre aufgewogen wird.

g) **Gegensätzliche Richtungen der englischen Philosophie.**

Die Geschichte der englischen Philosophie des 17. Jahrhunderts ist mit Bacon, Herbert von Cherbury und Thomas Hobbes und mit der von ihnen bezeichneten Richtung nicht erschöpft. Aufser dieser Richtung, die ihre Grundlage an dem von der äufseren oder inneren Natur Gegebenen hat und mittels der induktiven oder deduktiven Methode auf dieser Grundlage weiter fortarbeitet, gibt es auch eine andere Richtung, die historisch auf den Neuplatonismus zurückweist und an eine über alle Erfahrung erhabene Grundlage der höchsten Ideen, vorzüglich der ethischen, glaubt. Zu dieser gehört Robert Greville, Lord Brooke, der für die Sache des Parlamentes kämpfend in seinem 35. Jahre bei Lichfield fiel (1643). In seiner Schrift über „Die Natur der Wahrheit", die zwei Jahre vor seinem Tode erschien, und zu der er den Impuls vielleicht durch Lord Herberts Schrift erhalten hatte, protestiert er dagegen, dafs die Erkenntnis nur ein menschliches Vermögen sein sollte, das an und für sich leer wäre und seinen Inhalt erst suchen müfste: nur Licht sei für Licht empfänglich, und die Erkenntnis sei eben ein Strahl der göttlichen Natur. Die wahre Erkenntnis erhebe uns über die Sinnlichkeit — wovon das Kopernikanische System ein Beispiel sei. Alle Mehrheit, alle räumlichen und zeitlichen Verhältnisse seien nur Schein; das Denken finde nur in der Erkenntnis der einzigen Ursache aller Dinge Ruhe. Die Erkenntnis der Einheitlichkeit aller Dinge in Gott befreie vom Neide, zeige mir andrer Menschen Glück als mein eignes, zerstreue die Finsternis der Seele und heile allen Schmerz. Die Erfahrung dagegen könne uns keine wirklichen Ursachen nachweisen; sie vermöge uns nur zu zeigen, dafs eine Erscheinung einer andern vorausgehe [55]).

Die platonische Richtung, der Lord Brooke angehörte, fand um die Mitte des Jahrhunderts ein Obdach an der Universität zu Cambridge, während Oxford an der Scholastik festhielt. Ein Jahr nach dem Leviathan erschien (1652) Nathaniel Culverwels „Abhandlung über das Licht der Natur". Culverwel war 1651 gestorben; er war Master of Arts und Fellow zu Cambridge. Seine Schrift ist platonisierend, ebenso wie die des Brooke, aber nicht so mystisch, und er legt der psychologischen Erfahrung gröfseres Gewicht bei. Sowohl auf dem praktischen als dem theoretischen Gebiete glaubt er aber an ewige und gemeingültige Wahrheiten. Diese Wahrheiten seien mit Gottes Wesen eins und würden von Gottes Willen in der Welt gehandhabt. Die Philosophie und die Theologie laufen ihm also wie dem Brooke auf eins aus, während Bacon und Hobbes sie scharf voneinander sondern [56]). In mehr systematischer Form tritt die nämliche Richtung, deren Merkmal eine enge Verbindung platonischer Philosophie mit christlicher Theologie ist, bei Ralph Cudworth († 1688) und Henry More († 1687) hervor, die beide an der Universität zu Cambridge thätig waren. Während es für Bacon und Hobbes eine Hauptsache war, dafs die Wahrheit sich in der Welt emporkämpfen, durch angestrengte Arbeit im Bewufstsein des Menschen entstehen müsse, kehrten diese Männer zur Platonischen Lehre von der ewigen Wahrheit zurück, die nicht erst werde, und der das Bewufstsein des Menschen sich nur erschliefsen dürfe, um ihrer teilhaft zu werden. Diese Richtung wandte sich sowohl gegen den Puritanismus, der dem philosophischen Denken feindselig war, als auch gegen Hobbes (More auch gegen Spinoza), der die Philosophie als Gegensatz der Theologie betrachtete. Bezeichnend ist es, dafs Henry More durch den Zweifel an der Wahrheit des Calvinismus zu philosophischen Studien bewogen wurde; er war streng calvinistisch erzogen worden, und eben dafs er es vermochte, sich durch Energie seines eignen Denkens aus der ihm eingeprägten Lehre herauszuarbeiten, war ihm ein Zeugnis von der Selbständigkeit des Gedankens allem Äufseren gegenüber, welche Selbständigkeit er dann nicht nur gegen die engherzige puritanische Theologie, sondern auch gegen Bacons und Hobbes' realistische Richtung geltend machte. More stand mit Descartes in Berührung und nahm mehrere von dessen Ideen auf, nur nicht die scharfe Trennung des Geistes von der Materie; ihm war das Geistige ausgedehnt, obschon kein Gegenstand der Berührung. In seiner Schrift *De anima* (Rotterdam 1677, cap. 1) definiert er den Geist als eine Substanz, die sich zwar durchdringen, aber nicht zerteilen lasse (substantia penetrabilis et indiscerpibilis), während der Körper eine Substanz sei, die sich zerteilen, aber nicht durchdringen lasse (substantia impenetrabilis et discerpibilis). Auf diese Weise vermittelt er zwischen Hobbes und Descartes und glaubt Hobbes' Einwurf gegen den Spiritualismus, wir könnten uns keinen Begriff von einer immateriellen Substanz bilden, widerlegt zu haben. Ausdehnung müsse beiden Arten der Substanz gemeinschaftlich sein, und More geht sogar noch einen Schritt weiter, indem er, wie mehrere unter den Philosophen der Renaissance, den Raum als ein göttliches Attribut betrachtet: dafs Gott Ausdehnung besitze, folge aus seiner Allgegenwart! Der Unterschied zwischen Gott und der einzelnen Seele bestehe nur darin, dafs Gott unbeschränkt, die Seele aber beschränkt sei. In dieser kühnen Mystik zeigt More sich von der kabbalistischen Lehre beeinflufst. Seine mystische Auffassung des Raumes kommt wieder bei Newton zum Vorschein, der überhaupt von More beeinflufst war. — Von Descartes unterscheidet sich More nicht nur durch die Meinung, alle Substanz besitze Ausdehnung, sondern auch, weil er die Aktivität (rücksichtlich des Geistes ursprüngliche Aktivität, rücksichtlich der Materie mitgeteilte Aktivität) in den Begriff der Substanz aufnimmt. Hierdurch bereitet er (wie Gassendi und Hobbes) Leibniz' Naturphilosophie vor. — Näher können wir uns hier nicht auf diese Richtung einlassen, die vielmehr gelehrte Mystik als neues philosophisches Denken ist. Für die geistige Entwickelung in England war sie von grofser Bedeutung, der Geschichte der Philosophie führte sie aber keine neuen Gedanken zu.

Gröfseres Interesse ist in dieser Beziehung an einen Schriftsteller geknüpft, der Hobbes auf dessen eignem Grund und Boden, auf der Untersuchung der psychologischen Grundlage der Ethik und des sozialen Lebens, aufsuchte. Richard Cumberland (1632 geboren, studierte in Cambridge, starb 1718 als Bischof von Peterborough) gab 1672 ein in der Geschichte der Ethik merkwürdiges Werk: „Philosophische Untersuchung der natürlichen Gesetze" (*De legibus naturae disquisitio philosophica*) heraus, das ausdrücklich gegen Hobbes gerichtet ist. Er erklärt, das Werk des Hugo Grotius auf einem andern Wege als dem von dem berühmten Niederländer eingeschlagenen fortsetzen zu wollen. Statt zu untersuchen, wie die moralischen Naturgesetze sich durch die Erfahrung und die Geschichte kundmachten, wolle er deren Ursprung und deren Ursachen untersuchen. Bei dieser Untersuchung wolle er von der Erfahrung ausgehen und aus den näheren Ursachen weiter auf die ferner liegenden schliefsen. Er sei gewifs, auf diesem Wege zuletzt zu einer göttlichen Quelle jener Gesetze zurückzugelangen, wolle aber nicht die bequeme Methode der

Platoniker anwenden, die diesen hohen Ursprung unmittelbar durch die angeborenen Ideen bezeugen liefsen: „Ich bin," sagt er, „nicht so glücklich gewesen, auf so bequeme Weise die Erkenntnis der natürlichen Gesetze zu gewinnen." Jedenfalls will er seine Ethik nicht auf eine solche Hypothese aufbauen, obgleich er den gesunden und guten Einflufs „unserer Platoniker" in moralischer Beziehung anerkennt. Im Gegensatz zu Hobbes verweist er dagegen auf die unwillkürlichen Tendenzen der menschlichen Natur, während Hobbes die willkürliche Akkommodation des Willens zu Grunde gelegt hatte. Gleich von der Geburt an finde eine Entfaltung der menschlichen Fähigkeiten und Kräfte statt, ein unwillkürlicher Gebrauch der Organe, der mit unmittelbarer Befriedigung verbunden sei. Die Sinnesreize träfen eine unwillkürliche Neigung an, sie aufzunehmen, sich ihnen zuzukehren. Auf diese Weise würden die ersten Erfahrungen gemacht und die ersten geistigen Operationen, Erinnern, Vergleichen und Zählen, unternommen. In diesem unmittelbaren Drange (impetus), der nicht durch die Reizungen erzeugt, sondern durch diese nur ausgelöst werde, fänden die natürlichen und selbstverständlichen Vernunftwahrheiten (naturalia rationis dictata) ihren Grund. Und ein solcher unmittelbarer Drang liege auch dem ersten Streben, Güter zu erzeugen und Übel zu vermeiden, zu Grunde — und zwar ohne dafs die eignen Güter und Übel des Individuums sogleich von den gemeinschaftlichen getrennt würden: es werde im Gegenteil unwillkürlich anerkannt, dafs ein allen Vernunftwesen gemeinsames Gut höher stehe als das einem einzelnen Wesen zufallende, und dafs das einzelne Wesen gerade dadurch sein eigentümliches Glück erreiche, dafs es erstrebe, was für die Gesamtheit, der es angehöre, ein Gut sei. Das klare Bewufstsein und das willkürliche Wollen vermöchten nur näher zu entwickeln, was schon die unwillkürlichen Neigungen herbeiführten; die Kunst könne auf Grundlage der Natur arbeiten, könne diese aber nicht ersetzen. — Während Cumberland auf diese Weise im Gegensatz zu Hobbes, der die Gesellschaft aus klar bewufsten, selbständigen Individuen konstruiert, den ursprünglichen, natürlichen Instinkt betont, behauptet er anderseits, das Natürliche sei nicht nur, was sich in den ersten Lebensäußerungen spüren lasse, sondern auch, was nach der Vollendung des Wachstums und der Entwickelung als gereifte Frucht erscheine. Die Natur des Menschen sei deshalb nicht nur in den elementaren Trieben zu suchen, sondern ebenfalls in dem, was die höchste geistige Entwickelung darbiete. Auch wenn der Mensch also von Anfang an sein Interesse auf sich selbst beschränke, sei es ihm darum doch nicht unnatürlich, sein Interesse an dasjenige zu knüpfen, was allen glückbringend sei. Der Naturzustand werde nicht aufgegeben, weil sich ein Hochsinn (generositas) entwickle, dem das Gute das für die Erhaltung und Vervollkommnung des ganzen menschlichen Geschlechtes, ja vielleicht sogar des ganzen Weltalls Thätige sei, so weit wir einen Begriff von letzterem hätten. — Cumberland schärft also teils die Möglichkeit einer Entwickelung aus den elementaren Trieben bis zum Hochsinn ein, ohne daß die äußere und mechanische Vertragsvorstellung als Mittelglied notwendig wäre, teils auch die Harmonie zwischen den individuellen und den gemeinschaftlichen Gütern. In beiden Beziehungen stellte er Gedanken auf, die in der englischen Philosophie des 18. Jahrhunderts näher begründet und entwickelt wurden, und die schon zu seinen Lebzeiten in aller Stille in Spinozas Ethik und Leibniz' Rechtsphilosophie ausgeformt wurden. Cumberlands Darstellung ist zwar noch unklar und unvollkommen, er deutete jedoch entscheidende Punkte an. Ist sein Werk (dem Titelblatt und dem Vorwort zufolge) auch zunächst als ein Angriff auf Hobbes entstanden, so hat es doch selbständige Bedeutung in der Geschichte der Ethik.

5. Benedikt Spinoza.

a) Biographie und Charakteristik.

Spinoza ist der zentrale Denker des 17. Jahrhunderts. Alle Gedankenfäden laufen in ihm zusammen: Mystik und Naturalismus, theoretisches und praktisches Interesse, die bei den anderen Denkern des Jahrhunderts einen größeren oder geringeren Gegensatz zu einander bilden und — wo sie in derselben Persönlichkeit auftreten — inneren Zwiespalt erregen, sucht er konsequent durchzuführen, und ihre Versöhnung mit einander wird eben durch diese konsequente Durchführung gefunden. Während so viele die Gedankenfäden nicht anders zu verbinden wissen, als indem sie dieselben jeden für sich zerschneiden und dann auf äufsere Weise zusammenknüpfen, besteht das Grofsartige des Denkens Spinozas darin, dafs er keine willkürlichen Schranken aufstellen will, sondern sich auf die durch ihr innerstes Wesen begründete Harmonie der Gedankenreihen verläfst. Durch die stille Denkarbeit, der er sein Leben widmete, suchte er ein Werk zu gestalten, das die neue Weltanschauung und die neue Wissenschaft in sich aufnehmen und alle deren Konsequenzen entfalten könnte, während es dennoch die Realität und Selbständigkeit des Geistigen behaupten sollte, — ein Werk, in dem die Mannigfaltigkeit und die Individualität der Erscheinungen volle Anerkennung finden könnte, während die Einheit, die allumfassende Weltordnung als die Macht erblickt würde, die im tiefsten Innern alles trüge und in allem thätig wäre. Und dieses Werk war ihm keine rein theoretische Arbeit; es war ihm die Befriedigung eines persönlichen Dranges nach Klarheit und Verständnis seiner selbst, und es verhalf ihm zu der frohen Grundstimmung, die dadurch errungen wird, dafs man sich aus der Unruhe und der Finsternis des Daseins zum Verständnisse ewiger Gesetze emporarbeitet. Sein Hauptwerk (die *Ethica*) wurde dadurch ein Kunstwerk, und kein blofs spekulatives Werk. Man hat es mit seinen fünf Büchern treffend mit einem fünfaktigen Drama verglichen. Und diese Vergleichung läfst sich im einzelnen durchführen. Im ersten Buche werden die allgemeinsten Sätze gegeben, die dem Blicke einen grofsen, unendlichen Hintergrund des menschlichen Lebens entrollen. Im zweiten Buche wird eine Reihe, der Naturlehre entlehnter, Hilfssätze eingefügt, mittels deren die streng mechanische Naturauffassung festgestellt wird, und darauf folgt eine Untersuchung der menschlichen Erkenntnis. Einen vorläufigen Abschlufs bietet der letzte Teil des zweiten Buches dar — und einer nicht unbegründeten Vermutung zufolge bildeten die beiden ersten Bücher ursprünglich ein Ganzes für sich. Es zeigt sich die Aussicht, zu erreichen, was Spinoza sich als Ziel aufgesteckt hatte: die Erkenntnis des Zusammenhanges, in welchem unser Geist mit der ganzen Natur steht. In dieser Erkenntnis erblickte er (nach einem selbstbiographischen Fragmente) das einzige, an seine Persönlichkeit eng verknüpfte Gut, das äufsere Ereignisse ihm nicht zu rauben vermöchten. Der frühe Abschlufs des Dramas wird aber dadurch verhindert, dafs eine Wolke über dem Horizonte erscheint: nicht nur Gedankenlosigkeit und falsche Vorstellungsverbindungen vereiteln wahre Erkenntnis, sondern auch und zuvörderst die Gefühle und die Leidenschaften, die uns durchwühlen. Hier ist ein neuer und ernstlicher Widerstand zu besiegen — und um ihn zu besiegen, müssen wir ihn vor allen Dingen kennen. Im dritten Buche gibt Spinoza nun eine meisterhafte Naturgeschichte der Gefühle. Er weist den Zusammenhang der Gefühle mit dem Selbsterhaltungstriebe nach, zeigt, wie sie unter dem Einflusse der Vorstellungen umgeformt werden. Es ist sein hauptsächlichstes Streben, auf dem geistigen sowohl als auf dem materiellen Gebiete einen festen Kausalzusammenhang zu finden. Er sucht das Gesetz des Wogendrangs, der uns umherschleudert. In diesem Gesetze eben erblickt er die Rettung. Im vierten Buche beginnt das Licht wieder hervorzubrechen. Allerdings läfst keine Leidenschaft sich direkt vertilgen; sie läfst sich aber durch eine andere, stärkere Leidenschaft hemmen. Hat man dies eingesehen, so gilt es, die Erkenntnis des Guten, d. h. der Bedingungen für die Erhaltung unsers Wesens, zu einer Gewalt im Gemüte zu machen, und dies geschieht dadurch, dafs eben diese Erkenntnis Lust in uns erregt, sowohl weil sie uns das Ziel zeigt, als weil sie selbst eine geistige Thätigkeit, eine Äufserung unsrer Kraft ist. Diese Erkenntnis wird uns mit wesensverwandten Individuen verbinden, da es sich erweist, dafs wir gemeinschaftlichen Bedingungen unterworfen sind, und dafs nur gemeinschaftliches Streben jeden von uns zum Ziele führt. Somit nähert sich das Drama zum zweitenmal dem Abschlufs. Es erübrigt aber noch eine Frage: wie vermag der Einzelne durch Vereinigung der wissenschaftlichen Erkenntnis, deren Möglichkeit die beiden ersten Bücher nachweisen, mit dem praktischen Entwickelungsgange, mit der Erziehung durch den

Kampf ums Dasein, die das dritte und vierte Buch schilderten, seine Persönlichkeit vollständig durchzuarbeiten? Im fünften Buche wird gezeigt, wie das klare Verständnis unsrer Leidenschaften in ihrem Naturzusammenhang uns über dieselben erhebt und sich mit all unsrer übrigen Erkenntnis der Natur zu dem unmittelbaren Erschauen unsers Wesens als einer einzelnen der Formen vereint, unter denen die ewige Gottheit, die sowohl in der Welt des Geistes als in der der Materie wirkt, ihr Wesen entfaltet. Indem wir auf diese Weise uns selbst — und alles — „unter dem Gesichtspunkte der Ewigkeit" schauen, verschwindet alle Unruhe und Finsternis der Zeit und der Endlichkeit, und mit der geistigen Freiheit, deren Entwickelung das vierte Buch schilderte, vereinigt sich nun das innige Gefühl, mit dem ewigen und unendlichen Wesen eins zu sein. — So erhält Spinoza innerhalb eines einzigen Rahmens Raum für die Religionsphilosophie, Physik, Erkenntnislehre, Psychologie, Ethik, wie denn auch die Durchführung des Realismus mittels strenger Anwendung des Kausalgesetzes die mystische Einheit mit der Gottheit bei ihm nicht verhindert, sondern gerade ermöglicht. Kommt nun hierzu, dafs dieser grofse und mannigfaltige Gedankenzusammenhang nach mathematischem Vorbilde (more geometrico) unter der Form von Lehrsätzen und Beweisen dargestellt ist, so erhalten wir das Bild eines in seiner Art einzigen Werkes. Kein Wunder, dafs die Zeitgenossen es nicht verstanden; ja dafs die Zeit des Verständnisses, was die idealistische Seite des Inhalts betrifft, erst 100 Jahre nach seinem Erscheinen begann, und erst in unsern Tagen eintrat, was die realistische Seite betrifft. Für die Geschichte der Philosophie ist es bei einem Werke wie diesem zunächst die Aufgabe, zu untersuchen, wie es entstand, auf welchen geschichtlichen Voraussetzungen es ruht. Es erscheint uns als ein geschliffener Kristall; wo möglich möchten wir etwas vom Kristallisationsprozesse entdecken. Hierzu werden uns vielleicht Spinozas Persönlichkeit, seine persönlichen Verhältnisse und seine philosophische Entwickelung verhelfen können. Es ist wohl kaum zu bezweifeln, dafs der mannigfaltige Inhalt, der hier in einem so eigentümlichen Rahmen zusammengefafst ist, vor allem durch die

Persönlichkeit des Verfassers zusammengehalten wird. Darauf wird eine Analyse des Systems uns zeigen, wie die Voraussetzungen und Elemente, die der Verfasser in sich aufnahm, von ihm verwertet wurden, und ob und wiefern er sein Ziel erreichte. —

Baruch Spinoza wurde den 24. November 1632 in Amsterdam geboren, wo seine Eltern, spanische Juden, eine Zuflucht vor der Inquisition gefunden hatten. Seine ersten Studien machte der begabte Knabe an der jüdischen Hochschule dieser Stadt, wo er in den Talmud und die mittelalterliche jüdische Philosophie eingeweiht wurde. Es wurde hierdurch der Grund zu einer wesentlichen Seite seines Denkens gelegt, zu dem Streben, den Gedanken von der Gottheit als dem alleinigen unendlichen Wesen, so wie dieser in den höheren Volksreligionen, vorzüglich im Judentum, zum Vorschein kommt, zu behaupten und durchzuführen. Diese orientalische und mystische Tendenz bildete bei ihm die beständige Grundlage und gab ihm das Abgerundete, die bestimmte Richtung auf einen einzigen Punkt, durch die sich sein Denken auszeichnet. Schon frühzeitig begann er an der mosaischen Theologie zu zweifeln, wodurch er sich das Mißtrauen der jüdischen Theologen zuzog, was wieder bewirkte, daß er sich von der Synagoge fernhielt. Er fühlte das Bedürfnis nach einem erweiterten geistigen Horizonte und fing an, Humaniora und Naturwissenschaft zu studieren. In der lateinischen Sprache erhielt er Unterricht von van Ende, einem Arzte, der in dem Rufe eines Freigeistes stand. Die wichtigste Quelle der Biographie Spinozas, der Pfarrer Colerus, der — trotz seines großen Abscheus vor Spinozas Lehre — mit großer Wahrheitsliebe Nachrichten über dessen Leben gesammelt hat, meint, Spinoza habe in dieser „Schule des Satans" wohl noch etwas mehr als Latein gelernt. Nach Colerus' Berichte soll Spinoza für van Endes begabte Tochter, die dem Vater beim Unterricht half, Liebe gefühlt haben, um eines Kameraden wegen, der sich besser aufs Freien verstand, aber verschmäht worden sein. Später hat man gefunden, daß Klara van Ende zu dem Zeitpunkte, von dem hier die Rede ist, erst 12 Jahre alt gewesen sein kann, so daß dieser Bericht etwas unwahrschein-

lich wird (obwohl — wie man bemerkt hat — Beatrice ja
erst 9 Jahre alt war, als Dante sie zum erstenmal erblickte).
— Colerus sagt, daſs Spinoza um diesen Zeitpunkt die Theologie verlieſs und sich völlig der „Physik" ergab. Es ist
wahrscheinlich, daſs unter den Verfassern, die er studierte,
um die neue Naturauffassung kennen zu lernen, Giordano
Bruno einer der wichtigsten war. Allerdings wird Bruno
nirgends von Spinoza genannt, die erste Schrift des letzteren
(besonders ein kleiner Dialog, der dem „*Kurzen Traktat von
Gott, dem Menschen und dessen Glücke*" einverleibt ist) erinnert
jedoch deutlich an Bruno. Hier fand er eine philosophische
Auffassung, die es ihm ermöglichte, dasjenige, was ihm als
das Wesentliche der religiösen Ideen erschien, mit einem
wissenschaftlichen Verständnisse der Natur zu vereinen.
Brunos Lehre von der Unendlichkeit und Göttlichkeit der
Natur machte es Spinoza möglich, den Gottesbegriff und den
Begriff der Natur innig miteinander zu verbinden. Dieser
Einfluſs der Philosophie der Renaissance auf Spinoza wurde
erst wahrscheinlich, seitdem man (vor ungefähr 30 Jahren)
dessen erste Schrift entdeckte. Früher begnügte man sich mit
der Bemerkung des Colerus, Spinoza sei, nachdem er die
Theologie um der „Physik" willen aufgegeben habe, lange un-
schlüssig gewesen, welchem Lehrer er folgen solle; da seien
ihm aber Descartes' Werke in die Hände geraten und hätten
ihn wegen des Bestrebens, alles auf klare und deutliche
Gründe zu stützen, angezogen. Man hat gemeint, Spinoza
habe in der Philosophie als Cartesianer angefangen und erst
allmählich seine Kritik gegen Descartes gekehrt. Dem widerstreitet, daſs schon die erste uns aus Spinozas Hand bekannte
Schrift den Cartesianismus an einigen der entscheidendsten
Punkte kritisiert. Cartesianer war Spinoza nie, er hat aber
viel von Descartes gelernt und mehrere unter dessen Begriffen
benutzt, wie er auch zum Teil dessen Terminologie anwandte.
Während dieser Übergangsperiode, bevor sein eignes System
sich ihm bestimmter abzeichnete, muſs er aber ebenfalls die
neueren scholastischen Verfasser studiert haben, die damals —
che Bacons und Descartes' Philosophie durchgedrungen war —
den philosophischen Unterricht in Deutschland und den Nieder-

landen beherrschten. Viele Ausdrücke und Lehrsätze sowohl in den späteren als den früheren Werken Spinozas deuten auf einen solchen scholastischen Einfluß hin, wie Spinoza auch selbst an mehreren Orten auf die Scholastiker verweist. Es zeigt sich — wenn man dies alles zusammenfaßt — daß Spinoza während seiner philosophischen Entwickelung sehr umfassende und verschiedenartige Gedankenkreise und eine nicht ganz geringe Litteratur durchwandert hat. Wie abgeschlossen und abgerundet sein Hauptwerk uns auch dasteht, hat es seine Wurzeln dennoch nach vielen Seiten innerhalb der philosophischen Tradition verzweigt[57]). Dies verringert seine Originalität aber nicht; es ist ein Kennzeichen des Genies, daß es, wie sonst kein andrer, in sich aufnehmen und bearbeiten kann. Die Eigentümlichkeit und Originalität eines Gebäudes leiden nicht, weil die Steine von vielen Orten hergeholt wurden.

Unter dem Einflusse aller dieser Denkmotive, die von allen Seiten auf ihn einströmten, entfernte sich Spinoza in seinen Anschauungen immer mehr von der Synagoge. Man sah seine offenbare Abtrünnigkeit voraus und suchte — um diese zu vermeiden — ihn durch das Anerbieten eines Jahrgehalts zurückzuhalten. Weder dieses noch der meuchelmörderische Versuch eines Fanatikers konnte ihn aber abhalten, den Weg seines Denkens fortzusetzen. Nun wurde er (1656) feierlich aus der jüdischen Gemeinde ausgestoßen. Man erreichte sogar — da auch die protestantische Geistlichkeit ihn für einen gefährlichen Mann hielt — eine zeitweilige Verbannung aus Amsterdam. Vorläufig nahm er seinen Aufenthalt bei einem Freunde auf dem Lande in der Nähe dieser Stadt. Er ernährte sich durch das Schleifen optischer Gläser, eine Geschicklichkeit, die er seiner rabbinischen Erziehung verdankte, da jeder angehende Rabbiner ein Handwerk erlernen mußte. Die Freunde in der Stadt holten seine Gläser und verkauften sie für ihn. Es scheint, als ob sich schon damals ein Kreis jüngerer Männer um ihn und seine Gedanken bildete. Zu dieser Zeit entstand seine Schrift „Von Gott und dem Menschen" (der „kurze Traktat") und vielleicht der erste Entwurf des späteren „Theologisch-politischen Traktats".

Spinoza wandte sich entrüstet von dem Fanatismus der positiven kirchlichen Genossenschaften ab und fand mit immer gröfserer Innigkeit und wachsendem Selbstverständnisse die Aufgabe seines Lebens in der selbständigen Ausarbeitung eines Kreises von Gedanken, die über die Natur des Menschen und dessen Stellung in der Existenz Klarheit verbreiten könnten. Die Erfahrung hatte ihn belehrt (wie er im Anfang der unvollendeten Abhandlung „*Über die Verbesserung des Verstandes*" sagt), dafs weder Reichtum noch sinnlicher Genufs noch Ehre dem Menschen ein wahres Gut sein könne, dafs aber das Einzige, das das Gemüt stets mit neuer Befriedigung erfüllen könne, dagegen das fortwährende Streben nach Erkenntnis sei, wodurch die Seele mit dem verknüpft werde, was bestehen bleibe, während alles andre wechsle. Spinozas Denken hatte — wie spekulative und abstrakte Formen es auch annahm, und wie weit es sich scheinbar auch von dem gewöhnlichen menschlichen Leben entfernen mochte — ein entschieden persönliches und praktisches Motiv. Volle geistige Klarheit war ihm ein Lebensbedürfnis.

Im Jahre 1661 zog er nach Rhynsburg, einem Städtchen in der Nähe von Leiden. Hier begann er die Ausarbeitung seines berühmten Hauptwerkes. Er erwähnt dessen in den Briefen an seine Freunde (namentlich Oldenburg und Vries). Schon früh gab es Abschriften von dem ausgearbeiteten Teile des Werkes, und Spinozas junge Freunde in Amsterdam, meistens Mediziner, studierten das Buch gemeinschaftlich und wandten sich in zweifelhaften Fällen an den Meister, um Aufschlüsse zu erhalten. Sein Leben war so einsam nicht, wie es oft geschildert worden ist. Sein Briefwechsel, den man erst nach dem vor ungefähr 30 Jahren gemachten Fund von Handschriften, bei welchem auch der „kurze Traktat" entdeckt wurde, näher kennen gelernt hat, zeigt uns ihn in Berührung mit einem nicht geringen Kreise von Männern verschiedenen Standes und verschiedener Geistesrichtung. Das Studium dieses Briefwechsels ist von bedeutendem Interesse, um Spinoza und seine Gedanken, wie auch den geistigen Zustand der damaligen Zeit zu verstehen. In der nahen Universitätsstadt Leiden hatte er mehrere Freunde. So trat er in vertrauliche

Beziehung zu **Niels Stensen** (Nicolaus Steno), einem dänischen Naturforscher, der zu dieser Zeit in Leiden studierte. Später richtete Stensen nach seinem Übertritte zum Katholizismus in einem Sendschreiben (Epistola ad novae philosophiae reformatorem) die Aufforderung an Spinoza, den er seinen ehemaligen, sehr vertrauten Freund (admodum familiaris) nennt, ihm in den Schofs der allein seligmachenden Kirche zu folgen. A. D. Jörgensen, dänischer Reichsarchivar, Niels Stensens Biograph, erklärt Spinozas Schweigen auf die Aufforderung des einstigen Freundes folgendermafsen: „Der unruhige Liebesgeist des Christentums bewog Steno zu dem Versuche, seinen Freund des Glückes dieses Geistes teilhaft zu machen; die unendliche Gleichgültigkeit der Philosophie gegen die einzelne Persönlichkeit mit deren Begierden und Sorgen liefs Spinoza einsehen, dafs dieser Mann für die Erkenntnis der Wahrheit rettungslos verloren sei, und dafs Schweigen die rechte Antwort auf seine Anrede sei." Ich glaube, der vortreffliche Historiker (der das interessante Verhältnis zwischen Steno und Spinoza zuerst hervorgezogen hat) thut hier sowohl Spinoza als der Philosophie grofses Unrecht. Ich hege grofse Ehrfurcht vor Stenos Gestalt, vor seiner religiösen sowohl als seiner wissenschaftlichen Persönlichkeit. Dennoch glaube ich aber, dafs bei jeder Propaganda, einen wie edlen Namen sie sich auch beilegen möchte, aufser dem Geiste der Liebe (wenn dieser immer beteiligt ist) auch noch andere Motive wirken; jedenfalls verwehrte dieser Geist der Liebe weder dem Steno noch vielen andern, sich auf eine Seligkeit zu freuen, aus der, wie sie zu wissen glaubten, sehr viele ausgeschlossen sein würden. Ungerecht ist es jedenfalls, Spinoza den Geist der Liebe abzusprechen, weil er anderen seine Anschauungen nicht aufzwingen wollte. Sein liebevoller Glaube galt dem Menschen, und das Menschliche fand er hinter sehr verschiedenen Glaubensformen. Ein unparteiischer Zeuge, der Pfarrer Colerus, berichtet von ihm, wie teilnehmend er gegen andre war, und wie er seine Hausgenossen tröstete und erheiterte, wenn sie von Kummer oder Krankheit heimgesucht wurden. Auf die Frage seiner Hauswirtin im Haag, ob sie durch die Religion, zu der sie sich bekenne, erlöst werden könne, antwortete er, ihre Religion sei gut, sie solle keine andre suchen; sie würde sicherlich durch diese erlöst werden, wenn sie ein frommes und stilles Leben führe. Am meisten sympathisierte er mit den freieren Richtungen des Protestantismus. Er erblickte die Bedeutung des Protestantismus in einem andern Lichte als sein Geistesgenosse Bruno, und zwar ganz natürlich, da er in dem freiesten Lande Europas lebte, wo die Bedeutung des Kampfes für religiöse Freiheit auf allen Gebieten zu Tage trat. Als Albert de Burgh, ein junger Mann, der Spinozas Hausgenosse gewesen und zur katholischen Lehre übergetreten war, später Stenos Bekehrungsversuch wiederholte, antwortete Spinoza ihm mit einem Briefe, in welchem er die Gültigkeit der freien Erkenntnis behauptet und Gerechtigkeit und Liebe für das Wesentliche aller wahren Religion erklärt. Es darf nicht vergessen werden, dafs Steno nicht zum wenigsten daran Anstofs nahm, dafs Spinoza der Religionsfreiheit das Wort redete. Für die Religionsfreiheit arbeiten — das hiefs für Steno Schaden an seiner Seele nehmen! Sollte Spinozas Überzeugung, dafs ein wahrer Glaube sich weder durch geistige noch körperliche Gewalt aufzwingen lasse, und seine Behutsamkeit, den Glauben andrer Menschen nicht zu erschüttern, wenn dieser nur ernstlich gemeint sei, nicht gröfseres und wahreres Interesse für die einzelne Persönlichkeit enthalten, als dasjenige, das sich durch leidenschaftliche Propaganda äufsert?[58]) —

Nach einem mehrjährigen Aufenthalt in Rhynsburg ging Spinoza (1663) nach Voorburg in der Nähe des Haag und später (1670) nach dem Haag selbst. Auch hier hatte er viele Freunde, zum Teil hochgestellte Männer, wie die Gebrüder de Witt. Seine Lebensweise war einfach, und in Geldverhältnissen zeigte er grofse Uneigennützigkeit gegen Verwandte und Freunde. Eine heitere und frohe Stimmung bezeichnete die Weise, wie er das Leben nahm. „Weshalb," fragt er in seiner Ethik, „soll man lieber den Hunger und den Durst stillen, als die Schwermut verscheuchen? Meiner Überzeugung nach kann keine Gottheit und überhaupt keiner, der nicht neidisch ist, über meine Ohnmacht oder mein Unglück Freude fühlen oder mir Thränen, Schluchzen und Furcht als Verdienst anrechnen: im Gegenteil, je gröfsere Freude wir fühlen, zu desto gröfserer Vollkommenheit gehen wir über, das heifst, um so mehr werden wir der göttlichen Natur teilhaft. Deshalb wird der Weise sich an Speise und Trank laben und stärken, wie auch an Wohlgeruch, Blumen, Musik, geschmackvoller Kleidung, Leibesübungen und Schauspielen." Trotz seiner mystischen Ader war Spinoza kein Asket. In seinem Leben wie in seiner Philosophie ging das Streben, in einem einzigen Gedanken aufzugehen, Hand in Hand mit dem Sinne für die mannigfaltige Wirklichkeit, deren inneres Gesetz seiner Auffassung zufolge eben durch diesen Gedanken ausgedrückt wird. Sowohl sein Leben als seine Philosophie wird verzeichnet, wenn man nicht stets die verschiedenen Strömungen, die sich in ihm thatsächlich bewegten, vor Augen hat, obschon er vielleicht nicht (wie er glaubte) das erlösende Wort gefunden hat, das alle diese Strömungen zu ihrem vollen Recht und zur gegenseitigen Versöhnung kommen lassen konnte.

Die erste von Spinoza herausgegebene Schrift war eine Darstellung der Cartesianischen Philosophie (1663), anfänglich auf einen jungen Mann (den erwähnten Albert de Burgh) berechnet, den er noch nicht in seine eigne Philosophie einweihen wollte. Charakteristisch ist es, dafs er auf diese Weise den Cartesianismus als Einleitung zu seiner eignen Lehre betrachtete. An der „Ethik" arbeitete und feilte er unablässig. Nur sehr behutsam teilte er sie andern mit; bevor er seinen Schülern erlaubte, Fremden die Handschrift zu zeigen, zog er sorgfältige Erkundigung über deren Charakter und Verhältnisse ein. So verweigerte er seinem Freunde Tschirnhausen die Erlaubnis, Leibniz die Ethik zu zeigen; erst nach längerem persönlichen Verkehr mit Leibniz zeigte er selbst diesem sein Hauptwerk. Nach einer von Tönnies[59]) aufgestellten Hypothese wurden die beiden ersten Bücher der Ethik für sich ausgearbeitet, wogegen die realistische Psychologie des dritten Buches, die Hobbes' Einflufs verrät, der sich auch in der Staatslehre geltend macht, später zur Ausarbeitung gekommen zu sein scheint. Hierdurch werden mehrere Widersprüche der Darstellung im zweiten und dritten Buche erklärlich. Im

Vergleich mit dem „kurzen Traktat" bezeichnet die Ethik den
Fortschritt, dafs Spinoza das Verhältnis zwischen Geist und
Materie jetzt nicht mehr als ein Kausalverhältnis, sondern als
ein Identitätsverhältnis auffafst. Spinoza nahm mehrere Anläufe zur Herausgabe dieses seines Hauptwerkes, gab sie aber
wieder auf, da schon das Gerücht von der Herausgabe grofse
Bewegung erregte. Seit dem Erscheinen des *Theologisch-politischen Traktats* (1670) war er übel angeschrieben, wiewohl
er hierin sein eigentliches System noch nicht entwickelt hatte.
Das Buch verteidigte die Religionsfreiheit als ein Menschen-
recht, unter besonderem Hinweis darauf, dafs die Verschiedenheit der Persönlichkeiten auch Verschiedenheit des Glaubens
herbeiführen müfste. Aufserdem enthielt dasselbe eine rein
historische Untersuchung der biblischen Schriften (besonders
der alttestamentlichen, deren späte Entstehung behauptet wird)
und eine psychologische Charakteristik der Verfasser. Es wird
bestimmt unterschieden zwischen der Religion, deren Zweck
ein praktischer sei, da sie darauf abziele, das Gemüt der
Menschen zum Gehorsam und zur Sittlichkeit zu führen, und
der Wissenschaft, die einen rein theoretischen Zweck habe;
und auf Basis dieses Unterschiedes wird der Wissenschaft
völlige Freiheit zugesprochen. Schliefslich wird gegen den
Glauben an Wunder polemisiert, da die Gesetze der Natur
die Gesetze des eignen Wesens Gottes seien. — Diese Schrift,
die so viele Zukunftsgedanken enthielt, wurde als ein Inbegriff
aller Gottlosigkeit betrachtet. Die Erfahrungen, die Spinoza
bei dieser Gelegenheit machte, bewogen ihn nicht nur, seine
„Ethik" zurückzuhalten, sondern auch eine Aufforderung zur
Übernahme eines Professorats in Heidelberg abzulehnen; er
befürchtete — trotz aller Versprechen — keine hinlängliche
Lehrfreiheit zu erhalten. — Eine angeerbte Brustkrankheit,
die seit langen Jahren seine Gesundheit untergraben hatte,
führte den Tod herbei (21. Februar 1677). Über seinen Tod
wie über sein Leben waren wilde Gerüchte verbreitet, die
der wahrheitsliebende Colerus nach genauer Untersuchung
widerlegt hat — obgleich er selbst erstaunt ist, dafs ein Freigeist einen so schönen Wandel führen und eines so ruhigen
Todes sterben konnte, und obgleich er es anstöfsig findet, dafs

Spinozas Barbier in einer an die Sterbemasse eingereichten Rechnung seinen verstorbenen Kunden den „seligen Herrn Spinoza" nennt! —

In Spinozas persönlicher Entwickelung sehen wir also die verschiedenen Elemente seines Systems von verschiedenen Seiten zum Vorschein kommen. Es wird nun die Aufgabe sein, mittels Analyse des fertigen Systems zu betrachten, wie er diese Elemente in Verbindung brachte, und ob und wie weit diese Verbindung ihm wirklich gelang.

b) Erkenntnislehre.

Wollte man bei der Darstellung von Spinozas Systeme seiner eignen „Ethik" folgen, so müfste man mit gewissen Definitionen und Grundsätzen beginnen und aus diesen wieder eine Reihe von Lehrsätzen ableiten. Dann würde die Frage unbeantwortet bleiben, wie Spinoza zu seinen Definitionen und Grundsätzen kam, die das ganze System in sich enthalten, — und eigentlich ist es ja doch diese Frage, die in historischer Beziehung das gröfste Interesse hat. Fängt man, wie Spinoza selbst, auf kahlem Boden mit den Definitionen und Grundsätzen an, so liegt die Vermutung am nächsten, dafs diese ersten Prinzipien entweder rein willkürlich aufgestellt werden (wie Hobbes glaubte) oder auch Gegenstand unmittelbaren Anschauens sind. Keins von beiden war Spinozas Ansicht. Indem er der Mode der damaligen Zeit folgte, die eine streng deduktive Darstellung verlangte, hat er deswegen Anlafs gegeben, dafs sein System mifsverstanden wurde. Aus der, leider, unvollendeten Abhandlung „über die Verbesserung des Verstandes" ist zu ersehen, dafs er der wissenschaftlichen Methode ernstes Nachdenken widmete und gesonnen war, eine Art induktiver Logik zu verfassen. In gewissem Sinne läfst sich sagen, dafs die Prinzipien, auf welche Spinoza die deduktive Darstellung in der „Ethik" stützt, von ihm dadurch gewonnen sind, dafs er den Voraussetzungen, auf denen unsere empirische Erkenntnis der Welt beruht, nachforschte und sie konstruierte.

Versteht man unter Erfahrung nur eine Auffassung der Dinge, wie diese sich uns unwillkürlich und zufällig darstellen, so gibt sie uns keine wahre Erkenntnis. Sie begnügt sich mit dem Gegebenen, wie dies zu bestimmter Zeit und an bestimmtem Orte auftritt, und es setzt sich dann eine Ansicht im Bewufstsein fest, nur weil sich bisher keine widerstreitenden Thatsachen zeigten, ohne dafs wir Gewähr hätten, dafs es keine solchen gibt. Diese Art der Erfahrung nennt Spinoza die experientia vaga; sie entspricht Bacons inductio per enumerationem simplicem. Die wahre Erkenntnis mufs eine Vernunfterkenntnis sein, die sich nicht mit der einzelnen gegebenen Erscheinung begnügt, sondern dieselbe als die Folge eines allgemeinen Gesetzes, als einzelne Äufserung einer allgemeinen Ordnung der Dinge erblickt, die sich weit über diese hinaus erstreckt. Die Vernunfterkenntnis betrachtet die empirisch gegebenen Erscheinungen in ihrem bestimmten inneren Zusammenhange, und in diesem findet sie die Erklärung jeder einzelnen Erscheinung. Die Vernunfterkenntnis (ratio) geht von dem Gegebenen aus. Spinoza schärft die Notwendigkeit ein, „dafs wir unsere Begriffe stets aus realen Wesen ableiten, indem wir, soweit möglich, der Reihe der Ursachen folgen." Es mufs also zuerst eine Darstellung von Thatsachen beschafft werden, aus denen darauf die Grundbegriffe und die Grundsätze abzuleiten sind. In seiner „theologisch-politischen Abhandlung" zieht Spinoza eine Analogie zwischen der Auslegung eines Buches (der Bibel) und der Erklärung der Natur. Zuerst mufs dargelegt werden, was der gegebene Inhalt ist. Darauf mufs man sich gewisser allgemeiner, an jedem Punkte zur Geltung kommender Verhältnisse und Gesetze versichern. Mit Bezug auf die physische Natur sind dies die Gesetze der Bewegung; mit Bezug auf die geistige Natur möchte Spinoza zunächst die Gesetze der Association der Vorstellungen nennen. Mit einem Worte: die Idee der in allen Dingen waltenden Gesetzmäfsigkeit offenbart sich in den einzelnen wechselnden Erscheinungen und nur sie macht uns jede einzelne derselben erklärlich. In dieser Gesetzmäfsigkeit offenbart sich dem Spinoza das wahre, ewige Wesen der Dinge. Nicht eben zur Förderung der Klarheit nennt er die allgemeinen Gesetze der Erscheinungen „die festen und ewigen Dinge, von denen die veränderlichen Einzeldinge auf so innige und wesentliche Weise abhängig sind, daſs sie ohne dieselben weder existieren können noch sich begreifen lassen". Diese Gesetze offenbaren sich ebenso vollständig in der Natur als Totalität, als in deren einzelnen Teilen. Auf sie muſs man zurückgehen, wenn man zum Abschluſs der Erkenntnis gelangen will. Die Reihe der Erscheinungen ist unendlich, unerschöpflich; hier können wir fortfahren, von Glied zu Glied zu gehen. Die wahre Erkenntnis aber betrifft das die Glieder Verbindende, das also überall vorhanden ist. Und wie Spinoza entschiedenen Unterschied macht zwischen der aus „den festen und ewigen Dingen", die mit den Gesetzen der Erscheinungen eins sind, bestehenden Kausalreihe und der Reihe von Erscheinungen, die in ihrer gegenseitigen Beziehung auch Ursachen und Wirkungen heiſsen, so sondert er nicht weniger entschieden zwischen den allgemeinen Gesetzen, die ihm ebensowohl eine Realität (entia realia) sind als die einzelnen Erscheinungen, und den Gemeinbegriffen (abstracta et universalia), die keine objektive Realität besitzen.

Die Wahrheit und Gültigkeit unserer Erkenntnis beruhen nach Spinoza nicht auf einem äuſseren Merkmale, nicht auf Übereinstimmung mit etwas auſserhalb derselben. Es sind die aus vollkommener Konsequenz herrührende Klarheit und Deutlichkeit, die uns die Gewiſsheit von der Wahrheit geben. Ein Irrtum beruht stets darauf, daſs ein Beschränktes und Isoliertes zu einem Ganzen gemacht wird. Der Irrtum verschwindet, wenn man nur aus den unrichtigen Voraussetzungen, in denen man befangen ist, mit strenger Konsequenz fortschreitet: Intellectio fictionem terminat. An der strengen logischen Folgerichtigkeit besitzt unser Denken also eine Norm der Wahrheit, die es überall anwenden kann, auch da, wo es irre geht. Die Wahrheit, sagt Spinoza, erleuchtet sowohl sich selbst als den Irrtum (veritas norma sui et falsi est), ebenso wie das Licht sowohl sich selbst als die Finsternis kundgibt. Der Ausgangspunkt all unseres Forschens wird nun ganz natürlich die Untersuchung der Wahrheitsregel, die eben durch die Natur unsers Verstandes gegeben ist. Diese ist die Grundlage, auf der wir bauen, wenn wir dem Ewigen und Notwendigen der Dinge, dem allen Dingen zu Grunde Liegenden (res omnium prima) nachforschen.

Spinoza deutet hier an, dafs wir nur mittels unsrer subjektiven Vernunft „die ewigen Dinge", „das erste aller Dinge" der Natur finden können. Hätte er diese Andeutung weiter verfolgt, so würde das Erkenntnisproblem sich ihm in seiner ganzen Schärfe dargestellt haben: mit welchem Rechte glauben wir, dafs die Existenz selbst die Norm beobachtet, die für das gegenseitige Verhältnis unsrer Gedanken gültig ist? Dieses Problem entstand ihm aber nicht. Ihm steht es fest, dafs unsere vernünftigen Voraussetzungen auch die der Dinge sind, ja, dafs das Ewige der Dinge ihnen entspricht; eine objektive Weltordnung entspricht der subjektiven Gedankenordnung. Zwischen den objektiven Gegenständen unsrer Gedanken (welche Spinoza durch den scholastischen Ausdruck essentiae formales bezeichnet) findet dasselbe Verhältnis statt wie zwischen unseren Gedanken untereinander. Dem, was unser erster Gedanke ist, aus welchem alle anderen Gedanken abgeleitet werden, entspricht, was in der Existenz das erste Ding, der Urheber und die Quelle aller anderen Dinge ist. Hiermit steht es in Verbindung, dafs Spinoza diejenigen Gesetze, welche die einzelnen Erscheinungen erklären, als Dinge oder Wesen bezeichnet. Er will hierdurch ausdrücken (können wir von unserem Standpunkt aus sagen), dafs der Zusammenhang, der die Dinge verständlich mache, ebensowohl eine Realität sei als die einzelnen losgerissenen Dinge jedes für sich, ja, dafs derselbe, da er ewig und allumfassend sei, in weit höherem Mafse als diese den Namen einer Realität verdiene. Indem aber Spinoza die Gesetze oder den gesetzmäfsigen Zusammenhang Dinge oder Wesen nennt, ohne welche die einzelnen Erscheinungen nicht existieren könnten oder begreiflich wären, haben wir hiermit den Ursprung und die Bedeutung dessen erhalten, was er in seiner deduktiven Darstellung Substanz nennt. Denn unter Substanz versteht er, was an und für sich existiert und aus sich selbst verstanden wird, und wodurch alles andere existiert und verständlich ist. Spinozas Substanz, der Grundbegriff seiner ganzen Philosophie, ist also eigentlich die als ein Ding oder ein Wesen vorgestellte Kausalität. Denn die Kausalität, das Verhältnis der Ursächlichkeit, versteht sich nach Spinoza von selbst und macht uns alles andere verständlich. Und da nun das Kausalverhältnis die Voraussetzung für die Erkenntnis der realen Existenz ist, die sich uns durch die Erfahrung kundgibt, so sehen wir, dafs Spinozas ganze Philosophie eine Konstruktion der für alle wissenschaftliche Erfahrung gültigen Voraussetzungen, wodurch diese Voraussetzungen mit dem innersten Wesen der Dinge identisch werden, genannt werden kann. Die Kausalität oder Ursächlichkeit, die von Spinoza als reale Macht gedacht wird, von welcher die einzelnen Dinge abhängig sind, und in welcher sie existieren, entspricht nun aber bei ihm wieder der Notwendigkeit, mit welcher wir aus Prämissen Schlüsse ableiten, oder mit andern Worten: Spinoza macht keinen Unterschied zwischen Grund und Ursache; das Kausalverhältnis ist ihm kein zeitliches Verhältnis, in welchem die Ursache vorausgeht und die Wirkung hinterher folgt, sondern ein ewiges Urverhältnis; das Verhältnis zwischen den „festen und ewigen Dingen" (oder „dem ersten aller Dinge") und den einzelnen Erscheinungen ist nicht so, dafs zuerst jene existierten, und diese darauf als deren Wirkungen entstanden. Nach Spinoza fällt für die wahre Erkenntnis das zeitliche Verhältnis weg. Die Vernunfterkenntnis ist nach ihm eine Auffassung der Dinge „unter dem Gesichtspunkte der Ewigkeit" (sub specie aeterni): sie fafst nur dasjenige in den Dingen ins Auge, wodurch sich die ewige Notwendigkeit in denselben kundgibt, und erblickt sie nur als Beispiele dieser Notwendigkeit. Den Kausalsatz selbst betrachtet Spinoza als einen notwendigen Vernunftsatz. In der Ethik stellt er als Grundsatz auf, ein Ding müsse seine Ursache entweder in sich selbst oder in etwas anderem haben. Da nun die Substanz, das, was durch sich selbst existiert und verständlich ist, ihre Ursache nicht in einem anderen haben könne, müsse sie ihre Ursache in sich selbst haben und also mit Notwendigkeit existieren. Leugne man diesen Satz, so müsse man ebenfalls den Satz leugnen, dafs jedes Ding notwendigerweise eine Ursache (entweder in sich oder aufser sich) haben müsse. Und dafs es ein Vernunftsatz sei, gehe gleichfalls daraus hervor, dafs das Verhalten zweier Dinge zu einander als Wirkung und Ursache bedeute, der Begriff des einen Dinges lasse sich aus dem des anderen ableiten; die Erkenntnis der Wirkung sei nur die Erkenntnis einer speziellen Eigenschaft der Ursache; die beiden Begriffe hätten etwas miteinander gemein. Nur wenn auf diese Weise das zeitliche Verhältnis und überhaupt *der Unterschied zwischen Ursache und Wirkung wegfällt*, so dafs die Wirkung als logische Konsequenz der Ursache erblickt wird (was allerdings die ideale Vollendung der Erkenntnis sein würde), kann die Substanz oder „die ewigen Dinge" die Ursache der Erscheinungen genannt werden. Und nur unter Voraussetzung dieser Verwechselung von Grund und Ursache wird es verständlich, wie Spinoza hoffen konnte, eine rein rationelle Erkenntnis der Existenz aufzubauen, oder, wie man es auch ausdrücken kann, die Existenz als ein im innersten Wesen Rationelles zu erkennen. Das Gegenstück zu Spinoza wird hier von der Auffassung gebildet, die schon Brooke und Glanvil (wie auch die Okkasionalisten) andeuteten, und die Hume später durchführte: dafs Ursache und Wirkung *ganz verschiedene* Dinge seien, eine Ansicht, die zum Zweifel an der Verständlichkeit der Existenz führen mufs. —

Die Vernunfterkenntnis (ratio) bringt uns zwar zum Erblicken des Ewigen und Notwendigen in den Dingen, ist aber nach Spinoza doch nicht die höchste Form der Erkenntnis. Dieselbe zeigt uns noch das universelle Gesetz und die einzelnen Erscheinungen als Gegensätze, und das Denken ist hier noch diskursiv, gewinnt sein Resultat durch Vergleichen und Schliefsen. Die höchste Form der Erkenntnis ist nach Spinoza die intuitive, in welcher die einzelne Erscheinung als gleichsam von der allgemeinen Ordnung der Dinge durchstrahlt unmittelbar erblickt wird, wie ich z. B. unmittelbar sehe, dafs zwei Linien Parallelen sind, wenn sie jede für sich mit einer und derselben dritten parallel laufen, oder wie ich in dem Wissen, das ich von einer Sache besitze, zugleich unmittelbar erschaue, was dazu gehört, eine Sache zu wissen. Der Unterschied zwischen dem Universellen und dem Individuellen ist hier ganz verschwunden; die Einheitlichkeit beider wird mit einem einzigen Blicke geschaut. Es ist Spinozas höchstes Ziel, möglichst viel auf diese unmittelbare, intuitive Weise zu ver-

stehen. Im letzten Buche der „Ethik" sucht er die einzelne
Seele in ihrer innigen Einheitlichkeit mit dem ewigen Wesen
zu verstehen: eine Intuition, die den Abschluſs seines theoretischen und praktischen Strebens bildet. Die Hauptbedingung,
um sich bis zu dieser Intuition zu erheben, sei, daſs man sich von
der äuſseren, zufälligen Erfahrung losmache und mit Hilfe der
Vernunfterkenntnis den notwendigen Zusammenhang finde.
Es ist indes nicht leicht, einen scharfen Unterschied zwischen
Vernunfterkenntnis und Intuition durchzuführen, denn beide
zeigen uns die Dinge „unter dem Gesichtspunkte der Ewigkeit", und ferner: in seiner Beschreibung des intuitiven Wissens
sagt Spinoza, dieses *schreite fort* von einem vollkommenen
Begriffe von dem Wesen gewisser göttlicher Eigenschaften bis
zur vollkommenen Erkenntnis des Wesens der Dinge": hier
ist das Diskursive also nicht gänzlich weggefallen. — Was
Spinoza bezweckt, ist nichts Geringeres als das höchste Ziel
aller Erkenntnis: Individualität und Kontinuität, das Einzelne
und den ganzen Zusammenhang auf möglichst innige Weise
zu vereinen. Dies gelingt ihm nur, indem er eine Anschauung
postuliert, die bald an die künstlerische Auffassung, bald an
das mystische Erschauen erinnern mag, je nachdem der Nachdruck auf das individuelle oder auf das universelle Moment
gelegt wird. —

Sehr zu bedauern ist es, daſs Spinoza nicht zur Vollendung seiner Erkenntnislehre kam. Das Fragment, das wir
besitzen, zeigt jedoch, daſs die begründenden Definitionen und
Axiome bei ihm nicht wie ein Blitz aus heiterem Himmel
kommen, sondern auf Grundlage einer Reflexion über die
Voraussetzungen alles Verständnisses der Existenz konstruiert
werden. Das Dogmatische bei Spinoza tritt in der Sicherheit
auf, mit der er diese Voraussetzungen aufstellt und als Realitäten behandelt, nicht aber darin, daſs er die Existenz solcher
Voraussetzungen durchaus übersehen hätte.

c) Systematische Grundbegriffe.

α. Wenn Spinoza seine deduktive Darstellung mit einer
Definition dessen, was er unter der Ursache seiner selbst und
unter der Substanz versteht, und mit der Aufstellung des

Grundsatzes beginnt, was in nichts anderem seine Ursache habe, müsse diese in sich selbst haben, so hat er hiermit die Möglichkeit einer abschliefsenden Erkenntnis der Existenz eigentlich nur postuliert. Die Existenz würde sich nicht erkennen lassen, wenn der Kausalsatz nicht gültig wäre, und die Kausalerkenntnis würde nicht zum Abschlufs kommen können, wenn es nicht ein Etwas gäbe, das seine Ursache in sich selbst hätte und den forschenden Gedanken nicht wieder auf etwas anderes zurückwiese, wie jede einzelne Erscheinung dies thut. Definiert Spinoza die Substanz als „dasjenige, was in sich selbst existiert und durch sich selbst verstanden wird, d. h. dasjenige, dessen Begriff keines anderen Dinges Begriff bedarf, aus dem er gebildet werden sollte" (per substantiam intelligo id, quod in se est et per se concipitur, hoc est id, cujus conceptus non indiget conceptu alterius rei, a quo formari debeat), so hat er dennoch hiermit, seiner Auffassung zufolge, keine rein subjektive Begriffsbestimmung gegeben, sondern eine objektive Thatsache, eine gegebene Realität formuliert. Für ihn gibt es keinen Zweifel, dafs die Substanz existiert. Deren Existenz ist gegeben; wenn wir aber darüber nachdächten, was die Substanz sei, würden wir einsehen, dafs ihre Existenz auch notwendig sei, weil es nichts gebe, das sie auszuschliefsen vermöchte, da sie ihre Ursache in sich selbst habe. Ebenfalls folgt aus dem Wesen der Substanz, dafs sie nicht entstehen oder vergehen kann; dafs sie sich nicht teilen und nicht beschränken läfst; dafs es nur eine einzige Substanz geben kann. Alles andere, dem wir Existenz beilegen, können also nur Eigenschaften (attributa) der einen Substanz oder einzelne Erscheinungen (modi, Arten) sein, durch die sie sich offenbart. Dafs sich in der Existenz verschiedene Eigenschaften (wie Bewufstsein und Ausdehnung) zeigen, die wir nicht auf eine gemeinschaftliche Form zurückzuführen vermögen, berechtigt nicht (wie Descartes meinte) zu dem Glauben an verschiedene Substanzen: sie müssen als verschiedene Eigenschaften oder Attribute einer und derselben Substanz aufgefafst werden. Ebensowenig sind wir berechtigt, weil die Erfahrung uns eine Mannigfaltigkeit endlicher Dinge oder zeitlich und räumlich getrennter Erscheinungen zeigt, an eine Mannigfaltigkeit von Substanzen zu glauben. Die Existenz der endlichen Dinge oder Erscheinungen ist durchaus eine bedingte, und wahre Existenz (Substantialität) kann nur der allgemeinen Ordnung der Dinge, dem umfassenden Wesen, das der Träger aller Dinge ist, beigelegt werden.

β. Mit dem Begriffe der Substanz ist für Spinoza der Gottesbegriff und der Begriff der Natur identisch. Sein Begriff der Substanz deutet auf den Cartesianismus und die Scholastik zurück, sein Begriff der Natur auf Bruno und die Renaissance, und sein Gottesbegriff auf die religiösen Ideen, die zu allererst sein Denken in Bewegung setzten. Als das unendliche Wesen, das sich unter einer Unendlichkeit von Attributen offenbart, heifst die Substanz Gott. Alles, was von der Substanz gesagt wird, mufs also auch von Gott gelten, so dafs alles, was ist, in Gott ist und ohne Gott weder existieren noch begriffen werden kann. Sowohl Materie (Ausdehnung) als Geist (Bewufstsein) sind mithin göttliche Attribute, bezeichnen keine Wesen aufser Gott, und ebensowenig existieren die einzelnen Dinge oder Erscheinungen (modi) aufser Gott. Ebensowenig wie Gott etwas aufser sich hat, ebensowenig finden sich Unterschiede oder Gegensätze in Gottes Wesen; hier gibt es keinen Unterschied zwischen Möglichkeit und Wirklichkeit, keinen zeitlichen Unterschied. Alles, was aus Gottes Wesen folgt, folgt mit ewiger Notwendigkeit; Gottes Freiheit besteht eben in dieser durch sein Wesen bestimmten Notwendigkeit. Wenn Gott die Ursache der Dinge heifst, so ist wohl zu beachten, dafs Ursache und Wirkung hier nicht zwei verschiedene Dinge sind, sondern dafs die Wirkung eine Offenbarung des Wesens der Ursache ist. Gottes Werk ist nicht von ihm selbst verschieden, so wie das Werk eines menschlichen Meisters. Gott ist die Ursache der Dinge in demselben Sinne, in dem er seine eigne Ursache ist; er ist innewohnende (immanente), nicht aber überschreitende (transcendente) Ursache: sein Werk bleibt in ihm, und er in seinem Werke; über den Umfang seines Wesens hinaus kann er nicht kommen. Allerdings ist zwischen Gott und der Gesamtsumme aller einzelnen Erscheinungen (modi) zu unterscheiden: die

Erscheinungen machen die erzeugte Natur (natura naturata) aus; Gott ist die erzeugende Natur (natura naturans). Eine äufsere Sonderung existiert aber nicht. Spinoza zufolge ist es eine rein *abstrakte* Betrachtungsweise, wenn wir die einzelnen Erscheinungen als von der „Gesamtordnung der Natur", also von der Substanz, der erzeugenden Natur isoliert betrachten. Hierdurch würfen wir die Bedingungen weg, um sie zu verstehen. Die Existenz *abstrakt und oberflächlich*, wie sie sich den Sinnen und der Phantasie in dem isolierten Auftreten der Erscheinungen darstellt, erblicken, ist für Spinoza das Gegenstück davon, sie *als Substanz* und mittels des Verstandes zu erblicken. Jede einzelne Erscheinung ist nur eine beschränkte Form der einzigen unendlichen Substanz, entstanden durch eine Negation, ein Aufgeben aller anderen Formen, unter welcher die Substanz auftritt. Jede besondere Bestimmung ist eine Negation[60]).

γ. Die Substanz, Gott oder die Natur tritt unter verschiedenen Eigenschaften oder Attributen auf. „Unter Attribut verstehe ich," sagt Spinoza, „das, was der Verstand von der Substanz als deren Wesen ausmachend (konstituierend) auffafst." Unter den unendlich vielen Attributen, die das unendliche, Gott oder die Natur genannte, Wesen besitzt, kennen wir nur zwei, den Geist und die Materie. Das Wesen Gottes oder der Natur erscheint uns nur unter diesen beiden Formen, als teils in der Welt der materiellen, teils in der der geistigen Erscheinungen thätig. Spinozas Verhalten zur Erfahrung tritt hier klar hervor. Nicht nur ist es eine Sache der Erfahrung, dafs wir nur zwei Attribute kennen, sondern auch die Definition von dem Begriffe des Attributs stützt sich auf Erfahrung, auf die Thatsache nämlich (die Spinoza in der Zwischenzeit zwischen dem „kurzen Traktat" und der definitiven Ausarbeitung der „Ethik" eingesehen haben mufs), dafs das Geistige und das Materielle jedes seinen eignen Gesetzen gemäfs zu verstehen ist. Der Unterschied der beiden Gebiete wird also ein irreduktibler; wir vermögen das Geistige nicht aus dem Materiellen und das Materielle nicht aus dem Geistigen abzuleiten; aber innerhalb der geistigen Welt für sich und innerhalb der materiellen Welt für sich können wir Zusammenhang und Kausalität nachweisen. Die Thatsache, dafs das Geistige und das Materielle irreduktible Verschiedenheiten der Existenz sind, drückt Spinoza dadurch aus, dafs er sie Attribute nennt, und dafs er ein Attribut als dasjenige definiert, was das Wesen der Substanz ausdrückt: denn Substanz ist ja, was in sich selbst existiert und durch sich selbst verstanden wird. Von dem einen Attribut darf man nicht den Sprung zu einem andern machen. „Solange die Dinge," sagt Spinoza, „als geistige Erscheinungen (modi cogitandi) betrachtet werden, müssen wir (debemus) die Ordnung der Natur oder den Kausalzusammenhang durch das Attribut des Geistes allein erklären; und solange wir dieselben als materielle Erscheinungen (modi extensionis) betrachten, mufs (debet) die ganze Ordnung der Natur durch das Attribut der Ausdehnung allein erklärt werden." Es gibt also nur eine einzige Substanz, einen einzigen Kausalzusammenhang, aber dieser läfst sich auf zweifache Weise betrachten. Schwerlich war es indes Spinozas Meinung, dafs die Attribute nur Gesichtspunkte sein sollten, die *wir* an die Substanz anlegten[61]). Er sagt ja ausdrücklich, Attribut sei, was der Verstand als das Wesen der Substanz *konstituierend* auffasse, und es läfst sich nicht nachweisen, dafs Spinoza bezweifelt habe, ob das, was unser Verstand als konstituierend auffafst, auch wirklich konstituiert. Wenn er also sagt, wir *müfsten* das Geistige durch Geistiges und das Materielle durch Materielles erklären, so ist dies eine Notwendigkeit, die ihm wie alle Notwendigkeit ein Ausdruck für das ewige Wesen der Existenz ist.

Fragt man, woher es eigentlich kommt, dafs man die geistige Seite der Existenz nicht durch die materielle und die materielle nicht durch die geistige zu erklären vermag, so ist die Antwort in dem von Spinoza aufgestellten Ideal der Kausalerklärung enthalten, dem zufolge Ursache und Wirkung gleichartig sein müssen (4. und 5. Axiom im ersten Buche der Ethik). In einem Briefe (Ep. 4 in der Ausgabe von Land und van Vloten) sagt Spinoza noch deutlicher: „Wenn zwei Dinge nichts miteinander gemein haben, kann das eine nicht die Ursache des anderen sein; denn da in der Wirkung nichts sein würde, das auch in der Ursache wäre, so würde alles, was in der Wirkung wäre, aus nichts entstanden sein." Hält man diesen Grundsatz konsequent vor Augen, so hat man den Schlüssel zu Spinozas ganzem System. Aus ihm folgt nämlich die Lehre von Gott oder der Substanz als der allen Erscheinungen (modi) *innewohnenden* Ursache, also die Aufhebung des theologischen Dualismus von Gott und Welt. Und aus ihm folgt ferner die Unmöglichkeit, dafs die Ursache materiell und die Wirkung geistig, oder umgekehrt, sein kann, also die Lehre von Geist und Materie als Äufserungen einer und derselben Existenz, eines und desselben Kausalzusammenhanges, und mithin die Aufhebung des spiritualistischen Dualismus von Seele und Körper. Wie die *allgemeine* erkenntnis-theoretische Erwägung der Bedingungen, welche das Verständnis des in der Erfahrung Gegebenen ermöglichen, Spinoza zur Aufstellung des Substanzbegriffes (als des Begriffes der hypostasierten Kausalität) bewog, so führte ihn die *spezielle* Betrachtung der Möglichkeit, das Geistige und das Materielle zu verstehen, zur Lehre von den Attributen. Bedingt ist diese wesentlich durch die Überzeugung von der Möglichkeit, die materielle Seite der Existenz als ein kontinuierliches Ganze aufzufassen, und durch die Überzeugung von der Unmöglichkeit, aus diesem die geistige Seite der Existenz abzuleiten. Spinoza macht Front sowohl gegen Descartes als gegen Hobbes. Seine Attributtheorie ist ein Versuch, die Schwierigkeiten zu lösen, an denen der Cartesianismus und der Hobbesianismus (der Spiritualismus und der Materialismus) litten. Er setzte dem Spiritualismus und dem Materialismus eine neue, originale Hypothese entgegen.

Spinoza hat diese Bedeutung der Attributlehre nicht streng behauptet. Mit dem Probleme von dem Verhältnisse zwischen Geist und Materie vermengte er an mehreren Orten das Problem von dem Verhältnisse zwischen der Erkenntnis und deren Gegenstande. Es ist leicht zu ersehen, dafs dies zwei verschiedene Probleme sind; denn sowohl Geist als Materie (die Existenz sowohl von der geistigen als der körperlichen Seite) ist Gegenstand der Erkenntnis, und das Erkenntnisproblem entsteht inbetreff aller Seiten, von denen die Existenz sich erblicken läfst. Da nun Spinoza aber als dogmatischer

Philosoph sich ruhig auf die Übereinstimmung unsrer Vernunft mit dem Wesen der Dinge verliefs, mufste er — wie schon entwickelt — glauben, dafs jedem Denkverhältnisse ein Verhältnis in der Existenz entspreche. Und diese *erkenntnistheoretische* Identitätslehre vermischte er mit der *psychophysischen* Identitätslehre, die durch seine Lehre von den Attributen ausgedrückt wird. Wenn er behauptet: „die Ordnung und die Verbindung der Vorstellungen sind dieselben, wie die Ordnung und die Verbindung der Dinge" (Eth. II, 7), so ist dieser Satz zweideutig, da er sich sowohl erkenntnistheoretisch als psychophysisch verstehen läfst. Spinoza selbst verstand ihn zunächst erkenntnistheoretisch. Dies ist aus dem Beispiel zu ersehen: meinem Begriffe eines Kreises entspricht der in der Natur existierende Kreis (Eth. II, 7 Schol.). Psychologisch gesehen hätte es heifsen müssen: meiner Vorstellung von dem Kreise entspricht der Zustand, in welchem sich mein Gehirn befindet, wenn ich diese Vorstellung habe. Wenn Spinoza aber in unmittelbarem Zusammenhange hiermit behauptet, geistige Erscheinungen müfsten durch geistige, materielle durch materielle Erscheinungen erklärt werden, so gerät er hier an ein ganz andres Problem. Im dritten Buche der Ethik, wo der Gesichtspunkt ein psychologischer, kein erkenntnistheoretischer ist, wendet er die Lehre von den Attributen denn auch rein psychophysisch an. — Diese Verwechselung steht ganz natürlich damit in Verbindung, dafs bei Spinoza das Erkenntnisproblem nicht als durchaus selbständiges Problem auftritt. Nur bei einer kritischen Revision unsrer Erkenntnis — mit Bezug auf deren Vermögen, sowohl die geistige als die materielle Seite der Existenz zu erkennen — tritt der Unterschied der beiden Probleme klar hervor[62]).

Wie nach Spinoza eine innige Beziehung (eine innewohnende, immanente Beziehung) zwischen der Substanz (Gott oder der Natur) und den einzelnen Erscheinungen besteht, so müssen ihm auch die grofsen Grundformen und Grundeigenschaften, welche die Existenz darbietet, Attribute der Substanz sein. Demnach erklärte Spinoza in kühner Konsequenz die Materie oder die Ausdehnung für ein göttliches Attribut. Die Materie ist nach der gewöhnlichen theologischen Auffassung nur ein Abgeleitetes, ein Erzeugnis des Geistes. Ebensowenig wie Bruno und Böhme konnte Spinoza sich mit dieser Auffassung, die ja besonders seinem Grundgedanken von dem innewohnenden Kausalverhältnisse widerstreitet, beruhigen. Bei Spinozas Lehre von der Materie als göttlichem Attribute ist wohl zu beachten, dafs er unter Materie hier das Substantielle der materiellen Erscheinungen versteht, dasjenige in diesen, das unter allen Veränderungen und trotz aller Teilungen andauert, und das weder leiden, noch entstehen oder vergehen kann. Die materielle Seite der Existenz ist ebensowohl als die geistige eine Offenbarung der Gottheit oder der Substanz; der „unendlichen Denkkraft" (potentia infinita cogitandi) der letzteren entspricht die unendliche materielle Ausdehnung, deren die einzelnen Erscheinungen Teile sind. Das der Welt zu Grunde Liegende, von welcher Seite es auch betrachtet werden möchte, ist der Kausalzusammenhang und die Einheitlichkeit, die der Kausalzusammenhang bezeugt.

δ. Die einzelnen Erscheinungen (modi) sind, wie schon erwähnt, die verschiedenen Arten, wie die Substanz innerhalb der verschiedenen Attribute auftritt. Da die Attribute für die Substanz gelten, so gelten sie ebenfalls für die einzelnen modi: jede einzelne Erscheinung läfst sich daher von unendlich vielen Seiten aus betrachten, ebenso wie die gesamte Existenz, deren sie ein Glied oder ein Teil ist, nur dafs wir nicht mehr als zwei dieser Seiten kennen. Die Definition des modus ist: eine Bestimmung der Substanz, oder: das, was in einem anderen existiert, durch welches es ebenfalls verständlich wird. Als affectio substantiae wird der modus nur durch die Substanz verstanden und hat in dieser seine Existenz — man möchte sagen, ebenso wie die einzelne Welle nur als Teil des Meeres existiert und nur verständlich ist, wenn sie als Teil des Meeres erblickt wird. In jeder einzelnen Erscheinung regt sich ein Selbsterhaltungstrieb, der ein Teil der in allen Dingen thätigen göttlichen Kraft ist. In jedem einzelnen modus regt diese Kraft sich aber nur auf beschränkte Weise; man kann also nicht verstehen, auf welche Weise der einzelne modus wirkt oder leidet, wenn man ihn nicht in seiner Wechselwirkung mit allen andern modi erblickt. Der Zustand des einzelnen modus wird also nur durch etwas anderes als ihn selbst verständlich. Hier tritt ein äufseres (transcendentes) Kausalverhältnis in Kraft. Wie äufserlich die einzelnen Erscheinungen sich aber auch gegenüberstehen, sind sie doch alle insgesamt und jede für sich nur Bestimmungen (affectiones, modificationes, determinationes) der einzigen unendlichen Substanz. In der erzeugten Natur (natura naturata) wirkt an allen Punkten die erzeugende Natur (natura naturans).

In der natura naturata unterscheidet Spinoza zwischen notwendigen und unendlichen modi, die unmittelbar aus Gottes ewiger Natur folgen, und endlichen modi, die zu ihrer Entstehung andrer modi bedürfen. Im Attribute der Ausdehnung nennt er als unendliche modi Bewegung und Ruhe; vorzüglich scheint er hier an die Erhaltung der Bewegung zu denken, oder an das Gesetz, dafs unter allen Abänderungen der Materie das nämliche Verhältnis zwischen Bewegung und Ruhe fortdauert, — dieses Gesetz, welches zeigt, dafs jeder einzelne Körper nur ein Teil des ganzen Weltalls ist. Im Attribute des Denkens nennt er den „unendlichen Verstand" (intellectus infinitus) oder die „Gottesidee" (idea dei), die eine unmittelbare Wirkung der unendlichen göttlichen Denkkraft ist, und die — da sie der Konstanz der Bewegung analog aufgestellt wird — wohl die geistige Energie bedeuten soll, die in der Welt stets dieselbe bleibt, wie sehr auch die einzelnen geistigen Erscheinungen wechseln. — Auch hier sehen wir, wie Spinoza von Wesen redet, wo wir vorläufig nur von Gesetzen reden würden.

ε. Zur näheren Charakteristik des hier dargestellten Systems mögen hier nur noch eine Reihe von Problemen und Schwierigkeiten angedeutet werden, die das System herbeiführt. — Es wird von Gott oder der Substanz als einem Wirkenden geredet, obschon die zeitliche Form nur den modi, der natura naturata, nicht aber der Substanz, der natura naturans gelten soll. Dies hängt mit der erwähnten Vermengung von Grund und Ursache zusammen. — Es bestehen zwei Kausalbeziehungen: die eine zwischen den modi untereinander, eine äufsere, transcendente, und eine andere zwischen der Substanz

und den modi, eine immanente. Wie lassen sich diese beiden
vereinen? — Die Einheitlichkeit der Substanz und die Vielfachheit der Attribute und der Modi sind nicht in Harmonie
gebracht; es wird uns nicht beantwortet, wie die all-eine
Substanz unter verschiedenen Gesichtspunkten auftreten, oder
wie aus der einzigen Substanz eine Unendlichkeit von Wirkungen folgen kann. — Und wenn bei Spinoza die Begriffe
Substanz, Natur und Gott sich decken, so führt er durch die
Bezeichnung „Gott" eine Wertbestimmung ein, die nur dadurch begründet wird, dafs er die Vollkommenheit als Realität
definiert; die Frage, ob diese Definition sich behaupten läfst,
wird nicht näher untersucht, und an einem späteren Punkte
seiner Darstellung stellt er — wie wir sehen werden — sogar
einen Begriff der Vollkommenheit auf, demzufolge nicht alle
Realität vollkommen ist. — So hinterläfst sogar das kühnste
spekulative System unbeantworteter Fragen genug. Spinozas
Gröfse besteht in der resoluten Durchführung des Gedankens,
dafs die Existenz rationell sein mufs; hieraus schliefst er, dafs
deren Wesen Identität, absolute Einheitlichkeit sein müsse.
Konsequent hätte er statt mehrerer systematischen Grundbegriffe eigentlich nur einen einzigen, die Substanz, haben
müssen. Bis zu diesem Begriffe kann man vielleicht empor-
steigen — hat man ihn aber erreicht, so kann man
jedenfalls nicht wieder herabsteigen. — Diese Einwendungen
gegen Spinozas System betreffen indes nicht sein Grund-
bestreben, nicht die Grundrichtung seines Denkens, werden
aber gröfstenteils durch das von ihm angewandte dogmatische
Verfahren ermöglicht.

d) Religionsphilosophie.

Es wird von Interesse sein, einen Augenblick zu verweilen,
um zu sehen, in welcher Beziehung Spinozas Philosophie zu
den gewöhnlichen religiösen Anschauungen steht. Als er seinen
höchsten Begriff (die Substanz) Gott nannte, hatte er selbst
sofort einen solchen Vergleich veranlafst. Schon in seinem
Briefwechsel finden wir diesen Punkt erörtert. Bei gegebener
Gelegenheit schreibt er (Ep. 73): „ich huldige einer Meinung
von Gott und der Natur, die von derjenigen weit verschieden

ist, welche die modernen Christen zu verteidigen pflegen. Ich behaupte nämlich, dafs Gott die (wie man sagt) innewohnende, nicht die äufsere Ursache aller Dinge ist. Das heifst, ich behaupte mit Paulus, dafs in Gott alle Dinge leben und weben... Wenn einige aber meinen, die „theologisch-politische Abhandlung" gehe darauf aus, dafs Gott und die Natur, wo man dann unter Natur eine Masse oder eine körperliche Materie versteht, eins und dasselbe seien, so irren sie durchaus". — Von der gewöhnlichen theologischen Auffassung unterscheidet sich Spinozas Philosophie vorzüglich an zwei Punkten: indem sie Gott und die Welt nicht als zwei verschiedene Wesen auffafst, und indem sie Gott keine menschlichen Eigenschaften beilegt. In der ersten Zeit machte man kurzen Prozefs und nannte seine Auffassung Atheismus und Materialismus. Henry More z. B. sagt in einer Schrift, durch die er Spinozas „groben Atheismus" (atheismus crassissimus) widerlegen will, dafs Gott und die Materie nach ihm identisch seien. Also, sagt More, Steine, Kot, Blei, Mist sind Gott, da diese Dinge ja Materie sind! Mithin ist Spinoza ein „unsauberer und sudeliger Atheist" (sordidus et lutulentus atheus)[63]). Eine kleine Probe von der Polemik des 17. Jahrhunderts! — Man war mit dem neuen System in Verlegenheit wegen dessen Eigentümlichkeit; es war nicht leicht in den gewöhnlichen ketzerischen Rubriken anzubringen, und durch seine scharf geschnittenen Formen reizte es doch an mehreren Punkten zum Ärgernis. Später erschien der Ausdruck Pantheismus (zuerst wohl bei Toland). Nun hatte man ein Wort, das besser traf. Und dennoch ist man über dessen Gebrauch nicht ganz einig. Nach einigen bezeichnet dasselbe eine Anschauung, die Gottes Beziehung zur Welt als eine immanente auffafst; nach anderen ist es das Wesentliche des Pantheismus, dafs Gott nicht als persönliches Wesen gedacht wird[64]). Nach dem ersteren dieser Merkmale ist es keinem Zweifel unterworfen, dafs Spinozas System pantheistisch ist; nach letzterem ist es nicht ganz klar, wie man dieses bezeichnen soll.

In einem seiner Briefe (Ep. 54) sagt Spinoza, dafs er, um die göttliche Natur nicht mit der menschlichen zu vermengen, Gott keine menschlichen Eigenschaften wie Willen, Verstand,

Aufmerksamkeit, Gehör u. s. w. beilege. Dies wird in der „Ethik" an mehreren Orten begründet. — Es ist klar, dafs die Anwendbarkeit der psychologischen Bestimmungen wegfallen mufs, wenn das zeitliche Verhältnis wegfällt, und dieses gilt bei Spinoza nur für die natura naturata, nicht für die natura naturans. Zugleich mit dem zeitlichen Verhältnisse fällt auch alle Veränderung weg; Gott kann weder zu gröfserer noch zu geringerer Vollkommenheit übergehen und deshalb weder Freude noch Kummer, weder Liebe noch Hafs fühlen. — Ferner hat Gott als die Substanz nichts aufser sich, keinen äufseren Gegenstand, auf den sich das Gefühl oder der Wille richten könnte. Unser Bewufstsein, sowohl unser Verstand als unser Gefühl und unser Wille, ist durch solche äufsere Gegenstände bestimmt, und wenn diese wegfallen, fällt uns auch das Bewufstsein weg. — Will man Ausdrücke wie Verstand und Willen von Gott gebrauchen, so mufs man sich es klar machen, dafs deren Sinn eine derartige Änderung erleiden mufs, das eigentlich nur das Wort den beiden Anwendungen gemeinschaftlich wird, so ungefähr, wie man das Wort „Hund" sowohl von dem Gestirn des Hundes (dem Sirius), als von dem bellenden irdischen Tiere gebraucht. Das ganze Bedürfnis, menschliche Eigenschaften auf Gott zu übertragen, hat daher keine objektive Gültigkeit. Könnten Dreiecke denken, so würden sie Gott dreieckig auffassen; könnten Kreise denken, so würden sie Gott rund auffassen.

Anderseits erkennt aber Spinoza das Geistige als eine selbständige Seite der Existenz an. Gott ist substantia cogitans sowohl als substantia extensa; cogitatio (Denken, Geist) ist eins der Attribute Gottes, drückt also Gottes Wesen aus! Verstand und Wille gehören nur der erzeugten, nicht aber der erzeugenden Natur an; in dieser mufs aber ein Grund liegen, weshalb jene entstehen können, und wenn der „unendliche Verstand" oder „Gottes Denken" während des Wechsels aller geistigen Erscheinungen ewiges Bestehen hat, so mufs auch dies in dem Wesen der Gottheit seinen Grund haben. Man könnte Spinozas Auffassung vielleicht so ausdrücken: Gott ist Geist, aber keine Persönlichkeit, weil nur ein beschränktes

Wesen eine Persönlichkeit sein kann. (Den Ausdruck Persönlichkeit nennt Spinoza nur an einer einzelnen Stelle, erklärt ihn aber für undeutlich.) Zu beachten ist indes, dafs Spinoza selbst, indem er die cogitatio für ein göttliches Attribut erklärt und (wie unten erwähnt werden wird) von Gottes unendlicher Liebe zu sich selbst redet (deren die Liebe des Menschen zu Gott nur ein Teil ist), eine derartige Sublimierung der psychologischen Eigenschaften unternimmt, die er an anderen Punkten leugnet. Gegen die cogitatio als göttliches Attribut liefsen sich ähnliche Einwendungen erheben wie diejenigen, die Spinoza selbst gegen die gewöhnliche Auffassung anführt. — Wem es durchaus darum zu thun ist, ein philosophisches System in irgend einem „ismus" anzubringen, der wird in sofern mit Spinoza in Verlegenheit sein, besonders da jeder denkende Theismus Sublimierungen der nämlichen Art wie die des Spinoza unternehmen mufs.

e) Naturphilosophie und Psychologie.

Indem Spinoza die Ausdehnung als eines der Attribute der Existenz aufstellt und (eben infolge der Definition des Attributes) verlangt, bei der Erklärung einer Erscheinung müsse man bei demjenigen Attribute bleiben, unter welchem man dieselbe betrachte, hat er bereits die rein mechanische Naturauffassung als die einzige wissenschaftliche festgestellt. Als unter das Attribut der Ausdehnung gehörend sind alle körperlichen Erscheinungen nur durch körperliche Ursachen zu erklären, durch Ursachen, die von anderen Punkten des Raumes her wirken als von dem, an welchem sich die Erscheinungen befinden. Es fällt Spinoza daher sehr leicht, das Gesetz der Trägheit zu beweisen: dieses ist eigentlich schon in der Aufstellung der Ausdehnung als eines Attributes enthalten. Ebenso dogmatisch wie Descartes und Hobbes stellt Spinoza die mechanischen Grundsätze als ewige Wahrheiten auf, — obgleich er zugeben mufs, dafs er die Bewegung nicht aus der Ausdehnung selbst abzuleiten vermag*). Zwischen Körpern

---

*) Dieses Eingeständnis macht Spinoza in dem letzten Briefe, den wir aus seiner Hand haben (vom 15. Juli 1676), in einer Antwort an

kann keine Verschiedenheit des Wesens stattfinden: diese sind nur hinsichtlich der Bewegung und Ruhe, der Geschwindigkeit oder Langsamkeit verschieden. Die Gesetze der Bewegung sind ewige Natur- und Vernunftgesetze. — In der Lehre von den Attributen ist auch die Verwerfung jeglichen Glaubens an Zwecke der Natur enthalten. Da das eine Attribut nicht das andere zu bestimmen vermag, kann keine materielle Erscheinung als solche ihren Grund in einem Gedanken haben, wie die teleologische Erklärung voraussetzt. In einer längeren Anmerkung zum ersten Buche der „Ethik" sucht Spinoza zu zeigen, dafs die teleologische Auffassung dem praktischen Bedürfnisse und Wunsche des Menschen, dessen Selbsterhaltungsdrange nebst der ursprünglichen Unwissenheit inbetreff der wirklichen Ursachen zu verdanken sei: der Mensch nehme an, dafs alles zu seinem Behufe eingerichtet sei, und dafs die Götter für diesen arbeiteten; wo kein annehmbarer Zweck zu finden sei, begnüge er sich damit, die Erklärung in Gottes Willen zu finden, in dieser Zufluchtsstätte der Unwissenheit (asylum ignorantiae), die stets zu Diensten stehe. Hätte die Mathematik nicht einen rationellen Weg zur Erkenntnis angewiesen, so würde die teleologische Auffassung auf immer die Erkenntnis der Natur verwehrt haben. Die teleologische Auffassung verhindere jedoch nicht nur die Naturerkenntnis, sondern setze auch unwürdige Vorstellungen von der Gottheit voraus: wenn Gott nach Zwecken wirke, sei er ja nicht vollkommen, sondern werde dies erst nach Erreichung seiner Zwecke! Die Menschen seien so vermessen, moralische und

---

Tschirnhausen, einen Philosophen und Mathematiker, der mit grofsem Scharfsinn gefragt hatte, wie man aus dem allgemeinen Begriffe der Ausdehnung die Gestalt und Bewegung der körperlichen Dinge ableiten könne. Tschirnhausen machte darauf aufmerksam, dafs diese Schwierigkeit nicht für Descartes existiere, da dieser glaubte, dafs Gott die Materie in Bewegung geschaffen habe; Spinoza, dem die Ausdehnung ein göttliches Attribut sei, vermisse dann aber den Begriff der Kraft, der von Descartes in theologischer Form aufgefafst werde. Spinoza erklärt die Definition der Materie als Ausdehnung für ungenügend und kündigt eine nähere Erörterung der Frage an, die seine Krankheit ihm jedoch nicht mehr gestattete.

ästhetische Begriffe auf die Natur anzuwenden, Ordnung und Verwirrung, Schönheit und Häfslichkeit, Gutes und Böses in dieser zu finden, indem sie glaubten, dieselbe sei nur darauf angelegt, ihrem Gefühle zu gefallen. Sie sahen nicht, dafs die Vollkommenheit und die Macht der Natur identisch seien, und dafs diese Macht unendlich sei, so dafs sie alle möglichen Grade und Formen der Existenz zu erzeugen vermöge, die in unserer Meinung am niedrigsten stehenden ebensowohl als die am höchsten stehenden.

Durch eine Reihe physischer Sätze deutet Spinoza im zweiten Buche der Ethik an, wie er sich eine mechanische Naturauffassung durchgeführt denkt. — Zufolge des Trägheitsgesetzes wird die Bewegung oder Ruhe jedes Körpers durch einen zweiten Körper bestimmt, dieser durch einen dritten u. s. w. Die Weise, wie ein Körper bestimmt wird, beruht teils auf dessen eigner Natur, teils auf der Natur des einwirkenden Körpers. — Wenn Körper von derselben oder von verschiedener Gröfse so von andern Körpern zusammengehalten werden, dafs sie sich berühren, oder wenn sie einander ihre Bewegungen in einem gewissen Verhältnisse mitteilen, sagt man, dafs sie gegenseitig verbunden sind und alle zusammen einen einzigen Körper oder ein einziges Individuum bilden, das sich von andern Individuen durch die bestimmte Verbindung der einzelnen Körper, aus denen es besteht, unterscheidet. Ein solches Individuum bleibt das nämliche, auch wenn einige Teile aufgenommen und andere ausgesondert werden, auch wenn sich die Gröfse der Teile und die Richtungen der Bewegungen verändern, wenn nur die Gesamtform der Zusammensetzung die nämliche bleibt. Mehrere dergleichen Individuen können zu einem Individuum zweiter Ordnung, und mehrere Individuen zweiter Ordnung zu einem Individuum dritter Ordnung u. s. w. vereinigt werden, bis uns zuletzt die ganze Natur als ein einziges grofses Individuum erscheint, dessen einzelne Teile ins unendliche variieren, ohne dafs das Gesamtindividuum irgend eine Veränderung erlitte.

In allen ihren Stufen und Graden ist die Natur beseelt. Auch dies folgt aus der Lehre von den Attributen: da jedes Attribut die gesamte Substanz ausdrückt, mufs jeder Form unter dem einen Attribut eine gewisse Form unter dem andern Attribut entsprechen. Den verschiedenen Stufen der Individualität in der materiellen Natur entsprechen also verschiedene Stufen des Seelenlebens in der geistigen Natur. Wie der menschliche Körper aus vielen zusammengesetzten Individuen verschiedener Beschaffenheit besteht, so ist auch der Gedanke, der die Natur des menschlichen Geistes ausmacht, aus vielen verschiedenen Gedanken zusammengesetzt. Geist und Körper sind ja eine und dieselbe Substanz, oder vielmehr ein und derselbe Teil (modus) der Substanz, und was unter dem Attribute der Ausdehnung als mehr oder weniger zusammengesetzte Bewegungsformen auftritt, das tritt unter dem Attribute des Denkens als mehr oder weniger zusammengesetzte Denkformen auf. Wenn ich einen Trieb fühle oder einen Entschluſs fasse, so geht zugleich unter dem Attribute der Ausdehnung den allgemeinen Gesetzen der Bewegung und der Ruhe gemäſs eine körperliche Bestimmung vor, und zwar so zu verstehen, daſs eigentlich eine und dieselbe Sache geschieht. Durch diese Ansicht vermeidet man es, wie Spinoza nachweist, eine Einwirkung der Seele auf den Körper, oder umgekehrt, zu behaupten, wovon niemand sich einen klaren Begriff bilden kann. Sagt man, die Seele setze den Körper in Bewegung, so will dies eigentlich heiſsen, daſs man nicht weiſs, wie diese Bewegung entsteht. Zugleich besitzt jene Ansicht den Vorteil, daſs man der Thätigkeit der materiellen Natur keine willkürlichen Schranken setzt. Bisher hat ja noch niemand die Grenze dessen gefunden, was durch die eignen Gesetze der materiellen Natur bewirkt werden kann, so daſs man kein Recht hat, sich auf das Eingreifen der Seele zu berufen, weil der Körper auf wunderbare Weise zu wirken scheint. Auch die Berufung auf die „Freiheit" des Willens hilft nichts. Diese sogenannte „Freiheit" (die wirkliche Freiheit besteht nach Spinoza darin, daſs man der Notwendigkeit seiner eignen Natur folgt) ist ein Wahn, der dadurch entsteht, daſs man die Ursachen seines eignen Handelns nicht kennt. Der Geschwätzige glaubt, frei zu handeln, wenn er sein Maulwerk gebraucht, ebenso wie der Stein, wenn er denken könnte, meinen würde, er falle aus „freiem" Willen zur Erde.

Überdies ist der Entschluſs ja von der Erinnerung abhängig, und deren sind wir nicht immer Meister! —

Obgleich Spinoza jede Erklärung geistiger Erscheinungen durch materielle Ursachen zurückweist, benutzt er dennoch — was seinen Voraussetzungen zufolge auch völlig berechtigt ist — den Parallelismus des Materiellen und des Geistigen zur Beleuchtung der geistigen Erscheinungen, wo diese sich nicht unmittelbar verstehen lassen. Jede sinnliche Empfindung entspricht einem körperlichen Zustande. Nun hat dieser Zustand seine Ursache freilich in der Einwirkung andrer Körper, diese Einwirkung wird aber durch die Beschaffenheit unsers eignen Körpers modifiziert: hieraus folgt, daſs die sinnliche Empfindung nicht nur der Natur der äuſseren Körper, sondern vor allen Dingen der Natur unsers eignen Körpers entspricht. Dennoch betrachten wir jede sinnliche Empfindung unwillkürlich als Ausdruck eines Wirklichen, bis andere Empfindungen oder Vorstellungen in uns entstehen, welche die angenommene Wirklichkeit ausschlieſsen. Nach Spinoza wird unsre Auffassung der Wirklichkeit also durch den inneren Kampf der Empfindungen und Vorstellungen geklärt und bestimmt. — Die Empfindungen erzeugen Vorstellungen von dem, was mit dem Gegenstand der Empfindung Ähnlichkeit hat oder mit diesem zugleich vorgekommen ist[65]). Die Gesetze der Verbindung der Vorstellungen sind Spinoza geistige Naturgesetze, ein Seitenstück der Bewegungsgesetze im Attribute der Materie. Spinoza unterscheidet scharf zwischen Vorstellungsassociation und eigentlichem Denken; dieses Unterschiedes erwähnten wir in dem Abschnitte von seiner Erkenntnislehre. Die sinnliche Empfindung und die Vorstellungsassociation drücken den Zustand des Menschen als Glied in der Reihe der Erscheinungen, in der unendlichen natura naturata aus. Die höheren Stufen der Erkenntnis, die Vernunfterkenntnis und das intuitive Wissen werden erreicht, wenn man auf dasjenige zurückgeht, was sich als gemeinschaftliches Gesetz und Wesen in allen Dingen regt, auf die unendliche Substanz also, und erblickt, wie alles von dieser umfaſst wird, oder wenn man es sub specie aeterni erschaut. — Hobbes' Psychologie besitzt hier den Vorzug vor derjenigen Spinozas, daſs sie die Möglichkeit nachweist, wie sich durch Konzentration auf einen Zweck oder eine Aufgabe eigentliches Denken aus der unwillkürlichen Vorstellungsassociation entwickeln kann. Spinoza stellt noch auf scholastische Weise das eigentliche Denken als eine ganz besondere, vom gewöhnlichen Vorstellen dem Wesen nach verschiedene Thätigkeit auf. Um so sonderbarer ist es, dafs er in der Lehre von den Attributen dennoch den erkenntnistheoretischen Gesichtspunkt mit dem psychophysischen verwechselt — obschon anderseits diese Verwechselung kaum eintreten würde, wenn er gesehen hätte, dafs die Gesetze der Vorstellungsassociation durch das eigentliche Denken in der That nicht suspendiert werden. —

Die Behandlung, die Spinoza der Psychologie der Gefühle giebt, gehört zu dem Vorzüglichsten, was von ihm und was in der Psychologie überhaupt geleistet worden ist. Erstens hat er das Verdienst, die Notwendigkeit und Berechtigung einer rein naturhistorischen Untersuchung der menschlichen Gefühle und Leidenschaften behauptet zu haben. Er will sie (als Forscher) weder bespotten noch belachen oder beweinen, sondern sie zu verstehen suchen und sie deshalb mit ebenso grofser Gemütsruhe betrachten, als ob er materielle Naturerscheinungen oder geometrische Figuren vor sich hätte. Ferner hat er die wichtigsten Gesichtspunkte hervorgezogen, die bei der Erklärung der Gefühle zur Anwendung kommen.

Was die Stellung und Bedeutung des Gefühls im Seelenleben betrifft, hat Spinoza auf den verschiedenen Stufen seiner philosophischen Entwickelung verschiedene Anschauungen gehegt. In seinem ersten Werke, dem „kurzen Traktate" (II, 16, 5), ist seine Auffassung durchaus intellektualistisch. Die Erkenntnis, die Vorstellungen bestimmen alle Erscheinungen des Seelenlebens. Der Wille ist nur eine Folge der Vorstellung, ein Behaupten oder Verwerfen. Und zugleich werden hier die Vorstellungen selbst noch durch das Einwirken der Gegenstände bestimmt, indem er noch an die Einwirkung des einen Attributs auf das andere glaubt. Schon in seiner Schrift über die Cartesianische Philosophie deutet er an, die Vorstellungen selbst seien Ausdrücke unserer Aktivität, so dafs man nicht zwischen dem Entstehen der Vorstellungen und deren Behauptung oder Verwerfung unterscheiden könne. Und in der definitiven Lehre von den Attributen wird diese Andeutung weiter ausgeführt, so zwar, dafs Verstand und Wille nun völlig identisch gemacht werden. Das Denken ist eine Geistesthätigkeit, und alle Geistesthätigkeit ist Denken, so ungefähr liefse sich Spinozas Auffassung hier ausdrücken; formuliert ist sie im Anhang des 49. Satzes im 2. Buche der „Ethik": Voluntas et intellectus unum et idem sunt. Im 3. Buche der „Ethik", wo die Naturgeschichte der Gefühle gegeben wird, tritt aber eine ganz neue Auffassung des Willens auf, indem dieser als bewufster Selbsterhaltungsdrang bestimmt wird (Ethik III, 9 Schol.). Weit davon, dafs er mit der Erkenntnis identisch, geschweige denn eine Folge derselben sein sollte, ist diese gerade von dem Willen abhängig: „wir suchen, wollen, begehren und wünschen eine Sache, nicht weil wir meinen, sie sei gut, sondern im Gegenteil, wir meinen, eine Sache sei gut, weil wir sie suchen, wollen, begehren und wünschen." Hier sind also Drang und Wille identisch, und die Vorstellungen sind von diesen abhängig. In Tönnies' Abhandlung über Spinozas Entwickelungsgeschichte, in welcher er diesen Punkt auf glänzende Weise aufklärt, vermutet er mit grofser Wahrscheinlichkeit, es sei Hobbes' Einflufs, der diese letzte Änderung in Spinozas Auffassung hervorgebracht habe. Hobbes setzt Drang und Willen in enge Verbindung miteinander und mit dem Selbsterhaltungsdrange, und er betont zugleich den Einflufs, den der Gedanke an einen Zweck auf die Verbindung der Vorstellungen hat. In Spinozas Werke, so wie es vorliegt, findet sich ein augenscheinlicher Widerspruch zwischen der Definition des Willens II, 49 Corall. und der III, 9 Schol. gegebenen Definition, so dafs es höchst wahrscheinlich wird, dafs zwei Entwürfe zusammengearbeitet sind, ohne dafs alle Spuren verschiedener Auffassung vertilgt wurden.

Vom Selbsterhaltungsdrange als Ausdruck der Natur jedes einzelnen Wesens geht Spinoza nun bei seiner Darstellung der Psychologie der Gefühle im 3. Buche der „Ethik" aus. Wenn er hierdurch auch ein wenig an seiner Psychologie geändert hat, so änderte er doch nichts an seiner allgemeinen Philosophie. In jedem Einzelwesen ist die unendliche Natur, die Gottheit selbst, thätig. Das Streben jedes einzelnen Wesens nach Selbsterhaltung ist also nur ein Teil der unendlichen göttlichen Thätigkeit in der ganzen Existenz. Schon in dem „kurzen Traktat" (I, 5) erblickte er (wie Bruno) die Offenbarung der göttlichen Vorsehung in diesem in allen Wesen lebendigen Selbsterhaltungsdrange. Und dieser Drang ist mit der eignen Natur der Dinge identisch, nimmt der Natur der einzelnen Wesen gemäſs verschiedenen Charakter an: existieren heiſst sich selbst erhalten. Dieses Streben heiſst Trieb, wenn es mit Bewuſstsein verbunden ist: unter Trieb wird also eben das Wesen des Menschen verstanden, insofern dieser durch eine Änderung seines Zustandes als zur Thätigkeit bestimmt gedacht wird. Wird dieser Trieb besonders von der geistigen Seite betrachtet, so heiſst er Wille. Lust entsteht durch Förderung, Unlust durch Täuschung dieses Strebens. Wohl zu merken: es ist eben der Übergang in einen günstigeren („vollkommneren") Zustand, der mit Lust, und eben der Übergang in einen ungünstigeren („unvollkommenen") Zustand, der mit Unlust verbunden ist. Die Zustände selbst sind, weil ruhend, nicht mit Gefühlen verbunden. Es wird indes auch keine ausdrückliche Vergleichung der Zustände angestellt: das Gefühl entspricht unmittelbar dem Wechsel der Zustände.

Wie Spinoza hier ausspricht, was wir jetzt die biologische Bedeutung des Gefühls nennen, dessen Zusammenhang mit der Förderung oder Hemmung des Lebens, und wie er ebenfalls die Bedeutung der Kontrastbeziehung für das Entstehen der Gefühle (das Gesetz der Beziehung auf dem Gebiete der Gefühle) klar vor Augen hat, so hat er auch über den dritten Hauptpunkt der Psychologie der Gefühle, die Bedeutung der Vorstellungen und der Vorstellungsverbindungen für die Entwickelung der Gefühle in spezielle Arten, glänzendes Licht verbreitet. — Aus dem Triebe, der Lust und der Unlust leitet er mittels der Gesetze der Vorstellungsverbindung die speziellen Arten des Gefühls ab. Wir lieben, was uns Lust verursacht, hassen aber, was uns Unlust verursacht. Ferner lieben wir, was das von uns Geliebte fördert, wie wir hassen, was diesem schadet. Und wenn wir uns ein uns ähnliches

Wesen als ein gewisses Gefühl habend vorstellen, so erhalten wir selbst unwillkürlich dasselbe Gefühl. Hieraus kann Mitgefühl entstehen — aber auch Neid und verletzter Ehrgeiz, wenn wir nämlich allein zu besitzen wünschen, was ein anderer geniefst, oder wenn wir einen anderen ganz ebenso gestimmt wünschen, wie wir selbst gestimmt sind. — Nach diesen allgemeinen Prinzipien führt Spinoza nun seine Betrachtung im einzelnen durch. Er begründete die Entwickelungstheorie auf dem Gebiete der Gefühle, indem er zeigte, wie unser Gefühl unter dem Einflusse der Vorstellungen und durch verschiedenartige Zusammensetzung und Mischung Formen anzunehmen vermag, die von den elementaren Anfangsformen höchst verschieden sind. Es sind die Bedingungen des Wachstums der Gefühle, die er formulierte. — In wiefern es möglich ist, ausschliefslich bei dem einen, von ihm ergriffenen Ausgangspunkte, dem individuellen Selbsterhaltungsdrange stehen zu bleiben, das ist eine Frage, die sich hier nicht erörtern läfst.

f) Ethik und Staatslehre.

Es ist Spinoza charakteristisch, dafs sein Denken ein praktisches Motiv hat und sich dennoch hoch über die Welt der Endlichkeit und der Erfahrung erhebt, in welcher allein praktische Motive und praktisches Streben möglich sind. Spinoza weist die Gültigkeit jeder Wertschätzung der Natur ab; diese befolgt ihre ewigen Gesetze, und unsere ethischen Urteile, die auf einem Vergleichen des mehr mit dem minder Vollkommenen nach dem von uns aufgestellten Ideale des menschlichen Lebens beruhen, können nicht auf das ewige Wesen der Natur zur Anwendung gelangen, dem Zeit, Mafs und Zahl nicht gelten. Spinoza schärft die Subjektivität der ethischen Qualitäten ebenso energisch ein, wie die Subjektivität der Sinnesqualitäten seit Galilei eingeschärft wurde. Insofern Spinoza an seiner Auffassung der Existenz „unter dem Gesichtspunkte der Ewigkeit" festhält, kann er keine wirkliche Ethik haben und bedarf deren auch nicht. Von Ethik kann nur in einer Welt die Rede sein, in der das zeitliche Verhältnis gilt, wo es Entstehung und Entwickelung, Wechsel

und Gegensatz gibt, und wo sich Vorbilder gestalten und
Zwecke aufstellen lassen. Wie Spinoza es treffend ausdrückte:
„Die Urteile über Gut und Böse beruhen auf Vergleichung!"
In der ewigen Einheit der unendlichen, göttlichen Natur mit
sich selbst fällt aber alles Vergleichen weg, weil aller Unterschied und Gegensatz weggefallen ist. Die Untersuchung der
Erkenntnislehre Spinozas zeigte uns, dafs alle *Rätsel* „unter
dem Gesichtspunkte der Ewigkeit" wegfallen; wir sehen nun,
dafs auch alle *Aufgaben* wegfallen.

Wie Spinoza aber zwischen der natura naturans und der
natura naturata unterscheidet, so unterscheidet er ebenfalls
zwischen dem rein theoretischen und dem praktischen Standpunkte. Der praktische Standpunkt gilt nur in der natura
naturata. Spinoza stellt eine Ethik auf mit demselben
Rechte, mit dem er die Bedeutung der empirischen, der endlichen Welt, der modi behauptet. Dafs er eine Ethik aufstellt, enthält keine gröfsere Inkonsequenz, als dafs er überhaupt andere Begriffe als den der absoluten Substanz aufstellt.

Die Möglichkeit einer Ethik steht bei Spinoza in engem
Zusammenhang mit seiner psychologischen Lehre von den Gefühlen. Grundlage der Ethik ist der Selbsterhaltungsdrang,
der den mannigfaltigen Gefühlen und Leidenschaften zu Grunde
liegt. Aus dem Selbsterhaltungsdrange wird sich nämlich das
Bedürfnis entwickeln können, nicht von den Gefühlen und
Leidenschaften, welche äufsere Ursachen in uns hervorrufen,
umhergeworfen zu werden. Als Teil der Natur, als modus
unter andern modi, ist der Mensch abhängig und wird wie
die Wogen des Meeres umhergeschleudert, ohne Ziel oder
Richtung zu kennen. Wir streben dann natürlich, unser Wesen
zu behaupten, zu voller innerer Aktivität zu kommen. Die
ethische Grundtugend ist die *Geistesstärke* (fortitudo), eine
innere Gewalt, die den Menschen frei und unabhängig macht.
Tugend ist: eben das Wesen oder die Natur des Menschen,
insofern diese die Macht besitzt, Wirkungen zu erzeugen, die
sich durch die Gesetze der menschlichen Natur verstehen lassen.
Um diesen Charakter erreichen zu können, mufs sich der Mensch
es klar machen, dafs kein Gefühl und kein Trieb sich anders

in uns hemmen läfst, als durch ein stärkeres Gefühl oder einen stärkeren Trieb. Den Beweis dieses Satzes stützt Spinoza auf das Gesetz der Trägheit, das wegen der Identität des Geistes und der Materie sein Seitenstück in der geistigen Seite der Existenz erhält. Die ethische Entwickelung wird dadurch möglich, dafs Gefühle hervorgerufen werden können, die allmählich diejenigen Gefühle verdrängen, durch die sie selbst ursprünglich hervorgerufen wurden. Wenn wir uns durch Vergleichung verschiedener Formen und Stufen menschlichen Lebenswandels ein Ideal der menschlichen Natur bilden (idea hominis, tanquam naturae humanae exemplar), nennen wir alles, was uns diesem Ideal näher führt, gut, alles, was uns verwehrt, demselben näher zu kommen, böse, und es entsteht ein Trieb, ihm möglichst nahe zu gelangen. Die Erkenntnis des Guten und des Bösen ist — da sie betrifft, was uns in der That nützt oder schadet — nichts andres als bewufste Freude, weil wir uns dem Ideale nähern, oder bewufster Kummer, weil wir uns von demselben entfernen, und diese Erkenntnis kann, eben weil sie mit einem Gefühle identisch ist, eine Macht in der Seele werden. Der Mensch sieht nun bald ein, dafs er nicht durch eigne Hilfe zur völligen Geisteskraft und Geistesfreiheit gelangen kann. Das ganze äufsere Leben mufs geordnet und gesichert werden. Namentlich gilt dies von der Entwickelung einer wahren Erkenntnis; auch diese wird nur durch vereinte Kräfte erreicht, wie es anderseits auch nichts gibt, das die Menschen besser vereint, als das Streben nach solchen Gütern, die allen gemein sein können. Nur diejenigen Leidenschaften erzeugen Streit unter den Menschen, die etwas betreffen, das nur der Einzelne allein besitzen kann. Je mehr der Einzelne geistige Freiheit und Kraft erlangt, um so weniger wird es Streit unter den Menschen geben, und um so mehr werden sie in Gemeinschaft thätig sein, weil sie alle erstreben, was der menschlichen Natur in der That frommt. Nichts ist dem Menschen so nützlich als Menschen. Am besten wäre es, wenn alle wie eine Seele und ein Leib werden könnten, indem sie den gemeinschaftlichen Nutzen suchten. Diejenigen, die ihrem eignen wahren Nutzen nachtrachten, wünschen deshalb nichts für sich selbst, das sie nicht ebenfalls anderen Menschen wünschten, und deswegen werden sie gerecht, treu, ehrenhaft in ihrem Wandel. Die Kraft (fortitudo), in der die Tugend besteht, tritt daher nicht nur als *Lebensmut* (animositas) auf, mittels dessen der Mensch seine Persönlichkeit unmittelbar zur Geltung bringt, sondern auch als *Grofsmut* (generositas), indem der Mensch anderen zu helfen und sich dieselben durch Freundschaft zu verbinden sucht.

Charakteristisch für Spinoza ist die Schätzung der verschiedenen Gefühle, die er anstellt, nachdem er das Vorbild der Entwickelung des Menschen gegeben hat. Das Lustgefühl ist an und für sich gut, das Unlustgefühl an und für sich böse. Deshalb sind Hafs, Furcht, Verachtung, Mitleid, Reue und Demut böse — insofern sie nicht für das Entstehen der Lustgefühle notwendige Mittelglieder sind. Dies wird dadurch begründet, dafs das Lustgefühl einem Fortschritt an Vollkommenheit, das Unlustgefühl einem Rückschritt entspricht. Der geistig freie Mensch, der durch wahre Erkenntnis geleitet wird, hat seinen Blick auf die positive Entwickelung des Lebens in sich selbst und in anderen gerichtet. An nichts denkt er weniger als an den Tod; seine Weisheit ist eine Erforschung des Lebens (meditatio vitae), nicht aber die des Todes. Er trachtet nach Kräften, den Hafs, den Zorn und die Verachtung anderer Menschen mit Liebe oder Grofsmut zu vergelten. Wer Hafs mit Hafs bekämpft, lebt ein elendes Leben; wird der Hafs aber durch Liebe überwunden, so weichen die Überwundenen mit Freuden, nicht weil ihre Kraft abnimmt, sondern weil sie zunimmt. Auf keine andre Weise kann ein Mensch seine Geisteskraft besser an den Tag legen, als indem er andre so entwickelt, dafs sie nach ihrer eignen freien Erkenntnis leben[66]).

Während Spinozas Ethik auf diesem Wege vom Selbsterhaltungsdrange als Grundlage zur praktischen Thätigkeit und zur Stiftung von Gesellschaften führt, regt sich noch eine andre Tendenz in ihm, die von demselben Ausgangspunkte in mystischer und individualistischer Richtung führt. Aus seinem früheren psychologischen Standpunkte drängt sich noch stets die Voraussetzung hervor, dafs das eigentliche Wesen des

Menschen in der reinen Erkenntnis bestehe: je mehr sich diese zu entwickeln vermöge, um so mehr trete die eigentliche Natur des Menschen hervor, um so mehr sei er in der That selbstthätig, und der wahre Selbsterhaltungsdrang führe mithin zur Entwickelung der Erkenntnis. Es war ja auch die Erkenntnis des Zusammenhanges, in welchem unser Geist mit der ganzen Natur steht, die Spinoza als das einzige Gut erschien, dessen wir nicht durch äufsere Ursachen beraubt werden könnten. Deshalb kann Spinoza denn auch fast in einem Atemzuge (vgl. Eth. IV, 22 Coroll. mit 26 Dem.) die beiden Sätze aufstellen, das Streben nach Selbsterhaltung sei die erste und einzige Grundlage der Tugend, und das Streben nach Erkenntnis (conatus intelligendi) sei die erste und einzige Grundlage der Tugend. Neben der realistischen Psychologie, der zufolge Spinoza Gefühle und Leidenschaften als positive Mächte unsers Wesens auffafste, geht eine andere Auffassung, nach welcher das Gefühl als unvollkommene oder verworrene Vorstellung definiert wird (idea inadaequata sive confusa, siehe die Erklärung am Schlusse des 3. Buches der „Ethica"). Nach dieser letzteren Auffassung fällt das Gefühl bei voller und klarer Entwickelung der Erkenntnis weg. Je mehr wir verstehen, dafs wir selbst und unsre Zustände durch die unendliche Natur, durch die Gottheit bestimmt sind, die sich sowohl in uns als in allen auf uns wirkenden Dingen regt, um so mehr erblicken wir uns nicht als ein einzelnes, isoliertes, ohnmächtiges Wesen, sondern als in die Gottheit aufgenommen und mit dieser identisch. Wir fühlen Lust an diesem Gedanken, da er die Frucht der höchsten Thätigkeit unseres Geistes ist, und Lust bei dem Gedanken an das Wesen, das die Ursache der von uns gefühlten Erkenntnisfreude ist: hierdurch entsteht eine geistige Liebe zu Gott (amor intellectualis dei), die uns den höchsten Frieden verleiht. Gott steht hier nicht als äufserer Gegenstand da; unsre eigne, innerste Kraft ist ein Teil der unendlichen Kraft, die sich in allen Dingen regt, und unsere Liebe zu Gott wird mit der unendlichen Liebe identisch, mit welcher Gott sich selbst liebt: Gottes Liebe zu den Menschen und die Liebe der Menschen zu Gott ist eins und dasselbe. Wir schauen uns selbst und alle Dinge unter dem Gesichtspunkte der Ewigkeit. -- Spinoza der Mystiker gerät in Streit mit Spinoza dem Psychologen; denn die intellektuelle Liebe (die menschliche und die göttliche) soll über Entstehung und Gegensatz erhaben sein, Spinoza selbst erklärt ja aber, das Gefühl entspreche einem *Übergange* — entweder einem Fortschritte oder einem Rückschritte! Nur wenn er das Gefühl als unklares Denken erklärt und das Beziehungsgesetz aufhebt, kann er den mystischen Abschluſs der Ethik behaupten.

Im fünften Buche der „Ethik", in welchem diese Mystik vorherrscht, findet sich zugleich Spinozas Lehre von der Unsterblichkeit. Durch jene auf das Verständnis unsrer Einheit mit dem absoluten Wesen gegründete intellektuelle Liebe zu Gott äuſsert sich unser wahres Wesen: dieses ist also nicht von der Zeit abhängig, sondern ist ein Teil des unendlichen Verstandes (intellectus infinitus), der Gottheitsidee (idea dei), die bestehen bleibt, obgleich die einzelnen geistigen Erscheinungen entstehen und vergehen, und die der Erhaltung der Bewegung der Materie entspricht. Als unmittelbare Form der göttlichen Thätigkeit sind wir unsterblich. Diese Unsterblichkeit — die jedoch kein *fortgesetztes*, sondern ein *ewiges* Bestehen ist, da das zeitliche Verhältnis durchaus ohne Bedeutung ist — scheint aber nur denjenigen gebühren zu können, in denen die höchste Erkenntnis und somit die völlige und klare Selbstthätigkeit entwickelt wird[67]). Ob dieses Bestehen als ewiges Denkelement (modus cogitandi aeternus) persönlich ist oder nicht, läſst sich nicht aus Spinozas Darstellung ersehen; seine Vorstellung von der Unsterblichkeit ist jedenfalls eine von der populären sehr verschiedene. Und zum Schlusse bemerkt er, der Glaube an die Ewigkeit unseres Geistes sei keine Bedingung für die Ethik, indem er darauf verweist, daſs er selbst seine Ethik ohne Verwertung dieser Ansicht entwickelt habe. Die Seligkeit sei nicht der Lohn der Tugend, sondern sei mit der Tugend identisch. Denn nur wenn wir an der höchsten Thätigkeit unseres Geistes Freude fühlen könnten, wären wir imstande, unsere Leidenschaften zu beherrschen. —

Die tiefen und gesunden Gedanken in Spinozas Ethik

wären völliger entfaltet worden, hätte er seine psychologische
Theorie im einzelnen durchgeführt. Nun gewinnt der Intellektualismus
die Oberhand bei ihm, vorzüglich wenn er die
höchsten Formen des geistigen Lebens schildern will. Seine
Ethik wird deswegen gar zu sehr eine Ethik für Philosophen.
Die Bedeutung der unmittelbaren Hingebung und des künstlerischen
Anschauens kommt nicht zu ihrem Recht, obgleich
seine auf Intuition gegründete „intellektuelle Liebe" Andeutungen
in diesen Richtungen enthält. Niemand wird sich aber
unbefangenen Sinnes in Spinozas wunderbares Werk vertiefen
können, ohne Goethes Worten beizustimmen, wenn dieser
davon redet, wie grenzenlos die aus jedem Satze hervorleuchtende
Uneigennützigkeit ist, wie erhaben die Resignation,
die sich ein für allemal den grofsen Gesetzen der Existenz
unterwirft, statt sich mit Hilfe kleinlicher Trostmittel durch
das Leben durchzuschlagen, und welche Friedensluft das ganze
Buch durchhaucht. —

Der Friede mufs aber nach Spinoza durch Streit errungen
werden. Der Einzelne gewinnt ihn durch den Kampf mit den
Leidenschaften, der eine neue, höhere Leidenschaft entwickelt,
und die Menschen im Verein gewinnen ihn dadurch, dafs die
Wildheit des Naturzustandes, in welchem jeder sich ebenso
viel Recht aneignet, wie er Gewalt hat, durch Errichtung einer
Autorität, welche die streitigen Triebe beschwichtigen und den
Selbsterhaltungsdrang der Einzelnen in Harmonie bringen kann,
abgelöst wird. In seiner Staatslehre wie in seiner Psychologie
steht Spinoza entschieden unter dem Einflusse des Hobbes.
Nur fühlt er nicht Hobbes' blinde und einseitige Furcht vor
der Menge. Er ist so konsequent, dafs er daran festhält, die
menschliche Natur sei in allen Menschen die nämliche, und
Sicherungsmittel seien ebenso notwendig gegen diejenigen, die
regieren, als gegen diejenigen, die regiert werden. Man könne
ebensowenig bei den Regierenden als bei der Menge die besten
Motive voraussetzen. Und glaube man, die Menge verstehe
nichts von öffentlichen Angelegenheiten, so komme dies daher,
weil sie darüber in Unwissenheit gehalten werde. Spinoza ist
einer der ersten demokratischen Rechtsphilosophen der neueren
Zeit; da seine „politische Abhandlung" aber nicht vollendet

wurde, kennen wir seine Lehre von der Demokratie nicht in den Einzelheiten. Charakteristisch ist es, dafs Hobbes behauptet, eine Demokratie sei thatsächlich stets eine Aristokratie — von Rednern, während Spinoza behauptet, eine Monarchie sei stets eine Aristokratie — von Beamten. In der That müssen die politischen Funktionen natürlich stets von einigen wenigen ausgeübt werden — es kommt dann aber darauf an, wo man die letzte Quelle der Autorität findet. Nach Spinoza kommt es darauf an, dafs der Staat sich auf die vereinte Macht der vielen gründet, indem diese zu einem einzigen Willen vereint werden, wie ebenfalls die Kraft des Einzelnen wächst, wenn sie mit der Kraft anderer vereint wird. Diese geistige Einheit, durch welche die Einheit der Gewalt bedingt wird, kann aber nur da vorhanden sein, wo der Staat bezweckt, was die gesunde Vernunft als das allen Menschen Nützliche angibt. Um des Friedens willen mag man sich vieles gefallen lassen; sollen aber Sklaverei, Barbarei und Isolierung Friede genannt werden, so ist für die Menschen der Friede das Jämmerlichste von allen. Der Staat soll die Menschen nicht zu Tieren oder Maschinen machen, sondern gerade bewirken, dafs deren geistige und körperliche Thätigkeit sich frei zu entfalten vermag, und dafs sie ihre freie Vernunft gebrauchen können. Nur auf dem freien Anschlusse der Individuen beruht die Gewalt des Staates und der Einzelne gibt daher beim Eintreten in den Staat sein natürliches Recht nicht auf, sondern erreicht gerade dessen Sicherung und Entwickelung. Der Staat würde seinem eignen Zwecke zuwider handeln, wenn er die Denk- und Redefreiheit der Einzelnen unterdrückte; zuvörderst würde er die edelsten und besten Menschen des Landes zu seinen Gegnern machen.

Wie Spinoza die Redefreiheit verteidigt, so verteidigt er auch die völlige Religionsfreiheit. Diese ist der Hauptgegenstand seiner „theologisch-politischen Abhandlung". Er will hier nachweisen, dafs die Religion weder mit dem Staate noch mit der Wissenschaft zu thun habe und dafs der Staat seiner Natur und seinem Zwecke zufolge dem inneren geistigen Leben gestatten müsse, sich mit voller Freiheit zu entwickeln. Der

Staat kann nur das äufsere Handeln, nicht aber das Gemüt beherrschen. Er kann einen äufseren Kultus festsetzen, und in dieser Beziehung ist seine Herrschaft einer Hierarchie vorzuziehen. Aber selbst wenn er seine Gewalt auf diese Weise benutzt, thut er am besten daran, die Religionsübung nur aus Liebes- und Gerechtigkeitswerken bestehen zu lassen. Die geistige Natur (ingenium) der Menschen ist so verschiedenartig, dafs der eine Ehrfurcht vor dem fühlt, was das Gelächter des anderen erregt. Es ist daher am besten, dafs jedem seine freie Überzeugung und das Recht gewährt wird, die religiösen Urkunden nach seiner Geistesrichtung (ex suo ingenio) auszulegen. — Von der Wissenschaft sondert sich die Religion wegen ihres praktischen Charakters. Sie geht auf Frömmigkeit, nicht auf Wahrheit aus. Die Propheten waren keine in intellektueller Beziehung besonders hochbegabten Männer. Bei ihnen war die Phantasie stärker als der Verstand. Es war ihre Aufgabe, dem Volke mittels Bilder und Symbole Vorstellungen beizubringen, die es bewegen konnten, in dem Gehorsam gegen Gott zu leben, der sich durch die Liebe zum Nächsten erweist. Die Menge, die den Schlufsfolgerungen der Vernunft nicht zu folgen vermag, mufs historische Vorbilder zur Anleitung haben. Nur hierdurch wird sie gehorsam — nicht durch blofse Furcht, sondern aus eignem Willen und aus eigner Hingebung. Welche theoretischen Meinungen die Menschen auch von Gott haben — ob sie glauben, er sei Feuer oder Hauch oder Licht oder Gedanke — das ist gleichgültig, wenn sie an ihm nur ein Vorbild besitzen, das sie auf den rechten Weg führen kann. — Während nach Spinoza die Propheten die Wahrheit nicht in ihrer reinen Form, sondern nur in Bildern erblickten, offenbarte sich die göttliche Weisheit unmittelbar in Christus, dem einzigen, der das Vermögen besafs, etwas aufzufassen, das nicht in den ersten Gründen unsrer Erkenntnis enthalten ist oder sich aus diesen ableiten läfst. In einem Briefe (Ep. 73) äufsert Spinoza, er verstehe nicht, was die Kirche mit der Lehre meine, Gott habe menschliche Natur angenommen; sie scheine ihm ebenso unmöglich als die Quadratur des Kreises. Er glaube jedoch, dafs Gottes ewige Weisheit, die sich in allen Dingen und vorzüglich in dem menschlichen Geiste offenbare, sich am allermeisten in Christus geoffenbart habe. — Die biblischen Schriften will Spinoza einer rein historischen Untersuchung unterworfen wissen. Die Bibel muſs durch sich selbst erklärt werden, ebenso wie die Natur durch sich selbst erklärt wird. Erst wenn man konstatiert hat, was die Bibel wirklich lehrt, kann man die Frage aufwerfen, ob diese Lehre wahr ist oder nicht. Wie Spinoza die Selbständigkeit der Naturforschung und der Ethik behauptete, so behauptet er hier die Selbständigkeit der historischen Methode. Sein historischer Blick äuſsert sich in der Forderung, man müsse bei der Auslegung der Schriften berücksichtigen, was man von den Individualitäten der Verfasser wisse. Zugleich müsse man den Ursprung der Schriften untersuchen. Die von Spinoza angestellte Untersuchung bewog ihn zu der Ansicht, die fünf Bücher Mose seien zur Zeit des Exils verfaſst. Geht die neuere Forschung auch nicht so weit, so hat sie doch an Spinoza einen Vorgänger. —

Es war Spinozas Religionsphilosophie, die zuerst Früchte trug. Bevor Lessing und Goethe und darauf die spekulativen Philosophen gegen Ende des 18. Jahrhunderts sich auf seine Seite stellten, wirkten seine Anschauungen in nicht geringem Umfange in den Niederlanden, sowohl so, daſs einzelne seine Ideen zur Nahrung ihres stillen Denk- und Gefühlslebens verwerteten, als auch so, daſs sich sogar religiöse Sekten bald mehr mystischen, bald mehr rationalistischen Charakters bildeten, deren Auffassung und Anwendung des Christentums durch mehr oder weniger Mittelglieder und Modifikationen hindurch den Schriften des einsamen Philosophen entsprossen. Bis ans Ende des 18. Jahrhunderts fand die holländische Orthodoxie häufige Gelegenheit, Spinozistische Gedanken zu verketzern. In seiner mehr mystischen Form vereinte sich der religiöse Spinozismus mit dem Einflusse der Schriften Jakob Böhmes, die seit Ende des 17. Jahrhunderts in den Niederlanden eifrig gelesen wurden. — Sonderbarerweise fanden die drei Elemente, die in Spinozas Denken zu einer eigentümlichen Einheit verbunden waren, später jedes zu seiner Zeit begeisterten Anschluſs: zuerst das religiöse in den Niederlanden, darauf das idealistische in der deutschen Renaissance gegen Ende des 18. Jahrhunderts, und endlich das realistische bei Philosophen und Naturforschern unsrer Zeiten. Und sogar Denker, die ihn nicht offiziell anerkennen wollten, waren tief und stark von ihm beeinflufst. Dies gilt namentlich von dem Manne, der von sich selbst und von anderen oft als Spinozas Antipode aufgestellt worden ist: von Leibniz.

6. Gottfried Wilhelm Leibniz.

a) Biographie und Charakteristik.

Bei Descartes, Hobbes und Spinoza finden wir drei grofse Systeme entwickelt, denen es trotz aller Verschiedenheit gemein ist, dafs sie einen rein mechanischen Naturzusammenhang rücksichtlich der materiellen Seite der Existenz feststellen. Die Konsequenzen waren in diesen Systemen aus den Prinzipien hergeleitet, deren Aufstellung das Entstehen der exakten Naturwissenschaft ermöglicht hatte. Sie waren Versuche, zu zeigen, wie sich die Existenz ausnimmt, wenn diese Prinzipien für alle materiellen Erscheinungen absolut gültig sind (man möge nun meinen, es gebe andre Erscheinungen als die materiellen, oder auch nicht). Für viele Männer der alten Schule waren diese neuen Prinzipien und Systeme der Inbegriff der Willkür und der Gottlosigkeit. Eine Reaktion ist gegen Ende des 17. Jahrhunderts unter verschiedenen Formen zu spüren. In philosophischer Beziehung ist diejenige Reaktion vom gröfsten Interesse, die die wirklich wissenschaftlichen Errungenschaften nicht aufgeben wollte, und die nicht auf äufserliche Weise, durch ein Kompromifs oder durch Zusammenstückelung unvereinbarer Elemente, sondern auf innere Weise, durch Untersuchung der Voraussetzungen, welche der mechanischen Naturauffassung zu Grunde lagen, über letztere hinauszuführen und sie mit der antiken und mittelalterlichen Auffassung, der man mit so grofser Energie den Rücken zugekehrt hatte, zu versöhnen suchte. In diesem Sinne bezeichnet Leibniz eine Reaktion gegen jene drei grofsen Denker. Nie wurde aber vielleicht eine Reaktion auf so tiefsinnige Weise durchgeführt, wenn Leibniz sich auch bewufst oder unbewufst in seiner Ausdrucksweise den konservativen Ansichten weit mehr fügte, als er nach seinem Standpunkte berechtigt war. Was Leibniz gleich anfangs an den modernen Ideen anstöſsig fand, trotz all seiner Bewunderung für sie und ihre Träger, war, daſs sie die ästhetische und die religiöse Betrachtung der Natur bedrohten. Man verwarf die Berechtigung des Zweckbegriffes in der Weltanschauung, und die Welt schien zur bloſsen Maschine zu werden. Es war die Aufgabe seines Lebens, Ideen aus entgegengesetzten Gegenden der geistigen Welt miteinander zu versöhnen, und während er an der Erreichung dieses Zieles arbeitete, entwickelte er einen Reichtum an Gedanken und Gesichtspunkten, an Entdeckungen und Andeutungen, der in der Geschichte des Denkens vielleicht einzig dasteht. Auf fast allen wissenschaftlichen Gebieten griff er schaffend oder anregend ein, und obgleich er weit verschiedene Stoffe bearbeitete, besitzen seine Gedanken dennoch innere Übereinstimmung, einen gemeinschaftlichen Typus.

Gottfried Wilhelm Leibniz wurde den 21. Juni 1646 in Leipzig geboren. Sein Vater, Rechtsgelehrter und Professor der Moralphilosophie, starb früh, und der meistens sich selbst überlassene Knabe hielt sich mit Vorliebe in des verstorbenen Vaters Bibliothek auf, wo er soviel las, wie irgend möglich war, zuerst besonders Romane und geschichtliche Werke, später scholastische Schriften. Trotz aller aus fremden Sprachen und dem abstrusen Charakter des Inhalts entstehenden Hindernisse suchte er dennoch durch eigne Hilfe zu verstehen, was ihm in die Hände geriet. Seine Umgebungen, erzählt er in einer selbstbiographischen Skizze, befürchteten erst, er möchte ein Poet werden, darauf, er würde ein Scholastiker werden: „sie wuſsten nicht, daſs mein Geist sich nicht durch eine einzige Art von Dingen anfüllen lieſs." Frühzeitig begann in seinem Gemüte der Kampf zwischen der mechanischen und der teleologischen Naturauffassung. Er erzählt, daſs er als ganz junger Mensch in einem Walde bei Leipzig wanderte und darüber nachgrübelte, ob er bei der scholastischen Philosophie beharren oder sich den neuen Lehren anschlieſsen sollte. Das Bedürfnis, allseitige Ausbildung zu erwerben und sich mit den exakten Wissenschaften bekannt zu machen, bewog ihn, Leipzig zu verlassen. Wegen einer erlittenen Kränkung gab er es auf, in seiner Vaterstadt die Doktorwürde zu suchen. Er promovierte als juristischer Doktor zu Altdorf und ging darauf nach Mainz, wo er trotz seines jugendlichen Alters im Dienste des Kurfürsten angestellt wurde. Pläne zur Verbesserung der juristischen Wissenschaft und der Gesetzbücher nebst philosophischen und naturwissenschaftlichen Studien nahmen ihn einige Jahre lang stark in Anspruch. Er wollte die scholastische Barbarei in der Rechtswissenschaft abschaffen, wie er zugleich immer mehr von dem entscheidenden Siege der modernen Naturwissenschaft über die scholastische Naturlehre überzeugt wurde. Eine Zeitlang fühlte er, seiner eignen späteren Äußerung (in den Nouveaux Essais) zufolge, starke Neigung für die „Sekte der Spinozisten". Der in ihm herrschende Gedanke war jedoch die Verfechtung der Ansicht, daß die Natur durch Zwecke bestimmt werde, ohne daß die mechanische Naturwissenschaft aufzugeben wäre. Mit Eifer verteidigt er die neue naturwissenschaftliche Auffassung gegen die Männer der älteren Zeit, gegen seinen Lehrer Jakob Thomasius und Hermann Conring, den berühmten Rechtsgelehrten und Arzt. Sein Streben war es aber, nachzuweisen, wie der mechanische Naturzusammenhang, weit davon, den Gedanken einer göttlichen Vorsehung auszuschließen, diesen gerade voraussetzt. In einer kleinen Abhandlung (*Confessio naturae contra Atheistas*) und in den Briefen an Jakob Thomasius aus den Jahren 1668—69 tritt dieses zweifache Bestreben klar hervor. Leibniz ist hier noch Dualist; es gibt ihm noch eine Kluft zwischen den beiden Prinzipien, die er vereinen will. Nach eigner Aussage fühlt er sich beim Studium des Kepler, Galilei und Descartes wie „in eine andre Welt versetzt"; die alte Welt müsse aber mit der neuen verbunden werden. Eine im Auftrag seiner Regierung nach Paris unternommene Reise gab ihm Gelegenheit zu neuen Studien. Neben seinen praktischen Geschäften und neben dem merkwürdigen Vorschlag zu der Eroberung Ägyptens von den Franzosen, den er Ludwig XIV vorlegte (um dessen Eroberungslust von Deutschland abzulenken), vertiefte er sich zu Paris unter Huyghens' Anleitung in mathematische Studien, die zur Erfindung der Differentialrechnung führten, während er zugleich die Cartesianische

Philosophie mit Eifer betrieb. Sein Standpunkt um das Jahr 1670 verrät den Einfluſs Hobbesischer Schriften. In einer naturphilosophischen Abhandlung (*Hypothesis physica nova*, 1671) behauptet er ähnlich wie Hobbes und Gassendi die Kontinuität der Bewegung durch die Idee von Bewegungstendenzen (conatus) in den kleinsten Augenblicken und den kleinsten Teilchen. Diese Idee steht in Verbindung mit der in den folgenden Jahren gemachten Entdeckung von der Bedeutung der verschwindend kleinen Gröſsen in der Mathematik. Von dieser Zeit an bekämpft er Descartes' Lehre von der Erhaltung der Bewegung, und beginnt er, statt deren die Erhaltung der Kraft aufzustellen. Den Unterschied zwischen Geist und Materie findet er darin, daſs eine Tendenz, die nicht in Bewegung übergehe, auf dem materiellen Gebiete nur in dem einzelnen Momente existieren könne, im Seelenleben aber wegen der Erinnerung und des Denkens sich über den Augenblick hinaus erstrecken könne. Prägnant drückte er dies durch den Satz aus, ein Körper sei ein momentaner Geist oder ein Geist ohne Erinnerung. In einem Briefe aus dem Jahre 1671 heiſst es: „Wie die Thätigkeit der Körper in Bewegung besteht, so besteht die Thätigkeit der Seelen in dem Streben (conatus) oder sozusagen in einer minimalen oder punktuellen Bewegung, wie die Seele eigentlich auch nur an einem Punkte im Raume ist, während der Körper einen Platz einnimmt." An diesen Andeutungen haben wir, was man Leibniz' zweite Philosophie nennen könnte. Er sucht über den Dualismus hinauszukommen und verficht die Kontinuität, indem er den Differentialen der Materie geistiges Streben beilegt, ist aber noch nicht über das Verhältnis zwischen dem Materiellen und dem Psychischen im klaren. Ein dunkler Vereinigungspunkt findet sich in dem Begriffe des Strebens; über diese unbestimmte Andeutung kommt Leibniz hier nicht hinaus. Nur so viel steht ihm fest, daſs die Lösung nur dadurch zu finden ist, daſs man von dem in den Erscheinungen Gegebenen auf dessen Elemente und Voraussetzungen zurückgeht.

Wie Leibniz auf den Gebieten verschiedener Wissenschaften arbeitete, so bemühte er sich auch, mit hervorragenden Männern verschiedener Geistesrichtung in Berührung zu kommen.

In Paris pflog er mit Huyghens Umgang. Früher hatte er sich schriftlich an Hobbes gewandt, ohne dafs jedoch ein Briefwechsel erfolgt zu sein scheint. Während des Aufenthaltes in Paris wurde seine Aufmerksamkeit auf Spinoza gelenkt, dessen „theologisch-politische Abhandlung" wenige Jahre vorher erschienen war, während die „Ethik" nur erst einem engen Kreise zugänglich war. Tschirnhausen, ein Mathematiker und Philosoph, der zu diesem Kreise gehörte und einer der scharfsinnigsten Korrespondenten Spinozas war, kam mit Leibniz in Paris zusammen und gab ihm eine Übersicht über Spinozas Anschauungen. Durch einen gemeinschaftlichen Freund teilte Tschirnhausen Spinoza mit, er habe in Paris „einen in den verschiedenen Wissenschaften wohlbewanderten und der gewöhnlichen theologischen Vorurteile ledigen jungen Mann, Namens Leibniz, getroffen, mit dem er Freundschaft geschlossen habe, da es ein Mann sei, der ebenso wie er selbst an der Entwickelung seines Geistes arbeite und dies als das Wichtigste betrachte." Tschirnhausen hält seinen neuen Freund für würdig, die „Ethik" kennen zu lernen, und ersucht den Meister um die Erlaubnis, ihm dieselbe zu zeigen, indem er daran erinnert, dafs Leibniz schon früher inbetreff der „theologisch-politischen Abhandlung" einen Brief an Spinoza geschrieben habe. Spinoza erwidert: „Ich glaube diesen Leibniz aus seinen Briefen zu kennen. Ich weifs aber nicht, weshalb er, der Hofrat in Frankfurt [Mainz] war, nach Frankreich gereist ist. Soviel ich aus seinen Briefen habe ersehen können, ist er ein Mann freien Geistes und in jeder Wissenschaft wohlbewandert. Ich glaube jedoch, es würde unvernünftig sein, ihm meine Schriften so früh anzuvertrauen. Vorher möchte ich gern wissen, was er in Frankreich macht, und erfahren, was unser Freund Tschirnhausen von ihm meint, wenn er erst längere Zeit Umgang mit ihm gepflogen und seinen Charakter besser kennen gelernt hat." Spinoza traute dem Leibniz offenbar nicht recht, dessen Vielseitigkeit und Geschmeidigkeit allerdings seinem intellektuellen Charakter nicht immer günstig waren und seinem geistigen Leben und seiner Thätigkeit jedenfalls ein Gepräge aufdrückten, das Spinozas eingezogener und konzentrierter Denkerexistenz durchaus entgegengesetzt war.

Spinozas Mifstrauen erwies sich als berechtigt. Denn wie nahe auch Leibniz in seinen letzten Resultaten, und wenn er konsequent ist, dem Spinoza steht, ergreift er in seinen späteren Schriften doch jede Gelegenheit, um Abstand von ihm zu nehmen, und zwar häufig in Ausdrücken, die man nicht von einem Manne, welcher „der gewöhnlichen theologischen Vorurteile ledig war", hätte erwarten sollen. Zu dieser Zeit wünschte er indes sehr eifrig, mit Spinoza in Berührung zu kommen. Nach einem vierjährigen Aufenthalte in Paris (1672—76), wo er — ein Beweis, wie verschiedenartige Geister er zu schätzen und zu seiner Belehrung zu benutzen wufste — den Umgang des Antoine Arnauld, des grofsen jansenistischen Theologen und eifrigen Cartesianers genossen hatte, ging er über England nach Holland, wo er zwei Monate verweilte, während deren er zu wiederholten Malen Spinoza besuchte und philosophische Gegenstände mit ihm erörterte. Erst mittels der neuesten litterarischen Funde [68]) hat man diese persönliche Beziehung der beiden grofsen Denker entdeckt, die so intim wurde, dafs Spinoza zuletzt seine Bedenklichkeiten überwand und ihm die „Ethik" zeigte. Leibniz selbst erwähnt allerdings an einem einzelnen Orte (in der „Theodicee") seines Besuches bei Spinoza, gibt der Sache aber den Anschein, als hätte sich das Gespräch um alltägliche Dinge gedreht! Es war keine Empfehlung, Spinoza so nahe gestanden zu haben. Man sieht denn auch, dafs verschiedene der Briefe in derjenigen Ausgabe von Spinozas Werken, die seine Freunde sogleich nach seinem Tode besorgten, verkürzt und die Namen der Briefschreiber häufig weggelassen sind. und Leibniz, der die Herausgabe sehnlich erwartet hatte, wurde sehr bestürzt, als er einen seiner eignen Briefe (freilich einen ganz harmlosen) mit Nennung seines Namens gedruckt fand. Dafs Leibniz mehrere Briefe an Spinoza geschrieben hat, davon hatte man früher keine Ahnung. — Grofsen Einflufs hat Spinozas Gedankengang auf Leibniz geübt, vorzüglich um letzteren definitiv über die dualistische Theorie hinaus zu führen. Man findet Spinozas Gedanken bei ihm wieder, wenn er um diese Zeit den Cartesianern vorhält, der Unterschied zwischen Geist und Materie schliefse nicht aus, dafs sie Eigenschaften desselben

Wesens sein könnten. Man hat Glossen und Exzerpte von Leibniz, die von der ersten Lektüre der „Ethik" Spinozas herrühren. An drei Punkten macht er sogleich Einwürfe, und alle drei sind für seinen Gedankengang charakteristisch. Der erste ist der fünfte Satz des ersten Buches, welcher behauptet, es könne nur eine einzige Substanz sein; der zweite ist die Ausschliefsung des Verstandes und des Willens aus der „erzeugenden Natur" (Eth. 2, 31); der dritte ist der Anhang des ersten Buches mit der berühmten Polemik gegen die Zweckursachen. — Sowenig Leibniz jemals Cartesianer oder Hobbist war, sowenig war er jemals Spinozist. Er hat aber von seinen Vorgängern mächtige Impulse erhalten. Was Spinoza betrifft, ist besonders zu bemerken, dafs Leibniz der von Spinoza aufgestellten Identitätshypothese beitritt und sie weiter ausführt. Es liefse sich wohl schwerlich ein gröfseres Mifsverständnis denken, als wenn man daraus, dafs Leibniz die Mehrheit der Substanzen behauptet, schliefsen wollte, er bestritte die Identitätshypothese. Sein Streben ging gerade darauf aus, beide Ansichten zu vereinen; wiefern dies ihm gelang, bleibt eine Frage für sich. —

Gegen Ende des Jahres 1676 trat Leibniz eine Stellung als Hofrat und Bibliothekar des Herzogs von Hannover (Braunschweig-Lüneburg) an. Eine Menge administrativer, geschichtlicher und politischer Arbeiten nahmen ihn in Beschlag, und sein rastloser Eifer, um auf allen Gebieten weiterzukommen, führte einen ungeheuren Briefwechsel herbei. In der Hannoverschen Bibliothek wird seine Korrespondenz mit mehr als tausend verschiedenen Personen aufbewahrt. Wie es aber der Hauptgedanke seiner Philosophie war, dafs die Existenz aus einer Menge Einzelwesen, jedes mit seiner Eigentümlichkeit, in gegenseitiger Harmonie und Kontinuität bestehe, so findet sich auch ein innerer Zusammenhang zwischen seinen Bestrebungen auf den verschiedenen Gebieten. Er hatte Blick für die kleinen Verhältnisse, die verschwindenden Differenzen, die sich durch ihre Zusammenfügung und Totalisierung dennoch als Realitäten erweisen können. Seine Mathematik, seine Physik und seine Philosophie zeigen uns diesen Zug. Nicht weniger Gewicht legte er aber auf die Kontinuität, den inneren

Zusammenhang aller Dinge. Was ihn bei seinen geschichtlichen Studien interessierte, war der Zusammenhang der Vergangenheit mit der Gegenwart, und ein ähnliches Interesse bewog ihn, sich mittels jesuitischer Missionäre Aufschlüsse über China zu verschaffen. Er besafs Sinn für das praktisch Nützliche wie für die Wissenschaft und die Kirche. Er sorgte für die Entwickelung des Bergbaus im Herzogtume, arbeitete für die Errichtung von Akademien, schlug die Umgestaltung der Klöster in wissenschaftliche Anstalten vor, verhandelte mit Bossuet wegen einer Vereinigung der katholischen und der protestantischen Kirche und später mit protestantischen Theologen wegen einer Vereinigung der lutherischen und der reformierten Kirche. An Peter den Grofsen, den er höchlich bewunderte, und mit dem er mehrere Unterredungen hatte, stellte er Vorschläge wegen Reformen und wegen Mafsregeln zur Förderung der Sprachwissenschaft und der Naturwissenschaft. Als Sprachphilosoph besafs er so gesunden Blick und behauptete er die Bedeutung der Erfahrung für das Sprachstudium mit solcher Energie, dafs Max Müller von ihm sagen konnte, wenn er von den Gelehrten der damaligen Zeit verstanden und unterstützt worden wäre, würde die Sprachwissenschaft ein Jahrhundert früher als induktive Wissenschaft begründet worden sein. Auch auf dem Gebiete der Medizin sprach er bedeutungsvolle Ideen aus. — Kein Wunder, dafs er in einem Briefe äufsern kann: „Wie aufserordentlich zerstreut ich bin, läfst sich nicht sagen. Ich stelle Untersuchungen in den Archiven an, hole alte Papiere hervor und sammle ungedruckte Urkunden. Ich erhalte und beantworte Briefe in grofser Anzahl. So viel Neues habe ich aber in der Mathematik, so viele Gedanken in der Philosophie, so viele andere litterarische Beobachtungen, die ich nicht gern möchte abhanden kommen lassen, dafs ich oft nicht weifs, was zuerst zu thun ist." Es gelang Leibniz denn auch nicht, sich zu einem für seine Persönlichkeit und seinen Gedankengang typischen Werke zu sammeln. Er war nicht wie Spinoza „der Mann eines einzigen Buches". Seine Ideen hat er in einer Unendlichkeit von Briefen und kleinen Abhandlungen ausgesprochen, die noch nicht alle im Druck erschienen sind. Die wichtigsten bisher hervorgezogenen philosophischen

Aufsätze finden sich in Gerhardts Ausgabe (7 Bände); vieles liegt aber noch in der Hannoverschen Bibliothek. Eine unglaubliche Arbeitskraft und Beweglichkeit des Denkens waren diesem Manne eigentümlich. Und wie sich die Existenz in seinem Systeme auf unzählige Weise in den einzelnen Seelen abspiegelt, so fühlte er auch das Bedürfnis, sein System von den sehr verschiedenen Standpunkten aus, mit denen er in Berührung kam, zu veranschaulichen. Während des Briefwechsels mit dem Jansenisten Arnauld entwickelte er sein System zu völlig klarem Bewußtsein in sich. Er hatte aber nichts dagegen, diesem eine scholastische Form zu geben, damit seine Freunde unter den Jesuiten es annehmbar finden möchten. In mehr populärer Form gestaltete er es, wenn er mit der Kurfürstin von Hannover oder der Königin von Preußen philosophierte, oder wenn er dem Prinzen Eugen eine Darstellung seiner Lehre (die später sogenannte „Monadologie") geben sollte.

Wir haben jedoch die Entwickelung der philosophischen Ansichten Leibniz' noch nicht bis zu deren Abschlusse verfolgt, bis zu dem Punkte, wo er sagen konnte, er glaube „für das Innere der Dinge einen neuen Ausdruck" (une nouvelle face de l'intérieur des choses) gefunden zu haben. Wir sahen, wie er die Berechtigung der mechanischen Naturwissenschaft verfocht, mit dieser aber die teleologische Betrachtungsweise versöhnen wollte, erst auf mehr dualistische Weise, später (im Anschluß an Hobbes und Spinoza) auf mehr monistische Weise. Es war seine Überzeugung, „die Modernen hätten die Reform zu weit getrieben", indem sie alles zu Maschinen machten, nicht weniger war es aber seine Überzeugung, man habe sich bisher nur „blamiert", wenn man versuchte, sogar den strengen mechanischen Zusammenhang der materiellen Vorgänge, die sich als am engsten mit den geistigen Erscheinungen verbunden zeigten, zu widerlegen.

In einem Briefe schreibt Leibniz 1697: „Die meisten meiner Ansichten sind zuletzt nach zwanzigjähriger Erwägung gereift; denn ich fing sehr jungen Alters zu denken an ... Jedoch habe ich meine Anschauungen den neuen Kenntnissen gemäß, die ich erwarb, geändert und wieder geändert, und

erst vor ungefähr zwölf Jahren fühlte ich mich befriedigt."
Diese Äußerung deutet auf das Jahr 1685 hin. In diesem
Jahre arbeitete Leibniz eine kleine Abhandlung (*Petit discours
de métaphysique*) aus, die er im Anfange des folgenden Jahres
an Arnauld sandte. Diese spricht aus, daß die Existenz aus
individuellen Substanzen bestehe; in jeder derselben sei die
Welt von einer der unendlich vielen möglichen Seiten ausgedrückt, von welchen sie sich in dem göttlichen Gedanken erblicken lasse; jede einzelne sei eine — durch fortwährende
„Emanation" verwirklichte — Gottheitsidee. Ausdehnung und
Bewegung seien nur Erscheinungen, ebensowohl als die Sinnesqualitäten. Nur die Kraft, nicht die Bewegung bleibe erhalten;
und die Kraft sei mit der Substanz identisch. Diese Abhandlung war durch eine frühere (aus 1680) vorbereitet, in welcher
erst entwickelt wird, das Innerste der Bewegung — der Bewegung, auf welche die modernen Systeme alles in der materiellen Natur zurückführten! — sei noch nicht hinlänglich aufgeklärt (intima motus nondum patent), und darauf behauptet
wird, das Sein (Existieren, Substanz sein) und das Wirken
seien eins und dasselbe, wie auch alle Kraft oder alles Streben
ein Wirken sei⁶⁹). Der Satz, daß jede Substanz wirkt, und
daß alles, was wirkt, Substanz ist (omnem substantiam agere,
at omne agens substantiam appellari), ist vielleicht der wichtigste der ganzen Leibnizschen Philosophie. Durch diesen
wurde der Mystik oder Mythologie ein Ende gemacht, die sich
das Wesen der Dinge als ruhendes Wesen, als unveränderliches Existieren in sich selbst denkt. Leibniz selbst fand
hierin die Möglichkeit seiner Vereinigung der Teleologie und
des Mechanismus, indem angenommen wird, daß die Kräfte,
die die innerste Natur der einzelnen Wesen und Erscheinungen
bilden und dasjenige sind, was während aller Veränderungen
bestehen bleibt, aus dem göttlichen Wesen ausströmen und
für wertvolle Zwecke wirken. Die göttlichen Zwecke werden
dann ohne Unterbrechung des gesetzmäßigen Zusammenhanges
und eben durch diesen in der Natur befriedigt. Der Fortschritt seit der Abhandlung von 1680 bis zum „Discours" von
1685 besteht namentlich darin, daß der *individuelle* Charakter
der Substanzen behauptet wird, und daß diese in Analogie

mit den Seelen der Menschen und Tiere aufgefaſst werden. Jedes einzelne Wesen ist eine kleine Welt, entwickelt sich seinen inneren Gesetzen gemäſs, aus eigner Kraft, ist eine spezielle Ausstrahlung der göttlichen Kraft, und diese Entwickelung geschieht des gemeinschaftlichen Ursprungs wegen in Harmonie mit der Entwickelung aller andern Wesen. — Hiermit war Leibniz' System fertig. An die Öffentlichkeit trat es erst in einer im Journal des Savants 1695 gedruckten Abhandlung (Système nouveau de la nature et de la communication des substances). Und den Namen „Monade" gebrauchte er erst später (1696). Von Bruno hat er die Benennung wohl schwerlich entlehnt; es läſst sich überhaupt kein direkter Einfluſs des Bruno auf Leibniz geschichtlich nachweisen, wie groſse Verwandtschaft auch mehrere ihrer Ideen zeigen. Wahrscheinlicher ist es (wie man in der jüngsten Zeit vermutet hat), daſs er die Benennung von dem mystischen Chemiker van Helmont dem Jüngeren annahm, mit dem er gerade, kurz bevor sich dieselbe zum erstenmal bei ihm findet, in persönliche Berührung gekommen war. —

Leibniz genügte seiner eignen Definition der Substanz als das unablässig Wirkende. Auch nachdem sein System gebildet war, fuhr er in seinem Streben fort, dessen Grundgedanken zu möglichst groſser Deutlichkeit auszuformen. Hierzu gaben sein umfassender Briefwechsel und seine groſse persönliche Bekanntschaft ihm reichliche Gelegenheit. So arbeitete er während eines Aufenthalts in Wien (1714) für den Prinzen Eugen eine Darstellung der Monadenlehre aus, die nach seinem Tode unter dem Titel *Monadologie* gedruckt wurde. Zugleich beobachtete er mit Aufmerksamkeit die Regungen der damaligen Zeit. Mit zwei hervorragenden Denkern geriet er in eine Diskussion, die er mit groſser Ritterlichkeit führte. John Lockes Versuch, alle Erkenntnis aus der Erfahrung herzuleiten, kritisierte er in seinen *Nouveaux Essais* auf geniale und noch heutzutage lehrreiche Weise, indem er namentlich die Bedeutung der inneren Anlagen, der in der eignen Natur der erkennenden Wesen liegenden Bedingungen verteidigte. Als Locke starb, bevor Leibniz sein Werk vollendet hatte, wollte er es nicht herausgeben, und deswegen wurde dieses nicht von so grofsem Einflusse auf die philosophische Diskussion, wie es sonst gewifs geworden wäre. Es erschien erst 1765. Der zweite Zeitgenosse, gegen dessen Anschauungen Leibniz sich zum Ergreifen der Feder veranlafst fühlte, war Pierre Bayle. Dieser hatte den Versuch mehrerer Theologen und Philosophen, eine Harmonie zwischen der Annahme eines allmächtigen, göttlichen Waltens und dem moralischen und physischen Übel der Welt nachzuweisen, kritisiert und behauptet, philosophisch liefse sich die Annahme zweier entgegengesetzter Prinzipien, eines guten und eines bösen, nach der thatsächlichen Beschaffenheit der Welt weit leichter verteidigen. Hiergegen suchte Leibniz in seiner 1710 erschienenen *Theodicee* die Übereinstimmung der Theologie mit der Philosophie nachzuweisen und die Behauptung zu begründen, dafs die wirkliche Welt die möglichst gute Welt sei. Dies ist Leibniz' schwächstes Werk, langgesponnen und lose in der Form, vag und in üblem Sinne populär im Gedankengange. In keinem andern Werke fügt er sich zugleich in dem Mafse solchen Vorstellungen, denen er bei strenger Konsequenz keinen Platz in seinem Systeme geben konnte. Es war ein Unfall, dafs man während des 18. Jahrhunderts Leibniz gerade durch dieses Werk kennen lernen sollte. Die „Nouveaux Essais" lagen vergessen in der Hannoverschen Bibliothek, und die herrlichen und genialen kleinen Abhandlungen in Zeitschriften, die seine eigentlichen Grundgedanken aussprachen, waren nur wenigen zugänglich.

Es ist keinem Zweifel unterworfen, dafs Leibniz' Versuch, die Religion und die Philosophie zu vereinen und miteinander zu versöhnen, ehrlich gemeint war. Dies war ein Gedanke, der ihn von Jugend an sein ganzes Leben hindurch erfüllte. Eine eigentlich religiöse Natur war er jedoch nicht. Dies zeigt die Leichtigkeit, mit der er über konfessionelle Gegensätze hinwegzublicken vermochte. Ihm lag wohl vielmehr die natürliche als die positive Religion am Herzen. Und sein Sinn für das Individuelle und Charakteristische machte es ihm leicht und interessant zugleich, sich in die verschiedenen kirchlichen Systeme hineinzuarbeiten, wie sein Glaube an die Harmonie aller individuellen Eigentümlichkeiten und Bestrebungen auch den Wunsch einer Versöhnung der hadernden Kirchen in ihm erzeugte, ein Wunsch, der indes nicht von Männern wie Bossuet und Spener geteilt wurde, die keine berechtigte Eigentümlichkeit in andern Konfessionen als ihrer eignen zu erblicken vermochten. Arnauld forderte ihn auf, sich lieber zum rechten Glauben zu bekehren, als über den Zusammenhang der Dinge zu spekulieren. Charakteristisch für Leibniz ist eine Geschichte von zwei Brüdern, die er gern erzählte: der eine der Brüder war zum Katholizismus übergetreten und suchte nun den andern zu überzeugen, während dieser ebenso eifrig jenen für den Protestantismus zurückzugewinnen suchte; das Resultat wurde, daſs beide einander überzeugten, — und das Ende vom Liede wurde, daſs Gott sich ihres groſsen Eifers wegen beider Brüder erbarmte! Was Leibniz interessierte, war die innere Kraft und das innere Streben der Monaden, und nicht bloſs die spezielle Weise, wie sich die Kraft in der einzelnen Monade äuſsert, die diese Weise oft für die einzige rechte ansieht. Leibniz' Glaube galt der universellen Harmonie, die für ihn nicht erst ein Resultat der Zukunft war, sondern bereits in den Geistern vorhanden war, wenn diese sich derselben nur bewuſst werden könnten. In jedem Buche, das Leibniz las — und er las viele Bücher —, fand er etwas, das ihm interessant und lehrreich war, und da er wuſste, wie verschieden die Dinge sich von verschiedenen Standpunkten aus zeigen können, war er geneigt, selbst da zu verteidigen und entschuldigen, wo er nicht zu billigen vermochte. Mit Menschen von allen Stellungen verstand er über ihre Interessen zu sprechen. Seine Anerkennung der Monaden erstreckte sich sogar auf die niederen Formen. Er vermied es, Tiere zu töten, und hatte er ein Insekt zu mikroskopischer Untersuchung benutzt, so setzte er es behutsam wieder auf das Blatt, von welchem er es genommen hatte. Sanft und heiter, keinen heftigen Gemütsbewegungen unterworfen, stets mit Denken und Studieren beschäftigt — so ging er durch die Welt. — Seine letzten Jahre verlebte er in Einsamkeit. Seiner vielen Arbeiten wegen hatte er, wie er selbst sagte, zum Heiraten keine Zeit gehabt — bis es zu spät war. Während er früher am hannöverschen Hofe gut angeschrieben war und bis zum „Geheimen Justizienrate" aufrückte, scheint er in seinen letzten Jahren — nach dem Tode seiner fürstlichen Gönner — gewissermaßen in Ungnade gefallen zu sein. Der Geistlichkeit und dem Volke war seine Rechtgläubigkeit verdächtig, weil er die Kirche nicht besuchte; sein Name wurde im Plattdeutschen als Lövenix, d. h. Glaube-nichts ausgelegt. Als er (1716) gestorben war, folgten nur wenige seiner Bahre. — Sein Wahlspruch war: „So oft eine Stunde verloren wird, geht ein Teil des Lebens zu Grunde;" dieser wurde an seinem Sarge angebracht, wie auch ein Symbol, das er geliebt hatte: eine Spirale mit der Überschrift: Inclinata resurget (sie beugt sich nur um zu steigen). —

b) Monadenlehre.

Nachdem wir nun einen Überblick über die historische Entwickelung der Leibnizschen Philosophie gewonnen haben, wird es die Aufgabe, eine systematische Darstellung derselben zu geben. Die Schriften, die hierbei vorzüglich zur Grundlage dienen müssen, sind: *Discours de métaphysique* (1685), *Système nouveau* (1695), *Lettre à Basnage* (1698), *De ipsa natura* (1698) und *Monadologie* (1714). Mit diesen sind aber eine Menge Briefe und kleinere Abhandlungen zusammenzuhalten.

Durch Analyse der naturwissenschaftlichen Grundsätze begründet Leibniz seine Philosophie. Diese Grundsätze erkennt er eben so unbedingt an wie Hobbes und Spinoza, er findet sie aber aus tiefer liegenden Voraussetzungen entsprungen. Die Physik hat ihm ihren Grund in der Metaphysik. Es gilt nun vor allen Dingen zu sehen, wie nach Leibniz der Übergang aus dieser Physik in die Metaphysik anzustellen ist.

Wenn die neue Wissenschaft darauf ausging, alles in der Natur auf Bewegung zurückzuführen, so billigt Leibniz dieses Streben durchaus. Als Philosoph fragt er aber: welche Realität besitzt die Bewegung selbst, und welche Ursache hat sie? — Alle Bewegung ist relativ. Glaubt man, ein Ding bewege sich, so wird dies von dem Standpunkte abhängig sein, von welchem aus das Ding erblickt wird. Die eigentliche Realität ist nicht die Bewegung selbst, sondern die Kraft, die deren Ursache ist, und die bestehen bleibt, auch wenn die Bewegung aufhört. Die Cartesianer, welche lehrten, die Summe der Bewegung sei stets die nämliche in der Welt, zugleich aber behaupteten, Bewegung gehe in Ruhe über und umgekehrt, wurden gezwungen, fortwährende Unterbrechungen der Kontinuität anzunehmen, da sowohl der Übergang aus Bewegung in Ruhe als der aus Ruhe in Bewegung unerklärlich wurde. Nur mittels des *Begriffes der Kraft* (oder Tendenz, conatus) läfst sich der Zusammenhang behaupten. Es gibt dann nur einen relativen Unterschied zwischen Bewegung und Ruhe: diese sind verschiedene phänomenale Formen der Kraft. Es ist die Kraft, die bestehen bleibt. Absolute Ruhe gibt es nicht. Auch nicht den kleinsten Moment hindurch, den man sich denken möchte, befindet sich ein bewegter Körper an einem und demselben Orte des Raumes. Fragt man, was denn die Kraft ist, so erwidert Leibniz: *dasjenige des gegenwärtigen Zustandes, das in der Zukunft eine Änderung herbeiführt* (ce qu'il y a dans l'état présent, qui porte avec soi un changement pour l'avenir) (Lettre à Basnage). Dieses ist das Reale der Existenz. Zu diesem Begriffe gelangt Leibniz ebenfalls durch Kritik des Atombegriffes, so wie die damalige Atomistik ihn auffafste. Die Annahme absolut harter Atome würde der Erhaltung der Kraft und der Kontinuität widerstreiten, da bei jedem Zusammenstofse Kraft verloren gehen würde. Die Atome müssen deshalb (wie schon Huyghens lehrte) elastisch sein, mithin aus Teilen bestehen; absolute Atome sind folglich ein Selbstwiderspruch. Wenn wir die Sache gründlich untersuchen, finden wir Wirksamkeit überall. „Die Atome," sagt Leibniz in einem Briefe, „sind nur die Wirkung von einer Schwäche unserer Einbildungskraft, indem diese gern ruhen mag und sich deshalb beeilt, die Teilungen und Analysen zu beendigen" (Brief an Hartsoeker 1710). Der Unterschied zwischen dem Festen und dem Flüssigen ist relativ, ebenso wie die Bewegung relativ ist. Eigentliche Realität besitzt auch von diesem Gesichtspunkte aus nur die Kraft.

Dafs die Kraft die eigentliche Realität ist, drückt Leibniz in der Sprache seiner Zeit dadurch aus, dafs die Kraft Substanz und dafs alle Substanz Kraft ist. Der Begriff der Kraft hängt wieder eng mit dem *Begriffe des Gesetzes* zusammen: die Kraft ist ja nur dasjenige eines Zustandes, welches bewirkt, dafs in der Zukunft eine Veränderung eintritt. Die Voraussetzung aller Anwendung des Kraftbegriffes ist also ein gesetzmäfsiger Zusammenhang der wechselnden Zustände. Das Prinzip des zureichenden Grundes, welches besagt, dafs alles seinen Grund hat, ist deshalb der eigentliche Fundamentalsatz in Leibniz' Philosophie, wenngleich er dasselbe erst in seinen späteren Schriften (der Theodicee und der Monadologie) ausdrücklich als Grundsatz aufstellt. Und mit dem Begriffe „Gesetz" hängt bei Leibniz wieder ein andrer Hauptbegriff zusammen: *der Begriff der Individualität*. Denn Individualität bedeutet ihm das Gesetz, dem zufolge Änderungen der Zustände eines Wesens sich ablösen. Jedes Individuum hat sozusagen seine Formel. Und wie man in einer mathematischen Reihe die folgenden Glieder finden kann, wenn man das Gesetz für die Reihenfolge der ersten Glieder gefunden hat, so geht es auch mit den inneren Veränderungen eines individuellen Wesens. In dem Gesetze für die Reihenfolge dieser Veränderungen besteht eben die Individualität: *la loi du changement fait l'individualité de chaque substance particulière* (Lettre à Basnage). In dem „Discours de métaphysique", wo der Begriff der individuellen Substanz zuerst eingeführt wird, vergleicht Leibniz das Verhältnis zwischen der Substanz und deren wechselnden Zuständen mit dem Verhältnisse zwischen dem Subjekte und dem Prädikate eines logischen Urteils: ebenso wie es bei einem logischen Urteile möglich sein mufs, das Prädikat im Subjekt enthalten zu finden, sobald man letzteres vollständig kennt, ebenso wird derjenige, der die Natur des einzelnen Individuums kennt, aus dieser alle dessen wechselnden Zustände ableiten können. Zwischen diesen ist Kontinuität, da der folgende stets in dem vorhergehenden seinen Grund hat. Jede einzelne dieser Substanzen ist daher eine kleine Welt für sich, entwickelt sich aus eignem innerem Triebe und hat ihr eignes inneres Leben. Nur auf mirakulöse Weise kann eine derartige individuelle Substanz entstehen oder vergehen. Und jede Substanz hat ihr eignes, von demjenigen andrer Substanzen verschiedenes, inneres Gesetz.

Fragt man, weshalb das Reale, Existierende (die Substanz) individuell sein müsse, so entgegnet Leibniz: weil nur *Einheiten*, Einzelwesen existieren können. Er tadelt die Cartesianer, nicht nur, weil sie der Bewegung absolute Realität beilegen, sondern auch, weil sie der Ausdehnung absolute Realität beilegen und sie zur Substanz machen. Schon in den Bemerkungen, die er machte, als er Spinozas „Ethik" las, schrieb er, es sei nicht gewiß, daß die Körper Substanzen seien; anders verhalte es sich mit den Seelen. Diese Äußerung deutet die Richtung an, in welcher sein Denken ging. In seinen späteren Werken kommt unter vielfach variierten Wendungen stets wieder folgender Gedankengang zum Vorschein: Ausdehnung setzt etwas voraus, das gedehnt, d. h. mehrmals wiederholt wird. Ausdehnung bedeutet Mannigfaltigkeit, Zusammensetzung, Aggregat. Die Natur des Zusammengesetzten beruht aber auf dem Zusammensetzenden (den Komponenten). Nicht das Aggregat besitzt Realität, sondern die Einer, aus denen es besteht. Gäbe es keine absolut einfachen Substanzen, so würde daher gar keine Realität existieren. Die Annahme der Realität der ausgedehnten Materie bringt außerdem den Übelstand mit sich, daß deren Teilbarkeit infolge des Gesetzes der Kontinuität bis ins unendliche geht. Die wahren Einheiten können deswegen nicht materiell, nicht ausgedehnt sein; wenn anderseits keine solchen absoluten Einheiten existierten, würde die Materie bloßer Schein ohne reale Bedeutung sein. Nur das absolut Einfache und Unteilbare kann Substanz sein, und dieses kann nicht materiell sein.

Bevor wir fragen, was es denn ist, müssen wir noch eine wichtige Bestimmung hervorheben. Leibniz ging von den naturwissenschaftlichen Grundsätzen aus. Der wichtigste derselben war für ihn der Satz von der Erhaltung der Kraft. Dieser war ihm die *Grundlage der Gesetze der Natur* (fundamentum naturae legum). Diese Grundlage der Naturgesetze läßt sich nun nach Leibniz (siehe besonders De ipsa natura,

Erdmanns Ausgabe, S. 155) nur durch ein teleologisches Räsonnement verstehen: Es ist notwendig, dafs die nämliche Kraftmenge in der Welt erhalten wird; diese Notwendigkeit beruht aber darauf, dafs die göttliche Weisheit und Ordnung in der Welt waltet; das erste Prinzip oder der erste „zureichende Grund" des Mechanismus ist eine Zweckursache, *ein teleologisches Prinzip*. In einer kleinen, gegen den Physiker Papin gerichteten Abhandlung (*De legibus naturae*, Dutens' Ausgabe, III, S. 255) führt Leibniz dies folgendermafsen aus: Ursache und Wirkung müssen sich stets entsprechen, müssen äquivalent sein. Läge mehr in der Wirkung als in der Ursache, so würden wir ein perpetuum mobile erhalten; läge weniger in der Wirkung als in der Ursache, so würde dieselbe Ursache sich nie wieder herbeischaffen lassen, die Natur würde fortwährend zurückgehen, die Vollkommenheit würde abnehmen. Beides würde der göttlichen Weisheit und Unwandelbarkeit widerstreiten. Findet in der Natur, unter Ausschlufs der beiden andern Möglichkeiten, Äquivalenz zwischen Ursache und Wirkung statt, so läfst dieses sich nach Leibniz nicht rein mathematisch oder mechanisch begründen, sondern es mufs teleologisch erklärt werden.

Das Gesetz, zufolge dessen die einzelnen individuellen Wesen, welche die wahren Realitäten sind, ihre wechselnden Zustände entwickeln, ist für Leibniz ein Gesetz, zufolge dessen sie zu vollkommneren, nicht nur zu neuen Zuständen fortschreiten. Das Verhältnis der Ursache zur Wirkung ist hier also mit dem Verhältnisse des Mittels zum Zwecke identisch. Im innersten Grund und Boden ist die Existenz so angelegt, dafs die rein mechanischen Gesetze in der Richtung dessen wirken, was die Gesetze der Gerechtigkeit und der Liebe erheischen. In dem dem eignen Wesen jedes Individuums innewohnenden Gesetze (lex insita) sind inbetreff dieses Individuums beide Arten von Gesetzen vereint. — Leibniz ist, wie man sieht, dermafsen von dem Gesetze von der Erhaltung der Kraft erfüllt, dafs er übersieht, wie es teleologisch gar nicht darauf ankommt, dafs die nämliche Kraftmenge erhalten wird, sondern darauf, dafs diese in einer für das Bestehen des Lebens und für die fortgesetzte Entwickelung günstigen und nützlichen Form erhalten wird. Dies ist nun auch eine Betrachtung, deren Wichtigkeit erst nach neueren Untersuchungen deutlich geworden ist. — Obgleich Leibniz auf diese Weise den mechanischen Naturzusammenhang teleologisch begründet, ist es jedoch nicht seine Meinung, die Zweckursachen wieder einführen zu wollen und eine Erklärung der Naturerscheinungen durch das Berufen auf innere Kräfte oder auf Zweckmäfsigkeit zu gestatten. Im einzelnen müsse man streng mechanisch verfahren; nur von dem Mechanismus als Totalität, oder vielmehr von den ersten Prinzipien des Mechanismus erweise es sich, dafs sie nur durch teleologische Betrachtung verständlich würden. Der mechanische Naturzusammenhang ist die Thatsache, von welcher die ganze Leibnizsche Philosophie ausgeht, ebensowohl als die Hobbessche und die Spinozistische. —

Der technische Name des absoluten Einzelwesens, das für Leibniz die wahre Realität bildet, ist *die Monade*. Dieses griechische Wort bedeutet Einheit und bezeichnet die Wesen also nur von der formellen Seite. Fragen wir nun, was diese individuelle Einheit mit ihren inneren, einem bestimmten Gesetze gemäfs entwickelten Zuständen denn eigentlich ist, so antwortet Leibniz, wir müfsten sie uns in Analogie mit unsern eignen Seelen denken. Im „Discours" wird dies nicht entschieden ausgesprochen. In dem folgenden Briefwechsel mit Arnauld heifst es aber: „Die substantielle Einheit setzt ein vollständiges (accompli), unteilbares und auf natürliche Weise unvergängliches Wesen voraus, da ihr Begriff alles umschliefst, was ihr begegnen soll. Etwas Derartiges ist nicht in der Gestalt oder der Bewegung zu finden, . . . sondern nur in einer Seele oder einer substantiellen Form, *ähnlich dem* (à *l'exemple de*), was man ein Ich nennt." (Brief an Arnauld, November 1686.) Die objektive Analyse wird hier also durch eine subjektive Analyse ergänzt. In uns selbst finden wir auf dem Wege der Selbstbeobachtung innere Zustände (Empfindungen, Gefühle, Gedanken), welche wechseln, und einen Drang oder Trieb, der uns bewegt, aus einem Zustand in einen andern überzugehen. Mittels dieser subjektiven Beobachtung müssen wir uns — auf dem Wege der Analogie — die Natur der Monaden verständlich machen. Unsere Seele ist nur eine einzelne Monade, wir haben aber keinen Grund zu glauben, dafs wir in der Natur allein stünden. Im Gegenteil. Zufolge des Gesetzes der Kontinuität, welches Sprünge in der Natur ausschliefst, müssen wir annehmen, dafs es unendlich viele Grade derjenigen Art von Existenz gibt, die wir aus uns selbst kennen: c'est partout et toujours la même chose, aux degrès de perfection près. Das Gesetz der Analogie gebietet uns, überall dem Prinzipe zu huldigen: „Ganz wie bei uns" (tout comme ici)[70]. *Das Gesetz der Analogie*, dem zufolge wir alle andere Existenz als nur dem Grade nach von unsrer eignen verschieden auffassen, ist Leibniz nur eine spezielle Form des Kontinuitätsgesetzes und entspringt gleich diesem aus dem Prinzipe des zureichenden Grundes. Nimmt man keine solche allgemeine Beseelung in niederen und höheren Graden an, so wird es durchaus unverständlich, wie Empfindung und Bewufstsein entstehen können. Ebenso wie das Entstehen der Bewegung den Cartesianern unerklärlich wurde, weil sie nicht auf die Kraft zurückgingen, ebenso war ihnen auch die Entstehung des Bewufstseins ein Rätsel, weil sie die dunkleren Grade und Formen des Seelenlebens, das unbewufste Seelenleben, das Drängen und Trachten, das erst auf höheren Lebensstufen zur Klarheit des Bewufstseins erwacht, unberücksichtigt liefsen. In uns selbst gewahren wir ja stets den Wechsel klar bewufster, dunkler und unbewufster Zustände. In Analogie hiermit müssen wir uns Monaden in allen Graden der Klarheit und Dunkelheit denken. Es gibt schlummernde, träumende und mehr oder minder wache Monaden. Die Einerleiheit der Natur führt zu dieser Annahme. Derjenige Teil der Materie, der den menschlichen Körper bildet, kann doch nicht der einzige sein, der mit dem Vermögen des Empfindens und Wollens begabt ist. Es mufs auf den niederen Stufen etwas Analoges zu finden sein (man möge dies Seele nennen oder auch nicht). In einem Briefe (Mai 1704) nennt Leibniz diese Anwendung der Analogie „mon grand principe des choses naturelles".

Den Weg, auf welchem alle Mythologien und älteren spekulativen Systeme — ohne sich dessen bewufst zu sein — zu der Annahme gekommen waren, das Geistige herrsche in der Existenz, diesen Weg verfolgt Leibniz mit vollem Bewufstsein. Mit Klarheit weist er den Punkt nach, wo aller metaphysische Idealismus entsteht. Und auch hier leitet ihn die Voraussetzung von der völligen Verständlichkeit der Existenz. Aus dieser Voraussetzung folgt die Kontinuität aller Existenzen und die Analogie aller Wesen mit unserm eignen Wesen.

Indem Leibniz aber diesen Punkt seiner Gedankenentwickelung erreicht hat, steht er an einem Wendepunkte. Er baut seine Philosophie auf, indem er, von dem Streben geleitet, das Reale und Existierende der materiellen Erscheinungen zu finden, von deren Analyse ausgeht. Nachdem er nun zur Ansicht gelangt ist, dafs eigentlich nur vorstellende Wesen, mit verschiedener Dunkelheit und Klarheit ihrer Vorstellungen, existieren, wird ihm die Materie zur *blofsen* Erscheinung. Es ist ein Sinnesphänomen, wenn Körper zu existieren scheinen. Die Sinne trügen uns jedoch nicht, ebensowenig wie sie uns trügen, wenn wir glauben, dafs die Sonne sich um die Erde bewege. Die Erscheinungen sind real, insofern ein regelmäfsiger Zusammenhang sie verbindet, ein Gesetz ihre Reihenfolge bestimmt. Dieses Gesetz ist das Merkmal dessen, was für uns Wirklichkeit ist. Es zwingt uns aber nicht zu der Annahme, dafs etwas anderes existiere als Monaden und deren Vorstellungen. — An diesem Punkte war ein ganz neuer Gedankengang möglich: eine Prüfung, ob man von dem rein subjektiven Standpunkt aus, von der Annahme, dafs die Welt nur in der Form der Vorstellung existiere, zu demselben Resultate kommen würde wie auf dem objektiven Wege, den Leibniz bisher einschlug. Diesen neuen Weg hat Leibniz nicht betreten, und als er in seinen letzten Jahren von Berkeleys Versuche in dieser Richtung hörte, stand dieser ihm als blofses Paradoxon da (siehe den Brief vom 15. März 1715 an des Bosses). Leibniz hat offenbar nicht klar erblickt, welch grofser Unterschied zwischen der *Erscheinung von etwas* und der *Erscheinung für jemand* liegt. Beide Relationen können im Begriffe „Erscheinung" enthalten sein; Leibniz beginnt mit ersterer und endet mit letzterer

Relation. Und erst nachdem er den Begriff der Substanz als die Kraft und die individuelle Einheit aufgestellt hat, findet er — infolge des Gesetzes der Analogie — dafs deren Wesen in vorstellender Thätigkeit besteht. Eben weil diese letzte Annahme der Endpunkt seiner Gedankenreihe ist, wird es verständlich, dafs er nicht alle Konsequenzen derselben ableitet[71]). Leibniz fährt fort, die materiellen Erscheinungen als Äufserungen einer objektiven Ordnung der Dinge zu betrachten. Kraft des Gesetzes der Kontinuität steht in der materiellen Welt alles in Wechselwirkung; die Änderung eines Teiles der Welt erstreckt sich auf alle Teile. Und hieraus wird geschlossen, dafs jede Monade auf dunklere oder klarere Weise das *gesamte* Weltall vorstelle, wie jeder einzelne Punkt des physischen Weltalls alles spüre, was im ganzen Weltall geschehe. Eben die Lehre, dafs es eine Vielheit der Monaden gebe, zeigt, dafs Leibniz nicht den rein subjektiven Weg einschlug, denn er würde dann nur mit einer einzigen Monade und deren Weltbilde zu thun gehabt haben. Die Annahme andrer Bewufstsein als meines eignen setzt ja schon die Anwendung des Analogieschlusses voraus, auf den Leibniz seinen metaphysischen Idealismus stützt. —

Eine empirische Bestätigung seiner Hypothese, dafs in aller scheinbar toten Masse Kraft, Leben und Seele sei, sah er in der Entdeckung der kleinen Organismen, die Swammerdam, Leeuwenhook und andere Naturforscher mittels des Mikroskops fanden. Hier eröffnete sich ihm eine Welt verschwindend kleiner Wesen auf dem Gebiete des organischen Lebens, und er hatte ja selbst dazu beigetragen, die Welt der verschwindend kleinen Gröfsen zu erschliefsen, wie er auch in seiner Philosophie behauptet hatte, hinter der scheinbar gleichartigen Masse sei die wahre Realität zu finden, aus individuellen Wesen mit einer Natur bestehend, die unsrer eignen verwandt sei. Entstehen und Vergehen, Geburt und Tod waren ihm nur Erscheinungen, Äufserungen eines Zusammenziehungs- oder Entfaltungs-, Verdunklungs- oder Aufklärungsvorganges in den Monaden. Die absoluten Sprünge und Verschiedenheiten fielen weg (wie nicht minder die gleichartige Masse), je mehr er über die unendlichen individuellen

Nüancen des Lebens ins klare kam. Mit sichtlichem Wohlbehagen verweist Leibniz in allen seinen späteren Darstellungen auf die Arbeiten der genannten grofsen gleichzeitigen Naturforscher.

Leibniz tritt wegen seines Monadenbegriffes anscheinend in scharfen Gegensatz zu Spinoza. Für letzteren gab es nur eine einzige Substanz, und alle Einzelwesen verhielten sich zu dieser wie die Wogen zum Meere. Für Leibniz ist die wahre Realität eine Mannigfaltigkeit individueller Kräfte, jede dem ihr innewohnenden Gesetze gemäfs wirksam, so dafs sich alle ihre Wirkungen aus ihrem eignen ursprünglichen Charakter entfalten. Leibniz selbst hob oft diesen Gegensatz scharf hervor, am klarsten in einem Briefe an Bourguet (Dezember 1714): „Ich weifs nicht, wie man aus meiner Lehre Spinozismus herzuleiten vermag. Eben durch die Monaden wird der Spinozismus aufgelöst. Denn es gibt ebenso viele wahre Substanzen ... wie es Monaden gibt, während es Spinoza zufolge nur eine einzige Substanz gibt. Er würde recht haben, wenn es keine Monaden gäbe; dann würde alles aufser Gott verschwindend sein und in einfache Modifikationen aufgelöst werden." Es ist indes der nämliche Grundbegriff der Substanz, von dem sowohl Leibniz als Spinoza ausgeht. Alle Bestimmungen und Zustände der Substanz sollen aus deren eigner innerer Natur hervorgehen, sollen keiner äufseren Einwirkung zu verdanken sein. Dies behauptet Leibniz ebenso entschieden rücksichtlich jeder seiner Monaden, wie Spinoza es rücksichtlich seiner einen und einzigen Substanz behauptet. Die Schwierigkeit dieses absoluten Substanzbegriffes lag für Spinoza darin, zu erklären, wie die Vielheit der Attribute und der Einzelwesen sich durch die Annahme einer einzigen Substanz verstehen liefse. Die Schwierigkeit desselben Begriffes lag für Leibniz in der Erklärung der Übereinstimmung unter den Zuständen der verschiedenen Monaden, wenn jede derselben nur von innen her bestimmt wird, und (um Leibniz' eigne Bilder anzuwenden) keine derselben Löcher, Fenster oder Thüren hat, durch die etwas von aufsen in die Monade eindringen könnte. Und Leibniz blieb aufserdem noch die

Schwierigkeit einer Versöhnung der Monadenlehre mit seinen theologischen Voraussetzungen.

Alle beiden Schwierigkeiten betrachtet Leibniz als durch einen einzigen Gedanken gelöst. Dafs die Zustände der verschiedenen Monaden sich in Übereinstimmung befinden, nimmt er als Thatsache: es existiert universelle Harmonie oder universeller Einklang (accord) aller Wesen der Welt. Deutlich genug geht er hier, wie schon berührt, von der Wahrnehmung der allgemeinen physischen Wechselwirkung in der Welt und von der empirischen (jedoch auf einen Analogieschlufs gestützten) Ansicht aus, die Wahrnehmungen und Vorstellungen der einzelnen Individuen seien so übereinstimmend, dafs sich ein in den grofsen Zügen gemeinschaftliches Weltbild konstruieren lasse. Da nun die eigentliche Realität eine Vielheit durchaus selbständiger und unabhängiger Wesen ist, die (wie Leibniz in einem Briefe sagt) als kleine Götter zu betrachten sind, weil sie das Leben in sich selbst haben, so mufs es — schliefst er — einen gemeinschaftlichen Urheber jener Harmonie geben. „Gott allein," heifst es im „Discours" (§ 32), „bewirkt die Verbindung oder den Zusammenhang der Substanzen, und durch ihn allein treffen die Phänomene des einen Menschen mit denen des andern Menschen zusammen und stimmen sie mit diesen überein, so dafs Realität unsrer Vorstellungen entsteht." Gott hat von Anfang an die einzelnen Monaden so erschaffen, dafs bei der einen die andere berücksichtigt wurde; ihre Übereinstimmung rührt von dem gemeinschaftlichen Ursprunge her. Sie entstehen aus Gott durch eine Ausströmung oder Ausstrahlung (émanation, fulguration), als Individualisationen der einzigen göttlichen Kraft, ebenso wie jeder einzelne unsrer Gedanken eine Ausstrahlung der Kraft unsers Geistes ist. Gott erschaut die Welt von unendlich vielen verschiedenen Gesichtspunkten aus, und jeden dieser verschiedenen Gesichtspunkte verwirklicht er bei der Schöpfung der Welt zu einer einzelnen Substanz. Die Zustände der einzelnen Monaden sind also einander entsprechend, wie die verschiedenen Ansichten einer Stadt, die man von verschiedenen Aussichtspunkten erhält, in innerer Übereinstimmung sind (Discours § 14). Die Spontaneität der Monaden und die

Konformität der Monaden finden also beide ihre Erklärung dadurch, dafs die göttliche Kraft und der göttliche Gedanke ihr innerstes Wesen ausmachen. Ihre Harmonie ist von Anfang an vorhanden, ist „prästabiliert". Jede derselben ist eine eigentümliche Konzentration des Weltalls, das Gottes schaffender Gedanke erschaute, ist ein Weltall en miniature, und das Weltall besteht nur aus solchen Konzentrationen. Leibniz ist ein metaphysischer Kopernikus: er zeigt, wie die Welt sich von weit mehr Gesichtspunkten betrachten läfst, als man sich gewöhnlich denkt, und dafs der eine Gesichtspunkt an und für sich ebenso grofse Berechtigung und Gültigkeit hat wie der andre. Ihm ist die Welt nicht ein Etwas, das aufser oder zwischen den Individuen liegt, sondern sie besteht gerade aus und in den individuellen Wesen.

Leibniz verlegt also das ganze Problem in den Gedanken des erschaffenden Gottes. Aus der Philosophie geht er in die Theologie über. Das überhebt ihn aber nicht der Schwierigkeiten: denn wie entsteht in dem göttlichen Gedanken oder der göttlichen Phantasie eine Welt, die sich von unendlich vielen Gesichtspunkten aus erblicken läfst? Und diese möglichen Gesichtspunkte stehen in der göttlichen Phantasie nicht als ruhende Bilder da, sondern wie Leibniz stets behauptet, alle Möglichkeit sei eine kleine Wirklichkeit, eine beginnende Realität, so nimmt er auch hier ein ursprüngliches Dringen oder Trachten nach Existenz an (inclinatio ad existendum, exigentia existendi): die Möglichkeiten suchen sich zu völliger Realität hervorzudrängen, welche doch nur denjenigen vergönnt wird, die am besten in ein harmonisches Weltganze passen. Dies ist ein mythologisches Vorspiel, das den Kampf ums Dasein entscheidet, bevor das wirkliche Dasein beginnt, damit dieses dann eine harmonische Entfaltung innerer Keime jedes Wesens werden kann. Bei der Besprechung der Theodicee werden wir auf diesen Punkt zurückkommen. Es schädigte entschieden die Klarheit und Bedeutung der Leibnizschen Philosophie, dafs theologische Gesichtspunkte von Anfang bis zu Ende eine so grofse Rolle bei ihm spielen. Und es befördert durchaus nicht die Lösung der Probleme, sie in theologische Form zu kleiden. Ein gewisses Gefühl der Andacht bewirkt, dafs man früher mit seinen Fragen und Einwendungen aufhört; ein solches Aufhören ist aber keine Lösung. Es ist leicht zu ersehen, dafs das Problem in der Form, unter der es sich Leibniz darstellte, unlösbar ist. Wenn die Monaden absolute Substanzen sind, können sie nicht erzeugt werden. Nur die Berufung auf eine übernatürliche Erschaffung verhüllt den deutlichen Selbstwiderspruch. Ebensowohl wie Leibniz wegen seines Substanzbegriffes reale Wechselwirkung der Monaden ausschliefst, ebensowohl müfste er konsequent ihre Entstehung aus einer von ihnen verschiedenen Substanz leugnen. Hier sagte Malebranche das erlösende Wort: Gott kann keine Götter erschaffen! — Leibniz' Verschiedenheit von Spinoza fällt — wenn man von jenem offenbaren Selbstwiderspruch absieht — thatsächlich weg, da die Erschaffung der Monaden zu keinem beliebigen Zeitpunkte ein für allemal abgeschlossen ist, sondern fortwährend vorgeht: die Ausstrahlung oder Ausströmung der Monaden geschieht ununterbrochen (Discours § 14. 32. Monadologie § 47). Leibniz legt Gewicht darauf, dafs es die Quelle, die Kraft der Wirksamkeit sei, die auf diese Weise ununterbrochen aus der Gottheit in die Monaden fliefse; aber auch Spinoza erklärt ja das Streben, das jedes Einzelwesen zur Selbstbehauptung bewegt, als eine einzelne Offenbarung der Macht, die in allen Einzelwesen wirke. Konsequent wird Leibniz' Philosophie hier nur dadurch von derjenigen Spinozas verschieden, dafs die individuellen Wesen mehr in den Vordergrund geschoben werden und ihr gemeinsamer Ursprung als dunkler Hintergrund dasteht (der nur dann stärkeres Licht erhält, wenn Leibniz mit den Theologen Verbindung sucht), während bei Spinoza die individuelllen Wesen mehr als Ausläufer oder Verzweigungen des unendlichen Wesens erblickt werden, das sein erster und letzter Gedanke ist. Der Unterschied der beiden Systeme läfst sich auf denselben Unterschied reduzieren, der nach Leibniz zwischen zwei Ansichten vom Weltall zu finden ist, die durch dessen Drehung entstehen. Allen beiden ist die Existenz eine Pyramide, die Spinoza vom Gipfel, Leibniz von der Grundfläche aus erblickt[72]). — Wie schon hervorgehoben, wirft es einen Schatten auf Leibniz' Intelligenz sowohl als auf seinen Charakter, wenn er trotz dieser Lage der Dinge so häufig in mehr oder minder verketzernden Ausdrücken gegen Spinoza Verwahrung einlegt. —

Leibniz' Theorie von dem Verhältnisse zwischen Seele und Körper ist eine einfache Konsequenz seiner Monadenlehre. Was wir unsern Körper nennen, ist eine Gruppe von Monaden, die sich jede für sich nach inneren Gesetzen und aus innerer Kraft entwickeln, ganz wie unsre Seele dies thut. Aus dem Zustande der einen Monade kann man infolge der universellen Harmonie auf die Zustände andrer Monaden schliefsen; dies wird populär so ausgedrückt, dafs ein Wesen auf das andre wirke. Von der Monade, aus deren Zustande man durch solches Schliefsen die Zustände der andern herleiten kann, sagt man, sie handle. Wird die innere Entwickelung der einzelnen Monade gehemmt, so rührt dies von der Dunkelheit, dem chaotischen Zustande der Elemente in deren Innerem her. Da aber die Natur jeder Monade, also der Grad der Dunkelheit oder Klarheit und die Kraft, in neue Zustände überzugehen, womit sie ausgestattet ist, von Anfang an durch Rücksicht auf andre Monaden bestimmt ist, neben denen sie in Existenz gesetzt wurde, so entsprechen den inneren Hindernissen bestimmte Zustände andrer Monaden, die deswegen populär deren Ursachen genannt werden. Will Leibniz sich recht populär ausdrücken, so bedient er sich zur Bezeichnung des Verhältnisses zwischen Seele und Körper des Bildes von zwei ein für allemal gleichgestellten Uhren. Populär und akkommodierend nennt er auch den Körper eine zusammengesetzte Substanz. Diese Ausdrucksweise ist aber für seine eigentliche Auffassung zu derb. Die Materie ist ihm ja nur ein Phänomen, eine Welt von äufserer Mannigfaltigkeit, deren Zustände den Sinnen die inneren Veränderungen der Monaden, welche die eigentliche Realität bilden, ausdrücken. Nach Leibniz' Sprachgebrauch wird ein Ding durch ein andres „ausgedrückt" oder „repräsentiert", wenn die Aussagen über die beiden Dinge in konstanter und regelmäfsiger Beziehung zu einander stehen (Brief an Arnauld, Oktober 1687). Was im Innern der Monaden konzentriert, zur Einheit verbunden ist, erscheint der Sinnlichkeit als ausgedehnte Mannigfaltigkeit.

In einem Briefe vom 4. November 1696 (an die Kurfürstin von Hannover) schreibt Leibniz: „Die Seelen sind Einheiten, die Körper Vielheiten .... Obschon die Einheiten indes unteilbar sind, repräsentieren sie dennoch die Vielheiten, ungefähr so wie alle Linien von der Peripherie im Zentrum zusammenlaufen. *In dieser Vereinigung (réunion) besteht die wunderbare Natur des Bewufstseins (sentiment);* und diese bewirkt ebenfalls, dafs jede Seele gleichsam eine Welt für sich ist." — Die Stringenz, mit der Leibniz, Hobbes und Spinoza beitretend, den mechanischen Naturzusammenhang behauptet, macht es ihm unmöglich, bei der gewöhnlichen dualistischen Auffassung zu bleiben. Die Identitätshypothese erscheint seinen Voraussetzungen und seinem ganzen System zufolge als die einzige Möglichkeit. Die Schwierigkeiten, denen diese Hypothese unterworfen ist, hat Leibniz durch die absolute Substantialität, die er den Monaden beilegt, noch gröfser gemacht. Aus dem Gepräge der Einheit, welches das Bewufstsein trägt, schliefst er mit dogmatischer Übereilung, das bewufste Wesen müsse eine absolute, unvergängliche Einheit sein, die von aufsen her nichts annehmen könne. Hätte er, statt nur das Körperliche in Analogie mit dem Geistigen aufzufassen, *zugleich* das Geistige in Analogie mit dem Körperlichen aufgefafst, so würde er die Notwendigkeit der Annahme erblickt haben, dafs die individuellen Bewufstsein trotz ihres wunderbaren Geprages der Einheit mit der übrigen Existenz in Wechselwirkung stehen, eben wegen des Gesetzes der Kontinuität, das er selbst so stark betont, das er aber nur auf jede einzelne Monade, nicht auf die gegenseitige Beziehung der Monaden anzuwenden vermag. Entwickelung wird Leibniz nur gleichbedeutend mit Entfaltung. Ihm entsteht der einzelne Organismus eigentlich gar nicht; dieser ist von Anfang an; seine Geburt und sein Wachstum bestehen nur darin, dafs er seiner Hülle entledigt wird, und dafs seine Dimensionen sich erweitern. Wie so viele andre Naturforscher der damaligen Zeit huldigte auch Leibniz der sogenannten Einschachtelungshypothese (in der der eine Keim durch die Reihe der Generationen hindurch als in dem andern liegend gedacht wurde). Und ebenso wurde auch auf dem geistigen Gebiete die Entwickelung keine Aufnahme neuen Inhalts, sondern nur eine Klärung des Inhalts, der von Anfang an — freilich in chaotischer und dunkler Form — gegeben war. — Konzentration kann nach Leibniz nicht entstehen; neue Zentra, neue Monaden können sich nicht bilden. Hier zerhaut er den Knoten. Der im Individualitätsprobleme enthaltene Knoten läfst sich vielleicht durch unser Denken nicht lösen; ihn zerhauen heifst wenigstens nicht ihn lösen.

Eben dieses Zerhauen ist aber — wie auch die gegen Spinoza eingelegte Verwahrung — nur ein Ausschlag der Energie, mit der Leibniz den Individualitätsbegriff durchgedacht hat. Dieser tritt bei ihm mit einem Glanz und einer Klarheit auf, wie bei keinem andern Denker. Und die eigentümliche Wendung, die er dem Substanzbegriffe gab, indem er ihn auf die einzelnen Elemente der Existenz (die Monaden) anwandte, ist dem Übergange aus dem siebzehnten ins achtzehnte Jahrhundert charakteristisch. An die Stelle der mystischen Resignation und der Unterwerfung unter die absoluten Mächte tritt nun des einzelnen Individuums freies, eigentümliches Streben nach Klarheit, nach Entfaltung des eignen Wesens. Dies ist eine Revolution in der Welt der Gedanken — ein Vorspiel der Revolution in der äufseren Welt. Eine Voraussetzung hat Leibniz' System indes mit den andern grofsen Systemen gemein: die Voraussetzung von der vollkommenen Rationalität der Existenz. Das Prinzip des zureichenden Grundes ist ihm das leitende, in seiner theologischen Spekulation und der Monadenlehre wie in seinen mathematischen und naturwissenschaftlichen Werken. Auch diese Voraussetzung vererbte auf das neue Jahrhundert, dessen typischer Einleiter er war.

c) Psychologie und Erkenntnislehre.

Aus der Bedeutung, die die Analogie mit dem Bewufstseinsleben für Leibniz als Grundlage seines metaphysischen Idealismus hat, geht hervor, dafs sein eigentlicher Ausgangspunkt derselbe sein mufs wie der des Descartes: die unmittelbare Selbstbeobachtung, die innere Erfahrung. Diese gibt uns das erste Glied der Analogie. Leibniz ist auch darüber im klaren, dafs hier ein Ausgangspunkt seines Denkens liegt, und er hat diesem grofse Aufmerksamkeit gewidmet. Die „Nouveaux Essais" sind hier das Hauptwerk. Die polemische Seite dieser Schrift läfst sich nicht recht würdigen, bevor Lockes Erkenntnislehre, gegen die sie gerichtet war, zur Darstellung gekommen ist. In diesem Zusammenhange liegt das Gewicht indes auf Leibniz' eignen psychologischen und erkenntnistheoretischen Ansichten. Genanntes Werk erhält die Bedeutung einer Verifikation der allgemeinen philosophischen Leibnizschen Ideen, indem er in der Einleitung erklärt, von seiner Monadenlehre absehen und sich auf rein empirischen Grund und Boden stellen zu wollen.

Die eintretende Hauptfrage ist die, ob die Seele anfänglich leer, wie eine unbeschriebene Tafel (tabula rasa) ist. Schon lange vorher, im „Discours" (§ 27), hatte Leibniz sich über diese Frage geäufsert. Damals fand er bereits, dafs diese Vorstellung von einer unbeschriebenen Tafel falsch sei. Sie rühre von ungenauer Beobachtung her. — Man übersieht die kleinen, dunklen Regungen der Seele und beachtet nur das klar Bewufste, das erst später entsteht, wenn äufsere Erfahrungen lange Zeit hindurch wirksam gewesen sind. Die Cartesianer machten sich ebensowohl als die Empiriker dieses Fehlers schuldig. Je weniger Verschiedenheit und Gegensatz zwischen unsern Empfindungen stattfindet, je weniger ein Einzelnes sich im Vergleich mit dem übrigen Inhalt unsers Innern hervorhebt, je dunkler mit einem Worte das Bewufstseinsleben ist, um so leichter wird es übersehen. Genauere Beobachtung wird bei der Aufstellung der Grenzen behutsam sein. Es gibt alle möglichen Übergänge aus Dunkelheit in Klarheit. Die dunklen Veränderungen in uns, die nicht zu eigentlichem Bewufstsein kommen, nennt Leibniz Perzeptionen. Schon in diesen ist eine Mannigfaltigkeit zu einem einzelnen Zustande vereinigt. Auf dieser Stufe stehen die niedersten Wesen (in Leibniz' System: die Monaden der niedersten Stufe). Den Ausdruck Bewufstsein (sentiment) gebraucht Leibniz erst, wenn die Empfindung (perzeption) deutlicher und von Erinnerung begleitet wird. Die höchste Stufe des Seelenlebens bietet die ausdrückliche Aufmerksamkeit (apperception) oder Reflexion dar, die auf die dunklen Empfindungen gerichtet wird. (Diese drei Grade sind am besten in der kleinen Abhandlung: *Principes de la nature et de la grâce* § 4 beschrieben, vgl. Monadologie § 14 u. f.) Auf allen Stufen entfaltet sich aber Wirksamkeit, Spontaneität. Wir sind aktiv sogar in den dunkelsten Zuständen. Ebenso wie es keine Tafel gibt, die nicht wegen ihrer Beschaffenheit Einfluß auf das Geschriebene erhielte, ebenso ist unsre Natur von Anfang an präformiert. Unwillkürlich, instinktmäßig wenden wir Prinzipien an, deren wir uns erst später bewußt werden können. Das Widersprechende verwerfen wir, wenn wir auch noch nie von dem Grundsatze des Widerspruchs gehört haben. Es gibt sowohl praktische als theoretische Instinkte. Unwillkürlich wirken der Selbsterhaltungstrieb und der Drang, andern zu helfen. Überhaupt liegt viel mehr in uns, als wir uns denken. Hier, wie in der materiellen Natur, liegen die kleinen Größen dem deutlich und sinnlich Hervortretenden zu Grunde. Ebensowenig wie Bewegung kann Bewußtsein aus nichts oder auf einmal entstehen. Der Erhaltung der Kraft entsprechend (oder eigentlich — der Identitätshypothese zufolge — als mit dieser Erhaltung identisch) glaubt Leibniz an die ununterbrochene Existenz des Seelenlebens, bei Zuständen des Bewußtseins oder des Nichtbewußtseins, bei Klarheit und Dunkelheit. Das scheinbare Verschwinden des Seelenlebens ist nur ein Umsatz in dunklere, elementarere Form. Die Frage, ob es angeborene Ideen gebe, beantwortet Leibniz also dahin, daß es angeborene Anlagen, Dispositionen gibt, die sich entfalten, sobald die Erfahrung einen Anlaß dazu bietet, und die aller theoretischen und praktischen Thätigkeit zu Grunde liegen. Als Beispiel der von uns leicht übersehenen dunklen Elemente verweist er auf die jetzt als Gemeinempfindungen bezeichneten, gewöhnlich schwachen Empfindungen, die den organischen Funktionen entsprechen und auf unsern jeweiligen Zustand Einfluß üben. Unsere äußeren Sinne sind freilich deutlicher; da die Sinnesqualitäten aber von den Bewegungen der Materie, die ihnen entsprechen, sehr verschieden sind, nimmt Leibniz an, dafs unsre Sinnesempfindungen nur dem Anschein nach einfach, in der That aber ebenso zusammengesetzt sind wie die entsprechenden Bewegungen. Was sich dem Bewufstsein klar darstellt, ist seiner Ansicht nach stets etwas Zusammengesetztes, das dunklere Elemente voraussetzt, wie wir z. B., wenn wir das Rauschen des Meeres hören, eigentlich die Eindrücke von Tausenden von Wellen zu einer einzigen Empfindung sammeln. Wenn wir es beachten, werden wir finden, dafs wir nie ohne Empfindung sind. Unsre Seele ist fortwährend thätig. Stets erhalten wir kleine Empfindungen, und stets lösen diese unsre Aktivität aus. Nie sind wir durchaus indifferent; die Ansicht von einer Indifferenz drückt nur unsre Unaufmerksamkeit gegen die kleinen Differenzen aus. Unwillkürlich kehren wir uns zur Rechten oder zur Linken, auch wo kein äufserer Grund einer Wahl vorliegt. Unsre Natur arbeitet stets in uns, um gröfsere Befriedigung zu erlangen (à se mettre mieux à son aise). Es macht sich fortwährend eine gewisse Unruhe, ein Mangel an völliger Befriedigung geltend, der uns vorwärts treibt, ein Sporn, den wir gewöhnlich nur bemerken, wenn die Unruhe sich bis zum Schmerze steigert. Immer gibt es kleine Hindernisse zu besiegen, und immer werden an unsre Kraftanspannung Ansprüche gemacht. Kein Lustgefühl ist ohne solche Unruhe, ohne minimale Hindernisse möglich; ja, der verborgene Sporn bleibt sogar in der Freude zurück und potenziert diese, so dafs fortwährender Fortschritt möglich wird. Nur mittels dieser kleinen Empfindungen (petites perceptions) wird der Zusammenhang zwischen den verschiedenen Lebensperioden eines und desselben Individuums klar; denn die klar bewufsten Zustände stehen oft als sich widerstreitend da. Und wie sie zu gleicher Zeit die Verschiedenheit und den Zusammenhang zwischen den Zuständen eines und desselben Individuums erklären, so erklären sie auch sowohl die Verschiedenheit als den Zusammenhang zwischen verschiedenen Individuen. Selbst wenn man die Seele eine von Anfang an unbeschriebene Tafel nennen möchte, mufs man doch zugeben, dafs zwei Tafeln niemals ganz gleicher Beschaffenheit sind. Betrachtet man die kleinen Nüancen und Differenzen, so wird man in der ganzen Natur keine zwei durchaus gleiche Wesen finden. Es gibt nicht zwei Blätter, die sich gleich wären, geschweige denn zwei Menschen. Auch hier entsteht die Ansicht von der Einerleiheit nur aus unsrer Unwissenheit. In den dunklen Empfindungen aber, deren das Individuum sich nicht bewufst wird, offenbart sich ihm die übrige Existenz und bestimmt es, ohne dafs es davon wüfste. Mittels dieser Empfindungen ist es mit der übrigen Existenz verknüpft. Nicht einmal im Schlafe wird diese Verbindung aufgehoben. Zwischen Schlafen und Wachen ist nur ein Unterschied des Grades: die Ablenkung der Aufmerksamkeit ist ein partieller Schlaf.

Leibniz hat sich um die Psychologie sehr verdient gemacht, indem er die Aufmerksamkeit auf die Bedeutung der verschwindend kleinen Elemente lenkte. Er eröffnete der Selbstbeobachtung eine neue Welt, wo sie allerdings den Mangel eines Werkzeuges fühlt, das dem Mikroskop auf dem Gebiete der äufseren Beobachtung entsprechen könnte. Und er gab Gesichtspunkte an, die es ermöglichten, die Kontinuität der geistigen Seite der Existenz in weit höherem Mafse zu behaupten, als die gewöhnliche Auffassung dies gestattete, eigentlich auch als Leibniz selbst glaubte, da er die Monaden ohne Fenster liefs und sie somit von unbewufsten Einflüssen aus der übrigen Existenz abgesperrt machte. Die Elemente der Existenz (die Monaden) unterscheiden sich nur durch den Grad der Klarheit oder Dunkelheit ihrer inneren Zustände voneinander, und ebenfalls unterscheiden sich die Zustände eines und desselben Individuums nur durch solche Unterschiede des Grades. Wir merken hier, dafs wir in das Jahrhundert der Aufklärung eintreten. Alle Bedingungen glaubt man vorhanden — nur das Licht müsse herbeigeschafft werden: auf diesen optimistischen Glauben bauten Leibniz und seine Nachfolger auf. In rein psychologischer Beziehung mufs indes bemerkt werden, dafs Leibniz eine tiefer gehende Betrachtung des Seelenlebens andeutet, als diejenige, von welcher der Rationalismus und das Zeitalter der Aufklärung ausgehen. Erstens hat die Welt für Leibniz einen in dunkler Form gegebenen *unendlichen* Inhalt, dessen *völliges* Verständnis einem endlichen Wesen mithin unmöglich ist. Ferner stellt er neben die Empfindungen und Vorstellungen als selbständiges Element den Drang und die Tendenz (appétit, tendance), zu neuen Empfindungen überzugehen. Streben oder Wollen ist ihm in sofern das Innerste des Menschen, und zwar ein Streben, das nicht aufhören kann. Seine Stellung zu den Leidenschaften (passions) ist eine ziemlich schwankende. Bald betrachtet er sie als dunkle Gedanken (pensées confuses); demnach müssen sie also bei hinlänglicher Aufklärung wegfallen; — bald äufsert er, sie seien sowohl von Vorstellungen als vom Lust- und Unlustgefühle verschieden, seien aber Tendenzen, die durch Vorstellungen erregt und von Unlustgefühlen begleitet würden; hiernach hängen sie also mit dem nie ruhenden Streben oder Willen enger zusammen [73]). Hätte Leibniz letzteren Gesichtspunkt durchgeführt, so würde er zu einer realistischeren Auffassung der geistigen Entwickelung gelangt sein, als derjenigen, die diese durch den Begriff der Aufklärung erschöpft sieht. —

Die Selbstbeobachtung giebt uns, wie wir sahen, die ersten Thatsachen, von denen wir bei unserm Denken ausgehen, *die ersten faktischen Wahrheiten. Die ersten notwendigen oder apriorischen Wahrheiten* besitzen wir an den identischen Urteilen, d. h. solchen Urteilen, deren Subjekt und Prädikat sich als ein und derselbe Begriff nachweisen lassen. Gemeinsam ist den ersten faktischen Wahrheiten und den ersten apriorischen Wahrheiten die unmittelbare Beziehung: dort des Verstandes zu seinem Gegenstande, hier des Subjektes zum Prädikate. Diese unmittelbare Beziehung ist an beiden Orten der Beweis, dafs sich nichts Gewisseres erreichen läfst. Jene Distinktion zwischen apriorischen und faktischen Wahrheiten gewann Leibniz schon frühzeitig. Schon 1678 (in einem Briefe vom 3. Januar an Conring) stellt er diesen Unterschied auf und verlangt, dafs alle apriorischen Grundsätze auf identische Urteile zurückgeführt würden. Er teilt die Axiome daher in identische und apriorische ein. Die Bedeutung identischer Urteile beruht darauf, dafs wenn sich andre Urteile auf sie zurückführen lassen, deren Gültigkeit dadurch gegeben ist. Leibniz verlangt also Beweisbarkeit aller aufgestellten Grundsätze, insofern sie keine identischen sind. Er sympathisiert hier mit Lockes Kritik der „angeborenen Ideen", insoweit Locke hierdurch die Bequemlichkeit und die Vorurteile bekämpfen wollte. Locke hätte aber zwischen notwendigen und faktischen Wahrheiten unterscheiden sollen. Auch wenn eine Wahrheit in dem von Leibniz gebrauchten Sinne des Wortes angeboren ist, muſs sie nach seiner Auffassung dennoch erst bewiesen werden; „angeborene" Wahrheiten müſsten ganz wie andre Wahrheiten *gelernt* werden. Die Aufklärung könne harte Arbeit sein, und volle Klarheit sei nur in identischen Urteilen zu finden. Leibniz hat groſses Verdienst um die Logik, weil er das Identitätsprinzip aufstellte, während die Aristotelische und die scholastische Logik beim Grundsatze des Widerspruches stehen blieben. Er gab den Entwurf einer Logik, in welcher jedes Urteil als ein Identitätsverhältnis formuliert wird, und griff hierdurch einer Methode vor, welche in unseren Zeiten englische Logiker (Boole und Jevons) eingeschlagen haben. Dieser Entwurf wurde indes erst 1840 herausgegeben, übte folglich keinen Einfluſs aus. — Wie das Identitätsprinzip auf dem abstrakten Gebiete, so ist auf dem Gebiete der Erfahrung der von dem Prinzipe des zureichenden Grundes erheischte gesetzmäſsige Zusammenhang das Kriterium der Wahrheit. Und wie Leibniz der erste ist, der das Identitätsprinzip als fundamentales logisches Prinzip aufstellt, so ist er auch der erste, der das Kausalprinzip als besonderes Prinzip thatsächlich gegebener Verhältnisse aufstellt. Dadurch zieht er das Prinzip hervor, das alle reale Erkenntnis trägt, und indem er zugleich dieses entschieden von den rein logischen Prinzipien sondert, legt er es nah, dessen Natur eingehender zu erörtern. Es soll kein formelles logisches Prinzip sein, soll auch nicht aus der Erfahrung abgeleitet sein; dennoch soll es ein Vernunftprinzip sein und für alle faktischen Verhältnisse gelten (und das sowohl in der übernatürlichen als der natürlichen Welt!): Wie ist dies möglich? Dieses Problem hinterlieſs Leibniz seinen Nachfolgern. Er selbst begnügte sich damit, es aus der Vermischung mit teils allgemeinen logischen, teils speziellen physischen Prinzipien, in welcher es bei seinen Vorgängern vorgekommen war, heraus zu analysieren. Ja, er unterscheidet nicht einmal deutlich zwischen Grund und Ursache, was damit in Verbindung steht, dafs das Prinzip ein Vernunftprinzip sein und zugleich für faktische Verhältnisse gelten soll, — und in letzter Instanz damit, dafs die Gesetze der Thatsachen als Zeugnis der göttlichen Vernunft, die die Urheberin der Welt ist, erblickt werden [74]).

Sein ganzes Leben hindurch beschäftigte sich Leibniz mit dem Plane einer Art Gedanken-ABC (Alphabetum cogitationum humanarum), das mittels durchgeführter Analyse unsrer Erkenntnis gebildet werden sollte, so dafs es die Grundbegriffe darstellte, durch welche diese bedingt würde. Durch Kombination dieser Grundbegriffe, meinte er, würde man dann neue Wahrheiten finden können. Und mittels eines angemessenen Systems von Zeichen würde man zugleich eine universelle Sprache erhalten können, die inbetreff aller Begriffe dem entspräche, was die mathematische Zeichensprache inbetreff der Gröfsen sei. Dies sollte also auf einmal eine Logik, eine Encyklopädie und eine Grammatik sein, ein Mittel, das Gelernte zu sammeln und zugleich neue Entdeckungen zu machen. Allmählich wie ihm die scharfe Sonderung zwischen apriorischen und faktischen Wahrheiten einleuchtet, beschränkt er seine „Ars combinatoria" oder „Characteristica universalis" jedoch auf das Gebiet der ersteren. Der Plan kam trotz vieler Anläufe niemals zur Ausführung, wesentlich wohl, weil er nach und nach einsah, dafs eine derartige allgemeine Zeichensprache eigentlich schon die Vollendung unsrer Erkenntnis voraussetzt. Für die dogmatische Philosophie ist der Plan jedoch charakteristisch.

d) Theodicee.

Leibniz als Denker hatte die Aufgabe, über die mechanische Naturauffassung hinauszuführen, ohne sie zu unterbrechen. Der Weg, den er betrat, war der Versuch des Nachweises, dafs die im Mechanismus wirksamen Kräfte durch den Zweck bestimmt seien, so dafs die ganze Stufenreihe der mechanischen Ursachen und Wirkungen von innen betrachtet eine

Stufenreihe von Mitteln und Zwecken würde. Das Innerste der Welt ist an jedem Punkte ein Streben, eine Entwickelung, ein Fortschritt. An diesem Gedanken, der nicht nur den Mechanismus und die Teleologie, sondern auch die Zustände der verschiedenen Monaden und die Seele und den Körper in Harmonie brachte, glaubte er zugleich ein Mittel zu besitzen, die Religion (sowohl die positive als die „natürliche") mit der Vernunft zu vereinen. Es war seine Überzeugung, dafs seine Philosophie die Forderungen befriedigte, welche die strengste Orthodoxie aufstellen könnte. Das religiöse Problem wurde nun aber gerade von einem gleichzeitigen Schriftsteller geschärft, vor dem Leibniz die gröfste Hochachtung hegte. Pierre Bayle behauptete, wie wir an seinem Orte erwähnten, eine Disharmonie der Religion und der Vernunft und fand namentlich die Lehren der positiven Religion vernunftwidrig. Er stützte sich hierbei besonders auf das Problem von dem Bösen und fand die manichäische Lehre von zwei Prinzipien der Welt, einem guten und einem bösen, weit besser mit der Erfahrung übereinstimmend als die orthodoxe Lehre, der er sich jedoch in gläubigem Gehorsam beugte. Die Königin von Preufsen, Leibniz' begabte Schülerin, fühlte sich von Bayles Bedenklichkeiten stark erregt, und bat Leibniz, diese zu widerlegen. Hierzu glaubte Leibniz sich wohlvorbereitet. Seit seinen ersten Entwürfen hatte er das Problem einer Theodicee ins Auge gefafst, d. h. das Problem, wie der Glaube an den Ursprung der Welt aus einem allmächtigen, allgütigen und allweisen Wesen sich mit der Erfahrung von dem physischen und moralischen Übel der Welt vereinen läfst. Schon vor Jahren hatte er ein Werk hierüber geplant; Bayles „Réponse à un Provincial" und die Aufforderung der Königin bewogen ihn zur Ausarbeitung und Herausgabe seiner *Essais de Théodicée sur la bonté de Dieu, la liberté de l'homme et l'origine du mal*, die 1710 in Amsterdam erschienen.

Gegen Bayles Behauptung, die Lehren der Religion seien vernunftwidrig und müfsten dennoch geglaubt werden, stellt Leibniz die Distinktion zwischen dem *über* der Vernunft *Stehenden* und dem der Vernunft *Widerstreitenden* auf. Diese

Distinktion steht in Verbindung mit seiner Einteilung der Wahrheiten in ewige Wahrheiten (die sich auf das Identitätsprinzip gründen) und faktische Wahrheiten (die unter das Prinzip des zureichenden Grundes gehören). Der ersteren Art der Vernunftwahrheiten kann nichts widerstreiten, was geglaubt werden soll. Gottes Dasein z. B. ist nur dann möglich, wenn der Inhalt des Gottesbegriffes, die Gott beigelegten Eigenschaften sich nicht widerstreiten. Eine Meinung kann aber über das von der Erfahrung Gelehrte erhaben sein, da die Vernunftnotwendigkeit des Zusammenhanges der Erscheinungen, die wir mittels des Prinzipes des zureichenden Grundes finden, stets eine bedingte ist: die naturwissenschaftlichen Grundsätze finden nach Leibniz ihre Erklärung eben nur in dem Gedanken von einer Vorsehung, in einem teleologischen Prinzipe. Gerade das Prinzip der faktischen Wahrheiten, das Prinzip des zureichenden Grundes führt uns über die Erfahrung hinaus, indem die Harmonie der Monaden und der gesetzmäfsige Zusammenhang alles dessen, was geschieht, nur durch ein absolutes Wesen zu erklären sind, das die Welt durch eine Vernunftwahl erzeugt hat. Jedes einzelne Ding, jedes einzelne Ereignis an sich ist zufällig: wir erhalten also keinen Abschlufs der Reihe der Gründe oder Ursachen, keine völlige Befriedigung des Prinzipes des zureichenden Grundes, wenn wir nicht auf eine erste Ursache, die ihre eigne Ursache ist, zurückgehen. Auf die vernünftige Wahl wird daraus geschlossen, dafs aufser dieser faktischen Welt noch mehrere möglich waren: diese kann also nur deshalb entstanden sein, weil sie die beste ist. Die beste Welt will aber nicht heifsen eine Welt ohne Schattenseiten und Mängel, sondern nur eine Welt, in der die Mängel im Vergleich mit den Vollkommenheiten verschwindend sind. Jede mögliche Welt, die aus endlichen Wesen bestehen sollte, mufste Unvollkommenheiten darbieten, da die endliche Natur Beschränkung herbeiführt und die göttliche Natur deswegen nicht völlig in sich aufzunehmen vermag. Aus der Beschränkung (dem metaphysischen Übel) entstehen Leiden (das physische Übel) und Sünde (das moralische Übel). Das Böse hat gewissermafsen also seinen Ursprung in Gott: aber nicht in

Gottes Willen, der immer das Gute will, sondern in Gottes Vernunft, in welcher die möglichen Weltbilder von Ewigkeit an wohnen. Gott hat die Wirklichkeit, nicht aber die Möglichkeiten erschaffen. Die Quelle des Bösen ist die Unvollkommenheit, die jeder möglichen Welt beschränkter Wesen anklebt; durch die göttliche Schöpferwahl ist diese Unvollkommenheit jedoch auf das möglichst geringe Minimum reduziert und dahin gebracht, dafs es einer um so gröfseren Vollkommenheit als Mittel und als Folie dient. — In einer etwas mehr mythologischen Form und mit lebhafteren Farben ausgeführt, wäre Leibniz' Auffassung eigentlich dieselbe wie die des Jakob Böhme. Und beide nähern sich Bayle, indem sie ja (wie Leibniz selbst bemerkt) ebenso wie er zwei Prinzipien annehmen, nur dafs sie glauben, diese in der Natur eines und desselben Gottes vereinen zu können, während Bayle es notwendig fand, zwei Götter anzunehmen. Leibniz und Böhme lassen die Möglichkeiten sich in der göttlichen Natur hervordrängen und bekämpfen, ein Vorspiel des Kampfes in der wirklichen Existenz.

Bayle hatte behauptet, die manichäische Lehre habe ihre Stärke in dem Zeugnisse der Erfahrung von dem Unglück und der Sünde der Welt, während eine apriorische Betrachtung wohl lieber die Einheit des Weltgrundes behaupten würde. Leibniz mufs ihm also ins Gebiet der Erfahrung folgen. Häufig begnügt er sich freilich mit der Erklärung: diese Welt mufs die möglichst gute sein; sonst hätte Gott sie nicht gewählt! Er übersicht den Einwurf, der sich erheben liefs (und den Schopenhauer, Leibniz' Antipode, viele Jahre später anführte), dafs es, auch wenn die gewählte Welt die beste sei, doch nicht gesagt sei, sie sei gut genug, um verwirklicht zu werden! Der Drang zum Existieren, das Trachten nach Verwirklichung, das Leibniz den ewigen Möglichkeiten beilegt (wie er sich überall Möglichkeiten ja nur als minimale Wirklichkeiten denken kann), könnte ja vom Übel sein! Leibniz mufs also nachzuweisen suchen, dafs die wirkliche Welt der Existenz wert ist, indem eine gründliche und umfassende Betrachtung einen Überschufs von Licht und Vollkommenheit entdeckt. — Er verlangt, dafs man nicht einen einzelnen Teil der Welt allein betrachte, sondern an das Ganze denke. Ein an und für sich mifstönender Klang kann in einem musikalischen Ensemble vorzügliche Wirkung hervorbringen. Bedecke ein Gemälde mit Ausnahme eines kleinen Fleckes: dieser wird dann als sinnlose und unklare Zusammenstellung von Farben erscheinen; im gesamten Gemälde ist er aber zur Bestimmung des Eindrucks mitwirkend. Ein bittres Ingredienz einer Speise erhöht deren Wohlgeschmack, während es an und für sich allein unschmackhaft sein würde. — Wie weit ist die Betrachtung denn auszudehnen? Die Existenz ist unendlich, antwortet Leibniz. Den Vorsehungsgedanken, den Zweck, der der Existenz zu Grunde liegt und deren Hervortreten in die Wirklichkeit bedingt, können wir daher nicht erreichen. Nur einen kleinen, verschwindenden Teil der Welt kennen wir[75]) — und vielleicht eben denjenigen, in welchem die meisten Übel zu finden sind! Menschliche Zwecke und Ideale dürfen nicht zum Einzigen oder zu dem in letzter Instanz Entscheidenden gemacht werden. Gott verfolgt Zwecke, die das ganze Weltall umfassen, in welchem sicherlich noch viele andre Wesen als die Menschen zu finden sind. — Und sollte dieses grofse, unendliche Werk um unsers Unglücks und unsrer Sünde willen geändert oder zurückgenommen werden? Zumal, da alles in solchem Zusammenhange steht, dafs die geschichtliche Entwickelung, wenn z. B. die Schandthat des Tarquinius oder der Verrat des Judas entfernt würde, eine ganz andre geworden wäre. Gott hat die einzelnen Wesen in die Welt gesetzt; sie sind aber selbst die Ursachen ihrer Handlungen; die Quelle, nicht aber den Strom hat er erschaffen. Und obgleich er wufste, was dieser Quelle entströmen würde, hat er sie dennoch erschaffen, weil die Welt, in welcher sie vorkommt, zuguterletzt doch besser ist als irgend eine andre. Ohne Judas' Verrat wäre der Versöhnungstod des Heilands unterblieben: es ist also guter Grund vorhanden, um mit dem alten Kirchenliede zu sagen: O felix culpa! — Wenn das Böse der Welt von vielen so stark hervorgehoben wird, geschieht es, weil dieses die Aufmerksamkeit auf sich zieht, und weil die Gewohnheit den Sinn für das Gute schwächt, das wir besitzen. Hindernisse und Widerstand mufs es geben, damit unsere

Thätigkeit stets von neuem erregt werden kann, und damit wir nicht abgestumpft werden. Sogar die Seligen und die Engel müssen Widerstand antreffen, wenn sie nicht „stupid" werden sollen. Obgleich die Existenz an sich kontinuierlich und harmonisch ist, wird es jedoch zweckmäfsig, dafs scheinbare Sprünge, Unterbrechungen des Zusammenhanges, Disharmonien auftreten: das übt das Denken und erhöht die Schönheit des Ganzen. — Sogar das Dogma der ewigen Verdammnis versucht Leibniz zu rechtfertigen: er glaubt an eine solche Fülle des Lichtes und der Vollkommenheit in der Existenz als Totalität, dafs auch, wenn die Mehrheit der Menschen ewiger Qual unterworfen würde, ihr Schmerz im Vergleich mit jener unendlichen Summe von Glück dennoch verschwindend sein würde!! — Ob die Existenz als Totalität betrachtet an Vollkommenheit Fortschritte macht, oder ob die Vollkommenheit, die sie besitzt, nur in wechselnden Zuständen an Form variiert, ist eine Frage, die Leibniz nicht entscheiden will. Er bezweifelt aber nicht, dafs die Grundstimmung desjenigen, der die Existenz mit erweitertem und verständnisvollem Blicke betrachtet, Freude über die Schönheit und Vollkommenheit der Dinge und über die fortwährende Entwickelung sein wird, eine Freude, die von der stoischen Geduld gegen die Notwendigkeit sehr verschieden ist. —

Leibniz gibt, ohne es zu merken, Bayle weit mehr recht, als er es wünscht. Davon abgesehen, dafs er in gewissem Sinne ebenfalls zwei Prinzipien annimmt, mufs er Bayle thatsächlich das Zugeständnis machen, dafs es sehr schwer wird, wenn man die Betrachtung auf die *Erfahrung* beschränkt, den theologischen Optimismus zu behaupten. Leibniz' Berufung auf die Unendlichkeit der Existenz und die Beschränktheit unsers Wissens ist eigentlich ein Aufgeben der Beweisführung: denn woher weifs er etwas darüber, wie es in anderen Gegenden des Weltalls aussieht? Er beruft sich auf einen Glauben: mithin erklärt er, die Frage sei auf dem Wege der Vernunft unlösbar. In einem Briefe aus derselben Zeit wie die Theodicee (an Bourguet, abgedruckt bei Gerhardt III, S. 550 u. f.) sagt er denn auch: „Wir vermögen nur einen geringen Teil von der Kette der Dinge zu übersehen, und zwar denjenigen, der die meisten Übel darbietet und deshalb wohl geeignet ist, unsern Glauben und unsre Liebe zu Gott zu üben." — Auch die Berufung vom Einzelnen auf das Ganze löst den Knoten nicht: denn gerade in Leibniz' System, wo an jedem einzelnen Punkte der Existenz Leben und Seele sind, wird es unmöglich, die Aufopferung des Einzelnen für das Ganze zu begründen. Das Leiden der einzelnen Monade fällt nicht weg, weil es die Schönheit des von allen Monaden im Verein gestalteten Weltbildes erhöht. Die einzelne Monade wird sich mit Recht über die ihr erteilte Rolle beschweren und sagen können, lieber möchte sie nicht sein, als in der Hölle sein, wenn diese Hölle auch als eine Art Bafs im grofsen Orchester der Existenz nicht zu entbehren wäre. Leibniz' eigner Sinn für das unendlich Kleine, für die individuellen Differenzen hätte ihn hier konsequent von dem theologischen Optimismus abbringen müssen.

e) Rechtsphilosophie.

Leibniz' ethische und rechtsphilosophische Ideen stehen mit seiner allgemeinen Philosophie in enger Beziehung. Seine Monadenlehre gipfelt in der Idee der Existenz als eines „Gottesstaates", nach dem Grundgesetze der Gerechtigkeit geordnet, nach welchem die allem Mechanismus zu Grunde liegenden Kräfte wirkten. Der teleologische Gesichtspunkt ist seiner Weltauffassung und seiner Ethik gemein.

Die Grundlage der Ethik und der Rechtsphilosophie (beide werden von ihm durch den Begriff des Naturrechts umfafst) findet er in dem unmittelbaren, instinktiven Drange nach Glück. Jedes einzelne Lustgefühl entspricht einem Fortschritt, einer „Vollkommenheit", die entweder darin besteht, dafs die Kraft vermehrt wird, oder auch darin, dafs gröfsere Harmonie des von der Kraft umfafsten Inhalts erreicht wird. „Die Vollkommenheit," sagt er (in einer kleinen Abhandlung „Von der Glückseligkeit", einer der wenigen deutschen Arbeiten, welche wir aus seiner Hand haben), „erzeiget sich in der Kraft zu wirken, wie denn alles Wesen in einer gewissen Kraft bestehet, und je gröfser die Kraft, je höher und freier ist das Wesen. Ferner: bei aller Kraft, je größer sie ist, je mehr zeigt sich dabei v i e l a u s e i n e m u n d i n e i n e m, indem Eines viele außer sich regieret und in sich vorbildet. Nun, die Einigkeit in der Vielheit ist nichts anderes als die Übereinstimmung." Leibniz will hierdurch ausdrücken, daß das Lustgefühl durch die Fülle und die Harmonie der das Leben tragenden Kräfte bedingt wird, man möge sich dieser Bedingungen bewußt sein oder auch nicht. Das Glück bestehe in einem fortwährenden Lustgefühle. Die Bedingung für die Erzeugung des Glückes sei die Weisheit: Aufklärung des Verstandes und Übung des Willens. Aber schon das unwillkürliche Streben führe in dieser Richtung. Leibniz glaubt wie Grotius, der „unvergleichliche" Grotius, wie er ihn nennt, an den unwillkürlichen Drang, nicht nur sein eignes, sondern auch das Glück andrer Menschen zu fördern. Liebe ist die Freude über andrer Glück, indem man dieses zu seinem eignen gemacht hat; sogar die uninteressierte Liebe ist nur dadurch möglich, daß das Glück andrer Menschen gleichsam auf uns zurückstrahlt. Als ethische Haupttugend stellt Leibniz im Anschluß an Aristoteles die Gerechtigkeit auf, die er als die Liebe des Weisen (caritas sapientis) definiert: die Liebe stelle den Zweck auf, und die Weisheit wisse die rechten Mittel und die rechte Verteilung zu finden. Die Gerechtigkeit bestehe darin, jedem das Seine zu geben, die Güter auf rechte Weise zu verteilen, sowohl bei der Ordnung öffentlicher Verhältnisse als bei der Verleihung dessen, was dem Einzelnen zu Gebote stehe. Die Gerechtigkeit in diesem Sinne (als gesetzgebende und verteilende Gerechtigkeit) geht darauf aus, allen Menschen zu frommen und ist von dem strengen Recht (jus strictum) verschieden, dessen Zweck die Erhaltung des Friedens in der Gesellschaft ist. (Siehe die Abhandlung *De rationibus juris et justitiae.* 1693.)

Es liegt etwas Prophetisches in Leibniz' Rechtsphilosophie, trotzdem er zum Teil antike und scholastische Elemente benutzte. Durch Aufstellung des universellen Nutzens oder Glückes als Zweck des Rechtes und der Moral wird er der Vorgänger des sogenannten Utilitarianismus. Seine Ideen erinnern an die des Cumberland, und er selbst war freudig überrascht, als er bei Shaftesbury, seinem jüngeren Zeitgenossen, einen verwandten Gedankengang antraf. Obgleich Leibniz' Ethik und Rechtsphilosophie sich auf rein psychologische Grundlage stützen, können sie seiner Auffassung zufolge doch nicht der theologischen Sanktion entbehren. Mit Grotius ist er darin einig, dafs die Moral und das Recht sich nicht auf das willkürliche Gebot der Gottheit gründen dürfen. Wie alle höchsten Prinzipien und Gesetze entsprängen aber auch die Gesetze der Moral und des Rechtes schliefslich aus dem göttlichen Gedanken und würden sie durch den göttlichen Willen behauptet. In der uninteressierten Liebe gehe allerdings das Streben nach eignem Glücke mit dem Streben nach dem Glücke andrer Menschen beisammen. Diese sei aber nur bei auserwählten Naturen (les âmes bien nées) zu finden. Ohne Voraussetzung göttlicher Belohnung und Bestrafung in einem künftigen Leben könne man nicht beweisen, dafs das moralisch Gute und das Nützlichste *stets* dasselbe seien. Deswegen sei die natürliche Religion als Garantie der Moral notwendig. Und zugleich gebe sie den höchsten Gesichtspunkt der menschlichen Moral und Rechtslehre, indem die Betrachtung auf das in der gesamten Existenz waltende göttliche Gesetz erweitert werde.

In Leibniz' Rechtsphilosophie wie in seinem ganzen System tritt der Grundgedanke einer Harmonie zwischen individuellen Wesen hervor. Das war der Gedanke, der auf allen Gebieten sein Forschen leitete, und den er dem neuen Jahrhundert vermachte, für welches sein System in so vielen Beziehungen typisch ist.

7. Christian Wolff.

Was Leibniz in Briefen und Abhandlungen, die nur wenigen zugänglich und verständlich waren, ausgesprochen hatte, entwickelte Wolff breit, flach und systematisch in bänderreichen Werken. Er übte einen sehr grofsen Einflufs, indem er in weiteren Kreisen vernünftiges Denken einführte und das „Prinzip des zureichenden Grundes" auf allen Gebieten zur Geltung brachte. Während Leibniz meistens fran-

zösisch oder lateinisch schrieb (wenngleich er eine Zeitlang
seine „Theodicee" deutsch zu schreiben beabsichtigte, gerade
wegen der philosophischen „Jungfräulichkeit" dieser Sprache),
bediente Wolff sich der deutschen Sprache und schuf zum Teil die
deutsche philosophische Terminologie. Ein populärer Wolffianismus wurde ein wesentlicher Bestandteil der deutschen Aufklärung während des 18. Jahrhunderts. Durch Wolff fanden
eine ganze Reihe von Gedanken aus den grofsen Systemen des
17. Jahrhunderts den Weg zum gebildeten Publikum. Ein
anderer Kreis von Gedanken kam, wie der folgende Hauptabschnitt schildern wird, mittels der von John Locke erregten
Bewegung aus England.

Christian Wolff, 1679 in Breslau geboren, studierte,
aufser Theologie, Mathematik und Philosophie und wurde 1706
Professor der Mathematik zu Halle, trug aber namentlich
Philosophie vor. Er war vorzüglich von Descartes' und
Leibniz' Schriften beeinflufst, durch Tschirnhausen aber auch
von Spinoza, dessen Erkenntnislehre Tschirnhausen (ohne
Spinozas Namen zu nennen) in seiner *Medicina mentis* breiter
ausgeführt hatte. Obgleich Wolff selbst sich nicht gern als
Leibniz' Schüler betrachtet sah, und obgleich er auf verschiedene Weise Leibniz' Gedanken modifizierte, wurde die von
ihm an den deutschen Universitäten eingeführte Philosophie,
die bis zu Kants Zeiten herrschte, doch mit vollem Rechte
die Leibniz-Wolffsche Philosophie genannt. Freilich war der
innerste Kern des Leibnizschen Gedankenganges, sein metaphysischer Idealismus, die Monadenlehre, nicht zu einer
solchen populären Systematisierung wie der von Wolff gegebenen geeignet. Die Neigung zur Vereinigung der Naturwissenschaft mit der Theologie, indem die Welt als ein grofser
Mechanismus aufgefafst wird, der göttlichen Zwecken zu dienen
bestimmt ist und durch „prästabilierte" Harmonie mit dem
Seelenleben in Übereinstimmung gebracht wird, macht sich
indes bei Wolff[76]) wie bei Leibniz durchweg geltend. Die
Welt wird aufgefafst als ein gesetzlich bestimmtes Ganzes von
Einzelwesen mit Gott zum letzten Grunde. Und der logische
Träger des ganzen Systems ist das Prinzip des zureichenden
Grundes.

Interessant ist es zu sehen, wie Wolff nicht nur der Popularisator der dogmatischen Philosophie ist, sondern auch deren Vollender wird. Es war ein bedeutungsvoller Schritt von Leibniz, dafs das Identitätsprinzip und das Prinzip des zureichenden Grundes als zwei verschiedene Prinzipien aufgestellt wurden, ersteres als für alle Vernunftwahrheiten, letzteres als für alle faktischen Wahrheiten gültig. Wolff sucht nun letzteres Prinzip aus ersterem abzuleiten. Er will es also selbsteinleuchtend machen, dafs alles, was geschieht, einen Grund oder eine Ursache habe, und er betrachtet es als einen Fehler von Leibniz, dafs dieser keinen Beweis für das „Prinzip des zureichenden Grundes" gegeben hatte, das doch in seinem wie in den andern grofsen Systemen von so hervorragender Bedeutung gewesen war. Wolffs Beweis (siehe: *Vernünftige Gedanken von Gott, der Welt und der Seele des Menschen, auch allen Dingen überhaupt*, den Liebhabern der Wahrheit mitgeteilt von Christian Wolffen. 1719. § 30) ist folgender: „Wo kein Grund vorhanden, da ist nichts, woraus man begreifen kann, warum etwas ist, und also mufs es aus nichts entstehen. . . . Da nun unmöglich ist, dafs aus nichts etwas werden kann, so mufs auch alles, was ist, seinen zureichenden Grund haben, warum es ist." Es ist leicht ersichtlich, dafs dieser Beweis sich in einem Kreise bewegt; denn dafs etwas nicht aus nichts entstehen kann, heifst ja dasselbe, wie dafs alles seinen Grund oder seine Ursache hat, und dies war ja gerade zu beweisen. Mittels dieses Gedankenganges gelang es Wolff indes, den Dogmatismus völlig in System zu bringen. Alle Gewifsheit wurde auf den Grundsatz des Widerspruches zurückgeführt, und die Philosophie wurde ein System von Satzungen, die sich alle rein logisch begründen liefsen. Der Grundsatz des Widerspruchs enthält, was um Wolff kein Unrecht zuzufügen wohl zu beachten ist, die Garantie aller empirischen Ansichten wie auch aller Schlüsse. Wenn ich etwas wahrnehme, kann ich nicht in demselben Momente unterlassen, es wahrzunehmen; diese Forderung mufs jede Wahrnehmung befriedigen. Wolff will keineswegs alle Wissenschaft zu formeller Logik machen. Er will jedoch nachweisen, daſs die vernünftigen Prinzipien überall herrschen. Der Rationalismus hielt nun seinen Einzug.

Wolff wendet ihn nicht nur auf die Weltauffassung, sondern auch auf die Theologie an. Ebenso wie er aus dem Prinzipe des zureichenden Grundes naturwissenschaftliche Sätze wie das Trägheitsgesetz und das Kontinuitätsgesetz ableitet (die Natur mache keine Sprünge, da der Übergang aus einem Zustand in den andern sonst unbegreiflich wäre), ebenso will er aus diesem Prinzipe ebenfalls nicht nur Gottes Existenz ableiten (die Welt müsse ihren Grund haben, der seinen Grund in sich selbst habe), sondern auch die Bedingungen, denen jede positive Offenbarung unterworfen sein müsse. Es müsse bestimmte Merkmale geben, durch welche die Offenbarung sich von eitler Einbildung und falschem Vorgeben unterscheiden lasse. Die Offenbarung könne Gottes Vollkommenheit nicht widerstreiten und keine Widersprüche enthalten. Obschon sie ein Wunder sei und in sofern „zufälligen" (faktischen) Wahrheiten widerstreite, dürfe sie den notwendigen Wahrheiten doch nicht widerstreiten: Gott könne die Sonne stillstehen lassen, nicht aber das Verhältnis des Durchmessers zur Peripherie des Kreises ändern. Und Wolff behauptet, eine Welt, in welcher nur selten Wunder geschähen, sei vollkommner als eine Welt, in welcher sie häufig wären; die Wunder erforderten nur Macht, die natürliche Ordnung erfordre aber zugleich eine Weisheit, die an das Ganze, nicht nur an das Einzelne denke.

Wolff selbst wurde ein Opfer des „Prinzipes des zureichenden Grundes". Die pietistischen Theologen zu Halle erblickten eine Gefahr in dem von ihm verkündeten Rationalismus, und als er in einer Universitätsrede den chinesischen Philosophen Konfucius wegen seiner reinen Moral gepriesen und erklärt hatte, diese stimme mit seiner eignen überein, brach das Unwetter los. Um den König Friedrich Wilhelm I. zu gewinnen, soll man Wolff's Anwendung des Prinzipes des zureichenden Grundes auf die menschlichen Handlungen gegen ihn benutzt haben, indem man dem Soldatenkönige vorstellte, daſs seine Grenadiere, wenn sie desertierten, nach Wolff's Lehre nicht zur Verantwortung gezogen werden könnten. Wie Wolff in seiner

Selbstbiographie erzählt, soll man dem König eine Stelle in einer der Schriften seiner theologischen Widersacher gezeigt haben, wo diese Konsequenz seines Determinismus gezogen war. Es erschien nun (1723) eine königliche Kabinettsorder, laut deren Wolff wegen seiner gottlosen Lehren seines Amtes entsetzt wurde und — „bei Strafe des Stranges" — binnen 48 Stunden die Reiche und Lande des Königs verlassen sollte. Wolff ging nach Marburg, wo er seine Thätigkeit fortsetzte, bis Friedrich II., der selbst zu seinen Bewundrern gehörte, ihn nach Halle zurückrief, wo er bis an seinen Tod (1754) wirkte.

VIERTES BUCH.
Die englische Erfahrungsphilosophie.

Die grofsen Systeme entsprangen aus dem Vertrauen, dafs es hinlängliches Material und hinlängliche Klarheit des Gedankens gebe, um Gebäude aufzuführen, welche die mittelalterliche Weltanschauung ersetzen könnten, die durch das Forschen der Renaissance und die Entstehung der neuen Wissenschaft gestürzt worden war. In gewissem Sinne war dieses Vertrauen auch kein unbegründetes; durch die neuen Entdeckungen, Methoden und Grundsätze war ein entscheidendes Licht auf die Richtung geworfen worden, in der sich das künftige menschliche Denken rücksichtlich einiger der wichtigsten Probleme bewegen mufste, und das 17. Jahrhundert hat vorzüglich die Bedeutung, dafs es die wichtigsten Hypothesen von der Beziehung zwischen der geistigen und der materiellen Natur energisch und konsequent ausformte. Schon der Umstand, dafs mehrere Hypothesen möglich waren, mufste indes die Aufmerksamkeit des kritischen Denkers erregen. Und hierzu kam, dafs diejenigen, die jene Denkgebäude mit so grofser Zuversicht und Genialität aufführten, die Natur und Wirkungsart des Denkens zwar erörtert hatten, jedoch nur als Einleitung zu ihren eigentlichen Systemen. Mit dogmatischer Hast eilten sie von der Prüfung des Denkens fort, um die Lösung der Rätsel der Existenz zu finden. Die Bedeutung der klassischen englischen Schule in der Geschichte der Philosophie ist dadurch bezeichnet, dafs sie die Untersuchung der Entwickelung der menschlichen Erkenntnis und der Formen und Voraussetzungen, über welche letztere verfügt, zu einem selbständigen Problem macht. John Locke und seine Nachfolger sicherten dem Erkenntnisproblem seine Selbständigkeit dem Existenzproblem gegenüber, durch welches es in den grofsen Systemen durchaus in den Schatten gestellt wurde. Sie schoben die Erkenntnistheorie vor die Metaphysik vor. Wenn man (nach Kants Sprachgebrauch) unter dem Dogmatismus eine Richtung versteht, die ohne hinlängliche Prüfung der Bedingungen und Grenzen der Erkenntnis unsere Begriffe benutzt, um das Wesen der Dinge zu ergründen, während die kritische Philosophie eben das Erkenntnisvermögen prüft, ehe sie über die Existenz zu spekulieren anfängt, so beginnt die kritische Philosophie definitiv mit John Locke.

Hinter diesem rein philosophischen Gegensatze zwischen dogmatischer und kritischer Philosophie liegt aber ein umfassenderer geschichtlicher Gegensatz. Die philosophischen Systeme sind nicht der einzige Gegenstand der Kritik: die kritische Untersuchung kehrt sich gegen jede Autorität, gegen jede bestehende Gewalt. Der Substanzbegriff in der Philosophie hatte, wie wir sahen, sein Analogon an der absoluten Autorität im Staatsleben. Nun kommt das Zeitalter der Emanzipation, zugleich mit dem der Kritik. Der Prozefs, dessen Symbole Leibniz' Monaden sind: die Verselbständigung der Individuen, tritt mit nüchterner Klarheit hervor, indem Locke die grofse Abrechnung des Denkens mit Autoritäten und Traditionen auf den Gebieten der Wissenschaft, der Erziehung, des Staates und der Kirche anstellt. Leibniz und Wolff behaupteten das Prinzip des zureichenden Grundes und übten dessen Anwendung ein. John Locke und seine Nachfolger unterwarfen alle Prinzipien — zuletzt auch eben das Prinzip des zureichenden Grundes — einer gründlichen Untersuchung.

Neben der energischen Behandlung des Erkenntnisproblems findet eine nicht weniger energische Untersuchung des Wertschätzungsproblems statt. Die Ethik erreicht in der englischen Schule eine selbständigere Stellung, als dies in den grofsen Systemen möglich war, deren eigentliches Interesse den Blick weit über das menschliche Leben hinaus lenkte. Und wegen der in dieser Schule angewandten empirischen Methode erhält die Grundlage der philosophischen Ethik nun eine gründlichere Beleuchtung.

I. John Locke.

a) Biographie und Charakteristik.

Der erste kritische Philosoph wurde in demselben Jahre geboren wie der größte der Dogmatiker. John Locke wurde den 29. August 1632 in der Nähe von Bristol geboren. Sein Vater war ein Rechtsanwalt, nahm indes als Anführer einer Reiterschar auf der Seite des Parlaments am Bürgerkriege teil. Seine unabhängige und freisinnige Denkungsart vererbte auf den Sohn. Die Erziehung, die der angehende Philosoph von seinem Vater erhielt, war der Beschaffenheit, daß er bei der Ausarbeitung seines epochemachenden Aufsatzes über die Erziehung Erinnerungen aus derselben verwerten konnte. Besonders ist der Zug (*Thoughts on Education* § 40), daß das im Kindesalter notwendige Gehorsamkeitsverhältnis allmählich durch ein freies Freundschaftsverhältnis abgelöst werden müsse, aus der vom Verfasser selbst genossenen Erziehung hergeholt. Mehr mittels Kontrastwirkung erhielten die in der Schule und an der Universität gemachten Erfahrungen für seine Philosophie Bedeutung. Sechs Jahre lang besuchte er die Schule zu Westminster, wo er die alten Sprachen nach streng grammatischer Methode erlernte und mit Auswendiglernen und dem Verfassen lateinischer Abhandlungen über ihm unverständliche Fragen gequält wurde. Naturwissenschaft wurde nicht getrieben — nur nach dem Abendessen im Sommer ein wenig Geographie. Seine Warnungen vor dem Auswendiglernen und vor dem Beginnen des Sprachunterrichts mit der Grammatik stützen sich also auf eigne Erfahrungen aus der Schule. Als er (1652) nach Oxford kam, herrschten hier der Puritanismus und die Scholastik. Locke fühlte sich von beiden unbefriedigt. Seine philosophische Erweckung erhielt er (nach seiner eignen späteren Äußerung) durch das Studium der Schriften Descartes'. Die Bekanntschaft mit diesen war ihm eine große Aufmunterung, da er seine geringen Fortschritte in der scholastischen Philosophie seinem Mangel an Begabung in philosophischer Richtung zugeschrieben hatte. Gassendi und Hobbes studierte er ebenfalls, und sie erhielten großen Einfluß auf seine Geistesrichtung.

Es wurde damals in Oxford große Toleranz geübt. Nicht nur John Owen, der Kanzler der Universität, sondern auch Oliver Cromwell, der gewaltige Protektor, wahrte allen Protestanten die Freiheit des Denkens. Diese Zeit hat durch Lockes ganzes Leben hindurch in seinem Denken bleibende Spuren hinterlassen. Mit der Restauration gelangte die bischöfliche Kirche wieder zur Herrschaft. Lockes Absicht war es anfangs, ein Geistlicher zu werden, seine freie, „breitkirchliche" (latitudinarische) Auffassung des Christentums machte ihm dies jetzt aber unmöglich. In einer Abhandlung aus 1667 (die später zu seinem berühmten *Letter on Toleration* 1685 erweitert wurde) spricht er allen und jedem das Recht ab, anderen spekulative Meinungen und bestimmte Formen des Kultus aufzuzwingen. Und in einer Abhandlung mit der Überschrift *Error* (die wie die erstgenannte in *Fox Bournes* vorzüglichem „Life of Locke", London 1876, gedruckt vorliegt) sagt er: „Wer untersucht und nach redlicher Untersuchung einen Irrtum statt einer Wahrheit annimmt, hat seine Pflicht besser erfüllt, als wer das Bekenntnis der Wahrheit annimmt (die Wahrheit selbst nimmt er nicht an), ohne untersucht zu haben, ob es richtig sei oder nicht." Er legt das Hauptgewicht auf die moralische Seite der Religion und verlangt möglichst wenige Dogmen und Zeremonien. Die bischöfliche Kirche mit ihren 39 Glaubensartikeln und zahlreichen Zeremonien war ihm also versperrt.

Er beschloß nun, ein Arzt zu werden, und studierte Chemie und Medizin. Dies legte den Grund seiner Freundschaft mit Robert Boyle, dem berühmten Chemiker, und mit Sydenham, dem nicht weniger berühmten Arzte. Lockes Bestrebungen als Philosoph sind denen seiner beiden Freunde verwandt. — Boyle (der sechs Jahre älter war als Locke) behauptete die experimentale Methode in der Chemie gegen Alchimisten und medizinische Chemiker, die sich andre Zwecke als rein wissenschaftliche aufstellten. Er war der erste, der mit Klarheit geltend machte, was die chemische Analyse bezweckt: nämlich das Auffinden der Elemente zusammengesetzter Stoffe, d. h. der nachweisbaren, nicht wieder auflöslichen Bestandteile. Er sagte voraus, daß man weit mehr Elemente finden werde, als man sich damals dachte, und bestritt den nichtzusammengesetzten Charakter vieler Stoffe, die man bisher als Elemente betrachtet hatte. — Sydenham behauptete die empirische Methode in der Heilkunst und huldigte denselben Prinzipien, die Locke in einer kleinen Abhandlung *Über die Heilkunst* aussprach, in welcher die Notwendigkeit eingeschärft wird, sich auf Beobachtungen, nicht auf Axiome zu stützen. Locke begleitete oft den Sydenham bei dessen Krankenbesuchen.

Auch die Heilkunde wurde indes nicht Lockes Lebensaufgabe. Er stiftete Bekanntschaft mit dem Earl von Shaftesbury, dem bekannten Politiker unter Karl II., und wurde bald als Freund, Sekretär, Arzt und Erzieher zweier Generationen an dessen Familie geknüpft. Lockes politische Anschauungen waren (wie aus kleinen Abhandlungen aus seinen jüngeren Tagen zu ersehen) freisinnig wie seine religiösen Ansichten. Er stand mit Eifer und Überzeugung auf Seite der Whigs und wurde in deren Schicksal verwickelt. Shaftesburys Sturz 1672 führte auch Lockes Fall herbei. Er mußte die Stellungen aufgeben, die Shaftesburys Vertrauen ihm verschafft hatte. Nun verlebte er einige Jahre auf Reisen in Frankreich. Seine Reiseanzeichnungen haben geschichtliches Interesse und bezeugen sein großes Beobachtungsvermögen und seine Aufmerksamkeit auf alle Seiten des Lebens. Als sein adliger Freund sich später an einer Verschwörung beteiligt hatte und nach Holland flüchten mußte, glaubte auch Locke sich nicht in England sicher und ging (1683) ebenfalls nach Holland, wo sich nach und nach eine bedeutende Anzahl geflüchteter Whigs sammelten. Eine Zeitlang mußte er sich verborgen halten, weil die englische Regierung seine Auslieferung verlangte. Während dieser Jahre arbeitete er an seinen Schriften, besonders an der *Epistola de tolerantia* (1685), die einige Jahre später in englischer Sprache erschien, und an seinem Hauptwerke „über den menschlichen Verstand". Zugleich war er wahrscheinlich mit den Vorbereitungen zur Revolution beschäftigt. Mit dem Prinzen von Oranien und dessen Gemahlin stand er in enger Beziehung und Anfang 1689 kehrte er mit der Prinzessin nach England zurück.

Locke vergaſs weder die Philosophie über der Politik noch umgekehrt. Anfang 1690 erschien sein Hauptwerk *Essay on Human Understanding*, eins der merkwürdigsten und erfolgreichsten Werke in der Geschichte der Philosophie. Dessen erster Anfang liegt weit in Lockes Entwickelung zurück. In der Vorrede berichtet er, den Anlaſs zur Entstehung des Werkes habe eine mit einigen Freunden geführte Diskussion gegeben. Da sie die Probleme, die sie sich aufgestellt hätten, nicht hätten lösen können, sei es ihm eingefallen, es wäre vielleicht notwendig gewesen, vorerst „unsre eignen Fähigkeiten zu untersuchen und zu sehen, welche Gegenstände unser Verstand zu behandeln geeignet wäre, und welche nicht". In ein Exemplar von Lockes Essay, das im Besitz des British Museum ist, hat James Tyrrell, Lockes Freund, geschrieben: „Ich entsinne mich, daſs ich selbst einer der Anwesenden war, als die Prinzipien der Moral und der geoffenbarten Religion erörtert wurden." Es war also eine Diskussion über ethische und moralische Gegenstände, die zur näheren Untersuchung des Erkennens führte. Dieser erste Anfang trat im Winter 1670—71 ein. Später arbeitete Locke während seines Aufenthalts in Frankreich und während der Verbannung in Holland an seinem Werke, das er 1687 vollendete. Ein Auszug desselben wurde im folgenden Jahre in der holländischen Zeitschrift „Bibliothèque universelle" gedruckt, und 1690 erschien es vollständig in englischer Sprache. Es besteht aus vier Büchern: das erste kritisiert die Lehre von angeborenen Ideen und Prinzipien; das zweite weist nach, daſs alle Vorstellungen aus der Erfahrung herrühren, und löst die zusammengesetzten Vorstellungen in ihre einfachen Bestandteile auf, damit um so leichter Einigkeit erreicht werde; das dritte untersucht den Einfluſs der Sprache auf das Denken, bekämpft die scholastische Wörterphilosophie und schärft ein, daſs unsere Artbegriffe nicht ohne weiteres als auch für die Natur gültig betrachtet werden dürfen; das vierte unterscheidet zwischen den verschiedenen Arten des Erkennens und bestimmt die Grenzen der Erkenntnis. Die eigentliche Erkenntnistheorie ist also im vierten Buche enthalten. Dieses und das zweite Buch (über den Ursprung der Vorstellungen aus der Erfahrung) scheinen zuerst geschrieben zu sein; später wurden das erste (die Kritik der angeborenen Ideen) und das dritte (über die Sprache) hinzugefügt.

Unter dem König Wilhelm hatte Locke einen nicht geringen Einfluſs. Er stand dem König und mehreren der leitenden Männer nahe. Er wirkte für Preſsfreiheit, Toleranz, vernünftige Münz- und Handelsgesetze und für eine Verbesserung des Armenwesens und bekleidete verschiedene Ämter. Seine *Two Treatises on Government*, die 1690 erschienen, gestehen, daſs sie auſser ihrem theoretischen Zwecke auch auf die Verteidigung der Revolution abzielen, die die neue Ordnung der Dinge herbeigeführt hatte. Unter seinen übrigen Schriften ist (auſser den *Thoughts on Education* 1692) das Buch über „Die Vernunftmäſsigkeit des Christentums, dargestellt nach der Heiligen Schrift" (*The Reasonableness of Christianity as delivered in Scripture*) zu nennen. In seiner Auffassung des Christentums legt Locke das Gewicht darauf, daſs der Glaube der ältesten Kirche in dem Satze, Jesus ist der Messias, enthalten sei. Das Christentum ist ihm das Evangelium der Liebe; es wollte die Menschen nicht mit unverständlichen Dogmen (von der Dreieinigkeit, der Versöhnung und der ewigen Verdammnis) quälen, sondern das Gesetz der Natur und der Vernunft erweitern, indem es zeigte, wie die Menschen zur ewigen Seligkeit gelangen könnten. Er selbst glaubte ein gläubiger Christ zu sein, und seine Briefe wie auch sein Leben bezeugen religiöse Innerlichkeit. Er las eifrig die Bibel, und während seiner letzten Jahre arbeitete er eine Erklärung der Briefe an die Korinther aus. Am meisten fühlte er sich indes von denjenigen christlichen Richtungen angezogen, die am wenigsten Dogmatik und Hierarchie hatten. Während seines Aufenthalts in Holland wohnte er eine Zeitlang bei einem Quäker, mit dem er innige Freundschaft schloſs. Später begleitete er in London den König Wilhelm, als dieser

verkleidet die Zusammenkünfte der Quäker besuchte, um diese
Sekte kennen zu lernen. An eine englische Quäkerin schrieb
Locke, wie Frauen zuerst den wiedererstandenen Heiland erblickt hätten, so seien es auch jetzt vielleicht Frauen, von
denen die Wiedererstehung des Geistes der Liebe verkündet
werden müsse. Er wurde das Ziel heftiger Angriffe von Seiten
der Theologen, und da man den Ursprung seiner Theologie
in seiner Philosophie fand, wurde auch diese scharf angegriffen,
namentlich von Stillingfleet, dem Bischof von Worcester, dem
Locke mehrmals durch sehr weitläufige Streitschriften Antwort
gab. Dies war der letzte Zweikampf der scholastischen mit
der modernen Philosophie. Der Unwille über Lockes theologischen Standpunkt wurde dadurch erhöht, dafs dieser dem
der Deisten so nahe lag, dafs eine Schrift wie John Tolands
„Christianity not mysterious", die 1696 erschien und im folgenden Jahre zu Dublin öffentlich verbrannt wurde, nur dessen
naheliegende Konsequenz zu ziehen schien. Da Lockes Schriften
auch von der studierenden Jugend gelesen wurden, bestimmten
die Präsidenten der Oxforder Colleges, dafs Lockes Essay
nicht an der Universität benutzt werden dürfe. Als Locke
dies hörte, bemerkte er, weil es Leute gebe, die Scheuklappen
anlegten oder den Kopf abkehrten, würden doch nicht alle es
sich gefallen lassen, den Gebrauch ihrer Augen zu entbehren,
und die Geschichte hat ihm recht gegeben.

Seine letzten Jahre verlebte Locke, der nie vermählt war,
im Hause eines Mr. Masham in Oates bei London. Lady
Masham war die Tochter des Cambridger Philosophen Cudworth und eine hochbegabte Frau. Nach mehrjährigem Asthma-
leiden starb er hier im Jahre 1704. Ein sanftes Gemüt,
grofse Liebe zu den Freunden, aufrichtiges Suchen nach Wahrheit und fester Glaube an die Bedeutung der persönlichen und
der politischen Freiheit, das sind die Charakterzüge, die bei
Locke, wie wir ihn aus seinen Werken und Briefen kennen,
besonders hervortreten. Bezeichnend für ihn ist, was er im
Jahre vor seinem Tode einem jungen Freunde, dem späteren
deistischen Schriftsteller Anthony Collins schrieb: „Die Wahrheit
um der Wahrheit selbst willen lieben ist der wichtigste Teil

menschlicher Vollkommenheit hier in der Welt und die Pflanzschule aller andern Tugenden."

b) Ursprung der Vorstellungen.

Indem Locke das menschliche Erkennen zur Rechenschaft ziehen will, wird es seine erste Aufgabe, zu untersuchen, woher die Vorstellungen (ideas), mit denen es operiert, stammen. Unter Vorstellung (idea) versteht er alles, woran wir denken können. Diese Aufgabe würde wegfallen, wenn es angeborene Vorstellungen im buchstäblichen Sinne des Wortes gäbe, und gegen diese Ansicht richtet er daher zuerst seine Kritik. — Man hat gemeint, sagt Locke, dafs die Gottesidee eine solche angeborene Vorstellung sei; ebenfalls sollten die fundamentalsten logischen und moralischen Prinzipien angeboren sein. Dergleichen Sätze wie: jedes Ding ist, was es ist, und: wir sollen so gegen andre handeln, wie wir wollen, dafs sie gegen uns handeln, werden als dem menschlichen Bewufstsein ursprünglich innewohnend betrachtet. Dann müfsten sie aber die allerersten Vorstellungen sein, die sich dem Bewufstsein darstellten. Dafs dem nicht so ist, davon kann man sich leicht überzeugen, wenn man Kinder, Idioten, Wilde und nichtunterrichtete Menschen untersucht. Das Bewufstsein solcher Wesen enthält nur einzelne, bestimmte, konkrete Vorstellungen und Wahrnehmungen, keine allgemeinen Prinzipien. Und die Erfahrung zeigt uns Individuen und Völkerschaften ohne irgend eine Gottesidee und ohne eigentliche moralische Vorstellungen. Will man die Angeborenheit daraus ableiten, dafs dergleichen Vorstellungen und Prinzipien verstanden und angenommen werden, sobald sie dem Bewufstsein deutlich gemacht werden, so ist dies ein unberechtigter Schlufs. Was deutlich gemacht und bewiesen werden mufs, ist nicht angeboren, sondern mufs erlernt werden. Natürlich mufs es ein ursprüngliches Vermögen (capacity) des Lernens geben, und mit Recht kann man von natürlichen Gesetzen oder Grundsätzen reden, indem es Meinungen gibt, zu denen der Mensch durch natürlichen Gebrauch der Erfahrung und seines Denkvermögens gelangt. Hierunter rechnet Locke aufser den logischen und mathematischen Wahrheiten auch die wichtigsten religiösen und moralischen Meinungen. Ein *natürliches* Gesetz — hebt er nachdrücklich hervor — ist aber keineswegs dasselbe wie ein *angeborenes* Gesetz. Die Lehre von angeborenen Ideen entspringe grofsenteils der Bequemlichkeit; man wolle es vermeiden, über die Entwickelung der Vorstellungen eine Untersuchung anzustellen.

Diese Polemik scheint besonders gegen die scholastischen Philosophen, die Cambridger Platoniker und Herbert von Cherbury gerichtet zu sein; letzterer ist der einzige bei Namen genannte Repräsentant der „angeboreuen Ideen". Auf Descartes ist wohl kaum in erster Linie abgezielt, wie denn auch die nähere Erklärung des ungeeigneten Ausdrucks „angeboren", die Descartes gibt, die Wirkung hat, dafs er nicht von Lockes Kritik betroffen wird. — Locke selbst bediente sich eines Ausdrucks, der Mifsverständnisse veranlafste, nämlich des alten Bildes von dem Bewufstsein als einer unbeschriebenen Tafel (tabula rasa). Hiermit war es nicht seine Meinung (wie man oft geglaubt hat), zu bestreiten, dafs ursprüngliche Fähigkeiten der Seele der Erfahrung vorausgehen. — Es ist eine unglückliche Eigenschaft philosophischer Schlagwörter, dafs sie leicht gar zu plumpe Vorstellungen beibringen. Auch nach der erwähnten Berichtigung der Lockeschen Lehre bleibt Leibniz' Kritik dennoch treffend, da Locke teils die Bedeutung der dunklen, mehr oder weniger unbewufsten Elemente, teils die unwillkürliche, spontane Weise, wie sich ursprüngliche Neigungen geltend machen, übersieht. Sogar das Moment der Aktivität, das Locke bei der Bildung gewisser Vorstellungen anerkannte, wurde von einigen seiner Nachfolger reduziert und zuletzt aufgehoben. —

Lockes eigne Beantwortung der Aufgabe geht darauf aus, dafs alle Vorstellungen, worunter der gesamte Inhalt des Bewufstseins verstanden wird, aus der Erfahrung stammen, teils aus äufserer Erfahrung (sensation), teils aus innerer Erfahrung (reflection). Äufsere Erfahrung entsteht dadurch, dafs die in irgend einem Teile des Körpers erzeugte Reizung oder Bewegung eine Empfindung (perception) in der Seele erregt. Innere Erfahrung entsteht dadurch, dafs die Seele auch den Eindruck der Thätigkeit erhält, die (z. B. beim Erinnern und Vergleichen) während der Bearbeitung der aus der äufseren Erfahrung stammenden Vorstellungen entfaltet wird. Mittels der „Reflexion" fassen wir also unsre eignen Zustände und Thätigkeiten auf, mittels der „Sensation" die Einwirkungen andrer Dinge. Bei allem solchen unmittelbaren Auffassen oder Annehmen von Vorstellungen verhält sich das Bewufstsein fast (for the most part) durchaus passiv. Doch nur die einfachsten Vorstellungen entstehen durch solches unmittelbare und passive Annehmen.

Die einfachen Vorstellungen, die durch äufsere Erfahrung entstehen, brauchen den Eigenschaften der sie erzeugenden Dinge nicht ähnlicher zu sein, als das Wort der Vorstellung ähnlich ist. Nur die sogenannten primären Qualitäten, Dichtheit, Ausdehnung, Gestalt, Beweglichkeit, lassen sich nicht von den äufseren Dingen selbst trennen; die sekundären Qualitäten, wie Farbe, Geschmack, Geruch u. s. w., entsprechen nur dem Vermögen, das die Dinge ihrer primären Eigenschaften wegen besitzen, gewisse Vorstellungen in uns zu erregen. — Die Ausdrücke „primäre" und „sekundäre" Qualitäten scheint Locke von Robert Boyle angenommen zu haben; die Lehre selbst, die so oft Locke als erstem Urheber zugeschrieben wird, stammt, wie wir sahen, von Galilei, Hobbes und Descartes her. Locke läfst sich nicht näher auf das Problem ein, welches darin liegt, dafs hier ein so grofser Unterschied zwischen der äufseren Ursache und der inneren Wirkung stattfindet. —

Die einfachen Vorstellungen sind das Material des Bewufstseins, das von diesen auf verschiedene Weise bearbeitet wird. Die Aktivität des Bewufstseins erweist sich teils in der Bildung *zusammengesetzter* Vorstellungen durch Kombination einfacher Vorstellungen, teils in der Bildung von *Vorstellungen von Verhältnissen*, indem sie einfache Vorstellungen in gewisse gegenseitige Verbindung bringt, teils in der Bildung *abstrakter Vorstellungen*, indem sie einfache Vorstellungen aus andern absondert, mit denen sie in der That verbunden vorkommen. Alle Vorstellungen, die nicht von unmittelbaren Eindrücken herrühren, sind, wie erhaben und bedeutend sie auch sein möchten, durch die zusammensetzende, vereinende und abstrahierende Thätigkeit des Bewufstseins und auf Grundlage unmittelbarer Wahrnehmungen entstanden. — Unter diesen drei Arten abgeleiteter Vorstellungen haben die beiden ersten das gröfste Interesse. Sie werden übrigens unter Mitwirkung der Abstraktion gebildet.

Zu den zusammengesetzten Vorstellungen gehören Eigenschaften (modes) wie Raum und Zeit. Bei der Bildung der Raumvorstellung stützen wir uns auf den Gesichts- und den Tastsinn. Zugleich bedienen wir uns hier der Abstraktion, indem wir zwischen Raum und Dichtheit unterscheiden, eine Distinktion, die ebenso deutlich ist als die zwischen dem Scheffel und dem Getreide. Die Zeitvorstellung bilden wir mit Hilfe des inneren Sinnes, der uns eine Succession von Vorstellungen zeigt. Und indem es sich erweist, dafs unser Vermögen, uns die Erweiterung des Raumes und der Zeit vorzustellen, stets dasselbe bleibt, wie viele Hinzufügungen wir auch möchten unternommen haben, entsteht die Vorstellung von der Unendlichkeit. — Zu den Begriffen von Eigenschaften gehören auch die Vorstellungen von Kraft und Bewegung, wie auch alle Vorstellungen von zusammengesetzten Farben, Formen u. s. w., und auf dem Gebiete des inneren Sinnes Vorstellungen von Wahrnehmung, Erinnerung, Denken, Aufmerksamkeit u. s. w.

Während die Qualitätsbegriffe keine Schwierigkeit darbieten, verhält es sich anders mit der *Vorstellung von Dingen, Wesen oder Substanz*. Auch diese wird durch Zusammensetzung gebildet. Unsre Vorstellung von einem Dinge oder einer Substanz ist die Vorstellung von den Eigenschaften oder Kräften, die wir ihr beilegen. Das Sonderbare ist aber, dafs wir uns dennoch das Ding oder die Substanz selbst als ein von den Eigenschaften und Kräften Verschiedenes, nämlich als deren Träger oder Grundlage (support) vorstellen. Aus der Erfahrung stammt alles, was wir der Substanz beilegen. Dies gilt sogar der Vorstellung von Gott, die eine Substanzvorstellung ist, welche wir bilden, indem wir unsre, dem inneren Sinne entnommenen Vorstellungen von geistigen Eigenschaften erweitern und steigern.

Als Beispiel der *Verhältnisvorstellungen* (ideas of relation) sei die Vorstellung von Ursache und Wirkung genannt. Diese Vorstellung bilden wir auf Grundlage der Wahrnehmung, dafs Eigenschaften und Dinge entstehen, und dafs ihre Entstehung dem Einflusse andrer Eigenschaften und Dinge zu verdanken ist. Andre Beispiele sind die Vorstellungen von Zeit- und Raumverhältnissen und von Identität und Verschiedenheit. Auch die moralischen Vorstellungen gehören zu den Verhältnisvorstellungen, da sie aus den einfachen Vorstellungen von unsern Handlungen mit der Vorstellung von einem Gesetze zusammengehalten gebildet werden.

c) Gültigkeit der Erkenntnis.

Nachdem die Entstehung der Vorstellungen nachgewiesen ist, entsteht nun die Frage nach deren Gültigkeit. Locke bezweifelt gar nicht, dafs die einfachen Vorstellungen reale Gültigkeit besitzen. Sie stammen aus der Wirklichkeit her und müssen deswegen mit der Wirklichkeit übereinstimmen. Allerdings gleichen die sekundären Qualitäten den Dingen nicht, durch welche die Vorstellungen von ihnen hervorgerufen werden, sie entsprechen aber den Dingen, weil sie deren konstante Wirkungen sind. — Was die abgeleiteten Vorstellungen betrifft, so läfst ihre Gültigkeit sich nicht auf diese Weise darthun, da sie ja durch Zusammensetzung und Vergleichung, durch unsre Aktivität also, gebildet wurden. Dafs sie keinen inneren Widerspruch enthalten, genügt nicht, um ihre reale Bedeutung darzulegen. Sie sind nicht Kopien von Dingen, ihre Bedeutung besteht aber darin, dafs sie Vorbilder oder Muster (archetypes, patterns) sind, deren sich das Bewufstsein bedient, wenn es die Dinge ordnet und benennt (wie in der Mathematik und der Moralphilosophie). Dies gilt jedoch nur den Vorstellungen von Eigenschaften und Verhältnissen (modes and relations). Der Substanzbegriff, die Vorstellung von einem unbekannten Träger der Eigenschaften, kann nur dann Gültigkeit besitzen, wenn in der Wirklichkeit eine solche Verbindung von Eigenschaften, wie die durch den Begriff angegebene zu finden ist. Die Vorstellung von einem Centauren ist eine unwahre, die Vorstellung von Gott ist eine wahre Substanzvorstellung. Der Substanzbegriff selbst ist nicht das Vorbild, sein Vorbild muſs aber aufser uns sein, wenn er Gültigkeit haben soll. Was aber den Eigenschaften der Dinge zu Grunde liegt, das wissen wir nicht. Wir kennen ebensowenig die materielle Substanz als die geistige, und die Cartesianer haben daher nicht das Recht, zu behaupten, die Materie vermöge nicht zu denken.

Erkennen ist das Auffassen der Übereinstimmung oder der Nicht-Übereinstimmung der Vorstellungen. In seiner einfachsten Form ist es Intuition, unmittelbares Anschauen. An diesem Punkte nähert Locke sich entschieden dem Descartes, wenn er z. B. sagt, wir hätten ein intuitives Wissen von unsrer eignen Existenz; dies besage sogar der Zweifel: denn wenn ich weiſs, daſs ich zweifle, besitze ich eine Auffassung von der Existenz des zweifelnden Dinges, die ebenso sicher ist als die Auffassung des Gedankens, den ich Zweifel nenne! Aufser unsrer eignen Existenz fassen wir mittels derartigen unmittelbaren Anschauens die einfachsten Grundverhältnisse zwischen unsern Vorstellungen auf. Eine Beweisführung (demonstration) entsteht dadurch, daſs eine Reihe intuitiver Erkenntnisse aneinander gefügt werden. Jeder Schritt der Demonstration ist ein unmittelbares Anschauen. Diese beiden Arten der Erkenntnis sind die einzigen streng zuverlässigen. Alle andre Erkenntnis ist nur Annahme, mehr oder minder wahrscheinliche Überzeugung; hierunter gehört die sinnliche Erkenntnis der Dinge aufser uns.

Die demonstrative Erkenntnis betrifft nicht nur mathematische Sätze, sondern auch Gottes Existenz — und dies ist der einzige Fall, in welchem wir auf dem Wege der Beweisführung reale Existenz aufser unsrer eignen zu erkennen vermögen. Lockes Beweis von Gottes Dasein ist der gewöhnliche: aus der Welt (oder aus unserm eignen Dasein) wird auf Gott als deren Ursache geschlossen. Derselbe erhält indes besonderes Interesse, weil er sich auf den Kausalsatz stützt, der für eine intuitive Wahrheit erklärt wird: wir haben die unmittelbare Gewiſsheit, daſs das, was nicht existiert, keine Realität erzeugen kann (non-entity cannot produce any real being)! Es mufs also ein ewiges Wesen geben. Und dieses kann keine Materie sein, setzt Locke fort, denn die Materie kann keinen Verstand erzeugen. — Der Widerspruch zwischen diesem Satze und dem oben angeführten, dafs die Materie möglicherweise zu denken vermöchte, ist nur ein scheinbarer. Denn im obigen Satze behauptet er, dafs wir das innerste Wesen der Materie nicht kennten; hier geht er von der Materie aus, wie wir sie kennen [77]).

Wie in Lockes Lehre von dem Ursprunge der Vorstellungen ein scharfer Gegensatz zwischen der Passivität bei der Aufnahme der einfachen Vorstellungen und der Aktivität bei der Bildung der abgeleiteten Vorstellungen enthalten ist, so tritt in seiner Lehre von der Gültigkeit der Erkenntnis ein nicht weniger scharfer Gegensatz hervor zwischen der sinnlichen Erkenntnis, die es nur bis zur Wahrscheinlichkeit bringe, und der intuitiven und demonstrativen Erkenntnis, die völlige Gewifsheit und Notwendigkeit biete. Sonderbar genug tritt dieser Gegensatz bei der Aufstellung desjenigen Satzes auf, durch dessen Gültigkeit Lockes Beweis von dem Zusammenhang der Erkenntnis mit der Realität bedingt wird, bei der Aufstellung des Kausalsatzes nämlich. Den Begriff eines Kausalverhältnisses bildeten wir mittels sinnlicher Erfahrung; die Gültigkeit des Kausalsatzes werde durch Intuition dargethan. Und eben diesen Satz benutzt er ganz ruhig, sowohl wenn er von den einfachen Vorstellungen auf die sie erzeugenden Dinge schliefst, als auch, wenn er Gottes Dasein beweist. Die Gottesvorstellung sei — ebenso wie die Kausalitätsvorstellung — der Erfahrung entnommen, doch unter Mitwirkung der kombinierenden und erweiternden (idealisierenden) Thätigkeit des Geistes; Gottes Dasein werde aber durch Schlufsfolgerung bewiesen, während die Gültigkeit des Kausalverhältnisses intuitiv erblickt werde. Lockes Standpunkt als Empiriker rücksichtlich des Ursprungs der Vorstellungen und als Rationalist rücksichtlich der Anwendung derselben tritt hier deutlich hervor. Die Unbefangenheit, mit welcher Locke den Kausalsatz aufstellt und gebraucht, läfst ihn noch als Dogmatiker erscheinen. Durch die Forderung psychologischer Erklärung und erkenntnistheoretischer Begründung führte er aber auf den Weg der kritischen Philosophie. Lockes Übergangsstellung ist jedoch am deutlichsten aus dem Substanzbegriffe zu ersehen. Dieser war der selbstfolgliche Grundbegriff der grofsen Systeme, der letzte, absolute Anhaltspunkt des Denkens. Nur Hobbes hatte ihn zu erschüttern versucht und war hier, wie an mehreren andern Punkten, Lockes Vorgänger. Locke behandelt ihn mit gewisser Ironie, nennt die Substanz ein „ich weifs nicht was" und vergleicht den Glauben an denselben mit dem Glauben der Inder an die Notwendigkeit des Elefanten, um die Erde zu tragen; — und dennoch verwirft er ihn nicht. Er erklärt ihn für einen selbsterzeugten Begriff, ebenso wie die mathematischen und moralphilosophischen Begriffe dies seien; und dennoch legt er ihm ein äufseres Vorbild und eine äufsere Grundlage bei.

d) Religionsphilosophie.

Lockes Religion stand nicht mit seiner Philosophie im Widerspruch. Er hatte es nicht nötig, sich so vieler Erschleichungen wie Leibniz zu bedienen, um sie zu vereinen. Indem er meinte, Gottes Dasein philosophisch bewiesen zu haben, meinte er zugleich, er habe die Wahrheit der natürlichen Religion auf dem Wege der Vernunft festgestellt, wie er hierdurch denn auch die theologischen Voraussetzungen gewann, ohne die seiner Auffassung zufolge keine Ethik möglich sei. Seine Ethik ist eine theologische Glückseligkeitslehre: aus dem natürlichen Drange nach Glück entstehe das Gesetz, das die Bedingungen angebe, unter welchen unser eignes Glück im Verein mit demjenigen andrer Menschen zu erreichen sei; dieses auf dem Wege der Vernunft gefundene Gesetz, das durch den alten Spruch zusammengefafst werde, wir sollten gegen andre so handeln, wie wir wollten, dafs sie gegen uns handelten, müsse jedoch, um Autorität zu erhalten, als aus Gottes Willen entsprungen und durch Gottes Willen gehandhabt betrachtet werden.

Obgleich Locke meinte, die Toleranz des Staates sei auf alle auszudehnen, die der natürlichen Religion huldigten, war sein eigner persönlicher Standpunkt doch der des Offenbarungsglaubens. Im Frühling 1695 schreibt er an Limborch: „Diesen Winter habe ich sorgfältig erwogen, worin der christliche Glaube besteht. Ich habe aus der Heiligen Schrift selbst geschöpft, habe aber die Meinungen der Sekten und der Systeme ferngehalten." Die Ergebnisse seiner Untersuchungen legte er in der Schrift von der „Vernunftmäfsigkeit des Christentums" nieder. Die Offenbarung ist ihm eine Erweiterung der natürlichen, durch die Vernunft begründlichen Religion, und anderseits ist die Vernunft die stetige Kontrolle des Offenbarungsglaubens. In seinem Hauptwerke (Essay IV, 18, 2) bestimmt er den Glauben als den Anschlufs an einen Satz, der nicht mittels eines Folgerns der Vernunft, sondern aus Vertrauen auf denjenigen, der ihn als von Gott kommend und auf aufserordentliche Weise mitgeteilt vorbringt, aufgestellt wird. Ob etwas wirklich eine Offenbarung ist, mufs die Vernunft entscheiden, und der Glaube kann uns niemals von einer Sache überzeugen, die der Vernunft widerstreitet: denn die Erkenntnis, die wir besitzen, dafs eine Offenbarung von Gott stammt, kann nie so sicher sein wie die Erkenntnis, die wir auf die Übereinstimmung oder Nicht-Übereinstimmung unsrer Vorstellungen gründen. Die Offenbarung ist notwendig. Denn obschon die Natur ein hinlängliches Zeugnis von Gott abgibt, haben die Menschen ihre Vernunft doch nicht recht gebraucht. Aus Bequemlichkeit, Sinnlichkeit oder Furcht gerieten sie unter die Herrschaft abergläubischer Priester, da die wenigen, die der Vernunft folgten, auf die grofse Menge keinen Einflufs erhalten konnten. Es fehlt dem gröfsten Teile der Menschen an Zeit und Fähigkeit, der Beweisführung der Vernunft zu folgen. Da wurde Christus gesendet um zu erleuchten, zu stärken und zu helfen. Der Glaube an ihn als Herrn und Meister enthält die Verheifsung des ewigen Lebens. Sogar die ungelehrtesten, sogar diejenigen, deren Leben unter mühseliger Arbeit hingeht, können Christi Lehre und Vorbild verstehen, wie diese in den Evangelien auftreten. Auf die in den Briefen enthaltenen Entwickelungen der Lehre legt Locke geringeres Gewicht. Das Dogma der Dreieinigkeit vermag er weder in den Evangelien noch in dem apostolischen Glaubensbekenntnisse zu finden.

Neben Christian Wolff (der auch an andern Punkten, z. B. durch die mißlungene Begründung des Kausalsatzes an Locke erinnert) steht Locke als Begründer des religiösen Rationalismus da. Seine Schriften und besonders sein religiöser Standpunkt übten Einfluß auf die größten Geister des 18. Jahrhunderts; Voltaire und Friedrich II stehen hier in erster Linie. Das Merkwürdigste ist jedoch, zu sehen, wie der religiöse Rationalismus als demokratische Bewegung hervorbricht, — was übrigens wohl mit jeder neuen religiösen Strömung der Fall ist. Indem Locke die Theologie der Kirche bekämpft, berücksichtigt er namentlich das Bedürfnis der Ungelehrten und der Mühseligen: er verlangt ein Christentum, das ihnen zugänglich und verständlich sein kann. Dogmatisierend war indes auch noch Lockes Standpunkt: der „natürlichen" Religion legt er so große Gewißheit inbetreff der Beweisführung und so große Notwendigkeit als Grundlage der Ethik bei, daß er diejenigen, die sie verwerfen, sogar des Gutes der Religionsfreiheit berauben will! Nicht nur der Katholizismus und der Protestantismus, sondern auch der Rationalismus hat seine Intoleranz.

e) Rechts- und Staatsphilosophie.

Lockes Schrift über die „bürgerliche Regierung" ist eine Gelegenheitsschrift. Im Vorworte sagt er, es sei seine Absicht, „den Thron unsers Königs Wilhelm, des großen Wiederherstellers, zu befestigen, sein Recht durch den Anschluß des Volkes darzulegen, der die einzige Berechtigung einer gesetzlichen Regierung ist, und den er in weit höherem Maße als irgend ein andrer Fürst der Christenheit besitzt, und endlich das englische Volk vor der Welt zu rechtfertigen, dessen Liebe zu den natürlichen und gesetzlichen Gerechtsamen und dessen fester Entschluß, diese zu verteidigen, die Nation retteten, als sie am Rande der Knechtschaft und des Unterganges stand." In dem ersten Teile der Schrift widerlegt Locke die von dem Royalisten Filmer aufgestellte Lehre von dem Königtum als einer von Gott eingesetzten, patriarchalischen Institution. Politische Gewalt, sagt Locke, ist verschieden von der Gewalt des Vaters über die Kinder, der Gewalt des Meisters über die Gesellen und der Gewalt des Herrn über die Sklaven. Sie besteht in der Gewalt, Gesetze zu geben, diese Gesetze zu vollziehen, und die Gesellschaft vor äufseren Gewaltthätigkeiten zu schützen, dies alles doch nur um des gemeinen Wohls willen. Eine derartige Gewalt läfst sich nur durch freie Übereinkunft errichten. Diese wird auch jetzt, da der Naturzustand aufgehört hat, jedesmal stillschweigend getroffen, wenn der Sohn den Platz des Vaters in der Gesellschaft einnimmt. Die Übereinkunft geht wesentlich darauf aus, dafs der Wille der Mehrheit Gesetz sein soll, weil dies die einzige Weise ist, wie die Gesellschaft als handelnde Totalität auftreten kann. Der Naturzustand ist zwar nicht, wie Hobbes meinte, ein Kriegszustand; er führt aber doch Übelstände herbei, denen nur durch feste Gesetze, unparteiische Richter und eine vollziehende Staatsmacht abzuhelfen ist. Schon der Naturzustand ist ein Zustand der Freiheit, die Freiheit läfst sich aber in einer Gesellschaft besser verteidigen. Die natürlichen Rechte werden also durch den Eintritt in die Gesellschaft keineswegs aufgehoben. Das Eigentumsrecht z. B. ist ein natürliches Recht, das dadurch begründet wird, dafs der Mensch die Erde oder irgend ein andres Material bearbeitet. Den Fleifsigen, nicht den Faulen hat Gott die Welt geschenkt, und aus der Arbeit entspringt aller ökonomische Wert. Der Staat kann das Eigentumsrecht daher ebensowenig aufheben als begründen, seine Aufgabe ist nur die, es zu sichern und zu schützen. Wie mit dem Eigentumsrecht verhält es sich auch mit der persönlichen Freiheit; die Sklaverei widerstreitet der Natur und darf deshalb nicht vom Staate aufrecht erhalten werden.

In Lockes Staatslehre hat besonders sein starkes Hervorheben der gesetzgebenden Gewalt Bedeutung. Durch Einführung einer gesetzgebenden Gewalt wird keine willkürliche Macht errichtet; man verläfst ja eben den Naturzustand, um der Willkür zu entgehen. Der beabsichtigte Zweck ist bei allen Entscheidungen die möglichst grofse Rücksicht auf das gemeine Wohl. Nur nach Billigung von seiten der Mehrheit dürfen Steuern und Abgaben erhoben werden: sonst wird das Eigentumsrecht verletzt, denn was ein andrer mir wider meinen Willen nehmen kann, besitze ich nicht eigentümlich! —

Locke verlangt, dafs die gesetzgebende Gewalt von der vollziehenden und der richterischen getrennt werde [78]); die gesetzgebende Gewalt sei aber die höchste; mit ihrer Errichtung sei die Verfassung des Staates gegeben, und überdies stehe der Gesetzgebende höher als die Gesetzvollziehenden (Of Govern. II, 141. 143).

Die höchste Gewalt bleibt indes dem Volke und kommt zur Anwendung, wenn die vollziehende Gewalt mit der gesetzgebenden in Streit gerät. Keine Macht der Erde aufser dem Volke kann einen solchen Streit entscheiden. Kraft des letzten, unveräufserlichen Rechtes, des Rechtes der Selbsterhaltung, legt das Volk Berufung an den Himmel ein und setzt seinen Willen durch. Dies ist aber kein Aufruhr: der Aufruhr wird von denen angestiftet, die die Gesetze übertreten. Es führt auch nicht zur Auflösung des Staates, denn erstens ist die Voraussetzung die, dafs die Mehrheit des Volkes die abzuschaffenden Übelstände fühlt, und zweitens kommt das Volk nicht so leicht aus Rand und Band, wie man glaubt. —

Lockes freier Forschersinn im Verein mit seiner warmen und praktischen Teilnahme an den grofsen Begebenheiten in der damaligen Geschichte seines Volkes bewog ihn, die grofsen Grundsätze der Volksfreiheit auf eine Weise zu formulieren, die nicht nur für die spätere Rechts- und Staatslehre, sondern auch für die Geschichte der Völker in den folgenden Jahrhunderten von entscheidender Bedeutung wurde. Montesquieu und Alexander Hamilton sind seine Schüler, Rousseaus Lehre von der Souveränität des Volkes hat an ihm eine Stütze, und die nordamerikanische und französische Revolution sind Illustrationen dessen, was Locke die Berufung an den Himmel nannte. Das konstitutionelle Leben der modernen Staaten ist wesentlich auf Lockes Grundsätze aufgebaut. Die Begrenzung dieser ganzen Staatsphilosophie fällt mit der Begrenzung der konstitutionellen Frage zusammen. Hinter dieser erhebt sich die soziale Frage. Durch die Ableitung des Eigentumsrechtes aus der Arbeit hatte Locke, ohne es zu wissen, dieses Problem aufgestellt, das doch erst zu weit späterer Zeit in die erste Linie vorrücken sollte.

2. Moralphilosophische Und Religionsphilosophische Diskussionen.

a) Die Lehre von dem moralischen Sinne.

Durch das Zeitalter der Renaissance und das 17. Jahrhundert hindurch ist unter verschiedenen Formen die Selbsterhaltung als die Grundlage zu spüren, auf die man sich die Lebensführung gebaut denkt. Bis auf ganz einzelne Ausnahmen gehen alle Versuche einer Begründung der Ethik von dem Individuum, von dessen Drängen und Trachten, von dessen Existenz und Wohl aus. Im Prinzipe macht es hier keinen Unterschied, ob man nur an die Existenz des Individuums in dieser Welt denkt, oder ob man (wie z. B. Locke) auch dessen Existenz in einer andern Welt mit in Betrachtung zieht. Gegen diese Betrachtungsweise, die an Hobbes ihren schärfsten und konsequentesten Verteidiger fand, wurde innerhalb der philosophischen Ethik namentlich an die Vernunft als diejenige Macht, welche das Thun der Menschen regulieren sollte, Berufung eingelegt. Spinozas tiefsinniger Versuch, diejenigen Metamorphosen und Verschiebungen, welche der Selbsterhaltungstrieb erleiden kann, nachzuweisen, wurde nur wenig beachtet. Es ist Shaftesburys Verdienst, die Bedeutung des unmittelbaren, durch Instinkt bestimmten Gefühls für ethische Wertschätzungen hervorgezogen zu haben. Shaftesbury leitet einen nützlichen und folgenreichen Gegensatz gegen den auftauchenden Rationalismus ein, und wie so oft, wenn in neueren Zeiten eine erfrischende Gedankenströmung hervorquillt, sind es antike Einflüsse, die seine Ideen bestimmen. Die antike Harmonie und Selbstbeschränkung und das antike Vertrauen auf die Natur sind bei Shaftesbury wiederzufinden, allerdings mit einiger modernen Sentimentalität vermischt. Anthony Ashley Cooper Shaftesbury, 1671 in London geboren, war ein Enkel von Lockes Freunde. Locke war als Arzt bei seiner Geburt behilflich und wurde später sein Lehrer. Den gröfsten Einflufs erhielt der sorgfältige Unterricht in den klassischen Sprachen. Er hatte eine Lehrerin, die geläufig lateinisch und griechisch sprach, so dafs er diese Sprachen wie seine Muttersprache reden lerute. Gesunde griechische Gedanken wurden schon früh dem Geiste des Knaben eingeprägt. Seine fernere Entwickelung erhielt er auf Reisen in Italien und Frankreich, die ihm Menschenkenntnis einbrachten und ihm Gelegenheit gaben, seine künstlerischen Interessen zu pflegen. Einige Jahre lang war er Mitglied des Unterhauses. Der König Wilhelm schätzte ihn sehr und wollte ihm ein hohes Amt anvertrauen, das er indes ablehnte. Seine Gesundheit war nur schwach, und er fühlte Verlangen nach einem stillen, litterarischen Leben. 1713 starb er verhältnismäfsig jung in Neapel.

Shaftesburys Werke, von denen er selbst die meisten unter dem Titel *Characteristics of Men, Manners, Opinions, Times* (London 1711) in drei Bänden sammelte, sind nicht in der Form einer ruhigen, systematischen Begriffsentwickelung geschrieben; sie geben Ausbrüche und Reflexionen, oft als Briefe oder Dialoge gestaltet, oft mit grofsem poetischem Schwung und Gefühl, oft aber auch mit sentimentaler Rhetorik statt guter Gründe. Sowohl in gutem als in weniger günstigem Sinne ist er der erste Gefühlsphilosoph. Die Bedeutung des unmittelbaren Gefühls wird als Gegensatz der räsonnierenden Vernunft, des berechnenden Egoismus und der äufseren Sinnesempfindungen verteidigt. Er behauptet den Zusammenhang des Schönen mit dem Guten unter Wiederaufnahme der antiken Auffassung der Tugend als einer Harmonie zwischen den Teilen des einzelnen Menschen und zwischen den Menschen untereinander. Endlich behauptet er die Unabhängigkeit der Ethik von der Religion, während es zugleich seine Überzeugung ist, dafs das ethische Gefühl durch den Glauben an die in allen Dingen wirksame, harmonisierende Gottheit seine Vollendung als religiöses Gefühl findet.

Obgleich Shaftesbury grofse Hochachtung vor Locke, seinem Lehrer, hegte und seine schärfste Polemik gegen Hobbes richtete, äufsert er aber doch (in den *Letters to a young Man at the University*), dafs Locke durch seine Kritik der angeborenen Ideen die Grundlage der Moral gestürzt habe. Er gibt zu, dafs „angeborene" Ideen in dem einen Sinne des Wortes „angeboren" absurd seien. Er selbst bedient sich dieses Ausdruckes in demselben Sinne wie „natürlich, mit der Natur übereinstimmend, instinktmäfsig", im Gegensatz zu dem, was der Kunst, der Kultur und der Zucht zu verdanken sei (vgl. auch *The Moralists* III, 2). Es drehe sich ja nicht um den Augenblick, sagt er, in welchem ein Körper einen andern verlasse, oder um den Zeitpunkt, da unsere Vorstellungen gebildet würden, sondern darum, ob die menschliche Konstitution eine derartige sei, dafs gewisse Ideen während des Verlaufes der Entwickelung auf natürliche Weise entstünden. Und man dürfe nicht behaupten, wir könnten die Ideen von der Liebe und der Gerechtigkeit nur aus der Erfahrung und dem Katechismus erhalten. Dann müsse es auch einen Katechismus geben, der die Vögel fliegen und Nester bauen und Mann und Weib einander finden lehre! — Nach Shaftesbury, der hier mit Grotius, Cumberland und Leibniz übereinstimmt, gibt es einen Instinkt, der das Individuum mit dem Geschlechte verknüpft, einen Instinkt, der ebenso natürlich sei wie der Instinkt der Fortpflanzung und der Sorge für die Nachkommenschaft. Der Mensch könne nicht aufser der Gesellschaft bestehen und habe dies niemals gekonnt. Mit Unrecht stelle man den Naturzustand als Gegensatz des gesellschaftlichen Zustandes auf. Bei näherer Untersuchung der Entwickelung des menschlichen Geschlechtes finde man eine ganze Reihe verschiedener Naturzustände, in keinem derselben fielen aber das gesellschaftliche Leben und die Triebe, die dasselbe trügen, durchaus weg. — Durch diese Betrachtung (in The Moralists II, 4) stellt Shaftesbury sich zu der naturrechtlichen Vertragstheorie in Gegensatz, welche die Gesellschaft durch das Aneinanderschliefsen selbständiger Individuen entstehen läfst. Er geht auf den Standpunkt des dunklen Instinkts zurück, wo Individuum und Gesellschaft noch nicht als Gegensätze auftreten, und zugleich erblickt er, dafs Naturzustand und Kulturzustand relative Begriffe sind. Dies ist einer der wichtigsten bei ihm zu findenden Gedankenkeime. Die geistige Atmosphäre des 18. Jahrhunderts war dessen fernerer Entwickelung aber nicht günstig.

Obwohl Shaftesbury dem Instinkte grofses Gewicht beilegt, übersieht er doch nicht die Bedeutung des Denkens.

Dieses ermöglicht eine Reflexion über unsre eignen inneren Zustände, die somit Gegenstände des Gefühls und der Beurteilung werden. Er beruft sich hier auf Lockes innere Erfahrung. Durch die Reflexion über die unwillkürlichen Regungen in uns entstehen besondere Gefühle: der Achtung oder Verachtung, der Bewunderung für das Edle und Rechte, des Unwillens gegen das Unedle und Falsche in Denken und Thun, Gefühle, die mit dem ästhetischen Wohlgefallen und Mißfallen verwandt sind, sich von diesem aber durch ihren aktiven, zur Handlung antreibenden Charakter unterscheiden. Ein solches Gefühl nennt Shaftesbury ein „reflektiertes Gefühl" (reflex affection) oder einen „moralischen Sinn" (moral sense). Weil es aus natürlichen Instinkten entspringt, ist es selbst natürlich, ursprünglich (*Inquiry concerning Virtue and Merit*).

Es gibt allerdings eine „kühle Philosophie", welche lehrt, daß kein natürlicher Glaube, keine natürliche Gerechtigkeit, keine wirkliche Tugend zu finden sei, weil Eigenliebe und Herrschgier die einzigen wirksamen Kräfte seien. Shaftesbury meint, diese Lehre entspringe vielleicht aus dem Widerwillen dagegen, sich von der Natur leiten zu lassen, um Zwecken zu dienen, die außer dem Ich lägen. Er selbst lehrt, daß alle Wesen dem Glücke nachstreben. Es macht aber einen großen Unterschied, sagt er, ob man das Glück darin findet, nach gemeinsamen Zwecken zu streben, oder ob man das Interesse auf den eignen Vorteil, vielleicht sogar nur auf die eigne Selbsterhaltung beengt. Es gibt keinen absoluten Gegensatz zwischen den selbstischen und den sympathischen Gefühlen; denn teils führt die Liebe und die Freundschaft Selbstbefriedigung herbei, indem man mittels einer Art Zurückstrahlung des Glückes teilhaft wird, das man andern bereitet, teils sind unsere Lebensbedingungen so eng mit denen andrer Menschen verbunden, daß wir aufhören, für uns selbst zu sorgen, wenn wir aufhören, für die gemeinschaftlichen Güter zu sorgen. Es gilt, die verschiedenen, sich im Gemüte regenden Antriebe in Harmonie zu bringen. Der ist der Baumeister seines eignen Glückes, der sich eine innere Grundlage der Ordnung, des Friedens und der Eintracht erwirbt. Das Glück beruht auf dem Innern, nicht auf dem Äußern. Die Harmonie und die Schönheit der Gefühle bilden die Formen und die Sitten des wahren sozialen Lebens: was die Ansprüche des Lebens der Gesellschaft befriedigt, das bringt auch Harmonie in die Seele des Einzelnen. Und deshalb — schreibt Shaftesbury in den „Briefen an einen jungen Studenten" — suche das Schöne in allen, sogar den kleinsten Dingen! — Er deutet die Ideen einer modernen evolutionistischen Ästhetik an, indem er (in den *Miscellaneous Reflections*) sagt: „Die Formen, die häfslich sind, erzeugen zugleich Unbehagen und Krankheit, die Formen und Verhältnisse aber, die schön sind, gewähren Vorteil, da sie zum Wirken und Fördern geschickt machen."

Der Sinn für Ordnung und Harmonie, aus dem nach Shaftesbury das moralische Gefühl besteht, richtet sich nicht nur auf die menschliche Gesellschaft, sondern auch auf das ganze Weltall und wird mithin zu religiöser Ehrfurcht. Die Ordnung der Natur steht bewundernswert da. Unheil und Übel existieren nur für die beschränkte Betrachtung: unser endlicher Gedanke mufs oft für unvollkommen ansehen, was als Vollkommenheit erscheinen würde, könnten wir es vom Standpunkte der Totalität aus erblicken. Das Weltall trifft keinen äufseren Widerstand an. Es befolgt seine eigne innere harmonische Ordnung, die ihren Grund in Gottes Gedanken hat. — Die Ethik führt also zur Religion, und Shaftesbury befürwortet „einen edlen Theismus, der Gott als den alles Liebenden und Schirmenden, und deswegen als das ideale Vorbild auffafst". Dagegen würde man mit dem verkehrten Ende anfangen, wenn man (mit Locke) die Ethik auf die Religion stützen wollte. Dann würde die Uninteressiertheit verschwinden. Die Tugend sei ihr eigner Lohn. Welcher Lohn könnte ihr wohl besser anstehen?

Durch Francis Hutcheson (1694—1747), einen im nördlichen Irland geborenen Schotten, der, nachdem er zu Dublin eine private Hochschule geleitet hatte, als Professor der Moralphilosophie in Glasgow wirkte, erhielten Shaftesburys Ideen eine mehr systematische Form, und wurden sie zugleich in gröfseren Kreisen verbreitet. Seine *Inquiry into the Ideas of Beauty and Virtue* (1725) gibt eine Untersuchung des ästhetischen und des ethischen Gefühls, die viele interessante Beobachtungen enthält und mehrere Punkte, die Shaftesbury dahingestellt sein liefs, näher bestimmt. Nach seinem Tode wurde sein *System of Moral Philosophy* herausgegeben (1755). Es ist sein Streben, die Ethik auf die Beobachtung der wirklichen menschlichen Natur zu begründen. Er findet hier aufser den selbstischen Instinkten auch ein unwillkürliches Bedürfnis, andern zu helfen und sie zu erfreuen. Und anderseits findet er ein ebenso unmittelbares Gefühl der Freude und der Billigung bei Handlungen, die aus einem solchen Bedürfnisse des Helfens und des Erfreuens entspringen. Die Vernunft ist nur die Fähigkeit, für gegebene Zwecke Mittel zu finden; sie wird der Sympathie dienstbar und läfst sich nicht entbehren, da jenes unmittelbare Gefühl sonst blind und kurzsichtig wirken würde; es ist aber nicht die Vernunft allein, die zur Schätzung menschlicher Handlungen führt. Ebensowenig wie der moralische Sinn die Vernunft entbehren kann, ebensowenig kann er die Erfahrung entbehren, die allein uns die Wirkungen oder die Tendenzen der Handlungen kennen zu lehren vermag. Der moralische Sinn wirkt nur, wenn er Beobachtungen von menschlichen Handlungen und von deren Wirkungen vor sich hat. Indem Hutcheson vor Augen hat, wie der moralische Sinn auf Grundlage solcher Beobachtungen wirkt, findet er, dafs bei gleich grofsen Graden des Glücks, die man als Wirkungen erwarten könne, diejenige Handlung am höchsten geschätzt werde, deren Glückswirkungen sich auf die gröfste Anzahl Personen erstrecke, — so zwar, dafs die Würde oder die moralische Bedeutung der Personen die Anzahl ersetzen könne, — und dafs bei gleich grofser Anzahl der Personen, denen die Wirkungen der Handlungen zu gute kämen, diejenige Handlung am höchsten geschätzt werde, die den höchsten Grad des Glückes gewähre. Er fafst diese Beobachtungen in ein Prinzip zusammen, das später oft wiederholt worden ist: diejenige Handlung ist die beste, die der gröfsten Anzahl das höchste Glück verschafft (the greatest happiness for the greatest number). (Inquiry II, 3.)

Der moralische Sinn läfst sich nicht durch die Erfahrung erklären, denn er äufsert sich durchaus unmittelbar und instinktmäfsig, — auch nicht durch Erziehung, Gewohnheit und Vorstellungsassociation, denn auf diesem Wege können nach Hutchesons Meinung (System I, S. 32. 57) keine ganz neuen Sinne oder Vorstellungen entstehen. Er gibt zu, dafs der moralische Sinn in sofern nichts Geheimnisvolles enthalte. Er glaubt, derselbe sei ursprünglich von Gott verliehen, und erblickt einen Beweis von der Weisheit des Schöpfers darin, dafs der moralische Sinn nur solche Handlungen billige, die zur Wohlfahrt andrer oder zur eignen Wohlfahrt auf eine mit der Wohlfahrt andrer übereinstimmende Weise dienten. Der moralische Sinn sei aber auch in denen wirksam, die nicht an einen Gott glaubten. Das Ethische ist für Hutcheson von theologischen Vorstellungen ebenso unabhängig wie von egoistischen Hintergedanken, obschon er zugibt, dafs das Gebot der Autorität, wo der moralische Sinn abgestumpft sei, das einzige Mittel sein könne, das den Kampf mit den Affekten aufzunehmen vermöge. Der moralische Sinn wirke übrigens nicht immer als unmittelbarer Instinkt. Es könne sich aus ihm ein Gefühl der Verpflichtung entwickeln, indem sich — auch wo der unmittelbare Antrieb nicht zum Thun oder Unterlassen führe — das Bewufstsein geltend machen könne, dafs man, wenn eine gewisse Entscheidung nicht getroffen werde, mit den Forderungen der Menschenliebe in Streit geraten und somit Schaden an seinem innern Frieden (serenity) leiden, vielleicht sich auch innere oder äufsere Unannehmlichkeiten zuziehen würde. Das Pflichtgefühl ist nach Hutcheson also ein abgeleitetes und vikarierendes Gefühl. —

Bei den einzelnen ethischen Fragen bedient Hutcheson sich des Wohlfahrtsprinzipes als Mafsstab. In seinem System of Moral Philosophy finden sich eine Menge scharfsinniger, humaner und freisinniger Bemerkungen über einzelne moralische, soziale und politische Verhältnisse.

Joseph Butler, der nach Vollendung seiner Studien an einer Akademie der Dissenters später zur Staatskirche übertrat und 1752 als Bischof starb, ein energischer Denker und geschickter Beobachter, gab Shaftesburys Lehre von dem moralischen Sinne eine noch mehr theologische Form als Hutcheson. Hiermit stand es in Verbindung, dafs Butler besondern für die finstern Seiten des Lebens scharfen Blick hatte und sich von Shaftesburys enthusiastischem Optimismus sehr fern fühlte.

Seine Auffassung der Ethik hat er in seinen religiösen Reden (*Sermons* 1726) entwickelt. Freilich setzt auch er wie Shaftesbury und Hutcheson das Ethische in enge Verbindung mit der unmittelbaren Beziehung des einzelnen Menschen zum Geschlechte. Noch stärker als sie betont er aber das durchaus unmittelbare innere Nötigen, das sich in dem moralischen Sinne kundgibt, welchen er lieber das Gewissen nennt. Wir seien zu kurzsichtig, um ausfindig zu machen, was im einzelnen Falle Glück bringe. Das Glück lenke der Herr der Welt. Wir seien aber so geschaffen, dafs wir, ganz vom Erfolge absehend, Falschheit, Gewalt und Ungerechtigkeit verdammten, Liebe und Wohlwollen dagegen billigten. Das von Hutcheson aufgestellte Wohlfahrtsprinzip kommt hier aber nicht zur Verwendung; Butler fafst nur die innere, subjektive Seite des Ethischen ins Auge. Bei Shaftesbury tadelt er namentlich, dafs die Autorität des Gewissens, des inneren moralischen Gefühls, über alle andern Elemente und Antriebe der Seele in dessen Lehre nicht hervorgehoben werde. Das Gewissen sei höherer Natur als alle andern Vermögen. Es sei bestimmt, die Welt zu beherrschen. Mittels feiner psychologischer Analyse weist Butler nach, dafs eine solche unmittelbare Befriedigung wie die vom moralischen Gefühl verliehene von dem durch egoistische Berechnung erreichten Lustgefühl verschieden ist: In den unmittelbaren Instinkten machen wir uns nicht selbst zu bewufsten Zwecken; dagegen setzt der eigentliche Egoismus Erfahrung von den durch unmittelbare Hingebung gewonnenen Lustgefühlen und deren Aufstellung als bewufster Zwecke voraus; diese Reflexion und Berechnung ist dann aber gerade instande, die Erreichung der völligen Befriedigung zu verhindern.

Obgleich das Befolgen der Gebote des Gewissens nach Butler unmittelbare Befriedigung enthält, besitzt er doch so scharfen Blick für die Gegensätze der menschlichen Natur, dafs er sich nicht mit Shaftesburys Freude über die Harmonie unsrer inneren Natur zu begnügen vermag. Wenn es uns nicht ausdrücklich verbürgt werde, dafs wir zuguterletzt eine rein persönliche Befriedigung unsers Glückstriebes durch das Gute und Rechte erhalten sollten, würde dieses uns nicht festhalten: „Obgleich die Tugend oder die moralische Vollkommenheit in dem Gefühle und dem Erstreben des an und für sich Guten und Rechten besteht, werden wir uns dennoch, *wenn die Begeisterung entschwunden ist* (when we sit down in a cool hour), weder dieses noch irgend ein andres Streben rechtfertigen können, bevor wir überzeugt sind, dafs dasselbe unserm Glücke frommen, oder ihm allenfalls nicht widerstreiten wird" (Sermon XI). Die „kühlen" Stunden beachtete Shaftesbury ebensowenig wie die „kühle" Philosophie. Für Butler ist es in letzter Instanz nur die von der Religion gewährte Aussicht auf ein künftiges Leben, die uns über solche Stunden hinaushelfen kann. Doch kennt er noch einen andern Weg, auf welchem die Ethik uns zur Religion führt. Das unsrer Natur innewohnende Bedürfnis, Liebe und Bewunderung zu fühlen, erhalte seinen möglichst hohen Gegenstand an Gott. Die Religion erweitere unser Gefühl und ändre dessen Richtung, schaffe aber keine ganz neue Art des Gefühls; unsre Natur lasse sich nicht umwandeln. So dehnt sich denn für Butler der Gegensatz zwischen dem Selbstinteresse und der bewundernden Hingebung von dem ethischen Verhältnisse über das religiöse aus, ohne zu einer definitiven Lösung zu kommen.

Butlers Opposition gegen Shaftesbury ist die Opposition des Pessimisten gegen den Optimisten. Das 18. Jahrhundert begann entschieden optimistisch. Man erblickte die Natur und das menschliche Leben in heiterem Lichte und hegte grofse Hoffnungen auf Glück und Fortschritt. Leibniz, Locke und Shaftesbury äufserten diesen Optimismus unter verschiedenen Formen. Von Shaftesbury und den Freidenkern wurde die natürliche Religion, der die Betrachtung des Zusammenhanges und der Harmonie der Natur zu Grunde lag, im Gegensatz zu den dunklen Mysterien und unmenschlichen Dogmen der geoffenbarten Religion gepriesen. Sowohl persönliche Stimmung als theologische Überzeugung bewog Butler, wider diesen Gegensatz zu opponieren. In seiner merkwürdigen

Schrift *Analogy of Religion, Natural and Revealed, to the Constitution and Course of Nature* (1736) suchte er nachzuweisen, dafs die wichtigsten der gegen die geoffenbarte Religion zur Geltung gebrachten Einwürfe ebenfalls den Glauben der natürlichen Religion an das Walten einer Vorsehung in der Natur beträfen. Beobachtung der Natur könne nicht darthun, dafs diese eine weise, gerechte und gute Ursache habe. Nehme man Anstofs an der Lehre von der Gnadenwahl und der Verdammnis, so dürfe man nicht vergessen, dafs zahllose Keime in der Natur zu Grunde gingen ohne sich zu entfalten, und dafs nur wenige Menschen in diesem Leben zur vollen moralischen Entwickelung gelangten! Nehme man Anstofs an dem Versöhnungsdogma, so dürfe man nicht vergessen, dafs in der Natur thatsächlich Unschuldige für Schuldige litten! Sei das Christentum anstöfsig, so müsse auch die Natur anstöfsig sein. Das Mysterium sei in beiden eigentlich gleich grofs. — Was Butler selbst über diese Schwierigkeit hinweghilft, — sowohl inbetreff der Natur als der Offenbarung — ist der Gedanke, dafs wir in der natürlichen wie auch in der übernatürlichen Welt nur Teile eines unüberschaulichen Ganzen sind, das wir von unserm Platze aus nicht zu übersehen vermögen.

Butler trifft mit dieser Betrachtung den glatten, verhüllenden Optimismus, der die wirklichen Verhältnisse übersieht. Es gibt ebensowohl einen gedankenlosen Naturkult als einen gedankenlosen Offenbarungsglauben, und der Dogmatismus der natürlichen Religion kann ebenso bedenklich werden wie der der positiven Religion. Butlers Satz läfst sich aber umkehren und besagt alsdann, dafs es in dem Christentume dieselben Widersprüche gibt wie in der Natur: die Frage wird dann die, welche Lösung des Rätsels der Existenz durch die Offenbarung erreicht ist, wenn diese nur eine Art Verdoppelung oder Abspiegelung von der Natur und deren Rätseln wird? Die Lanze, mit der Butler seine Gegner verwundete, bringt ihm selbst eine Wunde bei.

Dagegen scheint Bernard de Mandeville (aus französischer Familie in Holland geboren, als Arzt in London ansässig, 1733 gestorben), der Verfasser der „Bienenfabel", es vermieden zu haben, sich selbst zu verwunden. Die Bienenfabel ist ein Gedicht, das 1708 erschien und als Flugschrift in Londons Gassen verkauft wurde. Sie schildert eine Gesellschaft von Bienen in dem Zustande der höchsten Blüte und Macht. Alle arbeiten eifrig an der Befriedigung der gemeinschaftlichen Bedürfnisse. Rastlosigkeit, Unzufriedenheit, Wollust, Eitelkeit, Betrug sind herrschend — tragen aber alle zum gemeinen Besten bei. Eben die Lasterhaftigkeit in den einzelnen Teilen des Staates macht ihn als Ganzes zum Paradies, wie die einzelnen Mifslaute eines Musikstückes die Harmonie des Ganzen erhöhen. Sogar die Armen leben besser, als früher die Reichen. Da kamen aber einige, die zu rufen begannen: Fort mit der Verderbnis! Du lieber Gott, wären wir doch blofs ehrenhaft! Und der Ruf fand Anklang. Die eifrigsten Betrüger stimmten auch am eifrigsten in dem Rufen nach Ehrlichkeit ein. Die Götter erhörten den Ruf. Die Heuchelei verschwand. Der Luxus hörte auf. Eroberungskriege gab es nicht mehr. Die Priesterherrschaft und das Beamtenwesen wurden eingeschränkt. Das Gemeinwesen sorgte für die Armen. Man begnügte sich mit den heimischen Erzeugnissen und bedurfte keiner kostbaren eingeführten Waren. Die Schiffahrt hielt deshalb auf. Die Bevölkerung nahm ab — und zuletzt zog sich der ganze Schwarm in einen hohlen Baum zurück. Zufriedenheit und Redlichkeit hatte man erreicht — der Glanz und die Macht waren aber verschwunden. — Die Moral ist deutlich genug: das Glück und die Moralität des Individuums können nicht neben der Kultur der Gesellschaft bestehen.

In einer späteren Ausgabe (*The Fable of the Bees, or Private Vices Publick Benefits.* 6th ed. London 1732) hat Mandeville Noten hinzugefügt, zum Teil in dialogischer Form, in welchen er den Unterschied zwischen seinen und Shaftesburys Anschauungen scharf entwickelt. — Es kann, sagt er, zwischen zwei Systemen keinen gröfseren Widerspruch geben als zwischen dem des Lords Shaftesbury und dem meinigen. Die egoistischen Interessen des Menschen, sein Bedürfnis des Essens und Trinkens, sein Ehrgeiz und sein Neid, seine Genufssucht, Faulheit und Ungeduld sind es, die zur Arbeit, zur Kultur und zum gesellschaftlichen Leben bewegen. Zufriedenheit und Tugend dagegen bewirken, dafs man sich mit dem begnügt, was man hat. Ein ursprüngliches Bedürfnis nach Gesellschaft gibt es nicht. Ohne Heuchelei kann die Gesellschaft nicht bestehen: man bedenke nur die Folgen, wenn wir alle unsere Vorstellungen und Stimmungen ehrlich äufsern wollten! Die Aufgabe eines wahren Staatsmannes ist die: die Gesellschaft mächtig zu machen, indem er die egoistischen Interessen der Menschen zum gemeinen Wohl zusammenwirken läfst; thöricht würde es aber sein, die notwendigen Übel auszurotten. Die gewöhnlichen Tugenden sind von ehrgeizigen Politikern erfunden worden, die sich die Herrschaft und die Gewalt besser sichern konnten, wenn sie die Menschen aufopfernd und gehorsam zu machen vermochten; nur so wurde es möglich, grofse Massen zu beherrschen. Bei steigender Zivilisation erweist sich aber der Zusammenhang zwischen dem Laster und der fortwährenden Unzufriedenheit des Einzelnen und dem Wohl des Ganzen. Die Philanthropie, die die Armut aufheben will, ist schädlich. In einer speziellen Abhandlung (*On Charity and Charity Schools*) hebt Mandeville hervor, wie gefährlich es sei, den Armen gröfsere Aufklärung beizubringen als die für ihre Stellung genügende: wie wolle man denn die Besorgung der niedrigsten und am wenigsten anziehenden Arbeiten ordnen? — Man müsse zwischen der Natur und der Kultur, zwischen der Moral und dem sozialen Fortschritte seine Wahl treffen. Der Kot in Londons Gassen könne nicht verschwinden, ohne dafs auch der grofsartige Verkehr verschwände. Übel und Güter seien während des Verlaufes der Entwickelung untrennbar miteinander verbunden worden.

Mandeville verwirft also die von Shaftesbury und Leibniz aufgestellte Harmonie. Er ist der kräftigste Verteidiger des Pessimismus im 18. Jahrhundert und hat um die Behandlung des Kulturproblems wirkliches Verdienst. Um sich mit den Theologen abzufinden, äufsert er, da der Urheber der Natur uns unbegreiflich sei, dürften wir ihn nicht grausam nennen. Ja, er meint sogar im Interesse des Offenbarungsglaubens und der christlichen Moral zu arbeiten, wenn er die Eitelkeit der Welt und die Unzulänglichkeit der menschlichen Vernunft sowohl als die der heidnischen Tugend darlegt — im Gegensatze zu Shaftesbury, der den Deismus begünstigt und die heidnische Tugend über die christliche erhoben habe (Fable of the Bee's. 6th ed. II, S. 431 u. f.). Dieses theologische Finale scheint ziemlich lose angeheftet zu sein — machte aber seine Wirkung. Die Geistlichkeit trat gegen Shaftesbury weit schärfer auf als gegen Mandeville.

b) Freidenker.

Unter sehr vielen verschiedenen Formen und in sehr vielen verschiedenen Richtungen hatte das Denken seit dem Anbruche der Renaissance seine Kräfte an den grofsen Lebensproblemen versucht. Es war nun kein Wunder, dafs auch in gröfseren Kreisen die Überzeugung entstehen konnte, die Lebensanschauung und Lebensführung bedürfe keiner Autorität als Stütze, und die Einsicht in die Gesetze der Natur und des menschlichen Lebens, die der Mensch sich durch die Kräfte seines eignen Geistes zu verschaffen vermöchte, genüge als Leitstern. Es kamen auch schon früh, in Italien vom 15. Jahrhundert an, in den nördlicheren Ländern während der folgenden Jahrhunderte, Menschen, denen die natürliche Religion genügte, oder die deren nicht einmal in ihrer gewöhnlichen Form bedurften. Die Bezeichnung *Deismus* wurde vom 16. Jahrhundert an denen gemein, die an keine Offenbarung im kirchlichen Sinne des Wortes glaubten; später wurde als besonderes Merkmal dieser Richtung hervorgehoben, sie bestreite das mirakulöse Eingreifen der Gottheit in den Lauf der Dinge. Häufig machte man keinen grofsen Unterschied zwischen Deisten und Atheisten. Man war geneigt, jede neue religionsphilosophische Anschauung vorläufig Atheismus zu nennen. Seit Anfang des 18. Jahrhunderts erscheint in der englischen Litteratur das Wort *Freidenker*. Dieses bezeichnet das von der Autorität befreite Denken. Das Wort kann — ebenso wie das Wort Deist oder Atheist — höchst verschiedene Ansichten bezeichnen; keiner dieser Ausdrücke ist daher von philosophischem Werte. Es ist aber ein Zeichen der Zeit, dafs die sogenannten Freidenker seit Anfang des neuen Jahrhunderts zahlreicher und selbstbewufster werden. Die deistische oder freidenkerische Litteratur ist in philosophischer Beziehung größtenteils von geringem Werte, was ihre große Bedeutung in kulturgeschichtlicher Beziehung nicht verkleinert, da sie ein Symptom der Verbreitung der naturwissenschaftlichen und philosophischen Ideen ist und überhaupt anzeigt, was sich in größeren Kreisen regt. Dergleichen Symptome im einzelnen zu verfolgen, ist aber eher Sache der Litteraturgeschichte als der Geschichte der Philosophie. Was die englischen Deisten betrifft, bemerkt Leslie Stephen (*History of the English Thought in the 18th Century*, Chap. 3) wohl mit Recht, daß sie durchweg ihren Widersachern unterlegen waren, während in Frankreich das Umgekehrte der Fall war. Die Erklärung ist gewiß teils darin zu suchen, daß der größere Widerstand, den die katholische Kirche zu leisten vermochte, die Angreifer reizte und größere Kräfte in Bewegung setzte, teils darin, daß in Frankreich keine rein abstrakte dogmatische Diskussion geführt wurde, sondern die soziale und politische Opposition mit der religiösen und theoretischen in enger Verbindung stand. Aus beiden Gründen entstand eine Begeisterung, an der es dem englischen Deismus gebrach.

Nur ein einzelner der Männer, die man die englischen Deisten zu nennen pflegt, hat wertvolle Beiträge zur Geschichte des Denkens geleistet. Dies ist John Toland. Er wurde 1670 im nördlichen Irland geboren und in der katholischen Religion erzogen; das ist alles, was wir von seiner Kindheit wissen. In der Vorrede zu der Schrift *Christianity not Mysterious* (1696) sagt er: „Nachdem ich von der Wiege an im gröbsten Aberglauben und Götzendienst erzogen worden war, gefiel es Gott, meine eigne Vernunft und Menschen, die ihre Vernunft gebrauchten, zu Werkzeugen meiner Bekehrung zu machen." Er fand keinen Unterschied zwischen der Autorität des Papstes und der Autorität, auf welche die protestantischen Geistlichen Anspruch machten. Ihm galt es nun, wie zu Anfang des Christentums, zwischen Christi klarer Lehre und den verwickelten Lehren der Schriftklugen zu wählen. Was Toland als Christi klare Lehre betrachtete, hat er in dem genannten Werke ausgesprochen. Der Physiker Molyneux, Lockes Dubliner Freund, erwähnt Tolands in seinen Briefen an Locke anfangs mit Achtung; er nennt ihn (Brief vom 6. April 1697) „einen ehrlichen Freidenker und kenntnisreichen Mann" (a candid free-thinker and a good scholar). (Meines Wissens kommt hier das Wort Freidenker zum erstenmal vor.) Später fühlte er sich indes abgestofsen durch Tolands Eitelkeit und dessen Geneigtheit, in Kaffeehäusern und an andern öffentlichen Orten Propaganda zu treiben. Nicht weniger verletzt fühlte sich die Geistlichkeit und die Obrigkeit. Es wurde so eifrig gegen ihn gepredigt, dafs (wie Molyneux erzählt) ein frommer Mann die Kirche nicht mehr besuchen wollte, weil mehr über einen gewissen Toland als über den Herrn Jesus geredet würde. Das Buch wurde verbrannt, und ein Mitglied des irischen Parlaments wollte auch den Verfasser verbrannt wissen.

In der folgenden Zeit beschäftigte Toland sich mit litteraturhistorischen und politischen Arbeiten. Er trat als Verteidiger der protestantischen Erbfolge auf und gewann hierdurch die Gunst des Hofes zu Hannover, wo er mit Leibniz zusammentraf. Auch bei der begabten Königin Sophie Charlotte von Preufsen (einer hannöverschen Prinzessin), Leibniz' Schülerin, kam Toland in hohe Gunst. Es interessierte die Königin, Diskussionen zwischen den Berliner Theologen, Leibniz und Toland anzuhören. In der Vorrede der *Letters to Serena* (1704) pries Toland nach den hier gemachten Erfahrungen die Fähigkeit des Weibes zu intellektuellem Arbeiten. Serena ist Sophie Charlotte. — Durch seine publizistische Thätigkeit kam Toland in eine so gute Lage, dafs er sich ein Haus auf dem Lande kaufen konnte. Hier konnte er nun seinen Sinn für die Natur befriedigen und „frei von Kummer, wie auch von Ehrgeiz, stets ein Buch in der Hand oder im Kopfe" leben. Später verschlimmerte sich seine Lage wieder, und seine letzten Jahre wurden durch Armut und Krankheit verkümmert. Er starb (1722) in einem Dorfe nahe bei London.

Tolands Verhalten zum Christentum lernen wir aus obenerwähnter Schrift kennen, in welcher er zu beweisen sucht, „dafs im Evangelium nichts *wider* die Vernunft noch *über* der Vernunft sei, und dafs die christliche Lehre nicht mit Recht ein Mysterium genannt werden könne." Unter der Vernunft versteht er das seelische Vermögen, das uns durch Vergleichung des Zweifelhaften und Dunklen mit dem klar Erkannten zur

Gewifsheit führe. Dieses Vermögens müfsten wir uns auch in der Religion bedienen; denn nur dieses, nicht aber die Autorität der Kirche könne uns von der Göttlichkeit der Schrift überzeugen. Das Schöpfungsdogma oder die Erzählungen von Wundern stünden nicht mit der Vernunft im Widerspruch. Was wir nicht völlig durchschauten, sei darum nicht gleich ein Wunder. Im Neuen Testamente werde das Wort Mysterium nie von dem uns an und für sich Unverständlichen gebraucht, sondern stets von dem, das bisher verborgen gewesen, dann aber offenbart worden sei und sich deshalb jetzt begreifen lasse. Weshalb sollte Gott auch verlangen, wir sollten glauben, was wir nicht verstehen könnten? Unser Fleifs werde dadurch nicht vermehrt, und wir hätten ohnehin Grund genug, uns der Demut zu befleifsen! Priester und Philosophen erst hätten das Christentum zu einem Mysterium gemacht. —

Die folgenden Deisten, Collins, Tindal, Morgan u. s. f. gingen weiter als Toland, indem sie die Wunder auf natürliche Weise zu erklären suchten oder sie leugneten. Der Streit wurde sowohl von ihnen als von den Gegnern mit grofser Heftigkeit, freilich aber auf unwissenschaftliche Weise geführt. Es fehlte beiden Teilen an historischem Sinne. Was die Orthodoxen als willkürliche Wunder erklärten, das erklärten die Deisten als ebenso willkürliche Erfindungen schlauer Priester. —

Tolands bedeutendste Schrift sind die „Letters to Serena". Sie ist gegen den Cartesianischen Begriff der Materie gerichtet, an dem noch Spinoza — wiewohl nicht ohne Bedenken — festhielt. Toland behauptet, Bewegung müsse als eine ebenso wesentliche und ursprüngliche Eigenschaft der Materie als Ausdehnung und Dichtheit betrachtet werden. Fasse man die Materie als passiv und ruhend auf, so müsse man eine übernatürliche Ursache annehmen, von der sie in Gang gesetzt werde. Bei näherer Untersuchung fänden wir aber Bewegung überall in der Natur; nur den Sinnen scheine es, als ob an einzelnen Punkten Ruhe und Stillstand wäre; der denkenden Auffassung zeige sich innere Thätigkeit (internal Energy, Autokinesis) in allen Dingen. Jede Bewegung müsse durch eine andre Bewegung erklärt werden, und dies gelte auch von solchen Bewegungen, die, wie diejenigen der Tiere, von selbst d. h. ohne Ursache zu entstehen schienen. Das Bewufstsein bezeichne keine Unterbrechung der Reihenfolge der Bewegungen. Man müsse annehmen, dafs Gott die Materie als aktiv erschaffen habe. Die Ordnung und Harmonie des Weltalls bezeugten, dafs er die Bewegungen der Materie lenke; ohne diesen Glauben würde namentlich die Entstehung des organischen Lebens unerklärlich sein.

Dieser Gedankengang Tolands wurde von Einflufs auf den französischen Materialismus um die Mitte des Jahrhunderts. Ganz neu war er nicht; schon Leibniz hatte die Cartesianische Naturphilosophie in ähnlicher Richtung und zwar weit eindringlicher korrigiert. Toland teilte jedoch die Lehre von der Ewigkeit der Bewegung viel gröfseren Kreisen mit.

Seine abschliefsenden Ideen entwickelte Toland im *Pantheisticum* (1720). Er schildert hier in erdichteter Darstellung, wie sich in ganz Europa umher Kreise von vorurteilsfreien Männern finden, die sich zu einfachen geselligen Zusammenkünften versammeln, in denen verschiedene wichtige Fragen ruhig und verständig erörtert werden. Sie werden Pantheisten genannt (welcher Ausdruck von Toland selbst herzurühren scheint), weil sie meinen, Gott sei eins mit der im ganzen Weltall thätigen, schaffenden und ordnenden Kraft und lasse sich deshalb nur begriffsmäfsig (ratione) von der Welt unterscheiden. Sie sind durchaus mit Epikur uneinig und keine Materialisten. Nach ihrer Meinung sind alle einzelnen Individuen, jedes nach seiner Art, aus der Bewegung und dem Gedanken entsprungen, welcher letztere die Kraft und Harmonie des Weltalls ist. Sie haben ihre eigne Liturgie und üben unbedingte Toleranz. Ihre Bestrebungen betreffen das Wohl des Staates und der Menschheit ohne Rücksicht auf Parteien. Ihre Lehre halten sie geheim als eine esoterische, nur den Eingeweihten zugängliche Lehre; denn es gebe verirrte und störrische Menschen, mit denen man umgehen müsse, wie die Amme mit dem lallenden Säuglinge. — Toland schrieb dieses Werk in ähnlicher Stimmung wie der, aus welcher fast gleichzeitig die Freimaurerbewegung hervorging. Die neuen

Ansichten bedürfen der Pflege in engeren Kreisen und zum Teil auch neuer Symbole. Nur war das Zeitalter der Kritik und der Aufklärung nicht zur Gründung solcher Gesellschaften oder zur Schöpfung lebenstüchtiger Symbole geeignet. Der freie Individualismus und die kritische Prüfung hatten (und haben) noch ein grofses Werk auszuführen, und mit bewufster Willkür werden weder Gesellschaften noch Symbole geschaffen.

3. Newton und seine Bedeutung für die Philosophie.

Wie es bei dem Übergange aus der Renaissance in das 17. Jahrhundert notwendig war, eine Untersuchung über die Begründung der modernen Naturwissenschaft einzuschalten, ohne welche die folgende philosophische Entwickelung nicht zu verstehen gewesen wäre, so müssen wir auch hier beim Eintritt in das 18. Jahrhundert eine grofse Gestalt aus der Geschichte der Naturwissenschaft hervorziehen, die gröfste vielleicht, die sie darbietet. In Newton wird nicht nur das von der neuen Wissenschaft aufgestellte Ideal des Forschens vollendet, so dafs sein Werk als Vorbild der wissenschaftlichen Methode überhaupt dasteht, sondern auch seine naturwissenschaftlichen Entdeckungen und Resultate erhalten grofsen Einflufs auf die folgende philosophische Entwicklung, sowohl in seinem Vaterlande, als auch in Frankreich und Deutschland. Und endlich hat Newton selbst seine eigentümliche Philosophie, die sowohl als Ausdruck der Weltanschauung eines grofsen Naturforschers als auch wegen des Einflusses, den sie ausübte, für die Geschichte der Philosophie von Interesse ist.

Isaac Newton wurde den 25. December 1642 in Woolsthorpe bei Nottingham geboren. Schon als Kind zeigte er Interesse für Mechanik und konstruierte er Maschinen, Mühlen und Uhren. Er war erst zum Landmann bestimmt, da er aber als Hirtenknabe Kühe und Schafe für sich selbst sorgen liefs, während er seinen Betrachtungen nachhing, gewährte man ihm seinen Wunsch, sich den Studien zu widmen. An der Cambridger Universität brachte er es durch Selbstunterricht bald so weit, dafs er seine Lehrer übertraf. Schon sehr früh fafste er die Idee zu seinen grofsen, wissenschaftlichen

Entdeckungen auf dem Gebiete der Mathematik sowohl als auf dem der Optik und der Astronomie. Wie mehrere andre der gröfsten Geister in der Geschichte der Wissenschaft bewahrte er lange Zeit hindurch schweigsam und in der Stille arbeitend seine früh gefalsten Ideen, bis er ihnen volle Ausführung und Beweisbarkeit geben konnte. Die Idee von der Differentialrechnung hat er, wie es scheint, vor Leibniz gehabt, obgleich letzterer ihm mit der Veröffentlichung seiner Entdeckung zuvorkam; aufser dieser sind die Zusammensetzung des Lichtes und das Gravitationsgesetz seine grofsen Entdeckungen, deren nähere Besprechung jedoch nicht unsre Aufgabe ist. Seine Hauptwerke sind die *Principia philosophiae naturalis mathematica* (1687) und die *Opticks* (1704). Nachdem er eine Reihe von Jahren hindurch Professor zu Cambridge gewesen war, verlebte er seine späteren Jahre in London, wo er eine hohe Stellung am Münzwesen bekleidete. Hochbetagt starb er 1727.

Die grofse philosophische Bedeutung, die Newtons Entdeckung der Gravitation hatte, bestand vor allen Dingen in der Konstatierung der Thatsache, dafs die an der Oberfläche der Erde gültigen physischen Gesetze auch im ganzen Weltall, soweit wir dieses überschauen können, Gültigkeit besitzen. Newtons Grundgedanke, der ihm der Sage nach in einem glücklichen Momente klar wurde, war der: wir müfsten, was wir auf der Erde geschehen sähen, über deren Gebiet hinaus erweitern und dann versuchen, ob die Schlüsse, die wir auf diese Weise ziehen könnten, mit den Beobachtungen übereinstimmten. Die Schwere sei gröfser in Thälern als auf Berggipfeln; es sei aber kein Grund, weshalb sie aufhören sollte, wenn wir uns auf dem Monde oder auf einem der Planeten dächten. Sollte die Bewegung des Mondes sich nicht als eine Fallbewegung auffassen lassen, so dafs seine Bewegungsrichtung gerade um ebenso viel von der vom Trägheitsgesetze vorgeschriebenen Linie abwiche, wie es das Fallgesetz nach der Entfernung des Mondes von der Erde fordre? Was bei dieser Vermutung seinen Gedanken leitete, hat er in seinem Hauptwerke als besondere Regel der Forschung (regula philosophandi) formuliert: „Solche Eigenschaften, die sich nicht verstärken oder verringern lassen, und die allen Körpern gebühren, über welche man Erfahrungen machen kann, müssen als Eigenschaften aller Körper überhaupt betrachtet werden. . . . Man darf ja doch nicht leichtfertig Träume erdichten, die dem Zusammenhang der Erfahrungen (tenor experimentorum) widerstreiten, und man darf die Analogie der Natur nicht verlassen, da die Natur einfach und stets mit sich selbst übereinstimmend zu sein pflegt . . . Kraft dieser Regel lernen wir, dafs alle Körper gegenseitig aufeinander gravitieren". — In dieser Regel für das Forschen stellte Newton das Prinzip auf, das der gesamten neueren Wissenschaft und Philosophie zur Richtschnur dient. Wir trafen es bei Kopernikus, Bruno, Galilei und Leibniz unter verschiedenen Formen und in verschiedener Anwendung an. Bei Newton findet es die am meisten wissenschaftliche Anwendung.

Dies war eine grofsartige Erweiterung des Blickes. Es wurde nun klar, dafs die feste, gesetzmäfsige Naturordnung nicht nur hier auf Erden, sondern im ganzen Weltall waltet. Die von Kepler, Galilei und Descartes begründete mechanische Naturauffassung wurde mithin sowohl sicherer als umfassenderer. Die Welt erwies sich nun als eine grofse Maschine. Man hatte freilich die Ahnung gehabt, dafs dem so sei; nun erst hatte man aber gefunden, was die Maschine zusammenhält. Grofses Vertrauen auf die naturwissenschaftliche Methode, Selbstgefühl im Namen des menschlichen Geistes, der eine solche Aufgabe gelöst hatte, mufsten sich natürlich auch in denen entwickeln, die nicht auf eigne Hand durchschauen konnten, wie die Aufgabe gelöst worden war.

Die Methode, die Newton anwandte, war wohl ebenso wichtig wie seine Resultate. Die geniale Idee, die kraft des Aktualitätsprinzipes das von engeren Erfahrungskreisen Dargelegte auf gröfsere Kreise ausdehnt, ist nur der erste Schritt. Der nächste Schritt ist die stringente Deduktion der in der aufgestellten Idee enthaltenen Konsequenzen. Und der dritte Schritt ist der Nachweis, dafs dasjenige, was auf diese Weise konsequent aus der Idee folgt, mit der Erfahrung übereinstimmt. Das unübertreffliche Zusammenwirken der Deduktion mit der Induktion macht Newtons Hauptwerk zu einem Vorbilde alles wissenschaftlichen Forschens. Erst leitete er die Konsequenzen der Annahme ab, dafs alle Planeten sich nach denselben Gesetzen bewegten, wie fallende Körper an der Oberfläche der Erde, und darauf zeigte er, dafs die Konsequenzen wirklich auch durch die Erfahrung bestätigt würden. Zuletzt schlofs er dann, dafs an beiden Orten die nämliche Kraft wirke. Von den Erscheinungen gelangt er zum Gesetz und von dem Gesetze zur Kraft.

Diese Kraft nennt er die Anziehung, indem er ausdrücklich hinzusetzt, durch diese Bezeichnung wolle er nichts über die Natur der Kraft feststellen, sondern nur ausdrücken, dafs sie die Annäherung eines Körpers an einen gröfseren Körper bewirke. Eigentlich glaubt er nicht an eine fernwirkende Kraft. Denn sowohl in den „Principia" (2, 11) als in den „Opticks" (Query 18—24) spricht er aus, die zentripetale Kraft sollte statt „Anziehung" (attractio) lieber „Stofs" (impulsus) heifsen, da die wahrscheinlichste Hypothese die Annahme eines ätherischen Stoffes sein würde, der alles durchdringe und in der Nähe der Himmelskörper dünner sei als in gröfserer Entfernung von diesen; durch diese Annahme liefse sich vielleicht nicht nur die Schwere, sondern auch das Licht und die Wärme erklären. Sein Hauptstandpunkt ist jedoch der im Scholium generale (am Schlusse des 3. Buches der Principia) ausgesprochene: „Den Grund der Eigenschaften der Schwere habe ich noch nicht aus den Erscheinungen ableiten können, und ich gebe mich nicht damit ab, Hypothesen zu erdichten." Pemberton (*A View of Sir Isaac Newton's Philosophy*, London 1728. S. 407) erzählt, Newton habe sich an ihn darüber beklagt, dafs er mifsverstanden worden sei, als ob er durch das Wort Anziehung eine Erklärung beabsichtigt hätte, wiewohl es nur seine Meinung gewesen sei, die Aufmerksamkeit auf eine Kraft der Natur zu lenken, deren Ursache und deren Wirksamkeit zu suchen die Sache weitergehenden Forschens sein müsse. — Newtons Lehre steht deshalb in keinem so unversöhnlichen Gegensatze zu der Cartesianischen Physik, wie die Cartesianer, Leibniz und viele von Newtons Freunden glaubten. Eigentlich ist er mit Descartes in dessen allgemeinen Gesichtspunkten einig, wenngleich er durch seine vollkommnere

Methode dessen spezielle Ansichten korrigiert. Mit grofsem Unrecht wurde er beschuldigt, die „verborgenen Eigenschaften" der Scholastik wieder einführen zu wollen. Er hat seine eigne Forderung befriedigt: nur nachweisbare Ursachen (verae causae) aufzustellen.

Doch nicht nur wegen seiner Resultate und seiner Methode greift Newton in die Geschichte der Philosophie ein. Es tritt zugleich teils als Hintergrund seiner naturwissenschaftlichen Lehre, teils als deren Konsequenz eine eigentümliche Weltanschauung bei ihm auf, deren Erwähnung von Interesse sein dürfte.

Eine merkwürdige Verbindung findet sich zwischen Newtons religiöser Auffassung und seiner mathematischen Naturlehre, eine Verbindung, die durch seine Lehre vom Raume hergestellt wird. (Die Hauptstellen sind das Scholium nach den Definitionen in den „Principia" und Query 31 in den „Opticks".) Mit Unrecht, sagt Newton, nimmt die populäre Auffassung (vulgus) an, die sinnlichen Zeiten, Räume, Orte und Bewegungen seien die wahren. Sie bestimmt dieselben nach der Beziehung zu den sinnlichen Dingen. Es ist aber ja nicht gesagt, dafs es irgend einen Körper gibt, der in absoluter Ruhe wäre, so dafs wir ihn als Ausgangspunkt der Ortsbestimmung und zur Unterscheidung der wirklichen Bewegung von der scheinbaren gebrauchen könnten. Damit es wirkliche Bewegung geben könnte (d. h. eine solche, wie z. B. die vom Trägheitsgesetze vorausgesetzte), müfste es einen absoluten Raum und eine absolute Zeit geben, die nicht durch die Beziehung auf irgend ein Äufseres bestimmt wären (sine relatione ad externum quodvis). Es müfste absolute, unbewegte Orte geben, damit eine absolute Ortsbestimmung stattfinden könnte; derartige Orte vermag die Sinnlichkeit uns aber nicht zu zeigen. Die absoluten Orte (loca primaria) sind Orte sowohl für sich selbst als für alle andern Dinge. Der wahre Raum und die wahre Zeit sind der mathematische Raum und die mathematische Zeit, Gegenstand der Sinnlichkeit sind sie aber nicht. — Sonderbar genug finden wir bei dem grofsen Naturforscher die dogmatische Geneigtheit, aus dem Phänomenalen und dem Relativen in das Absolute hinüberzuspringen. Er postuliert einen Raum an und für sich (eine Art locus sui), wie Descartes, Spinoza und Leibniz eine Ursache an sich (causa sui) postulieren. Er macht die mathematische Betrachtungsweise nicht blofs zu einer Anschauungsweise, die uns bei der Berechnung der Verhältnisse der Erscheinungen leiten könnte, sondern er stellt sie als die *wahre* Betrachtungsweise auf im Gegensatz zur sinnlichen oder vulgären, die nicht über das Relative hinaus gelange. Eine mathematische Abstraktion wird zur wahren Realität gemacht. In der Praxis (in rebus humanis) dürfen wir zwar beim sinnlichen Raume stehen bleiben und vergessen, dafs die Sinnlichkeit nicht imstande ist, uns absolute Orte zu zeigen; als Denker (in rebus philosophicis) sollen wir aber von den Sinnen absehen!

Es läfst sich wohl einiges Schwanken in Newtons Äufserungen über diesen Punkt nachweisen[79]), aber die Ansicht von dem absoluten, idealen Raume als einer Realität hängt mit dem innersten Kerne der Newtonschen Weltanschauung zusammen. Der Raum ist ihm keine leere Form, sondern das Organ, mittels dessen Gott als allgegenwärtig in der Welt wirkt und zugleich die Zustände der Dinge unmittelbar auffafst. Er ist ein „grenzenloses und gleichartiges Sensorium". — Ausdehnung ist also für Newton (wie für Henry More) kein entscheidendes Merkmal materieller Dinge. Materiell ist nur, was aufser Ausdehnung auch Dichtheit hat. In seiner Auffassung des Raumes von der naturphilosophischen Seite aus steht Newton nach eigner Aussage Gassendi am nächsten, während er, was die religionsphilosophische Seite betrifft, von Henry More beeinflufst ist.

Was nun die Existenz Gottes betrifft, so bewies Newton diese aus der zweckmäfsigen und harmonischen Einrichtung der Welt, und er schlug somit ein Thema an, das während des ganzen 18. Jahrhunderts bis ins unendliche variiert wurde. — Woher kommt es, dafs die Natur nichts vergeblich thut, und stets die einfachsten Wege einschlägt? Woher kommt alle Ordnung und Schönheit, die wir in der Welt erblicken? Die Bewegung der Planeten um die Sonne in Bahnen, die mit der der Sonne konzentrisch sind und fast in demselben Plan liegen, —

kurz, die ganze wunderbare Zusammenfügung (elegantissima compages) unsers Sonnensystems läfst sich nicht nach mechanischen Gesetzen erklären und kann sich nicht auf natürliche Weise entwickelt haben. Nur auf übernatürliche Weise können die Massen, Entfernungen, Geschwindigkeiten und Dichtheiten der verschiedenen Himmelskörper passend eingerichtet sein, und nur durch eine übernatürliche Kraft läfst es sich erklären, dafs die Planeten sich in Kreisen bewegen statt der Schwere zu folgen und in die Sonne hinabzustürzen. Und hierzu kommen noch der merkwürdige Bau, die Organe und die Instinkte der Tiere! — (Aufser im Scholium generale der „Principia" und Query 28 und 29 der „Opticks" erörtert Newton diesen Gegenstand in den Briefen an Bentley. Vgl. Brewster: *Life of Newton* II. S. 125 u. f.)

Die Weltmaschine ist nach Newtons Meinung jedoch nicht ganz vollkommen. Der Versuch, Gottes Existenz aus der Zweckmäfsigkeit der Natur zu beweisen, kann leicht in Widerspruch mit sich selbst geraten: denn wenn die Natur vollkommen geschaffen ist, können die ihr innewohnenden Kräfte sie ja in Gang erhalten, und Gottes fortgesetzte Wirksamkeit wäre überflüssig. Diese Möglichkeit tritt in Newtons Theologie nicht hervor, da er meint, durch gegenseitige Einwirkung der Kometen und Planeten aufeinander seien Unregelmäfsigkeiten im Systeme entstanden, die eine Regulierung von Seiten der Gottheit notwendig machten. — Dieser Punkt wurde von Leibniz heftig angegriffen, der Newtons Weltsystem spöttisch mit einer Uhr verglich, die von Zeit zu Zeit des Uhrmachers benötigt sei. Clarke, Newtons Schüler, verteidigte dessen Lehre, indem er behauptete, es ginge ja doch nicht an, Gott überflüssig zu machen. Also: erst will man Gottes Existenz durch die Sinnreichheit des Naturmechanismus beweisen — fürchtet dann aber, wenn die Sinnreichheit allzu grofs sei, werde Gottes Existenz durch dieselbe widerlegt, — und das, obgleich die Sinnreichheit ja doch eigentlich unendlich grofs sein müfste, um einen Beweis von der Existenz eines Gottes abgeben zu können! — Dieser Teil von Newtons Denken würde ihn an und für sich nicht berühmt gemacht haben. Glücklicherweise führte der eigne Geist und die eigne Methode des grofsen Naturforschers über seine ziemlich mißlungene Philosophie hinaus. Kant und Laplace wiesen die Möglichkeit nach, daß das Sonnensystem sich auf natürliche Weise bis zu seiner jetzigen Form entwickelt haben könne, und die großen französischen Mathematiker, vorzüglich Lagrange und Laplace, legten dar, daß die Unregelmäßigkeiten periodisch sind und sich ausgleichen. In Newtons Lehre und Methode lag eine tiefere Philosophie, als er selbst ihr abgewinnen konnte. Kant und Laplace waren bessere Newtonianer als Clarke. — Wie gefährlich eine Berufung auf das Übernatürliche in wissenschaftlicher Beziehung werden kann, läßt sich ersehen aus einer kurz abfertigenden Äußerung Maclaurins, der Newtons Schüler war und dessen Lehre vorzüglich dargestellt hat. Über die Umwälzungen, die in früheren Zeiten auf der Erde vorgegangen zu sein scheinen, sagt er: „Da Gott das Weltall in Abhängigkeit von sich selbst gebildet hat, so daß er es von Zeit zu Zeit erneuern muß, scheint es keine sehr wichtige Frage zu sein, ob jene großen Veränderungen durch die Einwirkung äußerer Verhältnisse erzeugt sind oder durch dieselben Kräfte, welche die Dinge von Anfang an gestalteten." Alle Entwickelungslehre wird somit für überflüssig erklärt, eine ganze Reihe wissenschaftlicher Aufgaben werden gestrichen. Nichts lag dem Geiste ferner, in welchem Newtons eigentliche Lehre ersonnen war.

4. George Berkeley.

a) Biographie und Charakteristik.

Wir müssen uns eine Weile gedulden, ehe wir die Ideen, die von Locke, Newton und den Deisten aufgestellt worden waren, auf ihrer Wanderung durch Europa begleiten. Die Geschichte der Philosophie kehrt sich, nachdem sie den Ursprung dieser Ideen nachgewiesen hat, einem Denker zu, der dieselben zu neuer philosophischer Verarbeitung vornimmt, indem er sie teils fortsetzt, teils sie bekämpft, und der hierdurch weit von dem Gedankengange geriet, in welchem sich das populäre Bewußtsein bewegt und einzig und allein bewegen kann. Das Eigentümliche bei George Berkeley, einem der feinsinnigsten und klarsten Geister, die die Geschichte der Philosophie kennt, ist indes, dafs er der Sache des unmittelbaren praktischen Bewufstseins gegen wissenschaftliche Abstraktionen und Spekulationen das Wort führt, während er wegen seiner eignen Resultate in den schärfsten Widerspruch mit diesem Bewufstsein tritt und es durch seine Paradoxen aufs äufserste reizt. Auch in andern Beziehungen vereint Berkeley in seiner Denkungsart Gegensätze, die unvereinbar scheinen möchten. Scharfe Kritik und kindlicher religiöser Glaube, Forscherlust und glühender Missionseifer waren wohl noch nie so innig und so eigentümlich miteinander verbunden wie in Berkeley.

George Berkeley wurde den 12. März 1685 zu Dysert in der irländischen Grafschaft Kilkenny geboren. Er gehörte einer englischen Familie an, die gleich nach der Restauration nach Irland gekommen zu sein scheint und eine Seitenlinie des adeligen Hauses Berkeley war. Swift, George Berkeleys Freund, soll ihn dem Earl von Berkeley mit den Worten vorgestellt haben: „Mylord, hier ist ein junger Mann aus Ihrer Familie. Ich kann Eure Herrlichkeit versichern, dafs es Ihnen zu weit gröfserer Ehre gereicht, mit ihm verwandt zu sein, als ihm, mit Ihnen verwandt zu sein." So viel ist gewifs, dafs der Jüngling schon früh glänzende Fähigkeiten zeigte. Er studierte zu Dublin, wo damals Boyles, Newtons und Lockes Schriften die Grundlage des Unterrichts an der Universität bildeten. Schon in früher Jugend erfafste er den Grundgedanken seiner späteren Philosophie. In dem Notizenbuch (*Common-place Book*) aus seinen Jünglingsjahren, das Fraser in seiner vorzüglichen Biographie von Berkeley (*Life and Letters of George Berkeley*. Oxford 1871) herausgegeben hat, erblicken wir seine Ideen in ihrer successiven Entwickelung. Schon früh kam er zu der Überzeugung, dafs, wenn die Wissenschaft und die Philosophie von sinnlosen Abstraktionen und dunklen Worten befreit würden, auch der Streit zwischen Wissen und Glauben würde beigelegt werden. Er bemüht sich, die Menschen auf unmittelbares Erfahren und Anschauen zurückzuführen. Er will sowohl der noch übrig gebliebenen

Scholastik als auch derjenigen, die den Platz der alten eingenommen hatte, ein Ende machen. Sein zentraler Gedanke ist der Nachweis, dafs es im buchstäblichen Sinne des Wortes keine abstrakten Vorstellungen gebe. Mit diesem Gedanken stehen seine genialen Entdeckungen sowohl als auch seine persönliche Lebensanschauung in enger Verbindung.

Berkeleys erste Schrift war die *New Theory of Vision* (1709); er legte hier dar, dafs bei der Auffassung des Raumes der Gesichts- und der Tastsinn zusammenwirken, und dafs der Raum an und für sich eine Abstraktion ist, der keine unmittelbare Empfindung entspricht. Im folgenden Jahre erschien sein philosophisches Hauptwerk *Principles of Knowledge*, in welchem er erst die alte Abstraktionstheorie kritisiert und dann darzulegen sucht, dafs der Begriff der Materie eine ungültige Abstraktion sei, und dafs wir keine andern unmittelbaren Gegenstände unsrer Erkenntnis hätten als unsre eignen Sinnesempfindungen. Wie er von hier aus den unmittelbaren Übergang zu seinen religiösen Vorstellungen bewerkstelligt, wird unten gezeigt werden. Wenige Jahre nach dem Erscheinen dieser Werke ging er nach London, bewegte sich in den litterarischen Kreisen und begann die Bekämpfung der Freidenker durch Artikel in Steeles Zeitschrift „The Guardian". Seine Polemik trägt einen kindlichen und naiven Charakter, z. B. wenn er sich (in den *Remarks on „Collins Discourse of Freethinking"*) darüber wundert, dafs die Freidenker nicht in sinnlichen Genüssen einen Ersatz der übernatürlichen Seligkeit suchten, sondern meistens ein zurückgezogenes, den Studien gewidmetes Leben führten! (Wenn Berkeley an einer andern Stelle in diesen Artikeln erklärt: „Hätte ich nicht den Glauben an die Unsterblichkeit, so möchte ich lieber eine Auster als ein Mensch sein!" befindet er sich mithin im Widerspruch mit sich selbst, sofern er denn nicht meint, dafs der Auster ganz besondere sinnliche Genüsse beschert seien.) Die Freidenker — sagt er — proklamierten öffentlich, sie hätten weniger Grund zur Tugend als andre Menschen. Man kenne die Stärke der Leidenschaft aber nur schlecht, wenn man glaube, die Schönheit der Tugend sei in der Stunde der Versuchung ein hinlängliches Gegengewicht! — Nachdem er eine glänzende populäre Darstellung seiner philosophischen Ideen in dialogischer Form (*Dialogues between Hylas and Philonous*, 1713) herausgegeben hatte, brachte er mehrere Jahre auf Reisen in Frankreich und Italien zu. Sein Reisetagebuch zeigt uns seinen offnen Blick und grofsen Sinn für Natur, Geschichte und soziale Verhältnisse. Nach seiner Rückkehr übernahm er ein geistliches Amt in Irland, konnte es hier aber nicht lange aushalten. Er verlor die Hoffnung auf die Verwirklichung seiner Pläne, die Menschen im alten Europa zur Natürlichkeit und Einfachheit des Denkens und Lebens zurückzuführen. Europa war ihm zu altersschwach. Von dem neuen, jungfräulichen Lande jenseits des Atlantermeeres erwartete er ein goldenes Zeitalter sowohl für den Glauben, die Wissenschaft und die Kunst als auch für das Leben. Hiermit verband sich sein Eifer für die Verbreitung des Christentums unter den Heiden und ein romantischer Sinn für die freie Natur. In einem Gedichte („Über den Plan einer Verpflanzung der Künste und Wissenschaften nach Amerika") gab er diesen Gedanken Luft. Er fafste den Plan, auf den Bermudainseln eine Lehranstalt zur Ausbildung amerikanischer Missionäre zu errichten. Als ihm nach langwierigen Bemühungen das Versprechen einer Staatsunterstützung behufs dieses Unternehmens gegeben war, liefs er sich auf Rhode-Island nieder, um die Vorbereitungen zur Errichtung des Kollegiums zu leiten. Es war ihm aber eine grofse Täuschung bereitet. Das Versprechen wurde nicht gehalten, und nach einem dreijährigen Aufenthalt in Amerika mufste er zurückkehren (1731). Die Vereitelung dieser grofsen Hoffnung verschmerzte er nie. Seit dieser Zeit erblickte er das Leben in trüberem Lichte. — Erinnerungen an die schönen Naturumgebungen, die er auf Rhode-Island vor Augen hatte, finden sich in der reichen Scenerie des Dialoges *Alciphron* (1732), in welchem er seine Polemik gegen die Freidenker wieder aufnahm, während er zugleich eine klare und populäre Darstellung seiner philosophischen Ideen zu geben suchte. In dieser Schrift spricht er über die der natürlichen und der geoffenbarten Religion gemeinsamen Schwierigkeiten eine Idee aus, ähnlich derjenigen, welche sein Freund Butler wenige Jahre später in der „Analogy" ausführlich entwickelte. Die Polemik richtet er gegen zwei verschiedene Typen der Freidenker, gegen die von Mandevilles Sorte sowohl als gegen die von Shaftesburys Sorte, und er frohlockt, wenn er zeigen kann, wie sie sich in die Haare geraten, indem Mandevilles Repräsentant erklärt, die natürliche Religion sei eine Halbheit, wenn sie nicht von der übernatürlichen unterstützt werde. — Berkeleys Dialoge sind noch jetzt von nicht geringem Interesse sowohl wegen der erörterten philosophischen und theologischen Probleme als auch wegen der schönen Sprache und der durchweg gelungenen dialogischen Form.

Als Bischof von Cloyne im südlichen Irland (seit 1734) zeigte Berkeley sich als gleich eifriger Seelsorger, Philantrop und Patriot. Er wurde geachtet und geliebt nicht nur von den Protestanten, sondern auch von den Katholiken (die fast fünf Sechstel der Bevölkerung seines Bistums betrugen). Er befürwortete die Aufnahme der Katholiken an der Universität. In seinem *Querist* (1735—37) setzte er eine Menge sozialer und irisch-patriotischer Fragen in Bewegung. Sogar die Medizin lag nicht aufser seinem Interesse. An dem „Teerwasser" glaubte er ein Universalmittel gegen verschiedene Krankheiten gefunden zu haben, was er in einer seiner letzten Schriften (*Siris* 1744) näher zu erklären sucht; diese Schrift ist zugleich merkwürdig wegen der mystisch-platonisierenden Richtung, welche sein Denken hier einschlägt. Die letzten Arbeiten aus seiner Hand waren Abhandlungen über Versteinerungen und über Erdbeben. Diesem Subjektivisten und Idealisten war nichts in der Welt der Wirklichkeit gleichgültig und fremd. Seine letzten Jahre verlebte er in Oxford, wo er 1753 starb.

Nach dem Hauptzwecke, den Berkeley sich in seiner Philosophie aufstellte, bildet seine Stellung in der Geschichte des Denkens eine Analogie mit derjenigen des Leibniz. Beide wollen den Gedanken über die rein mechanische Naturauffassung hinausführen, ohne diese jedoch zu verleugnen. Sie stellen eine Prüfung der Begriffe an, mit denen Descartes, Spinoza, Newton und zum grofsen Teil auch noch Locke sicher operieren, als wären es Realitäten. Sie nehmen das von der Naturwissenschaft und der Philosophie konstruierte Weltbild nicht als eine absolute Realität, sondern als eine Erscheinung. Während Leibniz das mechanische Weltbild aber hauptsächlich auf objektivem Wege auflöst, indem er die Bewegung auf die Kraft zurückführt und die Kraft mit dem subjektiven Drange der Monade nach neuen Zuständen identisch macht, betritt Berkeley hauptsächlich den subjektiven Weg, indem er psychologisch zu zeigen sucht, wie unsere Vorstellungen von dem Raume und der Materie — auf denen ja das ganze mathematisch-physische Wissen von der Welt beruht — entstehen. Berkeley setzt Lockes Untersuchung über den Ursprung der Vorstellungen fort und erörtert die Frage, was wir eigentlich mehr als die in unsern eignen Empfindungen und Vorstellungen gegebene Wirklichkeit wissen könnten. Er verfolgt seine Konsequenz mit einer Rücksichtslosigkeit, die er trotz seiner Wahrheitsliebe vielleicht wohl kaum erwiesen hätte, wenn sein lebendiger religiöser Glaube nicht bereit gewesen wäre, augenblicklich zu ergänzen, was seine philosophische Kritik wegschnitt. Durch die Verwerfung des absoluten Raumes und der absoluten Materie, zu der ihn seine Philosophie bewog, fühlte er sich seinem Gott näher, ja, fühlte er sich in unmittelbarer Berührung mit ihm. Sein inniges und primitives religiöses Gefühl konnte sich nicht mit der Uhrmachertheologie, mit dem äuſseren Verhältnisse zwischen Gott und der Welt begnügen, dem Locke, Newton und die meisten damaligen Theologen und Freidenker huldigten. Doch nicht als religiöser Denker, sondern als Psycholog und kritischer Philosoph hat er seine Bedeutung. In unsrer Darstellung folgen wir ihm nur bis zur Pforte, die ihn in die Theologie hineinführt. Ihm selbst war seine Philosophie ein Kreuzzug, der die Wiedereroberung des Gelobten Landes bezweckte. Es ging ihm aber wie den Kreuzfahrern — in der That wirkte er für andre Aufgaben und Zwecke als die, welche er sich gestellt hatte.

b) **Von dem Raume und den abstrakten Vorstellungen.**

In seiner „Theory of Vision", einem der genialsten psychologischen Werke, die je verfaſst wurden, untersucht Berkeley die psychologische Natur der Raumauffassung. Er weist nach, dafs Entfernung und Gröfse nicht von Anfang an unmittelbar aufgefafst werden. Die Auffassung der Entfernung und der Gröfse entsteht dadurch, dafs Gesichtsempfindungen mit Empfindungen verbunden werden, die durch Bewegung oder Anspannung der Augen erzeugt sind (welche Empfindungen Berkeley Tastempfindungen nennt, während sie jetzt Bewegungsempfindungen heifsen), wozu dann noch Erinnerungen und Associationen (oder wie Berkeley sie nennt: Suggestionen) von Tastempfindungen kommen, die wir vorher durch unmittelbare Beziehung zum Gegenstande erhalten haben. Die durch die Gesichtsempfindung erregte Vorstellung von einer Berührung verschmilzt also dergestalt mit ihr, dafs wir später den Gegenstand in einer gewissen Entfernung und Gröfse unmittelbar „sehen". Die praktische Bedeutung der Gesichtsempfindung beruht darauf, dafs sie auf diese Weise Tastempfindungen voraussagt, die wir bei gröfserer Nähe erhalten würden. Die Verbindung der beiden Arten von Empfindungen rührt aber aus Erfahrung und Übung her. Wir „sehen" Entfernung und Gröfse ebenso, wie wir Scham oder Reue in dem Blicke eines Menschen „sehen". Gesichtssinn und Tastsinn haben nichts miteinander gemein; nur Gewohnheit verbindet sie in einem gemeinschaftlichen Resultate. Diesem Resultate — dem Raume — entspricht aber keine wirklich einfache Empfindung. Der Raum entspricht nur der eingeübten subjektiven Association der beiden Arten von Sinnesvorstellungen. An und für sich ist er ein leeres Wort.

Man sieht, wie sehr es Berkeley mit Lockes Forderung Ernst ist: die Gültigkeit der Vorstellungen mittels der Untersuchung ihres Ursprungs zu prüfen. Der Raum schwebt nicht mehr als ein Unbegreifliches, Allgemeines über allen Sinnen; sein Ursprung wird auf einen Associationsvorgang zurückgeführt. Dies ist alles, was wir von ihm wissen. Berkeley selbst fafst ihn jedoch zugleich als eine göttliche Zeichensprache auf, die uns auf dem Wege der Association eingeübt werde.

In seiner Untersuchung über die abstrakten Vorstellungen (in der Einleitung zu den *Principles of Knowledge*) richtet seine Polemik sich gegen Locke als den letzten bedeutenden

Vertreter der alten Abstraktionstheorie, die uns ein Abstraktionsvermögen in dem Sinne beilegte, daß wir das Vermögen besäßen, Vorstellungen zu bilden, die nur mehreren Gegenständen gemeinschaftliche Merkmale enthielten. Aus drei Vorstellungen von einem grünen, einem roten und einem gelben Dinge sollten wir z. B. die Vorstellung von einer Farbe ganz im allgemeinen (weder grün, noch rot, noch gelb) „abstrahieren" können. Daß dergleichen Vorstellungen in unserm Bewußtsein existieren sollten, stellt Berkeley in Abrede: Wir können natürlich eine Vorstellung teilen, z. B. uns einen Teil eines Gegenstandes ohne die andern Teile vorstellen; wir können aber keine neuen Vorstellungen bilden, deren Inhalt das mehreren Qualitäten „Gemeinschaftliche" sein sollte; wir haben Wörter, um dieses Gemeinschaftliche zu bezeichnen, aber keine Vorstellungen von dem Gemeinschaftlichen. Hierdurch sei es nicht ausgeschlossen, daß wir allgemeine Vorstellungen zu bilden vermöchten, die für eine ganze Gruppe von Erscheinungen gölten; dies geschehe aber dadurch, daß eine Vorstellung, die an und für sich konkret, individuell (particular) sei, dazu benutzt werde, alle andern konkreten Vorstellungen derselben Art zu repräsentieren (represent or stand for). Wir denken in Beispielen!

Berkeley hat auch durch diese Untersuchung einen bedeutenden Beitrag zur Psychologie geleistet. Indem wir es dieser überlassen, zu zeigen, woran es Berkeley noch gebricht, um eine vollständige Theorie der Gemeinvorstellungen zu erreichen, gehen wir zur Betrachtung der philosophischen Konsequenzen über, die Berkeley aus seinen psychologischen Untersuchungen zieht.

c) Erkenntnistheoretische Konsequenzen.

Während man — sagt Berkeley (in den *Principles*) — was die Gegenstände des inneren Sinnes betrifft, nicht darauf verfällt, ihnen Existenz beizulegen, wenn sie nicht aufgefaßt werden, meint man, die Gegenstände des äußeren Sinnes existierten, ob sie aufgefaßt würden oder auch nicht. Dies ist aber eine unbeweisliche und unwahrscheinliche Annahme. Die Gegenstände der Erkenntnis existieren der Natur der

Sache zufolge nur, insofern sie erkannt werden; ihr Wesen besteht darin, daſs sie aufgefaſst werden (their esse is percipi). Sieht man näher nach, was der Grund jener Meinung ist, so findet man die alte Abstraktionstheorie wieder. Es ist ja doch die gewaltsamste aller Abstraktionen, sich den Gegenstand ohne alles dasjenige vorzustellen, was ihn uns zu einem Gegenstande macht. Wir sollten also von allen unsern Empfindungen absehen! Allerdings meint man, wir sollten nur von den sekundären Qualitäten (Farbe, Geschmack, Geruch u. s. w.) absehen, und nicht von den primären (Ausdehnung, Dichtheit). Unter der Materie versteht man ein Etwas, das nur die primären Qualitäten besitzt, ein Etwas, das Ausdehnung und Gestalt hat und sich bewegen kann. Man übersieht jedoch, daſs die primären Qualitäten nicht ohne die sekundären aufgefaſst werden, und daſs erstere sowohl als letztere nur mittels Empfindungen für uns existieren. Wollte man z. B. meinen, daſs die Ausdehnung auſserhalb unsers Bewuſstseins existieren könnte, so müſste man fragen: ist es die Ausdehnung, wie der Gesichtssinn sie uns zeigt, oder wie der Tastsinn sie uns zeigt? Vielleicht wie beide im Verein sie uns zeigen — wir erwiesen ja aber schon, daſs die Vorstellung von derselben nur durch eine Association entsteht! Es kann kein ausgedehntes und bewegtes Etwas geben, das weder groſs noch klein, weder fern noch nahe ist, sich weder geschwind noch langsam bewegt! Selbst wenn es auſserhalb des Bewuſstseins feste, gestaltete und bewegte Substanzen gäbe, woher sollten wir dies erfahren? Wie kann man sich auf die Sinne berufen, um etwas zu bezeugen, das gar nicht sinnlich wahrgenommen wird?

Wird hierdurch nun aber nicht der Unterschied zwischen Wirklichem und Eingebildetem aufgehoben? Dies leugnet Berkeley entschieden. Die wirkliche Natur, sagt er, leugne ich nicht; ich leugne nur die abstrakte Materie. Alles, was gesehen, gehört, gefühlt oder überhaupt sinnlich aufgefaſst wird, halte ich für real, dagegen aber nicht die Materie, dieses unbekannte Etwas (somewhat — if indeed it may be termed somewhat) ohne sinnliche Eigenschaften und allem sinnlichen Wahrnehmen und Begreifen unzugänglich. Der Unterschied zwischen

Wirklichkeit und Einbildung beruht auf dem Unterschiede zwischen Sinnesempfindung und Erinnerung oder Phantasie. Die Sinnesempfindungen machen stärkeren Eindruck auf uns, sind deutlicher und treten in bestimmter Ordnung auf, die wir nicht zu unterbrechen vermögen. Zugleich haben wir das Bewufstsein, dafs wir sie nicht selbst erzeugt haben. Hierauf beruht mein Begriff der Realität, sagt Berkeley; andre mögen nun sehen, ob sie in ihrem Begriffe der Realität mehr finden! — Auch die Gültigkeit der Naturwissenschaft werde nicht durch jenen Umsturz des Materiebegriffes erschüttert. Die Naturwissenschaft suche ja doch die Erscheinungen durch andre Erscheinungen zu erklären, durch Ursachen, die selbst sinnlich wahrzunehmen seien, nicht aber durch den Glauben an mystische Substanzen. Die Erscheinungen erklären heifse nur nachweisen, dafs wir unter diesen oder jenen Umständen diese oder jene Empfindungen erhielten. Was die Naturwissenschaft darlege, sei das bestimmte und gesetzmäfsige Verhältnis beim Eintreten unsrer Empfindungen, so dafs eine Empfindung als Anzeichen einer andern dastehen könne. Hierdurch würden wir in stand gesetzt, vorwärts und rückwärts zu schliefsen. Bei sorgfältiger Beobachtung der uns zugänglichen Erscheinungen entdeckten wir die allgemeinen Gesetze der Natur, oder stellten wir gewisse Formeln für die Bewegungserscheinungen auf. Die Naturwissenschaft habe weder mit der Kraft noch mit der Materie zu schaffen, sondern nur mit den Erscheinungen. — Jeder Nachweis eines Gesetzes für die Verbindung der Erscheinungen und jeder Schlufs aus einem solchen Gesetze beruht zuguterletzt auf der Voraussetzung, dafs der Urheber der Erscheinungen stets auf gleichförmige Weise und unter Beobachtung allgemeiner Regeln wirkt — eine Voraussetzung, die sich nach Berkeley (Principles § 107 in fine) allerdings nicht beweisen läfst.

Welchen Ursprung haben denn die Erscheinungen oder die Empfindungen, insofern ich sie nicht selbst erzeuge? Während Berkeley den Kausalsatz für unbeweisbar hält, was das gegenseitige Verhältnis der Erscheinungen betrifft, zieht er dessen Gültigkeit durchaus nicht in Zweifel, wenn nach dem Ursprung unsrer passiv erhaltenen Empfindungen gefragt wird. Es müsse eine Aktivität geben, die da in Thätigkeit trete, wo wir uns selbst passiv verhielten. Nun sei unser Vermögen, Vorstellungen hervorzurufen und zu ändern, das einzige Beispiel der Aktivität, das wir besäfsen. In diesem Vermögen findet Berkeley unser eigentliches Wesen ausgedrückt: Die Seele ist der Wille (the soul is the will), sagt er (Commonplace-book S. 428). Alle innere Thätigkeit, auch das Denken, nennt Berkeley Wollen: „Das, woran ich denke, was es auch sei, nenne ich Vorstellung (idea). Der Gedanke oder das Denken selbst ist keine Vorstellung, sondern ein Akt, das heifst ein Wollen, oder — im Gegensatz zu den Wirkungen — ein Wille" (Commonplace-book S. 460). Dessen Wesen ist nicht, aufgefafst zu werden, sondern aufzufassen (sein esse ist percipere). Der Wille ist die einzige, uns bekannte Form der Thätigkeit. Über das Wissen, das wir von unserm Willen, also vom eigentlichen Wesen unseres Geistes haben, ist Berkeley nicht mit sich selbst einig. Nur so viel steht ihm fest, dafs das Wissen von unsrer eignen aktiven Natur keine Vorstellung (idea) sein kann, da jede solche passiv ist. Es ist keine Vorstellung, sondern ein Begriff (notion), den wir von uns selbst haben. An einem Orte (Principles § 27) lehrt er aber, wir kennten den Geist oder das Wirksame mittels dessen Wirkungen (der Vorstellungsänderungen also); an einem andern Orte (Dialogues between Hylas and Philonous, 3. Dial. Frasers Ausgabe I, S. 326 u. f.) legt er uns eine unmittelbare Erkenntnis von unserem Geiste und dessen Vorstellungen bei, indem wir sie mittels Selbstbeobachtung (by reflection) auffafsten. Wie wir unsern Geist nun aber auch auffassen möchten: um den Gedanken von der Quelle der Erscheinungen zu bilden, könnten wir uns nur auf die Analogie mit unserm Geiste stützen. Wir dächten uns Gott unserm Geiste analog, nur unter unendlicher Potenzierung von dessen Kräften. Die realen Vorstellungen sind nun diejenigen, die Gott uns eingibt, und zugleich verstehen wir jetzt, wie die Dinge existieren können, auch wenn wir sie nicht auffassen: sie existieren potentiell, als Möglichkeiten, in Gott als ihrer stetigen Ursache. (Vgl. Commonplace-book S. 489.) Der göttliche Wille gibt sich uns in der Ordnung und dem Zusammenhange unsrer Empfindungen kund, die göttliche Vorsehung aber in der Zweckmäfsigkeit, welche die Naturerscheinungen darbieten. Soll die Natur ein von Gott verschiedenes Wesen sein, so ist sie eine heidnische Chimäre. Die gewöhnliche Auffassung läfst Gott erst die Materie erschaffen, und dann diese auf uns einwirken. Wozu dieser Umweg? Weshalb nicht Gott unsere Empfindungen unmittelbar erzeugen lassen? Je mehr wir klar denken, um so mehr werden wir uns in unmittelbarer Beziehung mit Gott finden. Es gibt keine sekundären Ursachen. In Gott leben, weben und sind wir, sagt Berkeley, und glaubt dies mit gröfserem Rechte sagen zu können als Spinoza. — Dieser mystisch-pantheistischen Auffassung ergab Berkeley sich immer mehr während seiner letzten Jahre, wie aus dem *Siris* zu ersehen ist; wir können uns hier aber nicht näher auf die weitere Gestaltung einlassen, die er seinen Gedanken in dieser Richtung gab. Wir machen nur auf einen Punkt aufmerksam, an dem Berkeley und Leibniz beim Übergange aus ihrer Erfahrungsphilosophie in ihre spekulative Philosophie Ähnlichkeit miteinander haben: beide bedienen sich des Prinzipes der Analogie, welches das Prinzip alles metaphysischen Idealismus ist. —

Berkeleys Verdienst ist besonders, dafs er mit einer Energie, die nicht durch die paradoxen Ergebnisse, zu denen sein Denken ihn führte, geschwächt wurde, bei der Frage beharrte: woher wissen wir, dafs die Dinge noch andres mehr sind als unsre Empfindungen und Vorstellungen? Mit welchem Rechte springen wir von dem Bewufstsein, dem einzigen uns unmittelbar Gegebenen, zu den Dingen hinüber, die niemals unmittelbar gegeben sind? — Was Berkeleys eigne Beantwortung dieser Frage betrifft, so ist aus obiger Darstellung zu ersehen, dafs er die Realität keineswegs blofs zu einer Reihe Empfindungen macht. Erstens unterscheidet er zwischen den Empfindungen und dem Geiste: nur das Wesen der ersteren bestehe darin, aufgefafst zu werden (esse = percipi); das Wesen des letzteren bestehe im Auffassen (esse = percipere), also im Wirken. Zweitens erkennt er das Kausalitätsprinzip an und gebraucht es zur Lösung der aufgeworfenen Frage. Während die gewöhnliche Auffassung (die populäre Metaphysik) aber davon ausgeht, dafs die Ursache unsrer Empfindungen diesen ähnlich sein müsse, geht Berkeley davon aus, dafs die Ursache unsrer passiven Zustände in Analogie mit dem in uns selbst Wirkenden zu denken sei. — Er ist ein Idealist, aber kein Subjektivist. Sein Idealismus nimmt aber sogleich eine theologische Form an. Seine theologischen Vorstellungen liegen bereit, auf dem Sprunge, während er philosophiert, und sobald er den Knoten geschürzt und eine offene Frage nachgewiesen hat, drängen sie sich hervor, um das Fehlende auszufüllen. Deswegen hält sein Denken zu früh inne. Die theologischen Vorstellungen selbst werden nicht geprüft. Die ganze Weltauffassung wird anthropomorphistisch. Der Zusammenhang der Natur wird nur ein Zusammenhang des göttlichen Willens, der die Erscheinungen zusammenhält, und die Erscheinungen werden nur eine Sammlung willkürlicher Zeichen. Auch das Kausalitätsprinzip wird nicht näher untersucht, und doch trägt es die ganze Lösung des Problems. An letzterem Punkte legte Berkeleys nächster Nachfolger Hand ans Werk, fortsetzend und opponierend, wie Berkeley selbst mit Bezug auf Locke.

5. David Hume.

a) Biographie und Charakteristik.

Die englische Philosophie hat die grofse Bedeutung in der Entwickelungsgeschichte des menschlichen Geisteslebens, dafs sie wegen ihrer empirischen Methode nicht nur die von spekulativen Philosophen aufgeführten Denkgebäude, sondern auch die unbewufsten und unbewiesenen Voraussetzungen, auf die sich die populäre Weltauffassung und die speziellen Wissenschaften stützen, zur Rechenschaft zieht. So hatte Locke genaue Erklärung darüber verlangt, wo unsere Vorstellungen überhaupt herstammen, und Berkeley hatte nachgewiesen, welches Problem in der Raumvorstellung und in der Vorstellung von der materiellen Welt liegt, wenn man es mit dieser Erklärung ernstlich nimmt. Diese kritische Untersuchung des Erkennens erreicht in der englischen Schule des 18. Jahrhunderts ihren Gipfel mit der Philosophie David Humes. Er stellt eine Untersuchung der beiden Begriffe an, welche die Grundlage der gesamten früheren Philosophie bildeten, und welche Locke und Berkeley noch nicht ernstlich angegriffen hatten: eine Untersuchung nämlich des Substanzbegriffes und des Kausalbegriffes, der beiden Begriffe, die das verbindende Zement aller spekulativen, wissenschaftlichen und populären Denkgebäude waren. Auf das Prinzip des Kausalsatzes oder des zureichenden Grundes stützten sich Leibniz' großes Harmoniesystem, Newtons Weltmechanik und die populäre Auffassung einer Welt der Dinge, die gewissen Gesetzen unterworfen sei. Alle gingen von der Vernunftmäßigkeit, der Rationalität der Existenz aus, setzten mit größerer oder geringerer Bewußtheit voraus, daß die Existenz ein unserer Vernunft Entsprechendes in sich enthalte. Diese Voraussetzung prüft Hume. Und er ist der erste, der mit Ernst eine solche Prüfung anstellte und bis zu den Tiefen hinabstieg, in welchen die Kräfte entspringen, die unseres Wissens die innere und die äußere Welt zusammenhalten, Tiefen, die fern von den Gegenden liegen, in denen sich die spekulativen Philosophen, die speziellen Forscher und der gesunde Menschenverstand bewegen. Hume hat selbst den sonderbaren Zustand der Einsamkeit und Auflösung gefühlt und charakteristisch ausgedrückt, in welchen der Denker gerät, der das Erkenntnisproblem mit Ausdauer bis in diese Tiefen verfolgt, wie auch den Gegensatz, der zwischen der streng theoretischen und der instinktiven, praktischen und populären Weltauffassung besteht. Nur die stets von neuem wieder erwachende intellektuelle Leidenschaft in Verbindung mit der Hoffnung, Ehre zu gewinnen, wenn er den Weg konsequent bis ans Ende zurücklegte, ermöglichte es ihm nach seiner eignen Aussage (im Schlußstücke des ersten Buches seines Hauptwerkes), sein Werk zu vollenden.

In Humes Charakter waren intellektueller Eifer und Ehrgeiz mit Gutmütigkeit, Wohlwollen und Nachsichtigkeit gegen Schwachheiten und Vorurteile vereint, zugleich aber auch mit einer gewissen Bequemlichkeit, die sich nicht durch Polemik in der Pflege litterarischer Interessen stören lassen wollte. Er wurde den 26. April 1711 als nächstältester Sohn eines Gutsbesitzers auf dem Gute Ninewells im südlichen Schottland geboren. In seiner Selbstbiographie sagt er: „Sehr früh wurde ich von einer Leidenschaft für die Litteratur ergriffen, die die herrschende Leidenschaft meines Lebens und mir eine ergiebige Quelle des Genusses gewesen ist." Seine Familie wünschte ihn zum Juristen zu machen, er fühlte aber „eine unüberwindliche Abneigung gegen alles andre als die Philosophie und Gelehrsamkeit." Sein Ideal war eine sorgenlose Existenz, in der er seine Forscherneigungen befriedigen und mit wenigen auserwählten Freunden Umgang pflegen könnte; zugleich wollte er aber, dafs seine litterarische Thätigkeit seinen Namen zu Ehren bringen sollte. Schon in früher Jugend glaubte er, neuen Gedanken auf die Spur gekommen zu sein: eine neue „Scene des Denkens" erschlofs sich ihm. Ein Anfall von Hypochondrie (von ihm selbst in einem Briefe beschrieben, der in Burtons *Life and Correspondance of David Hume.* Edinburgh 1846, I, S. 30 u. f. abgedruckt ist) unterbrach eine Zeitlang seine Meditationen. Vermutlich spürte er hier sogleich den sonderbaren Gegensatz zwischen der Welt der Reflexion und der Welt des praktischen täglichen Lebens, den er später in seinem Hauptwerke beschrieb. Er entschlofs sich, die Studien an den Nagel zu hängen und ein Kaufmann zu werden. Das praktische Leben vermochte ihn jedoch nicht zu fesseln. Er wählte einsame Orte in Frankreich zum Aufenthalte und schrieb hier sein Hauptwerk: „Abhandlung über die menschliche Natur, ein Versuch, die empirische Methode auf das geistige Gebiet anzuwenden" (*Treatise on Human Nature etc.*). Es erschien 1739—1740 in London und besteht aus drei Teilen, deren erster die Erkenntnis, der zweite die Gefühle und der dritte die Grundlage der Moral behandelt. Es führt die Untersuchung dieser verschiedenen Fragen um bedeutende Schritte weiter und steht noch jetzt in erster Linie unter den klassischen Werken der Philosophie. Einstweilen hatte es aber keinen Erfolg. „Totgeboren," sagt er, „entfiel es der Presse und erlangte nicht einmal die Ehre, das Murren der Fanatiker zu erregen." Humes litterarischer Ehrgeiz, der ihn verführte, sein vorzügliches Geisteserzeugnis für totgeboren zu erklären, hatte verhängnisvolle Wirkung. Die Ehre, die dieses ihm nicht eingebracht hatte, suchte er durch eine Reihe kleinerer Abhandlungen (Essays) teils philosophischen, teils nationalökonomischen und politischen Inhalts zu erwerben; eine Zeitlang gab er die Philosophie vollständig auf, um Geschichte zu betreiben; ja zuletzt verleugnete er sogar völlig seine bedeutungsvolle Jugendarbeit, indem er — um nicht von seinen theologischen Kritikern verunglimpft zu werden (die also doch zu „murren" angefangen hatten) — die Erklärung abgab, er könne nur die in den „Essays" gegebene Darstellung seiner philosophischen Lehre anerkennen. Wie ausgezeichnet nun auch viele dieser kleineren Schriften sind, konnten sie in der philosophischen Diskussion doch nicht die grofse Bedeutung erhalten, die sein Hauptwerk hätte erlangen können, wenn er seinen später erworbenen litterarischen Ruhm benutzt hätte, um dem „totgeborenen" Kinde Leben einzuhauchen, und wenn er dieses nicht desavouiert hätte, damit es ihm keine Störungen verursachte. Was speziell das Erkenntnisproblem betrifft, so erhielt Humes Philosophieren namentlich durch die verkürzte und gedämpfte Darstellung in dem Werke *Inquiry concerning Human Understanding* (1749) Einflufs auf die fernere Entwickelung des Denkens, während die radikale Darstellung im „Treatise", die das eigentliche Band zwischen unsern Gedanken und überhaupt zwischen den Elementen unsers Wesens zerschneidet, lange Zeit hindurch vergessen wurde. — Dafs das Motiv zu Humes Desavouierung seines Jugendwerkes das hier angegebene war, ist aus den vor kurzem herausgegebenen **Letters of David Hume to William Strahan** (Oxford 1888, S. 289 u. f.) zu sehen. Es kann nicht, wie man mitunter gemeint hat, davon die Rede sein, dafs Hume seine Anschauungen in den Hauptpunkten wirklich geändert hätte. Es ist indes psychologisch verständlich, dafs der straff gespannte intellektuelle Zustand, in welchem Hume sein Jugendwerk schrieb, nicht andauern konnte. Nachdem er mit den Gelehrten, und zwar besser als diese, gedacht hatte, fühlte er das Bedürfnis, mit den Ungelehrten zu reden. Nachdem er in seinen „Essays" eine populäre Darstellung seiner philosophischen und nationalökonomischen Ideen gegeben hatte, warf er sich auf die Geschichte. „Wie Sie wissen," schrieb er einem Freunde, „kann keine Ehrenstelle auf dem englischen Parnafs mit gröfserem Rechte erledigt genannt werden als die der Geschichte." Die Stellung, die er — nach heftigem Widerstande der Orthodoxen — als Bibliothekar an der Büchersammlung der Edinburger Advokaten erhalten hatte, gab ihm gute Gelegenheit zu gelehrten Studien. Seine Geschichte Englands machte ihn noch mehr populär als seine Essays. Als Geschichtsschreiber gebührt ihm das Verdienst, der erste gewesen zu sein, der die Geschichte zu etwas mehr als einer Kriegsgeschichte zu machen suchte, indem er die sozialen Verhältnisse, die Sitten, die Litteratur und die Kunst berücksichtigte. Die Herausgabe seines geschichtlichen Werkes begann zwei Jahre, bevor Voltaires berühmter „Essai sur les mœurs" erschien. Während er in seinen philosophischen Anschauungen liberal war, ging er in seiner Beurteilung historischer Persönlichkeiten von royalistischen und toryistischen Ansichten aus. — Die Philosophie wurde indes doch nicht gänzlich versäumt. Namentlich beschäftigten ihn während seiner späteren Jahre religionsphilosophische Studien. Dies bezeugen sein *Natural History of Religion* (1757) und seine *Dialogues on Natural Religion*, welches letztere Werk er aus Gründen der Vorsicht zurückhielt, so dafs es erst ein paar Jahre nach seinem Tode erschien.

Hume war nicht nur ein Philosoph und Geschichtsschreiber. Er fühlte das Bedürfnis, am praktischen Leben teilzunehmen. Als Gesandtschaftssekretär unternahm er (1748) eine grofse Reise durch Holland, Deutschland, Österreich und Italien. Und später vertauschte er seine Stellung als Bibliothekar zu Edinburg mit der Stellung eines Sekretärs des Lords Hertford, der nach dem Pariser Frieden 1763 als englischer Gesandter nach Frankreich ging. Damals war Hume schon berühmt und wurde am Hofe und in litterarischen Kreisen aufs glänzendste empfangen. Er war in der Mode, wie später Franklin, vielleicht eben wegen seines einfachen, wenig eleganten Auftretens. Als er nach einem dreijährigen Aufenthalte in Frankreich nach England zurückkehrte, nahm er Jean Jacques Rousseau mit, um dem sowohl aus der Schweiz als aus Frankreich vertriebenen Manne eine Zuflucht zu verschaffen. Humes schönes Betragen gegen Rousseau lohnte dieser mit wahnsinnigem

Mißtrauen, und nach einem eklatanten Bruche reiste Rousseau wieder nach Frankreich, wo der Sturm sich nun gelegt hatte. — Nachdem Hume ein Jahr lang das Amt eines Unterstaatssekretärs für Schottland bekleidet hatte, schlug er seinen Sitz in Edinburg auf und führte nun in Gesellschaft auserlesener Freunde ein gelehrtes Stillleben, bis er nach längerer Kränklichkeit, die ihm seine Gemütsruhe und Heiterkeit nicht zu rauben vermochte, am 25. August 1776 starb.

b) Erkenntnistheoretischer Radikalismus.

Alle Wissenschaften, und nicht zum wenigsten die Geisteswissenschaften stehen in bestimmter Beziehung zur menschlichen Natur. Mit diesem Satze beginnt Hume seine Untersuchung der Erkenntnis, und er folgert aus ihm, daß man durch das Studium der menschlichen Natur die Grundlage aller menschlichen Wissenschaft entdecken werde. Dieses Studium müsse aber mittels der empirischen Methode angestellt werden, die bereits mit Erfolg in der Naturwissenschaft angewandt worden sei, und deren Anwendung beim Studium der menschlichen Natur schon Bacon, Locke und Shaftesbury eingeleitet hätten. Als *Fundamentalsatz* stellt Hume nun unter Berufung auf die Erfahrung den Satz auf, daß alle unsere Vorstellungen (ideas) aus Empfindungen (impressions) entspringen; Vorstellungen können niemals apriorisch sein. Wenn wir die Gültigkeit einer Vorstellung prüfen, müssen wir deshalb vor allen Dingen fragen, welche Empfindung diese Nachwirkung erzeugt hat. In dem Ursprung der Empfindungen erblickt Hume ein unsrer Erkenntnis unlösbares Problem, ein Problem, dessen Lösung für die Behandlung seiner Aufgabe aber auch nicht notwendig sei (vgl. Treatise I, 3, 5; an andern Orten, wie II, 1, 1, bedient er sich der gewöhnlichen Ausdrucksweise). — Mittels jenes Fundamentalsatzes (den Berkeley nur auf die Vorstellungen von dem Raum und der Materie angewandt hatte) prüft Hume nun eine Reihe wichtiger Vorstellungen. — Die Vorstellung von einer Substanz oder einem Wesen muß für ungültig erklärt werden, da wir keine entsprechende Empfindung haben. Unmittelbar empfinden wir nur einzelne, mehr oder weniger fest miteinander verbundene Eigenschaften, aber kein „Wesen". — Die mathematischen Vorstellungen von der Zeit und dem Raume werden durch Idealisation gebildet. Die Erfahrung zeigt uns nur eine unvollkommene Gleichheit der Zeit- und Raumgröfsen; jeder Mafsstab, den wir besitzen, ist unvollkommen; — nachdem die Erfahrung uns aber Gelegenheit gegeben hat, verschiedene Ähnlichkeitsgrade und Mafsstäbe zu vergleichen, bilden wir die Vorstellung von vollkommener Gleichheit und von einem vollkommenen Mafsstabe (z. B. von einer vollkommenen Linie), indem die einmal in Gang gebrachte Einbildungskraft ihren Lauf fortsetzt, wenn die Erfahrung auch nicht mitzufolgen vermag. Da die Geometrie dergleichen ideale Gegenstände betrifft, kann ihre Anwendung auf wirkliche Gegenstände keine völlige Genauigkeit erzielen. — Ebensowenig wie der Substanzbegriff und die mathematischen Begriffe entspricht die Vorstellung von Existenz irgend einer Empfindung. An ein Ding denken und dieses als existierend denken ist nicht zweierlei. Unsre Vorstellung von dem Gegenstande bleibt blofse Vorstellung, auch wenn wir den Gegenstand als existierend denken, und wir verleihen einem Dinge keine neue Eigenschaft, wenn wir es uns als existierend vorstellen.

Bei der Prüfung der Gültigkeit unsrer Erkenntnis überhaupt unterscheidet Hume zwischen der Erkenntnis, die nur aus der Erläuterung der gegenseitigen Beziehung unsrer Vorstellungen besteht (den formalen Wissenschaften: der Logik und der Mathematik), und der Erkenntnis, die uns über die gegebenen Empfindungen hinaus führt und uns von der Existenz eines nicht gegebenen Etwas überzeugt. Letztere Art der Erkenntnis gründet sich auf die Annahme der Gültigkeit des Kausalverhältnisses, — und hier übt Hume nun seine philosophische Grofsthat aus, indem er auf entscheidende Weise das *Kausalproblem* aufstellt, das Problem, auf dessen Lösung jedes Wertschätzen der Bedeutung der Realwissenschaft beruht. Allem Forschen zu Grunde liegt ein Bedürfnis, zu finden, „was die Welt in ihrem Innersten zusammenhält"; in jedem realwissenschaftlichen Probleme liegt das nämliche Grundproblem, und erst Hume erblickte dieses in seiner ganzen

Tragweite. Es ist aber wohl zu erinnern, dafs Hume niemals bezweifelt, dafs wir den Kausalsatz unablässig in der Theorie und der Praxis anwenden müssen; er fragt nur, ob diese Anwendung sich *begründen* läfst, — und an diesem Punkte findet er nur eine verneinende Antwort. Er entdeckt, dafs was uns zur Annahme des Kausalverhältnisses bewegt, dasselbe ist als das, was uns bewegt, ein Etwas als existierend anzunehmen, selbst wenn es nicht in der Empfindung gegeben ist. Eine und dieselbe Untersuchung wirft — nach Humes psychologischer Methode — auf die beiden Begriffe der Ursache und des Glaubens (belief) Licht.

Zur Begründung der Gültigkeit des Kausalverhältnisses kann man sich nicht auf unmittelbare Gewifsheit oder Intuition berufen, denn eine solche haben wir nur inbetreff einfacher Ähnlichkeits- oder Gröfsenverhältnisse. Auch nicht auf logische Beweisführung, denn alle unsre Vorstellungen können wir voneinander isoliert halten. Die Bewegung eines Billardballes ist ein Ereignis, das von der Bewegung eines andern Billardballes durchaus verschieden ist. Es gibt keinen Gegenstand, den wir uns nicht mit Leichtigkeit in einem Augenblick als existierend, im nächsten Augenblick aber als nicht existierend zu denken vermöchten. Es liegt also gar kein Selbstwiderspruch darin, dafs etwas ohne Ursache beginne. Die Beweise, die frühere Philosophen (Hobbes, Locke, Clarke — wozu noch Wolff gefügt werden könnte) versucht haben, sind nur Scheinbeweise. Es ist ja auch klar, dafs wenn der Kausalsatz durch die Vernunft (entweder die Intuition oder die Demonstration) begründet würde, so müfsten wir mit dem „Fundamentalsatze" in Streit geraten; denn dann würde die Vernunft im Besitze des Vermögens sein, ganz neue Vorstellungen zu erzeugen, die nicht aus der Erfahrung herstammten! — Wird die Gültigkeit des Kausalverhältnisses aber nicht durch die Erfahrung begründet? — Hierauf ist zu erwidern, dafs die Erfahrung uns nur zeigt, wie ein Ereignis auf das andre folgt, uns aber nicht die innere Notwendigkeit ihrer Verbindung darlegt, die man mit dem Worte Kausalverhältnis im Sinne hat. Dies gilt, ob wir unter Erfahrung die äufsere oder die innere Erfahrung verstehen. Hume widerlegt speziell die (von Berkeley gehegte) Meinung, wir hätten an dem unmittelbaren Bewußtsein unsers Wollens eine Auffassung der Kraft oder der Aktivität. Eine einzelne Erfahrung ist nicht imstande, uns die Kausalitätsvorstellung zu geben, und mehrere Erfahrungen geben uns nur ein Successionsverhältnis. Wenn wir sehr oft eine Erscheinung auf eine andre haben folgen sehen, erwarten wir erstere unwillkürlich, wenn letztere aufs neue eintritt: dies ist aber eine Gewohnheit, und es wird hierdurch die Berechtigung nicht dargethan, von der Vergangenheit auf die Zukunft zu schließen.

Bei seiner Erklärung der Neigung, die wir haben, über eine gegebene Empfindung hinaus zu gehen und ein nicht Gegebenes zu glauben oder zu erwarten, legt Hume erstens die Erfahrung zu Grunde, daß jeder stark erregte Zustand oder jede stark erregte Stimmung (disposition, feeling), in die das Bewußtsein gerät, die Tendenz hat, anzudauern und sich über die neuen auftauchenden Vorstellungen auszudehnen. Ist das Bewußtsein durch irgend einen Gegenstand erhöht oder erregt worden, so wird jede Bewußtseinshandlung lebhafter als sonst vorgehen, solange die Erregtheit andauert. Eben dieses Gesetz erklärte ja schon die Idealisation der mathematischen Vorstellungen. — Zweitens legt er Gewicht darauf, daß die Erfahrung uns eine Neigung unsrer Vorstellungen zeigt, sich gegenseitig hervorzurufen. Jede Vorstellung hat eine associierende Tendenz; eine sanfte Gewalt (a gentle force) führt von der einen zu den andern. Als verschiedene Bedingungen solcher Association nennt Hume Ähnlichkeit, zeitliche und räumliche Koexistenz, Kausalität. Es äußert sich hier eine Anziehung in der inneren Welt, die für diese ebenso bedeutungsvoll ist wie die physische Anziehung für die äußere Welt. Zugleich ist ihr Wesen aber nicht weniger geheimnisvoll: ihre Ursachen müssen in uns unbekannten Eigenschaften der menschlichen Natur liegen. Das unsre Vorstellungen vereinende Band ist ebenso unverständlich wie das die äußeren Gegenstände vereinende; und nur aus Erfahrung lernt man es kennen. Ja, nicht nur unbegreiflich, sondern sogar sich selbst widersprechend findet Hume (im Appendix des ersten Buches des Treatise) den associativen Zusammenhang: wie kann es ein verbindendes Prinzip (*uniting principle*, Tr. I, 3, 4; *principle of connection*, Tr. I App.) geben, wenn alle unsre Empfindungen und Vorstellungen gesonderte, selbständige Existenzen sind? Von dieser Schwierigkeit erklärt Hume, sie sei seinem Verstande zu hart. — Die beiden Fakta (die wir die Expansion und die Association nennen können) stehen indes fest. Und mit ihrer Hilfe wird es erklärt, wie eine lebhafte Empfindung, die uns — gerade wegen ihrer Lebhaftigkeit — als Ausdruck eines Wirklichen erscheint, imstande ist, denjenigen Vorstellungen, die sie mittels Association hervorruft, ihre Lebhaftigkeit und somit auch ihr Gepräge der Wirklichkeit mitzuteilen. Was wir Glauben (belief) nennen, ist weiter nichts als das lebhafte Gepräge, das Vorstellungen auf diese Weise erhalten können. Der Glaube ist keinem neuen, besonderen Eindrucke zu verdanken, sondern bedeutet nur die spezielle Weise, wie eine Vorstellung dem Gefühle (feeling or sentiment) erscheint. Wir können nicht umhin, zu der mit der lebhaften Empfindung associierten Vorstellung überzugehen, und wir können nicht umhin, an letzterer festzuhalten und sie in stärkerem Lichte als sonst zu erblicken. — Und da nun (drittens) das Bewufstsein (wie die Vorstellungen von den Sinnesqualitäten, von dem Raume und der Zeit, von der Substanz ergeben) eine Neigung hat, seine eignen inneren Zustände als äufsere, objektive Erscheinungen zu betrachten, so wird es uns verständlich, wie wir dazu kommen können, an ein Kausalverhältnis zwischen den Dingen der Welt zu glauben, obwohl die Notwendigkeit, von welcher hier die Rede ist, sich ja nur in uns selbst findet, ein Nötigen ist, das sich dadurch äufsert, dafs wir aus psychologischen Gründen bewogen werden, von einer Empfindung oder Vorstellung zu einer anderen überzugehen. Die Notwendigkeit ist subjektiv, ebensowohl als die Sinnesqualitäten, der Raum und die Zeit. Was wir Vernunft nennen, ist nur ein dunkler Instinkt in uns, der dadurch entsteht, dafs Erfahrungen in bestimmter Reihenfolge wiederholt werden. Die Entstehung dieses Instinktes, oder der Einflufs der Gewohnheit ist uns ebenso unbegreiflich wie überhaupt aller Zusammenhang zwischen den Elementen unsers Bewufstseins. Da aber die Geistesthätigkeit, mittels deren wir aus derselben Ursache auf dieselbe Wirkung schliefsen, von äufserst grofser praktischer Wichtigkeit ist, hat die Natur sie nicht der unsicheren Vernunft anvertrauen wollen, sondern sie aus dem sicheren, wenn auch dunklen Instinkte entstehen lassen, der durch keine kritische Prüfung zu erschüttern ist: Die Natur ist stärker als die Reflexion (nature is too strong for principle)!

Während die dogmatische Philosophie unter ihren verschiedenen Formen glaubte, sie könnte mit Hilfe der reinen Vernunft Gedankenreihen aufbauen, die weit über die Sinnlichkeit hinaus reichten, wird nach Humes Untersuchung die Einbildungskraft (imagination) das einzige Vermögen, das uns bewegen kann, an etwas zu glauben, das kein Gegenstand gegenwärtiger Wahrnehmung ist. Auf diesem beruht also der Glaube an eine vom Bewufstsein unabhängige äufsere Welt. Die ununterbrochene Existenz der Gegenstände erfahren wir nicht, nur eine gewisse Beständigkeit und einen gewissen Zusammenhang — dies genügt aber unsrer Einbildungskraft, die ja ihre Bewegung in der einmal eingeschlagenen Richtung fortsetzt, um sich so grofse Gleichförmigkeit und so grofsen Zusammenhang vorzustellen, wie es ihr überhaupt möglich ist. Die Zwischenräume unsrer Empfindungen füllen wir aus, indem wir konstante Wesen erdichten. — Durch ganz dasselbe Prinzip wird die Vorstellung von dem Ich oder dem Selbst erklärt. Die Ungültigkeit des Substanzbegriffes wurde bereits nachgewiesen. Unsere Empfindungen und Vorstellungen, sagt Hume, können sehr wohl bestehen, ohne sich auf eine solche Substanz zu stützen oder ihr innezuwohnen. Will man seinen Glauben an eine Seelensubstanz begründen, so mufs man eine Empfindung nachweisen, auf die sich derselbe gründet, und das kann man nicht, da alle unsre Empfindungen wechseln. Nimmt man das Wort Substanz in vagerem Sinne, im Sinne dessen, was besondere Existenz hat, weshalb sollen denn unsere Empfindungen und Vorstellungen, die jede für sich besonders existieren können, keine Substanzen sein? — Speziell warnt Hume theologisierende Metaphysiker vor dem Glauben an eine Seelensubstanz, in welcher die einzelnen Empfindungen und Vorstellungen als besondere Modifikationen bestehen sollten,

Die englische Erfahrungsphilosophie. 487

denn hierdurch reiche man dem Spinozismus eine gefährliche Stütze: gerade so habe Spinoza ja das Verhältnis zwischen Gott und den Dingen der Welt aufgefaßt! — Aber auch wenn wir die Vorstellung von einer Seelensubstanz verlassen und nur fragen, wie es sich mit der Vorstellung von dem Ich als Ausdruck unsrer persönlichen Identität verhält, verwickeln wir uns in große Schwierigkeiten. Keine Empfindung oder Vorstellung ist unveränderlich und beständig. Stets finden wir einen speziellen inneren Zustand gegeben, nie „uns selbst" als Totalität. Die Identität, die wir uns beilegen, ist derselben Natur wie diejenige, die wir äußeren Gegenständen beilegen: sie ist nur eine Folge der Leichtigkeit, mit der wir aus einer Empfindung oder Vorstellung in eine andre übergehen, welche Leichtigkeit uns übersehen läßt, wie rätselhaft es ist, daß ein Element überhaupt in ein andres, von ihm verschiedenes hinüberführen kann! —

Hume ist ein Problemsteller ersten Ranges. Er ist imstande wie nur wenige andre einen Begriff oder ein Verhältnis so durchzudenken, daß die verborgenen Schwierigkeiten zum Vorschein kommen. Mittels seiner energischen Denkarbeit gelingt es ihm, den Grundbegriff hervorzuziehen, der alles praktische Denken der Menschen, all ihre exakte Wissenschaft, all ihre Spekulation und all ihre Religion trägt. Er wies nach, daß es für die Philosophie Probleme genug gibt, auch nachdem die Zeiten der großen Systeme vorbei sind. Um seine Bedeutung aber recht zu erblicken, muß man ihn in seinem Hauptwerke (dem Treatise) studieren. In den Essays[80]) ist die Untersuchung wesentlich auf den Kausalbegriff beschränkt, und von der radikalen Weise, wie Hume „das vereinende Prinzip" unter allen dessen Formen verfolgt (in der mathematischen Erkenntnis, im Begriffe des Ichs), sowohl als von der Methode, die er in Anwendung bringt, besonders von der durchgeführten Anwendung des Gesetzes der Expansion wird man aus der verkürzten und gedämpften Darstellung keine Ahnung erhalten. — Das vereinende Prinzip, dessen Unbegreiflichkeit er nachweist, erkennt er jedoch als thätig an, teils indem er annimmt, wir hätten Vorstellungen nicht nur von einzelnen Dingen, sondern auch von deren Beziehungen

(Zeit und Raum, Ähnlichkeit und Unterschied z. B.), teils indem er die Association der Vorstellungen als Thatsache annimmt, teils endlich durch das Gewicht, das er auf die Neigung der Einbildungskraft, sich auszudehnen und zu erweitern, legt, welche Neigung ja eine Neigung des Bewufstseins ist, trotz aller Verschiedenheiten die Identität mit sich selbst aufrechtzuhalten. Dies alles steht allerdings in wunderbarem Gegensatze zu dem absoluten, „substantiellen" Unterschiede der einzelnen Empfindungen und Vorstellungen, der die Voraussetzung ist, von welcher Hume ausgeht, — eine Voraussetzung, welche die Grenzen seines Denkens bezeichnet. Mit gröfserem Rechte könnte man den Unterschied zwischen den Elementen unsers Bewufstseins unbegreiflich finden: denn begreifen heifst verbinden, Zusammenhang finden!

c) Ethik.

Der zweite Teil von Humes Hauptwerk behandelt die Gefühle. Für die Geschichte der Psychologie ist er von grofser Bedeutung; hier können wir ihn indes als Einleitung der Ethik behandeln, die den dritten Teil des Werkes bildet, welchen Hume später in kürzerer Form als *Inquiry concerning the Principles of Morals* (1751) herausgab. — In seiner Auffassung der psychologischen Natur der Gefühle hat er Spinoza zum Vorgänger und wurde wahrscheinlich von diesem beeinflufst. Seine Darstellung ist reicher und ausführlicher als diejenige Spinozas. Beide stützen ihre Auffassung auf die Bedeutung, welche die Vorstellungen und deren gegenseitige Verbindung für die Entwickelung der Gefühle haben. Hume weist nach, wie sich ein Gefühl mit einem anderen Gefühl mittels der Verbindung zwischen den Vorstellungen von ihren Gegenständen verknüpft. Seine Äufserungen sind schwankend inbetreff der Frage, ob zwischen den Gefühlen direkte Association stattfindet, indem er meistens zwar den Gefühlen — wie auch den Vorstellungen — die Neigung beilegt, andre Gefühle zu reproduzieren (II, 1, 4, vgl. *Dissertation of the Passions* in den Essays), an andern Orten jedoch lehrt (II, 2, 8), es finde keine Verbindung der Gefühle statt, wenn die Vorstellungen nicht in Verbindung stünden. Diesem Schwanken liegt wahrscheinlich die Erkenntnis zu Grunde, dafs das Gefühl sich bei diesen Vorgängen nicht durchaus passiv verhält, was Hume klar erblickte, wie aus seiner Lehre von der Expansion hervorgeht, die für seine Erkenntnislehre von so eingreifender Bedeutung ist. — Als Psycholog übte er zugleich dadurch grofsen Einfluſs, daſs er stark betonte, dafs nur das Gefühl, nicht aber die blofse Vernunft Willenshandlungen zu erzeugen vermag. Er macht darauf aufmerksam, dafs Empfindungen und Vorstellungen leichter zu konstatieren sind als Triebe und Neigungen, wenn diese sich nicht durch ihre Heftigkeit auszeichnen. Deswegen werden die ersten Keime des Willens leicht übersehen. Und ebenso wie der Wille nur aus dem Gefühl und nicht aus der Vernunft allein entsteht, ebenso ist es auch nur das Gefühl, das ein Gefühl hemmen und einer Handlung vorbauen kann (II, 3, 3). Und auch hier stimmt er mit Spinoza in einem häufig übersehenen psychologischen Satze überein, der indes grofse Tragweite besitzt. Das Gefühl ist ein ursprünglicher und unmittelbarer Zustand, die Vernunft äufsert sich aber durch Reflexion und Vergleichung und erhält deshalb nur in sofern Einfluſs auf das Gefühl, als sie die mit dem Gefühle verbundenen Vorstellungen zu prüfen vermag. — Eine Unvollkommenheit der Humeschen Psychologie ist es, dafs er nicht den Zusammenhang des Gefühls mit ursprünglichen Instinkten hervorhebt[81]). Hier sah Shaftesbury klarer als er. Hume ist geneigt, die Instinkte nur als abgeleitet zu betrachten (wie er in seiner Erkenntnislehre z. B. den Kausalinstinkt durch die Gewohnheit erklärt). Seine Auffassung wird hier durch seinen Empirismus beschränkt. Ein verwandter Zug zeigt sich in seiner Geschichtsschreibung, indem man gegen diese den Einwurf erhoben hat, sie berücksichtige nicht die Rasseneigentümlichkeiten der Völkerschaften, deren Geschichte sie schildre. —

Die psychologische Untersuchung über das Verhältnis des Gefühls zur Vernunft wird von unmittelbarer Bedeutung für Humes Ethik, weil sie die Beantwortung der Frage enthält, ob die Moral sich auf die Vernunft oder auf das Gefühl gründet. Die Vernunft konstatiert nur Verhältnisse oder Thatsachen. Ein moralisches Urteil entsteht aber erst, wenn ein Gefühl durch die Vorstellung von einer Handlung erregt wird, nachdem alle diese Handlung betreffenden Verhältnisse und Thatsachen hervorgezogen sind. Nur weil unser Gefühl in Bewegung gesetzt wird, nennen wir etwas gut oder böse. Die moralischen Qualitäten (gut und böse) besitzen deshalb nur vom Standpunkte fühlender Wesen aus Gültigkeit — ebenso wie die Sinnesqualitäten nur vom Standpunkte sinnlich wahrnehmender Wesen aus Gültigkeit besitzen[82]). Dies benimmt den Qualitäten aber ihre Bedeutung nicht: in der Praxis wenden wir die moralischen Wertschätzungen mit derselben Sicherheit an wie die sinnlichen Qualitäten, obschon weder letztere noch erstere objektive und ewige Verhältnisse ausdrücken. (Siehe außer dem Treatise III, 1. 1 besonders die Abhandlung *The Sceptic* in den Essays.) Hume (der auch in diesem Punkte mit Spinoza übereinstimmt) steht hier in scharfem Gegensatze zu denjenigen Moralphilosophen, welche die Moral aus der Vernunft allein ableiten wollten und die moralischen Prinzipien als ewige Wahrheiten betrachteten, ein Standpunkt, der noch nach Lockes Zeiten von Clarke und Price behauptet wurde (wie Cudworth ihn gegen Hobbes behauptet hatte).

Die nächste Frage wird nun die, aus welchem Gefühle die Moral denn entspringt. Bei allen Handlungen und Eigenschaften, die moralischer Billigung unterworfen sind, ist der eine gemeinschaftliche Zug wiederzufinden, daß sie dem Handelnden selbst oder anderen mittelbar oder unmittelbar zu Nutz und Frommen gereichen. Dieser Zug nötigt uns — von aller Erziehung und Autorität unabhängig — Billigung, Achtung, vielleicht Bewunderung ab. Und da wir Handlungen billigen, die uns nicht selbst zu gute kommen, kann das Gefühl, das der Billigung zu Grunde liegt, nicht selbstischer Natur sein. Wer moralische Urteile ausspricht, verläßt seinen privaten Standpunkt und nimmt einen Standpunkt ein, der ihm und anderen gemeinschaftlich ist. Wollten wir nur nach selbstischen Interessen schätzen, so würden wir keine gemeinschaftliche Wertschätzung erhalten können. Selbst wenn die Anerkennung der Gerechtigkeit als einer Tugend von Anfang an dem Bedürfnisse jedes einzelnen Individuums, Frieden und Sicherheit zu genießen, zu verdanken wäre, ließe das Interesse für die allgemeine Rechtsordnung sich doch nur durch die Sympathie für dasjenige erklären, was das menschliche Leben überhaupt aufrechterhält. Das Motiv, das von Anfang an etwas zu einer Tugend macht, braucht nicht dasjenige zu sein, das später der Wertschätzung zu Grunde liegen kann. Es ist also die Sympathie oder das Gefühl der Kameradschaft (fellow feeling) die eigentliche Grundlage der Moral. Sogar die Wertschätzung der Tugenden, die (wie Klugheit in den eignen Angelegenheiten) nur dem Handelnden selbst Vorteil bringen, ist am besten aus der Sympathie zu verstehen. — Die Sympathie selbst erklärt Hume in Übereinstimmung mit dem „Fundamentalsatze" seiner Erkenntnislehre: sie entsteht dadurch, dafs der Anblick oder die lebhafte Vorstellung von den Äufserungen oder den Ursachen der Freude oder des Schmerzes andrer Menschen ein lebhaftes Gefühl der Freude oder des Schmerzes in uns hervorruft, dadurch also, dafs eine blofse Vorstellung (idea) wegen ihres Zusammenhanges mit einer lebhaften Empfindung in *Empfindung* (impression) übergeht.

Humes Ethik trägt das Gepräge eines klaren Kopfes und warmen Herzens. Über tief eingreifende ethische Krisen und Gegensätze darf man aber keine Aufklärung in ihr zu finden erwarten. Hume nimmt nicht einmal Hutchesons interessanten Versuch wieder auf, das Pflichtgefühl aus der Sympathie abzuleiten. Der innere und äufsere Widerstand, den die Ausarbeitung des ethischen Charakters antreffen kann, hält ihn nicht auf. Er ist aber völlig und klar überzeugt, dafs die Moral die menschliche Natur zur Grundlage hat, und er deutet die folgenreiche Distinktion an, die zwischen dem ersten Motive für die Entwickelung einer Eigenschaft des Charakters oder einer Institution und demjenigen Motive liegt, aus welchem die spätere Wertschätzung entspringt. Hat man ihn häufig einen Skeptiker genannt, so eignet diese Benennung sich jedenfalls nicht für ihn als Ethiker. In einer speziellen Untersuchung (*A Dialogue*, in den Essays) erörtert er die Einwürfe, die sich aus den einander widersprechenden moralischen Vorstellungen, Sitten und Gebräuchen verschiedener Völker und Zeiten erheben lassen. Ebensowohl, sagt er, könnte man eine

Schwierigkeit darin finden, dafs der Rhein dem Norden, die Rhone dem Süden zuströmt! Beide Flüsse laufen einem und demselben Gesetze, dem Gesetze der Schwere gemäfs in entgegengesetzter Richtung, und zwar wegen der verschiedenen Senkung des Erdbodens. Weil die Menschen unter verschiedenen Verhältnissen zu verschiedenen Ergebnissen gelangen, können sie doch sehr wohl von demselben Prinzipe ausgehen. Alles, was die Menschen gut oder böse genannt haben, ist etwas gewesen, das für direkt oder indirekt nützlich oder schädlich angesehen wurde. Die Verschiedenheiten erschüttern das Prinzip also nicht. —

Als Nationalökonom ist Hume der wichtigste Vorgänger Adam Smiths. In seinen nationalökonomischen Aufsätzen hebt er hervor, wie wichtig es ist, dafs der Erwerbstrieb erweckt wird. Durch Zwang mache man niemand zum geschickten Arbeiter. Neue Bedürfnisse müfsten entstehen, bevor die Lust zum Fortschritt entstehen könne. Zeigten sich keine andern Bedürfnisse als diejenigen, die sich mittels des geringsten Ertrages des Erdbodens befriedigen liefsen, so würde dieser nicht auf möglichst gute Weise angebaut werden. Der Ackerbau gedeihe nur bei Wechselwirkung mit Handel und Industrie. Und hierdurch werde auch der Mittelstand gebildet, der die sicherste und beste Stütze der öffentlichen Freiheit sei. — Auf das Problem von dem Verhältnisse des Erwerbstriebes zur Sympathie läfst Hume sich ebensowenig näher ein wie Adam Smith, sein Freund und Nachfolger. Sie scheinen angenommen zu haben, dafs die Wirkungen der beiden Motive in Harmonie stünden.

d) Religionsphilosophie.

Humes wichtigstes Verdienst um das religiöse Problem beruht auf seiner klaren Distinktion zwischen der Frage nach der Möglichkeit, die Religion auf dem Wege der Vernunft zu begründen, und der Frage nach dem faktischen Ursprunge der Religion in der menschlichen Natur, einer Distinktion, die sowohl in seiner Erkenntnislehre als in seiner Ethik Analogien findet. Erstere Frage wird in seinen „Dialogues on Natural Religion", letztere in der „Natural History of Religion" erörtert.

Was diese, die historische Frage betrifft, sucht Hume zu zeigen, dafs es kein Bedürfnis des Verständnisses ist, was zum Glauben an göttliche Wesen bewegt. Im Gegenteil, was dem Denker ein grofser Stein des Anstofses ist, Unheil und Unordnung in der Natur, das ist für den gemeinen Mann gerade ein Motiv des Glaubens. Der Glaube wird durch Gefühle hervorgerufen, die im Laufe des Lebens entstehen: durch Furcht und Hoffnung, Spannung und Unsicherheit, Angst vor dem Rätselhaften. Hiermit zusammen wirkt die allgemeine Neigung, sich alle andern Wesen als den Menschen ähnlich zu denken. Die Geschichte scheint zu zeigen, dafs der Polytheismus die ursprüngliche Religion ist. Und dies stimmt mit dem natürlichen Entwickelungsgange überein; gradweise erhebt sich das Bewufstsein von niederen bis zu höheren Stufen, und indem es in der heftigen Bewegung, in die es teils aus Furcht, teils aus Begeisterung gerät, den Gegenstand der Einbildungskraft erhöht und ihn immer vollkommner und edler denkt, gelangt es zuletzt zur Vorstellung von einem einzigen, unendlichen und unbegreiflichen Gott. Es geht hier auf dem Gebiete des religiösen Gefühls ein ähnlicher Idealisationsprozefs vor wie derjenige, der der Bildung der mathematischen Prinzipien und des Kausalprinzips zu Grunde liegt. Der Übergang aus dem Polytheismus in den Monotheismus läfst sich nicht aus blofs intellektuellen Motiven erklären; auf dem Wege des Gefühles haben die Menschen aber dasselbe Resultat erreicht, das eine vernünftige Betrachtung herbeiführt: es kann nur ein Gott sein. Nach Erreichung dieses erhabenen Standpunktes findet nun, wie die Geschichte bezeugt, leicht eine Reaktion statt. Es macht sich das Bedürfnis fühlbar, zwischen dem einzigen, unendlichen, rein geistigen Gott und der Welt vermittelnde Wesen zu haben. Zwischen diesen beiden entgegengesetzten Polen — der erhabenen, unanschaulichen und der beschränkten, anschaulichen Gottesauffassung — findet ein beständiges Schwanken statt. — Bei näherer Untersuchung findet Hume in dem Wesen der Religion widerstreitende Neigungen und Eigenschaften. Erhabenheit und Plumpheit, Glaube und Zweifel, Reinheit und Sittenlosigkeit, Grofsheit und Entsetzen sind auf sonderbare

Weise miteinander vermischt. Es gibt so viel Rätselhaftes in der Religion und so grofsen Streit unter den verschiedenen Religionen, dafs Hume sich am liebsten in die ruhigen, wenngleich dunklen Regionen der Philosophie zurückzieht. — In dem Essay „von den Wundern" erörtert Hume speziell die Frage nach dem Übernatürlichen. Sein Hauptgedanke ist hier, dafs kein Zeugnis genüge, um ein Wunder zu begründen, es sei denn, dafs die Falschheit des Zeugnisses ein gröfseres Wunder wäre als das bezeugte. Er behauptet indes, es gebe kein Wunder, das sich mit einem solchen Zeugnisse hätte belegen lassen. —

Was die Frage nach der Wahrheit der Religion betrifft, so ist es mit Schwierigkeit verbunden, Humes eigentlichen Standpunkt ausfindig zu machen, da er diese Frage in dialogischer Form untersucht hat. Drei verschiedene Standpunkte führt er an. Demea ist der Vertreter einer mystischen Orthodoxie, die sich teils auf apriorische Gründe der Vernunft, teils auf Postulate des Gefühls stützt. Cleanthes vertritt einen rationalistischen Deismus, dem namentlich die Zweckmäfsigkeit der Natur zur Stütze dient. Philo tritt teils als Skeptiker, teils als Naturalist auf. Dafs Demea nicht den eignen Standpunkt Humes vertritt, kann keinem Zweifel unterworfen sein. Den Cleanthes machte er, nach eigner Aussage, zum Helden der Dialoge, es ist aber augenscheinlich und wird von ihm selbst in Briefen (Burton I, S. 332. Letters to Strahan, S. 330) ausgesprochen, dafs Philos Betrachtungen ihn am meisten interessieren, obgleich dieser zuletzt seinen Standpunkt aufgeben mufs. Philos Standpunkt trifft zweifelsohne zunächst mit Humes eignem zusammen. Die Hauptgedanken, die Philo geltend macht, sind folgende. — Wer könnte uns tadeln, wenn wir mit Bezug auf so grofse und schwierige Fragen erklärten, dafs wir nichts wüfsten? Wir kommen ja weit über das Gebiet der Erfahrung hinaus, und System steht wider System! Gegen Cleanthes' Folgerung aus der Ordnung und Zweckmäfsigkeit der Natur auf Gottes Dasein erhebt Philo eine Reihe von Einwürfen. 1) Warum die Ursache der Ordnung und der Zweckmäfsigkeit aufser der Welt suchen? Es könnten ja in dieser selbst Kräfte wirken, durch welche Ordnung und Harmonie herbeigeführt würden — vielleicht nach vielen Umwälzungen und vorläufigen Akkommodationen. Und wie die Kunstfertigkeit sich durch Anläufe und Versuche entwickelt, könnten sich ja verschiedene Weltsysteme abgelöst haben, bis das jetzige System entstand, als die günstigsten Bedingungen andauernden Bestehens darbietend. 2) Die Erfahrung zeigt uns den Geist und den Gedanken als endliche, beschränkte Erscheinungen. Mit welchem Rechte erklärt man die Totalität der Welt aus einem Teile derselben? Der Gedanke selbst ist ja wie alles andre in der Welt einer Erklärung benötigt, und wenn wir bei ihm als letzter Ursache Halt machen, geschieht dies denn nicht um der Befriedigung willen, hinter den Dingen unser eignes Wesen wieder zu finden, so wie wir geneigt sind, in den Wolken unsre eignen Gestalten zu finden? 3) Läfst sich ein spezielles Problem rücksichtlich der Welt als Totalität aufstellen? Wenn wir die Entstehung der einzelnen Teile oder Erscheinungen erklärt haben, ist die Entstehung aller dieser Teile als Gesamtheit kein spezielles Problem. Dafs wir uns dieselben als eine gesamte Totalität denken, ist nur die Folge eines willkürlichen Bewufstseinsaktes. 4) Aus der Welt, wie uns die Erfahrung sie zeigt, mit all ihrer Unvollkommenheit, ihrem Schmerze und ihrer Not, läfst sich jedenfalls nicht auf eine *vollkommene* Ursache schliefsen. In einem seiner Essays (*Of a Particular Providence and of a Future State*) stellt Hume folgendes Dilemma: gibt es Gerechtigkeit in der Welt, so haben wir keinen Grund, eine andre Welt zu suchen, und gibt es keine Gerechtigkeit in der Welt, so läfst sich nicht annehmen, dafs diese Welt von Gott erschaffen sei. — Philo will indes nicht Gottes Dasein leugnen. Er warnt nur davor, Gott in allzu naher Analogie mit dem Menschen aufzufassen. Er erklärt, der Unterschied zwischen dem Theisten und dem Atheisten, dem Dogmatiker und dem Skeptiker sei zuguterletzt nur ein Unterschied der Benennung: der Theist gebe ja zu, dafs der göttliche Geist von dem menschlichen höchst verschieden sei; der Atheist, dafs das in der Welt herrschende Prinzip doch gewisse Analogie mit dem menschlichen Geiste besitze; der Dogmatiker gestehe, dafs seine Meinung mit grofsen Schwierigkeiten verbunden sei, und der Skeptiker, dafs wir trotz der Schwierigkeiten nicht beim blofsen Zweifel stehen bleiben könnten. Das Entscheidende sei, dafs keine Vorurteile die natürliche Menschenliebe und das Gerechtigkeitsgefühl abstumpften. —

Humes Behandlung des religiösen Problems bezeichnet einen grofsen Fortschritt. Seine Dialoge stehen neben Kants Kritik der Theologie in der „Kritik der reinen Vernunft" als dauerndes Monument da. Eine Entgegnung dieser beiden Werke ist bisher eigentlich nicht gegeben worden. Was die psychologische Seite der Religion betrifft, thäte wohl gröfsere Tiefe und Innigkeit not, als Humes nüchterner Geist zu geben vermochte; auch mit Bezug auf das historische Verständnis der Religion war sein Material nicht genügend. In beiden Beziehungen hat er aber Gedanken angegeben, welche die spätere Forschung weiter führte. Seine gesunde empirische Methode verleiht seinen Untersuchungen bleibenden Wert. Er ist der wichtigste Vorgänger des modernen Positivismus.

6. Humes Nachfolger und Kritiker in England.

Hume bezeichnet den Gipfel der Entwickelung des philosophischen Denkens in England während des 18. Jahrhunderts. Von den Gesichtspunkten aus, die schon Bacon und Hobbes, besonders aber Locke zur Geltung gebracht hatten, waren die letzten Konsequenzen erreicht, die sich ziehen liefsen; der eingeschlagene Gedankengang war bis ans Ziel geführt worden mittels einer Thätigkeit, die von dem einen hervorragenden Denker fortgesetzt wurde, wo der andere aufhielt. Nur von ganz neuen Gesichtspunkten aus, die nicht innerhalb des Horizontes der englischen Schule lagen, die aber von einer anderen Seite her kommen mufsten und auch wirklich kamen, konnte die Entwickelung weiter geführt werden. Hierdurch ist nicht ausgeschlossen, dafs noch nach Humes Zeiten, bevor die philosophische Thätigkeit in England eine bis in unser Jahrhundert reichende, lange Pause macht, eine Reihe bedeutender Werke erscheinen, die Humes Wirksamkeit teils ergänzen und fortsetzen, teils gegen dieselbe opponieren und reagieren.

a. Humes Werk auf dem ethischen und nationalökonomischen Gebiete wurde in selbständiger Weise fortgesetzt von Adam Smith, seinem Freunde, der 1723 zu Kirkaldy in Schottland geboren wurde und anfangs in Glasgow studierte, wo er Hutcheson mit Bewunderung hörte, später aber nach Oxford ging. Nach der Weise zu urteilen, wie er später die englischen Universitäten in seinem berühmten nationalökonomischen Werke erwähnt, haben die Oxforder Verhältnisse ihm nicht zugesagt. Wie der Lord Brougham erzählt (*Lives of Philosophers of the Time of George III*, S. 179), soll er selbst die Borniertheit der Universitätsautoritäten erfahren haben, indem sein Exemplar von Humes „Treatise", das er eben studierte, konfisziert wurde, und er einen Verweis erhielt, weil er ein solches Werk las! Ein Zug, der für die Weise charakteristisch ist, wie Hume und seine Werke in dem Hauptsitze der englischen Gelehrsamkeit betrachtet wurden, wo man früher übrigens Hobbes und Locke auf ähnliche Art behandelt hatte. Eine Reihe von Jahren hindurch (seit 1751) wirkte Smith als Professor in Glasgow. Sein Kursus der Moralphilosophie bestand aus vier Teilen: aus der natürlichen Theologie, der Ethik, dem Naturrechte (nach Montesquieus historischer Methode) und der Nationalökonomie. Nur den zweiten und vierten Teil dieses Kursus arbeitete er zu selbständigen Werken aus. Was die natürliche Theologie betrifft, wissen wir nur so viel, als sich aus seinen Schriften schliefsen läfst. In religiöser Beziehung war er konservativer als Hume; vielleicht verhielt er sich zu letzterem wie Cleanthes zu Philo (in Humes Dialogen). Was seine Vorlesungen über das Naturrecht betrifft, soll er nach Aussage eines Zuhörers (citiert bei Dugald Stewart: *Account of the Life and Writings of Dr. Smith* S. XII) besonders darauf ausgegangen sein, die successive Entwickelung des öffentlichen und privaten Rechts unter dem Einflusse der ökonomischen und industriellen Fortschritte nachzuweisen. Auch seine ethischen und nationalökonomischen Werke bezeugen, wie eifrig er die wirklichen, geschichtlichen Verhältnisse studierte, um Prinzipfragen zu beleuchten, und es ist einseitig, wenn Buckle in der übrigens lehrreichen Charakteristik Adam Smiths in seiner Geschichte der englischen Zivilisation dessen Methode als eine rein deduktive bezeichnet. Interessante Aufsätze aus seiner Hand über den Ursprung der Sprache und über die Geschichte der Astronomie bezeugen ebenfalls seinen historischen Sinn. — Einige Jahre nach der Herausgabe der *Theory of Moral Sentiments* (1759) zog er sich von seiner Thätigkeit an der Universität zurück und hielt sich nun einige Jahre in Frankreich auf, wo namentlich die Bekanntschaft mit Quesnay, Turgot und Necker für seine nationalökonomischen Studien von Bedeutung wurde. Nach seiner Heimkehr verlebte er zehn Jahre in seinem Geburtsorte Kirkaldy und arbeitete hier das Werk aus, das ihm den größten Ruhm einbrachte, da man den Anfang der wissenschaftlichen Nationalökonomie von diesem zu datieren pflegt: *Inquiry into the Nature and Causes of the Wealth of Nations* (1776). Während seiner letzten Jahre bekleidete Smith eine Stellung am Zollwesen in Edinburg, wo er 1790 starb.

Die beiden Werke, die Adam Smiths Ruf als Denker begründen, stehen in eigentümlichem Gegensatze zu einander, indem er in seinem nationalökonomischen Werke den Erwerbstrieb, in seinem ethischen Werke die Sympathie zu Grunde legt. Buckle hat geäußert, es sei Smiths Meinung, zwei Tendenzen der menschlichen Natur, jede in ihrer abstrakten Form aufzustellen, um somit einen klaren, deduktiven Gedankengang zu ermöglichen. Dem widerstreitet, daß der Gegensatz der beiden Werke zwar ein charakteristischer, jedoch kein absoluter ist, und daß Smith keine rein deduktive Methode anwendet. Wie Smith selbst sich das Verhältnis seiner beiden Werke zu einander gedacht hat, bleibt als ungelöste Frage dahingestellt; eine psychologische und historische Untersuchung des Verhältnisses zwischen den beiden Tendenzen der menschlichen Natur hat er nicht gegeben. Man hat ihm aber oft Unrecht gethan, wenn man vergaß, daß er nicht nur die Schrift von dem Nationalreichtum, sondern auch die Schrift von den moralischen Gefühlen verfaſst hat.

Als Ethiker legt Smith groſses Gewicht darauf, daſs das moralische Gefühl nur dann entsteht, wenn der Mensch in der Gesellschaft andrer Menschen lebt. Es äuſsert sich dann ein natürlicher Instinkt in ihm, die Geberden und das Betragen andrer nachzumachen, sich an deren Stelle zu setzen, mit ihnen zu fühlen und zu leiden. Dies ist eine unwillkürliche Neigung, die nicht einmal der egoistischste Mensch gänzlich zu unterdrücken vermag. Diese instinktmäſsige Sympathie erhält ihren bestimmteren Charakter dadurch, daſs Vorstellungen von den Ursachen und Wirkungen der Stimmung und des Handelns andrer Menschen entstehen. Wir billigen die Gefühle andrer, wenn wir uns bewuſst sind, daſs wir unter denselben Verhältnissen Gefühle derselben Art und Stärke haben würden. Das Gefühl muſs zu der Ursache, durch die es hervorgerufen wurde, in einem gewissen Verhältnisse stehen, wenn wir mit ihm sollen sympathisieren können. Wird aber das Gefühl eines andern das Motiv für Handlungen, die für einen dritten Wirkungen herbeiführen, so denken wir uns auch in die Lage des dritten, und wir können nun mit einer Handlung nur dann sympathisieren, wenn deren Wirkung zu der ursprünglichen Ursache des Motivs in einem passenden Verhältnisse steht. Bei Wohlwollen und Menschenliebe sympathisieren wir sowohl mit dem Geber als mit dem Empfänger. Bei Dankbarkeit und Rache hört die Sympathie für den Handelnden auf, wenn die Wirkung mit der ursprünglichen Ursache im Miſsverhältnisse steht. Im Gegensatze zu Hume behauptet Smith, die Rücksicht auf den Nutzen der Charaktereigenschaften, die gebilligt würden, sei nicht der ursprüngliche Grund der Billigung. Sie sei ein Moment, das später stützend hinzutrete, sei aber ein „after thought", ein Gedanke, der nach dem unwillkürlichen Urteile komme, welches entstehe, wenn man sich in die Lage des Handelnden und in die des Beeinfluſsten versetze.

Unsre ersten ethischen Urteile betreffen andre Menschen, deren Betragen wir als unparteiische Zuschauer beobachten.

Wir lernen aber bald, daſs andre Menschen gleicherweise
unser Betragen beschauen und beurteilen, und wir lernen
dann selbst dieses beurteilen — vorläufig von dem Standpunkte andrer aus. Nur wenn wir mit andern zusammenleben, lernen wir auf diese Weise unsern eignen Handlungen
stets einen Spiegel vorhalten. Wir teilen uns in zwei Personen, eine handelnde und eine zuschauende. Und dieser
innere Zuschauer bleibt nun nicht immer ein bloſser Vertreter
der äuſseren Zensoren: ganz natürlich legen wir ihm gröſseres
Wissen von uns bei, als andre Menschen haben können, und
statten ihn unwillkürlich als einen inneren Richter aus, an
dessen überlegene Weisheit und Gerechtigkeit wir von den
kurzsichtigen und ungerechten Urteilen unsrer Umgebungen
appellieren, wie anderseits auch Reue entstehen kann, wenn
unser Wille dem widerstreitet, was der innere, unparteiische
Zuschauer zu billigen vermag, selbst wenn kein Mensch weiſs,
was sich in unserem Inneren bewegt. — Die Verinnigung
und Idealisation des moralischen Gefühls, die Smith hier
schildert, hätte er besser erklären können, wenn er Humes
Lehre von der Tendenz der Einbildungskraft, ihre Objekte
festzuhalten und zu potenzieren, angewandt hätte. Smiths
Darstellung ist jedoch, obgleich einige Mittelglieder fehlen,
von auſserordentlichem Interesse und bezeichnet einen bedeutenden Fortschritt im Verständnisse der Entwickelung des
moralischen Gefühls. Er verwirft die Ansicht von einem besonderen, ursprünglichen, moralischen Sinne, der ein für allemal fertig sein sollte, wie auch die Erklärung aller Moralität aus dem Egoismus oder aus der reinen Vernunft. Die
groſse Bedeutung der Vernunft für die moralische Entwickelung leugnet er nicht; die einzelnen moralischen Erfahrungen
aber, aus denen sich die allgemeinen moralischen Vernunftsätze ableiten lassen, müssen wir nach seiner Auffassung mittels jenes unwillkürlichen und instinktmäſsigen Sympathisierens
mit den Zuständen und dem Betragen anderer Menschen
machen. Erst bei der Generalisation, nicht aber bei den unwillkürlichen Wahrnehmungen des Guten und Bösen sei die
Vernunft mitwirkend. An diesem Punkte ist er mit Hutcheson
einig, den er lobt, weil er zuerst hier klar gesehen habe. —

Im letzten Teile der „Theory of Moral Sentiments" gibt Smith eine vorzügliche Kritik früherer Theorien, die noch jetzt von grofsem Interesse ist. Was die Meinung veranlafst hat, die beiden grofsen Werke Smiths stünden nicht nur in einem gewissen Gegensatz, sondern sogar im Widerspruch miteinander, ist das grofse Gewicht, das er in der Schrift von dem nationalen Wohlstande darauf legt, dafs es dem Erwerbstriebe des Einzelnen gestattet werde, sich frei zu regen. Die Quelle alles Reichtums sei die Sparsamkeit und die Arbeitsamkeit, und diese entwickelten sich nur da, wo der Erwerbstrieb nicht unterdrückt werde. „Der Trieb, der uns zur Sparsamkeit bewegt," sagt Smith, „ist das Begehren, unsre Verhältnisse zu verbessern, ein Begehren, das gewöhnlich allerdings ruhig und leidenschaftslos ist, das uns jedoch von der Wiege bis zum Grabe begleitet." Wie der Einzelne diesen Trieb am besten zu befriedigen vermag, das bringt er selbst am leichtesten heraus. Der Staat darf hier nicht mit Geboten oder Verboten eingreifen. Jeder kaufe, wo es am billigsten ist, dies sei im Inlande oder im Auslande. Angebot und Nachfrage werden alles auf beste Weise regulieren. Unter dem Einflusse des Verhältnisses zwischen Angebot und Nachfrage ist die Teilung der Arbeit entstanden, die eine Bedingung aller Kulturentwickelung ist, indem sowohl der Einzelne selbst als die andern ihre Rechnung dabei fanden, dafs sie ihre Arbeit auf dasjenige beschränkten, was ihren Fähigkeiten am angemessensten war. Dies zeigt sich sowohl im grofsen als im kleinen. Was in jeder privaten Wirtschaft Klugheit ist, kann in einem grofsen Reiche doch nicht Thorheit sein! Die Aufgabe der Regierung ist es nur, vor äufserer Gewalt zu schützen, den inneren Frieden zu erhalten und solche öffentliche Werke und Stiftungen zu errichten und zu wahren, deren Pflege privaten Personen keinen Vorteil bringen würde. Durch letztere Bestimmung erkennt Smith also doch an, dafs es Aufgaben gibt, die sich nicht durch Wechselwirkung der einzelnen, jedes für sich vom Erwerbstrieb geleiteten Individuen lösen lassen. Überhaupt ist wohl zu merken, dafs Smith selbst bei der Abfassung seines nationalökonomischen Werkes auf dem Standpunkte des „unparteiischen Zuschauers" steht. Weit davon, dafs der ethische Standpunkt beiseite geschoben wäre, ist dieser gerade das zu Grunde Liegende. Wenn er das Freiheitssystem lobpreist, geschieht dies, weil es „edelmütig und freigebig" ist. Fordert er freie Regung für den Einzelnen, je nachdem dieser selbst seinen Vorteil berechnet, so geschieht es, weil er meint, der Einzelne könne „von einer unsichtbaren Hand geleitet werden, um einen Zweck zu fördern, den er sich nicht gestellt habe". „Indem er eignen Vorteil sucht, fördert er oft den der Gesellschaft auf kräftigere Weise, als wenn er sich wirklich vorsetzte, letzteren zu fördern." — Man beachte das Wörtlein „oft". Man hat (wie Knies: Die politische Ökonomie vom geschichtlichen Standpunkte. Neue Aufl. Braunschweig 1883 S. 226 nachwies) diese Äufserung Smiths unter Hinweglassung des „oft" citiert, und hierdurch erhielt seine Lehre den Anschein einer Lehre von der absoluten Harmonie der egoistischen Interessen, die alle Sympathie und alles ethische Handeln überflüssig, ja schädlich machen würde. Dann würden die beiden Hauptwerke Smiths allerdings in unversöhnlichem Widerspruche miteinander stehen.

Um Smiths Bedeutung als Nationalökonom recht zu verstehen, mufs man bedenken, welcher Druck auf dem ganzen bürgerlichen Leben sogar in den am weitesten fortgeschrittenen Ländern lastete. Er verteidigt die Sache der fleifsigen und sparsamen Bürger gegen unwissende, verschwenderische und übermütige Regierungen, indem er sich auf die Erfahrung stützt, dafs England trotz der Kriege und der Verschwendung durch die gute Wirtschaft privater Personen und durch die unablässigen Bestrebungen derselben, ihre eignen Verhältnisse zu verbessern, gröfseren Wohlstand erworben hatte. Er verlangt Anerkennung der Arbeit, die im dunklen und im kleinen gethan werde, und die dennoch die Hauptsumme der Kraft der Nation erzeuge. Und er freut sich über das Steigen des Arbeitslohnes während der zunächst vorhergehenden Periode, weil die Arbeiter den gröfsten Teil der Gesellschaft bildeten. — Smiths Anschauungsweise ist also auch in seinem nationalökonomischen Werke ethisch-sozialer Natur, obgleich er der Produktion gröfseres Gewicht beilegt als der Verteilung, und obgleich er gar zu sicher davon ausgeht, dafs die Gesichtspunkte der Privatökonomie sich ohne weiteres auf die Nationalökonomie übertragen lassen. —

b. Wenn David Hartley unter Humes Nachfolgern genannt wird, geschieht dies nicht, weil er unter Humes besonderem Einflusse stand, sondern weil er Fragen, mit denen letzterer sich beschäftigte, von einer neuen Seite erhellte. Er selbst erklärt, die entscheidenden Einwirkungen von Newton und Locke erhalten zu haben. 1705 wurde er in der Nähe von York geboren. Sein Studium war erst die Theologie, die er jedoch aufgab, da er die 39 Artikel nicht unterschreiben konnte, und er widmete sich darauf der Medizin. Schon früh fafste er den Plan, ein Werk zu schreiben, in welchem er seine religiösen, philosophischen und physiologischen Ideen zusammenarbeiten wollte. Den Hauptgedanken dieses Werkes erhielt er durch den Versuch Gay's, eines weniger bekannten Schriftstellers, alle höheren Gefühle als durch Association der niederen entstanden zu erklären. Hartleys Werk (*Observations on Man, his Frame, his Duty and his Expectations*) erschien 1749. Hartley war als Arzt thätig und wird als ein edler und menschenfreundlicher Mann geschildert († 1757). — Seine Bedeutung in der Geschichte der Psychologie beruht auf seinem Versuche, alle zusammengesetzten seelischen Erscheinungen durch die Association ganz einfacher Empfindungen und Vorstellungen zu erklären. Alles Denken und alles Gefühl, sogar das ideellste und erhabenste, sollte sich auf diese Weise entwickelt haben, und die Gewalt, die unser Wille über Vorstellungen, Gefühle und Handlungen besitzen könne, sei ebenfalls durch Association entstanden. Die Gesetze der Association sind nach Hartley die höchsten geistigen Naturgesetze. Die Association definiert Hartley zwar als eine Verbindung gleichzeitig oder in unmittelbarer Aufeinanderfolge gegebener Vorstellungen (Observations. London 1792. I, S. 66); er beschreibt indes ebenfalls die Erscheinung, die jetzt die Ähnlichkeitsassociation heifst (I, S. 291 u. f.), wie er auch ein unmittelbares Deckungsverhältnis (coincidence) der Vorstellungen erwähnt, das in der intuitiven Gewißheit, der Grundlage aller anderen Gewißheit zum Vorschein komme. — Physiologischerseits entspreche der Association die Verbindung mehrerer Schwingungen in den Teilchen des Gehirns, indem solche Schwingungen sich nach Wiederholung zu einer einzigen Schwingung vereinten. Von dem gegenseitigen Verhältnisse der Vorstellungen und der Schwingungen will Hartley keine Theorie aufstellen; in ihrer letzten Quelle seien sie eng verbunden, er wolle sich aber weder dem Spiritualismus noch dem Materialismus anschließen. — Kraft des Associationsgesetzes entwickelt sich nach Hartley das seelische Leben Schritt für Schritt aus niederen in höhere Formen. So werden zusammengesetzte Vorstellungen gebildet, die eine so vollständige Einheit ausmachen können, daß die einfachen Vorstellungen, aus denen sie entstanden sind, nicht mehr bemerkt werden, ebenso wie ein zusammengesetzter Stoff andre Eigenschaften besitzen kann als seine Elemente. Ferner können Thätigkeiten, die von Anfang an mit vollem Bewußtsein unternommen wurden, durch Wiederholung unbewußte, oder wie Hartley sie nennt, sekundär automatische Thätigkeiten werden. Endlich wird die Lebhaftigkeit und die Stärke, womit gewisse Vorstellungen auftreten, später auf andre, mittels Association mit ihnen verbundene Vorstellungen übergehen können. Auf diesen drei abgeleiteten Gesetzen beruht alle geistige Entwickelung, namentlich der Prozeß, mittels dessen die primitiven, sinnlichen Gefühle und Willensäußerungen ideelleren Äußerungen weichen. Auf diesem Wege kann der Egoismus abgeschliffen und aufgehoben werden, und es kann sich uninteressiertes und universelles Mitgefühl entwickeln. Anderseits können sich ebenfalls Neid und Grausamkeit diesen Gesetzen gemäß entwickeln.

Durch seine Darstellungsweise und Auffassung erinnert Hartley an Spinoza. Er führte die Psychologie der Association einen bedeutenden Schritt weiter, indem er die Theorie von psychischen Verbindungen mit andern Eigenschaften als denen der Elemente aufstellte und die Erscheinung der Verschiebung der Motive hervorhob. Und ebenso wie Spinoza ist Hartley überzeugt, daſs mittels derartiger psychologischen Gesetze der Übergang zwischen den gröſsten geistigen Gegensätzen möglich sei; die Selbsterhaltung könne durch Association und Verschiebung der Motive in mystisches Selbstvergessen übergehen. Die Liebe zu Gott, sagt Hartley, entsteht zum Teil aus egoistischen Gründen; da Gott aber die Ursache aller Dinge ist, werden sich unendlich viele Associationen in der Vorstellung von ihm sammeln, und diese Vorstellung kann deswegen so vorherrschend werden, daſs die Vorstellungen von allem andern, auch von uns selbst, im Vergleich mit ihr verschwinden. — Eine eigentümliche Vereinigung von Mystik und Realismus ist sowohl bei Hartley als bei Spinoza zu finden: es gebricht ersterem aber an der überlegenen Klarheit des letzteren.

Hartleys Theorie blieb ziemlich unbeachtet, bis Joseph Priestley (1733—1804), ein Naturforscher und Theolog, berühmt wegen der Entdeckung des Sauerstoffes, wegen seines Kampfes gegen die Lehre von der Dreieinigkeit und wegen seiner Begeisterung für die französische Revolution, gegen Ende des Jahrhunderts als deren Anhänger auftrat und sie popularisierte. Seinen allgemeinen Standpunkt bezeichnet Priestley selbst als Materialismus, er glaubt aber — im Anschluſs an eine vom Jesuiten Boscovich aufgestellte Theorie — daſs das Wesen der Materie in Kraft, anziehender oder abstoſsender Kraft bestehe, und daſs die Atome als Kraftpunkte aufzufassen seien, da dies alles sei, was wir in der That von ihnen wüſsten. Solidität sei nur eine sinnliche Eigenschaft, die nicht das Wesen der Materie ausdrücke, sondern nur eine Wirkung desselben auf die Sinne sei. Wenn dem so sei, liege (wie Priestley in seinen *Disquisitions on Matter and Spirit*, London 1777 entwickelt) kein Grund vor, zwei verschiedene Substanzen anzunehmen; der nämlichen Substanz könnten sehr gut sowohl die physischen als die psychischen Kräfte gebühren. Priestley ist überzeugt, daſs diese Auffassung weit besser als die spiritualistische, die der heidnischen Philosophie entnommen sei, mit der ursprünglichen christlichen Auffassung übereinstimmt.

Hartleys Theorie wurde ebenfalls von einem andern Naturforscher aufgenommen, von Erasmus Darwin (1731 —1802), dem Grofsvater Charles Darwins, einem Arzte, der als Naturforscher, als Dichter und als Philosoph Talente besafs. In seinem Hauptwerke *Zoonomia or the Laws of Organic Life* (London 1794 u. f., deutsche Übersetzung von J. D. Brandis. Hannover 1795 u. f.) erklärt er die Entstehung der Instinkte durch Erfahrung und Association unter dem Einflusse des Selbsterhaltungsdranges und der Akkommodation an die Verhältnisse. Er geht weiter als Hartley, indem er (siehe besonders das sonderbare 39. Kapitel des 1. Teiles) Gewicht darauf legt, dafs die auf diese Weise erworbenen Eigenschaften vererben können; die psychologische Associationslehre wird somit zu einer biologischen Evolutionslehre erweitert, die mit der einige Jahre später von Lamarck aufgestellten Hypothese von der Entwickelung der Arten nicht wenig gemein hat und ebenso wie diese die grofse Hypothese vorbereitet, mit welcher sich der Name Darwin verknüpfen sollte.

c. Ganz andrer Art ist die Stellung, welche Thomas Reid und seine Nachfolger gegen Lockes und Humes Philosophie einnahmen. Im Gegensatz zu der beharrlichen Analyse, die die Stärke und die Gröfse der englischen Schule war, die aber auch die Gefahr enthielt, dafs die Grundlage der sicheren, populären Weltauffassung nicht minder als die der spekulativen und der religiösen Weltauffassung untergraben werden konnte, wird hier an die Urteile des naiven Bewufstseins und des gesunden Menschenverstandes appelliert, und es wird der Philosophie die Aufgabe gestellt, Rechenschaft davon abzulegen, was diese Urteile enthalten, und deren Inhalt zu systematisieren. Durch die Analyse müde und bedenklich geworden, kehrt man sich dem Unmittelbaren zu und verlangt dessen Recht. Dies ist eine Reaktion, die sich unter verschiedenen Formen im Laufe des Jahrhunderts anzeigt und die durchgreifende Reaktion gegen die Gesamtrichtung des 18. Jahrhunderts verkündet, welche im Anfang des neuen Jahrhunderts emporkam, — eine Reaktion, die in vielen Beziehungen fruchtbar und berechtigt war, weil sie das Recht der geschichtlichen Thatsachen behauptete, die sich aber zugleich häufig als höchst kritiklos erwies, wenn es zu entscheiden galt, was in dem einzelnen Falle als wirkliche Thatsache gegeben sei. Die schottische Schule (so heißt die von Reid begründete Richtung, die schon bei Hutcheson und Smith zu spüren ist, die aber mit Reid an den schottischen Universitäten zur Herrschaft gelangte) hat sich durch ihre gesunde, beschreibende Psychologie um die Geisteswissenschaft verdient gemacht; sie leidet aber an dem Fehler, daß sie Beschreibung mit Erklärung verwechselt und der Beschreibung theoretische Gesichtspunkte unterlegt. — Thomas Reid (1710 — 1796), der wichtigste Mann dieser Richtung, war erst Prediger, später Professor zu Aberdeen und Glasgow. In seiner bedeutendsten Schrift (*Inquiry into the Human Mind on the Principles of Common Sense.* 1764) erzählt er, wie er ein Anhänger der Lockeschen und Berkeleyschen Philosophie gewesen sei, wie aber Humes „Treatise" ihm gezeigt habe, daß sie zu gefährlichen Konsequenzen führe: zum Umsturz aller Wissenschaft, aller Religion, aller Tugend, alles gesunden Menschenverstandes (common sense)! Deshalb habe er die ganze Richtung einer Kritik unterworfen und entdeckt, daß sie der Erfahrung widerstreite; auf dem Boden der Erfahrung wolle er sie auch bekämpfen. Er wolle Bacons und Newtons Methode befolgen. — Was Reid unter kürzerer Form in seiner „Inquiry" darstellte, führte er später, mit Berücksichtigung der speziellen psychologischen Gebiete in seinen größeren Werken: *Essays on the Intellectual Powers of Mind* (1785) und *Essays on the Active Powers of Mind* (1788) aus.

All unsrer Erkenntnis liegen nach Reid gewisse instinktive Voraussetzungen zu Grunde, die kein Zweifel zu erschüttern vermag. Sie beherrschen auch mit unwiderstehlicher Gewalt die Meinungen und das Betragen aller Menschen in den allgemeinen Verhältnissen des Lebens. Sie sind die Prinzipien des gesunden Menschenverstandes (principles of common sense), die älter sind als alle Philosophie und deshalb größere Autorität als diese besitzen. Sie sind Bestandteile unsrer ursprünglichen, aus Gottes Hand stammenden Konstitution.

Zu diesen ursprünglichen Prinzipien gehört vor allen Dingen der Glaube an eine materielle Aufsenwelt und an die Existenz der Seele. Jede Empfindung, die ich erhalte, erregt durch natürliche Eingebung (natural suggestion) den Glauben an ein äufseres Objekt der Empfindung, wie auch an ein Ich, das die Empfindung hat. Zwischen Empfindung und Erinnerung einerseits und Einbildung anderseits besteht nicht nur ein quantitativer, sondern auch ein qualitativer Unterschied, der sich nicht näher erklären läfst. Der Glaube an das Empfundene oder Erinnerte ist ein einfacher Bewufstseinsakt, der nicht näher zu beschreiben ist, wie er ebensowenig durch Association erklärt werden kann. Freilich haben wir hier einen merkwürdigen Zug unsrer Natur vor uns: mittels einer Art natürlicher Magie (by a natural kind of magic) ruft die Empfindung in unserm Bewufstsein ein Etwas hervor, das wir noch nie erfuhren, und das wir dennoch sogleich auffassen und glauben! — Verwandt mit der sinnlichen Auffassung (perception, die aufser der sensation auch jene natural suggestion einbegreift) ist der Kausalinstinkt, eine natürliche, wiewohl unerklärliche Geneigtheit, zu glauben, dafs diejenigen Verbindungen der Erscheinungen, die wir in der Vergangenheit wahrgenommen haben, auch künftig andauern werden. Auf dieses Prinzip stützt sich alle Wissenschaft sowohl als aller Aberglaube; man kann es das induktive Prinzip nennen. Aller gesunde Menschenverstand erkennt es an, und denjenigen, der es nicht anerkennte, würden wir einer Irrenanstalt überweisen. — Auf dem praktischen Gebiete haben wir den moralischen Sinn als Beispiel eines ursprünglichen Prinzips. „Ebenso wie wir durch die äufseren Sinne," sagt Reid (Active Powers, S. 238), „nicht nur die ursprünglichen Vorstellungen von den verschiedenen Eigenschaften der Körper erhalten, sondern auch die ursprünglichen Urteile, dafs dieser Körper diese, jener eine andre Eigenschaft hat, ebenso erhalten wir durch unser moralisches Vermögen sowohl die ursprünglichen Vorstellungen von dem Guten und dem Bösen der Handlung, von Würdigkeit und Unwürdigkeit, als die ursprünglichen Urteile, dafs dieses Betragen gut, jenes aber böse, dieser Charakter würdig, jener unwürdig ist." Das Zeugnis der Natur gibt sich im moralischen Sinne ähnlicherweise wie in den äufseren Sinnen kund. Die ersten Prinzipien sowohl auf dem praktischen als auf dem theoretischen Gebiete besitzen intuitive Gewifsheit (intuitive evidence), die keinen Widerstand gestattet, wenn nur das Gemüt gereift, ruhig und unbefangen ist. —

Reid und die schottische Schule bezeichnen eine ähnliche Reaktion gegen Hume, wie seiner Zeit die Cambridger Schule gegen Hobbes. Charakteristisch ist es, dafs diese Reaktion sich nun selbst — nicht auf ewige Wahrheiten, sondern auf das Zeugnis der Erfahrung beruft. Sie glaubt freilich, und das ist ihr grofses Mifsverständnis, ewige Wahrheiten aus den einfachsten Wahrnehmungen direkt herauslesen zu können, und sie glaubt an ebenso viele ursprüngliche Instinkte, als es rätselhafte Erscheinungen gibt. Eine sehr bequeme Art des Erklärens! Zugleich gibt sie der Intuition weit gröfsere Ausdehnung als Descartes, Locke und Leibniz, die nur der einfachen Auffassung der Gleichheit oder des Unterschiedes diesen Namen gaben. Die kompliziertesten Bewufstseinsakte werden für intuitiv erklärt und somit als gerechtfertigt betrachtet. Diese Richtung mufste zur Hemmung aller Forschung und Analyse führen. Und eigentlich wird Hume gar nicht von ihr getroffen, da er ja selbst erklärt hatte, er huldige in der Praxis „den Prinzipien des gesunden Menschenverstandes", finde es aber nur äufserst schwierig, dieselben zu *begründen*. Reids Berechtigung gegen Hume lag darin, dafs letzterer den ursprünglichen und beständigen Zusammenhang der Empfindungen übersah, der ebensowohl eine Thatsache ist als jede einzelne Empfindung für sich. Einer wissenschaftlichen Widerlegung Humes entzog er sich aber durch seine Berufung auf den Common Sense, die ein Aufgeben aller Philosophie war.

Es trat überhaupt nach Hume in der Geschichte der englischen Philosophie eine ganz erklärliche lange Ebbe ein. Wie schon bemerkt, war der von der englischen Schule eingeschlagene Gedankengang jetzt durchgeführt worden: die Leine war abgelaufen. Und anderseits drängte sich nun teils das politische, teils das religiöse Interesse in die erste Linie vor: die Politik beanspruchte wieder hervorragende Kräfte, nachdem man lange Zeit hindurch an den Nachwirkungen der

Revolution von 1688 gezehrt hatte, und das religiöse Gefühl, das der Latitudinarismus und der Deismus zum Teil unterdrückt hatten, loderte wieder im Methodismus auf, der eine starke und sehr volkstümliche Reaktion gegen die vorhergehende rationalistische Periode bezeichnet. Diese Verhältnisse können hier indes nicht näher beleuchtet werden. Eine vorzügliche Charakteristik derselben gibt Leslie Stephen in seinem Werke: History of English Thought in the 18th Century.

FÜNFTES BUCH.

Die französische Aufklärungsphilosophie und Rousseau.

Allgemeine Charakteristik.

Das philosophische Denken war von David Hume bis an einen Punkt geführt worden, wo weiteres Fortschreiten nur mittels Anlegung ganz neuer Gesichtspunkte möglich war. Die Erwiderung der Frage, die Hume 1739 im „Treatise" stellte, kam erst 1781 in Kants „Kritik der reinen Vernunft". Der Zwischenraum, der zwischen diesen beiden grofsen Werken liegt, ist für die Geschichte des Denkens namentlich dadurch von Bedeutung, dafs das philosophische Denken zur Streitwaffe gemacht wurde. Das friedliche Werk des Denkens wurde dadurch unterbrochen, dafs das Signal zum Ausrücken erscholl, zum geistigen Kampfe mit den Traditionen und Institutionen der Vorzeit, die der ungeduldige Menschengeist nun zur Rechenschaft zog. Die neue Wissenschaft hatte auf dem Gebiete der materiellen Natur zu einem grofsartigen Resultate geführt, grofsartig nicht nur wegen seines weiten Horizontes, sondern auch wegen seiner exakten Begründung. Auf dem geistigen Gebiete befafs man an dem von der englischen Schule aufgestellten Prinzipe, dafs die Gültigkeit jeder Vorstellung durch deren Herkunft aus der Erfahrung dargelegt werden müsse, ein Mittel zur Prüfung aller derjenigen Ideen, vor denen Respekt verlangt wurde. Und auf dem sozialen und politischen Gebiete hatte man an den naturrechtlichen Grundsätzen, die aus den harten Kämpfen des 16. und 17. Jahrhunderts hervorgegangen waren, einen Mafsstab, den man kühn gegen das Autoritätsprinzip aufstellte, das bisher die gesellschaftliche Ordnung getragen hatte. War man denn mit der Untersuchung fertig, so dafs man nun das Recht hatte, zur praktischen Anwendung zu schreiten? Man hatte gewifs kein andres Recht, als dasjenige, das der eigne mächtige Drang des Lebens gibt. Einsame Denker würden wohl schwerlich abgeschlossen haben; ihre Zeiten waren aber einstweilen vorbei. Einige Jahre, bevor Hume nach Frankreich ging, um hier sein Hauptwerk in gröfserer Einsamkeit auszuarbeiten, hatten zwei französische Jünglinge England besucht, nicht aber, um ihre Gedanken in Einsamkeit zur Reife zu bringen, sondern im Gegenteil, um Sinn und Gemüt dem englischen Geistesleben zu erschliefsen und die lebhafte Bewegung in sich aufzunehmen, die der gesunde englische Erdboden grofsgezogen hatte. Voltaire und Montesquieu brachten aus England wie aus einer ganz fremden Welt ganz neue Vorstellungen von der Philosophie, der Religion, der Kirche und dem Staate mit in die Heimat zurück. Es war eine Reisebekanntschaft, die sie mit englischen Gedanken und Verhältnissen machten, und ihr Zweck war es nicht, das Gelernte für sich zu behalten, um es ferner zu entwickeln, sondern es in möglichst freier, leichter und einfacher Form weiter in die Welt hinausziehen zu lassen, um erweckend, anreizend und umgestaltend zu wirken. Und zu diesem Zwecke bediente man sich nicht nur der Methode und der Resultate der englischen Forschung; die ganze Entwickelung des Denkens von der Renaissance an durch die grofsen Systeme bis zur empirischen Philosophie gab Mittel zur Führung des Kampfes her. Hinter der heftigen und radikalen Kritik, die nun auf alles Überlieferte angewandt wurde, lag ein Dogmatismus, der mit allem, was die Weltauffassung und die Lebensanschauung betraf, wesentlich fertig zu sein glaubte. Man mufste selbst fest stehen, um das Bestehende stürzen zu können. Wenn man auf einmal, in einem Augenblick, die Rechnung mit allem, was die Geschichte auf dem geistigen und dem sozialen Gebiete hervorgebracht hat, abschliefsen will, mufs man auf seinen eignen Standpunkt grofses Vertrauen setzen. So geht es aber überall in der Geschichte: am Tage des Gerichts hat man keine Zeit zu warten, bis alle Prämissen geordnet sind. Das Christentum und die Kirche warteten nicht mit der Zerstörung der antiken Kultur, bis sie ihre Überlegenheit völlig begründen konnten. Die antike Kultur wurde gesprengt. Geistige Strömungen sind rücksichtslos. Ist ein geistiges Bedürfnis lange aufgestaut gewesen, so kommt ein Punkt, wo es durchbricht, wieviel Wertvolles es auch auf seinem Wege vernichtet. Daſs die antike Kultur von der Kirche nicht wirklich überwunden worden war, erwies sich durch die Renaissance. Und daſs die philosophische und politische Revolution in den letzten Jahrzehnten des 18. Jahrhunderts die alte Ordnung der Dinge nicht wirklich überwunden hatte, wurde durch die romantische Reaktion im Anfange des 19. Jahrhunderts klar. Man war in der That nicht damit fertig, in den Kämmerlein zu philosophieren, als man, erst in den Salons und darauf in Gassen und Straſsen zu philosophieren begann. Das philosophisch Unfertige der Gedankenwaffen, mit denen man ins Feld rückte, benahm jedoch der historischen Mission der den Kampf eröffnenden Männer nichts von ihrer Bedeutung. Wo es das Leben gilt, muſs man die Waffen gebrauchen, die man hat. Und obgleich man nicht immer den Eindruck erhält, daſs die französischen Philosophen um die Mitte des 18. Jahrhunderts intellektuelle Überlegenheit besaſsen, und obgleich sie wegen ihres eifrigen Bestrebens, zu simplifizieren und zu popularisieren, oft das Groſse klein machten und das wirklich Erhabene entheiligten, lag doch eben hinter ihrem Dogmatismus, ihrer Kurzsichtigkeit und ihrer Kleinlichkeit ein glühender Glaube an das Licht, den Fortschritt, die Menschheit, um dessentwillen ihnen viele Sünden vergeben werden können. Was Voltaire in den Worten äuſsert, mit denen er eines jungen, früh verschiedenen edlen Denkers (Vauvenargues) gedenkt: „Woher erhieltest du doch den mächtigen Schwung in diesem Jahrhundert der Kleinlichkeit?" — das läſst sich als Motto der ganzen Bewegung gebrauchen. Namentlich wenn man die französische Philosophie des 18. Jahrhunderts nicht in einer Litteratur- und Kulturgeschichte, sondern in einer Geschichte der Philosophie behandelt, darf die starke subjektive Unterströmung nicht vergessen werden; was die Oberströmung darbietet, kann oft kleinlich und unbedeutend erscheinen. Doch — einen Mann gab es, in dessen heftig bewegtem Gemüte die subjektive Unterströmung fast alleinherrschend wurde, so dafs ihm die Kraft ward, auf bisher unerhörte Weise das Recht des unmittelbaren Gefühls, der individuellen Stimmung, das Recht der Natur gegen Kultur und Reflexion, das Recht der grofsen, einfachen, menschlichen Lebenswerte gegen jede Art der Aristokratie und der Verfeinerung zu verteidigen. In Jean Jacques Rousseau trat ein neues Lebenselement, eine neue Seite des Geisteslebens hervor und stellte sich in Gegensatz sowohl zur neuen kritischen Weisheit als zur alten Ordnung der Dinge. Er wies nach, dafs das lebendige menschliche Gefühl tiefer geht als irgend ein Autoritätsverhältnis oder irgend eine kritische Reflexion, — dafs dessen Anschlufs durch keine Überlieferung und kein Denken überflüssig gemacht werden kann, und dafs es die Grundlage alles Lebenswertes ist. Noch nie war die Bedeutung des Gefühls in gröfserer Einfachheit und Reinheit zur Geltung gebracht worden, wie oft mystische Richtungen ihm auch das Wort geredet hatten. Nicht so sehr wegen seiner Ideen und Theorien als vielmehr wegen seiner Persönlichkeit (trotz all ihrer Schwachheiten) bezeichnet Rousseau in philosophischer Beziehung einen grofsen Wendepunkt: das Schätzungsproblem entstand mit ihm auf entscheidende Weise, während bisher das Existenzproblem und das Erkenntnisproblem fast alles beherrscht hatten. Und indem er sich sowohl wider die alte Ordnung als wider die neue Kritik kehrt, legt er dar, dafs es etwas gibt, dem keine derselben sein Recht gestatten will. Unter den französischen Philosophen des 18. Jahrhunderts ist er derjenige, der am entschiedensten in die Zukunft deutet und deren Keime in sich trägt. Er ist unter den damaligen Denkern ja auch derjenige, der sich am meisten für das Kind interessiert.

Dafs die radikalen Konsequenzen — sowohl in ihrer negativen als in ihrer positiven Form — gerade in Frankreich gezogen wurden und nicht in England, wo die entscheidenden

Prinzipien aufgetaucht waren, hatte seinen guten historischen Grund. Taine hat (im „L'ancien régime") auf glänzende Weise nachgewiesen, wie die französische Sprache und der französische Geist am Hofe, in den Salons und durch die klassische Kunst solchen Schliff erhalten hatten, dafs sie die Organe einfacher und klarer Ideen sein konnten, die Organe eines Denkens, das mit möglichst geringer Vorbereitung die gröfsten Probleme erörtern will, und das nicht gesonnen ist, sein Gebiet zu erweitern, sondern nur, das Erworbene durchzuarbeiten. Der klassische Geist und die geschliffene Sprache würden jedoch keine hinlängliche Erklärung geben. Sie erklären die Form, aber nicht den Inhalt und die Richtung. Die eigentliche Ursache, weshalb die praktischen Konsequenzen der englischen Philosophie in Frankreich und nicht in England gezogen wurden, ist darin zu suchen, dafs die alte Ordnung der Dinge auf dem französischen Boden dem Neuen ganz anders schroff und starr gegenüber stand als in England, und dafs sie zugleich weit hohler und fauler war als auf dem englischen Boden. Die englische Gesellschaft hatte die neuen Kräfte in sich aufgenommen und war imstande, sie zur Erzeugung fortgesetzter Entwickelung zu gebrauchen. In Frankreich war die alte Ordnung der Gesellschaft so konsequent durchgeführt, dafs sie entweder alle Kritik vernichten oder von dieser vernichtet werden mufste.

I. Voltaire und Montesquieu.

In seinen *Lettres sur les Anglais* (1732) stellte Voltaire (geb. 1694, gest. 1778) seinen Landsleuten eine neue Naturwissenschaft, eine neue Philosophie und eine neue Ordnung der Gesellschaft dar. Er stellte Locke und Newton gegen Descartes, Socinianer, Quäker und andre Dissenters gegen die Katholiken, die parlamentarische Verfassung gegen die Alleinherrschaft auf. Selbst wo er nicht direkt auf eine Vergleichung hindeutete und sich rein beschreibend verhielt, war die Meinung doch deutlich genug, und sie wurde denn auch nicht mifsverstanden; das Buch wurde verbrannt. Viele Franzosen betrachteten ohnehin Voltaire (wie später Montesquieu) als einen schlechten Patrioten, weil er das englische Wesen bewunderte. Jene Briefe bezeichnen aber einen kulturhistorischen Wendepunkt: die Einimpfung englischer Gedanken auf den Kontinent. Später gab Voltaire eine gute populäre Darstellung der physischen Theorien Newtons (*Éléments de la philosophie de Newton, mis à la portée de tout le monde.* 1738) heraus, die viel dazu beitrug, der neuen Naturlehre Verbreitung und Sieg zu verschaffen. Voltaire hat seine Bedeutung nicht als selbständiger Denker, sondern als grofser Verkürzer und Popularisator. Der Titel eines seiner wichtigsten Werke: *Dictionnaire philosophique portatif* (1764) ist in dieser Beziehung charakteristisch. Die Anschauungen sind fertig; es kommt nur darauf an, sie so zu gestalten, dafs sie leicht transportiert werden können. Er preist Locke, weil dieser uns die Geschichte der Seele gegeben habe, während früher so viele „raisonneurs" uns deren Roman geliefert hätten, und weil er alles, was im Verstande sei, aus der Empfindung ableite. Voltaire ist aber nicht ungeneigt, weiter zu gehen und alles Erinnern und Denken nur als fortgesetztes und geändertes Empfinden zu betrachten; als Condillac (den wir unten besprechen werden) diese Lehre aufgestellt hatte, schlofs Voltaire sich dem an, was „der grofse Philosoph" gesagt hatte (Art. Sensation im Dict. phil.). Wenn aber alles aus den Sinnen herrührte, was könnten wir denn von dem Ewigen und Unendlichen und von der Natur der Seele wissen? Fast gar nichts. Eigentümlich für Voltaire — im Gegensatz sowohl zu Locke als zu Condillac — sind die skeptischen Resultate, die er aus dem Satze herleitet, alles in unserm Bewufstsein rühre von der Empfindung her. Offiziell versichert er uns allerdings, mit einer Ironie, die sich nicht mifsverstehen läfst, die Offenbarung habe uns gelehrt, dafs die Seele eine geistige Substanz sei. Seine Überzeugung von „den Schranken des Menschengeistes" (siehe den Art. „Bornes de l'esprit humain" im Dict. phil.) äufsert sich indes in den Worten, mit denen er den Artikel von der Seele in seinem philosophischen Diktionär abschliefst: „Mensch, Gott gab dir den Verstand, um dich zum Rechten zu leiten, nicht um in das Wesen der erschaffenen Dinge einzudringen!"

Alles rührt von der Empfindung her, darüber hegt Voltaire doch keinen Zweifel. Aber nun die Empfindung? Locke hatte zu Voltaires grofser Freude gesagt, nichts verwehre die Meinung, dafs Gott der Materie die Fähigkeit des Empfindens gegeben hätte. Dafs die Verleihung dieser Fähigkeit nach Locke nur mittels eines *mirakulösen* Aktes geschehen kann, beachtete Voltaire nicht; er ergreift die Bemerkung und benutzt sie fortwährend als Waffe gegen die Spiritualisten. Es äufsert sich jedoch in seinem Systeme zugleich das Streben, alles auf die beiden Prinzipien: Gott und die Materie zurückzuführen. Für Geister als Mittelglieder hatte er keinen Gebrauch. Was ist denn aber die Materie? Ja, das weifs man eigentlich ebensowenig, wie man weifs, was die Seele ist. Indes bezweifelt Voltaire ihre Existenz nicht, und er legt ihr sogar ewige Existenz bei: „Kein Grundsatz," sagt er (Art. „Matière" des Dict. phil.), „ist allgemeiner anerkannt als der, dafs *nichts aus nichts entsteht*. Das Gegenteil ist ja unbegreiflich." Und er sucht zu zeigen, dafs die Religion nicht unter der Annahme einer ewigen Materie leide, die von der Gottheit auf zweckmäfsige Weise geordnet werde. „Freilich wissen wir jetzt mittels des Glaubens glücklicherweise, dafs Gott die Materie aus nichts hervorholte, aber" u. s. w. Zwar biete auch die Annahme einer ewigen Materie verschiedene Schwierigkeiten dar, und man dürfe sich nicht damit schmeicheln, dafs man diese zu besiegen vermöge; die Philosophie könne nicht von allem eine Erklärung geben. Der Glaube an eine von Gott geordnete ewige Materie biete indes keine moralischen Bedenklichkeiten dar: wir hätten die nämlichen Verpflichtungen, ob wir ein geordnetes oder ein erschaffenes Chaos unter den Füfsen hätten! — Voltaire behauptet die geringe Bedeutung der spekulativen und dogmatischen Entscheidungen in praktischer und moralischer Beziehung. Dies ist vielleicht der Punkt, an welchem er seine gröfste Bedeutung in der Philosophie hat, und an welchem seine Skepsis sich zugleich als von der Blasiertheit verschieden erweist. Den praktischen Ernst, den Voltaire zeigen konnte, wenn es galt, bezeugt zur Genüge sein Auftreten als Verteidiger der Unterdrückten und der schuldlos Verurteilten. Er zeigte durch

Thaten, dafs wenn er auch nur aus Ironie oder aus Bosheit
so häufig auf die Lehren der Offenbarung verwies, sein voller
Wille doch mitbeteiligt war, sobald er die Praxis als Gegensatz der Spekulation aufstellte. Mit Bezug auf den Glauben
an die Unsterblichkeit scheint er die Ansicht gehabt zu haben,
dieser sei notwendig, um das Moralische in der Menschheit
aufrechtzuhalten. (Le bien commun de tous les hommes
demande qu'on croye l'âme immortelle. Lettres sur les
Anglais. XIII.) Dem Glauben an Gott suchte er (obschon er
sich auch hier auf „le bien commun" stützt)[89]) doch eine Begründung zu geben, indem er (wie Newton) von der zweckmäfsigen Ordnung der Natur ausging. Er verficht die Ansicht
von Zweckursachen (causes finales), nur müsse man diejenigen
Wirkungen, die zu jeder Zeit und überall unveränderlich dieselben seien, nicht aber die speziellen und abgeleiteten Wirkungen ins Auge fassen. Scharf und mit boshaftem Wohlgefallen hebt Voltaire die Schattenseiten der Welt hervor, und
er bekämpft den Optimismus, der, den Blick auf die grofsen,
im Ganzen herrschenden Gesetze gerichtet, das Leiden und
Unglück übersehe und geringschätze, das für die einzelnen
Wesen durch diese allgemeine Ordnung der Dinge herbeigeführt werden könne. Lissabons Zerstörung durch ein Erdbeben gab ihm bekanntlich besonderen Anlafs, über die beste
aller möglichen Welten zu spotten. Leibniz' optimistisches
System trifft er mitten ins Herz, wenn er den Candide (der
in einem Autodafee, welches nach Lissabons Untergang als
Versöhnungsfest stattfindet, gegeifselt wird!) zu sich selbst
sagen läfst: „Wenn das die beste Welt ist, wie mögen denn
wohl die anderen beschaffen sein?" Voltaire war darüber entrüstet, dafs Leibniz und Shaftesbury, und nach ihnen in Versen
Pope, aussagten, alles sei gut, und man könne nicht verlangen, dafs Gott um eines so erbärmlichen Wesens willen,
wie der Mensch sei, seine ewigen Gesetze abändre. „Man
mufs doch gestehen," sagt er (Art. „Tout est bien" im Dict.
phil.), „dafs dieses erbärmliche Wesen das Recht hat, in aller
Demut zu schreien und — indem es immerfort schreit — zu
verstehen zu suchen, weshalb jene ewigen Gesetze doch nicht
um jedes einzelnen Individuums willen entstanden sind!" Für

Voltaire selbst war die Beantwortung letzterer Frage in seiner Lehre von Gott und der Materie gegeben, die vielleicht gerade durch Nachsinnen über die Übel, welche die gesetzmäfsige Ordnung der Natur für einzelne Wesen herbeiführt, motiviert war. Er glaubt an einen gütigen Gott, die Leiden der Welt sind ihm aber ein Zeugnis, dafs dieser Gott nicht allmächtig sei, sondern unablässig Widerstand zu überwinden habe, und diesen Widerstand schreibt er der ewigen Materie zu. Die moralische Seite der Religion war ihm das Wesentliche. „Nächst unsrer heiligen Religion," sagt er, mit seiner gewöhnlichen offiziellen Verbeugung beginnend (Art. „Religion" im Dict. phil.), „die sicherlich die einzige gute Religion ist, welche ist denn wohl die am wenigsten schlechte? Sollte das nicht die einfachste sein? Sollte das nicht diejenige sein, die viele Moral und sehr wenige Dogmen lehrt? Diejenige, die sich bemüht, die Menschen gerecht zu machen, ohne sie absurd zu machen?" Alles, was in der Religion über die Anbetung eines höchsten Wesens hinausgeht, erklärt er für Aberglauben. Die Idee der Einfachheit, die von den Denkern der Renaissance zum Verständnisse der natürlichen Welt verwertet wurde, wird jetzt von den Denkern des Aufklärungszeitalters auf die übernatürliche angewandt. Mit Bezug auf die positive Religion hält Voltaires Kritik sich an die vollfertigen Dogmen; nach deren Entstehung, deren Ursprung aus dem menschlichen Gefühlsdrange, nach dem symbolischen Werte, den sie als Ausdrücke teuer erkaufter seelischer Erfahrungen besitzen können, fragt er nicht. Er treibt Scherz mit den launenhaft geordneten Inseln im Ozeane der Religion und bedenkt nicht, dafs das, was auf diese Weise zerstreut, widerspruchsvoll und regellos an der Oberfläche hervortritt, seinen unterirdischen Zusammenhang haben kann und vielleicht die Wirkung vulkanischer Kräfte in den Tiefen ist. Das Unbewufste oder Halbbewufste, das Unwillkürliche und Spontane, die dunkle Gefühlsbewegung verstand er nicht. Er sah alles wie in hellem Tagesschein. Dämmerung und Zwielicht waren ihm Anzeichen der Zweideutigkeit, des Wahnsinns, der Dummheit, Lächerlichkeit oder der Niederträchtigkeit. Gegen dergleichen operiert er mit dem Alternativ, man müsse entweder verrückt oder ein Spitzbube (fou—fripon) sein, um es zu glauben. Was den Aberglauben erzeuge, sei die Tollheit und Dummheit des Fanatismus, die bis zur Unverschämtheit (insolente imbécillité) steigen könnten: darauf kämen aber die Spitzbuben und benutzten die Tollheiten für ihre Zwecke [84]). Eine elementare Religionspsychologie, die das Prinzip der Einfachheit unleugbar befriedigt und in hohem Grade „portativ" ist!

Voltaire war überzeugt, der Zeitpunkt sei gekommen, da alle Vorurteile abgethan werden könnten. Es war nicht seine Meinung, dafs alle Vorurteile schlecht seien: es gebe solche, die von der Vernunft genehmigt würden (Art. „Préjugés" im Dict. phil.). Die Hinlänglichkeit der Vernunft, wie diese damals aufgefalst wurde, bezweifelte er aber nicht. Er jauchzte (in den Briefen an d'Alembert), weil nun das „Zeitalter der Vernunft" gekommen sei. An allen Punkten sah er die Gewalt der Kirche im Sinken, in dem Bewufstsein der Gebildeten sowohl als in dem Staate. Allerdings — die Verbreitung der Aufklärung hatte ihre Grenze: die „Kanaille", „Schuster und Dienstmädchen" könnten ihrer nicht teilhaft werden. Voltaire tröstet sich aber: „Es dreht sich nicht so sehr darum, unsre Lakaien an dem Besuche der Messe oder der Predigt zu verhindern; es dreht sich darum, die Familienväter der Tyrannei der Betrüger zu entreifsen und den Geist der Toleranz zu verbreiten" [85]). Ihm ahnte nicht, dafs bald auch die Lakaien zu philosophieren beginnen würden; er selbst hatte ja die Philosophie „portativ" gemacht. Über den Dualismus zwischen „anständigen Leuten" (honnêtes gens) und dem „Pöbel" (canaille) konnte er sich nicht hinwegsetzen. Auch hier hielt er sich an die hervorspringenden Gegensätze, ohne imstande zu sein, die oft freilich verborgene Verbindung aufzufinden. Es ist jedoch nicht zu vergessen, dafs die Kluft zwischen den verschiedenen Teilen des Volkes gerade zu seinen Zeiten eine so grofse und gähnende war, wie wir sie jetzt nicht kennen, und dafs Voltaire die Lösung in der Sorge einer aufgeklärten Alleinherrschaft für die grofse Menge erblickte. —

Montesquieu (1689—1755) besafs wesentliche Eigenschaften, an denen es Voltaire gebrach, vorzüglich die, so zu denken, daſs die Dinge in ihrem bestimmten Zusammenhange betrachtet und nicht um der Pointe willen aus diesem losgerissen wurden. Er erhebt sich hoch über den gewöhnlichen Gedankengang des 18. Jahrhunderts durch die Idee, die seinem Hauptwerke (*Esprit des lois.* 1748) zu Grunde liegt: die Institutionen und Gesetze seien keine willkürlichen Erzeugnisse, sondern setzten, um bestehen und wirken zu können, bestimmte natürliche Bedingungen voraus. Er hebt den Zusammenhang der Gesetze mit dem Klima, den Sitten und der Lebensweise, mit der Religion und mit dem gesamten Volkscharakter hervor. „Die Gesetze," sagt er (Esprit des lois I, 3), „müssen dem Volke, für welches sie geschrieben sind, so eigentümlich sein, daſs es ein reiner Zufall ist, wenn die Gesetze eines Volkes für ein anderes passen." Die neuere historische Schule hat an Montesquieu einen ihrer wichtigsten Vorgänger. — Es ist indes sein Bestreben, durch das Studium der geschichtlichen Verhältnisse allgemeine Ideen zu gewinnen. An mehreren Punkten kann er, eben indem er seine geschichtliche Methode durchführt, das Sophistische der Verteidigung darlegen, die für überlieferte Miſsbräuche geführt worden war, z. B. bei der Untersuchung der persönlichen und der politischen Freiheit. Und seine Bewunderung für das Altertum und für England bewegt ihn zu idealen Schilderungen, die ebenso viele Verurteilungen der in Frankreich bestehenden Verhältnisse waren. Wie er sogleich nach seiner Heimkehr seinen Garten in einen englischen Park umgestaltete, so erhielten auch seine politischen Ideen ein englisches Kolorit. Und hier ist wohl zu beachten, daſs er sich in seiner berühmten Schilderung der englischen Verfassung (Esprit des lois XI, 6) vielmehr auf das Studium von Lockes Buch „Of Civil Government" stützt, als auf tiefergehende Untersuchungen des englischen Verfassungslebens in dessen Zusammenhang mit der Geschichte und den Sitten der Nation. Lockes Abhandlung war ja eine theoretische Rechtfertigung der Revolution; sie sollte nicht beschreiben, was geschichtlich bestand, sondern das Recht begründen, das geschichtlich Bestehende in bestimmter Richtung weiter zu entwickeln. Montesquieu geht nun sogar noch weiter als Locke, indem er viel schärfer als

dieser die Theorie von der Dreiteilung der Gewalt in die
gesetzgebende, richterliche und vollziehende, entwickelt. Er
sah nicht, daſs diese Dreiteilung sich thatsächlich nur auf
eine bestimmte Periode der englischen Geschichte, gerade
auf die Zeit unmittelbar nach der Revolution einigermaſsen anwenden lieſs. Früher hatte der König gröſseren Anteil an der
gesetzgebenden Gewalt gehabt, und später erhielt das Parlament
einen immer gröſseren Anteil an der vollziehenden Gewalt[86]).
Und dennoch betrachtete Montesquieu dieses System als ur-
germanisch: „dieses schöne System wurde in den Wäldern
erfunden". Er kannte es nur als völlig ausgebildet und als
eine äuſsere Form des politischen Lebens des Volkes; die Selbstverwaltung in kleineren Kreisen, die der englischen parlamen-
tarischen Verfassung zur Grundlage dient, erblickte er nicht.
Ebenso wie Voltaire die Resultate Lockes und Newtons ergriff,
ohne den Geist, den Forschersinn zu erfassen, aus dem dieselben emporgewachsen waren, ebenso nahm Montesquieu die
Form der englischen Verfassung und systematisierte sie, ohne
den festen Untergrund mitzunehmen, der sie in der That trägt.
Von dieser Seite betrachtet ist er der französischen Aufklärungsphilosophie verwandt und findet seinen Platz in deren Reihen.
Auch bei ihm spürt man den „klassischen Geist". Albert
Sorel sagt treffend von ihm: „Er verfolgt die Regierungen
nicht in ihrer geschichtlichen Entwickelung . . . Er stellt sie
als befestigt, vollständig, definitiv dar . . . Keine Chronologie
und keine Perspektive; alles liegt in derselben Fläche. Die
Einheit der Zeit, des Ortes und der Handlung ist aus dem
Theater auf die Gesetzgebung übertragen." — Es war jedoch
nicht Montesquieus Meinung, daſs die englischen Formen sich
ohne weiteres nach Frankreich verpflanzen lieſsen. Seine Gedanken gingen vielmehr in der Richtung einer Wiederbelebung
der alten französischen Monarchie mit einem aufgeklärten Be-
amtenstande und namentlich mit einem unabhängigen Richter-
stande. Der Geist seines Zeitalters lieſs aber Tendenzen in
sein Werk einflieſsen, die seiner eignen geschichtlichen Methode
widerstritten; und besonders über seine Leser hatte dieser Geist
so groſse Gewalt, daſs sein Werk eine revolutionäre Bedeutung
erhielt, die gar nicht in seiner Absicht gelegen hatte.

2. Condillac und Helvétius.

Die erkenntnistheoretische und psychologische Grundlage der französischen Aufklärungsphilosophie wurde ausgearbeitet von Condillac (1715—1780), einem friedlichen Denker, der, nachdem er sich schon seit seiner Jugend dem geistlichen Stande gewidmet und nachdem er die Erziehung eines italienischen Prinzen geleitet hatte, seine letzten Jahre in einer Abtei verlebte, deren Einkünfte ihm angewiesen waren. In seinem Hauptwerke (*Traité des sensations*, 1754) führt er mit Klarheit und Breite und mehr auf deduktivem denn auf induktivem Wege den Satz durch, dafs alles in unserm Bewufstsein, nicht nur — wie Locke gelehrt hatte — aller Inhalt, sondern auch alle Thätigkeiten und Formen blofse Umbildungen einfacher passiver Empfindungen (sensations transformées) seien. Die einzelne Sinnesempfindung tritt als eine rein passive Änderung der Seele auf. Ist diese Änderung so stark, dafs andre Empfindungen ausgeschlossen werden, so entsteht Aufmerksamkeit. Haben wir zwei Empfindungen zu gleicher Zeit, so sagt man, dafs wir vergleichen und urteilen. Das Erinnern ist nur eine Nachwirkung der Empfindung. Das Abstrahieren ist die Aussonderung einer Empfindung aus anderen Empfindungen. Die Bedingung alles Vergleichens, Urteilens, Erinnerns und Abstrahierens ist die Aufmerksamkeit, die also die Grunderscheinung der Erkenntnis ist. Mit ihrer Hilfe vermögen wir deutlich und gesondert aufzufassen, was anfangs als chaotische Totalauffassung auftritt. Auf solcher gesonderten und somit deutlichen Auffassung dessen, was anfänglich in chaotischem Gemisch auftritt — auf der Analyse also — beruht alle Erkenntnis. Wenn wir mittels der Sprache für jedes der Elemente, welche die Analyse darbietet, ein Zeichen bilden, können wir durch Verbindung dieser Zeichen und indem wir einige Zeichen durch andere ersetzen, die das nämliche bedeuten, eine logische Rechenkunst, eine wissenschaftliche Sprache von völliger Klarheit und Genauigkeit entwickeln. Nur mittels einer Zeichensprache läfst sich die Analyse ausführen; diese wirkt aber wieder auf die Zeichensprache zurück, und alle Wissenschaft ist eigentlich ein System von

Zeichen, deren Bedeutungen und gegenseitige Beziehungen völlig klar sind. Die Sprachen sind analytische Methoden, indem der Mensch, geleitet von seinem Drange, Geberden auszuführen oder Rufe auszustofsen, wenn seine Aufmerksamkeit erregt wird, unwillkürlich analysiert. Später wird dann umgekehrt die Wissenschaft, die genaue Analyse, dasselbe wie eine vollkommene Sprache.

Condillacs Erkenntnislehre ist der durchgreifendste Versuch, alles dergestalt aus der Erfahrung abzuleiten, dafs die Erfahrung selbst als durchaus passiv aufgefafst wird, zugleich aber dergestalt, dafs dennoch die Möglichkeit einer Wissenschaft auf Grundlage der Erfahrung gezeigt wird. Wegen ihrer Klarheit und Einfachheit gewann seine Lehre grofsen Anschlufs, und an den öffentlichen Lehranstalten verdrängte sie den Cartesianismus. Sie wurde die Philosophie, die am Schlusse des Jahrhunderts, während der Revolution und unter dem Kaisertum gelehrt wurde, bis neue Richtungen sich geltend machten. Condillac bedient sich im „Traité des sensations" der Darstellungsweise, dafs er eine Statue fingiert, deren Sinne nacheinander zur Thätigkeit erwachen; es entsteht jedesmal nur eine einzige Empfindung, und er untersucht nun, wie das Bewufstseinsleben sich successiv entwickelt und unter dem Einflusse der Eindrücke seine verschiedenen Fähigkeiten (Aufmerksamkeit, Vergleichen, Erinnern u. s. w.) erhält, die also keine ursprünglich von der Natur gegebenen Anlagen sind. Charakteristisch ist namentlich sein Versuch, die Aufmerksamkeit als einen rein passiven Zustand zu beschreiben, wie auch seine Beschreibung des Vergleichens als gleichzeitiger Aufmerksamkeit auf zwei Eindrücke. — Die allmähliche Entstehung der verschiedenen Fähigkeiten geht unter der Einwirkung der Triebe und Bedürfnisse des Menschen vor. Trieb und Bedürfnis entstehen durch Vergleichung von Lust- und Unlustgefühlen, die eine besondere Art der Empfindung sind. Statt uns mit einer Menge ursprünglicher Fähigkeiten auszustatten, gab der Urheber der Natur uns das Lust- und Unlustgefühl, um die Aufmerksamkeit zu erwecken und somit die Analyse, anfangs in ihren einfacheren, später in ihren höheren Formen in Bewegung zu bringen.

Obgleich Condillacs Lehre von einer wesentlichen Seite betrachtet in scharfem Gegensatz zur Cartesianischen steht, hat sie dennoch Berührungspunkte mit letzterer, nicht nur wegen des grofsen Gewichts, das sie der analytischen Methode beilegt, sondern auch wegen der spiritualistischen Anschauungsweise, die ihr schliefslich zu Grunde liegt. Denn Condillac behauptet entschieden, Empfindung sei von Bewegung verschieden, und letztere könne deshalb nur die gelegentliche Ursache von dem Entstehen der Empfindung in einer vom Körper verschiedenen Seele sein. Allerdings kennen wir (dies räumt Condillac ein, ebenso wie Locke) die Substanz der Seele ebensowenig wie die des Körpers. Das Vermögen des Vergleichens (nach Condillac das Vermögen, zwei Empfindungen auf einmal zu haben) setzt aber doch eine *einzelne* Substanz als Träger der Empfindungen voraus. (Siehe namentlich *De l'art de raisonner* I, 3 und *Discours préliminaire du cours d'étude*, Art. 4.) Überdies betrifft Condillacs Lehre nur unsere Empfindungen; diese sind nur die eignen Zustände der „Statue"; ist die erste Empfindung Rosenduft, so ist die Seele nur Rosenduft und weiter nichts. Die Ausdehnung, die nach Condillac nur vom Tastsinne, durchaus nicht ursprünglich vom Gesichtssinne herrührt, ist nur das am meisten konstante Element unsrer Empfindungen, um welches sich die andern Elemente sammeln; hat man deswegen aber das Recht, sie als Ausdruck der absoluten Realität zu betrachten? Die Ausdehnung ist eine Empfindung, die ebensowohl als andre Empfindungen durch ein Etwas in uns erregt wird, dessen Wesen wir nicht kennen (Traité des sensations I, 1; II, 11; IV, 5). Condillac zeigt sich von Berkeley („Barclai", wie er ihn nennt), jedenfalls von dessen „Theory of Vision" beeinflufst, wogegen es zweifelhaft ist, ob ihm dessen Hauptwerke bekannt waren; seine Abstraktionslehre deutet nicht darauf hin.

Wir sahen bereits, dafs Voltaire auf Condillac als den grofsen Philosophen verwies. Wie es wohl in Kriegszeiten gehen kann, wurden die Resultate des friedlichen Denkers als Kriegswaffen benutzt. Man nahm seine Lehre von der Transformation der Empfindung, liefs aber seinen Spiritualismus liegen. In direkter Mitwirkung mit der freien Richtung und unter wachsender Sympathie für diese verfaſste dagegen Helvétius (1715—1771) seine Werke (*De l'esprit*, 1758. — *De l'homme*, 1773—74). Die Schrift De l'esprit wurde als eins der gottlosesten Bücher behandelt. Sie wurde vom Erzbischof von Paris, vom Papste und vom Pariser Parlamente verdammt, und Helvétius, der durch sein Werk litterarischen Ruhm zu erwerben gehofft hatte, muſste sich eine Zeitlang im Auslande aufhalten, wo er namentlich bei Friedrich dem Groſsen gute Aufnahme fand. Dieser hatte Hochachtung vor seinem uneigennützigen Charakter und schrieb nach seinem Tode an d'Alembert: „Mit unendlichem Schmerze habe ich seinen Tod erfahren. Sein Charakter kam mir bewundernswert vor. Vielleicht hätte man wünschen sollen, daſs er lieber sein Herz als seinen Geist zu Rate gezogen hätte." Helvétius war ein freisinniger, mildherziger und menschenfreundlicher Mann, der die Reichtümer, die er als Generalpachter erworben hatte, im Dienste der Litteratur und der Wohlthätigkeit gebrauchte. Mit groſsem Kummer und Zorn betrachtete er (wie namentlich aus der hinterlassenen Schrift De l'homme zu ersehen ist) die Erniedrigung und innere Auflösung seines Vaterlandes. Seine Schriften gehen aus der Überzeugung hervor, daſs die Ausschlieſsung der Individuen von aktiver Teilnahme am öffentlichen Leben unglückliche Folgen haben müsse. Die Charaktere erhielten keine hinlänglich groſsen Motive und Objekte des Handelns. Sowohl die Litteratur als die Moral müsse hierunter leiden. Denn sowohl das Talent als die Tugend, „der Geist" (esprit) sowohl als „die Rechtschaffenheit" (probité) werde durch die Regierungsform und durch die wiederum von der Regierungsform bestimmte Erziehung bedingt und entwickelt. Dies ist der groſse, ernste Hauptgedanke, von dem Helvétius in seinen Werken ausgeht. Er setzt Condillacs Theorie fort, daſs alle Fähigkeiten durch Erfahrung und äuſsere Einwirkung entwickelt würden. Sogar die Liebe zu uns selbst sei erworben: denn wir könnten keine Liebe fühlen, ohne vorher Lust und Schmerz gefühlt zu haben. Die Empfänglichkeit für Lust und Schmerz sei also die einzige Gabe, die die Natur uns unmittelbar verliehen habe. Sie erwecke und schärfe die Aufmerksamkeit und bestimme unser Handeln.

Was unsre Aufmerksamkeit anziehen werde, beruhe auf der Erziehung — dieses Wort im weitesten Sinne genommen, so daſs es alles dasjenige in unsern Umgebungen und Verhältnissen bedeute, was auf unsre Entwickelung Einfluſs erhalte, sogar die unbedeutendsten Kleinigkeiten. Indem Helvétius das Wort Erziehung in diesem Sinne auffaſst, kann er behaupten, daſs niemals zwei Menschen ganz dieselbe Erziehung erhalten (De l'esprit III, 1). Die Begabung ist bei allen Menschen gleich groſs — die Bedingungen für ihre Entwickelung sind aber verschieden. Alle Verschiedenheiten des Charakters leitet Helvétius aus der Erziehung her, und da diese wieder von den öffentlichen Verhältnissen und der Regierungsform abhängig ist, sieht man, wie seine Theorie seinen Kummer und Zorn über Frankreichs innere Zustände motiviert.

Die Sittenverderbnis besteht nicht so sehr in den Ausschweifungen, denen sich die Einzelnen ergeben, als in der allgemeinen Spaltung des individuellen und des sozialen Interesses. Es ist Heuchelei, wenn die Moralisten die privaten Laster der einzelnen Individuen angreifen, statt ihre Angriffe auf die öffentlichen Miſsbräuche und auf die Unterdrückung von oben zu richten. Die Moral, die Gesetzgeberkunst und die Pädagogik sind nicht drei verschiedene Bestrebungen, sondern sie ruhen auf demselben Prinzipe, nämlich auf dem Prinzipe des öffentlichen Nutzens, des Nutzens für die möglichst groſse Anzahl von Menschen, die zu einem Staate verbunden sind (De l'esprit II. 17). Was als gut und als Tugend (probité) anerkannt wird, beruht auf dem Interesse. Die meisten erkennen nur dasjenige als gut an, was mit ihrem eignen, beschränkten Interesse übereinstimmt. Verhältnismäſsig nur wenige — besonders unter den schlechten sozialen und politischen Verhältnissen — besitzen den aufgeklärten Stolz, den geistigen Adel, daſs sie ihre moralischen Urteile durch die Rücksicht auf den öffentlichen Nutzen bestimmen lassen können, ohne durch die eignen engherzigen Interessen oder durch die ihrer nächsten Umgebungen irregeleitet zu werden. Ein solcher Seelenadel setzt keineswegs die Aufgebung der Liebe zu sich selbst voraus, denn diese ist eine Unmöglichkeit. Er setzt aber voraus, daſs das eigne Interesse mit dem öffentlichen untrennbar verbunden ist, besonders mittels des Dranges nach Macht und Ehre. „Niemand," sagt Helvétius (De l'homme V, 1), „hat jemals mit eignem Schaden zum öffentlichen Wohl beigetragen. Derjenige Bürger, der als ein Held das Leben wagt, um sich mit Ehre zu bedecken, die öffentliche Achtung zu verdienen und das Vaterland von der Knechtschaft zu befreien, folgt dem Gefühle, das für ihn mit der größten Lust verbunden ist ... Ein guter Mensch gehorcht also nur einem edlen Interesse." — Es bleibt bei Helvétius im unklaren, ob der Drang nach Macht und Ehre nicht etwas andrer Beschaffenheit wird, wenn er sich mit der Rücksicht auf „le bien public" untrennbar vereint, als wenn er isoliert dasteht und deshalb durch jedes beliebige Mittel Befriedigung sucht. Der Ausdruck Seelenadel (noblesse d'âme) scheint vorauszusetzen, daß das Gefühl doch eine gewisse Metamorphose erleiden muß, wenn es — durch eine ausgezeichnete Erziehung — gelungen ist, die Vorstellung von der Gerechtigkeit so eng mit der Vorstellung von Macht und Glück zu verbinden, daß sie gänzlich zu einer einzigen Vorstellung verschmolzen (Note 33 zu De l'homme, Sect. 4). Bei Helvétius (wie auch bei Condillac) vermißt man eine genauere Untersuchung der Art und Weise, wie die Gefühle unter dem Einflusse der Vorstellungen und der Vorstellungsverbindungen abgeändert werden, Untersuchungen, die Spinoza, Hume und Hartley begonnen hatten.

Ein Hauptsatz des Helvétius ist der, daß wir nur solche Ideen und Charaktereigenschaften anerkennen können, die mit unsern eignen Ideen und Gefühlen übereinstimmen. Geist (esprit — im Sinne der Fähigkeit, neue Gedankenverbindungen zu bilden) erkennen wir nur da an, wo die neuen Gedankenverbindungen, die wir antreffen, eine gewisse Analogie mit unsern eignen Gedanken besitzen und mit unsern eignen Interessen übereinstimmen. Und was von der Anerkennung des Geistes gilt, ist auch für die Anerkennung der Rechtschaffenheit (probité) gültig. Ohne daß unser eignes Interesse in Bewegung gesetzt wird, erkennen wir nichts an. Das Interesse, sagt Helvétius, ist aber zweierlei Art: „Es gibt Menschen, die von edlem und aufgeklärtem Stolze beseelt sind, und die ihren Geist in schwebendem Zustande (état de suspension) bewahren, der neuen Wahrheiten freien Eintritt gestattet. Zu diesen gehören einige philosophische Geister und einige Jünglinge, die sich noch keine so festen Meinungen gebildet haben, dafs sie erröten, wenn sie dieselben ändern . . . Es gibt andre und zwar die meisten Menschen, die von einer weniger edlen Eitelkeit beseelt sind. Diese können nur solche Ideen anerkennen, die mit ihren eignen übereinstimmen, und die die hohe Meinung rechtfertigen, welche sie von der Tüchtigkeit ihres Geistes haben" (De l'esprit II, 3. Vgl. De l'homme IV, 6: „Das Genie hat zum Beschützer und Lobredner die Jugend und einige wenige aufgeklärte und wackre Menschen"). — Nebst der unedlen Eitelkeit nennt Helvétius jedoch auch die Faulheit als ein Hindernis für die Anerkennung neuer Ideen und neuer Tugenden. Beide Hindernisse lassen sich nach seiner Auffassung nur dadurch überwinden, dafs ein Gefühl von hinlänglicher Stärke den Menschen aus der Stumpfheit und Beschränktheit herausreifst. — Helvétius' Werke (deren Tendenz oft mifsverstanden wurde) untersuchen alle beide die Bedingungen für das Entstehen grofser Geister und bedeutender Charaktereigenschaften und für die Anerkennung derselben, wenn sie entstanden sind, und die Grundbedingung ist ihm die enge Verbindung des individuellen Lebens mit dem öffentlichen. Seine Theorien von der ursprünglichen Gleichartigkeit der Individuen, von dem Selbstinteresse als dem Fundamentalen und von der Allmacht der Erziehung dienen alle zur Einschärfung eines und desselben Grundgedankens.

Der religiöse Standpunkt des Helvétius ist der deistische, unter starker Hervorhebung, dafs die Gottheit sich nicht erkennen lasse. Er polemisiert gegen die theologische Moral, die nur private Laster, aber nicht die Quelle des Bösen in den öffentlichen Verhältnissen angreife, und gegen den geistlichen Stand, dessen Interesse nicht mit dem des ganzen Volkes zusammen gehen könne. Es geht überhaupt eine polemische Unterströmung durch seine Werke — im De l'homme noch stärker als im De l'esprit, welches letztere

Diderot doch nicht mit Unrecht einen Keulenschlag gegen alle Vorurteile nannte.

3. La Mettrie, Diderot und Holbach.

Schon bei Voltaire spielen nebst der empirischen Philosophie auch die Naturwissenschaft und deren Ergebnisse eine wichtige Rolle. In erster Linie kommt der naturwissenschaftliche Einfluſs jedoch bei einer Gruppe französischer Philosophen zum Vorschein, die sich Lockes Lehre, daſs alles im Bewuſstsein von Empfindung herrühre, zu nutze machten, deren Hauptgedanken aber doch die materielle Natur betreffen, die sie zur einzigen wirklichen Natur zu machen suchen. Ihre Philosophie soll eine einfache Konsequenz der Naturwissenschaft sein. Sie nehmen Hobbes' materialistische Tendenz wieder auf, so zwar, daſs sie das induktive Verfahren versuchen, während Hobbes hauptsächlich deduktiv verfuhr. Ihr Auftreten bezeugt, daſs die Methode und die Ergebnisse der Naturwissenschaft mit wachsender Energie Einfluſs auf die Lebens- und die Weltanschauung verlangten. Und je unmöglicher es ihnen war, die kirchlichen Dogmen und die bestehenden Institutionen aus den naturwissenschaftlichen Grundsätzen, die ihnen als ewige Wahrheiten dastanden, zu erklären oder zu rechtfertigen, um so mehr muſsten diese Dogmen und Institutionen ihnen rein willkürlich, als aus Dummheit, Fanatismus oder Betrug entstanden vorkommen. Voltaires Dilemma: Tollheit oder Spitzbüberei, wurde hier bis zu den äuſsersten Konsequenzen durchgeführt und mit einem Trotz und einer Leidenschaft ausgeschleudert, die Voltaire, der die Atmosphäre des Hofes und der Salons nicht verläſst, nie gekannt hatte. Und doch sind auch diese Verfasser sich bewuſst, daſs ihre Ideen bei der groſsen Menge keinen Eingang finden können.

Die revolutionäre Tendenz dieser Schriftsteller, ihre Überzeugung, man müsse den Himmel reformieren, bevor man die Erde reformieren könne, verhindert nicht, daſs ihre Werke philosophischen Wert besitzen. Sie bekämpfen die spiritualistische Lehre, zwar nicht mit prinzipiellen Argumenten, die Hobbes' und Spinozas Leistungen überträfen, jedoch mit größerem Reichtum an Einzelerfahrungen. Sie stützen sich nicht nur wie die Denker des 17. Jahrhunderts auf die allgemeinen Prinzipien der mechanischen Naturwissenschaft, sondern auch auf die Resultate, welche die Wissenschaft von dem organischen Leben während des letzten Jahrhunderts hervorgebracht hatte. Namentlich ist La Mettrie (1709—1751), der eigentliche Begründer des französischen Materialismus des 18. Jahrhunderts, hier zu nennen. Er war Militärarzt, verlor seine Stellung jedoch teils wegen seiner Angriffe auf die herrschende Arzneikunst, teils wegen seiner *Histoire naturelle de l'âme* (1745), in der er seine Anschauungen zum erstenmal aussprach. Eine Zeitlang hielt er sich nun in Holland auf; von hier mußte er aber wegen des Ärgernisses, das seine Schrift *L'homme machine* (1748) erregte, nach Preußen fliehen. Er fand eine Zuflucht bei Friedrich dem Großen, dessen Vorleser er wurde, und mit dem er auf sehr vertrautem Fuße gestanden zu haben scheint. 1751 starb er plötzlich; böse Zungen (namentlich diejenige Voltaires) erzählten, sein Tod sei eine Folge seiner Gefräßigkeit, wahrscheinlich lag aber eine Vergiftung vor. La Mettries Charakter mutet durch Keckheit und einen gewissen liebenswürdigen Leichtsinn an. Er konnte aber auch frech statt keck, und leichtfertig statt leichtsinnig sein, und sein philosophischer Ruf hat unter diesen ungünstigen Seiten seines Charakters leiden müssen, die unstreitig auch in seinen Schriften zu spüren sind. In der jüngsten Zeit haben namentlich Albert Lange in seiner „Geschichte des Materialismus" und Dubois Reymond in seinem geistvollen Vortrage über La Mettrie einer gerechteren Beurteilung den Weg gebahnt.

La Mettrie will auf die Erfahrung und Wahrnehmung bauen und die vergleichende Methode anwenden. Als Naturforscher ist er ein Schüler Boerhaves, des berühmten Arztes, der die Grundsätze der Cartesianischen Naturlehre auf das Studium des organischen Lebens anwandte. Der Titel von La Mettries bekannter Schrift „L'homme machine" weist auf Descartes zurück, und das Buch könnte sehr wohl von der älteren cartesianischen Schule ausgegangen sein — wenn diese von der Seelensubstanz, die dann und wann die Zirbeldrüse berühre, wegsehen könnte. Auf dem Wege der vergleichenden Methode sucht La Mettrie zu zeigen, dafs zwischen dem Tiere und dem Menschen nur ein Unterschied der Quantität stattfinde, und dafs also kein Grund zu der Annahme vorliege, es trete beim Menschen eine ganz neue Art der Substanz hinzu. Um La Mettrie nicht zu mifsverstehen, mufs man beachten, dafs er nicht nur das Werk „L'homme machine", sondern auch eine Schrift mit dem Titel *Les animaux plus que machines* verfafst hat. Seine Aufgabe ist es, nachdem er die Verwandtschaft des Baues und der Wirkungsweise des menschlichen und des tierischen Organismus hervorgezogen hat, den Beweis zu liefern, dafs dasjenige, was in beiden wirkt, nicht verschiedenen Wesens ist. Und er geht noch weiter. Er hebt nicht nur die Ähnlichkeiten zwischen dem Menschen und dem Tiere, sondern auch die Ähnlichkeiten zwischen dem Menschen und der Pflanze hervor (*L'homme plante*). Und aus der ganzen Stufenreihe, die uns das Studium des Baues und der Funktionen der lebenden Wesen zeigt, zieht er dann den Schlufs, dafs das Seelenleben, wenn es oben zu finden sei, unten nicht durchaus wegfallen könne. Die Fähigkeit des Empfindens dehnt er auf alles Lebendige, ja auf alles Materielle aus: alles im Weltall sei voll von Seelen, und er verweist hier (Les animaux plus que machines. Oeuvres philos. Berlin 1755. II, S. 82) auf Leibniz' schlummernde Monaden. — Diese Stufenreihe besteht bei La Mettrie nun nicht aus ein für allemal fertigen Formen. Er glaubt — im Anschlufs teils an den von Voltaire verspotteten Naturforscher Maillet, teils an Epikur und Lucretius — an eine Entwickelung aus niederen in höhere Formen. Wie es scheint (*Système d'Épicure* §§ 13. 32—33. 39), glaubte er an ewige organische Keime, aus denen die verschiedenen Lebensformen wegen der Wechselwirkung mit den äufseren Verhältnissen unter fortschreitender Vollkommenheit hervorgegangen seien. Die antreibende Kraft sei der Drang, die Bedürfnisse. Ein höheres Seelenleben entstehe erst dann, wenn andre als die rein vegetativen Bedürfnisse kämen. Die Pflanzen seien keiner eigentlichen Seele benötigt. Die Übergangsformen zwischen Pflanzen und Tieren besäfsen um so mehr Intelligenz, je mehr sie gezwungen seien, sich zu bewegen, um ihre Nahrung zu finden. Und der Mensch nehme den höchsten Standpunkt ein, weil er die meisten Bedürfnisse habe (L'homme plante). — Es stöfst uns hier eine interessante Antizipation der Idee vom Kampfe ums Dasein auf. Und wenn La Mettrie den Satz aufstellt: „Wesen ohne Bedürfnisse sind auch ohne Geist", ist es nicht unmöglich, dafs er dem Helvétius hiermit das Motiv zu einem seiner Hauptgedanken gab.

Die bisher geschilderte Seite der Lehre La Mettries ist von Interesse, selbst wenn man von den materialistischen Ansichten, die er aus derselben herleitet, durchaus wegsieht. Die Notwendigkeit der materialistischen Konsequenz liegt ihm darin, dafs wir nichts anderes als Materie unter stets wechselnden Gestalten um uns her erblicken. Er gibt freilich zu, dafs wir das eigentliche Wesen der Materie nicht kennen. Wir kennen aber deren Eigenschaften, nämlich: Ausdehnung, Bewegung und Empfindung. Dafs die Empfindung eine Eigenschaft der Materie sei, leitet er aus der Erfahrung her, die uns zeige, dafs gewisse organische Zustände stets von Empfindung begleitet seien, und er beruft sich hier namentlich auf die vergleichende Untersuchung, die uns das Seelenleben als nach der Organisation variierend zeige. Wäre die Seele nicht materiell, d. h. ausgedehnt, wie liefse es sich denn erklären, dafs der Enthusiasmus uns erhitze und anderseits die Fieberhitze auf die Vorstellungen Einfluss habe? (L'homme machine. Oeuvres III, S. 75 u. f.) Alle unsre Gedanken müssen materielle Modifikationen sein. Und da in unserm Gehirn thatsächlich eine grofse Menge Gedanken Platz finden, so müssen diese äufserst klein sein, um dort „logieren" zu können (*Traité de l'âme*, § 103: De la petitesse des idées)! — La Mettrie betrachtet die Annahme einer Seelensubstanz als eine nutzlose, sich selbst widersprechende Hypothese; er will sich mit den Lehren der Anatomie und der Physiologie begnügen — und er glaubt, dies zu thun. Er behauptet, die Frage nach der Wahrheit des Materialismus müsse durchaus theoretisch entschieden werden. Die Hoheit unsers Geistes beruhe nicht darauf, ob wir das sinnlose Wort Körperlosigkeit auf ihn anwenden könnten, sondern auf seiner Kraft, seinem Umfange, seiner Klarheit. Er brauche nicht zu erröten, weil er im Schlamme geboren sei. — La Mettrie hat recht darin, dafs der Materialismus sich mit dem praktischen Idealismus vereinen läfst. Seine eigne Moralphilosophie, insofern er eine solche hat, trägt freilich bei weitem nicht dieses Gepräge. Mafsstab der Gerechtigkeit ist der Nutzen der Gesellschaft, sagt er; diesen Mafsstab legt er aber eigentlich nur an, um zwischen Ausschweifung (débauche), demjenigen Lustgefühl, das der Gesellschaft Schaden bringt, und Genufs (volupté), demjenigen Lustgefühl, das anderen nicht schadet, einen Unterschied aufzustellen. Nachdem er nun diese Distinktion unternommen hat, bleibt er beim Genusse stehen und gibt mit Bezug auf diesen detaillierte Anleitungen (*L'art de jouir*), in denen Sentimentalität und Sinnlichkeit auf ekelerregende Weise zusammenwirken.

Denis Diderot (1713—1784) bezeichnet in der französischen Litteratur des 18. Jahrhunderts den Gipfel des philosophischen Denkens und zugleich den Gipfel des revolutionären Geistes. Er war ein warmherziger Mann mit grofser Fähigkeit, sich in Gegenstände und Verhältnisse der verschiedensten Art hineinzuarbeiten, ein französischer Leibniz, der überall Leben zu finden imstande war und Blick für die Eigentümlichkeiten befafs, daneben aber auch das Bedürfnis fühlte, den Zusammenhang des Ganzen zu verstehen. Der Dichter in ihm kämpfte oft mit dem Philosophen; viele seiner Gedanken sprechen mit krasser Einseitigkeit nur die Stimmung des Augenblicks aus, ohne dafs er versucht hätte, den Faden zu finden, der sie mit andern Gedanken, die er doch ebenfalls zu behaupten gesonnen war, verbinden könnte. Cynische Freude über das Rohe und Platte konnte bei ihm von den erhabensten Ideen und Stimmungen abgelöst werden. Und in seinen Werken stehen sentimentale Ergiefsungen neben den Entwickelungen genialer Gedanken. Sein litterarisches Schicksal war sehr wechselvoll. Die Zeitgenossen kannten ihn nur als Komödienschreiber, als Verfasser einiger naturphilosophischen Schriften in deistischer Richtung und als Herausgeber der grofsen Encyklopädie, in welcher er aus Rücksicht auf die Zensur die Rolle eines Schmugglers zu spielen genötigt war, wenn er seine eignen Ideen vorbringen wollte. Die Encyklopädie nahm den gröfsten Teil seiner Kraft und Zeit in Anspruch. Mit unglaublicher Ausdauer führte er trotz alles Widerstandes dieses Riesenwerk durch. Sein allseitiges Interesse erwies sich hier auf grofsartige Weise, indem er nicht nur eine Reihe philosophischer Artikel verfafste, sondern auch über Handwerke und Fabriken Artikel lieferte, die sich auf gründliches Selbststudium stützten. Dieses Werk bezeichnet einen kulturhistorischen Wendepunkt, weil es über weite Kreise Aufklärung und Kenntnisse verbreitete. Seine eignen Anschauungen konnte Diderot jedoch nicht hierin darlegen. Diese finden wir in seinem Briefwechsel (namentlich in den Briefen an Mademoiselle Voland, welche die radikalen Pariser Salons in sowohl interessanter als humoristischer Weise schildern) und in seinen Dialogen (besonders dem *Entretien entre d'Alembert et Diderot* und in *Le rêve d'Alembert*), die erst 1830 erschienen (unter dem Titel: Mémoires, correspondances et ouvrages inédits). Erst aus diesen Werken hat man den eigentlichen Diderot kennen lernen. Hier beschäftigen wir uns nur mit seinen rein philosophischen Ideen. — Die dänische Litteratur erhielt vor einigen Jahren eine wertvolle Bereicherung an Knud Ipsens Buch über Diderot (Diderot, hans Liv og hans Gerning. Köbenhavn 1891).

In seinen ersten Schriften bedient Diderot sich noch auf populär-theologische Weise der Gottesidee, um zu erklären, was die Wissenschaft nicht erklären zu können schien. Immer mehr leuchtet es ihm aber ein, dafs eine solche Erklärung etwas ganz anderes ist, als was die Wissenschaft unter Erklärung versteht. In seiner Schrift *Interprétation de la nature* (1754) behauptet er, die wahre Methode sei ein Wechselwirken der Wahrnehmung und des Denkens, der Induktion und der Deduktion, indem man von der Erfahrung durch die Vernunft auf die Erfahrung zurückgehe. Zugleich wiederholt er hier in mehr realistischem Geiste Fragen, die er schon früher berührt hatte, besonders die grofse Frage, wie die zweckmäfsigen Naturerscheinungen zu erklären seien. Statt an eine Ursache aufser der Natur zu appellieren, führt er die Möglichkeit an, dafs von Ewigkeit an im Chaos der Materie Elemente mit der

Fähigkeit des Lebens und des Bewufstseins existiert hätten, und dafs diese Elemente allmählich gesammelt und durch viele Entwickelungsstadien hindurch zu Tieren und Menschen geworden seien, indem die nicht lebensfähigen Kombinationen und Formationen nach und nach ausgesondert worden wären. Ebenso wie La Mettrie scheint Diderot auf diese Ideen gekommen zu sein, indem er teils sich von Lucretius beeinflussen liefs, teils Leibniz' Lehre von der Kontinuität in der Stufenreihe der Monaden durchführte und diese Lehre mit den Ergebnissen der Untersuchungen verband, welche gleichzeitige Naturforscher über die kleinen Organismen anstellten. Wenn es auch nicht richtig wäre, Diderot geradezu als Leibniz' Schüler zu schildern [87]), ist der Einflufs, den der Begründer der Monadenlehre auf Diderot hatte, doch deutlich zu spüren. Allerdings kann er die Idee von der Bewegung als einer ursprünglichen Eigenschaft von Toland erhalten haben, und allerdings kann die Auffassung des Ruhezustandes als eines Zustandes der Kraft oder Spannung (nisus) in dem kleinen Aufsatze: *Principes philosophiques sur la matière et le mouvement* von anderen als Leibniz herrühren. Wenn Diderot aber in seinem ausgezeichneten Dialoge „Gespräch zwischen d'Alembert und Diderot" nicht nur wie La Mettrie und mehrere der damaligen Naturforscher die Fähigkeit des Empfindens, die Sensibilität, als eine allgemeine und wesentliche Eigenschaft der Materie auffafst. sondern bei der näheren Durchführung dieses Gedankens auch einen Unterschied zwischen potentieller und aktueller Sensibilität (sensibilité inerte — sensibilité active), dem Unterschiede zwischen „toter" und „lebendiger" Kraft analog, aufstellt, so wird man kaum umhin können, den Einflufs eines der bedeutendsten Leibniz'schen Gedankens zu finden. Dem Diderot sind das Leben und der Geist der Natur ewig. Nie sind sie blofse Produkte oder Resultate rein mechanischer Vorgänge. Ihre Keime sind von Anfang an vorhanden, und es kommt nur darauf an, ob die Bedingungen der Entwickelung eintreten. Ein Übergang aus der potentiellen in die aktuelle Form geht ja jedesmal vor, wenn der Organismus die Nahrung in Blut und Nerven umsetzt! Wie grofses Gewicht auch den äufseren Bedingungen beizulegen sei, sind für Diderot doch die inneren, ursprünglichen Bedingungen das Wesentliche: Der Glaube, dafs man aus einer toten Partikel durch Hinzufügung einer, zweier oder dreier toten Partikeln sollte ein lebendiges System bilden können, sei doch eine grofse Absurdität! Eine Umlagerung der Partikeln sollte Bewufstsein erzeugen können! Nein, was Leben und Bewufstsein besitzt, hat diese stets besessen und wird sie stets besitzen. Weshalb sollte nicht die ganze Natur von derselben Beschaffenheit sein? Der Unterschied zwischen den niederen und den höheren Stufen ist dann nur der, dafs was auf den höheren Stufen in konzentrierter Form existiert, das ist auf den niederen Stufen über eine Mannigfaltigkeit von Elementen zerstreut (Lettre à Mlle Voland, 15 octobre 1759). Dieser Gedanke ist es, der in dem „Gespräche zwischen d'Alembert und Diderot" und dem „Traume d'Alemberts", zwei Dialogen, die sowohl der Form als dem Inhalte nach zu den klassischen Werken der Philosophie gehören, näher entwickelt wird.

d'Alembert erhebt einen Einwurf, der nicht erwidert wird. Selbst wenn man den Partikeln der Materie ursprüngliche Empfindungsfähigkeit (in potentieller Form) beilegte, wie könne denn durch Zusammenfügung solcher Partikeln ein Bewufstsein entstehen, das in keiner dieser Partikeln seinen Sitz haben, wohl aber dem Zusammenhange aller Partikeln entsprechen sollte? „Höre, Philosoph," sagt d'Alembert, „ich sehe wohl das Aggregat, das Gewebe von kleinen empfindungsfähigen Wesen, aber ein lebendes Wesen, ein Ganzes, ein System, ein Selbst mit dem Bewufstsein seiner Einheit! Das erblicke ich nicht, nein, das erblicke ich nicht." Es wird also daran festgehalten, dafs hier — beim Entstehen des Bewufstseins — ein Problem liegt, welches dadurch nicht gelöst wird, dafs man die Empfindungsfähigkeit als allgemeine Eigenschaft der Materie annimmt. Diderot erkennt also an, dafs die Monade sich nicht auf mechanischem Wege erklären läfst: es sei unmöglich, die Einheit, die das Bewufstsein charakterisiere, auf dem Wege mechanischer Zusammensetzung abzuleiten. Er bewahrt aber nicht immer die klare Einsicht, die sich wetterleuchtend bei ihm äufsert. Das Erinnern und das Vergleichen folgen seiner (wie Condillacs) Ansicht nach ohne weiteres aus den einzelnen Empfindungen. Dennoch zeigt jener Einwurf, wie scharf Diderot die Frage durchdacht hat. Die gewöhnlichen Wege des Materialismus betritt er nicht. Die Schwierigkeit, das Entstehen der bewufsten Individualität zu erklären, tritt bei Diderot um so leichter in den Hintergrund, da alle endlichen Individuen wegen ihres inneren Zusammenhanges eine grofse Ganzheit bilden: „Geben Sie denn nicht zu, dafs alles in der Natur sich in Zusammenhang befindet, und dafs es unmöglich ist, dafs es in der Kette eine Lücke geben könnte? Was wollen Sie denn mit Ihren Individuen sagen? Es gibt keine Individuen, durchaus keine. Es gibt nur ein einziges, grofses Individuum: das Ganze." So geht er von dem einen Grenzpunkte unsrer Erkenntnis zum anderen, von der Individualität zur Totalität. Einen Augenblick hält er inne, erstaunend über das, was er an diesen Grenzpunkten erblickt; sein Gedanke ist aber in gar zu heftiger Schwingung, als dafs die Probleme Zeit erhalten könnten, sich festzusetzen.

In Diderots ethischen Ideen sind ähnliche Schwingungen zu spüren. Gegen den Versuch des Helvétius, alle Gefühle als aus dem Streben nach eignem Vorteil entsprungen zu erklären, nimmt er eine kritische Stellung ein, und er glaubt, in der menschlichen Natur finde sich eine Grundlage für die Anerkennung des Rechten und Guten, eine Grundlage, die in keinem Menschen jemals gänzlich verschwinde. Mit grofser Begeisterung verteidigt er diese Behauptung im Holbachschen Salon, und in seinen früheren Schriften (namentlich in der Bearbeitung eines von Shaftesburys Werken) entwickelte er die Ansicht, es gebe einen besonderen moralischen Sinn. Aus seinen Briefen ist deutlich zu ersehen, dafs er diese Ansicht wieder aufgab. Was ein moralischer Instinkt genannt werde und in unsern unwillkürlichen Handlungen oder Urteilen über Handlungen zum Vorschein komme, sei in der That das Ergebnis einer unendlichen Menge kleiner Erfahrungen, die mit dem Leben zugleich begönnen. Es machten sich hier eine Menge verschiedener Motive geltend, keins derselben brauche aber in dem Momente des Handelns oder des Urteilens zu unserm Bewußstsein zu kommen. Alles in uns rühre aus der Erfahrung her (tout est expérimental en nous); dieser Erfahrungen brauchten wir uns aber nicht bewußt zu werden (Lettres à Mlle Voland, 2 sept. 1762, 4 oct. 1767). Unter diesen unbewußten oder vergessenen Motiven seien auch solche zu finden, die uns selbst beträfen, namentlich der Drang nach Ehre und unsterblichem Ruhme (über die Bedeutung dieses Motives führt Diderot einen lebhaften Briefwechsel mit dem Bildhauer Falconet). Man findet bei Diderot Andeutungen einer Untersuchung über die Entwickelungsgeschichte des moralischen Gefühls, und besonders interessant ist es, daß seine große Begeisterung für die „Motive der großen und edlen Geister" nicht dadurch geschwächt wird, daß er diese Motive als die Frucht der Entwickelung auf dem Boden der Erfahrung erblickt. Diese Auffassung vermag er jedoch nicht durchzuführen, namentlich nicht, wenn er den Geboten der gewöhnlichen sozialen Ethik gegenübersteht. Nur im Individuum, nicht in der Gesellschaft findet er eine natürliche Entwickelung. Die bestehende Gesellschaft bot Regeln und Institutionen dar, die ihm so widersinnig vorkamen, besonders wenn er sie mit Erzählungen von dem Leben wilder Völker verglich, daß er sie sich nur als durch Aberglauben und Herrschsucht entstanden denken konnte. Zwischen dem Naturmenschen und dem zivilisierten Menschen konnte er keine natürlichen Mittelglieder finden. Wie sollte eine der Natur widerstreitende Moral anders entstanden sein als durch die Schlauheit und Willkür der Herrschenden? „Untersuchen Sie genau alle politischen, bürgerlichen und religiösen Institutionen: täusche ich mich nicht sehr, so werden Sie finden, daß das Menschengeschlecht sich Jahrhunderte hindurch unter das ihm von einer Anzahl Schurken auferlegte Joch beugt. Hüten Sie sich vor allen, welche Ordnung einführen wollen! Ordnen will stets heißen, sich zum Herrn andrer Menschen aufwerfen, indem man ihnen Hindernisse in den Weg legt" (*Supplément au voyage de Bourgainville*). Klarer wurde wohl noch nie ausgesprochen, wie sehr es der damaligen Zeit an der Fähigkeit gebrach, geschichtlichen Zusammenhang zu finden. Sogar Diderot mit seiner großen Gewandtheit, sich in verschiedene

Verhältnisse hinein zu leben und zu fühlen, war nicht imstande, eine andere Erklärung als Willkür und Herrschsucht zu finden. Die Entfernung zwischen dem Sehnen und Trachten der Individuen und dem von der Gesellschaft Dargebotenen, zwischen den Kräften, die jene in sich fühlten, und dem engen Rahmen, in welchem das Bestehende ihnen den Gebrauch dieser Kräfte gestattete, war zu grofs, um ein Verständnis zu ermöglichen. Von der Zukunft konnte man alles hoffen, in der Vergangenheit aber nichts finden als — Schurkenstreiche. — Der religiöse Glaube stand namentlich Diderot nur als eine Quelle verderblicher Wirkungen da. Es ist etwas mehr als ein Scherz, wenn er in einem Briefe sagt, er schiebe die Schuld lieber auf Götter als auf Menschen. Der Glaube an einen Gott sei keine unschädliche Sache; in zwei Beziehungen erzeuge er Böses. Erstens führe er unvermeidlich einen Kultus herbei, und Zeremonien und theologische Dogmen nähmen bald den Platz der natürlichen Moral ein und entstellten deren Gebote. Zweitens widerstreite das viele Leiden in der Welt der Idee von einem guten Gott; man werde zu allen möglichen Absurditäten und Widersprüchen gezwungen, um diese Thatsache zu beschönigen. Es gehe hier über die Vernunft aus, wie es dort über die Moral ausgehe (Lettres à Mlle Voland, 20. oct. 1760 und 6. oct. 1765).

In dem Holbachschen Kreise wurden dergleichen Fragen oft von Diderot erörtert. Aus seinen Briefen erhalten wir ein lebhaftes Bild dieses Kreises. Holbach (1723—1789) war ein deutscher Freiherr, der sich schon in seiner Jugend in Paris angesiedelt hatte, wo er einige der radikalsten Schriftsteller um sich versammelte. Er beschäftigte sich mit der Chemie und geriet (wahrscheinlich unter Diderots Einflusse) auch auf philosophische Studien. Es ist wohl keinem Zweifel unterworfen, dafs Diderots Äufserungen während seiner häufigen Besuche bei Holbach diesem die Grundlage des wichtigsten seiner Werke lieferten, des Werkes, das man die Bibel des Materialismus genannt hat: des *Système de la nature*, welches 1770 pseudonym erschien. In der Vorrede wird auch gesagt, dafs der Verfasser von mehreren Freunden Hilfe erhalten habe. Aufser Diderot soll auch der Mathematiker Lagrange, Hauslehrer in Holbachs Familie, mitgewirkt haben. Holbach selbst gab wesentlich die Systematik. Denn das Buch ist der in System gebrachte Materialismus, eine Aufgabe, die weder La Mettrie noch Diderot, welche teils mehr suchende, teils mehr spielende Geister waren, versucht hatten. Neue Gedanken enthält es eigentlich nicht. Seine Bedeutung liegt in der Energie und der Entrüstung, womit jede spiritualistische und dualistische Meinung wegen ihrer Schädlichkeit sowohl in praktischer als theoretischer Beziehung verfolgt wird.

Holbach entwickelt, daſs es nur dann notwendig sein würde, an geistige Ursachen, an einen Gott mit Bezug auf die Welt, an eine Seele mit Bezug auf den Körper, zu glauben, wenn die materielle Natur tot, passiv, unfähig wäre, sich selbst zu bewegen. Wenn nun aber in der Natur keine Ruhe ist, wenn die Bewegung eine fundamentale Eigenschaft der Materie ist, weshalb sind denn die geistigen Ursachen notwendig? Überdies erklären diese nichts, und es ist nur eine Äuſserung unserer Unwissenheit, wenn wir uns auf sie berufen: man schaltet die Seele oder Gott ein, wo man die natürliche Ursache nicht zu finden vermag. In der That ist dies ein Überrest der Art und Weise, wie der wilde Mensch sich die Naturerscheinungen durch das Eingreifen von Geistern erklärte. Jedesmal, wenn die Wissenschaft eine natürliche Erklärung versuchte, kämpfte die Theologie für die übernatürliche Erklärung. Von dem Geistigen wissen wir weiter nichts, als daſs es eine an das Gehirn gebundene Eigenschaft ist. Fragt man, wie das Gehirn diese Eigenschaft erhalten habe, so lautet die Antwort: „Sie ist das Resultat einer dem lebenden Wesen eigentümlichen Ordnung oder Kombination, infolge deren eine leblose und empfindungslose Materie aufhört, leblos zu sein, und die Fähigkeit des Empfindens erhält, indem sie in das lebende Wesen aufgenommen wird. So geht es mit der Milch, dem Brot und dem Wein, wenn diese in den menschlichen Organismus aufgenommen werden" (Systême de la nature I, S. 105). Diese Vergleichung ist uns schon aus Diderot bekannt; Holbach tritt aber, soweit sich ersehen läſst, Diderots Ansicht nicht bei, daſs die Empfindungsfähigkeit eine fundamentale Eigenschaft der Materie sei; er erwähnt dieselbe zwar, bleibt jedoch bei der Auffassung, die Empfindungsfähigkeit entstehe durch Kombination von Elementen, die jedes für sich nicht im Besitze dieser Fähigkeiten seien. An diesem Punkte ist eine Differenz zwischen Holbach und Diderot, die fernere Konsequenzen herbeiführt. Denn Holbach erklärt das Denken (Bewußstsein) selbst für eine Bewegung, allerdings keine Massenbewegung, sondern eine Molekularbewegung derselben Art wie diejenigen, welche der Gärung, der Ernährung und dem Wachstum zu Grunde liegen, Bewegungen, die freilich nicht sichtbar sind, die wir aber aus ihren Wirkungen folgern (I, S. 15). In dieser Bewegung, wie in andern ähnlichen liegt viel Rätselhaftes; dieses Rätselhafte verschwindet aber nicht, wenn wir eine geistige Substanz annehmen. „Begnügen wir uns mit dem Wissen, daß die Seele durch diejenigen materiellen Ursachen, die auf sie einwirken, bewegt und geändert wird. Dies gibt uns das Recht, zu schließen, daß alle ihre Thätigkeiten und Vermögen darthun, daß sie materiell ist" (I, S. 118). Alle Wissenschaft ist also Physik. Sogar die Ethik ist nur angewandte Physik. Die eingebildeten Tugenden und Pflichten, die aus der Beziehung des Menschen zu Wesen außerhalb der Natur hergeleitet wurden, werden nun durch Pflichten und Tugenden ersetzt, die in der eignen Natur des Menschen begründet sind. Aus den Gesetzen der Natur folgt, welche Wege wir gehen müssen, um unsre Zwecke zu erreichen. Auf diese Weise entspringt der Begriff der Pflicht aus dem Begriffe der Natur; denn die Pflicht bezeichnet gerade den Weg, den wir notwendigerweise einschlagen müssen, um zu unserm Ziele zu gelangen (II, S. 229). Jeder Einzelne sucht sein Glück; die Vernunft, „die nichts anderes ist als die Naturwissenschaft, auf das Betragen der Menschen in der Gesellschaft angewandt" (II, S. 186), belehrt ihn aber, daß er nicht glücklich werden kann, wenn er sein eignes Glück von demjenigen andrer Menschen trennen will — das ist nun einmal der Wille des Schicksals (ordre du destin), — und daß anderseits derjenige, der Menschen glücklich macht, selbst nicht unglücklich sein kann. Im letzten Kapitel des Werkes, das einen „Umriß des natürlichen Gesetzes" (Abrégé du code de la nature) enthält, werden diese Gedanken in begeisterter

Sprache ausgeführt, in welcher man Diderots Geist wiederzukennen geglaubt hat. Die Annahme einer zweifachen Art von Wesen, geistiger und materieller, ist nach Holbach die Quelle der gröfsten Übel für die Menschen. Anfangs seien die Menschen freilich unwillkürlich zu dem Glauben an Geister geraten; sie hätten die Ursachen der Dinge nicht gekannt und sie deshalb ganz natürlich als persönliche Wesen aufgefafst. Aber erst die Herrschsucht der Priester habe diesen Glauben in System gebracht. Namentlich hätten diese Priester sehr wohl erblickt, welche Gewalt das Geheimnisvolle über die Menschen ausübe. Deshalb hätten sie dieselben von dem Glauben an sichtbare Götter (die Sonne und andere Naturgegenstände) zu dem Glauben an unsichtbare Götter geführt. Der Spiritualismus sei theoretisch so unbegründet, dafs es nicht zweifelhaft sein könne, „dafs dieses System die Frucht einer sehr tiefen und sehr interessierten Politik der Theologen sei" (I, 97): nun gebe es ja einen unsichtbaren Teil des Menschen, der in einer künftigen Welt seinen Lohn oder seine Strafe erhalten könne! Die Theologen seien die wahren Götterfabrikanten (fabricateurs de la divinité). „Wenn wir bis auf den Anfang zurückgehen, werden wir stets finden, dafs Unwissenheit und Furcht die Götter erschaffen haben; die Phantasie, der Enthusiasmus oder der Betrug hat sie ausgeschmückt oder entstellt, die Schwäche betet sie an, die Leichtgläubigkeit erhält sie am Leben, die Gewohnheit achtet sie, und die Tyrannei hält sie aufrecht, um sich die Blindheit der Menschen zu nutze zu machen." In dieser Äufserung (II, S. 200) fafst Holbach seine Religionsphilosophie zusammen. Zwischen natürlicher und positiver Religion macht er keinen Unterschied. Lasse man sich erst auf die Gottesvorstellung ein, so werde ein Kultus notwendig; hierdurch erhielten die Priester die Macht, die natürliche Moral werde entstellt, und es trete Verfolgung ein. Zugleich würde das Nachgrübeln über die Versöhnung des Bösen mit Gottes Existenz zu sophistischen Spekulationen bewegen. — Holbachs Begründung erinnert hier durchaus an diejenige Diderots, die wahrscheinlich auf die Abfassung dieses Abschnitts von Einflufs gewesen ist. In der Religion wie in der Gesellschaft fand man geschichtliche Thatsachen, für die man keine natürliche Basis finden konnte, und mit denen man sich zugleich in unversöhnlichem Widerspruche fühlte. Man griff denn zur Theorie von der Willkür, die anscheinend so einfach war. In der That ist sie auch so einfach, dafs sie an die mythologischen Theorien aus der Kindheit des Menschengeschlechts, welche das Natursystem gerade ausrotten wollte, erinnert: mit seinen schlauen Priestern führt Holbach eine neue Art mythischer Wesen ein.

Er berührt ein grofses Problem: welchen Wert besitzen die religiösen Vorstellungen, wenn sie nicht mehr, wie in der Kindheit des Menschengeschlechtes, zu gebrauchen sind, um die Lücken unsrer Erkenntnis auszufüllen? Eine Antwort auf diese Frage vermochte die Aufklärungsphilosophie wegen ihres unvollkommenen Verständnisses der Kräfte des religiösen Lebens jedoch nicht zu geben. Wäre die Götterwelt wirklich nur von aufsenher der Menschheit angeklebt oder aufgeschwatzt, wäre sie nicht eben aus den Kräften und Bedürfnissen des menschlichen Geistes entsprungen, so würde kein wirklich religiöses Problem existieren. Eine neue Generation und ein neues Zeitalter waren notwendig, um diese Frage wieder aufzunehmen. — Nur Rousseau, dessen Einsamkeit in seinem eignen Zeitalter dadurch hervorgerufen wurde, dafs er früher als irgend ein anderer den Stachel dieses Problems fühlte, versucht seine Kräfte an demselben.

Bevor wir indes zur Schilderung dieses merkwürdigen Mannes schreiten, sei noch über das Système de la nature bemerkt, dafs sich in dem Begriffe der Natur, welchen es zu Grunde legt, eine gewisse Doppelheit geltend macht. Einerseits wird die Natur als ein Wesen bestimmt, das in sich selbst existiert, seine eigne Ursache ist, als seine ewige Substanz — also mit Anklängen an Spinoza. Anderseits (und zwar oft in demselben Atemzug, z. B. II, S. 189) wird zugegeben, dafs wir nur die in der Erfahrung wirkenden Ursachen, nicht aber die ersten Ursachen kennen. Hier gründet sich der Begriff der Natur auf die Erfahrung, dort auf eine Gedankenkonstruktion. Welche Gültigkeit hat er aber in beiden diesen Formen? Wie weit kann uns die Erfahrung führen? Welche

Berechtigung besitzen Gedankenkonstruktionen? Alle diese Fragen werden nicht aufgeworfen. An ihrer eignen Aufklärung hegt die Aufklärungsphilosophie keinen Zweifel; sie ist ja in der Welt, um andre aufzuklären. — Und doch beruhte die Zukunft der Philosophie auf die Erörterung solcher Fragen. Die geistige Atmosphäre Frankreichs war jedoch nicht ruhig genug, um diese zu unternehmen. In einer entlegenen deutschen Universitätsstadt war sie dagegen schon in vollem Gange, als das Système de la nature erschien.

4. Jean Jacques Rousseau.

Rousseaus grofses Werk besteht darin, dafs er die tiefe Grundlage hervorzog, auf welcher sich zwischen der Aufklärungsphilosophie und dem Bestehenden eine Entscheidung treffen liefs. Er stellt die Natur und das unmittelbare Gefühl als Grundlage aller Wertschätzung auf und verlangt von aller Kultur und Reflexion, die über diese Grundlage hinaus gehen wollen, dafs sie ihre Berechtigung durch Entwickelung und Vervollkommnung der Grundlage darthun; hemmen und entstellen sie dieselbe, so sind sie vom Übel. Er ist der erste, der in der neueren Zeit das *Kulturproblem* aufstellt. Seit der Renaissance war das Werk der Kultur auf allen Gebieten mutig fortgeschritten; nun erscholl eine Stimme, die behauptete, es sei etwas Falsches an der ganzen Bewegung. Den Anlafs zu der ersten philosophischen Schrift Rousseaus gab eine Aufgabe, auf deren Lösung eine französische Provinzialakademie einen Preis ausgesetzt hatte, und die eine Beantwortung der Frage forderte, „ob die Erneuerung der Wissenschaften und der Kunst zur Veredlung der Sitten beigetragen habe". Die Frage traf Rousseaus Seele wie ein Blitzstrahl. Es war ihm, sagt er, als ob er eine ganz neue Welt erblickte, und als ob er selbst ein neuer Mensch geworden wäre! Die neue Welt war die Welt der Persönlichkeit, des lebendigen Gefühls, des inneren Lebens. Auf einmal sah er das Mifsverhältnis zwischen dieser Welt einerseits, dem Bestehenden und dessen Kritikern anderseits. Ob es sogleich sein Gedanke war, die Frage verneinend zu beantworten, oder ob Diderots Tochter recht hat, wenn sie behauptet, ihr Vater habe ihm dies angeraten, ist einerlei. Die verneinende Antwort ist nur ein formelles Paradoxon, das Rousseau in seinem Briefwechsel und in seinen späteren Schriften näher beschränkt und erklärt. Der heftige Zusammenstofs des Gefühls, das zuguterletzt stets die Schätzung bestimmt, mit der ganzen glänzenden intellektuellen und ästhetischen Entwickelung konnte aber nur in Rousseau stattfinden; er war durch dessen Persönlichkeit und Lebenslauf vorbereitet. Jean Jacques Rousseau wurde den 28. Juni 1712 aus einer ziemlich wohlhabenden Familie in Genf geboren. Seine Erziehung begünstigte Phantasie und unbestimmte Gefühle; schon früh entwickelte sich in ihm, was er selbst einen romantischen Geist (esprit romanesque) nennt, der ihn über die Gegenwart hinaus trachten und die gröfsten Genüsse in der Welt der Möglichkeiten finden liefs. Nach einer unsteten Jugend, die denselben romantischen Charakter trug, welchen seine Phantasie bereits angenommen hatte, die ihn aber eine Zeitlang in entwürdigende Beziehungen brachte und auf seinen Gedankengang keinen günstigen Einfluss übte, ging er nach Paris, wo er sich als Lehrer, als Privatsekretär und später namentlich als Notenabschreiber durchschlug. Das Kopieren war für ihn, was das Glasschleifen für Spinoza war. Er errang einen Erfolg mit einer Oper und liefs sich in einen Streit für die italienische Musik gegen die französische ein. Nichts deutete an, dafs er in der Welt des Denkens berühmt werden und im geistigen Leben ganz neue Richtungen einleiten sollte. Er hatte früher die Gelegenheit gehabt, sich eine gewisse allgemeine Bildung zu verschaffen, und sich auch mit philosophischer Lektüre abgegeben. Als Mitarbeiter an der grofsen Encyklopädie fand er Aufnahme im Kreise der „Philosophen", von denen er als einer der Ihrigen betrachtet wurde. Durch die Beantwortung der erwähnten Preisaufgabe wurde er auf die Schriftstellerlaufbahn geführt. Sein Name wurde bekannt, und indem er die Behandlung des Problems fortsetzte, das ihm so plötzlich eingeleuchtet hatte, geriet er immer mehr in eine polemische Stellung zu den beiden grofsen streitigen Mächten des Zeitalters, den Angreifern sowohl als

Die französische Aufklärungsphilosophie und Rousseau. 547

den Verteidigern des Bestehenden. Eine neue Preisaufgabe („Über den Ursprung der Ungleichheit unter den Menschen") gab ihm den Anlaſs zu einer ausführlichen Lobpreisung des Naturzustandes auf Kosten der Zivilisation. Wie er vorher geleugnet hatte, daſs die Erneuerung der Künste und Wissenschaften ein Gut gewesen sei, so leugnete er nun, daſs der Umtausch des Naturzustandes mit dem sozialen und zivilisierten Leben ein Gut gewesen sei. Die beiden Preisabhandlungen bezeichnen die negative Seite an Rousseau. Ein neuer Abschnitt seines Lebens begann, als er sich in ländliche Einsamkeit zurückziehen konnte. Seine encyklopädistischen Freunde verstanden ihn nicht. Es gärte etwas in ihm, für das sie trotz all ihrer Kritik und all ihres Geistes keinen Sinn hatten. Sein Sinn und seine Begeisterung für die Natur, die ihn während des letzten Teils seines Lebens unter groſsen körperlichen Leiden und trotz wirklicher und eingebildeter Verfolgungen aufrecht erhielten, standen in enger Verbindung mit seinem Hange, im unmittelbaren Gefühle zu leben. Sein inneres Leben war so überströmend, daſs es ihm schwer fiel, seinen Erregungen Worte zu verleihen. Jedenfalls vermochte er selten, die Worte im rechten Augenblick zu finden; deshalb fühlte er sich in den Salons unbehaglich. Als Gegenteil des Zugespitzten, Raffinierten, Artikulierten, in welches die geistige Kultur ausgelaufen war, führte er das Einfache, Breite, Unbestimmte ein. Er interessierte sich für den chaotischen Anfang des Lebens, für die Elemente, die noch keine deutlich gestaltete Welt gebildet hatten. Während seiner Freiheitsschwärmereien in den Wäldern bei St. Germain oder Montmorency glaubte er so zu leben, wie der Urmensch, bevor die Kultur die glückliche Unmittelbarkeit aufgehoben hätte. Das Einfache und Elementare, die groſsen und einfachen Verhältnisse des Lebens waren ihm ehrwürdig und voll von Quellen der Freude. Er verstand, was sich in den Nachzüglern des Heeres der Zivilisation regte, in denjenigen, deren Aufklärung die Encyklopädisten hoffnungslos aufgaben, und die Voltaire „la canaille" nannte. In dem unmittelbaren Gefühle fand er etwas, das gemeinschaftlich sein kann, wenn das Vorstellungsleben auch noch so verschieden entwickelt ist. Seine eignen Vorstellungen waren die Kinder seiner Gefühle. In den „Confessions" sagt er von sich selbst, er habe gefühlt, ehe er gedacht habe. Und in seinen höchsten Augenblicken, in Augenblicken, wie er sie auf seinen einsamen Wanderungen hatte, schwoll sein Gemüt zu solcher Fülle an, klangen so zahllose unbestimmte Gefühle mit, trachtete er dermafsen über alle Schranken hinaus, dafs keine Vorstellung, kein Bild auszudrücken vermochte, was er fühlte. Die Selbständigkeit des Gefühls erfuhr er nicht nur mittels solcher Zustände, in denen dasselbe fast alleinherrschend war, sondern auch mittels dessen Einflufs auf die Vorstellungen. Seine Erwartungen von der Zukunft waren düster, seine Erinnerungen aus der Vergangenheit heiter; der Inhalt wurde durch die Natur der Stimmung bestimmt. Er lernte auf diese Weise aus eigner Erfahrung die psychologische Wahrheit, dafs das Gefühl eine ebenso ursprüngliche und selbständige Seite des geistigen Lebens ist wie die Erkenntnis, und dafs es sich keineswegs nur passiv und empfänglich gegen diese verhält. Die Schattenseiten in Rousseaus Charakter zeigen sich teils als Sentimentalität, teils als ein bis zum Wahnsinn steigender Argwohn. Ein unerquickliches Beispiel, wie das Gefühl die Vorstellungen antreiben und, um Ausdruck und Erklärung zu finden, aus denselben ein verwickeltes System bilden kann, legt eine der letzten Schriften Rousseaus ab: *Rousseau juge de Jean Jacques*, in welcher er die systematischen Verfolgungen beschreibt, denen er sich von seiten seiner einstigen Freunde ausgesetzt glaubt. Das nämliche systematische Konstruieren, das hier auf Grundlage eines krankhaften Gefühls unternommen wird, ist auch in seinen berühmten Werken zu finden: sein Philosophieren ist in der That, wie er selbst von seinem religiösen Glauben sagt, nur eine Auslegung seines Gefühls (exposition du sentiment).

In drei Werken hat Rousseau diejenige Auffassung des Lebens entwickelt, die er als Gegensatz der Verfeinerung und Verderbnis der Kultur aufstellt. In dem Werke *La nouvelle Heloïse* (1761) schilderte er die starke und tiefe Liebe, die

Schönheit und Würde der Ehe und des Familienlebens, den Adel der Resignation, die Innigkeit des religiösen Glaubens, die Herrlichkeit der Natur — Gegenstände, die dem Zeitalter fremd geworden waren, und die ihm Töne entlockten, welche in den Ohren der damaligen Zeit neuen Klang hatten und in der poetischen Litteratur einen grofsen Wendepunkt bezeichneten. Im *Émile* (1762) stellt er ein System der Erziehung dar, das die Natur nicht unterdrückt, sondern sich der Entwickelung der Natur dienstbar macht, und zugleich findet er Gelegenheit, seine religiösen Ansichten auszuführen. Im *Contrat social* (1762) endlich stellt er seine Lehre von derjenigen Ordnung der Gesellschaft auf, welche die Tyrannei, unter der die Menschheit seufze, ablösen müsse.

Mit diesen Schriften betrachtete Rousseau sein Werk als vollendet. Es wurde ihm aber nicht gestattet, das friedliche Leben der Natur zu führen. Der „Émile" wurde in Paris verbrannt und gegen Rousseau ein Verhaftsbefehl erlassen. Nun begannen seine unglücklichen Jahre. Er floh nach der Schweiz; aber auch hier fand er keine Ruhe; in Genf und in Bern wollten die Regierungen ihn nicht dulden, und in Neufchâtel wurde er wegen seiner religiösen Meinungen von der Bevölkerung belästigt. Er nahm nun Humes Anerbieten an, ihm in England eine Zuflucht zu verschaffen, fafste aber in seiner Kränklichkeit bald Mifstrauen zu seinen englischen Freunden und floh wieder nach Frankreich, wo er von Ort zu Ort umherirrte, bis eine plötzliche Krankheit seinem Leben ein Ende machte (1778).

Um Rousseaus wirkliche Stellung zum Kulturprobleme ausfindig zu machen, darf man nicht bei seinen paradoxen Äufserungen in den beiden Preisaufsätzen stehen bleiben, sondern mufs dieselben mit verschiedenen Äufserungen in Briefen und mit dem Inhalt seiner späteren Schriften vergleichen. Es tritt dann meines Erachtens ein überraschend klarer und bedeutender Gedankengang hervor, der tiefes psychologisches Verständnis der geistigen Lebensbedingungen des Menschen zeigt.

Den Naturzustand, aus welchem der Mensch durch die

Kultur herausgerissen sei, schildert er keineswegs mit idealer Färbung. Allerdings verwirft er Hobbes' Schilderung des Naturzustandes als eines Krieges aller mit allen; er meint, der Krieg setze teils Bedürfnisse voraus, die der Mensch im Naturzustande nicht habe, teils auch gröfseren Verkehr unter den Menschen, als in ihm möglich gewesen sei; und er meint zugleich, Hobbes habe das Mitleid übersehen, das ein willkürliches und ursprüngliches menschliches Gefühl sei. Der Naturzustand ist ihm aber ein rein instinktmäfsiger Zustand, dessen Vorzüge vor dem zivilisierten Zustande darauf beruhen, dafs zwischen den Bedürfnissen und dem Vermögen, diese zu befriedigen, ein Verhältnis des Gleichgewichts stattfindet. Der Mensch wird vom Selbsterhaltungstriebe (amour de soi) geleitet und findet leicht die Mittel, diesen zu erfüllen. Gemütsbewegung, Phantasie und Reflexion haben keine Bedeutung. Erst die Gesellschaft und die Kultur erwecken die Fähigkeit des Vergleichens und Reflektierens. Nun wird der Gleichgewichtszustand aufgehoben. Der Selbsterhaltungstrieb wird auf Kosten andrer Menschen befriedigt und wird somit zum Egoismus (amour propre)[88]. Es entstehen Vorstellungen von Gütern, die sich nicht erreichen lassen, und mithin tritt das Mifsverhältnis zwischen Bedürfnissen und Fähigkeiten in Kraft. Man fängt nun an, über den Wert und die Bedeutung des Lebens nachzudenken, statt dem Instinkte zu folgen. Lebensüberdrufs und Selbstmord, die man im Naturzustande nicht kannte, werden jetzt häufig. Angst vor der Zukunft und vor dem Tode löst die sichere Ruhe ab. Der Zweifel, dieser unerträgliche Zustand, tritt an die Stelle der glücklichen Gedankenlosigkeit des Naturzustandes.

Nach Rousseaus Auffassung treten diese auflösenden und unglücklichen Wirkungen jedoch nicht sogleich ein. Wenn er sagen soll, welches Stadium in der Entwickelung der Menschheit wohl das glücklichste sei, deutet er nicht auf den primitivsten Zustand hin, sondern auf einen Zustand des beginnenden gesellschaftlichen Lebens und der beginnenden Zivilisation, der „inmitten der Sorgenlosigkeit des primitiven Zustandes und der hitzigen Emsigkeit unsrer Eigenliebe" liegt. Diese Zeit sei die eigentliche Jugend der Welt gewesen,

Die französische Aufklärungsphilosophie und Rousseau. 551

die man nicht hätte verlassen sollen. Hier hätten die Reflexion und die Verfeinerung noch nicht ihren auflösenden Einfluſs geübt, und doch hätte der Instinkt den Gedanken und Gefühlen zu weichen begonnen[89]). Das gefährlichste Stadium sei das dritte; hier griffen die auflösenden Kräfte um sich. Dies sei das Stadium der verderbten und verfeinerten Kultur. Wurde Rousseau nun gefragt, ob es denn seine Meinung sei, man solle zu jenem Zustand zurückkehren, der dem primitiven so nahe liegt, so war seine Antwort, dies sei unmöglich, ebenso unmöglich wie das Wiedererleben seiner eignen Kindheit[90]). Man könne den Irrtum nicht dadurch heben, daſs man in den Zustand die Unwissenheit zurückkehre. Nachdem der Instinkt nun einmal von der Reflexion abgelöst sei, bleibe nichts andres zu thun übrig, als ein wahres und natürliches Wissen an die Stelle des falschen zu setzen. „Wenn die Menschen verderbt sind, ist es besser, daſs sie gelehrt, als daſs sie unwissend sind," sagt Rousseau in einem Briefe (an Scheib, 15. Juli 1756), und hierdurch gibt er in der That der Aufklärung eine Anerkennung, denn hierin liegt, daſs die intellektuelle Kultur der Verderbtheit nicht vermehrt, sondern sie vielmehr vermindert. Er will eine Kultur, die das Gefühl und die Kraft nicht zersplittert und schwächt, ein Leben der Gesellschaft, das uns nicht im Äuſsern aufgehen läſst und uns abhängig macht. Nur im eignen Innern, sagt er, findet der Mensch Frieden. Nur der hat viel erlebt, der das Leben gefühlt hat. Die Kultur brachte aber Zweifel, Erschlaffung, äuſseren Schein und Rastlosigkeit. Und zugleich brachte sie uns durch die Teilung der Arbeit die Knechtschaft: das soziale Unglück entstand, als der eine sah, er könne die Arbeit des andern gebrauchen, und als er den überflüssigen Vorrat, den er sammeln konnte, zum Unterhalte des andern benutzte. Allen diesen Übeln müſste durch eine neue Ordnung des Lebens für den Einzelnen und für die Gesellschaft abgeholfen werden.

Rousseaus Ideen von „der neuen Welt" bewegten sich auf drei Gebieten: auf dem der Erziehung, dem der Religion und dem des Staates. Im „Émile" und im „Contrat social" hat er diese Ideen ausgesprochen. Sie fanden Widerstand bei den Anhängern des Alten und Spott bei den Anhängern des Neuen. Seine Werke wurden von den Autoritäten verbrannt, Voltaire nannte ihn einen Erznarren (archifou), Diderot bezeichnete ihn als „den grofsen Sophisten". Ganz natürlich: denn keine der Parteien hatte das Problem bis zu so grofser Tiefe verfolgt wie Rousseau, keine hatte dessen innersten Stachel empfunden wie er. Die Anhänger des Bestehenden stützten sich auf eine übernatürliche Sanktion, und die Encyklopädisten glaubten von sich selbst, dafs sie die wahre Aufklärung zu Tage gefördert und denjenigen zugänglich gemacht hätten, die dieselbe verdienten. Weshalb denn diese Paradoxen und Zukunftspläne?

In seiner *Erziehungslehre* behauptet Rousseau, man müsse der Natur freies Spiel lassen, und die Kunst des Erziehers bestehe darin, Hindernisse zu entfernen und möglichst gute Bedingungen zu beschaffen, damit die Fähigkeiten und Triebe sich ihrer eignen Natur gemäfs entwickeln könnten. Man darf keine Kultur von aufsenher aufzwingen, weder auf dem Wege der Autorität noch auf dem der Aufklärung. Die Kindheit hat ihren Zweck in sich selbst, wie jede andre Lebensperiode, und darf nicht als blofse Vorbereitung behandelt werden. Man kennt das Kind nicht, denn bisher betrachtete man es nur vom Standpunkte der Erwachsenen aus. Es hat ein natürliches Recht auf freie Selbstentwickelung. Wickle es daher nicht in Windeln, säuge es mit der Milch der eignen Mutter, verzärtle es nicht, lafs es seinem Selbsterhaltungsinstinkt folgen und eigne Erfahrungen machen, belehre es nicht darüber, was es von selbst lernen kann, halte ihm keine Predigten, errege keine Wünsche und Bedürfnisse in ihm, ehe sie befriedigt werden können! — Je länger man die geistige Entwickelung aufschieben kann, um so besser. Es kommt darauf an, dafs der Geist erwachsen ist, damit er nicht wegen gar zu frühen Gebrauches seiner Kräfte verkümmert. Leite womöglich das Kind bis zum zwölften Jahre, ohne dafs es die rechte Hand von der linken zu unterscheiden vermag; um so schneller werden sich ihm die Augen der Vernunft öffnen, wenn die Zeit gekommen ist! Lafs es ohne Vorurteile, ohne Gewohnheiten und ohne Kenntnisse aufwachsen! Sonst lernt man ja auch nicht die eigne, eigentümliche Natur des Kindes kennen. Der Keim des Charakters bedarf der Zeit, um sich zu äufsern: erst wenn er sich geäufsert hat, kann man ihn auf die rechte Weise behandeln. Drang und Trieb verlangen ebenfalls Zeit zur Entstehung, und Überdrufs wird erregt, wenn man dem Kinde aufzwingt, was es nicht zu würdigen vermag. — Die Erziehung soll mit andern Worten eine negative, keine positive sein. „Positiv nenne ich," sagt Rousseau (in der *Lettre à M. de Beaumont*, der grofsartigen Verteidigungsschrift für den „Émile"), „diejenige Erziehung, die darauf ausgeht, den Geist vor der Zeit zu bilden und dem Kinde die Erkenntnis von den Pflichten des Mannes beizubringen. Negativ nenne ich diejenige Erziehung, die darauf ausgeht, die Organe, die Werkzeuge unsrer Erkenntnis, zu vervollkommnen, bevor sie uns die Erkenntnis gibt, und die durch Übung der Sinne auf die Vernunft vorbereitet. Die negative Erziehung ist nicht unthätig: weit gefehlt; sie gibt keine Tugenden, beugt aber dem Laster vor; sie lehrt nicht die Wahrheit, hütet aber vor Irrtum; sie bereitet das Kind auf alles vor, was es zum Wahren führen kann, wenn es fähig wird, das Wahre zu verstehen, und zum Guten, wenn es fähig wird, das Gute zu lieben." Dieser Begriff einer negativen Erziehung drückt Rousseaus eigentlichen Grundgedanken gewifs auf schlagende Weise aus. Die Kultur soll die Entfaltung der Natur sein, keine Hülle, keine schwere Form, die von aufsenher aufgezwungen wird. Nur diejenige Kultur ist echt, welche die Natur selbst auf einer höheren Stufe der Entwickelung ist. Deshalb schärft er Behutsamkeit ein, wenn man die Kultur „einführen" will. Rousseau hat tieferen Blick für die Eigentümlichkeit des Geisteslebens als die Anhänger der Autorität und auch als die Anhänger der „Aufklärung". Nur das auf natürliche Weise Entwickelte und das durch Selbstthätigkeit Erzeugte ist ihm echt. Nur mittels einer Kulturentwickelung echter Art kann man die ruhigen und sorgenlosen Zeiten des Instinktes verlassen und dennoch die Harmonie zwischen Bedürfnis und Fähigkeit, zwischen Denken und Fühlen, zwischen dem Äufsern und dem Innern bewahren. Wie so viele Mystiker hat er feinen Sinn für die Bedingungen des geistigen Wachstums. Eben die Aufstellung eines Begriffes wie des der negativen Erziehung verrät diesen Sinn und ist sokratischen Charakters. Dennoch erweist sich Rousseau als das Kind seines Zeitalters. Er hat kein rechtes Vertrauen zu dem unwillkürlichen Gebrauch der Kräfte, denn er setzt einen weisen Erzieher und ein ganzes System von Intriguen und Verabredungen in Bewegung, damit Émile unter keine andern Einwirkungen gerate, als solche, die vermeintlich für sein Alter passen. Das systematisch Konstruierende ist Rousseau auf allen Gebieten charakteristisch. Sein lebhaftes Gefühl und seine Begeisterung lassen ihn erblicken, was kein andrer zu sehen vermochte; mit dem grofsen Griffe ist es aber auch gethan: wenn der Gedanke im einzelnen durchgeführt werden soll, zeigt es sich, wie fern er der wirklichen Welt steht, und statt sich an den einzelnen Punkten von wirklichen Erfahrungen leiten zu lassen, gibt er seinem konstruktiven Verstande freien Spielraum. Sogar bei Émiles Freierei und Hochzeit steckt „le gouverneur" dahinter und arrangiert alles — und zwar nicht immer auf negative und indirekte Weise. —

Es stimmt mit dem Grundgedanken in Rousseaus Pädagogik überein, dafs die *religiöse Auffassung* dem Kinde nicht von aufsenher beigebracht werden darf, sondern unter dem Einflusse des Bedürfnisses des Herzens aus demselben hervorgelockt werden soll. In dem berühmten Abschnitte „Das Glaubensbekenntnis des savoyischen Vikars", der dem „Émile" eingeschaltet ist, gibt Rousseau uns seine Religion. Seine religiösen Ideen enthalten nichts Neues. In den Vorstellungen der „natürlichen Religion" oder des „Deismus" findet er den Ausdruck seines Gefühls. Von der Gültigkeit dieser Vorstellungen will er keinen Beweis geben, er stellt sie als Dogmen auf. Die Materie kann ihre Bewegung nicht von selbst haben, sondern die erste Ursache der Bewegung mufs ein persönlicher Wille sein. Im Gegensatze zu Condillacs Lehre behauptet er den wesentlichen Unterschied zwischen Empfinden und Denken, und im Gegensatze zum Materialismus den Unterschied zwischen Geist und Materie als zwei verschiedenen Substanzen. In Rousseaus Ausführung dieses Punktes finden sich mehrere interessante Bemerkungen, und speziell ist es von historischem Interesse, dafs Charles Bonnet, Rousseaus Landsmann, fast um dieselbe Zeit in seinen psychologischen Schriften (unter denen die wichtigste der *Essai analytique sur les facultés de l'âme*. Copenhague 1760 ist) Condillacs Versuch, alles im Seelenleben auf passives Empfinden zurückzuführen, kritisierte, ohne dafs es sich jedoch nachweisen läfst, dafs Rousseau diese Schriften kannte. — In der Natur verrät sich ein Streben nach Zwecken, eine Einheit des ganzen Plans, die von der Thätigkeit eines persönlichen Gottes zeugen. Rousseau trennt sich hier aber von der gewöhnlichen „Uhrmacherphilosophie" des Zeitalters, indem er behauptet, diese Harmonie und Zweckmäfsigkeit der Natur sei nicht der Grund, weshalb er an Gott glaube. Es verhalte sich gerade umgekehrt. Sein Glaube entspringe aus einem unmittelbaren Gefühlsbedürfnisse. Der Zweifel sei ihm ein unerträglicher Zustand; wenn seine Vernunft schwanke, entscheide sein Glaube die Sache auf eigne Faust. Und erst wenn sein inneres Gefühl ihn auf diese Weise zum Glauben geführt habe, könne er in der Natur Andeutungen finden, die in derselben Richtung gingen wie seine Dogmen. Obgleich der „savoyische Vikar" beständig das Natürliche und Vernünftige seiner Behauptungen nachzuweisen sucht, erklärt er doch immer wieder, er wolle nicht philosophieren oder dozieren, sondern nur schildern, was er fühle, und er bittet seinen Zuhörer, im eignen Gefühle die Bestätigung seiner Behauptungen zu finden. Der praktische Standpunkt des Gefühls ist der entscheidende. Dem Wesen Gottes will er nicht nachgrübeln, es sei denn, er werde „durch das Gefühl der Beziehungen, in welchen Gott zu ihm stehe", hierzu gezwungen[91]). Namentlich aber in einem berühmten Briefe an Voltaire (18. August 1756), durch dessen Gedicht über Lissabons Untergang veranlafst, verficht Rousseau entschieden den inneren, subjektiven Ursprung des Glaubens: er glaubt nicht an Gott, weil alles in der Welt gut ist, sondern er findet in allem etwas Gutes, weil er an Gott glaubt. Wenn er in diesem Briefe den Optimismus gegen Voltaires Kritik in Schutz nimmt, stützt er sich allerdings darauf, dafs es in den grofsen, elementaren Verhältnissen des Lebens Quellen der Freude und der Befriedigung gebe, die der raffinierte Weltmensch nicht kenne; besonders hebt er „das liebliche Gefühl der Existenz" (le doux sentiment de l'existence indépendamment de toute autre sensation) hervor. Zugleich nimmt er an, die Übel des Einzelnen könnten für den grofsen Zusammenhang der Welt notwendig sein, und im Glauben an die Unsterblichkeit findet er den letzten Trost. Die eigentliche Grundlage des Optimismus, den er trotz seiner Kränklichkeit und seiner kümmerlichen Verhältnisse gegen den in Ehre, Reichtum und Herrlichkeit lebenden Voltaire verteidigt, ist seine eigne persönliche Ergriffenheit von dem religiösen Gefühle; diese bewirkt, dafs er Voltaire zurufen kann: „Sie geniefsen, ich aber hoffe!" Mit Bezug auf den Inhalt war Rousseaus Religion nicht von derjenigen Voltaires verschieden; die „natürliche Religion" war beiden gemein. Welche Verschiedenheit aber der Innigkeit und der Stimmung! Rousseau verlegte auf epochemachende Weise das religiöse Problem aus dem Gebiete der äufseren Weltbetrachtung und Welterklärung ins innere, persönliche Gefühl und in die Art und Weise, wie dieses durch das Leben gestimmt wird, zurück. Dem Ziele, das Pascal wegen seines katholischen Dogmatismus nicht zu erreichen vermochte, kam Rousseau trotz seines deistischen Dogmatismus weit näher. Doch ein Dogmatiker ist er wegen der Geschwindigkeit, mit welcher er in dem Cartesianischen Spiritualismus und in der deistischen Theologie Anker wirft. Hier, wie so oft in der Philosophie, ist nicht das Resultat, sondern die Motivierung das Neue und das bleibend Wertvolle. Und die Motivierung steht in enger Verbindung mit dem für Rousseaus Persönlichkeit und Denkungsart so entscheidenden Abhängigkeitsverhältnisse, in welchem die Vorstellung zum Gefühl und Bedürfnisse steht. Der letzte Rat des „savoyischen Vikars" lautet: „Bewahre deine Seele stets in einem solchen Zustande, dafs du beständig *wünschest*, es sei ein Gott; dann wirst du dies nie bezweifeln!"

Dafs Rousseaus Dogmen die bestimmte Form annehmen, in der er sie darstellt, ist doch nicht nur eine Folge der Art und Weise, wie er sein Gefühl auslegt. Er unterwarf die

Vorstellungen einer Kritik. In einem Briefe (an M***, 15. Januar 1769) sagt er, er habe die verschiedenen Systeme durchgedacht und sich für dasjenige entschieden, das ihm die wenigsten Schwierigkeiten zu enthalten scheine. Es wird hier also dem Denken ein rückwirkender Einfluſs auf die Postulate des Gefühls zugestanden. Wenn z. B. die Erfahrung von den Leiden der Welt seinen Glauben an einen guten Gott nicht erschütterte, kam dies daher, dafs er kraft der Lehre von den beiden Substanzen (dem Geiste und der Materie) annahm, die Materie stelle der Durchführung der göttlichen Zwecke Schranken auf. Er glaubte nicht an eine Schöpfung, sondern nur an eine Ordnung der bereits existierenden, vielleicht ewigen Materie. Gott ist der gute Ordner und Lenker, ist aber nicht allmächtig (siehe den soeben erwähnten Brief und Lettre à M. de Beaumont). Auch hier kommt Rousseau also zu dem nämlichen Ergebnisse wie Voltaire, obgleich die beiden Männer dem Probleme von dem Bösen der Welt in höchst verschiedener Stimmung gegenüberstehen. Rousseaus Religion ist eigentlich Freude und Begeisterung darüber, daſs in der Welt eine Gewalt zu spüren ist, die das Gute wirkt. Er glaubt nicht an die physischen Wirkungen des Gebetes. Sein Gebet ist ein Ausbruch des Enthusiasmus, in welchem die Freude über die Natur auf ihrem Gipfel[92]) in einen Lobgesang auf „das grofse Wesen" übergeht, das überall wirkt, für welches der Gedanke keinen Begriff zu finden vermag; zuletzt wird der Enthusiasmus zur Ekstase, in welcher kein Wort die innige und gewaltige Stimmung auszudrücken imstande ist, weil das Gemüt über alle Schranken hinaus trachtet (Dritter Brief an Malesherbes). Die von Rousseau behauptete Selbständigkeit des Gefühls der Erkenntnis gegenüber, legt sich hier dadurch an den Tag, daſs das Gefühl auf seinem Gipfel keine befriedigenden Vorstellungsausdrücke finden kann. Von hier ist nur ein Schritt zu der Erkenntnis, daſs alle religiösen Vorstellungen, alle Dogmen Symbole sind. Diesen Schritt zu thun, verwehrte Rousseau sein deistischer Dogmatismus.

Seine natürliche Religion, die er als von aller Tradition unabhängig betrachtet, stellt er als Gegensatz der positiven Religionen auf. Er ist überzeugt, wenn man nur der Stimme des Herzens treu geblieben wäre, hätte man keine anderen Religionen als diese eine gehabt. Er hegte aber die Überzeugung, dafs er in seiner Religion für den eigentlichen Kern des Christentums Raum habe. An den Erzbischof von Paris schreibt er (Lettre à M. de Beaumont): „Monseigneur, ich bin ein Christ, und ein Christ von Herzen, nach der Lehre des Evangeliums. Ich bin ein Christ, nicht als Schüler der Priester, sondern als Schüler Jesu Christi. Mein Meister spekulierte nur sehr wenig über die Dogmen, schärfte aber in hohem Grade die Pflichten ein: er schrieb nicht so sehr Glaubensartikel als vielmehr gute Werke vor; er verlangte nur den Glauben an dasjenige, was notwendig war, damit man gut sei!" Die Rätsel des Christentums liefs er dahingestellt bleiben; sie beträfen nicht das Entscheidende, nämlich den moralischen Kern. Lege man das Gewicht auf dasjenige, das über diesen Kern hinaus gehe, und auf die bestimmten dogmatischen Formulierungen, so ende man mit Unbilligkeit, Falschheit, Heuchelei und Tyrannei. Und alle diese dogmatische Gelehrsamkeit sollte Gott geboten — und obendrein denjenigen die Strafen der Hölle bestimmt haben, die nicht so gelehrt werden könnten! Nur aus Büchern, die von Menschen geschrieben seien und von Menschen verbürgt würden, könne man diese positiven Dogmen kennen lernen. Das Evangelium sei das erhabenste aller Bücher — aber doch ein Buch. Nicht auf die Blätter eines Buches, sondern in die Herzen der Menschen habe Gott sein Gesetz geschrieben (Brief an Vernes, 25. März 1758). — Rousseau hatte sich in früher Jugend verleiten lassen, zum Katholizismus überzutreten. Später kehrte er in den Protestantismus zurück und nahm an dessen Kultus teil, indem er sich das Recht des protestantischen Laien vorbehielt, alle Dogmen nach dem Mafsstabe des Gewissens und des Herzens einer freien Prüfung zu unterwerfen. Natürlich wurde er von beiden Kirchen verketzert, und von den Encyklopädisten wurde er als ein Heuchler oder ein unklarer Kopf betrachtet, der wohl noch als Kapuziner enden würde. Selbst nannte er sich den einzigen Menschen seines Zeitalters, der an Gott glaube. —

Das dritte Gebiet, auf welchem Rousseau eine neue Welt zu erblicken glaubte, war das *soziale* und *politische*. Auch hier zeigt es sich, dafs er die Hoffnung nicht aufgab, die Verkümmerung und Unterdrückung der Natur könnte durch eine Entwickelung abgelöst werden, die der Natur ihr Recht geschehen liefse. In seinem „Contrat social" (I, 8) äufsert er sich, und zwar in starken Worten, über den Fortschritt, der dadurch gemacht werde, dafs der Mensch den Naturzustand aufgebe und laut eines (stillschweigenden) Vertrags in das gesellschaftliche Leben eintrete: „Während er im sozialen Zustande mehrere Güter entbehren mufs, die er von Natur besafs, gewinnt er dafür andre, und zwar sehr grofse: seine Fähigkeiten werden geübt und entwickelt; seine Vorstellungen erweitern sich; seine Gefühle werden veredelt; seine ganze Seele erhebt sich bis zu einem solchen Punkte, dafs wenn die Mifsbräuche, die eine Folge der neuen Lebensverhältnisse sind, ihn nicht oft dergestalt erniedrigten, dafs er tief unter den Stand hinabsinkt, von dem er ausgegangen ist, er fortwährend den glücklichen Augenblick segnen müfste, der ihn auf immer aus diesem Stande herausrifs und ihn aus einem stumpfen und dummen Tiere zum Vernunftwesen und Menschen machte."

Mit seiner rechtsphilosophischen Theorie bildet Rousseau den Abschlufs einer ganzen Reihe von Versuchen, die während der Reformationskämpfe beginnen und darauf ausgehen, den Staat aus der freien individuellen Übertragung zu konstruieren. Rousseau hat die Idee des Gesellschaftsvertrages nicht ersonnen, er bedient sich derselben aber, um die Gesellschaft als in Übereinstimmung mit der Natur entstanden schildern zu können: im Naturzustande hätten die Menschen isoliert gelebt; der einzige Übergang zu einem Staatsleben, der den Staat natürlich machen könne, sei also freiwilliges Zusammenschliefsen, freie Übertragung. Durch letztere entstehe das Volk als Volk, indem der Einzelne seine absolute Gewalt über sich selbst auf das Volk als Totalität übertrage. Die Souveränität des Volkes sei absolut und unveräufserlich. Hobbes' absolutistischen Souveränitätsbegriff überträgt Rousseau auf das Volk als Totalität. Mit Hobbes ist er darin einig, dafs die Souveränität nur an

einem einzigen Orte liegen könne, statt aber mit Hobbes
anzunehmen, es finde mit dem Gesellschaftsvertrage eine
unmittelbare Unterwerfung unter die Regierungsgewalt statt,
proklamiert er, wie Althusius, an den auch seine Ausdrücke
erinnern⁹³), das Prinzip der Volkssouveränität und nimmt er
an, dafs der „allgemeine Wille" den Willen aller Einzelnen
in sich aufnehme. Ebenso wie Althusius unterscheidet er
zwischen Staatsform und Regierungsform und stellt er nur eine
einzige Staatsform, dagegen verschiedene Regierungsformen
auf. Die beste Regierungsform sei eine Wahlaristokratie. Er
verwirft indes die Teilung der Gewalt und bestreitet, dafs die
Souveränität durch Repräsentanten ausgeübt werden könne.
Die höchste Gewalt sei und bleibe eben beim Volke, das von
Zeit zu Zeit versammelt werden müsse, um Gesetze zu geben.
Sobald das Volk versammelt sei, höre alle Gewalt der Regierung
auf; alle Obrigkeit werde dann suspendiert. Die gesetzgebende
Gewalt — als mit dem Volke selbst identisch — sei
souverän; die vollziehende sei deren Dienerin. Die gesetzgebende
Gewalt sei das Herz, die vollziehende das Gehirn:
letzteres könne erlahmen, der Mensch aber dennoch leben,
wenn das Herz unversehrt sei.

Die Bedingung für die Ausübung der Volkssouveränität
ist nach Rousseau, dafs das ganze Volk versammelt werden
kann. Deshalb darf der Staat kein grofser sein; Rousseaus
Ideal waren — aufser Genf, seinem eignen Vaterlande — die
Kleinstaaten des Altertums. Die einzige Form, unter der die
Volkssouveränität in einem grofsen Staate bestehen könne, sei
die Föderationsverfassung. Rousseau hatte einen Aufsatz über
eine derartige Verfassung ausgearbeitet — diesen Aufsatz übergab
er einem Freunde, der denselben nach Ausbruch der Revolution
vernichtete, damit er keinen Schaden stifte! Es war,
wie Rousseau bemerkt, „ein ganz neuer Gegenstand, dessen
Prinzipien erst aufgestellt werden sollten". Kurz vor der französischen
Revolution wurde dieser Gegenstand von Alexander
Hamilton, dem Begründer der Verfassung der nordamerikanischen
Union, in „The Federalist" behandelt. Die französischen
Revolutionsmänner, die sonst doch viele Schlagwörter
aus dem „Contrat social" herholten, beachteten weder die er-

wähnte Andeutung, wie die Vorteile eines grofsen Staates sich mit denen eines kleinen Staates, die der Zentralisation sich mit denen der Dezentralisation vereinen liefsen, noch den praktischen Versuch, der in dieser Beziehung jenseits des Ozeans angestellt wurde[94]). Man begnügte sich mit demjenigen Teile von Rousseaus Lehre, welcher verlangt, dafs der Einzelne seinen Willen vollständig in dem allgemeinen Willen aufgehen läfst, der sich durch die Beschlüsse der Mehrzahl kundgibt und über das Leben und Eigentum, die Erziehung und Religionsübung aller Bürger völlige Gewalt hat. Wie Hobbes das einzelne Individuum zu gunsten der souveränen Regierungsmacht abdizieren liefs, so liefs Rousseau das Individuum zu gunsten der souveränen Demokratie abdizieren.

Es findet ein entschiedener Gegensatz zwischen Rousseaus Aufsatz über die Entstehung der Ungleichheit (1755) und seinem „Contrat social" (1762) statt, — ein Gegensatz aber, auf den er sicherlich selbst aufmerksam war. Bei näherer Betrachtung ist es deutlich, dafs er durch die spätere Darstellung die frühere verbessern und ergänzen wollte. In dem „Discours" zeigt er, wie die ökonomische Ungleichheit durch die Teilung der Arbeit entsteht, und wie dann die Bildung des Staates durch Vertrag erst später den Unterschied zwischen Reich und Arm genehmigt und bestärkt. „Die Gesetze," sagt er (Discours, S. 95), „gaben dem Schwachen neue Schranken und dem Reichen neue Kräfte; sie zerstörten definitiv die natürliche Freiheit, befestigten auf immer das Gesetz des Besitzes und der Ungleichheit, machten eine listige Usurpation zu einem unwiderruflichen Recht und brachten das ganze Menschengeschlecht in Zukunft unter das Joch der Arbeit, der Knechtschaft und des Elends." Hier wird also der ursprüngliche Vertrag als Sanktion der Ungleichheit aufgefafst. Im „Contrat social" dagegen heifst es (I, 9): „weit entfernt, dafs der ursprüngliche Vertrag die natürliche Freiheit vernichtet hätte, setzt er moralische und gesetzliche Gleichheit an die Stelle der physischen Ungleichheit, welche die Natur möglicherweise unter den Menschen erzeugt hat, und während sie an Kraft und Geist ungleich sein können, werden sie nun durch Vertrag und Recht gleich." In einer Note setzt Rousseau hinzu, blofs unter schlechten Regierungen sei diese Gleichheit nur eine scheinbare; er gesteht, dafs der soziale Zustand thatsächlich nur dann den Menschen nützlich sei, wenn alle etwas besäfsen und niemand zu viel besitze. Es ist wohl keinem Zweifel unterworfen, dafs Rousseau durch diese Worte zeigen will, wie die neue Darstellung sich mit der früheren vereinen läfst. Es ist ja auch wahr, wenn er sagt, dafs Gesetz und Recht sich auf beide Arten gebrauchen lassen: sowohl um bestehende Verhältnisse der Ungleichheit zu sanktionieren als um diese auszugleichen. Im „Discours" bleibt er bei der ersteren Seite der Sache, die in der alten Gesellschaft auch die augenfälligere war; im „Contrat social", der ein Ideal schildern soll und deshalb von den wirklichen Verhältnissen absieht[95]), nimmt er die letztere Seite vor und schärft ein, was zu thun sei: gerade weil der Lauf der Dinge (wie der „Discours" nachwies, schon im Naturzustande) stets geneigt sei, die Gleichheit aufzuheben, gerade deshalb — heifst es im „Contrat social" (II, 11) — müsse die Gewalt der Gesetzgebung stets deren Behauptung erstreben, müsse dafür Sorge tragen, dafs niemand reich genug werde, um einen andern zu kaufen, und niemand arm genug, um sich kaufen zu lassen. Dafs diese Betrachtung nichts Phantastisches enthält, haben die folgenden Zeiten gezeigt, indem es immer mehr als eine wesentliche Aufgabe der Staatsgewalt anerkannt worden ist, die sozialen Gegensätze auszugleichen. Rousseau war kein Sozialist, hatte aber klaren Blick für den Einflufs der sozialen Ungleichheiten und für die aus dem Systeme des Privatbesitzes hervorgehenden Übelstände. In höherem Mafse als frühere Naturrechtslehrer ging er über die formellen, politischen Prinzipien hinaus, und hinter allen konstitutionellen Fragen fand er die soziale Frage. Nur für eine Sache war er, wie alle seine Zeitgenossen, blind: für die Bedeutung der freien Vereinigungen. Wenn der Staat einmal entstanden sei, müsse er auch alles regulieren. Rousseau gerät hier mit sich selbst in Streit. Denn im „Émile" legt er ja gerade das Gewicht auf die individuelle Entwickelung, auf die Entfaltung der natürlichen Eigentümlichkeit des Einzelnen: wie wird aber diese unter der Tyrannei des „allgemeinen Willens" möglich? Dafs Rousseau das hierin liegende grofse Problem nicht erblickte, darf uns nicht in Erstaunen setzen: er bewegte sich ja mitten in der Willkür des alten Regiments, wo weder der allgemeine noch der individuelle Wille emporkommen konnte; alle beide wollte er emanzipieren — er konnte es ja ruhig der Zukunft überlassen, sie miteinander zu versöhnen. Er hatte seinem Zeitalter Probleme genug gegeben. —

In der Geschichte der Philosophie nimmt Rousseau eine Stellung ein, die mit derjenigen des Leibniz eine gewisse Analogie darbietet. Beide heben das Schätzungsproblem hervor, indem sie sich nicht mit der mechanischen Erklärung der Natur und der mechanischen Ordnung der Gesellschaft begnügen, sondern nach der Bedeutung der Natur und der Gesellschaft für das menschliche Gefühl, die Quelle aller Wertschätzung, fragen. Und hiermit in enger Verbindung steht bei beiden die Betonung des Rechtes der Individualität und der Sinn für die innere Unendlichkeit jedes Individuums. Die Durchführung dieser Gedanken wird aber von den beiden so äufserst verschiedenen Geistern auf höchst verschiedene Weise unternommen. Leibniz suchte die wissenschaftliche Naturauffassung beizubehalten, indem er die von dieser gefundenen Gesetze als Äufserungen der Harmonie zwischen der Selbstentfaltung zahlloser individueller Wesen auffafste. Der graduelle Übergang aus Dunkelheit in Klarheit war das Grundgesetz aller Entwickelung in diesem harmonischen Weltbilde. Dem armen Jean Jacques wurde es nicht so leicht, die Harmonie zu finden, weder in noch aufser seinem Ich. In seinen ekstatischen Momenten glaubte er an sie, sah er sie vor seinem geistigen Auge. Seine Monade hatte aber eine dunkle Tiefe in sich, die sich nicht erhellen liefs, sondern sich im Gegenteil immer mehr verfinsterte, und weder in der Welt noch in der Gesellschaft vermochte er alles zu einer intellektuellen Harmonie zu sammeln. Sein Gefühl war zu stark, um als verworrenes Denken erklärt werden zu können. Deswegen behauptete er das Recht des Irrationalen.

Auf dem Wege der persönlichen Lebenserfahrung gelangte er schliefslich zu demselben Resultate, das Hume auf dem Wege der Erkenntnistheorie erreicht hatte: Hume hatte ja dargelegt, dafs all unsre Erkenntnis sich auf unbeweisliche Voraussetzungen stütze. Sowohl von der praktischen als von der theoretischen Seite betrachtet hatte also derjenige, dem es gelingen sollte, die Philosophie weiter zu führen, Probleme genug aufzunehmen.

Anmerkungen.

¹) S. 15. Wie aufser älteren Schriftstellern noch G. Spieker: *Leben und Lehre des Petrus Pomponatius.* München 1868, S. 8 u. f. Siehe dagegen F. Fiorentino: *Pietro Pomponazzi.* Firenze 1868, S. 30. Fiorentino meint jedoch, in Pomponazzis späteren Schriften weniger Wärme der Unterwerfung unter den Glauben zu finden, eine Wirkung der beständig fortgesetzten Kritik.

²) S. 30. In meiner Abhandlung: *Montaignes Betydning i Etikens Historie* (Det nittende Aarhundrede, 1876) (Montaignes Bedeutung in der Geschichte der Ethik. [Das neunzehnte Jahrhundert, 1876]) führte ich bereits diese Auffassung des Montaigne durch. — Starcke hat in seinem Werke: *Skepticismen som Led i de aandelige Bevägelser siden Reformationen* (Köbenhavn 1890) (Der Skeptizismus als Glied der geistigen Bewegungen seit der Reformation. [Kopenhagen 1890]) Montaigne wesentlich von der negativen, skeptischen Seite geschildert. Wie ich in meiner Abhandlung: *Tvivlens Historie i nyere Tid* (Tilskueren 1891) (Die Geschichte des Zweifels in der neueren Zeit) zu zeigen suchte, legt Starcke in seinem verdienstvollen Buche gewifs zu grofses Gewicht auf die skeptischen Vorstellungen bei einer Reihe von Verfassern aus dem 16. und 17. Jahrhundert. — Dilthey (*Auffassung und Analyse des Menschen im 15. und 16. Jahrhundert.* — Archiv für die Geschichte der Philosophie. 1891. S. 647 u. f.) betont wie ich, dafs Montaignes Skeptizismus nur zum Mittel diente, um dem Glauben an die Natur den Weg zu bahnen.

³) S. 31. Qui se présente comme dans un tableau cette grande image de nostre mère nature en son entière majesté; qui lit en son visage une si générale et constante varieté; qui se remarque là dedans, et non soy, mais tout un royaume, comme un traict d'une poincte très-délicate, celuy-là seul estime les choses selon leur juste valeur. *Essais* I, 25.

⁴) S. 37. Ungefähr gleichzeitig mit Vives' Werke erschien ein andres psychologisches Werk, das ebenfalls grofsen Einflufs auf die Auffassung des folgenden Zeitalters erhielt, obgleich es nicht die prinzipielle Bedeutung, auch nicht das bleibende Interesse des ersteren besitzt, näm-

lich Melanchthons *Liber de anima*. Vitebergae 1540. Melanchthon steht dem Aristoteles weit näher als Vives; seine Darstellung ist weit mehr theologisierend, und an der Kunst der Beobachtung und der Beschreibung kann er sich nicht mit dem spanischen Psychologen messen.

[5]) S. 41. Über Luthers wechselnde Standpunkte mit Bezug auf die Philosophie siehe F. Bahlow: *Luthers Stellung zur Philosophie*. Berlin 1891.

[6]) S. 51. O. Gierke (*Johannes Althusius und die Entwickelung der naturrechtlichen Staatstheorien*. Breslau 1880, S. 58) wies nach, dafs diese Lehre von den Ephoren von den Monarchomachen, ja von Calvin selbst herrührt, der die Obrigkeit zwar als eine göttliche Einrichtung auffafst, jedoch hinzusetzt, wo sich Behörden fänden, um das Recht des Volkes gegen die Begierde und Willkür der Fürsten zu verteidigen, wie die spartanischen Ephoren, die römischen Tribunen und die Stände der neueren Königreiche, da hätten sie sowohl die Pflicht als das Recht, sich dem Willen der Fürsten zu widersetzen, wenn dieser ungesetzlich sei. Vgl. ebenfalls Lobstein: *Die Ethik Calvins*, S. 117 u. f.

[7]) S. 59. Die Ungerechtigkeit der Lüge begründet Grotius durch eine stillschweigende Übereinkunft, die mit der Entstehung der Sprache zusammenfalle (De jure belli ac pacis, III, 1, 11). P. C. Kierkegaards Theorie (in seiner Dissertation *De vi atque turpitudine mendacii*), welche die Verwerflichkeit der Lüge durch die Notwendigkeit begründet, das Vertrauen auf den Sinn der Worte zu erhalten, erinnert an die Lehre des Grotius, wenn diese der Form der mythologisierenden Vertragstheorie entkleidet wird.

[8]) S. 62. Vgl. Henry Maine: *International Law*. London 1888, S. 23 u. f.

[9]) S. 64. Über die Neigung zu einem universellen Theismus in der italienischen Renaissance vgl. Burckhardt: *Die Kultur der Renaissance in Italien*. 4. Aufl. II, S. 236 u. f., 300 u. f. — Über Franck und Coornhert vgl. die interessanten Charakteristiken von Dilthey im Archiv für Gesch. d. Phil. 1892, S. 389—400; 487—493.

[10]) S. 70. *Autobiography of Edward Lord Herbert of Cherbury*. Edited by Sidney L. Lee. London 1892, S. 248 u. f.

[11]) S. 83. Böhmes Ausdruck ist „Auswickelung". Erst später (im 18. Jahrhundert bei Tetens) erscheint das Wort „Entwickelung". Vgl. Eucken: *Geschichte der philosophischen Terminologie*. Leipzig 1879, S. 127.

[12]) S. 86. Aristoteles stellt sein Weltbild in der Schrift *Über das Universum* ($\pi\varepsilon\rho\grave{\iota}$ $o\mathring{v}\varrho\alpha\nu o\tilde{v}$) dar. Siehe besonders 1, 3, 8, 9; II, 1, 4, 6.

[13]) S. 94. Vgl. *De docta ignorantia* II, 2—3. Ich lasse mich nicht näher darauf ein, wie Cusanus in späteren Schriften (*Possest* und *De apice theoriae*) seine Ideen modifiziert, namentlich indem er die Aktivität des höchsten Prinzips betont und dieses Prinzip als die Einheit der Möglichkeit und der Wirklichkeit, später besonders als die Kraft (posse)

auffafst. Vgl. hierüber F. Fiorentino: *Il resorgimento filosofico nel Quattrocento.* Napoli 1885, S. 136 u. f. — Axel Herrlin (*Studier i Nicolaus af Cues' Filosofi, med särskilt afseende på dens historiska betydelse* [Studien über die Philosophie des Nicolaus Cusanus mit besonderer Rücksicht auf deren geschichtliche Bedeutung]. Lund 1892, S. 22) bestreitet, dafs die Schrift „Possest" einen andern Standpunkt als den der „Docta ignorantia" einnehme. Es scheint mir aber, dafs Fiorentinos Auffassung dadurch bewiesen wird, dafs Cusanus in der „Docta ignorantia" (I, 26) ausdrücklich erklärt, das Unendliche weder erzeuge noch werde erzeugt, noch schreite fort (Infinitas neque generans, neque genita, neque procedens), während er im „Possest" der Aktivität desselben sehr grofse Bedeutung beilegt. Ich gebe zu, dafs dieser Unterschied nicht gar zu stark hervorgehoben werden darf, da Cusanus in allen seinen Schriften mit dem Verhältnisse: complicatio — explicatio operierte und in sofern in keinem Stadium von dem Wirken und dem Fortschreiten absehen kann.

[14]) S. 94. Richard Falckenberg (*Grundzüge der Philosophie des Nicolaus Cusanus.* Breslau 1880, S. 54) machte darauf aufmerksam, dafs das Verhältnis: complicatio — explicatio ganz andern Sinn erhält, wenn es auf Gottes Beziehung zur Welt angewandt wird (wo es den Übergang aus einem Höheren in ein Niederes bezeichnet), als wenn es mit Bezug auf die Welt gebraucht wird (wo es den Übergang aus niederen Naturstufen in höhere bezeichnet).

[15]) S. 97. Wenn Ludwig Lange (in seiner interessanten Abhandlung: *Die geschichtliche Entwickelung des Bewegungsbegriffes.* — Philosophische Studien. Herausg. von W. Wundt III, S. 350) bemerkt, dem Cusanus als Kopernikus' Vorgänger müsse der Gedanke von der Relativität des Ortes und der Bewegung besonders nahe liegen, so verhält es sich gerade umgekehrt: es war die Idee von der Relativität des Ortes und der Bewegung, die ihn zum Vorgänger des Kopernikus machte.

[16]) S. 99. Mit Bezug auf Paracelsus (dessen eigentlicher Name Theophrastus Bombastus von Hohenheim war) mufs ich auf die von Chr. Sigwart gegebene vortreffliche Charakteristik desselben verweisen (Kleine Schriften, 1). Paracelsus wurde 1493 zu Einsiedeln in der Schweiz geboren und starb 1541 in Salzburg nach einem sehr unruhigen Leben. Über seine Bedeutung als Chemiker und Arzt siehe Ernst v. Meier: *Geschichte der Chemie.* Leipzig 1889, S. 57—61. Julius Petersen: *Hovedmomenter af den medicinske Lægekunsts historiske Udvikling.* (Hauptmomente der geschichtlichen Entwickelung der medizinischen Heilkunde) Kobenhavn 1876, S. 21—24. — Cardanus (1501 in Pavia geboren, 1576 in Rom gestorben) ist interessanter in seiner Selbstbiographie, die wegen ihrer Offenherzigkeit eine sonderbare Erscheinung ist, und die zu den wichtigsten Urkunden des Renaissancezeitalters gehört, als in seinen Schriften, deren wichtigste (*De subtilitate*) ein chaotisches Gemisch von Tiefsinn, Phantasterei und Aberglauben ist. Er selbst legt sich grofses Beobachtungsvermögen bei (*De vita propria*, Kap. 23), sowohl in der

Wissenschaft als in der Praxis des Lebens; ja, unter seine wissenschaftlichen Verdienste, die er in einem besonderen Kapitel der Selbstbiographie anführt (De vita propria. Kap. 44: Quae in diversis disciplinis digna adinveni), rechnet er auf dem naturwissenschaftlichen Gebiete vor allen Dingen, dafs er „die Betrachtung der Naturdinge auf eine bestimmte Kunst und Methode zurückgeführt habe, was vor ihm noch niemand versucht habe." Diese Ehre hat die Geschichte ihm jedoch nicht lassen können.

[17]) S. 102. Fiorentino hat die Manuskripte gesammelt, die Patrizzis Bemerkungen über Telesios Buch und Telesios Erwiderung auf dieselben enthalten. Siehe die Beilagen des 2. Bandes seines Werkes: *Bernardino Telesio. Studi storici su l'idea della natura nel risorgimento italiano.* Firenze 1872.

[18]) S. 105. *De rerum natura*, VII, 2 (vgl. V, 7). — An einem einzelnen Orte hat Telesio die Definition des sensus gegeben, ohne die perceptio als Mittelglied einzuschalten, indem er VIII, 21 sentire erklärt als: a rerum viribus exile quid pati. Hier verbirgt sich dann aber eine Zweideutigkeit in dem Worte pati.

[19]) S. 109. Es möchte als Widerspruch erscheinen, dafs die Weisheit als die allgemeine Tugend (virtus universalis, IX, 6) und der Hochsinn als die gesamte Tugend (virtus tota, IX, 22) aufgestellt werden, da die beiden Tugenden ja doch nicht zusammenfallen. Telesios Meinung ist wohl die, dafs die Weisheit eine bei jeder einzelnen Tugend mitwirkende Bedingung ist (da es sich stets darum dreht, Mittel zur Selbsterhaltung zu finden), dafs aber der Hochsinn (welcher der Gipfel aller Tugenden, omnium virtutum veluti apex genannt wird) die Reihe der Tugenden als diejenige Charaktereigenschaft abschliefst, in welcher alle Tugenden als in ihrer vollkommensten Form einbegriffen sind. — Ich lasse mich auf Telesios, einem Mifsverständnisse zu verdankende Polemik gegen Aristoteles' Lehre von der Tugend als Gewohnheit nicht näher ein. Dafs dieser Polemik ein naturalistischer Gedanke zu Grunde liegen sollte (Fiorentino: Bernardino Telesio I, S. 316 u. f.), vermag ich nicht zu sehen.

[20]) S. 111. Joachim Rheticus: *Narratio prima*. (In der Thorner Ausgabe von dem Werke des Kopernikus *De revolutionibus orbium coelestium* 1873: S. 490.) — Keplers Äufserung über Kopernikus ist angeführt von Renschle: *Kepler und die Astronomie.* Frankfurt 1871. S. 119. — Galilei über Kepler: *Opere.* Firenze 1842 u. f. VII, S. 55.

[21]) S. 115. Das Prinzip der Einfachheit sprach Kopernikus in seinem ersten Entwurfe aus (*Commentariolus*, siehe Prowe: *Nicolaus Coppernicus*. Berlin 1883, 1, 2, S. 286 u. f.), wie auch in seinem grofsen Werke *De revolutionibus* (I, 10). Das Prinzip der Relativität: De revol. 1, 5, 8.

[22]) S. 115. Dies war die Hauptschwierigkeit, die Tycho Brahe abhielt, Kopernikus völlig beizustimmen. Siehe seinen Brief an Kepler,

Dezember 1599. (Kepleri *Opera omnia*, ed. Frisch I, S. 47.) — Auch Galilei fand hier die gröfste Schwierigkeit des Kopernikanischen Systems und arbeitet in seinen *Dialogen über die Weltsysteme* an deren Entfernung.

[23]) S. 116. Diese Erklärung, die Bruno und Galilei nach Kopernikus aufnahmen, und die dieser selbst wahrscheinlich von Plutarchos hat (bei dem es irgendwo heifst, die Erde nehme die schweren Dinge zu sich, nicht weil sie ein Zentrum, sondern weil sie eine Totalität sei), ist — wie Emil Straufs, der deutsche Übersetzer des Galilei, bemerkt (G's. Dialoge. Übers. von E. Straufs. Leipzig 1891, S. 499) — das antike Surrogat einer Gravitationstheorie.

[24]) S. 118. Giordano Bruno: *Cena de le ceneri*. III. (Opere italiane. ed. Lagarde. Gottinga 1888, I, S. 150—152). — Kepler: *Opera*. ed. Frisch, I, S. 245 u. f.

[25]) S. 119. Die Hauptquelle der Biographie Brunos sind die Inquisitionsverhöre während seines Prozesses in Venedig, die zuerst von Domenico Berti in seiner Biographie des Bruno (Turin 1868) veröffentlicht wurden. Später hat Berti Bruchstücke der Verhöre in Rom herausgegeben. Chr. Sigwart hat Zeugnisse von Brunos Auftreten an deutschen Universitäten gesammelt (Tübinger Osterprogramm 1880 und Kleine Schriften I). Dufour (*Giordano Bruno à Genève*. Genève 1884) hat Dokumente über Brunos Aufenthalt in Genf veröffentlicht.

[26]) S. 125. Berti (*Giordano Bruno da Nola*. Nuova edizione. Torino 1889, S. 196 u. f.) stimmt einigen deutschen Schriftstellern bei, welche glauben, Bruno habe durch gemeinschaftliche Bekannte oder durch seine Werke Einflufs auf Shakespeare geübt. Shakespeare kam erst ein Jahr später, als Bruno aus London abgereist war, in dieser Stadt an. Wie Robert Beyersdorf (*Giordano Bruno und Shakespeare*. Oldenburg 1889) nachgewiesen hat, ist ein solcher Einflufs indes höchst unwahrscheinlich. Es scheint mir namentlich entscheidend zu sein, dafs bei Shakespeare keine Spur der neuen astronomischen Ideen zu finden ist, deren Prophet Bruno war. Hier wäre doch für die Shakespearesche Phantasie etwas zu machen gewesen! — Sehr hübsch zeigt Beyersdorf, wie verschieden Bruno und Shakespeare die Idee von dem fortwährenden gegenseitigen Wechsel und Übergange der Naturerscheinungen auffassen. Dem Dichter erscheint hier ein Zeugnis von der Nichtigkeit und Jämmerlichkeit des menschlichen Daseins, während sich dem Denker die Einheitlichkeit und Ewigkeit der Natur in ihrer Herrlichkeit inmitten der Vergänglichkeit offenbart. — Es ist hierzu jedoch zu bemerken, dafs Bruno, wie unten ausführlicher gezeigt werden wird, den Wechsel der Gegensätze auch von seiner bittern und schmerzlichen Seite auffafst. Besonders in der Schrift *De gl'heroici furori* tritt dies hervor, und hierdurch unterscheidet sich Bruno — trotz all seines Neuplatonismus — von Platon.

[27]) S. 132. Ein Freund von Berti benutzte die Zeit der Revolution 1849, um Abschriften von Brunos Prozefs in Rom zu nehmen, wurde aber

nicht fertig hiermit. Von dem Reste der Prozefsakten nahm man bis vor kurzem an, sie müfsten im Archive der Inquisition im Vatikan zu finden sein. Auf die Anfrage des Dr. Güttler, eines deutschen Brunoforschers, lief aber aus dem Vatikan die bestimmte Erklärung ein, weder die Akten noch die konfiszierten Manuskripte seien im Archive zu finden, und man wisse nicht, wo sie hingekommen seien. Siehe hierüber Archiv für Gesch. d. Phil. VI, S. 344 u. f.

[28]) S. 132. Schoppe, ein deutscher Gelehrter, der zum Katholizismus übergetreten war und Brunos Verurteilung und Tode als Augenzeuge beiwohnte, nennt in seiner vor Ketzerhafs glühenden Beschreibung unter den „entsetzlichen und durchaus absurden Lehren" die Annahme zahlloser Welten. — Wenn die Inquisition dem Bruno auf Befehl des Papstes vorhielt, die acht Sätze, die man aus seinen Schriften ausgesucht hatte, seien schon von der ältesten Kirche für ketzerisch erklärt worden, so ist es sehr wohl möglich, dafs die Annahme mehrerer Welten unter diese alten Ketzereien gerechnet wurde. Später mufste Galilei ja die Lehre von der Bewegung der Erde als der Heiligen Schrift widerstreitend abschwören. — Auch bei den Protestanten war die Annahme mehrerer Welten ketzerisch: Melanchthon bekämpfte dieselbe als eine gottlose Lehre, da Christus nicht mehrere Male gestorben und auferstanden sein könne. (*Initia doctrinae physicae*. Corp. Ref. XIII, S. 220 u. f.) — Dagegen sucht Campanella in seiner *Apologia pro Galilaeo* (Francofurti 1620, S. 9, 51) darzulegen, dafs diese Lehre keine ketzerische sei.

[29]) S. 139. In der Schrift *De l'infinito universo e mundi* (ed. Lagarde, S. 343 u. f., 363) hatte Bruno bereits aus physischen und erkenntnistheoretischen Gründen die festen Sphären verworfen. Im *De immenso*, I, 5, findet er seine Auffassung durch Tychos Untersuchungen bestätigt. Tycho selbst zog dieselben Konsequenzen aus seiner Lehre wie Bruno. So sagt er in einem Briefe an Kepler vom April 1598 (Kepleri Opera ed. Frisch. 1858, I, S. 44): „Ich halte dafür, dafs die Realität aller Sphären, wie man sich dieselben auch denken möchte, aus dem Himmel auszuschliefsen ist, was ich von allen Kometen gelernt habe, die sich seit dem neuen Sterne von 1572 gezeigt haben, und die in der That himmlische Erscheinungen sind." (Der alten Auffassung zufolge entstanden die Kometen durch Ausdünstungen der Erde, und bewegten sie sich nur in der sublunarischen Welt.) — Wie F. Tocco (*Opere latine di G. Bruno esposte e confrontate con le italiane*, Firenze 1889, S. 318 u. f.) bemerkt, hat Bruno die Werke des Tycho wahrscheinlich nicht aus erster Hand gekannt, da er das vorzügliche Argument gegen die festen Sphären nicht gebrauchte, das die „neuen Sterne" abgaben, und das Galilei später stets benutzte. Bruno erwähnt auch nirgends des eigentümlichen Weltsystems Tychos.

[30]) S. 145. Eine interessante Antizipation der berühmten Goetheschen Worte: „Ihm ziemt's, die Welt im Innern zu bewegen," findet sich im *De immenso*, V, 12: „Gott oder die Vernunft steht nicht draufsen und läfst die Welt kreisen; denn seiner würdiger mufs das innere

Prinzip der Bewegung sein, welches die eigne Natur, die eigne Seele ist, die alles besitzt, was in seinem Schofse und seinem Körper lebt" (Dignius enim illi debet esse internum principium motus etc.). — Von diesem inneren Prinzipe, das dem Selbsterhaltungstriebe jedes Wesens zu Grunde liegt, gebraucht Bruno in der letzten Schrift aus seiner Hand, die wir besitzen, nämlich der während seines Aufenthaltes in Zürich 1591 diktierten *Summa terminorum metaphysicorum*, den Ausdruck voluntas naturalis. — Vgl. *Cena*, Lagardes Ausg., S. 163 u. f., 183 u. f. *De l'infinito*, S. 370 u. f.

³¹) S. 148. Mit Bezug auf die Frage nach dem Verhältnisse zwischen dem Geistigen und dem Materiellen äufsert Bruno sich in seinen verschiedenen Schriften auf etwas verschiedene Weise. — In der *Cena*, S. 189 will er nicht untersuchen, ob geistige Substanz in materielle Substanz oder umgekehrt verwandelt werde, oder auch nicht. Im *De la causa*, S. 235 u. f. (vgl. *Spaccio*, S. 409), wird behauptet, die geistige Substanz bestehe ebensowohl als die materielle, trotz aller Veränderungen. Zugleich verficht *De la causa*, S. 261 und 280 u. f. die absolute Einheit der Substanz, indem der Unterschied zwischen geistiger und materieller Substanz nur einer Differentiation (Explikation) zu verdanken sei. Endlich leugnet er im *De gl'heroici furori*, S. 721 ausdrücklich den Umsatz aus Materiellem in Geistiges und umgekehrt. — Nicht nur der Gegensatz zwischen Geist und Materie, sondern auch der Gegensatz zwischen Freiheit und Notwendigkeit mufs nach Bruno in dem höchsten Prinzipe wegfallen, was er in einer Reihe von interessanten Sätzen im *De immenso* I, 11—12 ausführt.

³²) S. 153. Brunos Atomistik oder Monadenlehre findet sich im Lehrgedichte *De triplici minimo*, das 1591 in Frankfurt erschien. Sie nimmt, wie Lasswitz (*Geschichte der Atomistik*. Hamburg und Leipzig 1889, I, S. 359—399) gezeigt hat, in der Entwickelungsgeschichte der neueren Atomistik einen interessanten Platz ein. Indes hat Lasswitz — wie mir scheint — den Widerspruch nicht bemerkt, der in Brunos Polemik gegen die Teilung bis ins unendliche und seiner Lehre von der Relativität des Atombegriffes liegt. — Felice Tocco, der erst (in den *Opere latine di G. Bruno*) annahm, Bruno hätte die Atomistik auch auf das seelische Gebiet angewandt, hat später (in seiner Schrift: *Opere inedite di G. Bruno*. Napoli 1891) diese Ansicht berichtigt. Er findet jetzt eine Inkonsequenz bei Bruno, weil dieser nicht ebensowohl seelische als materielle Atome annimmt. Es ist indes die grofse Frage, ob der Atombegriff für die Anwendung auf die geistige Seite der Existenz überhaupt geeignet ist, und es war vielleicht ein richtiger Instinkt, der den Bruno abhielt, diese Anwendung zu unternehmen, wenngleich sie, hätte er nur an der Relativität des Atombegriffes festgehalten, nicht alle diejenigen Konsequenzen umfassen würde, die sie beim ersten Anblick zu enthalten scheinen könnte. — Wenn Tocco (*Opere latine di G. Bruno*, S. 353) inbetreff des Ausdruckes „monas monadum" (von Gott) bemerkt, es sei nicht zu ersehen,

ob Gott hierdurch von den andern Monaden abgesondert werde, oder als deren Substanz zu denken sei, so hat Bruno selbst seine Meinung deutlich erklärt, indem er sagt: „Gott ist die Monade der Monaden, das heifst die Wesenheit aller Wesen" (*Deus est monadum monas, nempe entium entitas. De minimo.* ed. 1591, S. 17). — Das Universum wird Monade genannt *De gl'heroici furori*, S. 724. Dieser Gebrauch des Wortes Monade wird erst verständlich, wenn an der Relativität des Begriffes festgehalten wird.

³³) S. 153. Über die Seelenwanderung sagt Bruno (*Spaccio*, S. 410), wenn man nicht an sie glauben könne, verdiene sie doch Nachdenken. Auch im Verhöre zu Venedig siehe Berti: *G. Bruno*. 2. ed., S. 402 —408) äufsert er sich mit einer gewissen Unentschiedenheit über diese Sache. — Am eingehendsten spricht er sich über das Verhältnis zwischen dem Weltgeiste und den individuellen Seelen in der *Cabala*, S. 585—588 aus.

³⁴) S. 166. In der *Apologia pro Galilaeo*. Francofurti 1622, S. 54, sagt Campanella, neuere Untersuchungen würden ihn vielleicht nötigen, an mehrere Sonnen im Weltall zu glauben, so dafs dieses nicht, wie er bisher angenommen hätte, zwei Zentren erhielte, nämlich die Sonne und die Erde, sondern viele. Er hält indes sein Urteil zurück. — In der *Realis philosophia* (1623) S. 10 steht er ebenfalls zweifelnd. — Später schaltete er zwar in seiner *Universalis philosophia seu Metaphysica* (Parisiis 1638, III, S. 71 einige Anmerkungen ein, in denen entwickelt wurde, wie die Sache aufzufassen sei, wenn Galilei recht hätte (posito quod vera sint Galilei dogmata), fügte dann aber hinzu: „Jetzt ist in Rom das Urteil über Galilei gesprochen, und somit ist das, was ich früher [vor jenen Anmerkungen] schrieb, festgestellt." — Eine eigentümliche Art der Verifikation!

³⁵) S. 191. Die erste Darstellung der Geschichte der Philosophie, in welcher Galilei den ihm wegen seines klaren Bewufstseins von der Methode des Denkens gebührenden Platz erhält, ist J. F. Fries: *Die Geschichte der Philosophie, dargestellt nach den Fortschritten ihrer wissenschaftlichen Entwickelung*. Zweiter Band. Halle 1840. Später hat Prantl *Galilei und Kepler als Logiker*. Münchener Sitzungsberichte, 1875) seine Methodenlehre behandelt und gezeigt, wie sie diejenige des Bacon verdunkelt, und Tönnies (*Über die Philosophie des Hobbes*. Vierteljahrsschrift für wiss. Philos. III) und Natorp (*Descartes' Erkenntnistheorie*. Marburg 1882, Kap. 6) haben Galileis bedeutende Stellung am Eingange zur modernen Philosophie dargelegt, während der traditionelle Anfang dagegen mit Bacon und Descartes geschieht.

³⁶) S. 196. Galilei: *Opere*. Firenze 1842 u. f., XIII, S. 200 u. f. - Die deutsche Übersetzung der Discorsi (in den „Klassikern der Naturwissenschaft" Nr. 24, S. 57) hat hier eine Ungenauigkeit, welche die von Galilei bezweckte Vereinfachung der Verhältnisse wegfallen läfst. Galileis Worte: „dum externae causae tollantur" (wenn nur äufsere Ursachen fern-

gehalten werden) sind nämlich wiedergegeben als: „während äufsere Ursachen hinzukommen". — Am deutlichsten tritt Galileis Gedankenexperiment an einer anderen Stelle in den *Discorsi* (Op. XIII, S. 221) hervor: Mobile quoddam super planum horizontale projectum mente concipio, omni secluso impedimento. (Ich denke mir einen beweglichen Körper unter Ausschlufs jeglichen Hindernisses längs einer wagerechten Fläche geworfen.) — Über die Geschichte des Trägheitsgesetzes vgl. Wohlwill: *Die Entdeckung des Beharrungsgesetzes*. (Zeitschrift für Völkerpsychologie. XIV—XV.)

³⁷) S. 200. Es ist Natorps Verdienst (in seiner Schrift über Descartes' Erkenntnistheorie), die Aufmerksamkeit zuerst auf diesen Abschnitt des *Saggiatore* gelenkt zu haben (*Opere di Galilei*, Firenze 1842 u. f., IV, S. 332—338). — Die neue Lehre war gefährlich, weil man glaubte, die Verneinung der Realität der Sinnesqualitäten widerstreite der katholischen Lehre vom Abendmahl, zufolge deren die Hostie nach der substantiellen Verwandlung ihre sinnlichen Eigenschaften behält. Später hatten auch Descartes und Leibniz viele Unannehmlichkeiten um dieser Frage willen.

³⁸) S. 202. Wie Prantl nachwies (*Über Petrus Ramus*. Münchener Sitzungsberichte 1878).

³⁹) S. 204. Vgl. Freudenthal: *Beiträge zur Geschichte der englischen Philosophie* (Archiv für Gesch. der Philos. IV—V). — Croom Robertson in der Academy. 1892. S. 110.

⁴⁰) S. 211. Als Kuriosum sei hier angeführt, dafs ebenso wie es Leute gibt, welche meinen, nicht Shakespeare, sondern ein anderer, vielleicht Bacon, habe die „Shakespeareschen" Tragödien gedichtet, ebenso hat in der jüngsten Zeit ein kritischer Kopf ausgeklügelt, Bacon sei nicht der Verfasser des Novum Organum, und einen Augenblick bei der Möglichkeit verweilt, Shakespeare hätte es verfassen können, ohne dafs er jedoch für diese Möglichkeit aufzukommen wagte. Siehe hierüber Archiv für Gesch. d. Philos. I, S. 111.

⁴¹) S. 219. Über Bacons Verhältnis zu Platon siehe *Nov. org.* I, 105—124; II, 7—13. — Im *De augmentis scientiarum* III, 4 heifst es: „Es ist offenbar, dafs Platon, dieser erhabene Geist, der wie von dem Gipfel eines Berges alles überschaute, in seiner Ideenlehre einsah, dafs die Formen der eigentliche Gegenstand der Wissenschaft sind."

⁴²) S. 232. *Discours de la méthode* (1637), 2. partie. — *La vie de Monsieur Descartes*. [Par A. Baillet.] Paris 1691, I, S. 51—71. — Millet: *Histoire de Descartes avant 1637*. Paris 1867, S. 100 u. f.

⁴³) S. 239. Bei der hier gegebenen Darstellung richte ich mich namentlich nach Descartes' ältestem Entwurfe einer Methodenlehre in den *Règles pour la direction de l'esprit*, einem Werke, das bei sorgfältigem Studium viele gewöhnliche Mifsverständnisse über Descartes beseitigt. Vgl. aufserdem die dritte Meditation und die Beantwortung der zweiten Gruppe von Einwürfen, in welcher Descartes auf geschehene Aufforderung eine

systematische Darstellung seiner Ideen versucht. — Auf die Frage, wie aus den einzelnen Intuitionen allgemeine Sätze gebildet werden könnten, gibt Descartes eigentlich nur folgende Antwort: „Es ist eben die Natur unsers Geistes, aus der Erkenntnis des einzelnen Dinges allgemeine Sätze zu bilden". (*Resp. ed. sec. obj.*)

44) S. 241. Am Schlusse der 3. Meditation heifst es: „Es erübrigt dann nur die Möglichkeit, dafs die Gottesidee mir auf dieselbe Weise angeboren ist, wie mir die Vorstellung von mir selbst angeboren ist." Dies ist für Descartes etwas mehr als eine Vergleichung. Denn ich kann — meint er — mir nicht meiner selbst als ein beschränktes und unvollkommenes Wesen bewufst werden, ohne unbewufste Anwendung der Vorstellung von einem über alle Beschränkung erhabenen Wesen (3. Medit.). — Auf Hobbes' Einwurf: „Es gibt keine angeborene Vorstellung; denn was angeboren ist, mufs stets vorhanden sein," antwortet Descartes (Resp. tertiae X): „Wenn wir sagen, eine Vorstellung sei uns angeboren, meinen wir nicht, dafs sie uns stets erscheine; denn in diesem Sinne würde es gar keine angeborene Vorstellung geben; sondern nur, dafs wir in uns selbst die Fähigkeit besitzen, dieselbe zu entwickeln." — In den *Notae in programma quoddam* sagt Descartes: „Da ich bemerkte, es gebe Gedanken in mir, die nicht aus äufseren Gegenständen oder aus der Bestimmung meines Willens, sondern nur aus meinem Denkvermögen hervorgingen, nannte ich solche Vorstellungen, welche die Formen jener Gedanken sind, angeborene, um sie von andern zu unterscheiden, die von aufsenher kommen, oder von mir selbst erzeugt werden. In demselben Sinne sagen wir, die Grofsmut, oder gewisse Krankheiten wie das Podagra oder Steinbeschwerden seien gewissen Familien angeboren, womit wir nicht meinen, die Kinder litten im Mutterleibe an diesen Krankheiten, sondern sie würden mit der Anlage oder der Fähigkeit, sich diese Krankheiten zuzuziehen, geboren."

45) S. 242. Vgl. Natorps vortreffliche Darstellung (*Descartes' Erkenntnistheorie*, S. 55 u. f., 76 u. f.). Natorp hat dargethan, dafs die Anwendung des Gottesbegriffes in Descartes' Erkenntnistheorie nicht so äufserlicher Art ist, wie es nach den gewöhnlichen Darstellungen den Anschein hat. Natorp hebt indes nicht mit genügender Stärke hervor, was meiner Meinung nach am meisten betont werden mufs: nämlich, dafs diese erkenntnistheoretische Anwendung des Gottesbegriffes durchaus nicht notwendig war, da Descartes ja den Kausalsatz gebraucht, um die Realität des Gottesbegriffes zu beweisen; wenn der Kausalsatz als gültig vorausgesetzt wird, bedarf die Gültigkeit der Erkenntnis keiner theologischen Garantie.

46) S. 246. Der strenge Substanzbegriff findet sich in Descartes' *Medit. III. Princ. phil.* I § 51 und namentlich *Epist.* I, 8 und II, 16. Der laxe Substanzbegriff findet sich: Resp. sec. und Princ. phil. I § 52. — Descartes selbst macht auf den doppelten Sinn des Wortes Substanz aufmerksam Ep. II, 16; Princ. phil. I, 51.

⁴⁷) S. 256. Über Harveys Entdeckung und deren Vorgeschichte siehe P. Hedenius: *Om upptäcktan af blodomloppet* (Über die Entdeckung des Blutumlaufes). (Upsala Universitets Årsskrift 1892.) Descartes nahm an, die Erwärmung des Blutes im Herzen bewirke, dafs es in den Körper geprefst würde; er hatte sich also Harveys Ansicht vom Herzen als einem sich zusammenziehenden Muskel nicht zu eigen gemacht. — Auch Harvey hielt an der alten Lehre von der Erwärmung des Blutes im Herzen fest, wandte sie aber nicht auf diese Weise an.

⁴⁸) S. 258. Descartes' Lokalisierung der Seele in der Zirbeldrüse war eine durchaus willkürliche und wurde von den damaligen Anatomen kritisiert. Thomas Bartholin (*Anatomia*. Lugd. Batav. 1651, S. 356 u. f.) wendet ein, teils, dafs die Nerven nicht in der Zirbeldrüse endeten, teils, diese sei so klein, dafs die Vorstellungen sich in derselben miteinander vermischen [!] würden, teils endlich, dafs sie da angebracht sei, wo „die Exkremente des Gehirns" aufgehäuft würden! In dem ausgezeichneten Vortrag, den Niels Steensen zu Paris hielt, und der in Winslövs *Exposition anatomique* (4. Teil) abgedruckt ist, bemerkt er, da man nicht wisse, was die Höhlen des Gehirns erfülle, möchte die Lehre von den Lebensgeistern ebenso gut sein als die Lehre von den Exkrementen des Gehirns. Gegen Descartes, dessen allgemeiner Methode er grofses Verdienst beilegt, wendet er ein, die Zirbeldrüse stehe mit keinem Kanal in Verbindung, und sie schwebe nicht frei, sondern sei mit dem übrigen Gehirn in Berührung. — In unseren Tagen hat man gemeint, darlegen zu können, dafs die Zirbeldrüse die rudimentäre Form eines Organs für die Wärmeempfindung ist, das sich in niederen Tieren findet. — Über Descartes' Verdienst um die Nervenphysiologie vgl. Huxley: *Über die Hypothese, dafs Tiere Automate sind* (Tidsskrift for populäre Fremstillinger af Naturvidenskaben [Zeitschrift für populäre Darstellungen der Naturwissenschaft] 1874).

⁴⁹) S. 274. Wegen seiner Verneinung eines notwendigen Zusammenhanges der Erscheinungen ist Malebranche der Vorgänger Humes. Vielleicht erhielt Hume sogar Motive seiner Kausaltheorie von Malebranche, den er (wie aus dem Treatise I, 3, 14; 4, 5 zu ersehen) eifrig studiert hat. Mario Novaro hat in seinem Werke *Die Philosophie des Nicolaus Malebranche* (Berlin 1893, S. 45—50) eine lehrreiche Parallele zwischen der Kausaltheorie des Malebranche und der des Hume gezogen. — Auch die Philosophie des Geulincx würde mit Hume Parallelen darbieten; diese hat Hume aber wohl schwerlich gekannt.

⁵⁰) S. 287. *Vita Thomae Hobbes* [Autore Rd. B.: Richard Blackbourne], 1681, S. 14 u. f. — In seinem *Vita carmine expressa*, S. 119, schildert Hobbes, wie er, nachdem er lange über die Natur der Dinge nachgegrübelt hatte, zuletzt fand, es gebe in der Welt nur ein einziges wirkliches Ding [die Bewegung], obschon dieses auf viele Arten „verfälscht" (sic) werde. — F. Tönnies, dessen energisches Forschen in der jüngsten Zeit so viel Licht über Hobbes und dessen Philosophie verbreitet

hat (siehe seine: *Anmerkungen über die Philosophie des Hobbes.* Vierteljahrsschrift für wiss. Philos. III—V), hat eine Handschrift gefunden, die einen Aufsatz von Hobbes enthält, welcher dem Inhalte nach zwischen dem Zeitpunkte, da ihm die Bedeutung der deduktiven Methode und darauf die Bedeutung der Bewegung einleuchtete, und dem Zeitpunkte, da ihm die Subjektivität der Sinnesqualitäten einleuchtete, verfafst sein mufs. Diesen Aufsatz, der mit Bezug auf die geschichtliche Entwickelung des Prinzipes von der Subjektivität der Sinnesqualitäten von Interesse ist, hat Tönnies in seiner Ausgabe von Hobbes' *Elements of Law* (Oxford 1888) abgedruckt. — Hobbes behauptet, er habe schon 1630 [also ehe er Galilei kennen lernte] die Überzeugung von der Subjektivität der Sinnesqualitäten gehabt. Vgl. Tönnies in der Vierteljahrsschr. III, S. 463 u. f. Croom Robertson: *Hobbes* (London 1886) S. 35.

[51]) S. 293. Vgl. Hobbes' Abhandlung *Of Liberty and Necessity*. 3. ed. London 1685, S. 314, wo es heifst, was die Definitionen von Spontaneität, Erwägung, Willen, Hang, Trieb, Freiheit betreffe, „könne es keinen andern Beweis geben, als die eigne Erfahrung jedes einzelnen Menschen, wenn er über sich selbst reflektiere (by reflection on himself) und eingedenk sei, was er selbst meine, wenn er sage, eine Handlung sei spontan" etc.

[52]) S. 295. Im *De corpore* IX, 9 leitet Hobbes den Satz, alle Veränderung (auch die Veränderung der Qualität) sei Bewegung, aus dem Kausalsatze und dem Trägheitsgesetze ab. — Sein „Beweis" des Kausalsatzes ist folgender (Of Lib. and Necess., S. 315): „Hätte ein Ding keine Ursache, so könnte dessen Entstehung ebensowohl in einem Augenblick als in einem andern beginnen; — es mufs also eine Ursache geben, weshalb es gerade in diesem Augenblick entsteht!" Dafs hier gerade vorausgesetzt wird, was zu beweisen war, hat schon Hume nachgewiesen. — Hiermit steht sein Beweis des Trägheitsgesetzes in Analogie (De corpore VIII, 10): Wenn ein ruhender Körper vom leeren Raume umgeben wäre, läge kein Grund vor, weshalb er sich mehr in der einen Richtung als in der andern bewegen sollte, und er würde sich also gar nicht bewegen, wenn keine äufsere Ursache hinzuträte. Hier wird ja offenbar vorausgesetzt, dafs es keine „inneren" Ursachen gibt. — Möglicherweise rührt dieser Beweis des Trägheitsgesetzes von Galilei her. Siehe des letzteren „Dialoge über die Weltsysteme". 1. Tag (Deutsche Übers. von Straufs, S. 21).

[53]) S. 296. Zum völligen Verständnis einer Erscheinung verlangt Hobbes den Nachweis kontinuierlichen Fortschreitens aus Ursache in Wirkung. Diese continua progressio (De corpore IX, 6) erinnert an Bacons latens processus continuatus (Nov. org. II, 5—7). Ich halte es für nicht unwahrscheinlich, dafs Bacons Lehre von dem kontinuierlichen Prozesse in Hobbes' Gedanken aufgetaucht sein kann, nachdem er auf anderem Wege auf die Idee geraten war, alle Veränderung sei Bewegung. Er machte zum Prinzipe seiner Deduktion, was bei Bacon das letzte Ergebnis

zahlreicher Induktionen sein sollte. — Es ist ebenfalls nicht unwahrscheinlich, dafs die Benennung des zweiten Teils des De corpore als Philosophia prima von Bacon herstammt, der (De augm. III, 1) mit diesem Namen die Wissenschaft von den allgemeinen Grundsätzen, die für alle Gebiete gültig sind, bezeichnet.

⁵⁴) S. 319. Der Reichsarchivar A. D. Jörgensen gibt meiner Auffassung nach ein gar zu grelles Bild von der Staatslehre des Hobbes, namentlich in seiner Vergleichung zwischen Hobbes und dem Bischofe Vandal (*Peter Schumacher Griffenfeldt*, I, Köbenhavn 1893, S. 218 u. f.). Die moralische Beschränkung des physischen Rechtes des Fürsten ist ebensowohl bei Hobbes als bei dem lutherischen Theologen zu finden, bei Hobbes sogar mit einer Begründung, welche die absolute Souveränität zum Mittel und nicht zum Zwecke macht. Vgl. z. B. *De cive* XIII, 3: „Der Staat ist um der Bürger willen gestiftet" (Civitas civium causa instituta est). — In der älteren Ausgabe des *Leviathan* (ed. 1651, S. 193 wird die Hoffnung, auf die Fürsten Einflufs zu üben, ein wenig stärker als in der späteren (ed. 1670, S. 172) ausgesprochen.

⁵⁵) S. 320. Freudenthal zog (Archiv für Gesch. der Philos. VI, S. 191 u. f., 380 u. f.) Lord Brookes Werk ans Licht hervor und wies nach, welches Interesse es hat.

⁵⁶) S. 320. Über Culverwel siehe M. M. Curtis: *An Outline of Locke's Ethical Philosophy*. Leipzig 1890, S. 9—13.

⁵⁷) S. 330. Colerus (*La vie de B. de Spinoza*, tirée des écrits de ce fameux philosophe et du témoignage de plusieurs personnes dignes de foi, qui l'ont connu particulièrement. A la Haye 1706, S. 14) betrachtet Spinoza nur als einen Schüler des Descartes in der Philosophie. Leibniz (*Opera philos.* ed. Erdmann, S. 139) sagt von ihm, er habe nur einige von Descartes gesäete Samenkörner grofsgezogen. Diese Auffassung war lange die herrschende und einige Verfasser halten in ihren Werken über die Geschichte der neueren Philosophie noch an derselben fest. — Joël (*Beiträge zur Geschichte der Philosophie*. Breslau 1876) hebt im Gegensatz hierzu hervor, welche grofse und anhaltende Wirkung Spinozas Studien der jüdischen Theologie und Rechtsphilosophie gehabt haben. — Chr. Sigwart (*Spinozas neuentdeckter Traktat*. Gotha 1868) und Avenarius (*Über die beiden ersten Phasen des Spinozischen Pantheismus*. Leipzig 1868) deuteten — auf Grundlage der von van Vloten (*Ad Benedicti de Spinoza opera quae supersunt omnia supplementum*. Amstelodami 1862) herausgegebenen Jugendschrift des Spinoza: *Kurzer Traktat von Gott, dem Menschen und dessen Glücke* — auf die Wahrscheinlichkeit hin, dafs Spinoza von Giordano Bruno beeinflufst sei. — Endlich hat Freudenthal (*Spinoza und die Scholastik*. In der Festschrift an Zeller 1887) nachgewiesen, in wie hohem Mafse Spinoza scholastische Begriffe und Beweise benutzte, namentlich in den *Cogitata metaphysica*, die einen Anhang zu Spinozas Darstellung der Cartesianischen Philosophie bilden, jedoch auch in den Ethica. — Eine

gute Biographie und Charakteristik von Spinoza lieferte F. Pollock (*Spinoza, his Life and his Philosophy*. London 1880. — In meiner Schrift: *Spinozas Liv og Lære* (Spinozas Leben und Lehre) (Kjöbenhavn 1877) habe ich eine populäre Schilderung von Spinoza und seiner Philosophie gegeben. Später haben wiederholte Studien mich an einzelnen Punkten zu einer anderen Auffassung als der in dieser Schrift verfochtenen bewogen. Ich ergreife die Gelegenheit, um rücksichtlich des als Titelvignette des genannten Buches benutzten Bildes eine Berichtigung zu geben. Es ist später nämlich bewiesen worden, dafs dieses Bild, das van Vlotens „Supplementum" entnommen war, nicht den — Spinoza vorstellt, sondern den — Tschirnhausen, den Mathematiker und Philosophen, einen seiner Freunde. Ein hübsches und allen Aufschlüssen zufolge echtes Porträt des Spinoza findet sich in van Vlotens und Lands neuer Ausgabe von Spinozas Werken.

[58]) S. 333. Auch gegen A. D. Jörgensens Reflexionen (*Nich. Steensen*, S. 57) über Spinozas Verhältnis zur Erfahrung mufs ich opponieren; über diesen Punkt wird indes der Abschnitt von der Erkenntnislehre Spinozas das Notwendige enthalten.

[59]) S. 334. *Studie zur Entwickelungsgeschichte des Spinoza*. (Vierteljahrsschr. f. wiss. Philos. VII) S. 161 u. f.. 334.

[60]) S. 345. Das erste Buch der „Ethik" entwickelt den Substanz- und den Gottesbegriff in einer Reihe von Definitionen, Axiomen und Propositionen. — Mit Bezug auf den Zusammenhang zwischen dem Substanzbegriffe, dem Gottesbegriffe und dem Naturbegriffe vgl. Avenarius: *„Über die beiden ersten Phasen des Spinozischen Pantheismus"*, wo deutlich gezeigt wird, dafs alle drei Begriffe, wenn sie konsequent durchgeführt werden, bei Spinoza an einem Punkte zusammentreffen. Doch hat Spinoza die drei Gedankenströmungen wohl kaum so scharf gesondert gehalten, wie dies in Avenarius' Darstellung geschieht. — Rücksichtlich des Verhältnisses zwischen der Substanz und den Modi sind aufser dem ersten Buche der „Ethik" Ep. 12 (in van Vlotens und Lands Ausgabe), wo zwischen abstrakter und substantieller Auffassung unterschieden wird, und Ep. 50 zu beachten, wo geäufsert wird, jede Bestimmung sei eine Negation. — Die Ausdrücke natura naturans und natura naturata kommen schon bei Renaissancephilosophen, Mystikern (Meister Eckart) und Scholastikern vor. Nach Siebeck (Archiv für Gesch. der Philos. III, S. 370 u. f.) sollen sie von dem griechischen φύσις (als φύον und als φυόμενον) herrühren und durch Übersetzung griechischer philosophischer Schriften in die lateinische Sprache, wahrscheinlich im 13. Jahrhundert, entstanden sein.

[61]) S. 346. Vgl. gegen diese von dem älteren Erdmann behauptete Auffassung des Spinozischen Attributbegriffes: H. Bröchner: *Benedict Spinoza*. Köbenhavn 1857, S. 47 u. f. — Ich verstehe nicht, wie Mourly Vold (Spinozas Erkendelseteori [Spinozas Erkenntnistheorie]. Kristiania 1888, S. 242) Bröchner unter denjenigen nennen kann, welche die Attribute „als für unsern Verstand notwendige, für Gott aber

zufällige Prädikate" auslegen. Bröchner polemisiert gerade gegen diese Auffassung.

⁶²) S. 348. Schon in meiner Schrift „Spinoza Liv og Läre" (Spinozas Leben und Lehre) (1877) S. 100) wies ich diese Verwechselung bei Spinoza nach. Diese wurde auch von Windelband: Geschichte der neueren Philosophie 1 (1878) S. 211, und von Tönnies: Studie zur Entwickelungsgeschichte des Spinoza (Vierteljahrsschr. für wiss. Philosophie 1883) S. 176 u. f. hervorgehoben. — Mourly Vold (Spinozas Erkendelsesteorie, S. 202) leugnet die Verwechselung bei Spinoza und betrachtet die Attributlehre als wesentlich aus dem Bestreben entstehend, eine „Korrespondenz zwischen Idee und Objekt" zu begründen. Wenn er indes zugibt, die Attributlehre habe bei Spinoza auch psychophysische Bedeutung, und in dieser doppelten Bedeutung keine Schwierigkeit findet, macht er sich derselben Verwechselung schuldig wie Spinoza. Denn Erkenntnistheorie und Psychophysik sind wirklich zwei verschiedene Dinge, was schon daraus zu ersehen ist, dafs die „Objekte" ja nicht nur physischer, sondern auch psychischer Art sind; das Erkenntnisproblem betrifft ja die Erkenntnis des Psychischen sowohl als die des Physischen. — Die Verwechselung bei Spinoza zeigt sich klar, wenn man Eth. II, 7, Schol., wo das Verhältnis zwischen dem Begriffe des Zirkels und dem existierenden Zirkel gebraucht wird, um das Verhältnis zwischen den Attributen zu erläutern, mit II, 17, Schol. zusammenhält, wo zwischen der Vorstellung von Peter (idea Petri), die Peters eigenem Körper als dessen Seele (mens Petri) entspricht, und der Vorstellung von Peter (idea Petri), die Paul hat, Unterschied gemacht wird. Die erstere idea Petri hat psychophysische, die letztere aber erkenntnistheoretische Bedeutung. Spinozas höchst ungeeigneter Sprachgebrauch, die Seele (mens) als idea corporis zu bezeichnen, hat die Verwechselung begünstigt. — In der deutschen spekulativen Philosophie (bei Schelling und Hegel) floriert die Verwechselung, und aus dieser ist sie in Volds in andern Beziehungen tüchtiges und interessantes Werk geraten.

⁶³) S. 352. H. Morus: *Demonstrationis duarum propositionum, quae praecipuae apud Spinozium* [sic] *Atheismi sunt columnae, brevis solidaque confutatio.* (Opera philosophica. Londini 1679, vol. I, S. 619.) — Über die verschiedenen Auffassungen des Spinozischen Gottesbegriffes gibt es einen lehrreichen Aufsatz von J. H. Löwe (*Über Spinozas Gottesbegriff und dessen Schicksale.* Beilage zu Löwes Werke: Die Philosophie Fichtes. Stuttgart 1862), der Mores charakteristische Erklärung indes nicht erwähnt.

⁶⁴) S. 352. Vgl. über diese Frage Ed. Zellers Bemerkungen in der Vierteljahrsschr. für wiss. Philos. I, S. 285 u. f.

⁶⁵) S. 358. In der Eth. II, 18 wird nur das Gesetz erwähnt, das man jetzt das Berührungsgesetz nennt. Das Ähnlichkeitsgesetz wird aber Eth. III, 27 vorausgesetzt und im Tract. theol. polit. cap. 4 als Beispiel eines geistigen Naturgesetzes genannt.

⁶⁶) S. 365. Eine ausführlichere Darstellung der Ethik des Spinoza, als ich hier geben kann, findet sich in meiner Schrift „Spinozas Liv og Lære" (Spinozas Leben und Lehre), S. 120—146.

⁶⁷) S. 367. Wenn es Eth. V. 38, Schol. und 40, Coroll. heifst, der *intellectus*, nicht die *imaginatio* sei ewig, scheint es, dafs nur diejenigen Individuen, die sich über den Standpunkt der Imagination (der sinnlichen Vorstellung) erheben, Organe der göttlichen Denkthätigkeit würden, die ebensowenig verschwinden könne, als die Bewegung. Hierauf deutet auch eine Äufserung im „kurzen Traktate" hin (2. Teil, Vorwort, Nr. 15), dafs die Seele ewig werden könne, wenn sie sich mittels der Erkenntnis und der Liebe mit der absoluten Substanz verbinde. — Der Gedanke, den wir hier bei Spinoza antreffen, kommt in der Geschichte des Denkens öfters zum Vorschein. Ich kann mich hier nicht näher auf denselben einlassen und beschränke mich auf einige litterarische Verweisungen. Platons Staat VII, S. 534 C. — Chrysippos (Diog. Laërt. VIII, 157). — Maimonides (siehe Joël: Zur Genesis der Lehre des Spinoza, S. 66). — Salomon Maimon: Lebensgeschichte. Von ihm selbst geschrieben. Berlin 1792. II, S. 178 u. f. — Goethe: Gespräche mit Eckermann. 4. Febr. und 1. Sept. 1829. — Wilhelm von Humboldt (siehe Haym: W. v. Humboldt, S. 637 u. f.). — J. G. Fichte: Die Thatsachen des Bewufstseins. Stuttgart u. Tübingen 1817, S. 197 u. f. — C. H. Weisse: Die philosophische Geheimlehre über die Unsterblichkeit des menschlichen Individuums. — Louis Lambert (siehe Ravaisson: La philosophie en France au 19. siècle, S. 223).

⁶⁸) S. 377. Siehe hierüber Ludwig Stein: *Leibniz und Spinoza*. Ein Beitrag zur Entwickelungsgeschichte der Leibnizischen Philosophie. Berlin 1890. (Namentlich Kap. 4.)

⁶⁹) S. 381. Der Aufsatz aus 1680 trägt keine Überschrift. Erdmann, der ihn zuerst aus der Hannoverschen Bibliothek hervorholte, gab ihm (in seiner Ausgabe von Leibniz' *Opera philosophica*, 1840) den Titel: De vera methodo philosophiae et theologiae und führte ihn auf die Zeit 1690—91 zurück. Dafs er früheren Ursprunges sein mufs, zeigen sowohl innere als äufsere Kriterien, besonders die Vergleichung mit dem „Petit discours de metaphysique", der 1685 ausgearbeitet und im folgenden Jahre Arnauld zugestellt wurde. Vgl. hierüber Selver: *Der Entwickelungsgang der Leibniz'schen Monadenlehre bis 1695* (Philosophische Studien herausgeg. von W. Wundt III), S. 443. Ludwig Stein: *Leibniz und Spinoza*. — Stein legt in seiner vortrefflichen Darstellung der Entwickelungsgeschichte des Leibniz zu grofses Gewicht auf den Einflufs, den das Studium des Platon auf Leibniz hatte. Allerdings ist es sehr charakteristisch, dafs Leibniz sich während der für das Gedeihen seiner philosophischen Reife so wichtigen Jahre so viel mit Platon beschäftigt und u. a. die bekannte Stelle im Phädon von den Zweckursachen nicht weniger als zwölfmal citiert. Dies ist doch wohl vielmehr ein Symptom als eine Ursache. Die Überzeugung von der Berechtigung der Zweck-

ursachen stand von Anfang an in Leibniz fest; sie entsprang aus seinen religiösen Voraussetzungen, und seine ganze Jugend hindurch hatte er Mittel gesucht, sie mit seinen naturwissenschaftlichen Theorien in Harmonie zu bringen. Platon vermochte ihm hier nichts Neues zu geben. — Namentlich finde ich, dafs es eine unnatürliche Erklärung ist, wenn Stein den Leibnizschen Satz von der Identität der Substanz und der Kraft aus Platons (an einer einzelnen Stelle ausgesprochenen) Lehre von den „Ideen" als wirkenden Kräften herleitet. Leibniz hatte sich ja doch seit 1670 mit den Begriffen der Kraft und des Strebens beschäftigt, und aus seinen mathematisch-physischen Studien führt er diese Begriffe in seine Philosophie ein und gebraucht sie, um den Substanzbegriff zu verlebendigen. — Wenn mehrere Verfasser den im Jahre 1680 von Leibniz gemachten Fortschritt als eine *Substantialisierung der Kraft* bezeichnen, glaube ich, es wäre richtiger, das Verhältnis umzukehren und von einem *Umsetzen der Substanz in Kraft* zu reden. In der That wurde durch die Abhandlung aus 1680 eine Auflösung des Cartesianischen und Spinozischen Substanzbegriffes herbeigeführt.

70) S. 391. Das „Tout comme ici" des Leibniz hat dieselbe Quelle wie Holbergs „Ganz wie bei uns", nämlich die Komödie: Harlequin empereur de la lune (Gherardis Théâtre italien, 1. Band). Siehe Nouveaux essais IV, 16, 12 (Erdmann, S. 391 u. f.): On diroit quasi que c'est dans l'Empire de la lune de Harlequin tout comme ici. — Aufser dieser Stelle sind mit Bezug auf das Gesetz der Analogie zu beachten: Brief an Arnauld, Nov. 1686 (Gerhardts Ausgabe II, S. 75 u. f.). De ipsa natura (Erdmann, S. 157). Nouv. Ess. 1, 1 (Erdmann, S. 205) und III, 6, 14 (Erdmann, S. 312). Äufserungen in Briefen (Gerhardt II, S. 270; IV, S. 343).

71) S. 393. Die neueste, in vielen Beziehungen interessante und lehrreiche Darstellung der Monadenlehre (Eduard Dillmann: *Neue Darstellung der Leibnizischen Monadenlehre.* Leipzig 1891), scheint mir die grofse Bedeutung durchaus zu übersehen, die das Gesetz der Analogie für den subjektiven Abschlufs der Monadenlehre hat. Dillmann betrachtet das Vorstellungsvermögen als von Anfang an im Begriffe der Monade gegeben und fafst den Begriff der Erscheinung bei Leibniz nur in subjektivem Sinne (Erscheinung für) auf. Diese Auffassung wird schon durch die von Dillmann selbst zugegebene Thatsache widerlegt, dafs Leibniz ohne nähere Begründung annimmt, die Monade repräsentiere das Weltall nach dem Standpunkte ihres Körpers, und dafs er die Annahme, die Monade „repräsentiere" das ganze Weltall, darauf stützt, dafs jeder Körper kraft des Gesetzes der Kontinuität von jeder Veränderung in jedem beliebigen Teile der Welt berührt werde. (Vgl. Dillmann, S. 301 u. f., 342 u. f.). — Nach Dillmanns Hypothese liefse es sich unmöglich verstehen, dafs Leibniz sich gegen Berkeleys Ideen, sobald er von diesen hört, so ablehnend verhält.

72) S. 397. Über die verschiedene Weise, wie das Verhältnis

zwischen Spinoza und Leibniz im Laufe der Zeiten aufgefafst wurde, siehe das erste Kapitel in L. Steins „Leibniz und Spinoza". — C. Dillmann findet eine prinzipielle Übereinstimmung zwischen den beiden Systemen, meint aber zugleich, Leibniz' Lehre von dem Verhältnisse zwischen Gott und der Welt sei unangreifbar, und die Stellen, wo Leibniz sich gegen Spinoza verwahrt, hebt er nicht hervor. (Neue Darstellung, S. 472 u. f.) Dillmann läfst sich durch eine grofse und berechtigte Bewunderung für Leibniz verleiten, den Apologeten offenbarer Widersprüche und deutlicher Akkommodationen zu machen.

⁷³) S. 405. Über den Unterschied zwischen perception und appétit siehe die Monadologie § 15. — Passions als pensées confuses: *Réplique aux reflexions de Bayle* (Erdmann, S. 188a), als tendances ou des modifications de tendances: Nouv. Ess. II, 20, 9 (Erdmann, S. 249a).

⁷⁴) S. 407. Vgl. einen Aufsatz (ohne Überschrift), der in Gerhardts Ausgabe VII. S. 300 u. f. abgedruckt ist, wo es erst heifst, alle faktischen Data müfsten ihren Grund haben, da der schaffende Wille, der sich durch sie an den Tag lege, kein willkürlicher sei, sondern nach Gründen (ratio) handle, und darauf: „Es steht also fest, dafs alle Wahrheiten, selbst die zufälligsten, eine apriorische Motivierung (probatio) oder einen Grund haben, weshalb sie vielmehr sind, als nicht sind. Und eben dies behauptet die gewöhnliche Aussage, nichts geschehe ohne Ursache (causa), oder (seu) nichts sei ohne Grund (ratio)."

⁷⁵) S. 411. Das Gesetz der Kontrastwirkung gebraucht Leibniz schon in einem Briefe aus dem Anfang der 70'er Jahre (Gerhardts Ausgabe I, S. 61), um den Optimismus zu verteidigen. Später entwickelt er es speziell (als *lex laetitiae*) im *De rerum originatione* (Erdmann, S. 149 u. f.). Dieses ästhetisch-psychologische Argument ist antiken Ursprungs: es findet sich schon bei Plotinos und wird (sonderbarerweise) von Augustinus wiederholt. Modern ist dagegen die Hervorhebung der Unendlichkeit der Existenz. Leibniz bemerkt, Augustinus kenne noch nicht la grandeur de la cité de Dieu (Théodicée § 19). Vgl. *Causa dei asserta* §§ 57—58.

⁷⁶) S. 416. Im Vorworte zur ersten Ausgabe der *Vernünftigen Gedanken etc.* sagt Wolff: „Ich hatte mir zwar anfangs vorgenommen, die Frage von der Gemeinschaft des Leibes mit der Seele und der Seele mit dem Leibe ganz unentschieden zu lassen; allein da ich durch die im anderen Kapitel gelegten Gründe wider Vermuten ganz natürlich auf die vorherbestimmte Harmonie des Herrn von Leibniz geführt ward, so habe ich auch dieselbe beibehalten und in ein solches Licht gesetzt, dergleichen diese sinnreiche Erfindung noch nie gehabt." — In dem Vorworte der 2. Ausgabe äufsert er sich näher über das Verhältnis seiner Lehre zu der des Leibniz. Leibniz, sagt er, verband den Idealismus [den ununterbrochenen Zusammenhang der geistigen Erscheinungen] mit dem Materialismus [dem ununterbrochenen Zusammenhange der materiellen Erscheinungen], ohne jeden derselben für sich näher zu untersuchen. Dies

glaubt Wolff nun gethan zu haben, und er kommt zu dem Ergebnisse, die Dualisten seien imstande, die Theorie der Idealisten mit derjenigen der Materialisten zu vereinen. — Dies ist in der That eine richtige Bestimmung des Unterschiedes zwischen Leibniz und Wolff an diesem Punkte: Leibniz huldigt der Identitätshypothese (wenngleich mit spiritualistischer Modifikation), und Wolff huldigt dem Dualismus (obschon mit der der Identitätshypothese entnommenen Annahme, dafs die geistigen und die materiellen Erscheinungen, jede für sich, in ununterbrochenem Zusammenhange stehen). — Gar viele der Einwürfe, die gewöhnlich gegen die Identitätshypothese erhoben werden, gelten der Wolffischen Theorie, für die der Name „Duplizismus", der durchaus nicht für die eigentliche Identitätshypothese pafst, sehr geeignet ist.

77) S. 434. Molyneux, Lockes Freund, erklärte den anscheinenden Widerspruch der beiden Sätze (deren ersterer im Essay IV, 3, 10, letzterer im Essay IV, 10, 5 zu finden ist) dadurch, dafs an ersterem Orte geäufsert werde, Gott könne der Materie das Denkvermögen auf übernatürliche Weise verleihen, während am letzteren Orte von der Materie ohne einen derartigen übernatürlichen Einflufs die Rede sei (Brief an Locke, 22. Dec. 1692). Locke erklärt diese Auffassung für ganz richtig (Brief vom 20. Jan. 1693). (*The Works of John Locke*, 9. ed., London 1794, IX, S. 293—303.)

78) S. 439. Locke stellt diese Dreiheit eigentlich nicht formell auf. Wo er von dem Bedürfnisse spricht, den Naturzustand zu verlassen (*Civil Government* II, § 124—126), nennt er die gesetzgebende Gewalt, unparteiische Richter und die Gewalt, die Gesetze zu vollziehen, als die drei Erfordernisse. — Später (§ 136) schärft er die Notwendigkeit ein, dafs die nämliche Gewalt, welche die Gesetze gebe, nicht auch richte, da dies der Willkür den Weg bahnen würde. Wenn er aber (Kap. 12—13) drei Staatsgewalten aufstellt und deren gegenseitiges Verhältnis untersucht, besteht diese Dreiheit aus der gesetzgebenden, der vollziehenden und der föderativen Gewalt. Unter der letzten versteht Locke eine Autorität, die den Staat in seiner Beziehung zum Äufseren, zu andern Gesellschaften, denen gegenüber er sich im Naturzustande befindet, repräsentiert. Da Locke nun sagt, die vollziehende und die föderative Gewalt sollten am liebsten in einer Hand vereint sein (§ 147—148), fällt der Unterschied zwischen diesen eigentlich weg, und da er in andrer Relation auf die Trennung der gesetzgebenden von der richterlichen Gewalt grofses Gewicht legt, tritt die Dreiheit in sofern deutlich bei ihm hervor. — In der Lehre von der Teilung der Staatsgewalt hat Locke übrigens Vorgänger an Buchanan, Hooker und Sidney. Vgl. O. Gierke: Joh. Althusius, S. 157, 163 u. f.

79) S. 462. Im Scholium nach den Definitionen ist die Rede vom „wahren, absoluten und mathematischen Raume" (und ebenso von der Zeit). „Gewöhnliche Leute (vulgus)", heifst es, „fassen Gröfsen dagegen nur im Verhältnisse zu den sinnlichen Dingen auf" (ex relatione

ad sensibilia). Am Schlusse der Definitio 8 wird aber die „wahre, physische" Betrachtungsweise der *mathematischen* entgegengestellt: vere et physice — im Gegensatz zum mathematice tantum! — Hierher gehört es ebenfalls, dafs Newton den Mittelpunkt der Welt als ruhend betrachtete (Principia III. 10. vgl. 12 Coroll.), obgleich er seine Ansicht von dem absoluten Raum eben dadurch begründete, dafs sich nicht nachweisen lasse, irgend ein Körper befinde sich in absoluter Ruhe.

[80]) S. 487. Ed. Grimm (*Zur Geschichte des Erkenntnisproblems.* Leipzig 1890, S. 571—586) stellt eine interessante Vergleichung der beiden Werke Humes an. — Ich kann nicht mit Grimm darin einig sein, dafs Humes Verleugnung seiner Jugendschrift daher stammen sollte, dafs er wirklich zu einem andern Standpunkt gekommen wäre. Das Motiv war gewifs das nämliche, das seine Dialoge über die natürliche Religion zu einem posthumen Werke machte: er wollte Ruhe vor den Orthodoxen haben. Vgl. *Lettres of David Hume to Strahan*, Oxford 1888, S. 289 u. f., 303—330.

[81]) S. 489. Nur an einer einzelnen Stelle (Treatise II, 3, 9) äufsert Hume, Gefühle oder Affekte könnten aufser durch die Erfahrung von Gütern und Übeln auch aus „einem natürlichen Antriebe oder einem Instinkte" (natural impulse or instinct) entstehen, diesen Instinkt erklärt er aber sogleich für „durchaus unerklärlich". Als Beispiele solcher Gefühle nennt er die Rachgier, den Wunsch nach Glück für unsre Freunde, den Hunger und andere körperliche Triebe.

[82]) S. 490. Vgl. eine interessante Äufserung in einem Briefe an Hutcheson: „Ich wünsche von Herzen, ich könnte umhin, den Schlufs zu ziehen, dafs die Moralität, da sie Ihrer Meinung nach nur durch das Gefühl bestimmt wird, nur die menschliche Natur und das menschliche Leben betrifft. Dies ist oft wider Sie zur Geltung gebracht worden, und die Konsequenzen hiervon sind sehr bedeutungsvoll." Burton: *Life and Correspondance of David Hume*, Edinburgh 1846, I, S. 119.

[83]) S. 518. Il est absolument nécessaire pour les princes et pour les peuples, que l'idée d'un être suprême créateur, gouverneur, rémunérateur et vengeur soit profondément gravée dans les esprits (Art. Athéisme im *Dict. phil.*). — Am Schlusse dieses Artikels heifst es, es gebe jetzt weniger Atheisten als vorher, weil die wahren Philosophen jetzt die Zweckursachen anerkennten. „Den Kindern wird Gott von dem Priester verkündet, und den Gelehrten wird er von Newton bewiesen."

[84]) S. 520. In den *Lettres sur les Anglais* XIII heifst es (mit Bezug auf den Glauben des Sokrates an sein Dämonion): Il y a des gens à la vérité qui prétendent qu'un homme qui se vantait d'avoir un génie familier, était indubitablement un fou ou un fripon, mais ces gens-là sont trop difficiles. — Im *Essai sur les mœurs et l'esprit des nations* (Tome II, Chap. 9) heifst es, „das Christentum müsse sicherlich göttlich sein, puisque dix-sept siècles de friponneries et d'imbécillités n'ont pu la détruire." Kurz vorher wird der Ausdruck insolente im-

bécillité auf einen Legendenerzähler angewandt. — Art. Fanatisme im Dict. phil.: ce sont d'ordinaire les fripons qui conduisent les fanatiques. — Nicht nur religiöse und kirchliche Gestalten wurden von Voltaires Spott verkannt. Man sieht, dafs sogar der alte Sokrates herhalten mufste. An andern Orten geht es über Spinoza und über den Naturforscher Maillet aus, dessen Antizipation der Entwickelungshypothese Voltaire verspottete. Alles kraft des Prinzipes, dafs das ihm Unverständliche Dummheit oder Betrug sei.

⁸⁵) S. 520. Vgl. D. Fr. Straufs: *Voltaire*, 3. Aufl., S. 330 u. f.

⁸⁶) S. 522. Gneist (*Das Selfgovernment in England*, 3. Aufl., S. 944) bemerkt: „Der Wortführer der neuen Lehren [nämlich der neuen politischen Lehren in Frankreich], Montesquieu, hatte nicht die englische Verfassung, sondern Blackstones Institutionen vor Augen, in welchen der geschichtliche Entwickelungsgang des Ganzen und der Zwischenbau des selfgovernment fehlt. Gerade das war es, was die Darstellung französischen Augen annehmbar machte." Hier hat sich ein Irrtum eingeschlichen, da Blackstones Werk erst 1765, der „Esprit des lois" dagegen schon 1748 erschien. Die Sache verhält sich gerade umgekehrt. Montesquious Theorie hat Einflufs auf Blackstone und wirkt somit auch in bedeutendem Mafse auf die politische Entwickelung in England. Vgl. F. C. Montagues Einleitung zu seiner Ausgabe von Benthams „Fragment on Government" (Oxford 1891, S. 68). Montague macht zugleich die treffende Bemerkung, Montesquieu sei gewifs durch den Anblick des Unterdrückungssystems der kontinentalen Regierungen bewogen worden, die Teilung der Gewalt stärker zu betonen, als es mit der englischen Verfassung und den englischen Theorien übereinstimme. — Im „*Federalist*" Nr. 47–51 untersuchen Madison und Hamilton, die Begründer der Verfassung der Vereinigten Staaten, auf interessante Weise Montesquieus Lehre von der Teilung der Gewalt und erörtern besonders, wie diese zu ordnen sei, wenn man berücksichtige, dafs die gesetzgebende Gewalt stets die Neigung habe, sich die vollziehende Gewalt anzueignen.

⁸⁷) S. 536. F. Papillon: *Histoire de la philosophie moderne dans ses rapports avec le développement des sciences de la nature*, Paris 1876, II, S. 194 läfst Diderots Philosophie direkt aus der des Leibniz hervorgehen. Siehe dagegen Knud Ibsen: *Diderot*, Köbenhavn 1891, S. 206 u. f. und 210 (wo es, und gewifs mit Recht, geltend gemacht wird, dafs die Sammlung von Exzerpten und Noten, die sich in Diderots Werken unter dem Titel: „Eléments de physiologie" findet, den Beweis abgibt, welchen grofsen Einflufs Diderots naturwissenschaftliche Studien direkt auf ihn übten).

⁸⁸) S. 550. Den Unterschied zwischen amour de soi und amour propre entwickelt Rousseau im *Discours sur l'inégalité* (die Note Nr. 12), und später im *Émile* und in *Rousseau juge de Jean Jacques* (London 1780, S. 20 u. f.). Diese Entwickelungen, durch welche der Einflufs der Vorstellungen aufs Gefühl klar hervortritt, erinnern an Joseph Butlers

37**

Lehre, ohne dafs sich jedoch nachweisen liefse, dafs Rousseau diese kannte.

[89]) S. 551. *Discours sur l'inégalité*, Amsterdam 1755, S. 80. *Lettre à M. de Beaumont* (Petits chefs d'œuvre. Paris 1859, S. 304 u. f.) — Während dieser glückliche Zustand hier als unmittelbar auf den primitivsten, tierischen Zustand folgend dargestellt wird, schildert Rousseau an andern Orten (z. B. in dem Briefe an den Marschall Luxembourg, 20. Jan. 1763) eine weiter fortgeschrittene Kultur, die noch das Gepräge der Einfachheit trägt, durch Einführung der Sitten und Bedürfnisse eines grofsen Kulturlandes aber der Verderbnis entgegengeht. So war nach Rousseaus Auffassung die Kultur der Schweiz während seines Zeitalters, und er kämpft deshalb eifrig gegen die Einführung französischer Sitten (z. B. der Komödie). Diese Frage brachte Rousseau in einen scharfen Streit mit Voltaire und veranlafste seine *Lettre à d'Alembert*.

[90]) S. 551. Vergleiche den Brief an Mlle. D. M., 7. Mai 1764: On ne quitte pas sa tête comme son bonnet, et l'on ne revient pas plus à la simplicité qu'à l'enfance; l'esprit une fois en effervescence y reste toujours, et quiconque a pensé, pensera toute sa vie. C'est-là le plus grand malheur de l'état de réflexion etc.

[91]) S. 555. Souvenez-vous toujours que je n'enseigne point mon sentiment, je l'expose. *Émile* IV (éd. Paris 1851, S. 326). Je ne voulais pas philosopher avec vous, mais vous aider à consulter votre cœur (S. 344). Je ne raisonnerai jamais sur la nature de Dieu, que je n'y sois forcé par le sentiment de ses rapports avec moi (S. 327). — Hierin liegt gleichsam eine Antizipation von Schleiermachers Auffassung der Dogmen als aus Reflexion über die religiösen Gefühlszustände entsprungen.

[92]) S. 557. Vgl. aufser dem dritten Brief an Malesherbes auch die *Confessions* XII (éd. Paris 1864, S. 608): „Ich finde keine würdigere Verehrung der Gottheit als die stumme Bewunderung, welche die Betrachtung seiner Werke erzeugt, und welche nicht durch bestimmte Handlungen ausgedrückt wird . . . . In meinem Zimmer bete ich seltener und frostiger; durch den Anblick einer reizenden Landschaft fühle ich mich aber bewegt, ohne sagen zu können, weshalb. Ich las einst, ein gewisser Bischof, der in seinem Bistum visitierte, habe eine alte Frau angetroffen, deren Gebet nur darin bestand, dafs sie oh! seufzte, und zu dieser habe er gesagt: Gutes Mütterchen, bete immer so; dein Gebet ist mehr wert als das unsre. Mein Beten ist dieser Art."

[93]) S. 560. Giercke machte in seiner Monographie des Althusius (S. 201) hierauf aufmerksam. — Rousseau nennt, soviel ich mich entsinne, den Althusius nur an einer einzigen Stelle, und zwar nicht im Contrat social, sondern in den *Lettres écrites de la montagne* (6. Brief).

[94]) S. 561. *Contrat social* III, 15. — In den meisten neueren Ausgaben wird diesem Kapitel eine Note beigefügt sein, in welcher von dem Schicksale, das Rousseaus Aufsatz über die föderative Verfassung erlitt, berichtet wird. — Über Alexander Hamilton vgl. meine Abhandlung:

Hamilton og den nordamerikanske Unionsforfatning (Hamilton und die Verfassung der Vereinigten Staaten Nordamerikas) (Tilskueren 1889). — Vgl. einige interessante Bemerkungen über diesen Punkt in John Morley: *Rousseau*, London 1891, II, S. 166—168.

⁹⁵) S. 562. Dafs Rousseau sich des abstrakten und idealen Charakters der Ideen im „Contrat social" klar bewufst war, ist aus dem Buche selbst zu ersehen, wo (III, 8) entwickelt wird, nicht jede Regierungsform eigne sich für jedes Land; dies ist zugleich aus vielen Äufserungen in seinen Briefen zu ersehen, wie auch aus der Verteidigung, die er in den *Lettres écrites de la montagne* für den Contrat social führt. Vgl. z. B. Lettre VI (éd. Amsterdam 1764, S. 219): Je ne sors pas de la thèse générale ... Je ne suis pas le seul qui discutant par abstraction des questions de politique ait pu les traiter avec quelque hardiesse.

www.ingramcontent.com/pod-product-compliance
Lightning Source LLC
Chambersburg PA
CBHW021229300426
44111CB00007B/472